叢書・ウニベルシタス　921

社会の社会　1

ニクラス・ルーマン
馬場靖雄／赤堀三郎／菅原謙／高橋徹 訳

法政大学出版局

Niklas Luhmann
DIE GESELLSCHAFT DER GESELLSCHAFT　I & II

This book is published in Japan
by arrangement through The Sakai Agency

他ノモノニヨッテ考エラレナイモノハ、ソレ自身ニヨッテ考エラレネバナラナイ

Id quod per aliud non potest concipi, per se concipi debet.

スピノザ『エチカ』第一巻公理二

序言

一九六九年に設立されたビーレフェルト大学社会学部に着任する際、私は自分が取り組む研究プロジェクトに名前をつける必要に迫られた。当時考えたのは（それが今日まで継続されることになったのだが）こうであった──全体社会の理論（Theorie der Gesellschaft）／所要期間：三〇年／所要経費：ゼロ。[1] このプロジェクトの難しさは、所要期間という点では現実的に見積もられていた。当時は社会学の文献を渉猟してみても、このようなプロジェクトがそもそも可能であると思わせてくれる手がかりすら見つからないような状態だった。それはもちろん、全体社会の理論に取り組もうという野心そのものがネオ・マルクス主義的な論難によって邪魔されていたからだった。ユルゲン・ハーバーマスとの討論のすぐ後に出版された書籍には『全体社会の理論か、それとも社会工学か──システム研究は何を行うか』〔佐藤嘉一・山口節郎・藤沢賢一郎訳『批判理論と社会システム理論　上下』木鐸社、一九八四／一九八七年〕という題名がつけられたが、これは皮肉なものだった。というのは二人の著者のどちらもが、「社会工学」の側に与するつもりなどなかったからである（もちろん全体社会の理論がどのようなものであるべきかという点に関しては、両者の意見は異なっていたのだが）。この事態はある意味予兆的であった。結局のところ全体社会の理論がいかなる位置を占めるかが世論において認知される際に評価の手がかりとなったのは、理論よりもむしろ論争のほうだったのである。

私は当初から、全体社会の理論のための著作は三つの部分から構成されることになるはずだと考えていた。すなわち①システム理論に関する導入部、②全体社会システムを描き出す部分、③全体社会の諸機能システムのうちで最も重要なもののいくつかを描き出す部分、というこの三部からである。この基本構想は現在に至るまで変わっていない。しかし各部の範囲に関しては、当初の考えを幾度にもわたって修正しなければならなかった。《導入部》は一九八四年に『社会システム――一般理論要綱』〔佐藤勉監訳『社会システム理論　上下』恒星社厚生閣、一九九三／一九九五年〕というタイトルで出版することができた。この著作の核心は、「自己言及的な作動様式」という構想を社会システムの理論へと転用する試みのうちにあった。もちろんその後一般システム理論と認識論的構成主義といった領域における進歩が、さらなる精緻化の可能性を再三にわたって提供してはきた。しかしことこの論点に関しては本質的なところでは何も変わっていない。またこの論点を扱ったいくつかの論考は、『社会学的啓蒙』と名付けられた論文集に収録するかたちで公刊しておいた。他にもまだ草稿として手元においてある論考や、本書の第一部に収められることになった論考も書きためてきた。

一方で八〇年代初頭以来、全体社会の理論（Gesellschaftstheorie）にとって機能システムの比較可能性がいかに重要であるかがますます明確になっていった。この論点は、タルコット・パーソンズが自己の理論を構築する際にすでに踏まえていた発想であった。ひとつの原理もしくはひとつの根本規範[2]――旧来のように正義や連帯であれ、さらには理性による合意であれ――から全体社会を演繹する見込みなど、もはや存在しえない。なぜなら、そういった原理を認めない、あるいはそれら原理に反する者もまた全体社会の作動にまちがいなく貢献するからだ。そして全体社会自身が、この可能性を計算に入れねばならないのである。今述べた論点を容認しなければならないというのであれば、比較可能性の理論的重要性はさらに高まるはずである。他方で、学術と法、経済と政治、マスメディアと「親密関係」のようにきわめて異質な機能領域が比較可能な構造を見せており、しかもそれら諸領域が分出（Ausdifferenzierung）するにあたってはシステムの形成が必要となるということからしてすでにその種の構造が不可欠なのだという点を示しうるとすれば、それらの構造はもはや偶然の一致ではありえないことになる。だがそれを示すことができるのだろうか。パーソンズは行為概念の分析法を通してこの可能性を保証しようと試みた。[4] この論法を精緻化しても説得力が生じてこないのなら可能性として残るのは、個々の機能システムに関する理論を彫琢していくことだけである。そしてそうすることによって、領域は多様であるにもかかわらず、それらを同一の概念装置を――例えばオートポイエーシスと作動上の閉鎖、ファースト・オーダーおよびセカンド・オーダーの観察、自己記述、メディアと形式、コード化およびそれと直交する（内的構造としての）自己言及／他者言及の区別などを[5]――用いて研究できるかを試してみればよい。

以上の点を熟考した末、個々の機能システムに関する理論を彫琢することのほうを優先する結果になった。かくして『社会の経済』（一九八八年）、『社会の学術』（一九九〇年）、『社会の法』（一九九三年）、そして『社会の芸術』（一九九五年）が出版されたのである（同シリーズは続刊予定）。[6] もちろんその間も、全体社会の理論に関する作業のほうも進めてはいた。何千ページもの草稿の束が積み上げられていったが、それらは出版可能な形にまでは至らなかったのである（ただしその一部を講演・講義での配布資料として用いたことはあった）。加えて当時私の秘書を務めていた女性が退職したにもかかわらず、後任の補充が何か月にもわたって滞っていた。このような状況の中で私に仕事の機会を与えてくれたのはレッチェ大学だった[7]。私はプロジェクトと草稿を携えてイタリアへと飛んだ。そしてまず全体社会の理論のダイジェスト版を作成し、イタリア語へ翻訳したうえで、当地でのテクストとして使いやすいように何度も手を加えたのである。こうして出版されたのが『社会の理論』（Niklas Luhmann/ Raffaele De Giorgi, Theoria della società, Milano 1992）である。そのときに生み出された草稿は、その後、より包括的なドイツ語版を準備するための基礎となった。そしてようやく新しい秘書が斡旋されてきたおかげで、ビーレフェルトでその仕事を進めることができた。ここに公刊されることになったテクストは、以上のような入り組んだ経過から生じた成果なのである。

本書が基礎として準拠するシステムは、全体社会システムに他ならない。ここで言う全体社会システムとは何でないかを考えてみよう。全体社会は、当の全体社会内部において全体社会の作動を実行することで形成されるあらゆる社会システムとは異なっている。すなわち、全体社会の諸機能システムや相互作用システム、組織システム、社会運動とは異なっているのである。今述べた種々のシステムはすべて、全体社会システムがすでに構成されているということを前提とする。したがって導きの糸となる問いはこうである——全体社会というシステムが生産され再生産されるとき、常に生じているのはどんな作動なのか。回答は第二章で扱うが、結論としては、それは「コミュニケーションである」ということになる。その際、次のような意味で循環的な関係が考慮されねばならない。全体社会はコミュニケーション抜きでは考えられないが、コミュニケーションもまた全体社会抜きでは考えられないのである。したがって、発生と形態生成《モルフォジェネシス》[8]に関する問いに対して、ひとつの起源を仮定することによって回答することはできない。また、「人間」はその自然＝本性からして徹頭徹尾社会的である云々というテーゼを持ち出してみても、それは問題を解決するというよりむしろ隠蔽することにしかならないのである。この問いは進化論において扱われるべきなのであり、それに関しては第三章で論じることにしよう。

「コミュニケーションによる自己産出」というテーゼにおいては、システムと環境との間の明確な境界が、自明のこととして前提とされている。コミュニケーションからのコミュニケーションの再生産が生じるのは、全体社会の中でのことである。それ以外のすべての条件、すなわち物理的・化学的・有機的・神経生理学的・精神的な諸条件は、環境条件である。それらの環境条件はそれぞれ独自の作動能力をもつが、それらが全体社会へと入ってくるのは、あくまで〔システム自身が形成した〕境界を介してのことである。この意味で、人間は全体社会にとって不可欠ではない。しかしもちろんこれはコミュニケーションが、意識なしに、血の通った脳なしに、生命なしに、ほどよい気候なしにも可能であるなどと主張していることにはならないのである。

全体社会内でのすべてのシステム形成もまたコミュニケーションに依存する。そうでなければ、それらが全体社会の中で生じているとは言えないだろう。これは同時に、全体社会内部におけるシステム形成を、全体社会の環境の側での分割に対応させることはできないという事態を示してもいる。環節分化においてもすでにそうだったし、機能分化に関しては言うまでもない（両者の中間段階すべてについても事は同様である）。全体社会システムの環境には、家族も貴族階級も政治も経済もないのである。分化について扱う第四章では、外的な支えが欠落しているというこの事態を考慮しつつ、内的な分化が同時に全体社会システムの分出に寄与しもするという点をも明らかにするつもりである。

さらに、コミュニケーションの概念には再帰的な自己関係という仮定が組み込まれている。コミュニケーションはいつも、自身がコミュニケートしているということもコミュニケートしている。またコミュニケーションは、過去にさかのぼって自分自身を修正することもできるし、「そう意図していたように見えたかもしれないが、実際はそうではなかった」と異を唱えることもできる。なるほど、あるコミュニケーションについてコミュニケートする場合、信ずるに足るとするか、信ずるに値しないとするか、その解釈の余地は常に存在する。しかしいずれにせよコミュニケーションは、いくら短期的なものであれ、常に記憶を伴いつつ生じる。したがって、そもそもコミュニケーション自体が生じていなかったなどと主張することは、実際には不可能なのである。回顧することによって、規範や弁明が生じてくるのだし、配慮せよとかあえて見て見ぬふりをせよとかいった要求も生じてくる。このようにして時に撹乱が生じるとしても、コミュニケーションはそれを無害化しつつさらに続けることができるのである。

以上の論点を根拠として、次のように論じることもできよう。いかなる全体社会も、コミュニケーションが全体社会への関係をテーマとして取り上げることができるよう、あらかじめ配慮しておかねばならない。全体社会こそがコミュニケーション固有の可能性の枠条件であり、複数のコミュニケーションが連関して形成される統一体としての全体社会が〔いかなるコミュニケーションにおいても〕常に念頭に置かれているはずだから、云々。このようにして、例えばパーソンズに見られるように、基礎となる合意の必要性であるとか、分有された価値（shared value）であるとか、テーマとしては取り上げられない《生活世界》における意見の一致などが導き出されてくる。しかしわれわれにとっては、「自己記述」というよりスリムな構想で十分である。根本には意見の相違が存在しており、それがコミュニケートされる場合も、この構想に含まれる。[9] 自己記述とその歴史的変化の理論については、第五章で扱うことにする。

自分自身を記述し、自分自身の記述を含むシステムという構想によって、われわれは論理学的に扱いづらい地点へと足を踏み入れることになる。自分自身を記述する全体社会はその記述を内部で行う。しかし同時に記述は、あたかも外部からのものであるかのようになされるのである。全体社会は自分自身を、自己の認識の対象として観察する。だがその作動を実行する際には、観察そのものをその対象に含ませるわけにはいかない。含ませようとすれば対象そのものが変化を被ることになり、さらに別の観察が必要となるはずだからである。全体社会は、自分自身を内部から観察しているのか外部から観察しているのかという点を、未決のままにしておかねばならない。しかしまたそう公言しようとすれば、パラドキシカルなアイデンティティに依拠しなければならなくなる。そこからの脱出口として社会学が案出してきたのは、全体社会の《批判》というスタイルだった。しかしそこから実際に生じてくるのは、記述の絶え間ない再記述や、新しいメタファーの絶え間ない導入や古いメタファーの再使用にすぎない。すなわち、メアリー・ヘッセの言う意味での《再記述 redescription》でしかないのである。[10] もちろんこのスタイルによって認識の獲得をめざすのも可能ではある。しかし方法論的なトレーニングを受けた研究者なら、もはやそれを《説明》として認めるわけにはいかないはずである。

本書のテクスト自体が、コミュニケーションの試みである。本書では今スケッチしてきたような窮状を十分に理解しつつ、全体社会を記述すべく努めている。もし全体社会の理論というコミュニケーションがコミュニケーションとして成功するならば、そのコミュニケーションは対象〔つまり全体社会〕の記述を変え、したがって記述を取り入れる対象を変えるだろう。この事態を最初から視野に収めておけるように、本書には『社会の社会』というタイトルがつけられたのである。

目次

第2巻目次

凡例

一　各章、各節のタイトルは原著による。

二　原註は章ごとに（1）、（2）……で示し、各巻ごとに巻末に一括して掲載した。

三　訳註は章ごとに［1］、［2］……で示し、各巻ごとに巻末に一括して掲載した。原註に付した訳註も同様に各巻末尾（本文訳註の後）に掲載する。

四　《　》によって括られた語句は、原著において » « が用いられている箇所を示す。

五　「　」は、文脈を明確にするために訳者が随時付加したものである。

六　〔　〕内は訳者による補足・説明である。

七　——および（　）は必ずしも原著に対応していない。

八　傍点が付された語句は、原著でイタリック体の部分である。

九　原著のラテン語句は、引用も含めて原則としてカタカナ漢字表記とし、原文を付加した。

十　原著には文献指示などにおいてスペルミスやページ数の誤りが散見される。修正を施した箇所には*を付しておいた。

十一　邦訳書出版年は、訳者が参照した版による。

第一章　全体社会という社会システム

I　社会学における全体社会の理論

　以下の研究は、近代社会という社会システムに関するものである。最初に釈明しておかねばならないのだが、このような企図は対象との間に循環的な関係を取り結んでしまう。どのような対象が扱われるのかが前もって確定しているわけではないし、また、社会という言葉が明確なイメージと結びつけられているわけでもない。通常《社会的 sozial》と呼ばれているものですら、明確で客観的な言及先をもっているわけではないのである。加えて、全体社会を記述しようとする試みは、全体社会の外では行われようがない。全体社会を記述しようとすれば、その際に用いられるのはコミュニケーションであるし、さらにその試みは「社会的な」諸関係を活性化することにもなる。かくして全体社会を記述しようとするその試み自体が、全体社会の中で観察に晒されることになる。記述の対象をどのように定義しようと、その定義そのものがすでに対象〔すなわち全体社会〕の作動なのである。記述が、記述されるものを実行する。つまり記述は記述を実行する中で、自分自身をも同時に記述しなければならないのである。あるいは記述に際してはその対象を、自分自身を記述する対象として把握しなければならないと言ってもよい。あるいはまた言語学における論理分析に由来する定式化に従って、「全体社会の理論にはすべて、《オートロジカル autologisch》[1]な構成要素が含まれていることを示しうる」と述べてもよいだろう(1)。科学論的な理由からそのような事態は禁じられねばならないと考えるなら、全体社会の理論を、言語学を、またさらに多くのテーマ領域を断念しなければならなくなるはずである。

古典的な社会学は、自らを社会的事実についての科学として確立しようと試みてきた。そしてその際「社会的事実」は、単なる意見や価値評価やイデオロギー的な偏見との違いにおいて理解されていたのである。こういった区別の枠内では、社会的事実とそれ以外のものとの区別が揺らぐことはありえなかった。それでも問題は残る。諸事実をそれとして確認することもまた、世界の中で、事実としてのみ生じうる。それゆえ、社会学は自身に固有の事実性を考慮しなければならなかった。この要請は社会学の研究領域全体に及ぶのであって、《社会学の社会学》という特殊な関心に委ねておくわけにはいかない。今日では明らかになっていることだが、この要請によって二値論理学の前提が破壊されてしまうからである(2)。もちろん限定的な研究テーマを選択する場合には、この論点を便宜上考慮の外に置いてもさしつかえない。研究者は自己を、当面のテーマの外部にある主体として理解すればよいのである。しかし全体社会の理論という領域においては、この種の見解を貫徹することはできない。全体社会の理論に取り組めば、必然的に自己言及的な作動の中へと巻き込まれてしまう。この理論がコミュニケートされうるのは、ただ全体社会システムの内部でだけだからである。

これまでのところ社会学は、必要とされるはずの厳密さと首尾一貫性をもってこの問題に取り組んではこなかった。それゆえに社会学は全体社会の理論に関して言えば、ある程度満足できる成果すら提出できなかったのである。十九世紀の終わりごろになると、全体社会の記述がその対象と結びつくたびに、それが《イデオロギー》として認知されるという傾向が生じた。むろんそうなればその記述は拒絶されることになる。この理由のゆえに、厳密な学術領域の内部においてアカデミックなかたちで社会学を確立することなど、およそ考えられなかった。そのために、全体社会の概念は放棄されるべきであり、「社会的な」諸関係の厳密で形式的な分析に集中すべきだとの主張も多々なされたのである。[3]「個人化」や「分化」といった差異に基づく概念構成法（Differenzbegrifflichkeit）だけで、社会学の研究関心を特徴づけるには十分であると考えた者もいた。他方では、《社会的事実》についての、またその可能性の条件としての全体社会についての厳密な実証科学を実現できると考えた者もいた（とりわけ、デュルケーム）。さらにまた他の人々は、自然科学と精神科学とを区別するだけで、あるいは全体社会に関するあらゆる記述を歴史的に相対化するだけで満足していた。これらの試みそれぞれの完成度はさまざまだった。しかしいずれにせよ一般的に言えば、認識論的基礎は主体と客体との区別に拘束されたままであった。そこで選ぶことができたのは科学的に素朴な立場か、あるいは超越論的反省の立場かだけだったのである。

今日から見れば、古典的な社会学には相当怪しげなところがある。すなわちわれわれから見れば当時の選択図式には限界があったという点が否応なく目に入ってくる。にもかかわらず、その試みについてはうまくいっていると見なさないわけにはいかない。ゲオルク・ジンメルにおいて、超越論（Transzendentalismus）と社会心理学とが奇妙なかたちで結合されていることを考えてみればよい。新カント主義からの借用であるマックス・ヴェーバーの価値論的な行為概念でもよい。あるいはシェルスキーが《社会の超越論的理論》を要請していることでもよい。シェルスキーによれば、通常の経験的な方法によって全体社会に到達することはできない。しかし全体社会は《超越論的なもの》の概念によって個々の主体へと付与されているのであって、それを超えていくことはできないのである。(4) これらの立場が今日においてもなお、古典解釈の関心をひくこともあるだろう。いずれにせよ、古典的な社会学が主体－客体図式に拘束されているのは確かであり、またそれゆえに対象〔のうちに自分自身が含まれるという〕問題を解決できなくなっていることも疑いの余地がない。にもかかわらず今日に至るまで、唯一の全体社会記述を提供してくれたのはただ古典的社会学だけなのである。社会学の古典は今日においても不断に魅惑を放ち続けており、見かけ上は、文字通り不朽のテクストとなっている。この事態はおそらく、今述べた点から最もよく説明できるだろう。現在では、ほとんどすべての理論構築の努力は、回顧と再構成に向けられている。それゆえに、古典の成功はいかにして可能となったのかと問うてみる価値はあるだろう。

それは、対象との循環的な関係が認知されていなかったからに他ならない。だからこそ多くの事柄が確定されえたのである。古典的社会学者が採用した打開策は、同時に問題そのものを隠蔽しもした。その打開策とは自身を歴史的に位置づけること、つまりは歴史的な差異によって循環を解消することであった。理論はその差異の中で自分自身を歴史的に（むしろ、歴史的にのみ）確定しうる、というわけである。そもそも社会学は、十九世紀に浮上してきた〔社会〕構造上の問題とゼマンティク上の問題に反応するかたちで始まった。この点は社会学においても知られている。したがって、社会学の概念が抽象的に定式化されている場合でもやはり、歴史的状況から首肯性（Plausibilität）[2] を得ていたのである。もはや進歩への信頼が成り立たなくなったという事態を受け入れざるをえなくなると、今度は「いろいろコストを伴うにしても、好ましい面も展開されているはずだ」との仮定が生じてくる。構造分析がなされる際に、とりわけ社会分化や組織への依存や役割構造などが分析される際に、そのような仮定が置かれるわけである。こうして、一七九〇年代以降通用してきた、経済を中心とした《政治経済学》的な全体社会概念を放棄することが可能になる。それとともに、社会のあり方を決定づける主たる要因は物質的（経済的）なものであると主張する陣営と、精神的（文化的）なものであるとする陣営との論争の幕が切って落とされた。また同時に、近代社会における個人の位置が中心問題となる。少なくとも、全体社会総体に対して懐疑的な判断が下されて、進歩しつつあるものとはもはやただちに評価できないと言われる場合、この問題が念頭に置かれていたのはまちがいない。加えて「社会化」や「役割」といった概念は、《個人》と《社会》との間の理論的媒介が必要であることを示している。かくして今や、先に述べた歴史的な差異とならんで、個人と社会との区別こそが理論を支える機能を引き受けていることがわかる。しかし歴史の場合と同様に、こちらにおいても区別の統一性への問いを立てることは不可能だった。歴史とはいったい何なのかという問いは方法的に禁じられていた⑸。また、個人と社会との差異の統一性とはいったい何なのかという問題は、問題としては決して認識されなかった。伝統的には常に、「社会は個々人から成り立っている」ということが出発点とされてきたからである。《批判的》社会分析にしてもやはり、この点を基礎としている。個人と社会との差異の統一性への問いを立てることによって「批判理論」を《脱構築》しようとする試みがなされていないのを見れば、その点は明らかである。マックス・ヴェーバーにおいては、「社会は個々人からなる」との理論装置によって引き起こされた懐疑が、最後には近代的・西洋的合理主義に対する、かの判断にまで至ったのである。近代的個人は、社会の中にも社会の外にも、自己観察や自己実現のための（流行りの言い方を用いて、《アイデンティティ》のための、と述べてもよい）確かな基礎を見いだせなくなっている――そのように表明する文献が同時に出現したことも、思い起こしてよいだろう。とりあえず何人かを例に挙げれば、フローベール、マラルメ、ヘンリー・アダムズ、アントナン・アルトー[3]といったところだろうか(6)。

古典理論家以来、つまり約一〇〇年前から現在に至るまで、全体社会の理論に関して社会学は特筆すべき進歩を示していない。十九世紀のイデオロギー論争（それは本来誰もが回避しようとしていたものだったのだが）と同様にその後においても、「社会の中での社会についてのコミュニケーション」というパラドックスは、理論をめぐる論争へと解消されていった。「構造主義的／プロセス主義的」「支配／コンフリクト」「肯定的／批判的」「保守的／革新的」といった定式を考えてみればよい(7)。しかし、この種の《フレーム》の内部において自身の立場を主張するためには、対立する立場との対決が必要である。それはすなわち、排除したものを包摂する必要があるということに他ならない。したがって、一方の側を選んでみても他方の側を選んでみても、それによってパラドックスから自由になれるわけではないということがわかる。また論争によるパラドックスの展開という形式が説得力をもちうるのは、その論争に政治的意味を帰属させうる限りのことでしかない。政治システムが固有の力学を伴うという事態に直面すれば、この種の方策がますます説得力を失っていくのは明らかだろう。知識人がそこに一枚噛んでみても、事態が何か変わるわけではないのである。もちろん社会学が他の諸領域においては方法的にも理論的にも、またとりわけ経験的知識の蓄積という点で、多くのことを成し遂げているのは確かである。

しかしこと全体社会総体の記述に関しては、いわば空白しか残していない。おそらくこれは社会学が自身に、「主体／客体」の区別を用いよとの義務を課していることと関連しているのだろう。もちろん《社会学の社会学》についての特別な研究も存在してはいる。最近の言葉を用いるならば《再帰的《リフレクシヴ》》な知識社会学、ということになるのだろうか。(8) このような文脈において、確かに自己言及の問題が浮上してきてはいる。しかしそれは特別な現象として言わば孤立させられ、奇妙な事態として、あるいは方法論上の難点であるかのように扱われている。これは《予言の自己成就》という図式に関してもあてはまるのである。

目下のところ存在する唯一の体系的な社会学理論はタルコット・パーソンズによって練り上げられた、行為システムの一般理論である。この理論のセールスポイントはひとつには古典理論家の知識を集大成したということであり、またひとつにはクロス表化の方法論〔枠条件2×2で表される四機能図式〕を用いて行為を抽象的に理解するのを可能にしたという点である。しかしパーソンズの理論においては、他ならぬわれわれが今提起している、認知的自己包含という問題〔何かの認知が自分自身への認知をも含んでいるとの問題〕が未解決のままとなっている。それは分析的な概念構成と現実のシステム形成とがどれくらい一致しているのかについて、何も語られていないからである。パーソンズの理論は《分析的リアリズム》を公準として置いているにすぎないし、それによってパラドキシカルな定式を取るはずの自己包含の問題を片づけてしまっている。さらにこの理論は次の事態をも考慮していない。社会システムが認識する時、その認識は対象に依存するだけでなく、それが認識であるということからしてすでに社会的諸条件にも依存しているのである。加えて行為を認識する（あるいは定義する、分析する）ことそれ自体がすでにひとつの行為であるという点も考慮されていない。その結果、パーソンズその人は、彼自身の理論の数多くのマス目の中には一度たりとも現れてこないのである。パーソンズの理論が社会システムと全体社会とを体系的に区別できなかった原因は、結局のところここにあるように思われる。またパーソンズが近代的な全体社会のありようについては印象主義的で、どちらかというと雑文調の語り方しかできなかった理由も、同じところに求められるだろう(9)。

これまでの長い歴史の中で、人間の「社会的な」生活に関するさまざまな記述がなされてきた（より古い時代に関しては、無条件に《全体社会》について語ることはできない）。そしてその際には、理念へと定位するのが常だった。目の前の現実はこれこれの理念をまだ満たしえていない、というようにである。例えばヨーロッパ旧来の伝統を考えてみればよい。この伝統の中では人間の本来あるべき完成態が想定されており、そこに向けて教育や罪の浄化が試みられてきたのである。あるいは近代ヨーロッパにしてもやはり同様である。啓蒙を、また啓蒙のふたつの神格である理性と批判を思い浮かべればよい。今世紀〔二十世紀〕においてもなお、〔現実が〕不十分だとの意識はたえず呼び覚まされており（フッサールやハーバーマスが想起されよう）、それが近代の観念と結びつけられている。さらにリヒャルト・ミュンヒ[4]に至ってもまだ、理性と現実との緊張関係への定位がなされつづけている(10)。この緊張関係こそが近代の基本特性であり、近代固有の力学を説明してくれるとされているのである。しかしそうこうするうちに、さまざまな問題を通して求められているものは理念のうちにではなく現実そのもののうちにあるという方向への変化が生じてくる。ここに至って初めて、社会学が必要とされるのである。というのも今や何よりもまず、全体社会そのものがなぜかくも多くの問題を抱え込んでいるのかを、理解しなければならないからである。さまざまな理念（より多くの連帯、解放、理性による了解、社会統合など）をめざして改善を試みることを放棄したとしても、現存する問題までもがなくなるわけではない。社会学が全体社会と取り結ぶ関係の中でなされねばならないのは、教えを垂れることではなく学ぶことである。[5] 社会学の仕事は目の前にある諸問題を分析し、場合によっては別の問題へと移動し、また時には解決できない問題へと変換することであった。《科学的に検証された》解決策をどうやって提供すればいいのかがわからない場合でも、この点は何ら変わらない。これらいずれの場合でも、理論的に基礎づけられた近代社会の記述が必要となるのは間違いない。

社会学は現在までのところ、全体社会の理論を今述べたような体裁にまで整えるには至っていない。この点を容認しなければならないというのであればせめて、なぜこの課題を果たせなかったのかを説明できねばならないだろう。この課題は明らかに社会学に属しており、また社会学が全体社会において声望を得るためにはその点がきわめて重要なのだから、なおさらそうである。

さしあたって思いつくのは、全体社会がとんでもなく複雑であることを持ち出したり、高度に複雑で分化したシステム（いわゆる《組織化された複雑性》）を扱うために役立つ方法論が欠落していることを挙げたりといったところである。システムについての記述も当のシステムの一部であるという点を、またそのような記述は多数存在しうるという点を考慮に入れる必要があるのを考え合わせるならば、この議論はよりいっそうの重みをもつに至る。この種の《超複雑な hyperkomplex》システムにとっては、[6] きわめて限られた諸関係から、あるいは統計分析の適用条件から出発する通例の方法論では不適切なのは言うまでもない。しかしこの議論からの結論は、全体社会の理論など断念して、まずは高度に複雑な、さらに言えば超複雑なシステムを取り扱う方法論に取り組めとの助言になってしまうのだろうか。だがこうした方法をめぐる問題がかれこれ五〇年前に発見されて以来(11)すでにその種の取り組みがなされてきたにもかかわらず、大した成果はあがっていないのである。

ガストン・バシュラール[7]の概念を用いて、別様に考察することもできる。《認識論的障害 obstacles épistémologiques》の概念を取り上げるわけである(12)。この概念が扱っているのは、伝統によって負わされる重荷である。伝統のせいで適切な科学的分析が妨げられるし、応えようのない期待も生み出されてくる。そしてこの難点が認識できるにもかかわらず、伝統を別のものに置き換えることはできない。そういった状態を考えてみればよい(13)。伝統は、こういう言い方をしてよければ、自明な問いに答えてきたのであり、そして多くの場合に伝統がもたらす答えが説得力をもつのは、まさにそれゆえになのである。それに対して科学の進化の中では、伝統の代わりに理論に依存した科学的な諸問題が登場してくる。この種の問題に対する解決を評価するためには、あくまで科学の文脈に依存しなければならないのである。今日から見れば「認識論的障害」という概念が備えていた複雑性は、あまりにも小さかったと言える。それゆえにこの概念は自分自身を過大評価し、自己の対象領域を均一化してしまった。だから結局のところこの概念は、もはや説得力をもたなくなってしまっているのである。今や問題なのは、探し求められるべき答えが難解になっている（多くの前提を要し、蓋然性が低く[8]、説得力をもたない）ということだけではない。既存の問いと答えが、新たな発展に対する障害となってもいる。新たな発展が生じるためには、首肯性のない明証性[9]という迂回路を経由しなければならないからである。

全体社会に関する現在の支配的理解の中にも、認識にとってのそのような障害が横たわっている。その障害は、互いに結びつき支え合う四つの仮定というかたちを取っている。すなわち、以下の諸前提である。

1　全体社会は具体的な人間から、また人間の間の関係から成り立っているはずである[14]。

2　したがって全体社会は人々の合意、つまり意見の一致と目標設定の相補性を通じて構成されており、また統合されているはずである。

3　全体社会は領域や領土によって境界づけられた統一体である。したがってブラジルはタイと異なる全体社会であるし、アメリカ合衆国はロシアと異なるし、ウルグアイはパラグアイとは異なっているはずである。

4　それゆえに、全体社会は人間集団や領土の場合と同様に、外から観察することができるはずである。

1～3の仮定によって、全体社会という対象の正確な概念規定が妨げられてしまう。伝統的には（動物との違いにおける）《人間》は、いくつかの区別（理性・悟性・意志・構想力・感情・人倫など）を用いて記述されてきた。これらの区別は伝統的な思考財として徹底的に用いられてきたが、経験的にもまたそれぞれの作動様式に関しても、特定化されたわけではなかった。これらの区別はなるほど相互には十分明確化できるとしても、神経生理学的基礎までを明らかにしてくれるわけではない[15]。ましてやこれらの《人間学的》概念によって、「心理的／社会的」という区別を付加する可能性が得られるわけではない。これらの区別を放棄して、科学的・経験的な特徴づけの可能性のほうに価値を置くようになれば、難点はますます大きくなるだろう。観念連合や感情形成が個人ごとに独特であるという点に視線を向けることによって、人間の個体性が問題として立ち現れてくる。それが始まったのは十八世紀の半ばごろ、(16)つまり明らかに産業革命以前のことであった。長期にわたる伝統の中で、人間は宇宙論によって秩序のうちに位置づけられ、位階と生活様式とを割り当てられてきた。今やそのような位置づけは崩壊し、その代わりに個人と全体社会との関係が問題として浮上してくる。さしあたり、人間を個人として特徴づけるもの(つまり、そもそも何らかの点で個人に帰せられるもの)すべてが全体社会に属しているわけではないのは明らかである。伝統的概念が、特に《理性》が引き続き通用しているとしても、この点は何ら変わらない。すべての人間を寄せ集めればそれで全体社会と同じになるわけではない。個々の人間の誕生と死によって、全体社会の重みが変わるわけでもない。人間の個々の細胞の中でのマクロ分子の入れ替わりによって、あるいは個々の人間の生体内部での細胞の入れ替わりによって全体社会が再生産されるわけではない。全体社会が生命をもつわけではないからである。脳の神経生理学的なプロセスを全体社会のプロセスであると真剣に考えることはまさかできないだろう。意識ですら、前者に到達することは不可能だからである。知覚によって、また思考が連続する中で、個々の意識が実際に注意を向けている領域に関しても事は同様である。ゲオルク・ジンメルによればこの問題は近代の個人主義に由来するのだが、彼はこの事態に直面して、個人への社会学的関心のほうを重視するがゆえに全体社会概念を犠牲にするに至った。ジンメルから見ればむしろ問題は、〔全体社会という〕集計的概念がそもそもいかがわしいという点にあった。だからこの概念は関係に焦点を当てる理論によって分解されねばならない。結局のところ天文学は《星空》の理論ではないのだから、と。[17]

全体社会は具体的な人間によって自然に形成されるものであり、そこでは連帯が秩序アル和合（ordinata concordia）として、またとりわけ秩序アル隣人愛（ordinata caritas）としてあらかじめ定められている[10]――そのような発想がもはや自明ではなくなると、それに代わって合意理論《コンセンサス・セオリー》が登場してくる。さらに十七世紀および十八世紀になると、そこから社会契約説の復活と徹底化が導かれるに至る。[18] 少なくともホッブズにおいては、自然概念は社会外的なものへと切り縮められている。また他の論者（例えば、プーフェンドルフ）[11]においてはせいぜいのところ、「人はその自然＝本性からして契約を取り結ぶ傾向がある」というかたちで登場してくるだけである。しかしこの理論も程なく放棄されねばならなくなる。法学的に見ればそれが循環的に構成されているのは明らかだし、したがってまた、なぜこの契約は違反することも解約することもできないほどの拘束力をもつかを説明することもできないからである。さらに歴史学的に言えば、歴史に関する知見が急速に膨れあがっていくとともに、社会契約はもはや説明力を持たないフィクションとしてしか扱われえなくなった。十九世紀においてこの理論の後継者となったのが合意理論であり、また（結局は合意に依拠する）連帯と統合の観念であった。最後に、議論をもう一段緩めつつ訴求されたのが《正統化》だった。合意が欠けており抵抗に出会う場合でも秩序として貫徹されうる制度というものがある。そのような制度はいかにして正統化されるのか、というわけである。かくしてエミール・デュルケームとマックス・ヴェーバーとともに、社会学が始まることになった。それ以来現在まで常に、現実に直面しての譲歩は多々なされたにもかかわらず、「合意に基づく統合」こそが全体社会を統一性として同定するための原理であると見なされ続けてきた。あるいは、全体社会を

《個体＝個人 Individuum》として同定するための、とも言えるかもしれない。

しかし合意は果たして心理状態として実現されうるのだろうか。そのような状態は、そもそもいかにして可能になるというのか。この点をさらに追求していけば、この学説の体系は崩壊してしまうだろう。さらにまた、「そのような〔合意を経由する〕仕方で、入れ子状態になっている複数の予期を十分に斉一的な方向へと向けることができるのか」と問うてみればよい。最初の一歩は、すでにマックス・ヴェーバーによって踏み出されていた。ヴェーバーは、社会的に思念された意味を理解する条件として類型化が不可欠であるというかたちへと、問題を切り縮めたのである。パーソンズは、この点ではむしろデュルケームに倣っているのだが、価値合意に解決策を見いだしている。価値合意は分化が増進すればするほどそれに反応して、より一般化されつつ生じてくる、というわけだ。具体化を断念することをこのようなかたちで理論のうちへ組み込めば、確かに行為者の個体性と全体社会システムの複雑性を考慮できるようにはなる。しかしそうすると全体社会と呼びうるものは、あまりにも稀釈された概念によって捉えられるしかなくなる。したがって理論が扱いうるのは十分に濃縮された領域、すなわち全体社会の部分領域だけだという話になるのである。さらに加えて〔パーソンズ流の戦略では、現状を打破するような〕よりよい知や、社会的コンフリクトや、意見の相違や、逸脱行動に直面した場合、それらが全体社会に帰属することを拒絶しなければならなくなるだろう。あるいはせいぜいのところ、それらにおいてもやはり何らかの合意が存しているのだと考える（例えばある侮辱がなされた場合、そこではその侮辱行為が人の感情を害する力を持つとの合意が前提とされているのだ、というように）ことで満足しなければならなくなるだろう。一方ロールズの場合は逆に、正義の原理を契約に類したかたちで根拠づけるための初発状況として、《無知のヴェール》を仮定しなければならなかった。そのヴェールによって、各個人が自己の立場と利害関心を知ることのないよう保たれねばならない(19)。要するに個性のない個人を仮定しなければならない、というわけである。だがこれは明らかに、あらゆる起源への遡行のうちに孕まれるパラドックスを不可視化する、もうひとつの方策にすぎない。

　全体社会が具体化されるのは、個人の行動を通してである――この仮定からはさらに、次のような仮説が導かれてくる。全体社会の構造的問題は（例えば、分化が広範にわたって進展しているにもかかわらず統合が欠落していること、全体社会の構造と全体社会が要求する行動との間に矛盾が存在することなどは）個人の歪んだ行動として現れるし、また個人のその種の行動から経験的に読み取られうるのである、と。この点に関する古典的モノグラフは、デュルケームの自殺研究である(20)。さらに、家族の不安定性、犯罪行為、ドラッグの使用、社会参加からの撤退などもまた、例として挙げることができよう。確かに、《アノミー》に対する反応としてこれらの行動のうちのどれが選ばれるかは、各個人ごとに異なっている。しかし結局のところ、ここで生じているのは機能的に等価なさまざまな態度なのである。社会学者にとってそれらは問題を表す指標にすぎず、問題の根源はあくまで全体社会のうちに求められねばならない。だがそのような関係が統計的に証明されうるとしても、なお問題は残る。ある個人が全体社会の病理の兆候を示すなどということが（しかも、他の個人は示さないということが）、いかにして生じるのか。とりわけ熟考する必要があるのは、全体社会の構造的諸問題のうちで、個人の歪んだ行動へと変換されやすいのはそもそもどれなのかということであろう。言わずもがなではあるが、エコロジカルな問題によってこの問いが否応なしに浮上してきているのである[12]。

社会学が以上のすべての論点を直視すれば、次のような疑念を提起せざるをえなくなるはずである。合意による統合が、全体社会を構成するだけの意義を有していると、そもそも考えてよいのかどうか。むしろこう仮定するだけで十分ではないのか——コミュニケーションが独自のかたちで（心理的・有機体的・物理的要因などによっては決定されることなく）続いていく中で、同一性、言及されるもの、固有値、対象が産出されていくのである、と。個々の人間がそれに直面してどんな体験をすることになろうと、この点は変わらないのである(21)。

このような考察の歩みは、ある種のシステム理論と同一の地点へと向かっていく。このシステム理論は、（概念の上でも現実を扱う際でも）「システムと環境との差異」に合わせて構成されている。「システム／環境」の区別から出発するならば、生命をもち意識的に体験する存在としての人間も、システムか、さもなければ環境かのどちらかに帰属させられねばならないことになる（二等分や三等分などは、あるいはその種のかたちでの分割は、経験的にも貫徹不可能だろう）。人間を全体社会システムの一部と見なそうとすれば、分化の理論とは人間を、階層・民族・エスニシティ・集団などへと分割する理論だとの結論にならざるをえない。かくして人権という構想に対する、とりわけ平等の構想に対する明らかな矛盾へと至ってしまう。つまりこの種の《人間中心主義《ヒューマニズム》》は、自分自身の表象に乗り上げて難破する結果となるのである。だとすれば可能性として残されているのは、身体と精神を備えたまるごとの人間を、全体社会システムの環境の一部分と見なすことだけである。

人間へと関係づけられた《人間中心主義的《ヒューマニスティック》》な全体社会概念は、明々白々な不整合が存在するにもか(22)かわらず、またそれを人間学的に基礎づけることに対しては周知のように哲学的批判が寄せられているにもかかわらず、依然として保持され続けている。[23] それはおそらく、さもなければ全体社会に対して判定を下すための基準をまったく持ちえなくなるのではとの懸念のせいなのだろう。「全体社会は《人間的》に整えられるべきである」と要求する権利すら放棄しなければならなくなる、と。仮にそうだとしても、その種の基準とはひとまず別に、「何が、人間からなる全体社会を形成するのか、またそれはいかにして生じるのか」を、確かめることができるはずである。

全体社会を領域別に考えるという構想に対しても、同様に明白な異論が寄せられている。[24] 今日では以前にも増して、全体社会の中で生じるどんな細かな出来事にも、世界規模の相互依存が影響を及ぼすに至っている。この点を無視しようとすれば、支配によって定義される全体社会概念へと、あるいは文化へのノスタルジーにまみれた全体社会概念へ逆戻りせざるをえなくなるだろう。すなわち全体社会概念を恣意的に引かれた国境に依存させるか、[25] あるいは領域的な《文化》の統一性や言語といった類のものに焦点を当てねばならなくなる。そしてそれらに付随する不明瞭さをも引き受けねばならなくなるのである。新たな展開にとって重要となる条件はすべて、《グローバル・システム》といった別の概念に委ねられることになる。[26] 例えばアンソニー・ギデンズにとっては、社会（society）の概念は国民国家（nation-state）と同義である。それゆえに前者はほとんど余計なものであって、そうなると、近代の諸制度の《世界を包み込むような world-embracing》性質[27]について論じられるだけとなる。しかしだとすれば、伝統的に《全体社会 Gesellschaft》（政治社会 societas civilis[13]）と呼ばれてきたものを本来の意味で継承しているのは［society ではなく］「グローバル・システム」の概念のほうだということになるだろう。全体社会概念が、支配ないし価値を中心とする諸前提に結びつけられると、ある地域において見られるコミユニケーション連関の多様性と複雑性が過小評価される結果になる。さらに加えて、こちらのほうが重要なのだが、《情報社会》がネットワークを通じて世界規模で脱中心的・コネクショニズム的に[14]コミュニケーションを行っているという事態の進展度も過小評価されもする。この傾向は近い将来、コンピュータ化によっていっそう強化されることになるにもかかわらず、である。

人間中心主義的《ヒューマニスティック》な、また地域（国家）に基づく全体社会概念は、言葉としては使われ続けるかもしれないが、もはや理論的に満足のいくものではない。かくして現在の社会学理論は分裂した、ヤヌスじみた印象を呈しているのである。一方で社会学理論が用いている構想は、伝統への接続をまだ放棄していない。しかし同時に、その枠には収まりきれない問いが可能になってもいる[28]。社会学理論が基礎概念の位置に据えているのは、行為の概念である。それは、最終的単位が〔生じては消えていく〕出来事のかたちをとっているという事態に焦点を当てるためであるが、同時にこの想定は、個人としての人間だけが行為できるはずだとの発想を繰り返し確認しうるという働きも担っているのである。またグローバル・システムの概念を打ち立てることによって、グローバリゼーションが認知できるようになる。しかし同時に、全体社会の概念を国民国家の水準に繋ぎ止めておく結果にもなるのである。人間と関連づけられた全体社会の概念にはあまりに多くのものが含まれており、領域に基づく全体社会概念にはあまりにもわずかのものしか含まれていない。どちらにしても、この種の使い物にならない概念がしぶとく残っているのはなぜなのだろうか。おそらくそれは全体社会を、外側から観察することができる何ものかとして考えたいという願望と関連しているのではないか。しかしその願望に従うなら、はるか以前に覆されてしまった認識論に依拠しなければならなくなる。その種の認識論は「思考／存在」「認識／対象」「主体／客体」の区別から出発する。だが認識のリアルな経過を把握しようとすれば、それはこれらの区別の一方の側〔思考・認識・主体〕において生じる反省とならざるをえない。少なくとも哲学の言語論的転回以降は、そのような認識論は退けられたはずではないか。ただし、《自然化された認識論》（クワイン）[15]への移行によって論理学上の問題が浮上してくるのも確かである。いずれにせよ、この転回を〔他の学術分野と〕ともに行うことが、社会学にとってはどうしてこんなにも難しいのであろうか。

　おそらくその理由は、社会学が全体社会をあまりによく知りすぎている（少なくともそういうふりをしなければならない）ために、自分自身を全体社会というこのリアリティの一部として認識する気にはなれないからなのだろう。だとすれば社会に対する抵抗に固執するという選択肢もあるかもしれない。少なくともフランクフルト流の徹底した諦念のスタイルを取ることはできるだろう。しかし理論そのものがその理論の対象の一部として認識される場合でも、やはりそのような態度は可能である。むしろその場合にこそ可能になると言ってもいいだろう。ペルセウスが間接的な視角を用いてメドゥサの首を鮮やかに刎ねた、あの手際を見習うこともできるではないか（社会学にとってもまた、問題はあくまで首だけなのだから）(29)[16]。あるいはまた神学において、神とその天地創造とを観察する機能のために、悪魔という像が考案されたことを想起してもよい[17]。さらに、マルクス、ニーチェ、フロイトなどの十九世紀の偉大なソフィストたちを特徴づけるのが《不一致のパースペクティヴ inkongruenten Perspektiven》(30)[18]であることも思い起こされるだろう。だとすれば問題はむしろ論理上の、また理論技術上の様式のうちにあるのかもしれない。言語学で言われているように《オートロジカル》な諸概念を用いなければならず、自己の対象の中に自分自身を見いださねばならない（つまり、社会学を社会の自己記述と見なさねばならない）のであれば、われわれはどうにかしてこの困難に対処しなければならない。そこから導かれる最終的な帰結はこうである。リアリティは、リアリティが触発する抵抗によって認識されるという発想を維持することはできる。だが、コミュニケーションに対するその種の抵抗はただコミュニケーションによってのみ引き起こされるということも付け加えねばならないのである。この点が受け入れられれば、その結果として「主体／客体」の区別が《脱構築》されるだろう。(31) またそれによって、目下の認識を妨げている主要な障害が、密かな支えを失うということも生じるかもしれない。さらにそうすれば地域主義的な、また人間中心主義的《ヒューマニスティック》な概念の伝統がもたらした独特の不毛性を打破できるかもしれないのである。

今日における科学の自己理解を前提とすれば、社会的現実という現象を説明せよとの要求を放棄することは社会学にとってほとんど不可能である。そこからさらに、説明されるべき現象を互いに境界づけ、またそれらを区別するためのメルクマールをできるだけ精密に示すようにも求められる。しかし、《……とは何か》との問いが発せられるとき、例えば「企業とは何か」「社会運動とは何か」「都市とは何か」と問われるとき、すでにそのように問うことからして、実体的なメルクマールを示せと求められてもいる。つまり本質主義的な概念構築が要求されているのであるが、今日ではもはやその種の概念構築を事物の本性（Natur）のうちに位置づけることはできない。しかし科学的研究の方法上の必要条件のうちに位置づけることはできるはずである。それゆえ社会学は、全体社会の理論という概念によって何を探求するのかを示しえない場合でも、その理論をいかに定式化すべきかとは問わねばならないのである。

しかし同時に次の点にも気付くはずである。社会学はこの種の「……とは何か」という問いによって、自らを継続的な不安定状態に置いている。これはすなわち、自分自身をオートポイエティック・システムとして整えているということである、と。この種の問いに対しては最終的な解答は与えられえない。それ以上の研究を受け付けない固定点は与えられえないとも言える。可能なのは、概念をこのように確定すればそこからどんな帰結が生じてくるかを観察することだけである。それゆえにセカンド・オーダーの（自己）観察というモードにおいては、つまり構成主義的認識理論のモードにおいては、あらかじめ与えられているメルクマールはすべて雲散霧消してしまう。かくして研究の必然性とともに、研究がいかに偶発的かを目にすることになるのである。言ってみれば、十分に吟味された自己規定が、また研究プログラムが不可欠なのではあるが、そもそもそこで問題となっているのが真と非真との違いなのだから、プログラムは取り換え可能でもあるということだ。

現今の学際研究の広大なフィールドにおいては、以上の論点を考慮に入れている多くの提案に出会うことができる。あらゆる種類の認知を、観察するシステムの作動上の閉鎖性の上に据えようとする議論。非線型関数を用いて予測不可能なことを予測しようとする数学（「カオス理論」と呼ばれる）。あるいは偶然によって触発される構造形成を考える進化論などである。本書でも必要に応じてそれらを利用するとしよう。特に社会学にとっては、従来社会学の外にあったこれら種々の議論は、全体社会の理論を求める試みの中でひとつに融合していく。社会学に与えられている全体社会という対象は、研究が対象を規定するにあたって（本質的メルクマールとして）必要とするすべてのものを常に自ら産出してきたからである。したがって可能なのは次のような問いだけである。全体社会の概念が何を指し示すべきかを規定して、今述べた事態を考慮できるとしたら、それはいかにしてなのか。

以下の研究では、こういったラディカルに反人間中心主義的《アンチ・ヒューマニスティック》で、ラディカルに反領域主義的で、そしてラディカルに構成主義的な社会概念への移行をあえて試みる。(32) 言うまでもないことだが、だからといって人間が存在するということが否定されるわけではないし、また地球上の各地域における生活条件の際立った違いが無視されるわけでもない。放棄されねばならないのはただ、それらの事実から全体社会の概念を定義するための基準を導き出せるだとか、当該の対象の境界を画定する基準を導けるとかいった考えだけである。他ならぬこの点を放棄しさえすれば、人間に関わる規範的ないし評価的な基準を（例えば人権だとか、ハーバーマスの言う意味での了解に定位したコミュニケーション的規範だとか、個々の地域間の発展状況の違いに対する態度だとかを）、統制的理念ないしコミュニケーション概念の構成要素として前提にしたりせずに済むようになる。それらは今や、全体社会自身によってなされた事柄として認識されるのである。しかしまだ問うておかねばならないことが残っている。全体社会自らが、あれこれのテーマにアクチュアリティを与えるのはいかにしてなのか。

すでにニーチェは（『生に対する歴史の利害について』において）、同時代の人々の歴史依存性に対して異を唱え、彼らのシニカルとまでは言えないにしてもアイロニカルな意識を暴き出している。この意識は「もはやそれではだめだが、他のやり方もうまくいかない」というかたちをとっているのだ、と。この診断は今なお当てはまるのかもしれないが、ただし今やアイロニーの代わりに見いだされるのは理論的に救いようのない窮状である。したがって、仮に歴史の代わりに生に重きを置き、そうすることで忘却する力を呼び寄せたとしても、窮状から脱することなどできないだろう。だから今日において推奨されるのはむしろ、〔歴史や生に依存せずとも〕それ自体として使用可能な理論的資源を大いに活用することのほうである。言うまでもないことだがそうすることで歴史に対する関係を、また歴史的ゼマンティクという遺産の重みに対する関係を、再構築することもできるはずである。

II　方法論に関する予備的考察

社会学は自身を科学として構想している。それゆえに、社会学が関わるのは社会的リアリティにであり、その社会的リアリティは事実としてすでにそこにあるという話になる。したがって規範的な問いはこのリアリティから引き出されるべきであり、社会学の理念的発想として外側から全体社会に押しつけられてはならない云々。かくして、十九世紀初頭では理念的なものとリアリティとを対峙させるのがまだ通常的だったが、それはやがてふたつの問いによって置き換えられることになる。その問いとはすなわち、《何が生じているのか》と《その背後には何が潜んでいるのか》である[33]。なるほど、両者の間の差異を《止揚》するうえで、理念的構築物（例えば「解放」や、合理性の規範的概念など）がまだなにがしかの役割を担ってはいた。この線に沿って展開してきたのが、マルクスからハーバーマスに至るまでの《批判的》社会学である。そこでは方法論〔に関する議論〕に代わって、（批判理論から見た）敵対者の見解を、自己の批判的企図を基準として評価するという手法が用いられている。もちろん研究を始める前からすでに判断は固まっているのである。

以下の考察では、この種の系譜にこれ以上関わるつもりはない。また、われわれは社会学で通常《経験的》研究として扱われているものとも距離をとることにする[34]。古典的な方法論においては、研究者はあたかも自身が唯一の《主体》であるかのように振る舞わねばならないとされる。かくしてお望みとあらば、〔論理学および存在論における〕伝統を受け継ぐこともできるわけだ。思考と存在との区別から出発しつつ、思考の中で存在へと到達すべく試みよ、というようにである。確かに〔思考と存在を〕一致させようという目標は賞賛に値する。だが、次のように問うこともできる。研究の目的をそう設定することによって、はたして何が失われるのか。研究もやはり全体社会の中でなされざるをえない。そして結局のところその近代社会は多次元的な（polykontextural）[19]システムである。そこでは、自己の複雑性に関する複数の記述が許容されるのである。社会学は、社会を無理やりに単一次元的なものとして記述するが、そのような研究からはほとんど何も期待できない。少なくとも全体社会の理論を扱う場合にはそうである。

構成主義的な立場から見れば方法論の機能は、リアリティを正しく（また誤らずに）記述していると保証することだけにあるのではない。むしろ重要なのは、情報〔＝違いを生む違い〕をシステムの内部で産出し加工するための形式を洗練することにある。すなわち方法というものによって、科学的研究が自分自身を驚かせる〔つまり、違いを生む〕ことが可能になるのである。そのためには、リアリティと知識との間の直接的連続性を打破する必要がある。しかし全体社会はこの連続性を前提としているのである。[20]

社会学における方法をめぐる議論を支配しているのは、量的方法と質的方法についての対立である。しかしこの対立はむしろ、本来の問題から注意を逸らす結果になっている。この対立においては何よりもまず、以下の点が不明確なままである。いかにして対象に対する距離を認識利得へと変換しうるのか。また、いかにして社会的な経験をしている関与者（質問に答えるはずだと想定されているのはこの関与者である）がもつ、自らを取り巻く世界に関する知見が、社会的コミュニケーションの中で確認されると同時に凌駕されもしうるのか。[21] 当該の発話を《データ》として扱うことによって、この問いへの答えが与えられるわけではない。

通常の方法論で推奨されているのは、変数の概念を用いて定式化を行い、その変数間の関係について、場合によっては相関関係について、あるいは変数が依存する諸条件について問うという手続きである。[35] 研究をプロジェクトのかたちで実施するためには、扱うことのできるわずかの変数を、閉じられた領域として把握しておかねばならない。その他すべての変数は方法論的に導入された虚構によって、無関係なものとして扱われるのである。この手続においては無視されるか、あるいは方法上の根拠から括弧に入れられる事柄がある。それはすなわち何が包摂され何が排除されるかのその割合は、社会システム自身によって規制されるという点である。さらに加えて、社会システムにおいて意味が用いられる場合、知られざるもの、排除されたもの、規定されえないもの、情報の欠落、自身の非知もまた常に参照されているという点に関しても、事は同様である。[36] 後者は未来を参照するというかたちで生じることもあるし、規定可能性が見込まれるというかたちでも生じうる（フッサールの現象学の場合）。しかしまた否定的な用語が使われる場合もある。規定されているものを単に否定するだけで、では代わりに何が生じているのかという点は未決のままにしておくのである。なるほど、言い訳として《文脈》について語られはする。〔規定されているものだけでなく〕その文脈をこそ考慮しなければならない、というわけである。しかしこの要求はパラドキシカルなものに留まる。それを満たそうとすれば、《文脈 Kontext》をひとつの《テクスト Text》へと変換することになってしまうからである。しかし最も重要なのは次の点だろう。

コミュニケーション概念に理論上中心的な意義を付与するのであれば、あることが言われている時に何が言われていないかをも常に同時に示さねばならない[37]。というのは社会的交流においては大半の場合、何が言われなかったかをも反省することによって反応が規定されるからである。〔より一般的に言えば〕社会的なリアリティを正しく把握しようとするなら、決して無視できない点がある。それはすなわち、そこにおいて用いられる意味形式はすべて、他の側を伴っているという事態である。そちらの側には、ある瞬間において用いられる意味形式が排除するものが含まれているのである。われわれはこの事態を考慮に入れるべく試みるが、その際手がかりとなるのは意味概念であり、また形式の概念である。後者における、ある形式の中への当の形式の《再参入 re-entry》という数学的概念が、またさらに根本的に言えば差異主義的理論というアプローチが、手がかりとなってくれるだろう。

複数の変数間の関係についての通常の問い〔の立て方〕は、対象に関して行為理論が抱くイメージときわめてよく一致している。ただしそれは、行為というものが経験的研究の対象として特に適しているという理由によるのではない。むしろそのような見解に対して異論を唱えることこそ正当というものだろう。しかし、行為を相互作用の連関の中でイメージするのが容易であるのも確かである。マックス・ヴェーバーに従って、行為には社会的に思念された意味が付随すると考える場合には、特にそう言える。そこでは行為の動機(場合によっては、合理的な選択をもたらす動機の構造)によって、相互作用がどんな形式を取るかが説明される。しかしそうすることで、その形式の他の側は抹消されるか、あるいはそうでないとしても合理的には選択されえないものとして残される結果になる。だが全体社会の理論が第一に関心を抱くのは、可能な行為ないし相互作用の大半が生じてこないのはなぜなのかという点ではなかったのだろうか。この問いは明らかに、可能な動機と合理的計算という図式の埒外にある。しかし全体社会は、まだ可能であるはずのものをどうやって選別し除外するのだろうか。可能なものは極端なまでに過剰であるにもかかわらず、マークされない空間（unmarked space）[22]として、考慮の埒外に置かれる。このことが社会生活の形式として意味を持つようになるのはいかにしてなのか。少なくとも、次のようには考えうるのではないか。すなわち全体社会の構造は、選び取られた行為の動機の集積として生じてくるわけではない。その構造ははるかに原初的なかたちで、すなわち今述べた排除を形式の中へと包摂することとして生じるのである、と。

方法論的個人主義は（望んでそうするか否かにかかわらず）、個人に対して何を知っているのか、あるいは考えているのかと問いかける傾向がある。そうして得られたデータを統計的に評価すればよい、というわけである。しかしそれでは原理的に言って、コミュニケーションという現象を捉え損なってしまう。というのは通常の場合コミュニケーションの契機は非知のうちに存しているからである(38)。どの伝達も、他者にとっては情報であるということ。つまり相手が知らなかったことや不確かにしか知らなかったことを補足する何ものかであるということ。この点を常に見積もることができねばならないのである。したがってまた、逆に言えば〔コミュニケーションへの〕[23]どの関与者も、情報を受け取ることができるためには、何かを知らないでいなければならない。非知のこの役割を、他者が非知であることを個人的に知っているという点に還元できはしない。そもそもある個人が、自身が何を知らないかを知っていると仮定することからして、まったく非現実的ではないか(39)。むしろ、コミュニケーションをさらに続けていくために必要な非知を産出し吟味するのは、コミュニケーション自身なのである。あるいは、「コミュニケーションは、知と非知とが不均等に分配されていることによって命脈を保っている」という言い方もできるだろう。コミュニケーションは知という形式に依拠しているが、それには常に、「知らないこと」という他の側が随伴しているのである。さらにまたどの関与者も、そもそも何を知ることができないのかを見積もりえねばならない。それによってこそ、明らかなナンセンスを口にすることを回避できるからである。以上のことを考え合わせるならば、通常の方法論が自身の理論的諸前提において依拠しているのが、コミュニケーションではなく行為であるという点は、まったく驚くに値しないだろう〔コミュニケーションに依拠すれば、自身のうちに非知が含まれていることを認めなければならなくなるから〕。

次に扱うのは、方法論的に好まれるのは可能な限り単純な説明であるという論点である。[24]データが複雑であるのに対して説明は単純であるほどよい、というわけだ。少なくともポアンカレ以来、[40]この問題に関する議論の核心は、リアリティの中では裏づけられない規約(Konvention)であるということが明らかになっている。科学はこの規約によって自分自身を支えているのである。それによって何が排除されている(つまり、排除されたものとして包摂されている)のか——社会学において実際にそう問われることは決してなかった。科学が営まれているのは全体社会の内部においてであるという点が明確にされている場合にこそ、そうだったのである。ポパーの反証主義的な方法論によっても、この問題を解決することはできない。検証の試みと同様に反証の試みにおいても、やはりこの問題が登場してくるからである。「排除されているのは、認識可能な構造すべての背後に位置するカオスである」と推測してみることもできるだろう。しかしそれでは世界を「認識可能/認識不可能」へと分割することにしかならない。むしろより説得力ある答えはこうだろう。全体社会そのものが排除されているのであり、またそれに伴ってコミュニケーションの他の可能性も排除されている。つまり全体社会から、科学的な真理産出へと干渉する可能性が奪われているのである。研究においてはできる限り単純な（例えば、数学的な）モデルを〔規約として〕試してみればよい。その説明が方法論上の必要条件を満たすのであればそれ以上の研究は必要ないが、そうでなければさらに複雑なデータを踏まえるべく試みねばならない。もしこういった手続が許されるのなら、全体社会はただ、自身のうちで営まれる研究を見守っていればよいという話になる。確かにそれに異を唱える理由は何もない。しかしこと全体社会の理論が問題となっている場合には、規約を用いて成功と失敗を判定すればよいというこの認可自体が、〔全体社会の下位システムとしての科学システムという〕研究対象の特性として、研究の中〔で解明されるべき問題〕に含まれねばならないはずである。かくして、研究の方法論的枠組を否認する理論が必要になるのである。あるいはデリダなら「脱構築する」と言うところかもしれない。

社会学において経験的研究が普通に行われるようになって、すでに一〇〇年の経験が蓄積されている。それを踏まえるならば（外挿してよいのなら）[25] こう言えるだろう。確かに経験的研究を積み上げていけば、マクロ社会学的な現象（例えば犯罪率の上昇／下降、移民の流れ、離婚率など）については透徹した把握が可能になるだろう。しかしそれによって全体社会の理論（すべての社会現象の総体としての）へと到達することはできなかったし、また今後到達できるという明るい展望があるわけでもない、と。経験的研究の野心の源泉は、自身の道具立てへの信頼であり、また「この手段によれば、単に自身が構築したものを確認するだけに留まらず、リアリティへと到達できるはずだ」との前提（《先入観》）のうちに存している。しかしそれに対しては、次のような反論が可能だろう。経験的知識とリアリティとの一致そのものを経験的に確認することはできない。すなわちその一致は、認識論上は偶然として扱われねばならないのである、と。だからといって、経験的研究の結果からはもはや何の知見も得られないなどという結論に至らねばならないわけではない。しかし通常の場合、経験的研究がもたらすのはあくまで〔さらなる研究を〕促すべき問い（なぜこうなのか？　なにゆえにそうなのか？）であって、解答ではない。そのような解答から確実な知識が得られるとしても、社会が変化すれば（通常の場合変化するものと予期してよいのだが）その知識は効力を失ってしまうはずではないか。

　われわれが、批判的社会学や実証的な（方法論の点で《経験的な》）社会学への代替案に基づいて方針を定めようとしていたら、目下の課題に関して大した成果を挙げることはできなかっただろう。われわれがなすべきは拒絶することではなく（拒絶しても何の役にも立たないだろうから）、補完することである。その方向でなら事実に関しても概念の上でも、いくつかの提案を行うことが可能である。

　事実に関してさしあたり目につくのは、次の点である。多くのことはすでに知られており、もはやそれ以上の経験的調査を必要としない。にもかかわらずその周知の事態からはしばしば、常識（common sense）として知られているよりも、あるいは経験的研究によって確認されているよりも、はるかに重大な帰結が生じてくる。それゆえに周知の事柄を馴染みのない、「不一致のパースペクティヴ」を用いて新たな角度から照射したり違ったやり方で関連づけたりすることによって、多くの成果をあげうるはずである[41]。しかしながら目下のところ、そのための洗練された方法論は欠落したままである。そのような方法論は、一般に考えられているよりもはるかに強く、理論の発展に依存しているからである。

　全体社会の理論が、概念構成の上で直面している課題は、複雑性のポテンシャルを高めることである。

すなわちより多くの異質な事態を同一の概念で解釈し、それによってきわめて異質な事態を比較する可能性を保証することなのである。極端に異なる事柄までをも比較可能なものとして扱おうとするこの目論見は、機能的比較の方法に準拠している。それが何よりもまず排除するのは、純粋な分類という方法である。というのは、分類《クラシフィケーション》は等しくないものに直面した場合には、別のクラスを持ち出すことから出発するからである。言うまでもないことだがわれわれは、複数の事態を諸々の一般概念へと帰属させることまでをも放棄するわけにはいかない。しかし分類を、すなわち名称を付与していくという流儀を、方法をめぐる努力において認識を確立するために用いうる形式だと見なすわけにはいかないのである。

機能的比較の方法的要件は、近代社会の特性を反映している。まただからこそ理論的にも方法的にも、伝統という基準に依拠するわけにはいかないのである。というのは、われわれが本書で詳細に示そうとしているように近代社会を特徴づけるのは、その主要な部分システムが機能的に自律化しており作動上閉じているという点だからである。近代社会の機能システムは、独自の自己組織化と自己再生産を遂行するに至っている。このことが意味するのはもちろん、総体システムが部分システムにその分化形式の効力を及ぼしうるのは、作動による制御によってではなく、構造的な影響によってのみであるということに他ならない。この洞察から、次のような方法論的帰結を導き出すことができる。理念や規範は、方法論的な方針の出発点たりえない（例えば、〈現実が理念に〉どれくらい接近しているかを測ればよい、というわけにはいかない）。というのは、それでは問題を別の問いへとずらすことにしかならないからだ。今や「全体社会が、自ら満たすことのできないような理念を抱え込んでいるのはなぜなのか、またその種の理念をどうやって選択するのか」と問われねばならなくなる。それに換えて、研究の対象とされた諸状態が全体社会によって条件づけられていることを次のようにして証明することもできるし、またそうしなければならないはずである。すなわち、まったく異なる種類の機能領域において〔家族と政治において、宗教と経済において、認知的な科学と想像を事とする芸術ないし規範的な法において〕同一の基本構造が存在していることを、またそれはいかにしてなのかを示せばよいのである。そうすれば、こう論じることが可能になる。この種の一致は、偶然に生じたものではありえない。それは全体社会システムの形式に帰されうるし、また帰されねばならないのである、と。

この意味で以下の研究は、理論的にのみならず方法論的にも、きわめて抽象的な概念的決定に基づいている。その理由は、議論が循環的なかたちを取らざるをえないということにある。ここまでの議論で、近代社会の特性についての、またその文脈において十分に明証的な事実として扱われうるものについての、いくつかの仮定を定式化してきた。言うまでもなくそれらの仮定は、全体社会の理論が自己を確立する際に用いられる観察様式と諸区別〔という、コミュニケーションの事実的様態〕に依存しているのである。この循環は回避しがたい。結局のところ全体社会の理論は、全体社会の中で定式化されざるをえないからである。《方法論》にしても、〔例えば、「事物の本性」に基づいて、全体社会の〕外部から導入されうる、ア・プリオリに受け入れられるべき出発点を与えてくれるわけではない(42)。この事態を考慮に入れようとするのであれば可能性として残されているのは、理論構築の技法に関してできるだけ透明な手続をとること、また概念が決定に基づくという点を明示しておくことだけである。そうすれば、どんな結果が導かれたかを睨みつつ変更することもできるはずである。

III 意味

意味についてどう考えるべきか。これまでに私は、いくつかの論文においてこの点を明らかにしようと試みてきた(43)。全体社会の理論という文脈においても、少なくとも手短に意味の問題に立ち帰っておく必要があるだろう。というのは理論にしても全体社会そのものにしても、常にあらかじめ意味なるものを前提としなければならないのであって、この点は変更されえないということが出発点となるべきだからである。意味を用いることなしには、全体社会のいかなる作動も生じようがないのである。

《オートポイエーシス》という一般的な理論モデルを踏まえるならば意味もまた、意味を常に前提とする〔意識およびコミュニケーションという〕諸作動のネットワークの中で産出されたものだという話になる。しかしこの事態は、意味が前提とされているということと矛盾しない。むしろ逆である。意味というメディアの特性は、認識する諸システムが作動上閉じられているとの事態に対する、必然的な相関物なのである。意味が存在するのはただ、意味を用いる作動の意味としてだけである。これはすなわち、作動によって規定されるその瞬間にのみ存在するのであって、その前にも後にも存在しないということでもある。つまり意味は、意味を使用する諸作動の生産物なのであり、創造や創設や起源に基づく世界の特質などというものではない(44)。またしたがって、事実として体験すること、コミュニケートすることという現実から遊離したイデアなるものなど存在しない。確かにプラトンの言うとおり、イデアは記憶と結びついている。だが「想起する」ということは、存在者の本来的な、しかしほとんど忘れられている意味へと立ち帰ることではないし、存在者の本質形式へと、イデアへと戻っていくことでもない。記憶は、〔それまでに積み上げられてきたコミュニケーションや意識の〕選択性を維持し、接続能力を〔すなわち、それ以降コミュニケーションや意識がどの方向へ流れていくかを〕制限するにあたって、一時的に使用するためにだけ構造を形成する。システムというものはすべて長時間持続する同一性をすでに有しているしそれを保持し続ける、だからその同一性を既存のものであるかのように引き合いに出すことができる――こう考えるとすれば、それは意味を構成するシステムの自己幻惑というものである。あらゆる方向づけ(Orientierung)は構成であり、瞬間ごとに再活性化された区別なのである。

意味をメディアとして用い、また再生産するシステムの外側には、意味は存在しない。これは目下のところ特に何ということもない主張のように聞こえるかもしれない。しかしとりあえずこの点は踏まえておくとしよう。議論をさらに先に進めるためには、「作動上の閉じ」ということから、システムと環境(システムは、作動によってはそこに到達できないはずである)との間の関係についてどんな帰結が引き出されるかを見ておかねばならない。生命システム(lebende Systeme)は、その〔構成要素である〕細胞にとっての特別な環境を創出する。その環境が細胞を守るとともに、細胞が特殊化することを可能にする。この環境とはすなわち生体(Organismen)に他ならない。生命システムは、空間における物質的な境界によって自らを守っているのである。それに対して、心的システムおよび社会システムの作動は、観察する作動として形成される。この作動は、システムが自分自身を環境から区別することを可能にする。作動が生じうるのはシステムの内部においてのみである「にもかかわらず」(むしろ、「がゆえに」と付け加えねばならない)、それが可能になるのである。換言すればこれらのシステムは、自己言及と他者言及とを区別するのである。したがって、この種のシステムにとって境界は物質的な人工物ではなく、二つの側をもつ形式だということになる。

抽象的に言えば今論じているのは、ある区別が、その区別自身によって区別されるものの中に《再参入 re-entry》することである。ここでは「システム／環境」の区別は、二度にわたって現れてくる。すなわちシステムを通して生産された違いとして、同時にシステムの内部で観察された違いとして、である。われわれは《再参入》の概念を用いることによって、ジョージ・スペンサー゠ブラウンが算術と代数に限定された数学的計算への制限として描き出した、あれやこれやの諸帰結のことを考えてもいる(45)。すなわちシステムはそれ自身にとって計算不可能なものになるのである[26]。こうして生じてくる無規定な状態を、予見不可能な外部からの影響（独立変数）に起因するものと見なすわけにはいかない。それはシステム自身から生じてくるのである。したがってシステムは記憶を、《メモリ関数》を必要とする。つまり過去の選択の結果を現在の状態として用いることができねばならないのである（その際、忘却と想起の働きが一定の役割を演じることになる(46)）。かくしてシステムは自分自身を振動する状態のうちに置く。すなわち正の値をとる作動と負の値をとる作動の間の振動状態に、また自己言及と他者言及の間の振動状態のうちに置くのである(47)[27]。システムは自分自身にとっても規定不可能な未来に直面する。しかしまた、予見不可能な状況に適応するためのストックを蓄積していくことにもなるのである。

再参入からのこの帰結は、システム自身の視野に入ってもいるはずである。以下では《意味》の概念を用いてこの帰結を指し示すことにする。

以上の理論的構想を受け入れるならば、事物や物質や理念から成る現存の世界から出発することはもはやできないだろう。また世界概念とはそれらの総体（物ノ宇宙 universitas rerum）[28]を指しているのだと考えることもできなくなる。意味システムにとって世界は巨大メカニズムではない。そのメカニズムがある状態から別の状態を産出するのであってシステム自身もまたそれによって決定される云々というわけにはいかないのである。むしろ世界とは、不意を突く出来事の計り知れない潜在的可能性であり、ヴァーチャルな情報である。しかしシステムにとっては情報を産出するために、選択的に生じた刺激に情報によって意味を付与するために、そのヴァーチャルな情報が不可欠となるのである(48)。したがってまたあらゆる同一性は情報処理の結果として、あるいは未来が関係してくる場合には問題として、把握されねばならない。同一性が《存続》しているわけではない。同一性はただ、回帰を秩序づける機能を有しているにすぎない。同一性によって、意味の処理過程の中で常に、反復的に使用可能なものに立ち帰ったり、それを先取りしたりすることが可能になるのである。そのためには、他のものとの違いにおいて同一であると指し示されうるものを、選択的に圧縮すると同時に、再認しつつ一般化しなければならないのである(49)[29]。

意味を帯びた同一性（経験的対象・シンボル・記号・数・文など）が産出されうるのは、ただ回帰的なかたちにおいてだけである。この点から、広範囲に及ぶ認識論的帰結が生じてくる。一方でそこから明らかになるのは、その種の実在物の意味は、観察の作動が生じる瞬間において把握されうるものをはるかに超えているということである。他方でだからといって、その種の対象は常にそこに《在る》のであって、観察されない場合でもやはり《在る》のだ云々との話にはならない。伝統的にはリアリティは論理学的－存在論的に把握されてきた。この前提のもとでは、さらに別の水準が、さらに別の作動的事象が目にされうるはずだということになる。それらこそがそもそも対象を、また対象を指し示す可能性を初めて構成するのである、と。しかし回帰の中で過去が（確証されており周知となっている意味が）参照される時、参照されているのは〔永続する「別の水準」ではなく〕あくまで偶発的な作動なのであり、ただその帰結が現在において利用可能であるにすぎない。創設する起源が参照されているわけではないのである。回帰の中で未来が参照される場合、参照されているのは無数の観察可能性であり、つまりはヴァーチャル・リアリティとしての世界である。現時点では、いつかその可能性が観察の作動を経てシステムへと（しかし、どのシステムへなのか？）取り入れられるか否かについては、まったく知りえない。このように意味は、徹頭徹尾歴史的な作動形式なのであり、それが偶発的な成立〔すなわち、過去〕と未来における適用の未規定性[30]とを束ねるのは、意味が使用されることにおいてだけなのである。そもそも何事かを確定するためにはこのメディアを用いねばならない。またこのメディアへのあらゆる書き込み（Einschreibung）の基礎は、書き込みの事実性が回帰の中で確証されること〔すなわち、その書き込みがすでに生じた事実として、後続するコミュニケーションの前提と見なされること〕以外にはありえないのである。

　意味のコミュニケーション的な生産の場合この回帰性は、何よりもまず言語における単語によって実現される。単語は多数の状況において同じものとして用いられうるからだ[50]。しかしさらに加えて、知覚可能な物として社会的な意味を付与されうるような客体も存在する。それによってこそ、言語によっては担われえない調整機能を満たすことができるのである。聖なる客体、憑依によるトランス状態に陥った人（預言者・《霊媒 Medien》）、君主、鋳貨、サッカーボールなどを考えてみればよい。《故郷》が同定される様式も独特のものであって、それを言語のみに帰することはできず、したがってまた言語によって適切に表現されることもないのである。[31] 建築による空間関係の秩序づけや行為の意味に関しても、同じことが言える。いずれの場合でも事の核心は、一瞬において（一瞬においてのみ）使用可能な回帰を秩序づけるという根本的機能なのである。

　意味という自己構成されたメディアにおいては、作動を区別へと定位させることが不可欠である。そうしてこそ、回帰のために必要な選択性を生み出すことができるからである。(51)「意味」ということで述べられているのは、今現在指し示されているものにおいて常に、他の可能性への参照もまた想定され把握されているということである。したがって規定された意味においては常に、自分自身と他のものとが想定されているのである。(52) さらにそこから、ある物から目を離して視線を他へと向ければその物は消滅することになる云々と考えるのは、事物に関する経験と矛盾するという論点も導かれてくる（そんなことになれば、目を離す勇気すらもてなくなるだろう）。意味は、実現されているあらゆるものにおいて、世界への参照として同時に現存している。他ならぬ現実として間接呈示（appräsentieren）[32] されているのである。そして「世界への参照」のうちには自身の能力（Können）という条件への、その世界の中でどこまで到達できるかという能力とその限界という条件への、参照もまた含まれている。さらに「現実的／可能的」という区別そのものもまた、有意味なものとして指し示されうる。だから例えば、世界に関する現象学の中でこの区別が担っている機能について問うこともできる。そうすれば機能的等価物が、つまりは他の可能性が、視野に入ってくることになるのである。意味テーゼによって排除されるのは、言葉の根源的な意味での絶対的空虚・無・カオスだけである。あるいはスペンサー＝ブラウンがいう意味での《マークされない状態 unmarked state》という世界状態だけだと言ってもよい。しかしすべての有意味な作動において、これら排除されたものが現前するという事態もまた再生産されていく[53]。というのは、意味世界は完全な世界であり、そこからの排除はこの世界自身のうちでしか生じえないからである。《無意味》もまた意味というメディアにおいてのみ、意味の形式としてだけ思考され、コミュニケートされる[54]。あらゆる否定はそれが明示的に否定したものを潜在化し[55]、そうすることで保存しもする。また同時に、マークされない空間（unmarked space）が再確立されもする。否定する作動も含めたあらゆる作動が区別を通して刻みつけられるのは、この空間のうちになのである。

　意味はいかにして機能するのか。この点に関して述べるためには、特殊な、他ならぬこの点に関連する、意味を定義する区別に依拠しなければならない。現象学的に言えば意味は、現に与えられている意味のほうから到達しうる参照先が過剰であることとして記述できる。したがって意味とは、あえてパラドキシカルに定式化すれば、無限の、それゆえに規定されえない参照連関なのだが、しかしその連関は特定の様式において利用されうるし、再生産もされうるのである[56]。われわれは意味の形式を、現実性と可能性の差異として指し示すことができる。そしてまた意味を構成するのはこの区別であって他の区別ではないと主張することもできる。したがって意味について語る場合、意味のうちに何かしら把握されうるもの（指し示されうるもの、区別されうるもの）を有していることになる。そしてまた意味テーゼによって、全体社会に関してなおもまだ何が言いうるかが制限されもする。全体社会とは、意味を構成するシステムなのである。

「現実的／可能的」という区別によって現実性を様相化すること（Modalisierung）[33]は、システムの作動の中でそのつど現実化される意味との関連で生じる。それは二重の意味で非対称的に組み立てられている。すなわち現実化された意味は可能であり、また可能であり続ける〔可能から区別された現実は、可能である＝〔可能／現実〕／可能〕。そして可能な意味は現実化されうるのである〔現実から区別された可能は現実化されうる＝〔現実／可能〕／現実〕。かくして区別の中で、区別がそれによって区別されたもののなかへと《再参入》することが見込まれているのである。つまり意味という形式はその両側において、自分自身のうちに自分自身のコピーを含んでいるのである。かくして、当初は非対称的に与えられた「現実的／可能的」という違いは対称化されるに至る(57)。そしてその結果意味は、世界の遍くところで同じものとして現れてくる。もちろん再度非対称化することは可能である。観察者にとって、そうすることは必要不可欠ですらある。しかし非対称性を再導入するには、再度別の区別を用いなければならない。例えば「システム／環境」の区別によって、あるいは「指し示すもの／指し示されるもの」の区別によってである。

意味を用いるシステムは、そのメディアを通してすでにシステムとなっている。このシステムは自分自身と環境とを、意味の形式においてのみ観察し記述することができる。これはすなわち、形式の中への形式の再参入によってのみ、ということである。どんな心的システムも社会システムも、意味というメディアの中で自分自身と他のものとを区別できるはずである〔因果帰属という問題に関してどんな自由が実現されようとも、やはり事態は変わらない〕。より具体的に言えば、一瞬一瞬において再参入が用いられ、現実的な意味の取り扱いが再生産され、そしてその際には可能なものが先取りされるのである。現実性はいわばレールのようなものであり、それに沿って常に新たなシステム状態が投企され、実現されていく。それゆえにシステムにとって現実性はその一瞬における現在として現れてくるとともに、自己主題化に媒介されて、持続としても現れてくるのである（どんなに儚いものであっても）。この種のシステムは、再参入の構造的帰結から逃れられない。そのような帰結としてとりわけ、自身に可能性を過剰に与えることになるという点を強調しておこう。どんな観察もどんな記述も、この可能性の過剰に追いつくことはできない。観察は、選択性を伴うかたちでしかなされえないのである。この自己過剰化を取り扱うための形式として歴史的にくり返し用いられてきたのが、システムによっては実現されえないような理念（例えば、完成態）によってシステムを測るという方策であった。

意味というメディアのうちで作動するシステムは、自己言及と他者言及とを区別しうる。というよりも、区別しなければならないのである。ただしそれは次のような道筋で生じる。すなわち自己言及が実現されるとともに他者言及が与えられ、他者言及が実現されるとともに自己言及が与えられる。つまり一方が実現される場合には、常に区別の他の側も与えられているのである。それゆえに意味というメディアのうちでの形式形成はすべて、システム相対的に生じなければならない。その時点においてアクセントが自己言及のほうに置かれていようが他者言及のほうに置かれていようが、同じことである。この区別によって初めて、通常の場合学習とか、システムの発展とか、進化による複雑性の形成とかの言葉によって指し示されているものが可能となる。そしてまたこの区別は、意味を構成するふたつの、作動の上ではまったく異なるシステムから出発することを可能にしてもくれる。両者のうちの一方は意識を経由して、他方はコミュニケーションを経由して自己を再生産する。またその再生産によって、自己言及と他者言及とを区別するための固有の出発点を産出する。そしてにもかかわらず前提とされた、ないしは実現された他者言及を経由して相互に結びつけられる。そのふたつのシステムとは、心的システムと社会システムである。

意味はあらゆる心的システムおよび社会システムの、つまり意識ないしコミュニケーションによって作動するあらゆるシステムの、普遍的メディアである。そのようなものとしての意味は、それらのシステムのオートポイエーシスによって格別の労力なしに、「自動的に」とも言えるようなかたちで再生される。それに対して、無意味を生み出すのは困難である。というのは無意味を生み出そうとする努力は、それだけで再び意味をなしてしまうからだ。ナンセンス芸術の試みに即して、この問題を考察することもできるだろう。[58] 無意味の生産が可能となるためには、「有意味なもの」（例えば、日常のありふれたことや予期されうるもの）というより狭い概念を確立しておいて、無意味をそこから区別しなければならない。粉骨砕身の努力によって特別に《意味のある》何かを成立させようと試みるが、振り返ってみればその努力が無意味であったことが明らかになるかもしれないといった事例に関しても、同じことが言える。[59] 意味というメディアは普遍的であり、否定されえない。しかしその中に、「肯定的／否定的」という二次的な区切りを組み込むことはできるのである。しかしそれとともに不可避的に、そのような区別もまた区別として意味を持ち、意味を再生産するということになってしまう。なるほど確かに、意味を形式として指し示すことはできる。意味を無意味から区別すればよい。そうすれば境界を横断することもできるだろう。しかしまさにそうする中で、「意味／無意味」という区別が用いられる瞬間に、この区別が意味を帯びてしまうという事態を生じさせる結果になる。かくして、あらゆる形式形成のメディアとしての意味が再生産されることになるのである。[60]

意味は特定のシステムの《固有行動 Eigenbehavior》[61]として生じ、再生産される。この事態は、ここで扱っているシステムが（すなわち、意識システムと社会システムが）、自身の究極的な要素を出来事として生産するという点に由来している。出来事としての要素は、ある時点において生じるや否や再び消滅するのであって、持続しえない。また各々の出来事が生じてくるのは最初で最後なのである。われわれが論じているのは時間化されたシステムについてなのであり、その安定性が達成されるのは、動態的安定性としてのみである。すなわち消滅していく要素を、新しい別の要素によって継続的に置き換えていくことによってのみなのである。それゆえにシステムの構造も、この事態に適合しなければならない。そのつどの現在はきわめて短いから、そもそも生じるものはすべてこの現在において同時に生じると解釈されねばならない。[62]この現在はまだ、本来の意味での時間ではない。しかし現在が《それ以前》と《それ以後》とを分離することとして、過去と未来を分離することとして理解される場合には、現在は時間となるのである。かくして意味が時間の中に登場し、いつでも時間的区別へと向かいうるようになる。すなわち意味は、複雑性を縮減するために時間を利用するのである。過去をもはや現時的《アクチュアル》ではないものとして、未来をまだ現時的ではないものとして扱うわけだ。[63]この区別が用いられる場合には（その場合にのみ！）、過去によって冗長性を、未来によって変異性を産出することができる。産出するとはすなわち、現在において現出せしめるということである。[64]しかし現在を時間化することとは、変異性に有意味なかたちで（すなわち、特殊な区別による）対処する方策としては、他の多くの可能性と並ぶひとつの可能性でしかない。優位に立つのは現在であるが、それは意味の形式の一方の側である。われわれはこれまでその側を、同じ形式の他の側との違いにおいて、現実性として指し示してきたのだった。だとすれば他の側とは、そこから出発して到達しうるものすべてだということになる。直接的かつリアルにであれ、可能性としてだけであれ、知覚の実行においてであれ、思考ないし想像の上だけであれ、同じことである。スペンサー゠ブラウンに緩やかに依拠しつつこの形式の内側を、作動のアトラクターとして、外側から区別することもできるだろう(65)。かくして有意味に作動することとはすなわちあらゆる作動が形式の内側において、つまりは現実的に生じる（さもなければ生じない）ということなのである。ただしまさにそのためには形式の他の側が必要となる。無限にまで続く他の諸可能性の空間としての外側こそが必要なのである。さもなければ意味ではありえないことになる。

意味の時間次元は常に、区別として重要な意義をもちうる。そこから社会的諸関係にとっても重要な影響が生じてくることになる。時間次元のゆえに、社会次元を物のようなかたちで安定化させることはできなくなる。他者は次の瞬間には別様に観察するかもしれない。他者は意味の事象次元の内部において、時間的に動きうるのである。全体社会がどの程度それを許容するかは、全体社会システムの複雑性とともに歴史的に変化する。次の点を考えてみれば、この事態は容易に裏付けられるだろう。ヨーロッパ旧来の伝統においては物（»res«）のゼマンティクと二値論理との関係が用いられていた。そこでは逸脱する意見は誤りとして扱われ、特殊な意見を知として主張することは単なるドクサ（dóxa/opinio）として退けられてきた。これらの事柄が、ヨーロッパ旧来の伝統において物ゼマンティクに結びつけられてきた。それに対して今日では、世界に対するあらゆる態度が時間によって条件づけられているということが出発点となる場合がほとんどなのである。

あらゆる作動は特定の時点に結びつけられた出来事であり、現実化されるや否や消えていく。したがって常に他の出来事によって置き換えられねばならない。にもかかわらず作動が継起する、すなわちシステムが存続するはずだというのならば（存続しなければならないというわけでは必ずしもないのだが）、作動の進展の中で形式の境界が横断されねばならないことになる。つまりそれ以前は指し示されていなかった別の側における何かへと移行していかねばならないのである。この《横断 crossing》（スペンサー＝ブラウン）に含まれる論理学的ないし数学的問題について論じるのはやめておこう。ここで確認しておきたいのは次の点だけである。横断のためには選択が必要である。そして選択によって、他の側において可能であるもの、可能であり続けるものが、特殊なものとして指し示されうる現実性へと縮減されるのである、と。さらにそのためにはまた新たに形式の別の側が必要になる。過剰な参照が、すべてを同時には実現できない諸可能性からなる世界が、必要なのである。それゆえに作動を継起化するということは、潜在的可能性の総体をともに保持するということに他ならない。継起化はこの総体を伴わざるをえないのであり、それを世界として再発生させることになる。世界なしにはさらなる作動を選択しえず、したがって作動するシステムを再生産することは決してできないだろうからである。以上を要約すれば、「意味は形式としてしか再生産されえない」という話になる。世界そのものはあらゆる意味形式に常に随伴する他の側であり、不可視に留まる。世界の意味は、有意味な作動において形式が用いられていることを自己反省する中で、象徴化されうるだけである。

問題はこうである。意味がどんなに明確であっても（あるいは、不明確であっても）またその瞬間における現実化がどんなに圧倒的でありまた事実的に疑いえないものであっても（ただちにデカルトのことが想起されるだろう）、そこから到達可能な世界のほうはただ参照の過剰としてのみ、つまりは選択の強制としてのみ呈示されうるだけなのである。現に充当〔＝実現〕されているものは確かではあるが、[66]不安定である。したがって意味形式の他の側〔である潜在的な諸可能性〕は安定しているが不確かなものだということになる。それが不確かなのは、すべては次の瞬間に何が企図されるかに依存しているからである。諸可能性総体の統一性そのものを、ましてやもちろんのこと形式そのものの統一性を、つまりは現実性と潜在性の統一性を、現実化することなどできないのである。意味は世界を与えることを断念し、その代わりに選択的なプロセシングを参照する。世界の中で世界概念が、世界の記述が、世界に言及するゼマンティクが形成されている場合でも、やはり事は同様である（この点については後で改めて論じる）。というのはそれらもまた有意味な作動の中で生じなければならず、その作動が指し示すものは何か他の事柄から区別されることになるからである（例えば、存在として存在者から区別される、というように）。現実化された意味は、例外なく選択的に生じていることになる。それゆえに例外なく、さらなる選択を参照する。偶発的であるということが、有意味な作動にとっては必然的な契機なのである。

以上述べてきたことすべてが踏まえているのは、区別されるものの統一性である。しかしその統一性はパラドックスとしてしか把握されえない。統一性は作動的には機能するが、観察されえないからである。[67]意味は形式の両方の側を伴いつつ機能しうるし、またそうしなければならない。さもなければ意味を作動として用いることで何かを（他のものをではなく）指し示すのは不可能だろうから。いかなる意味における意味に関しても（「意味の意味」について問う場合でも）、同じことが言える。すなわち意味はひとつの区別を通してのみ指し示されるのであり、そこには何かしら指し示されないものが、区別の他の側として随伴しているのである。言うまでもなく、「現実性／潜在性」の区別そのものを指し示すこともまた可能である（まさにわれわれが今しているように）。しかしそのためにはまた別の区別が必要であり、それによって「現実性／潜在性」の区別を他のものから区別し、世界の中に位置づけねばならないのである。例えば有意味にプロセシングするシステムが「意味をもたない他のシステムが存在する。石などのように」と考えたりコミュニケートしたりすることも、まったく可能ではある。しかしそれもまた、そのために設えられたある区別を用いてのことであり、つまりは意味の形式においてのみなされうるのである。有意味に作動するシステムは、意味というメディアに拘束されたままに留まる。このシステムにとってリアリティはただ、自己の作動を継起的に実現していくという形式においてのみ存在する。このシステムは、意味から自由に存在するシステムを理解することもできなければ、シミュレートすることもできない。意味は、複雑性を縮減するためのこのシステム特有の形式なのであり、そうであり続けるのである。

この区別の使用は強制的に生じるのであって、それを回避することはできない。一方、違いの確認は明確なかたちで生じる。後者はそれとして見て取れる選択を前提とするし、場合によっては根拠づけも必要となるのである。言語に関して言えば、文の各部分に随伴する区別は表現されえないし、表現しようとの試みもなされない。例えばリンゴについて語られる際には、リンゴが何から区別されているのかが不明確なままであることも多い。それに対して違いを確認することは、明確なマークを伴いつつ生じる。そしてこの確認は、後続するコミュニケーションを方向づけるために用いられるのである(68)。しかし自明のことながら、これらが生じるのもまた意味というメディアの内部でのことなのである。

いかなる場合でも、観察することは区別に依拠している。世界が豊穣な意味をもつという事態は、これによって説明できる。というのは、われわれはそのつど常に別の区別から出発しつつ、指し示されているものを同定できるからである。かくして相異なる観察者の相異なる諸観察が〔指し示されているものを軸にして〕調整されうる。しかもその多様性において〔つまり、一致に至る必要なしに〕調整されうるのである。これは社会次元と同様、時間次元における違いに関しても当てはまる。すなわち、さまざまな観察者が同じものに焦点を合わせる場合と同様に、そのつど用いられる区別が次々に交替していく場合に関しても言えるのである。

存在論的形而上学の伝統においても〔前段で述べたような区別の交替というものが〕許されていたはずだが、物事の成り行きというものに信頼が寄せられていた。超越的な限界値というものがあるのだから、その範囲内に事が収まるはずだと仮定されていたのである。存在者は、物の形式のもとで理解されていた。同様に時間は常に《起源》(arché, origo, principium, Quelle, Grund など)を参照する。起源こそが、不断に現実化されていく区別が常に変化して行くにもかかわらず、同一であり続ける(しかも、その時その時の現在において同一である)からである。そしてこの起源とは最終的には神に他ならず、神のみが、区別によっては定義されない存在なのだという話になる。(69)「区別に依存する観察のためのメディアとしての意味」という概念をラディカル化することで、この前提を解消することが可能になる。そうすれば世界は、いずれの意味次元に関しても、枠組(あるいはフッサール流に言えば、地平)として把握されることになる。この枠組によって、同じものを観察する場合でも区別を交換することが可能になるのである。ただしその際、世界を物および物が取り結ぶ関係の総体として把握することはもはやできないという点が前提となる。今や世界は観察不可能なもの一般なのであり、区別がどのように交替しようとも再生産されていくのである。

したがってどの区別も世界を代表＝表出する。区別の他の側が、その瞬間においては指し示されていないものを随伴しているからである。スペンサー＝ブラウンはこの事態を簡潔に、《区別とは自己完結である》と表現している。[70] すなわち区別は自己を支配しているのであり、外的言及を必要としない。区別は区別を、他の側として常にすでに含んでいるのである。区別は包含を包含している（Sie enthalten Enthaltsamkeit）と言ってもよい。このことだけからしても、意味－形式は自らを破砕できないということがわかる。しかし意味というさらに特殊な形式の場合には、次の事態が加わってくる。区別自身が自己使用においてのみ、つまり《オートロジカル》にのみ区別される。意味－形式は、自分自身の絶対的なメディアなのである。

ただしだからといって、さらに一歩踏み出すことが妨げられるというわけではない。以下では全体社会理論の分析へと話を移していくとしよう。そのためにまずは、それ自体としては《自己完結》を確立しているはずの「区別すること」に伴うパラドックスへと立ち帰ることにする。区別と指し示しからなる作動上の統一性としての意味は、ひとつの形式でもある。しかもその形式は自分自身を含んでいる。すなわちそれは、区別と指し示しの区別なのである。形式とは結局のところ区別であるが、ここではその区別が自分自身のうちで、区別されるものとして再登場してくるのである。このような状況から脱出するためには飛躍が、脱パラドックス化の指令が、[34] 別の区別によってパラドックスを隠蔽することが、必要となる。周知のようにラッセルとタルスキがそのために提案したのが、タイプないしレヴェルの区別であった。これは（今日に至るまでの間にさまざまな批判が寄せられてきたのは周知のところだが）論理学および言語学という目的のためには有用なのかもしれない。一方スペンサー＝ブラウンは、出発点におけるパラドックスを無視するという方策を用いている。ひとつの指令（《区別を設けよ》）に基づいて、形式の中へ形式が想像的に《再参入》する可能性が浮上してくる地点まで算法を推し進めよう、というわけである(71)。

今述べた論点を意味の特殊な形式へと、すなわち現実性と潜在性の差異へと適用してみよう。そうすれば、「意味は形式の中への形式の再参入によってのみ作動可能となる」という話になる。意味形式の内側は、この再参入を引き受けえねばならない。一時的な現実性と開かれた可能性との違いそのものが、意識にとって、あるいはコミュニケーションにとって使用可能でなければならない。いかにすればこの境界を横断できるかを、また次のステップとして何が考慮されるかを、今実際に見越すことができねばならないのである。ただしこれは《可能なものすべて》が、すなわち《マークされない空間》が、現実に指し示されているものである《マークされた空間》の内部で生じうるなどということを意味するわけではない。なにしろマークされない空間が現実的なものを構成するのは、この空間が現実的なものを越えているという点によっているのだから。確かに特定の可能性を現実につかみ取ることができるし、現実的なものと潜在的なものの境界を横断する方向を、あらかじめ決めておくのも可能である。しかしそれはあくまで、現実的な作動によってその可能性を後追い的に実行するというかたちでなされるのである。それによってまた現実性と潜在性の差異が、つまりは意味が、新たに構成されることになる。このように形式の中に形式が再参入することを通して、意味は特定の形式を継続的に選択していくためのメディアとなる。しかもこのメディアは、自分自身を継続的に再発生させていくのである。

この事態を記述することからしてすでに、ある意味で事態そのものを証明している。つまりこの記述はオートロジカルな作動なのである。しかしまた、この記述が可能なのはパラドックスの形式においてのみであるということも明らかになる。形式の中に再登場する形式は、同一であって同一でない形式だからである。

以上のように意味のパラドックスの展開について、簡潔ではあるが十分に考察した後でなら、あえて他の区別をも考慮してみる余地が生じてくる。ただしその区別もまた、自己の中へと再参入できるものでなければならないのだが。われわれは以下の考察においてシステム理論を、システムと環境の区別の理論として理解する。そこではシステムの側において再参入が実行されうる。それはシステム自身が、つまりシステム固有の作動において、自己言及と他者言及とを区別することによってである。さらにコミュニケーションを、社会システムを再生産する特殊な作動として扱う時、われわれはメディアと形式の区別に定位していることになる。この区別もまた、次の点で自分自身の中に現れてくる。この二つの側のどちらにおいても、ルースにないしタイトにカップリングされた諸要素が前提とされている。ところがこの「ルース／タイト」自体もまた形式として認識されうるのであり、したがってそこではメディアと形式の区別が前提とされてもいるのである[72]。それゆえに最終的な、意味システムにとって超越しがたいメディアとは、意味に他ならない。しかしこのメディアの内部での形式形成は、システムの作動として実行されねばならない。意識的な注意を配置することとしてであれ[73]、コミュニケーションとしてであれ、事は同様である。例えば言語的コミュニケーションの場合なら単語が文法規則を考慮しつつ、また必要とされている意味を形成するように、文へとカップリングされるのである。最後に、全体社会の進化に関する理論もまた区別を用いて、自身のパラドックスを展開しているのだということを指摘しておこう。「自己を変化させるものが成立する」というこのパラドックスは今や、旧来の流儀に倣って、動く／動かない（変化しうる／変化しえない）要素ないし部分という区別へと分解されるわけではない。その代わりに登場してくるのはダーウィンの理論を範型とする、変異と選択の区別である。ところが変異そのものが選択的に生じるのである。というのはシステムが刺激されるという事態は任意にではなく、高度に選択的に生じるからである。すなわち、変異に向けて刺激されるのである。

IV　システム／環境の区別

われわれは全体社会の理論を《理にかなった＝意味に即した sinngemäß》かたちでパラダイム革新するための理論的源泉を、社会学という専門分野の伝統から引き出すのではなく、外部から社会学の中へと導入してみようと考える。その際、指針となるのはシステム理論における新展開のみならず、それとは別の理論の名の下で生じている展開でもある。例えば、サイバネティクス・認知科学・コミュニケーション理論・進化論などである。これらいずれの場合においても学際的な連関を有する議論が登場してきているが、その連関の有様はここ二〇年から三〇年できわめてラディカルな変革プロセスをくぐり抜けているため、五〇年代から六〇年代初頭のシステム概念とは、ほとんど何も共有していない状態に至っている。これはまったく新しくまた魅惑的な知的発展である。この発展によって初めて、自然科学と精神科学、ハード・サイエンスと人文学、法則のかたちで形成される対象領域とテクストのかたちをとって（解釈学的に）与えられた対象領域という昔ながらの対立を掘り崩すことが可能になるのである。

以下の議論を理解するためには、徹底的に考え方を切り替えることが必要不可欠である。すなわちわれわれが以下において語るのは、客体についてではなく区別についてなのである。さらにまた区別は現存する事態（異なるものという事態）として把握されるのではなく、区別を実行せよとの指令に帰せられるのである。この指令を実行しなければわれわれは何ものをも指し示せず、したがって観察も生じず、続けることもできないだろうからである。この点を、スペンサー＝ブラウンが著書『形式の法則』の基礎とした形式概念を用いて明確化することもできるだろう。[74] それに従うならもはや形式は（美しかったりそうでなかったりする）形態《ゲシュタルト》ではなく、境界線と、あるいは差異のマーキングと見なされるべきである。境界線や差異のマーキングによって、どちらの側を指し示すのかを明示せざるをえなくなる。すなわち、われわれが形式のどちらの側にいるのかを、またそれに応じて、以後の作動をどこに設定するのかを明示しなければならなくなるのである。そしてその際、境界線（《形式》）の反対側もまた同時に与えられていることになる。形式のどちらの側も、反対側の反対側に他ならない。どちらの側も、それ自身としての何ものかなのではないのである。一方の側を実現しうるのは、他の側ではなくそちらを指し示すことによってのみである。この意味で形式とは展開された自己言及であり、しかも時間的に展開された自己言及なのである。というのは、われわれは常にそのつど指し示されている側から出発しなければならず、そしてその次の作動において指し示されている側にとどまるにしても、形式を構成する境界を横断するにしても、時間を必要とするからである。

横断は創造的である。指し示しを反復しても、ただその同一性が確認されるだけだが（ただし後で述べるように、〔反復を通して〕指し示しの意味がさまざまな状況の中でテストされ、それによって圧縮されもする）、〔境界の〕あちらへ行き、またこちらへと横断することは反復ではない。したがって横断がただひとつの同一性へと収縮していくというわけでもないのである。[75] これは、「区別が用いられる場合、その区別そのものは同定されえない」という洞察を別様に言い換えたものである。横断することが実り豊かであるのはまさにこの点に基づいているのだが、それについてはまた後で、バイナリー・コードを例として詳しく論じることにしよう。

この形式の概念は確かにある意味で、ヘーゲルにおける概念の概念と類似している。どちらにとっても、区別を含むという点が決定的に重要だからである。ヘーゲルの概念の概念の中には、きわめて広範囲に及ぶ主張が盛り込まれている。しかしわれわれはそれに追従するわけにはいかないし、またそうする必要もないだろう。われわれが考えている意味での形式と違ってヘーゲルの概念は、自己の統一性の問題そのものを解決するという課題を引き受けている。そこでは区別されたものの完結性（Selbständig-keit）〔という問題〕が除去されてしまっている（例えば人間の概念の場合なら、感性と理性という相互に対立する契機の完結性が）。それは、普遍的なものと個別的なものという独特の区別を用いることによっている。この区別を止揚することによって概念は単独的なものとして構成される、というわけである。この議論から距離を取るために、とりあえず次の論点を想起しておこう。形式とは区別に他ならないが、それは形式が一方ないし他方の側を指し示すのを（したがって、観察するのを）強制することによっている。そしてまさにそれゆえにこそ（概念とはまったく異なって）自己の統一性をそのものとして実現することはできないのである。形式の統一性は、形式が有する《より高次の》、精神としての意味などではない。形式の統一性とはむしろ、排除された第三項である。形式を用いて観察している以上、それを観察することはできないのである。なるほど形式の概念においてもやはり、両方の側がそれ自体として、そのつど他の側を参照することによって規定されるという点が前提となってはいる。しかしそれは対立するものの《和解 Versöhnung》の前提としてではなく、区別を区別する可能性の前提としてのことなのである。

いかなる規定もいかなる指し示しも、あらゆる認識もあらゆる行為も作動として実行されるのであり、今述べてきたような形式を創設する。ちょうど原罪が世界に切れ目を入れて、差異を成立させたようにである。そうなれば〔異なる事物が併存しているという意味での〕同時性が成立し、〔あるものから他のものへと移行するために〕時間が必要になってくる。もはや以前に存在していた未規定性へと立ち帰ることはできなくなるのである。

したがってわれわれの議論ではもはや形式概念は、内容の概念から区別されるだけに留まらない。また文脈の概念と区別されるというだけでも不十分である[76]。もちろんあるものが他のものすべてと違うという形式もあるし、またあるものがその文脈と違う（例えばある建築物が周囲の都市と、あるいは田園と違っている、など）という形式も可能である。しかしさらにまた、ある値が反対の値とは違っており、かつ第三項が排除されているという場合もありうるのである。形式が区別の一方の側をマークしており、なおかつそうすることによって規定される他の側も存在するという点が前提とされている場合なら常に超形式も、すなわちその形式を他の何かから区別する形式も存在していることになる[77]。

形式の算法のために、すなわち区別をプロセシングするために発展させられたこれらの概念構成法を用いて、システムと環境の区別を解釈することもできる[78]。形式の算法一般のほうから見ればこれは特殊事例であり応用例であるということになる。それゆえ方法という点でいえばここで問題となっているのは単に、全体社会をひとつの原理(《精神》であれ《物質》であれ)から説明するかわりにひとつの区別によって説明するなどということではない。われわれがシステムと環境との区別に、したがってまた《システム》という形式に中心的位置を割り当てているのは確かである。しかしそれは、われわれが理論の一貫性を、すなわち多数の区別の連関を組織していくのはその位置からであるということにすぎない。そこで採られる手続きは演繹的なものではなく、帰納的なものである。すなわち、ある区別の一般化が、他の区別にとって何を意味するのかを試してみようとするのである。また「一貫性」とは十分な冗長性を確立するということに他ならない。つまりは情報を節約しつつ使用するということなのである。

この形式概念を用いることによって、システム理論そのものに関しても明らかになる点がある。この理論が扱うのは、特定の客体ではない(ましてや、技術による人工物や分析的に構成されたものでもない)。システム理論のテーマは、特定の種類の形式なのである。あるいはそこで扱われるのは、諸形式からなる特殊な形式であるとも言えるかもしれない。この形式は、ふたつの側からなるあらゆる形式の一般的特性を、《システムと環境》という事例に即して明らかにするのである、と。形式の持つあらゆる特性が、ここにおいてもやはり現れてくる。すなわちシステムと環境は同時に存在しており、あらゆる作動は時間を要するのである。しかしこのような仕方で描出することによって何よりもまず明らかになるのは、なるほどシステムと環境は、ひとつの形式のふたつの側として分離してはいるが、しかし一方は他方の側なしには存在しえないという点である。[79] 形式の統一性は、差異として前提とされ続ける。しかし差異そのものは作動の担い手ではない。差異は実体でも主体でもないが、理論史的に見ればそれらの古典的な像が占めていた場所に代わって登場してくるのである。作動はシステムの作動としてのみ、つまり形式の内側においてのみ可能である。しかしシステムは、形式の観察者としても作動することができる。差異の統一性を観察できる、つまりふたつの側からなる形式を「形式」として観察できるのである。ただしそのためにはまた別の形式を用意しなければならない。つまり区別そのものを区別できねばならないのである。かくしてシステムもまた、十分に複雑であるならば、システムと環境との区別を自分自身へと適用できる。ただしそのためにはやはり、それを行う自身の作動を実行できねばならない。換言すればシステムは自分自身を環境から区別できるのだが、しかしそれは当のシステム内部における作動としてだけである。システムは回帰的に作動しそれによって自身を分出させる中で、形式を盲目的に産出しもする。だがシステムが自分自身を「環境の中にあるシステム」として観察するなら、その形式を使用することもできるのである。システム理論が、区別することと指し示すことという特定の実践の基礎となるのはその形式を使用する場合にのみ、そのような条件下においてのみのことである。システム理論は、観察と記述の形式としてシステムと環境との区別を用いる。だがシステム理論がそうしうるためには、この区別を別の区別から、例えば行為理論が用いる区別から区別できねばならない。さらにまた、そもそもこのような道筋で作動しうるためには、ひとつのシステムを形成しなければならない。ここでの文脈に即して言えば、科学でなければならないのである。かくしてこの構想は、システム理論へと適用されることによって、われわれが探究している必要条件を満たすことがわかる。その条件とは、理論の自己包摂ということである。システム理論は、その対象との関係を通して、自分自身に関する《オートロジカル》な逆推論[35]へと至らざるをえないのである。

このような差異理論的な出発点を受け入れるならば、新しいシステム理論のあらゆる発展は、《システムと環境》という主題をめぐる変奏として現れてくる。当初においてまず重要だったのは、新陳代謝あるいは入力・出力という観念を用いて次の点を説明することだった。ある種のシステムはエントロピー法則に服するのではなく、ネゲントロピーを形成していく。そして他ならぬシステムの開放性と環境依存性を通して、環境に対するシステムの違いを強化していくのである。さらにそこから次のような議論が導かれてきた。環境からの独立性〔Unabhängigkeit＝非依存性〕と依存性は、システムのメルクマールとして相互に相容れないものではなく、むしろ特定の条件の下で相互に増幅しあうことができるのである、と。したがって問われるべきは、「それはどのような条件の下でのことなのか」だった。この点については、進化論を用いて解答を試みることができたのである。

発展の次のステップは、自己言及的な、つまり循環的な諸関係を取り入れることによって生じた。まず、システムの構造が、当のシステム固有の過程によって形成されるという事態についての考察がなされた。以後それは「自己組織性」と呼ばれることになる。そこでは環境は、不特定の（無意味な）《ノイズ》の源泉として把握されていた。システムは自分自身の諸作動を相互に連関させることを通じて、このノイズから意味を引き出しうる、というわけである。こうして、次のような事態に対する説明が与えられたのである。すなわちシステムは確かに環境に依存しており、環境なしにはありえない。しかしまた環境によって決定されているわけでもない。システムは自らを組織化し、独自の秩序を形成できるのである云々。以上を要するに、「ノイズからの秩序 order from noise」ということになる。(80) システムから見れば、環境がシステムに影響を及ぼすのは偶然のことである。(81) だがまさにこの偶然性こそが秩序の創発にとって不可欠なのであり、そしてその秩序が複雑になればなるほど、ますますそう言えるのである。

ウンベルト・マトゥラナがオートポイエーシスの概念によって新しい観点を導入したのは、議論がこのような状態を呈していた時だった。(82) オートポイエティックなシステムとは、その構造だけでなくシステムを成り立たせている諸要素をも、当の諸要素のネットワークの中で産出していくシステムのことである。オートポイエティック・システムを成り立たせている諸要素（時間的に見ればそれは作動に他ならない）は、独立した存在をもたない。諸要素はただ単に集まっているのではないし、ただ単に結び合わさって生じるのでもない。むしろ、それら諸要素はシステムの中で初めて産出される。それも、それらが（どんなエネルギーや物質を基礎としているのであれ）違いとして必要とされるからこそ産出されるのである。諸要素はシステムの中で違いをつくる違い、すなわち情報である。またこの限りで、情報の使用からなる統一体は、それに対応するものがシステムの環境の側にはまったく存在しないのに、その次の使用の統一体を産出していくのである。

オートポイエーシス概念に関して寄せられている広範囲でかなり批判的な議論のことを考えるならば、何よりもまずこの概念がもつ説明としての価値がわずかなものであるという点に触れておかねばならないだろう。オートポイエーシス概念が要求するのはただ、いかなる説明も特定の作動から出発しなければならないということである。その作動こそがシステムを再生産するのであり、そしてシステムこそが説明すると同時に説明されるものなのである。したがってオートポイエーシス概念はそのようなシステムが、システムと環境との構造的カップリングを踏まえてどんな特殊な構造を発展させてきたかという点に関して、何も語ってはくれない。すなわち、システムの歴史的な状態を何ら説明してくれない——それ以後のオートポイエーシスは、その状態から出発しなければならないにもかかわらず、である。生体のオートポイエーシスは生化学的に見て、進化の途上での一度きりの発明品である。しかしそこから、虫や人間が必ず生じてくるはずだとは言えないのである。コミュニケーションの場合も事は同様である。コミュニケーションを前提とするコミュニケーションというオートポイエティックな作動によって、全体社会が生じてくる。だが「どんな全体社会なのか」がそれだけですでに定まっているわけではない。それゆえにオートポイエーシスは、どんなシステムにとっても不変の原理である。くり返すならば、説明されるシステムにとっても、説明するシステムにとっても、である。かくして存在論的な、不変の存在（Seinsinvariante）を踏まえた説明法は放棄され、また同時に「主体／客体」の差異も放棄されることになる。しかしそれだけではまだ、どんな歴史的初期状態が、構造的カップリングを経て構造の特定化の方向を規定するに至るのかは明らかにされていない。とりあえず言いうるのは、この問いに答えるためにはシステムそのものを探らねばならないということだけである。

したがってオートポイエーシスを、特定の《形態 Gestalt》の生産として理解してはならない。重要なのはむしろ、システムと環境との区別を産出することなのである。[83] システムを残余としての環境から切り離すことによって、内部で遊動域（Freiheitsspielräume）が生じ、そこでは環境によってシステムが決定されることはなくなる。すなわちオートポイエーシスとは、正しく理解すれば、とにかくまずシステム内部の未規定性を産出することなのである。そしてこの未規定性は、システム固有の構造形成によってのみ縮減されうるということになる。当然のことながらそこから次の点も説明される。全体社会システムが、システム内部の作動をさらに規定していくうえでのこの開放性を考慮に入れるために創出しているのが、意味というメディアである。つまり全体社会システムが自己の作動として知っているのは、意味の形式を用いるコミュニケーションだけなのである。

言うまでもないことだが、このオートポイエティックな再生産は環境抜きでは生じえない（ここまでの議論を踏まえれば、環境がなければ形式の他の側であるシステムもないというのは明らかだろう）。しかしだとすればなおのこと、次の点をより精確に示す必要が生じてくる（それはまた、全体社会の理論を求めるわれわれをも益することになるだろう）。すなわちオートポイエティック・システムは、そのオートポイエーシスを継続していくために必要なあらゆる要素を、自ら生産する。ではこのシステムの環境への関係はいかにして形づくられるのか。このようなシステムの外部とのあらゆる関係は特定化されないかたちで与えられる（もちろんだからといって観察者が、自分が見ようとしているもの、見ることができるものを特定しうるということが排除されるわけではない）。いかなる特定化も、したがって環境への関係を特定化することも、システム自身の活動を、またその活動の条件としてのシステムの歴史的状態を前提とする。というのは、特定化はそれ自体がひとつの形式、つまり区別だからである。特定化は、自己構成された選択領域からの選択（情報）において（すなわち、「選択されたもの／選択肢の総体」という区別を通して）成立する。そしてこの形式は、システム自身の中でのみ形成されうるのである。システムへの要素の入力も、システムからの要素の出力も存在しない。このようなシステムは構造の水準においてのみならず、作動の水準でも自律的である。これこそが、オートポイエーシスの概念によって述べられていることなのである。このシステムが自己の作動を構成できるのはただ、〔すでに生じている〕自身の作動との接続において、また同じシステムの以後の作動を先取りすることによってだけである。しかしそう述べることによって、〔システムの〕存立条件のすべてが挙げられているわけではない。だから再度問われねばならない。自分自身の作動が以上のように循環的に依存しているのであれば、その依存性を、問題なく存続している環境への依存性からいかにして区別できるのか。この問いに答えるためには、オートポイエティックな作動の特性を分析しなければならない（言い換えれば、多くの場合表面的に受容されているような意味でのオートポイエーシスの概念そのものによって、答えが与えられるわけではないのである）。以上の考察の結果としてわれわれは、全体社会の理論にとって中心的意義をもつのはコミュニケーション概念であると見なすことになる。

これまで行ってきた概念規定によってさしあたり、「システムの作動上の（あるいは自己言及的な）閉鎖性」という、今日ではしばしば用いられている概念を明確化することもできる。この閉鎖性ということで考えられているのは当然のことながら、システムの因果的な孤立や無接触性、あるいは隔絶（Abgeschlossenheit）として理解されうるような事柄ではない。「独立性〔＝非依存性〕と依存性が相互に、また互いを通して増幅しあう」という洞察はすでに開放システムの理論によって獲得されていたものであるが、それは完全に維持される。ただし今やこの洞察は、別様に定式化されねばならない。すなわち、「あらゆる開放性はシステムの閉鎖性に基づいている」というようにである。いくらか詳細に述べるならば、これはつまり以下のことを意味している。作動の上で閉じられたシステムだけが、固有の高度な複雑性を形成できる。そしてその複雑性によって初めて、システムが環境の諸条件にどんな観点から反応するかを特定化することも可能になる。その他の観点については、オートポイエーシスに依拠することによってあえて無関心を貫くことができるのである。(84)

同様に、「システムは、論理的矛盾を含まない秩序のうちに身を落ち着けることなどできない」というゲーデルの洞察もまた取り消されはしない。(85) しかしそこで述べられているのは結局のところ、われわれにとっても前提となる論点に他ならない。すなわち、「システム概念は環境概念を参照しており、したがって論理的にも分析的にも孤立したものではありえない」ということなのである。作動の水準で言えば（われわれのテーマ領域に即するなら、コミュニケーションに関しては）ゲーデルの議論は、「数についての言明は、数についての言明についての言明を含んでいる」（言い換えれば、コミュニケーションは自己言及的なかたちでのみ機能しうる）という洞察に基づいている。しかし同時に強調しておかねばならない点もある。ここで論じているのは、「システム／環境」の区別を用いて、あるいは作動に関して〔すでに〕観察を行っている観察者についてだけである。われわれはまだ、このシステムの統一性がいかにして成立してくるかに関しては、何の結論も出していないのである。

われわれが扱っているシステムは循環的であり自己言及的である。そしてその点で、論理的な対称性を伴って形成されている。この点を洞察することから、次の問いが導かれてきた。この循環はいかにして打破されるのか、いかにして非対称性が確立されるのか。〔非対称性を前提としてこそ、次のように問いうる。〕何が原因で何が結果なのか。あるいはさらにラディカルに言えば、何が以前であり何が以後なのか。何が内部で何が外部なのか。しかしそもそもこれらについて述べているのは、はたして誰なのか。

これらについて判定する審級は、今日ではしばしば《観察者》と呼ばれている。ただしこの語によって想定されているのは意識プロセスのことだけ、つまり心的システムのことだけでは決してないという点に留意しておこう。この概念は高度に抽象的なかたちで用いられるのであり、したがって観察の実行を可能にする物質的基体、インフラ、特定の作動様式とは無関係なのである。観察するということが意味するのは、「区別することと指し示すこと」だけである（本書の以下の部分では、観察概念を一貫してこの意味で用いる）。観察することをこのような意味での概念として用いるならば、《区別することと指し示すこと》は単一の作動であるという点に注意が向けられるはずである。というのは、指し示されはするが区別されないようなものなど、そもそも指し示されえないからだ。また区別することが意味を持つのは、一方かまたは他方の側を（両方の側を、ではなく）指し示すために使われている限りにおいてである。伝統的な論理学の用語を用いて定式化すれば区別は、それが区別する両側との関係において、排除された第三項（das ausgeschlossene Dritte）なのである。したがって観察することもまた、その観察の実行においては排除された第三項となる。最後に観察者もまた、その観察において排除された第三項である。次の点を考えてみればよい。観察することは常に一つの作動であり、オートポイエティックなシステムによって実行されねばならない。そして機能という観点からはこのシステムの概念を、観察者として指し示すことができるのである。したがって観察者は、観察に際しては自分自身を見ることができない。観察者は、ミシェル・セールが簡潔に述べているように、「観察不可能なもの」である(86)。観察者がそのつど区別を用いるのはその一方の側か他方の側を指し示すためであるが、その区別そのものは見るための条件として不可視のままであり、盲点となる。これはあらゆる観察について言えるのであって、作動が心的なものであろうと社会的なものであろうと、つまり作動が意識のプロセスやコミュニケーションとして実行されようと、やはり同じことである。

それゆえに全体社会システムは、特定の《本質》や、ましてや特定の道徳（幸福の普及、連帯、生活環境への適応、理性的な合意による統合など）によってではなく、ただ全体社会を生産し再生産する作動によって特徴づけられるだけである[87]。この作動とはコミュニケーションである[88]。以下において「コミュニケーション」ということで意味されるのは（作動について述べておいたのと同様に）、そのつど歴史的かつ具体的に生じていく、したがってコンテクストに依存した事象である。正しい話法の規則を単に適用すればコミュニケーションが生じる、というわけではないのである[89]。コミュニケーションの成立にとっては、すべての関与者が知と非知とを携えつつ関与しているということが不可欠である。この点についてはすでに方法論に関する予備的考察〔本章II節〕において述べておいた。またそれが方法論的個人主義に対する異議でもあったということをも想起しておこう。そもそも非知を意識状態として把握できるのは、コミュニケーション状況に依拠することによってなのである。何らかの要求を特定化したり、一定の情報チャンスを認識可能にしたりするのはその状況だからだ。コミュニケーションによって初めて知と非知の配置が生産されるのであり、そしてその配置がコミュニケーションを変化させることになる。すでにこの点からして、コミュニケーションはオートポイエティックな作動であることがわかる。

コミュニケーションもまた意味の実践（Sinnpraxis）である以上は区別を設けなければならないし、そのことはコミュニケーション自身によっても見越されている。区別の一方の側を指し示し、その側において〔次のコミュニケーションへの〕接続を考えねばならないのである。かくしてシステムのオートポイエーシスは継続されていく。しかし他方の側では何が生じているのだろうか。こちらの側は指し示されないままであり、したがって首尾一貫性のコントロールに服する必要はない。連関が考慮されはしないのである。それゆえに通常の場合、指し示されたものが何から区別されていたのかは即座に忘れ去られる。マークされない空間からだったにせよ、反対概念からだったにせよ、同じことである。反対概念は〔指し示しの瞬間には視野に入っていたとしても〕後続の作動のためには考慮されないからだ。もちろん他の側は常に随伴してはいる。さもなければいかなる区別も生じえないだろう。しかし何か規定されたものに到達するためにそれが用いられることはないのである。

全体社会の要素となる作動は時点に拘束された出来事であり、生じるや否や再び消滅していく。この洞察を用いて、さらに議論を進めていくことができる。この洞察は、コミュニケーションのあらゆる構成要素についてもあてはまる。情報に関しても言えるし〔情報が人を驚かせうるのはただ一度だけである〕、また伝達についても言える〔伝達は、行為として、特定の時点に拘束されている〕。さらにまた理解に関しても成り立つのである〔ある理解を反復することはできない。可能なのはそれを想起することだけである〕。またこの洞察は、口頭でのコミュニケーションにおいても成り立つし、文字によるコミュニケーションについても成り立つ。もちろんふたつのコミュニケーションの間には違いがある。文字という流布技術によって、出来事としてのコミュニケーションが時間的・空間的に多くの受け手へと分配され、予見されえないほど多くの時点において現実化されうるようになるからだ。しかしどちらにおいてもやはり先の洞察は成り立つのである。

コミュニケーションの概念をこのように時点に関連させることによって、われわれは情報に関して一般に受け入れられている概念を修正する結果にもなる。情報は多くの可能性からの、驚きをもたらす選択である。情報が不意打ちである以上、それは持続性をもちえないし運搬されることもありえない。また情報はシステム内部において産出されねばならない。というのは、情報は予期と比較されることを前提とするからである。さらに情報は、完全に受動的に獲得されるわけではない。環境から受け取られたシグナルから論理的に情報が帰結するというようにはいかないのである。むしろ情報には常に意志による要素が含まれている。つまり、情報によって何を始めうるかが見越されている[90]。情報が生み出される前に、情報への関心が形成されていなければならないのである。

われわれはコミュニケーションを、情報・伝達・理解という三つの構成要素からなる統一体として理解する。そしてこれら構成要素は、コミュニケーションによって初めて産出されるものと見なすのである。したがってこれらの構成要素に存在論的優位を認める可能性は排除されることになる。まずもって物の世界が存在するということから出発するわけにはいかない。もちろん物の世界について語ることはできるとしても、である。《主観的》に意味を創出する行為である伝達のうちにコミュニケーションの源泉があるという議論も通用しなくなる。さらに、まずもって全体社会が存在しており、それが文化的制度を介して、あるものがコミュニケーションとして理解されるのはいかにしてかを定める云々というわけでもない。コミュニカティヴな出来事という統一体を、客観的に導出することはできない。主観的にも社会的にも、そうすることはやはり不可能なのである。まさにそれゆえにコミュニケーションは、後続するコミュ意味というメディアを創出する。このメディアの内部においてコミュニケーションは、後続するコミュニケーションが問題とするのは情報に関してなのか伝達に関してなのか、それとも理解に関してなのかを決定し続けることができる。コミュニケーションを構成する諸要素は相互に前提としあっており、循環的に結びつけられている。それゆえにもはや〔それらの要素を〕外在化しておいて、それを世界の特性として存在論的に固定することなどできない。むしろコミュニケーションから次のコミュニケーションへと移行する中で、そのつど外在化が試みられねばならないのである。

コミュニケーションという作動は時点に拘束されている。したがって、情報と伝達の差異を観察することを基盤とする理解もまた時点と関わってくることになる。理解によって初めて、コミュニケーションが事後的に生じてくる（この点を確認しておく必要があるのは、文字によるコミュニケーションや貨幣を用いたコミュニケーションを議論に含めることができるようにするためである）。つまりコミュニケーションは、情報と伝達という特殊な区別を用いて世界を観察する、ある種の様式なのであり、特殊化を踏まえて普遍性を獲得する可能性の一つなのである。また、コミュニケーションは意味の《移送》ではない(91)。理解の時点において広大な時間地平が構成されうるのであり、それによって伝達の時点でのコミュニケーションをよりよく理解できるようになる〔そしてそこで伝達時点から理解の時点への意味の移送が生じているようにも見える〕ということはあるにせよ、である。問題なのはあくまで、理解の時点において同時に生じるものをコミュニケーションがコントロールすることなどできないという点である。それゆえに常に自身の過去からの逆推論や、冗長性や、自己構成された再帰性が必要となるのである。

理解することが、同時に心理学的に生じていることを読解するという点に依拠しているとすれば、コミュニケーションの連関の中での理解などそもそもまったく不可能となるだろう。意識が同時に働いているという点はもちろん前提とされねばならない。しかしコミュニケーションへの関与者は、個々の意識がいかに生じているかを知ることができない。そしてこれは、他の関与者についても自分自身に関しても言えるのである。むしろコミュニケーションは（したがって全体社会は）、自身にとって必要な理解を自ら創出しなければならない。これは、コミュニケーションという出来事をネットワーク化する中で非恣意性が生じてくることによって、つまりはコミュニケーション過程の自己言及的構造によって、生じてくる。個々のどの出来事もその意味するところ（＝わかりやすさ〔理解 verstehen の関連語である〕verständlichkeit）を他の出来事を参照し、他の出来事が何を意味しうるのかを制限することによってのみ獲得する。個々の出来事はまさにこのようにして、自分自身を規定するのである。(92)

このようにコミュニケーション・システムが存在するのは、作動する瞬間においてのみである。だがコミュニケーション・システムは自己の作動を規定するために意味というメディアを用いており、それによって、どの作動から出発しても他の作動へと選択的に関係を取り結ぶことができる。しかもこの関係づけが生じる際の地平において、システムと同時的に存在する世界を表出できるのである。(93) それゆえにあらゆる持続は、他の出来事への移行を通して生産されねばならない。コミュニケーションのシステムが可能なのは、ただ回帰的システムとしてのみである。というのはこのシステムは個々の作動を、同じシステムの他の作動を先取りしたり回顧したりすることによってのみ生産しうるからである。(94) かくして再び、連続性と非連続性という二重の必要条件に直面せざるをえなくなる。そしてそこから、「意味が別の状況において同じものとして扱われうるのはいかにしてか」という問いが浮上してくるのである。認識可能な反復を伴わねばならない、というわけだ。それが生じている場合には、そしてその場合にのみ、古典的な概念構成を保持し続けることができる。すなわち《要素》と《関係》について語ることが、また安定した対象を想定することができるのである。[95] したがって問われるべきはこうである。認識可能な反復は、意味というメディアにおいていかにして可能となるのか。

ジョージ・スペンサー＝ブラウンによる形式の理論では、ここで求められているものが、圧縮（condensation）と再認（confirmation）という二重の概念規定で表現されている。[96] 両者をひとつの概念へと縮減することはできないのである。回帰性は同一性を生み出さねばならず、その同一性は反復的使用に適したものでなければならない。そのためには選択的な圧縮が必要である。すなわち、異なる状況に含まれる反復不可能な契機を除去しなければならないのである。また回帰性はさらに、今述べたようなかたちで凝縮された意味を新しい状況で使ってみなければならず、そしてそこから一般化が必要となる。この必要条件が、例えば言語を用いて繰り返し満たされねばならないとすれば、一般化された不変の意味が形成されてくるはずである。この不変の意味がもつ重要性を、定義という形式で十分に把握することはできない。むしろそれは使用の経験から生じるのであり、その経験は使用者たるシステムに全面的に依存しているのである。われわれはここにこそ、象徴的に一般化されたコミュニケーション・メディアの進化の基盤があると考える。[97]

ジャック・デリダの差延（différance）というキーワードのうちに、同様の考察を発見できるはずである。[98] 書くことだけではなく話すことにおいても、というよりもおよそどんな種類の経験においても記号が設定され、それが異なる状況へとずらされねばならない。つまり区別（断絶 Briiche, rupture）が時間の中で転送されねばならないのである。これは、記号が関係するものが（ここではとりわけ、意図が）

不在である場合にのみ、可能となる。(99) こう要約してもよい。時間的な継起化が必然であるがゆえに、システムと環境との分化が強いられる。そしてシステムの内部では回帰性というかたちで作動上の閉鎖〔すなわち、作動が外にある何かを指し示す＝結びつくのではなく、同じシステムの他の作動とのみ結びつくこと〕が強いられるのである、と。

　作動の自己言及的な閉鎖性という理論構想によってシステム境界の概念は、複雑なものへと変化する。したがって綿密な分析が必要とされることにもなる。生命システムの場合、つまり空間内の分子によるオートポイエティックな有機体（Organisation）の場合には、まだ空間的境界について語ることができる。もちろんここで言う境界とはシステムの特別な器官、つまり細胞の膜や生体の皮膚であり、それらは遮蔽したり交換プロセスを選択的に媒介したりといった特殊な機能を担うのである。この境界の形式（もちろんそれを見ることができるのは外部の観察者だけである。当のシステムではただ単に生命活動が生じているにすぎない）は、意味というメディアの中で作動するシステムにおいては成立しない。こちらのシステムは、そもそも空間内で境界づけられはしない。その境界の形式はまったく別の、内的なものなのである。これは意識についても言える。意識が脳から区別されるのはその点においてであり、それによってこそ生体の神経生理学的な自己観察を《外化》することができるのである。(100) この事態は、全体社会というコミュニケーション・システムには、なおのこと妥当する。この点は文字の発明以降において、あるいは遅くとも電話の発明以降においては明白なことだろう。このシステムの境界は、個々のコミュニケーションすべてにおいて生産され、再生産される。そうすることでコミュニケーションは自己を、システム固有の諸作動のネットワークの中のコミュニケーションとして規定する。そこではもはや物理的・化学的・神経生理学的構成要素は用いられないのである。換言すれば、どの作動もシステムの絶え間ない分出に寄与しているのであり、さもなければ作動独自の統一性を獲得することはできないのである。システムの境界とは、システムの作動の様式であり作動の具体化に他ならない。そしてその作動が今度はシステムを個別化するのである。[101] 境界とはシステムの形式であり、反対の側は環境だということになる。

同じことを、自己言及と他者言及との区別を用いて定式化してもよい。有意味に作動するシステムは、自己言及と他者言及との区別を絶え間なく実行する中で自己を再生産していく。しかしこの区別の統一性は観察されえない。区別の実行は常に作動としてのみ、また常に内部においてのみ生じる（さもなければ自己言及や他者言及については語りえないだろう）。生命システムの場合と同様に有意味に作動するシステムもまた、自己の作動によって自身の境界を越えることは決してできない。しかし意味というメディアにおいては、境界は常に反対側をもっている。境界は形式であり、形式は常にふたつの側を有するものとして（作動の実行という単なる事実性としてではなく）与えられる。作動から次の作動へと続いていく際には常に観察が随伴している。そしてそこでは回帰的な結合が選択性をもつことが注視されるのであり、同時にそうすることによってシステムに属さずしたがって環境に属するものが注視される結果にもなる。コミュニケーションの中で、それ自体はコミュニケーションではない何ものかについての情報が実現され更新されていく。コミュニケーションのネットワークの中では適合する接続が〔つまりコミュニケーションがコミュニケーションに結びつくという意味での自己言及が〕求められていくが、そこには常に他者言及が随伴してもいるのである。かくしてこのようなシステムの境界とは、自己言及と他者言及との、自己生産された差異に他ならないことになる。そのような意味での境界は、あらゆるコミュニケーションにおいて現前しているのである。

情報と伝達との区別は不断に再生産されていく。この区別を用いることによって、社会システムは自分自身を観察できる。この観察を観察する者は、つまりセカンド・オーダーの観察者は（学術という社会システムはその一例である）、さらに加えてコミュニケーションのテーマと機能とを区別することもできる。またそれにより、作動（ここではコミュニケーション）が反復可能となるための条件を観察することもできる。テーマは、テーマと貢献[36]との、つまり構造と作動との区別を可能にする。どちらも、環境に対する境界の内側に留まっていることになる。この区別によってコミュニケーションの連続的な秩序が可能になり、そして、テーマに即して整理された、いわばローカルに（《トポス》において）[37]秩序づけられた記憶が成立するに至る[102]。それに対して機能のほうが関係するのは、システムのオートポイエーシスにであり、またそのために必要とされる、構造の再生産や変動や新たな展開になのである。コミュニケーションについてのコミュニケーションにおいては、コミュニケーションのテーマと機能がテーマになる。ここでもまた区別が自分自身の中へと再参入しているわけだ。かくしてシステムは反省の水準でも閉じられる。ここにおいて達成される二重の閉鎖性[103]が、内部における高度な柔軟性を保証してくれる。しかし同時に各々の観察者にとっては不透明性に直面せざるをえなくなるのである。

後で再度論じることになるが、われわれが「単一の世界社会システム」という仮定に確信を抱いているのは、以上の分析を踏まえてのことなのである。このシステムは、何がコミュニケーションとして現実化されるかに従って、いわば脈を打つように膨張したり収縮したりする。全体社会の多数性を考えることができるとすれば、それは複数の全体社会の間にコミュニケーションの結びつきがない場合のことであろう〔しかしそんなことはありえないはずである〕。

V　包括的な社会システムとしての全体社会

全体社会の理論とは、われわれの議論における理解にしたがえば、包括的な社会システムの理論である。このシステムのうちには、他のあらゆる社会システムが含まれているのである。この定義はほとんど引用に等しい。ここで引き合いに出されているのは、アリストテレスの『政治学』序文である。そこでは、都市の生活共同体（koinonía politiké）が、その他すべてのものを自らの中に含んでいる（pásas periéchousa tás állas）、至高の herrlichste（最も支配者的な herrscherlichste, kyriotáte）共同体（Gemeinschaft）として定義されている[104]。したがってわれわれが全体社会の概念を論じる場合には、ヨーロッパ旧来の伝統とつながっていることになる。ただしもちろんわれわれの議論では、もとの定義のあらゆる構成要素は別のかたちで把握しなおされている（「包摂されていること Eingeschlossensein」＝ペリエコーン periéchon の概念[38]も含めて。それは分化を構想することでシステム理論的に解体されるはずである）。なにしろ本書で扱われているのはあくまで近代の全体社会にとっての近代の全体社会の理論だからである。要するにヨーロッパ旧来の伝統との関係は保持されているが、やはり肝心なのは新たに記述すること、伝統の中核をなす命題を《再記述》することなのである[105]。

したがって全体社会は何よりもまずシステムとして把握される。そしてすでに述べておいたようにそのシステムの形式は、システムと環境との区別に他ならない。しかしだからといって、全体社会として何が生じているかを論理的手続きを踏まえて解明するためには、一般システム理論だけで十分であるという話にはならない。むしろ次の点をさらに規定しなければならない。社会システムの特徴はどこにあるのか。また、その社会システムの理論の中で、何が全体社会システムの特徴を形成するのか。これはすなわち、われわれが全体社会を包括的な社会システムとして指し示すとき、それは何を含意しているのかということである。

したがって全体社会を分析するにあたっては、三つの異なる水準を区別しなければならない。

1　一般システム理論およびその一部であるオートポイエティック・システムの一般理論。

2　社会システムの理論。

3　社会システムの特殊事例としての全体社会システムの理論。

オートポイエティックで、自己言及的で、作動の上で閉じられたシステムの一般理論の水準においては全体社会の理論は、同じタイプの他のシステム（例えば、脳）にも妥当するような概念的決定と経験的研究の成果とを摂取できる。ここにおいてはきわめて広範囲にわたって学際的に経験と刺激とを交流させることが可能になる。前節で示しておいたように、われわれは全体社会の理論を、この領域における革新的な発展の上に据えようとしているのである。

社会システムの理論の水準において問題となるのは、社会的なものとして把握されうるオートポイエティック・システムの特徴とは何かという点である。どんな特徴を持つ作動がオートポイエティックな過程を通して、社会システム（それは同時に相応の環境内に位置することにもなる）の形成へと至るのか。この水準ではまずその点が把握されえねばならない。その作動とは、コミュニケーションなのである。したがって、社会システムの理論がまとめ上げるのは、あらゆる社会システムに関して妥当するすべての言明（だけ）である(106)。わずかの間しか持続せず、些細な意味しか持たないような相互作用システムに関する言明を含めて、である。最後に全体社会システムの理論の水準。そこでは全体社会は（古典的な「政治社会 societas civilis」と同様に）、多くのその他の社会システムの中のひとつとして現れてくる。全体社会は、組織システムや対面状況下での相互作用のシステムとは異なるタイプの社会システムとして、それらと比較されうるのである。

全体社会の特質が際だってくるのは、ようやく第三の水準に至ってのことである。そこでは、《包括的な》というメルクマールによって意味されているものが実現されねばならない。〔先に見たように〕このメルクマールはアリストテレスの『政治学』冒頭にまで遡るが、その根底には明らかにひとつパラドックスが横たわっている。多くの社会システムのうちのひとつ（共同体 koinonía）が、〔ひとつの部分であり〕同時にあらゆるその他の社会システムをそれ自身の中に含んでいるとされているからである。アリストテレスにおいては、このパラドックスは強勢〔Emphase——ギリシア語の「明瞭化 émpasis」に由来〕によって、そして最後には政治を倫理として理解することによって解消された。かくして伝統においてはこのパラドックスは不可視化されたのである。一方われわれがこのパラドックスを解体するのは、全体社会を分析するための諸水準を、ここで提案しているようなかたちで区別することによってである。この方策は、理論総体の基礎づけがパラドキシカルであることを、折に触れて想起するという可能性を与えてくれるだろう（《水準《レヴェル》》の区別とはわれわれの概念で言えば《形式》であり、形式はふたつの側をもつ。したがって水準の概念は、別の諸水準も存在するということを含意しているのである）。

われわれはこれらの諸水準を区別する。しかしわれわれの研究対象（その《システム言及》）は常に全体社会システムである。換言すればわれわれは、全体社会という対象を分析するために水準を区別しはするが、当面の文脈においては、他の水準においても主題化されうるようなシステムを取り扱うわけではないのである。とはいえ水準を区別することによって、方法論上のある種の要求が生じてきもする。抽象化の可能性を徹底的に利用せよ。可能な限り多様なシステムを相互に比較せよ。そして全体社会の分析によって生じる認識利得をできる限り広く利用できるよう、一般的な水準においても使用可能なものにせよ、というようにである。結局のところ肝心なのは、社会学者たちが常にくり返し危惧してきたようなアナロジーによる推論ではない。また、生物学的な理念財（Ideengut）を《単なるメタファー》として用いることでもない。区別によって、存在についての、あるいは《存在ノ類比 analogia entis》[39]という意味での事物の本質についての言明が与えられるわけではない。区別とは、自分自身を包摂する統一体というパラドックスを展開するための形式に他ならないのである。また区別は、専門分野間の意見交換を促進し、相互に刺激を与え合う潜在的可能性を高めるという特殊な機能を有してもいる。結局のところ区別は存在についての言明ではなく、学術特有の構築物なのである。

全体社会を分析するどの水準においても、一連の理論的決定を下す必要が生じてくる。われわれはそのために、システム理論的な手段を用いることにしよう。オートポイエティック・システムの一般理論からすればまず必要なのは、作動を精密に記述することである。作動こそがシステムのオートポイエーシスを実行するのであり、またそれによってシステムをその環境から区切るからである。社会システムの場合、今述べたことはコミュニケーションによって生じる。

コミュニケーションは、そのために必要なあらゆる特性を備えている。コミュニケーションは純粋に社会的な（そして唯一の純粋に社会的な）作動である。それが純粋に社会的であるのは、次の点においてである。なるほどコミュニケーションは同時に作用している多数の意識システムを前提としてはいる。しかし（まさにそれゆえに）統一体としてのコミュニケーションを、個々の意識に帰属させることはできないのである。さらにコミュニケーションが機能していくための独自の条件によって、意識システムが他の意識（たち）のそのつどの実際の内的状態を知る可能性は排除される(107)。口頭コミュニケーションにおいてもそうである。関与者は伝達する／理解することによって同時にコミュニケーションを引き起こさねばならないのだから。また文字によるコミュニケーションにおいてもやはりそうである。そこでは関与者は不在のままコミュニケーションを引き起こすのだから。コミュニケーションにとっては理解で十分である。コミュニケーションにできるのは、その理解に相関する心理的な何かが存しているはずだと仮定することだけなのである(108)。コミュニケーションはこの意味で（《相互浸透》によって考えられているのもこの事態以外ではありえない）作動上のフィクションに依拠している。それがテストに晒されねばならないのは時折だけのことであり、またそのテストもやはりコミュニケーションによるしかないのである。

コミュニケーションはまた次の点においても真に社会的である。すなわちいかなる道筋においてもいかなる意味でも、《共同的な》（集合的な）意識を確立することなどできない。したがってまた、まったくの一致という完全な意味での合意《コンセンサス》に到達することもできない。コミュニケーションはそれにもかかわらず機能するのである。[109] コミュニケーションは、社会システムの最小の統一性＝単位である。コミュニケーションはこの単位に対して、コミュニケーションによって反応できるだけである。[110] 同じ議論を別の観点からくり返すことになるが、コミュニケーションがオートポイエティックであるのは、コミュニケーションが産出されうるのは他のコミュニケーションとの回帰的な連関の中でのみのことだという点においてである。あるいは、コミュニケーションはネットワークの中でのみ産出されるが、そのネットワークを再生産していくのは個々のコミュニケーションの働きであるという点においてなのである。[111]

　コミュニケーションという単位が完結するのは、理解ないし誤解によってである。そこでは、何が理解されたのかをそれ以上明らかにするには及ばない。その点を明らかにしようとすれば、原理的に無限の可能性が生じてきてしまうからである。しかしそのようにして完結するということは、次のコミュニケーションへと移行するための形式でもある。何が理解されたのかを解明することもできるし、別のテーマへと向かうこともできるからである。ここでは要素の生産はオートポイエーシスのかたちで生じている。あるコミュニケーションによって提起された意味を受け入れるか拒絶するかというコミュニケーションは、すでに別のコミュニケーションとなっている。もちろんテーマの上で結びついているとはいえ、前のコミュニケーションからひとりでに生じてくるわけではない。全体社会のオートポイエーシスにとって、またそのオートポイエーシスのもとでの構造形成にとって本質的な前提となるのは次の点である。コミュニケーションそのもののうちに、受容されるということが含まれているわけではない。その点に関しては次の、独立したコミュニケーションによって初めて決定されるのである。

　コミュニケーションをコミュニケーションに接続できるようにするためには、時間が必要となる。このような作動様式のゆえに、システムと環境とは時間的に切り離されることになる。だからといって、システムと環境が同時に存在しており、この同時性が時間のあらゆる構成の基礎になっているという点に変わりはない(112)。しかしシステムはそれによって与えられる制限の範囲内で、独自の時間を構成しなければならない。そうすることで作動のテンポと時間パースペクティヴを、内的な可能性に適合させねばならないのである。だとすればシステムは、環境の出来事とシステムの出来事とを一対一にカップリングさせることを放棄しなければならないはずである。環境の側の時間はシステムのそれとは別の状態に置かれているという事態を顧慮するための、内的な配置を整えねばならないのである。システムは構造(想起と予期)を発達させることによって、作動の水準においてシステムの時間状態と環境のそれとを切り離し、固有時間を組織化できるようになる。ある面ではシステムは、環境に対して時間を獲得しなければならない。つまり準備をしておかねばならないのである。またある面では、システムは不意打ちを受け入れて克服しなければならない。システムは〔その不意打ちに対する〕反応を遅延させたり加速したりできねばならないのだが、そうする間にも環境の側ではすでに別の何かが生じてしまう。しかし以上のことがそもそも問題となるのは、システムと環境が同時に作動するしかないからである。つまりシステムは、環境の側での未来を先取りしたり、環境の過去のうちに留まったりすることはできないからなのである。システムは、〔自身が作動している間に〕環境において何も生じないだろうと確信できるような時間状態には到達しえないのである。

今述べたことは、コミュニケーションと意識との関係にもあてはまる。その事例にこそあてはまると言ってよいかもしれない。したがってまた全体社会の環境において前提とされている意識の経過にも、とりわけ知覚の経過にもあてはまるのである。この差異によってもまた、同時的なものが共に作用しているということは異論の余地がないにもかかわらず、時間的な切断が必要となるし可能になりもする。ミードの先駆的な分析以来[113]、われわれは次の点を知るに至っている。すなわちある有機体が他者がいかに行動するかを知覚して、それに対して一定の態度を取ったとしても、そのことだけでコミュニケーションが成立するわけではない。また他者の身振りを、例えば威嚇の身振りや戯れの身振りを模倣するだけでも、やはりコミュニケーションは生じてこないのである。それらによって生じてくるのはせいぜいのところ有機体（のオートポイエーシス）相互の攪乱と刺激だけである。それらを通して達成される調整は、場合によってはかなり頻繁に生じるとはいえ、しょせんはその場限りのものにすぎない。ミードによれば、決定的なのはむしろ、シンボルが成立することである。シンボルによって個々の有機体が自身の内部において、自己を他者の行動に同調させることができるようになる。そしてまた対応する《音声身振り》を自ら使用できるようにもなるのである。あるいはマトゥラナの言葉で言えば、有機体間の調整の調整が生じるのである[114]。

以上の説明を、社会的なものの記号論の方向へと拡張することもできる。しかしそうしてみたところで、コミュニケーションによって自分自身を環境（関与している生体も含めて）に対して境界づける社会システムとしての全体社会の理論へと到達できるわけではない[115]。というのはその種の議論ではコミュニケーションについてのあらゆる言明は、《行動有機体 behavioral organism》についての、神経システム（生物学的）についての、あるいは意識（心理学的）についての言明に留まらざるをえないからである。そしてその種の議論では、次の点も考慮されないままとなる。コミュニケーションへ関与することにより、継起する意味の断片を、速いテンポでなおかつ常にそのテンポを維持しつつ同定する必要が生じてくる。このテンポがなければコミュニケーションの短期記憶は機能しないだろう。他方で意識は、神経生理学的・生物学的な基礎からして、今述べた事態にあらかじめ対処しておくことはできない。したがってコミュニケーションと歩調を合わせるには、きわめて特殊な意味で進化を遂げねばならない[116]。そのためにコミュニケーションが用意したのは、明確に弁別できる音の組み合わせであった。いずれにせよここで重要なのは単に記号を取り扱うことではなく、脳と意識と言語の共進化（Co-evolution）という独特の問題なのである。

これらの洞察については修正される必要もなければ取り消される必要もない。しかしなおも問題は残る。ある種の作動によって独自の社会システムが創発し、作動の上で閉じられるに至るはずである。しかもその際、知覚することはできないが[40]（！）表示することはできる（denotierbar）固有の環境を伴うのである。ではコミュニケーションはそのような作動でありうるのか。ありうるとすればそれはいかにしてか。さらに、細胞生物学に由来するマトゥラナの議論を社会システムの理論に移植するためには、次の問題も重要である。〔コミュニケーションに〕関与する神経システムや意識システムの状態をすべて記述しても、「社会的なもののオートポイエーシスはいかにして可能なのか」との問いに対して何らかの答えが与えられるわけではないのである。

この問いにとって決定的なのは、おそらく以下の論点であろう。発話によって（および発話を模倣する身振りによって）、話者の意図が明らかになる。すなわち情報と伝達の区別が明らかになり、さらにそこから、他ならぬ言語的手段によってこの違いに反応することが強いられるのである[117]。そもそもそれによって初めて、つまりこの区別の構成要素として初めて、情報価値を伴う情報が生じてくる。あるいは、その情報をプロセシングするシステムの状態を変化させる情報が（ベイトソンの有名な表現を借用すれば、「違いを生む違い」が）生じるのである。さらに加えて、コミュニケーションを生物学的過程から分かつのはこの点なのだが、ここで扱われている作動には自己観察の能力が備わっている。あらゆるコミュニケーションは、自身がコミュニケーションであるということをも同時にコミュニケートしなければならない。またどのコミュニケーションも、誰が何を伝達したかをマークしなければならない。そうしてこそ後に続くコミュニケーションが規定され、かくしてオートポイエーシスが継続されうるからである。したがってコミュニケーションは、作動を単に実行することによって差異を生み出すのみならず（生み出しもするのだが）、ある特殊な区別を、つまり情報と伝達の区別を用いて、コミュニケーションが生じているということを観察しもするのである。

この洞察から、きわめて広範囲にわたる帰結が引き出されてくる。まず言えるのは、伝達を《行為》として同定することは観察者による構築物であるということ、すなわち自分自身を観察するコミュニケーション・システムによる構築物であるということだろう。しかし話はそれだけに留まらない。社会システム（全体社会という事例を含めて）が成立しうるのは、自分自身を観察するシステムとしてだけであるとの結論も導き出せるのである。われわれはこの考察によって、パーソンズに抗して、また今日において行為理論として流通しているものすべてに抗して、社会学の行為理論的な（またしたがって《個人主義的な》）根拠づけを放棄せざるをえなくなる。(118) もちろんそうすることによってわれわれは、ひとつの問題を抱え込むことになる。しかしとりあえずそれが、不断に自己観察を必要とするシステムの問題であるということは確かである。ここでいう観察とは、すでに述べたように、区別に依存した作動のことである。そして作動する瞬間においては、作動自身は排除された第三項として働くのだった。したがってあらゆる自己観察もまた盲点によって条件づけられている。自己観察が可能なのは、それが見ているということを見ることができないからこそである。そもそもコミュニケーションそのものが、作動の上では情報と伝達と理解という差異の統一性として働いているのであり、この統一性なしにはコミュニケートすることなどできない。しかしコミュニケーションは、事後的に自己観察を行うために情報／伝達／理解の区別を用いもする。そうすることで、後に続くコミュニケーションの中で、情報への疑念や、推測された伝達意図（例えば騙そうとする意図）や、理解の困難さなどに反応すべきか否かが確定できるのである。したがって自己観察は、この観察を行うシステムの現実を完全に把握できるような状態にはない。自己観察にできるのは、代わりの何かを執り行うこと、代替的解決策を選ぶことだけである。そしてそれは、システムが自己観察を実行する際に用いる区別を選択するというかたちでなされるのである。システムが十分に複雑であれば、作動を観察することからその観察を観察することへと、そして最終的にはシステムそのものの観察へと移行していけるはずである。最後の事例においては、システムは《システムと環境》という区別を踏まえねばならない。それはつまり、自己言及と他者言及とを区別できねばならないということである。さもなければそもそも自己観察ではないだろう。しかしそうできるとしてもそれはあくまで、システム内におけるシステムの作動としてなのである。自己言及と他者言及との区別は、システムの中で実践されるのであり、また自らをそのようなものとして反省する。あるいはこう言ってもよい。それはシステムによる構成物である、と。

存在の充溢を認定したり、システムをそれ自身にとって透明にしたりすることは不可能である。この不可能性に直面することから、諸区別からなる複雑な組成が前面に登場してくる。この組成こそがシステムの観察プロセスを導く。すなわち《内》と《外》との区別のどちらの側が指し示されるのかに応じて、観察を内へ、あるいは外へと向けるのである。そうすればシステムは、対応する記憶装置を、例えば文字を自由に使えるという条件のもとで、経験を蓄えたり、ある状況における印象を反復によって圧縮したり、作動の水準での記憶を打ち立てたりすることができる。しかも、自分自身と環境とを恒常的に取り違えるという危険を冒すことなしにそうできるのである。これらすべては、自己言及と他者言及という基礎的区別を踏まえつつ、そのつど適切な他の区別を併用することによって生じてくる。

自己観察の概念は、あるシステムにおいてはそのつどたったひとつの自己観察の可能性だけが存在しているということを前提とするわけではない。多種多様なコミュニケーションが同時に実行され、同時に自己観察されうる。システムの統一性を環境との違いにおいて観察する場合でも、事は同様である。社会システムは、とりわけ全体社会はもちろんのこと、自分自身を同時にまたは順次に、まったく異なった仕方で——《多次元的に》と言ってもよい——観察できる。客体のほうから、種々の自己観察を統合せよとの圧力が生じてくるわけではない。システムはただ為すことを為すだけである。

今まで述べてきたことは、異なる種類の社会システムに関しても妥当する。例えば組織にもあてはまるし、家族療法からもわかるように、家族にもあてはまる。しかし今やわれわれが論じなければならないのは、全体社会システムの特徴を扱う、3の水準である。そこでは多種多様な自己観察が可能であるという問題が、特段に明白なかたちで、また特別な射程を伴いつつ視野に入ってくる。というのは、全体社会は包括的な社会システムであり、その境界の外側にはいかなる社会システムも見いだされえないからである。それゆえに全体社会を外側からは観察することはできない[119]。確かに心的システムが全体社会を外側から観察することはできる。しかしそれがコミュニケートされないならば、つまり社会システムの内部において観察が実行されないならば、社会的には何の帰結も生じないだろう。換言すれば全体社会は、多次元的な自己観察の極端な事例である。すなわち、一つの客体のように（つまりその客体については唯一の正しい意見だけが存在しうるのであって、そこからのあらゆる逸脱は誤りとして扱われるべきだといったように）受け止めることなく自己観察を行なわざるをえないシステムの極端な事例なのである。全体社会が型どおりに自己を環境から区別する場合でも、その際に何が環境から区別されているのかがあらかじめ明らかであるということにはならない〔したがって「自己」をさまざまに観察することも可能である〕。またテクストが、つまり記述が作成されれば、それによって観察を制御し調整することもできるだろう。しかしその場合でもやはり、正しい記述はそのつどひとつだけだということにはならない。中国南部の漁師も官吏（Mandarine）[41]や官僚と同じように帝国の基礎を儒教倫理に見ていたなどと無条件に仮定することは許されないだろう。インドのカースト制度においてもまた、差異を通して統一性が描出されている。しかしそこにも地域ごとにまったく異なった、ハイアラーキー秩序の統一性とは両立不可能な諸特徴が含まれていたのである。さらに、聖職者や貴族や法学を修めた裁判官や行政官を除けば、誰が中世末期の三身分制度（Drei-Stände-Lehre）[42]を知っており、それを信じていたのかという問いはあくまで経験的に論じられねばならない。農夫から見れば、おそらく当時はむしろ〔農民のみからなる〕一階級社会であり、各人が属する荘園の領主とその家族だけが例外なのだという話になっていたのである。

こと全体社会の場合は、外部からの記述はまったく存在しない。したがって、それを頼りに自己を修正していくというわけにもいかない。作家や社会学者は懸命にそのような立場を求めようとしているが〔結局は無益な努力である〕。伝統においては、無謬の記述への関心が外在化されて、それに対応するポジションに「神」という名が与えられていた。神はすべてを為しうるが誤ることだけはだけはできない、というわけだ。しかしだとすれば次の点を容認しなければならなくなる。神の判断についての聖職者の判断は誤りうるということ。また正しい記述が、この場合なら罪業に関する真の記録が明らかになるのはようやく時の終わりにおいて、最後の審判としてである。そしてそれは不意打ちの形式で生じるのである、と。[43]

われわれは本書最終章において、自己観察および自己記述の可能性の剰余というこのテーゼを踏まえつつ、にもかかわらず自己記述は偶然に成立するのではないということを示そうと試みるだろう。描出が首肯性をもつための構造的条件が存在する。またゼマンティクの進化における歴史的趨勢も存在しており、それが変異の可動域を著しく制限するのである。だとすれば社会学理論は、社会構造とゼマンティクとの間にどんな種類の相関関係を見いだせるかによって、〔両者の〕関連を認識することができるはずである。だが社会学理論は同時に、当のその理論が自身の構成物であるということを、またその理論と当該の時代に流通している全体社会システムの描出とが混同されてはならないということを、知ってしまう結果にもなるのである。

こう要約することもできよう。全体社会システムには本質（Wesen）などないのである、と。全体社会の統一性を、本質的なもの（das Essentielle）への還元によって解明することはできない。そうしようとすれば、矛盾する見解は誤りとして退けられてしまう（しかしこの拒絶もまた全体社会の中でコミュニケートされざるをえないのであり、それによって、語られているものも変化してしまうだろう）。つまり全体社会システムの統一性は、ただ外部との境界づけのうちにしか、システムの形式のうちにしか、作動によって再生産され続ける差異のうちにしか、存在しない。ヨーロッパ旧来の伝統を《再記述》するに際して重点が置かれねばならないのは、まさにそこなのである。

　コミュニケーションだけが、そしてすべてのコミュニケーションが全体社会のオートポイエーシスに寄与する。また《包括的な》というメルクマールは、この点を通して定義し直されもする。われわれがこのように述べることによって、伝統との間に深い亀裂が生じることになる。もはや問題となるのは目的でも善き信念でもない。また協力でも争いでもなく、合意でも意見の相違でもない。さらに、推測された意味を承認するか拒絶するかが問題となるのでもない。個人的な幸運が担う役割などもはや存在しない。存在するとしてもせいぜいのところ、コミュニケーションのテーマとしてだけである[120]。これらのコミュニケーションすべてによって担われていくのは、オートポイエーシスそのものだけである。全体社会の部分システムに帰属させられるべきコミュニケーションすべてに関しても、やはり事は同様である。したがって「経済と（全体）社会」、「法と社会」、「学校と社会」などの区別は混乱していることになり、われわれの理論においては許容できない。というのはそれらの区別が、あたかも相互に排他的であるかのような印象が呼び起こされてしまうからだ。しかし真理・経済・法・学校などは全体社会の外側に位置するわけではない。それらは全体社会が実行することとしてしか考えることができないのである。ここで登場してきているのは、女性と人間とを区別しようとするのと同様のナンセンスである――確かにきわめて広く普及しているナンセンスではあるが。

《すべてのコミュニケーション》ということでわれわれが述べているのは、それらコミュニケーションがオートポイエティックであるという点である。なぜならば「すべてのコミュニケーション」においては違いが、違いを生まないからである。実際のところ、コミュニケートされているということは、全体社会の中では何ら思いがけないことではない。つまりそれは情報ではないのである（もちろん心的システムにとっては話は別である。予想もしていなかったことが話されるかもしれないのだから）。ところがコミュニケーションとは、情報を実現するということに他ならない。したがって全体社会は、それが一つの違いを生み出しているという点で違いを生み出さない、まさにそういう作動の関連づけから成り立っているのである。それゆえに、了解、進歩、合理性、好ましいと見なされている目的などに関するあらゆる仮定は、理論的には副次的地位をもつにすぎない。そしてまさにそれゆえに、象徴的に一般化されたコミュニケーション・メディアの理論が格段に重要になりもする。

《すべてのコミュニケーション》には、〔例えば、「私はここに居ない」というような〕パラドキシカルなコミュニケーションまでもが含まれている。パラドキシカルなコミュニケーションは、述べられている内容が述べられているという事実を否定しようとするのである。もちろんパラドキシカルにコミュニケートすることはできるし、それは決して《無意味》（理解できない＝オートポイエティックな効力をもたないという意味において）ではない(121)。パラドキシカルなコミュニケーションは観察者を混乱させるかもしれないし、また意図的に混乱させているということを完全に見抜ける場合もあるだろう。しかしその場合でもこのコミュニケーションは作動として機能しているのである。現に古典的修辞学においても近代文学でも、ニーチェからハイデッガーへと続く哲学的伝統でも家族療法においても、あからさまなパラドックスが用いられているではないか。そしてまた、他者の観察を観察する場合に、隠されたパラドックスに注目するのが普通になってもいる。もっとも、パラドキシカルなコミュニケーションの機能が完全に解明されているとは言いがたい。おそらくこの機能もまたパラドキシカルなのだろう。つまりその機能とは探求と破壊と創造を一度に実行することなのである。この点には何度も立ち帰ってくることになる。ここでは「パラドックスによって困難に陥るのはオートポイエティックな作動ではなく、観察のみである」という点を確認しておくだけで十分である[122]。

VI　作動上の閉鎖と構造的カップリング

全体社会をシステムとして記述する場合、オートポイエティック・システムの一般理論からすれば当然のことながら、作動上閉じたシステムを扱わねばならないという話になる。自身の作動という水準では環境に介入することなどできないし、環境〔のうちに存する他の〕システムが、作動の上で閉じたシステムのオートポイエティックな過程に寄与することもありえない[123]。これは、その作動において〔「外」を対象とするはずの〕観察が生じている場合や、その作動のオートポイエーシスが自己観察を必要とする場合に関しても成り立つ。むしろその場合にこそ成り立つのである。この着想は、認識論の伝統全体と矛盾するがゆえに難解である。その分、ここで明確に述べておかねばならないだろう。観察が影響を及ぼすることができるのは観察に対してだけである。観察によって、区別を別の区別に転換することはできる。これは換言すれば情報を加工できるだけであり、環境の事物には触れえないということを意味する。ただし、構造的カップリングに関わるものすべては例外となる（この例外は重要ではあるがごくわずかなものでもある）。観察するシステムに関しても、それが作動する水準では環境との接触は存在しない。環境の観察は常にシステム自体の中で、内的な活動として、独自の区別を用いて実行されねばならない（環境の側にはその区別に対応するものは存在しないのである）。さもなければ、環境の観察について語ることはまったくの無意味になってしまうだろう。環境の観察においては常に自己言及と他者言及の区別が前提とされている。この区別がなされるのは、システム自体の中においてだけである（他のどこでなされるというのか）。そしてそこから以下の点も理解できるようになるだろう。〔システムが〕環境を観察すれば、それによって必ず自己観察も刺激される。環境と距離をとることによって、自分自身についての、自身の同一性についての問いに直面するのである。観察するためには区別を用いねばならない。区別の一方の側は、いわば反対の側に対する好奇心をかき立てる。かくして〔ここでの文脈で言えば〕《システムと環境》という形式によってマークされる境界線を横切るように刺激されることになる（スペンサー＝ブラウンならば「《横断 crossing》するように」、と言うところだろう）。

もちろんファースト・オーダーの観察の水準では、「環境との接触／内的にしか接続できない他者言及」というこの区別は考慮されないままである。この点はコミュニケーション・システムにおいても意識システムにおいても何ら変わらない。作動上の閉じの痕跡はすべて抹消される。意識システムは、自身の脳の作業条件については何も知らないが、《頭の中で》考える。コミュニケーション・システムは、コミュニケーションが接触するのはコミュニケーション以外にはないということを知らない。つまりシステムというものは、環境と接触しているとの錯覚の下で作動しているのである。いずれにせよシステムが、自身が観察しているもの（was = what）をただ観察している限り、自身がどのように（wie = how）観察しているのかを観察することはない。作動の結果として抵抗や思いどおりにならないことを経験した場合、それは外部へと記帳される。かくして世界が与えられ、世界には順応しなければならないということになる。現象学は存在論として実践されるのである。この条件を見抜くことはできる。セカンド・オーダーの観察において止揚できるのである。しかしそうしてみたところで、あらゆるファースト・オーダーの観察を完全に放棄する可能性が生じるわけではない。セカンド・オーダーの観察もまた結局のところ、ある観察者を観察できねばならないからである。そしてそれゆえに、あるリアリティが幻想だと見抜かれたとしても、それは現実世界における事実であり続ける。われわれは太陽が《昇る》のを見る。そのことが思い違いだと知っていても、別様に見ることなどできないではないか。言い換えれば、ファースト・オーダーの観察は決して完全には放棄されえないのであり、その水準においてはリアリティとリアリティの幻想とを区別できないのである。

作動上の閉鎖性からの帰結として、システムは自己組織化に依拠しているということになる。自身の構造が形成され変更されるのは、ただ自身の作動によってのみである。例えば言語の場合ならそれはただコミュニケーションによってであって、火や地震や宇宙線や、個々の意識における知覚の働きによって直接形成・変更されるわけではない。

したがってあらゆる作動（コミュニケーション）は、二重の機能を担っていることになる。①作動はシステムの歴史的状態を固定する。システムは次の作動に際して、その状態を出発点に採らねばならない。作動によってシステムは、そのつどこうであって他ではない状態で与えられたものとして、決定されるのである。すなわち、②作動によって、選択図式としての構造が形成される。構造は、再認識と反復とを可能にする。すなわち、同一性を〔ピアジェに倣ってよく言われるように、不変性 Invarianzen を〕圧縮し、常に新たな状況において再認する。つまり、一般化するのである。この構造形成によって想起と忘却が可能になるわけだが、この構造〔自体〕は外部からの影響によって可能となるのではない。だからこそ自己組織化という表情が用いられているのである。閉鎖性・自己決定・自己組織化。それらによってシステムは、環境における無秩序との、あるいはより精確に言えば、断片的で切断された、統一性としては秩序づけられてはいない環境との、両立可能性を高めることになる。これは進化上の利点となる。その限りでは進化からほとんど必然的に、システムの閉鎖性が生じてくると言える。そしてその閉鎖性が今度は再び、〔システムそれぞれが自己の閉鎖性に基づいて作動する結果として生じる〕総体としての無秩序が成立するのに寄与するのである。〔そしてさらに再度、〕作動上の閉じと自己組織化が、この無秩序に抗するかたちで自己を貫徹するわけだ。まさにこの意味において全体社会というコミュニケーション・システムの作動上の閉じは、運動能力をもつ生体が〔閉じられた〕神経システムを、また最終的には〔やはり閉じられた〕意識を備えるに至ったという事実に対応している。そして〔閉じられるという〕そのことによって全体社会はさらに強化される。——全体社会が、内生的に不安定な個々のシステムがとる多数のパースペクティヴが〔相互に〕調整されていない状態に耐えていける〔その分だけ多様な可能性を孕みうる〕かぎりでは。

システム理論の伝統自体の内部においても、システムの閉鎖性というテーゼは常軌を逸したものに見えるに違いない。というのもシステム理論はエントロピー法則に注目しつつ、それとはちょうど逆に、開かれた（したがってネゲントロピックな）システムの理論として自身を構成してきたからである。エントロピー法則に関しては、この立場はむろん取り消されるべきではない。《閉鎖性》によって意味されているのは実際のところ、熱力学的な孤立性ではなく、作動上の閉鎖性だけである。それはすなわち、自身の作動は、自身の作動の結果によって循環的に可能になるということに他ならない。〔そのようにしてしか可能にならないのは〕なぜかと言えば、現実の作動は同時に存在している世界の中でのみ起こりうるということから出発しなければならないからである。したがって何よりもまず、ある作動が別の作動に影響を及ぼすということが排除されるはずである。にもかかわらずそれが可能とならねばならないというなら、それはある作動が別の作動に直接に接続することにおいてであろう。〔作動の結果が作動を可能にするという〕この種の循環関係の中では、ある作動が終結することが別の作動の可能性の条件となっているわけだ。そこからシステムと、同時に存在しているその環境との分化が生じてくる。その際システムの閉じはしばしば、構造上高度に複雑な道筋で実現されていくことになる。以上の結果が「作動上の閉鎖性」と呼ばれるのである。

〔作動上の閉鎖性に関する〕以上のテーマ全体を、意識システムに関して取り上げることもできる。そうすれば次の点を明らかにするのも可能になるだろう。近代においては個人と全体社会との間に距離が生じているが、それが個人に反省（Reflexion）を、私が私であるの〔は何によってか〕を問うことを、自分自身のアイデンティティを探求することを促す。なぜ、いかにしてそうなったのだろうか。〔自分が〕これまで眺めてきたもの、〔自分がその秩序の一部であった〕世界だったものは、今や《外》である。では《内》とは何なのか。未規定の空虚ではないのか〔意識もまた、環境から区別され閉じられた作動の循環である以上、それ自体としてはそう規定するしかない。だからこそ常に「私とは何か」と問われなければならなくなるわけだ〕。全体社会の場合にも、オートポイエティック・システムの理論を全体社会に適用すれば、同じ結果に到達するだろう。ただしその際にはもちろん別の作動様式が、すなわちコミュニケーションが引き合いに出されることになるのだが。

全体社会はコミュニカティヴに閉じられたシステムである。全体社会はコミュニケーションによってコミュニケーションを生み出していく。全体社会の動態は、コミュニケーションがコミュニケーションへと影響を及ぼしていくことに、その意味で、ある瞬間において実現《アクチュアル》されている区別と指し示しを〔別の区別と指し示しへと〕変換していくことのうちに存している。外部環境を造りかえることのうちに、では決してないのである。[124]〔また逆に言えば〕ある事物に関する、〔その事物の本性によって一義的に規定された〕正しい語りなどありえない。それは、事物について考えるのを止めたりまったく新しい考えを採用したりする〔のを通して、その事物に関する思考に決着をつける〕ことができないのと同様である。

つまり全体社会は、完全にそれ自身によってのみ規定されたシステムなのである。コミュニケーションとして規定されるものすべては、コミュニケーションによって規定されねばならない。リアリティとして経験されるものすべては、コミュニケーションに対するコミュニケーションの抵抗から生み出される。[125]外界というものが、〔あらかじめ〕何らかの道筋で秩序づけられたかたちでそこにあって、それが否応なく現れてくるというわけではないのである。ここでの「コミュニケーション」のうちには当然のことなから、〔システムの〕環境への依存性に関するコミュニケーションが含まれている〔したがって、「コミュニケーションによる自己規定」というテーゼは、コミュニケーション自身によって否定されているように見える〕。しかし、何がコミュニケートされるかを規定しようとするなら、「自己言及／他者言及」というシステム独自の区別に、また他のコミュニケーションを回帰的に回顧したり先取りしたりすることに服属しなければならないのである。〔コミュニケーション〕独自のこの決定によって初めて、未規定性を〔例えば問いかけ、多義性、パラドキシカルな伝達、アイロニーを〕容認することが、さらにはそれらを意図的に配置することすら可能になる。必要な場合には問い返したり無視したりすること。コミュニケーションにおいて〔どの程度の〕規定性が要求されるか。あるいはまた未規定性を規定された仕方で用いること。これらについて決定を下すのは、コミュニケーション自身なのである。規定性から未規定性に至るまでのベクトルのどこに自己を位置づけるか。この点に関する最終的なコントロールは、「どうすれば進行中のコミュニケーションを継続したり中断したりするために役立つか」という問題を睨みつつなされるのである。

コミュニケーション・システムとしての全体社会がコミュニケートしうるのは、ただ自分自身の内部においてのみである。自分自身と、あるいは自身の環境とコミュニケートすることなどできない。全体社会が自己の統一性を算出するのは、コミュニケーションを作動として、他のコミュニケーションを回帰的に回顧したり先取りしたりしつつ実行することによってである。全体社会は、《システムと環境》という観察図式を踏まえるならば、自身の内部で自分自身ないし自身の環境についてコミュニケートできる。しかし、自分自身と、また自身の環境とコミュニケートすることはできないのである。というのは全体社会自体もその環境も全体社会の内部において、いわばパートナーとして、コミュニケーションの宛先として〔テーマとしての登場以外に〕もう一度登場してくるわけにはいかないからだ。〔自分自身や環境を相手にして語りかけようとする〕その種の試みは、虚空に向かって語るようなものだし、〔異質な要素が含まれているがゆえに〕オートポイエーシスを発動させることもできないだろう。したがってそのような試みは為されない。全体社会はオートポイエーシスなシステムとしてのみ可能だからである。

今述べてきた閉鎖性が関わるのはシステムの再生産の特殊な作動様式に、つまりコミュニケーションにであって、因果性そのものにではない。環境が常に〔システムと〕同時に作用しており、環境がなければ何ごとも、絶対に何ごとも起こりえないのは自明の理である。生産の概念が（あるいは他でもない、ポイエーシス poiesis の概念が）指し示しているのはつねに、〔当該のものを生じさせるために〕必要であると観察者が同定できる原因の一部分、しかもシステムの作動の内的ネットワークを介して獲得されうる一部分のみである。またその部分によってシステムは、自分自身の状態を決定することにもなるわけだ。したがって「再生産」とは、この概念の旧来の意味そのままに、生産されたものからの生産であるということになる。すなわち、システムの状態を規定することが常に、その後のシステムの状態を規定するための出発点となることなのである。そしてこの生産／再生産のためには、内的条件と外的条件とを区別する必要がある。それゆえに生産／再生産に際してシステムは常に、自身の境界をも再生産するのである。これはすなわち、自身の統一性を再生産するということである。その点でオートポイエーシスとは、自分自身を通してシステムを再生産することなのである。

翻って〔そのシステムの要素である〕コミュニケーションが成立するのは、伝達と情報とが区別され、その違いが理解されることによってのみである。後続するコミュニケーションはすべて、伝達と情報のどちらかを手がかりとすることができる。しかしそれもまた続いて生じるコミュニケーションを通して初めて生じるのであり、こちらのコミュニケーションも伝達と情報との差異を再生産していくのである。作動として実行されること（コミュニケーションが生じるということ）においてコミュニケーションはシステムの閉鎖性を再生産する。一方どんな種類の観察様式をとるか[44]（コミュニケーションがいかにして生じるか――それはつまり、情報と伝達の区別を通して、ということなのだが）によってコミュニケーションは、閉鎖性と開放性との差異を再生産する。かくして成立するシステムは、閉鎖性を基礎としつつ環境へと開かれたかたちで作動する。その基礎的作動は、〔何かに関する情報を含む〕観察へと合わせられているからである。このシステムにとっては、「伝達と情報」という形式〔を構成する〕差異はオートポイエティックな再生産の不可避的な条件である。そうでない場合に生じるのは「もはやコミュニケーションはなされない」ということであり、それはシステムの作動の終焉に他ならないのである。

　コミュニケーションの形式と結びついたこの必然性は同時に、システムは常に二重の言及をも再生産していくということを意味する。すなわち、すでにくり返し述べてきたように、自己言及と他者言及の区別をも再生産するのである。システムは、伝達を介して自分自身へと関係する。伝達は、後続するコミュニケーションを回帰的にシステムへと関係づけるという可能性を実現するのである。それに対してシステムが情報を介して言及するのは、通常の場合環境にである[126]。システムと環境の差異をシステムの内側へと導き入れるためには、また内側においてその差異を自己言及と他者言及との区別として取り扱うためには、一定の形式が必要である。今述べたように、コミュニカティヴな作動の構造は、他ならぬそのような形式〔である、情報／伝達の差異〕を備えているのである。作動それ自体からしてすでにシステムと環境との差異を再生産するが、ただしそれはあくまでも選択的な回帰を通してのことである。かくして伝達と情報の区別を介して、区別されたもののなかへの区別の《再参入》が実行される(127)。システム内においてはシステムと環境の差異は言及方向という形式で、その形式でのみ、現れてくる。こうして、「作動によっては環境に到達できない」という問題は、作動から認知へと置き換えられるのである(128)。システムは複数の言及からなる想像的空間＝虚空間において（im imaginären Raum）自分自身を再生産する。それは、システムがどのコミュニカティヴな作動によっても、自己言及と他者言及の区別をオートポイエーシスの形式として更新していくことによるのである。

このように全体社会というコミュニケーション・システムのオートポイエーシスにおいては常にかつ必然的に、ひとつの区別の再生産が実行されている。その区別は、言及を自己言及と他者言及へと分割するのである。〔コミュニケーションの中で〕この区別に言及することもできる。その場合にはそれは独自の区別として《自己言及》という名の下で一括されるだろう。だとすれば、システムの中へのシステムと環境の区別の再参入がすでに実行されているところへ、区別が再参入することになるのだろう。〔ただし、そのように自己言及／他者言及の区別に言及し、それを対象化してみたとしても、〕その場合には作動の水準において、この区別は常に前提とされてしまっている。この区別は、言及することの条件であるがゆえに、作動としては把握できないのである。〔コミュニケーション〕内部で生じるあらゆる変換、あらゆる情報処理、ある区別を別の区別で置き換えることすべてが引き合いに出せるのは、コミュニカティヴに言及することだけである。システムは環境に直接介入できない。それに対応することだが、システムにとっての《客体》とは常に、言及なのである。つまり客体とは、外界において与えられている事物ではなく、システムのオートポイエーシスの構造上の単位（＝統一性）なのである。そしてその客体が、コミュニケーションを継続していくための条件となる[129]。また同様に、システムは自身の統一性を完全に把握する（durchgreifen）ことはできない。そうしようとすれば、言及することを可能にする区別の一方の側だけが現実化される。つまり自己言及だけが実現され、その反対の側は言い及ばれないままになるのである。それゆえに全体社会の自己記述が（自己記述については本書最終章で詳しく扱うことにしよう）扱うのは常に、自己言及と他者言及の統一性として現実化されるリアリティ〔すなわち、コミュニケーション〕の半分だけなのである。観察者としてのシステムは、盲目的に作動にする。というのは、システムは観察することを可能にする区別の統一性を、当の区別の一方の側にも他方の側にも収めることができないからである。また、生じるものはすべてシステムの中でシステムの作動として生じるがゆえに、環境の統一性もシステムのオートポイエーシスの統一性も、システムにとっては把握不可能である。ありうるのはただ、観察する際に用いられる短縮された指し示しだけである。

もちろんこのような描出によって全体社会システムの環境への関係に関する十分な見取り図が与えられるわけではない。というのは、コミュニケーションが現に可能となるためには、観察してみれば確認できることだが、多数に及ぶ事実的な前提が必要なのであり、それらをシステムそのものによって産出したり保証したりすることはできないからである。閉じられているということ（Geschlossensein）はすなわち、何かのうちに包含されているということ（Eingeschlossensein）である。その「何か」は内のほうから見れば外だということになるわけだ。換言すれば、システム境界が設定され維持されるとしても、その際には必ず物質連続体（Materialitätskontinuum）が前提とされている（もちろん生命体の場合も同様である）。この連続体は境界を知りもしないし、尊重するわけでもないのである（だからこそプリゴジンは、物理学的ないし化学的事象の専門領域においてすでに《散逸構造》について語ることができたわけだ）。だがそうするとこう問われねばならなくなる。システムは――われわれの場合なら、全体社会システムは――環境との接触を持ちえないのであって、駆使できるのは自身が言及するということだけである。にもかかわらずシステムが環境との関係をつくり上げているのはいかにしてなのか。全体社会の理論の総体が、この問いにいかに答えるかによって左右される。今や、人間や地域に基づく全体社会概念においては、この問いを立てることすら回避されてきたのだという点が、またいかにして回避されてきたのかがわかるはずである。

難解な問いには、難解な概念をもって答えることになる。ウンベルト・マトゥラナに倣って、《構造的カップリング》という表現を用いることにしよう(130)。システムはどんな構造によって、オートポイエーシスを実行できるのか。構造的カップリングは、その可能な構造の範囲を限定する。構造的カップリングにおいては、各々のオートポイエティック・システムが構造的に決定されたシステムとして作動するということが、つまり自身の作動は自身の構造を通してのみ決定できるということが前提とされている。したがって構造的カップリングにより、環境において生じたことがそれ自身の構造を基準として、システムの中で何が生じるかを特定しうるという事態は排除される。マトゥラナなら「構造的カップリングはシステムの自己決定と直交する（orthogonal stehen）」と言うところだろう(131)。構造的カップリングはシステムの中で何が生じるかを決定しない。だが、構造的カップリングは前提とされねばならない。さもなければオートポイエーシスは停止し、システムは存在するのをやめるだろうから。その点では、どのシステムもすでにその環境に適応していると言える（そうでなければ、存在しないかである）。ただし〔適応しつつ存在しているという〕このことによって与えられた可動域の内部では、システムは不適応行動を取るあらゆる可能性を有しているのである。そこからいかなる帰結が生じてくるか。その点は、近代社会の〔直面する〕エコロジー問題を見ればことさらはっきりとわかるだろう〔すなわち不適応行動の集積によって環境に、ひいては自分自身に、破壊的な作用を及ぼすこともありうるのである〕。

　コンピュータ関連の専門分野に由来する用語法を用いて確認しておくならば、構造的カップリングはアナログな関係をデジタル化するのである[132]。今、あるシステムを観察しているものとしよう。このシステムと、その環境および環境内にある別のシステムは常に同時に作動している。したがってさしあたりそこで与えられているのはアナログな（並行して生じているという）関係だけである。〔この状況に〕関与しているシステムはそこからいかなる情報も引き出すことができない。情報を引き出すことはデジタル化を前提としているからである。したがって構造的カップリングを介して環境がシステムへと影響を及ぼすはずだというなら、まずもってカップリングによりアナログな関係がデジタルな関係へと変換されねばならない。意識システムに対するコミュニケーション・システムの関係に即して言えば、それをなすのは言語の機能である。言語の機能によって、連続的な並存が非連続的な継起へと変換されるのである。

　構造的カップリングにはさらにまだ前提条件があるが、その点はあまり顧慮されていないがゆえに特に強調しておく必要がある。すなわち構造的カップリングにおいては、システムが内的に可能性の剰余を生み出していることが前提となる（例えば、〔生体が空間の中で〕どの方向に動いていくかという可能性は、空間によっても生体によっても規定されていない、というように）。そうであってこそシステムは、自身の自由を制限しにかかることができる。しかもその制限の仕方を、状況ごとに変化させることもできるのである。心的システムと社会システムにとってこの可能性の剰余は、意味というメディアによって与えられる。〔意味がもたらす〕この未規定性（どんな場合においても内的に生じざるをえない）をシステムが解消するためには拠り所が必要だが、それは自身の記憶から、また構造的カップリングからも、引き出すことができる（身体が移動可能性の限界を記憶しており、至る所でそれを識別する、というように）。

　構造的カップリングというこの概念を採用することによって、次の事態を考慮できるようになる。すなわちシステムの適応は《自然淘汰《ナチュラル・セレクション》》によっても、また認知の働きの結果としても説明できないのである。システムが、淘汰や認知による適応のためには不可欠なはずの《最小多様度 requisite variety》（アシュビー）を調達することなど、そもそも不可能だからだ。システムに可能なのは、環境を知りえないという事態を内的な可能性の剰余によって、つまり未規定な存在に未規定性をマッチングさせつつ、埋め合わせることだけである。マトゥラナとは異なって認知を、区別を踏まえた指し示しとして定義するのであれば、なおのことそう言える。というのはこの意味の認知においては区別の能力が前提とされているわけだが、システムの環境の中にはそれに対応するものなどまったく存在しないからである。以上の状態を達成するためにはシステムは一方で、作動の上で閉ざされたかたちで自身をオートポイエティックに再生産しなければならない。しかし同時にまた、環境との関係については、極端に制限された構造的カップリングに依拠しなければならないのである。目と耳に対応するかたちで脳内で〔のみ〕作動が続いていくということが、格好の例となってくれる。

構造的カップリングには、カップリングされるオートポイエティック・システムから独立したリアリティの基礎が備わっていなければならない（だがそれだけではもちろん、構造的にカップリングすることがいかなる機能を担うのかが説明されるわけではない）(133)。換言すれば、構造的カップリングは、物質（あるいは、エネルギー）連続体を前提とするのである。この連続体にはシステムの境界は書き込まれていない。それは、さしあたっては物理的に機能している世界なのである。この世界は、きわめて高度な安定性を示している。システムのオートポイエーシスがどんな構造発展をとろうが、常にこの世界と両立可能であるという点を考えてみるだけでよい。しかしそれは当然のことながら、この世界が危険にさらされたり破壊されたりすれば、〔システムにとって〕カタストロフィックな帰結が生じざるをえないということでもある。システムはそのような帰結に対しては反応しえない。反応の可能性はすべて、構造的カップリングによる事前のフィルタリングに依存しているからである〔ところが物理的世界が破壊されれば、構造的カップリング自体が成り立たなくなってしまうではないか〕。最後に次の点を確認しておかねばならない。構造的カップリングもまたふたつの側からなる形式である。そこには何かが含まれるが、それは他のものを排除することによっているのである。構造的カップリングは、カップリングされたシステムに影響を与える特定の因果性をまとめ上げ、強化する。〔それによって〕システムは刺激され、かくして自己決定が呼び起こされるのである。同時に構造的カップリングは、影響が生じるそれ以外の形式を排除しもする。構造的カップリングという形式の外の側に位置するのもやはり因果性である。こちらの因果性もシステムを見舞いうるが（観察者ならそれを確認できるはずだ）、しかし破壊的にしか作用できないのである。

以上のように規定するだけで構造的カップリングの概念はすでにかなり複雑なものとなっている。ともかく以上述べてきた意味において、すべてのコミュニケーションは意識と構造的にカップリングされていると言える。意識がなければコミュニケーションは不可能である。コミュニケーションは全面的に（どの作動においても）意識に依存している。次の事態を考えてみるだけでよい。感性的に知覚できるのは意識だけであって、コミュニケーションそのものによってはそれは不可能である。口頭コミュニケーションにしても文字によるコミュニケーションにしても、知覚の働きがなければ機能することなどできないではないか[134]。さらに加えてコミュニケーションは、少なくとも主として口頭による形式が取られている場合には、関与している意識システムの知覚領域内であらかじめ相互依存関係が確立されていることを前提とする。しかもその相互依存関係は、知覚されていることを知覚するという形式を取る[135]。そこにおいて肝心なのは、意識がもつ特殊な働きである。すなわち意識は、伝達と理解をほぼ同時にプロセシングすることを可能にし、またコミュニケーションの原初的な自己修正を企てうるのである。例えば伝達を行う者は、受信者が（こちらに）注意を払っていないと見るなら、伝達を中止するだろう。しかしにもかかわらず、意識はコミュニケーションの《主体》ではないし、何らかの意味でコミュニケーションの《担い手》でもない。意識がコミュニケーションのために作動として寄与することは決してないのである（例えば、考える－話す－考える－話すという継起が順次に生じてくる、という意味で）。むしろコミュニケーションが機能するのはただ、かくも異質な作動様式の間に回帰性が打ち立てられる必要などないという理由によっている。コミュニケーションは意識の前提を主題化しなくてもよい。コミュニケーションが生じるのは、構造的カップリングを通してのことなのである。それゆえわれわれは、コミュニケーションとは心的システムがあらかじめ抱いている意味内容を他者へと《移送》することである云々という、古典的なメタファーをも放棄しなければならなくなる(136)。

コミュニケーションとは移送であるとのこの観念を放棄すれば、一般システム理論にとって、また社会システムへのこの理論の適用にとって広範囲に及ぶ、目下のところほとんど見通しがたいほどの帰結が生じてくるはずである。というのは古典的なシステム理論（ウィーナー、フォン゠ベルタランフィ、フォレスター）[45]は、根本原理として移送や流れの概念を用いつつ、システムとはそれらを調整するものだと理解してきたからである。これはあらゆる種類の移送に関して言えることである。生物学的および経済学的なシステムにも、組織にも、意識システムにも、機械にも、である。この点でそれらは相互に比較されうる、というわけだ。そこでは環境との関係は入力／出力‐モデルを用いて、あるいはフィードバック・ループを用いて描出されてきた。その際、システムが調整を通してこの過程をコントロールしている、あるいはそもそもシステムの調整によって初めてそれらの過程が生じてくるという前提が置かれていた。しかしコミュニケーションを移送として把握できないとすれば、この種のシステム理論の本質的な前提は崩れ去ってしまう。その結果、そもそもシステム理論によっては社会的なものを適切に取り扱うことはできない云々という旧来の疑念に屈するか、さもなければシステム理論を新たに把握しなおさねばならなくなる。後者が可能になるのは、「そもそもシステムと環境との差異の生産や再生産はいかにして生じるのか」という問いを手がかりとすることによってであろう。特別な種類のシステム、つまり社会システムに関してこの問いに答えることができるのは、他ならぬコミュニケーションの概念なのである。

コミュニケーションが回帰を通してオートポイエティックに再生産される場合には、独自ノ（sui generis）創発的リアリティが構築される。人間はコミュニケートできない。コミュニケートできるのはコミュニケーションだけである。コミュニケーション・システムも意識システムも（また、それら〔が何かから区別される際に、そ〕の別の側〔を構成する項目〕としての脳や細胞なども）、作動の上で閉じられた、相互に接触しえないシステムである。意識から意識へと、非社会的なかたちで伝達されるコミュニケーションなど存在しない。個人と社会との間にもコミュニケーションは存在しない。コミュニケーションについて十分精密に理解すれば、その種の可能性は（社会を集合精神として考えうるという可能性などと同様に）排除されざるをえなくなる。思考することができるのは意識だけである（しかし別の意識の中で思考することはできない）。社会だけがコミュニケートできる。どちらの場合でも問題となっているのは、作動の上で閉じられた、構造的に決定された〔それぞれの〕システムに固有の作動なのである。

意識とコミュニケーションの構造的カップリングという事例がもつ特性のひとつに、両方の側においてオートポイエティック・システムが関わっているということがある。つまりそこで生じているのは、ひとつのオートポイエティック・システムが、その環境における不変の所与状態とカップリングされるという事態（自力運動する生体の筋肉組織が地球の引力に適応している、というような）ではないのである。意識／コミュニケーションの関係においても、独自の構造的不変性が存在してはいる。例えば、意識状態の変化速度には限界がある。それゆえにコミュニケーションの側から過大な要求がなされるようなことがあってはならないのである。さらに、より重要だといえるかどうかはともかく、進化の上でさらに蓋然性が低い〔にもかかわらず実際に生じている〕のは、コミュニケーションが〔心的システムという〕内生的に不安定で、絶えず別の状態に変化していかざるをえない環境システムを前提としているという事態である。そこから生じる事柄として、コミュニケーションは環境によって絶えず刺激を被ることに備えねばならなくなる。しかしだからといって、語彙や文法規則が刻一刻と変わるということになってはならない。反対に言語の特色は、言語はコミュニケーションに刺激を伝えうるが、そうすることで崩壊しはしないという点に存しているのである。

〔コミュニケーションと意識という〕この事例においても例によって構造的カップリングは不断にかつ気づかれることなく機能する。構造的カップリングは、特にそれについて考えられたり話されたりしていない場合でも、むしろその場合にこそ、機能しているのである。散歩の際に次の一歩を踏み出すためには、自分の体重を物理学的に考えることなど必要ないのと同様に、である。そして〔その反面〕体重のゆえに散歩できる可能性はごく狭い範囲に限られる〔言い換えれば、地球の引力はそれより少々強くも少々弱くもないわけだ〕のと同様に、意識システムもコミュニケーション・システムも、あらかじめ相互に対して同調しており、特に注意を払わずとも調整されたかたちで機能していけるのである。その際、カップリングされたシステムは相互に不透明なままなのだが、これは単に事実として受け入れられるべきであるのみならず、構造的カップリングの必要条件でもある。システムの作動は内生的に規定されているのだから、さもなければ〔つまり、不透明性を前提として盲目的に組み合わせるのでなければ〕作動をシンクロさせることなどできないはずではないか。かくもきわめて蓋然性が低い条件に依拠しえているという事態は、またカップリングのどちらの側においても実現されているのは多くの可能性のうちのごく限られた部分だけであるということは、散歩する可能性の場合と同様に、進化論的にのみ説明されうるのである。

このようにコミュニケーションと意識との構造的カップリングは気づかれないままに、またノイズなしに機能していく。ただしだからといって、コミュニケーションの中でコミュニケーションに関与する者が同定されたり、話題にされたりさえするということが排除されるわけではない。〔コミュニケーションにおける〕この種の局面を、古くからの伝統にしたがって《人〔ないし「人格」〕Person〔en〕》と呼ぼう。[137] つまり、コミュニケーション・プロセスは外部への言及を《人格化》することができるわけである。どのコミュニケーションにおいても情報と伝達とが区別されえねばならない（さもなければコミュニケーションは、自分自身を区別できなくなるだろう）。これはすなわち、〔情報に〕対応する事物への言及と〔伝達に〕対応する人格への言及が形成されるということに他ならない。スペンサー＝ブラウンの概念に依拠して次のようにも言えるだろう。[138] 言及をくり返し用いることによって人格（ないし事物）が圧縮される、つまり同一のものとして固定される。また同時に再認される、すなわち〔同一の人格ないし事物でありながら〕多種多様な伝達から引き出された新たな意味関係を伴うものとして豊富化されるのである、と。これが生じるなら、それに対応するゼマンティクも発展してくる。人は名前を持っている。人格性（パーソナリティ）とは何か、そしてそれをどう扱うべきかについて、込み入ったかたちでより詳しく記述されるようになる。しかしこれらすべてにもかかわらず、構造的にカップリングされたシステムの分離性（Separatheit）や作動上の閉鎖性にはいささかの変わりもない。この止揚されえない対自存在（Fürsichsein）を補償するために発明されたかのような効果を及ぼしているものがある。それはとりわけ、生命・主観性・個性などの近代的なゼマンティクなのである[139]〔そう名指しておけば、コミュニケーションの中で、カップリングされている有機体的・心的システムをあたかも自己同一的な客体であるかのように扱いうる、というわけだ〕。

システムは構造的カップリングを介することによって、高度に複雑な環境条件と結合可能になる。しかもその際、環境の複雑性を習得したり再構成したりする必要はないのである。目と耳によって走査できる物理的世界がいかに狭いかは、容易に認識できるだろう。同様に構造的カップリングが把握できるのは常に、環境のきわめて限られた部分だけにすぎない。それによって排除されるもののすべては、システムを刺激したり突き動かしたりできないのであり、ただ破壊的な影響を及ぼしうるのみである。そうであってこそ、システムのオートポイエーシスの自律性が、また独自のシステム複雑性の形成が確実なものとなりうるのである。神経システムが身体的な環境とカップリングされる場合においてすでにこの事態が成立しているし、コミュニケーション・システムが個人ごとにバラバラの意識システムとカップリングされるのは、特に印象深い事例だと言えよう。当該システムから見れば、カップリングされた環境システムの複雑性は不透明であり続ける。したがってその複雑性が、システム自身の作動様式へと引き入れられることもない。というのも、アシュビーの用語法で言う《最小多様度 requisite variety》[140]が欠落しているからである。環境の複雑性の大半は、前提となる状態と〔それが〕妨害〔された状態〕という形式において、あるいは通常の状態と刺激〔された状態〕という形式においてのみ、システム自身の作動の中で再構築される。コミュニケーション・システムにおいて環境の複雑性を独自のかたちでプロセシングするために役立っているのは、名前などの一括した指し示しであり、人間・人格・意識といった概念なのである。それらどの場合でも問題となっているのは、秩序づけられた（構造化されているが、しかし算定することだけは不可能な！）複雑性を、システム自身の作動可能性を基準として（全体社会においては、これはすなわち言語的にということである）用いることである。このような関係が相互的な共進化のかたちで発展し、かくして構造的にカップリングされるに至ったシステムが、もはやカップリングなしには存在しえなくなった場合に関しては、相互浸透という言葉を用いることもできる[141]。神経細胞と脳との関係はその格好の例だが、意識システムと全体社会との関係も、もうひとつの好例である（両者は純粋に量的に見ても〔つまり、含まれる作動の量が莫大であるという点でも〕どこかしら似たところがある）。

容易に見て取れるように、意識システムとコミュニケーション・システムとの規則的な構造的カップリングは、言語によって可能になる[142]。そう考えることで、全体社会・文化・言語と心的な《メンタリティ》との関係という、社会学においても大いに議論されてきたテーマ[143]を、理論構築にとって必要で、また理論構築によって支えられている概念〔という土俵〕の上に乗せることもできる。すでにフンボルトは緻密な分析を行う中で、言語は主観的な性質と同時に客観的な性質ももっていることを明らかにしていた。いわく、話者は客観的な形式を選択しなければならないのであり、話された言葉に対する所有権を放棄しなければならない。その結果、言語によるコミュニケーションにおいてはどの関与者も他人が考えていたことをそのまま考えることなどできなくなる。言語は、形式としてはその創造者たち（！）

に対して自立しているのである。ただし〔フンボルトの場合〕結局は、《その対立が真に解消されるのは、人間の自然＝本性がもつ統一性においてである》との話になる。[144] そこでは、社会的なものに関する理論(Sozialtheorie)が欠落していた。その理論は、言語ではなくコミュニケーションから出発しなければならないはずだったからである。〔フンボルトにおいては〕こうして生じた裂け目が、とりあえず哲学的人間学〔人類学〕によって埋められていたわけだ。オートポイエティック・システムの二つの異なる様式を想定することによって初めて、《人間の自然＝本性がもつ統一性》という前提を構造的カップリングの概念によって置き換えることが可能になるのである。

構造的カップリングの概念のほうを選ぶということは、「言語の機能は心的に反省されることも社会的にコメントが加えられることもなく生じる」という含意を有してもいる。だからといって、語の選択についてあれこれ考えるということが排除されるわけではない。意識が、そうすることで何かチャンスが得られると考えているならそうできるのである。あるいは社会システムにおいて了解〔がうまく生じていないという〕問題が浮上した場合には、表現法について語ることもできる。しかしその種の、どちらかと言えば例外的な活動は、言語が気づかれることなく機能するというまさにそのことを前提としている。言い換えれば言語は、関与しているシステムのオートポイエティック・プロセスと《直交》する関係にあるということが、前提となっているのである。

進化的な文脈で見れば、言語とは蓋然性のきわめて低い種類のノイズであり、他ならぬこの蓋然性の低さゆえに大いに注目に値する価値を有しており、〔どんな語彙を、どのような規則によって結びつけていくかなどの〕特定化に際しては高度に複雑な可能性を含んでいることになる。何かが話されているなら、そこに居合せている意識は〔言語という〕このノイズとその他のノイズとを容易に区別できる。そして進行中のコミュニケーションが放つ魅惑から逃れる〔そして言語でない騒音のほうに注意を集中する〕ことはほとんどできなくなるのである（その際に当のシステム自身は聴かれることはないのであり、したがって何を考えていようとかまわない）。また同時に言語がもつ特定化の〔複雑な〕可能性のゆえに、高度に複雑なコミュニケーション構造を形成する余地が生じてくる。一方では言語の規則そのものを複雑化し、くり返し洗練していくことが可能になる。また他方では重要なコミュニケーションの可能性を、状況に応じて再活性化するための社会的ゼマンティクを形成することもできる。同じことが、然ルベキ変更ヲ加エレバ（mutatis mutandis）、聴覚的メディアから視覚的メディアへと移された言語、つまり文字に関しても成り立つ。言語の視覚化がもたらす効果は莫大なものであり、これまでは常に過小評価されてきた。この点に関しては、次章でさらに詳しく論じることにしよう。

構造としての言語は、相対的に長期間にわたって固定されねばならない。それに対して、変化しやすく、いわば学習可能なように調整された第二のカップリング・メカニズムも存在する。それを、認知心理学に由来する概念を採用して《スキーマ（図式）Schemata》と呼ぼう(145)。専門諸領域が相互にうまく調整されていないため、〔同じ事態を表す〕さまざまな別名が存在している。《フレーム》《スクリプト》《プロトタイプ》《ステレオタイプ》《認知地図》《暗黙的理論 implicit theories》などであるが、これでもまだいくつかを挙げたにすぎない。これらの概念が指し示しているのは、〔ある種の〕意味結合である。全体社会や心的システムは、それを用いて記憶を形成する。記憶においては、ほとんどすべての作動が忘れられる一方で、いくつかの作動はスキーマ化された形式の中で保存され、繰り返し用いられうるようになるのである。例としては、何かを何かとして（例えば、ある飲み物をワインとして）規定する標準化された形式を考えてみればよい。あるいは、原因と結果を結びつけたり、場合によっては行為を促したり責任を負わせたりする帰属スキーマ（Attributionsschemata）でもよい（後者の場合、「スクリプト」と呼ばれることもある）(146)。時間スキーマ（とりわけ過去／未来）や、よい／悪い、真／偽、所有／非所有のような選好コードもまた、スキーマ化の機能を担っている。コミュニケーションにおいてスキーマが用いられる場合、次の点が前提となる。すなわち、関与する意識それぞれが、〔そのスキーマによって〕何が意味されているかを理解している。ただしだからといって、意識システムがこのスキーマをどう取り扱うのかが〔あらかじめ〕確定されているわけではないし、ましてやスキーマを使うことで、その後に続くのはどんなコミュニケーションなのかが確定されるわけではないのである、と。スキーマは具体化されうるし、そして必要に応じ〔て変形す〕ることもできる。例えば〔本来は経済の文脈で用いられてきた益する／害する nützen／schaden を転用して〕殴打することは教育にとって有益である／害悪である、というようにである。つまりスキーマは《穴埋め gap filling》(147)に、具体的な状況において足りないものを補ったり空白を埋めたりするために、用いられるのである。いずれの場合でもスキーマは、記憶からの抽出として、型に塡らないかたちで（nicht schematisch＝スキーマ的にではなく）適用可能なのである。スキーマは、構造的な複雑性を縮減するものとして、作動的な複雑性を形成するために用いられる(148)。また、踏まえるべき事態が時々刻々変化していくことに対して、心的システムと社会システムとの構造的カップリングが持続的に適応していくために用いられるのである。そしてここにおいてもカップリングの機能とメカニズムとが、システムの作動の中で同時に〔それとして明示されつつ〕実行されねばならないというわけではない。ノイズなしで機能しているものと前提しておいてよいのである。

構造的カップリングのこの機能を踏まえて、言語理論や図式性（Schematismen）についての理論を構築していくこともできる。しかし巨大な補論とも言うべきその種の議論は、全体社会システムの理論という本書の文脈においては、目的に適うものとは言いがたい。ここでは次の点を示唆しておくに留めよう。われわれは以上の議論によって、ソシュール言語学の根本前提に反する立場を取らざるをえなくなる。言語は固有の作動様式をもっておらず、思考として、あるいはコミュニケーションとして実行されねばならない。したがって言語は、固有のシステムを形成するものではない〔これがわれわれの立場である〕。言語は一方の側で意識システムが、また他方の側で全体社会のコミュニケーション・システムが、完全に閉じられた独自の作動によって独自のオートポイエーシスを継続していくことに依存しているのであり、またそうであり続ける。それが生じなくなれば誰ももはや話すことなどできなくなるし、言語によって考えることももはや不可能になるはずである。

タルコット・パーソンズの分析に緩やかに依拠しつつ(149)、構造的カップリングのこの形式を《象徴的な一般化》と呼ぶこともできる。ただし、ここでは《象徴的》という表現は、全体社会のコミュニケーション内部において発達してくる「象徴」とは別の意味で用いられている。その種の象徴としては家系図（Genealogien）が、相異なる人々の類似性を根拠づけるという目的で、血統という観点から作成される場合を考えてみればよい。意識システムとコミュニケーション・システムとのカップリングとしての象徴が意味しているのは、ひとつの差異が存在していて、それが両側から見て同じものとして扱われうるということだけである。この意味で、言語による一般化（＝再利用の可能性）を象徴として使用するためには、言語の記号性が前提となる。記号性とはすなわち、意識およびコミュニケーションにおいて、指し示されるもの〔事物〕から指し示すもの〔語〕を区別する能力のことである。象徴として使用に適うのは指し示すものだけであり、指し示されたもの自体ではない。あるいはこう言ってもよい。伝統において仮定されてきたのとは反対に、人間と社会とを、《〔事物の〕本性＝自然》に依拠して媒介することなどできないのである、と。

　言語記号は人為的につくられており、圧縮され、再認され、象徴にしたがって使用されている。しかし、それらと同様に重要であるはずの別の要因のほうには、あまり注意が払われないことが多いようだ。それはすなわち、言語のバイナリー・コード化という要因である。あらゆるコミュニケーションは、受け入れられるか、それとも拒絶されるかというふたつの可能性に開かれている。あらゆる〔圧縮され、再認された〕意味は、「イエス」版と「ノー」版で表現されうる。それ以降においてテーマを取り扱っていくうえでの切り換えポイントはこの点に存している[150]。これと同一のしくみは、構造的カップリングの形式としても重要である。またおそらくこのしくみが成立してきたのはそれゆえになのである。というのは言語というコミュニケーション・コードにおける〔イエス／ノーの〕分岐によって、意識にとってもこの形式の一方の側か他方の側かという選択〔の余地〕が開かれるからである。意識はこの最小限の自由度だけでコミュニケーションの経過による決定から逃れて、〔自分自身にとってすら見通しがたい〕自己決定に賭けることができるようになる。意識が「イエス」または「ノー」と述べるが、その理由については知りえない。受け入れるか拒絶するか。進行中のコミュニケーションを支えていくか妨害するか。これらすべては、〔そう行動する関与者の〕動機を基礎としつつ、コミュニケーションとして理解可能な仕方でなされる。しかしその動機のほうは、自分自身にとっても他者にとっても理解できないものであり続けるかもしれないし、コミュニケーションの中ではテーマとしての役割を担わない（あるいは、担うにしても例外的にだけである）。このような事態は、言語のコードから不可避的に、語・テーマ・動機・文脈とは無関係に、普遍的なかたちで生じてくる。この事態は常に、どの瞬間においても与えられている。この事態は、今述べてきたような形式を取ることによって、相異なるオートポイエーシスが構造的にカップリングされるために不可欠の条件となるのである。

コミュニケーション・システムは言語を介して意識システムにカップリングされており、また意識システムは同様にしてコミュニケーション・システムにカップリングされている。そこから、当該のシステムの構造形成にとって、したがって両者の構造生成にとって、また両者の進化にとって、きわめて広範囲に及ぶ帰結が生じてくる。感性的知覚が可能な意識システムとは異なって、コミュニケーションは意識によってのみ刺激されうる。全体社会に対して何かが外から、〔それ自体は〕コミュニケーションとなることなく影響を及ぼす場合、それは常に意識とコミュニケーション可能性という二重のフィルターを通過しているはずである。したがって意識とコミュニケーションとの構造的カップリングとは、包摂すると同時に排除する形式なのである。このルートの中では相互に刺激を与えあう可能性が増幅される。しかしこの増幅がなされるのは、〔この形式において〕把握されていないあらゆる影響は排除されるか、破壊的効果に制限されるという条件のもとでのみなのである。

この論点が意味していることは、刮目に（文字通り、目をこすって見るに）値する。コミュニケーションの物理的な基礎そのものを含む物理的世界の総体がコミュニケーションに影響を及ぼすことができるのは、ただ作動の上で閉じられた脳や作動の上で閉じられた意識システムを介してだけ、つまり《個人》を介してだけのことなのである。まさにそれゆえにこそ途方もなく大きく、進化の観点から見れば蓋然性のきわめて低い選択という経過が生じてくるのである。またその経過のゆえに、全体社会の発展においては高い自由度が生じることにもなった。物理学的・化学的・生物学的な経過がコミュニケーションへと直接介入してくることはない——破壊という意味でなら別だが。騒音が起きたり空気がなくなったり空間的距離が生じたりすれば、口頭でのコミュニケーションは排除される。本が燃えてしまうこともあるし、場合によっては燃やされるかもしれない。しかし火事は本を書けない。著者を強く刺激して、草稿が燃えている間に、火事がなければ書いただろうものとは違う草稿を書くよう促すことすらできないのである。したがって意識は、〔コミュニケーションの〕オートポイエーシスの外的条件すべての中でも、特権的位置を占めていることになる。意識はいわば、外部世界がコミュニケーションへと入ってくることに対してコントロールを加える。しかしそれはコミュニケーションの《主体》としてではなく、コミュニケーションの《基礎となる》実体としてでもない。あくまで、意識が知覚（それもまた高度にフィルタリングされたかたちで自己産出されたものなのだが）する能力をもつということによっているのである。そして知覚はまた、構造的カップリングという条件のもとで脳の神経生理学的プロセスに、さらにそれを介して生命のオートポイエーシスのプロセスに依存しているのである。

　コミュニケーション・システムは直接には意識システムとだけカップリングされている。かくして意識システムの選択性によって利益を得るわけだが、しかもその際に意識によって特定化されることはないのである。この事態はいわば装甲として働く。世界の現実総体がコミュニケーションに影響を及ぼすことが、〔個々の事例においてはともかく〕全体として見れば阻止されるわけだ。どんなシステムも、現実総体に耐えられるほど、またそれに抗して自身のオートポイエーシスを貫徹させられるほど十分に複雑ではないはずである。この防壁があるからこそ、コミュニケーション・システムのリアリティはただ《記号》のプロセシングのうちにしか存していないにもかかわらず、このシステムが発展してくることが可能だったのである。さらにまた膨大な数の、今日では約五〇億以上の単位数にのぼる意識システムが存在し活動しているという点も考慮に入れねばならない。今現在、地球の反対側では意識システムは眠りについていることを、また今現在それ以外の理由で何のコミュニケーションにも参加していない意識システムがいるという点を考慮に入れたとしても、同時に作動しているシステムの数はやはり膨大である。それゆえに、効果的な調整は（またしたがって、経験的に把握可能な意味でのコンセンサスの形成は）完全に排除されるのである。だからコミュニケーション・システムはどうしても自立せざるをえない。このシステムを統制できるのは、システム自身だけである。それが可能になるために必要なのは、意識という素材を環境において活性化することに成功するという点だけなのである。

　以上を踏まえるなら、構造的にカップリングされたシステムが、作動や状態のうえで同質性をもつなどとはいかなる意味でも言えないことがわかる。言語や認知図式が用いられるとしても、この点は何ら変わらない。にもかかわらず構造的カップリングが成立しているという事態は、〔同質性とは〕別の基盤によっているはずである。その基盤とはおそらく、神経生理学的システムの作動も、意識システムの作動も、さらにまたコミュニケーション・システムの作動も時間性をもつという点にあるのではないか[151]。われわれは、オートポイエティック・システムがこのように時間的に形成されているという点を、あくまで構造的カップリングに目を向けつつ、いくらか詳細に考えておかねばならない。というのはどのシステムにとっても世界は同時に存在するにもかかわらず、脳、意識システム、コミュニケーション・システムは、相異なる出来事の連鎖を形成するのであり、またしたがってそれぞれの作動の速さも異なってくるからである。意識にとって〔色彩の〕強度（Intensität）[46]として〔一瞬で〕見えるものは、神経システム内部でのパルスの連鎖によって形成される。意思決定や感情が体験される際にも、そのような時間的差異が存在しているのである。(152)

それ〔意識と神経の関係〕に対応することだが、コミュニケーションという出来事が生み出される時には常に、意識がすでに活動している。意識はすでに脳の中で生じていることを、こう言ってよければ、決心や感情や洞察などとして解釈する。さらにコミュニケーションはそこにおいてすでに決せられていたことを現実化し、そうすることでそれを意識の中に引き留めておくのである。構造的カップリングではこのような独特の遅延が生じるのだが、この遅延はそれとしては気づかれないままである。むしろ遅延は同時性として読み取られる。遅延はいわば、認知的作動から独立して存在するリアリティという仮定へと翻訳されるのである。〔それぞれのシステムは〕そのつど自身のオートポイエーシスの要請にしたがって〔他のシステムに流れる〕時間と同期化しなければならない。認知から独立した、現にあるとおりである世界の創発は、この必要性によって説明できる。システムは時間的関係をリアリティへと換算する。ただしそうしたからといって、具体的に特定の意味形式が先取りされるわけではないのである。

この分析に従えば、世界の存在論的基体を仮定することを放棄できる。また、その仮定そのものを説明することもできるのである。そのためには、構造的にカップリングされるシステムの作動が時間性をもつということから出発しなければならない。この点は、それらのシステムの基本要素が時間と関連するかたちで生み出されているということからして明らかである。より詳細に分析してみれば明らかにできることだが、〔ここでは〕すべてがきわめて複雑な諸条件に従っているのである。カップリングされたシステムにおけるあらゆる作動は、生じるや否や消えていく出来事にすぎない。それゆえシステムは、相互にかみ合う作動を連鎖させることを介して、環境に対する差異を生み出さねばならない。そのためには、そのつどの瞬間においてシステム独自の記憶が必要とされる。記憶が関与するのはシステム自身の作動にだけである。つまり、思い出したり忘れたりすることができるのはシステム自身の作動だけなのである。にもかかわらず記憶によって、作動の結果（産物）が、自己言及と他者言及との区別を踏まえて〔すなわち、作動の結果が、外界で生じた出来事として〕呈示される。かくしてどのシステムも、他のシステムと平行して進んでいるということを、また〔自他のシステムにおいて〕他者言及のかたちで示される事態が〔自他相互で〕類似していることを、世界の中へと投影する。そのような投影に関しては〔相互の〕コントロールなどできないし、一致というメタ保証も存在しないにもかかわらず、である。システムは、自分自身に対して別様にもアプローチできるし、また外界に対しては他のシステムもアプローチできるということを知っている。それゆえに意識は、また全体社会のコミュニケーションも同様に、〔意識の場合なら〕志向性における、あるいは〔コミュニケーションの場合なら〕テーマにおける他者言及の領域内で、〔さまざまなアプローチからは独立に〕外部に存立している事物という観念を形成する。しかし〔実際には〕システムは自身の運動の歴史以外の何ものでもないし、またそれ以外のもの〔つまり、外的な事物〕などもちえないのである。(153) 分離しているにもかかわらず類似性が仮定されるというこのパラドックスによって、次の事態が説明される。コミュニケーションに関与すれば意識システムは、継続的に刺激を受けることになる。そこから今度は構造的ドリフト[47]が生じてくるのであり、その構造的ドリフトがさらに、それ以降においてコミュニケーションに関与する際の前提へと、遡及的な影響を及ぼしていくのである。この意味でコミュニケーションにおいては、コミュニケーションがいかにして環境へと影響を及ぼすかというその様式によって、さらにコミュニケーションを続けていくための前提が再発生させられていくことになる。ただし〔前提が固定される〕にもかかわらず、そのつど何がコンセンサスないし意見の相異であると見なされるかは完全に未決のままなのだが。

意識／コミュニケーションの構造的カップリングに対する唯一の代替選択肢は、コンピュータである。その兆候は現在すでに現れているが、おそらく将来的にはその帰結は見積もりがたいものとなるだろう。今日においてコンピュータの作動はすでに、意識にとってもコミュニケーションにとっても近づきえないものとなっている。作動を時間的に辿っていくことも、作動経路を再構成することもできないのである。そのようなコンピュータは生産されプログラムされた機械ではあるが、それがどんな方式で働いているのかは、意識にとってもコミュニケーションにとっても不透明なままであり続ける。にもかかわらず、構造的カップリングを介して意識とコミュニケーションに影響を与えるのである。厳密に言えばコンピュータは見えない機械である。そのようなコンピュータは、意識とアナロジカルに働く機械なのだろうか。意識システムに取って代わる、それどころか意識を凌駕することができるのだろうか。このような問いにおいては問題が誤って立てられており、また矮小化されてしまっている。さらに肝心なのは、コンピュータ内部の作動をコミュニケーションのように把握できるのかどうかという点でもない。おそらくこの種のアナロジーすべてから離れて、その代わりにこう問わねばならないだろう。コンピュータによって、コンピュータ自身のために構成されうるリアリティと、意識システムないしコミュニケーション・システムとの間にまったく独自の構造的カップリングが確立されうるとしたら、そこからどんな帰結が生じてくるのか、と。

この問いがますます注目に値するものとなってきているその分だけ、今日においては全体社会システムの今後の進化からどんな帰結が生じてくるのかが見通しがたくなっている。いずれにせよ全体社会の理論はすべて、どんな帰結にも対処できるように、不確定な箇所を備えておかねばならない。そのような可能性を与えてくれるものこそ、構造的カップリングの概念なのである。われわれは確かに以下の議論において、「コミュニケーション・システムは言語を介して意識システムとカップリングされており、その他すべてに対して無関連でありうるのはただその理由による」ということから出発する。しかしまた、コンピュータによって別形式の構造的カップリングが可能になるという事態を、蓋然性の高いことだとも見なしうるのである。

最後に、次の点も構造的カップリングによって説明されることになる。確かにシステムは完全に自分自身によって決定されている。にもかかわらず全体として見れば、環境によって許容された方向へと発展していくのである。構造的にカップリングしているシステムの内側は、刺激（あるいは攪乱 Störung、摂動 Perturbation）[48]の概念で指し示すことができる。オートポイエティック・システムは、ネガティヴな、あるいは類型化できない刺激作用（Reiz）に直接反応する。このシステムは少なくともそれ自身としては、経済理論が想定するような「効用の最大化をめざす者」ではない(154)［つまり、あらかじめ特定の基準によって刺激作用を拒絶したりするわけではない〕。ただし刺激される可能性においてもやはり、システムは十分に自律的である。これは意識システムに関しても、全体社会というコミュニケーション・システムに関しても妥当する。刺激は、（さしあたり特定されていない）出来事をシステム自身の可能性と、とりわけ確立された構造と、予期と比較することにより生じてくる。したがってシステムの環境に刺激は存在しないし、環境からシステムへと刺激が移転されるわけでもない。問題となるのは常に、システム自身による構成物であり、自己刺激なのである――もちろん環境の影響を契機として、ではあるが。だからシステムは、刺激の原因を自身のうちに見いだして、それに関して学習することもできる。あるいは刺激を環境に帰属させ、そうすることで《偶然》として扱うことも可能である。さらにはまた環境のうちに刺激の源泉を探し求め、それを利用したり遮断したりもできる。自己言及と他者言及というシステム独自の区別のうちには、このような可能性も含まれているのである。このふたつの言及を区別する可能性を用いることができさえすれば、パースペクティヴを交代させることもできるし、〔それぞれに基づく〕反応を組み合わせることもできる。例えば、環境因を同定しつつ学習する、というようにである。

特定のタイプの継続的な刺激によって、〔システムの〕構造は特定の方向へと発展していくことになる。言語が注意を引きつけることにより、幼児が反復的に刺激されることを、あるいは風土的条件を認知することによって農業に基づく社会が刺激されることを考えてみればよい。この現象が生じるのは、システムがきわめて特殊な刺激源泉に晒されており、そのために絶え間なく類似した問題に直面するからである。だからといって、十八世紀の「風土と文化」の理論[49]へと回帰すればよいなどという話にはならない。またわれわれが、社会化についての純粋に社会学的な理論を受け入れようとしているわけでもない。

これらのどの問題に関しても、システム言及が多重であるという点が常に考慮されねばならず、それに対応する複雑な理論モデルを用いて研究が進められねばならない。いずれにしても環境がシステムの構造発展に対して影響を及ぼしうるのは、構造的カップリングという条件下でのみのことであり、またそれによって水路づけられ蓄積された自己刺激の可能性という枠内でのみなのである。

以上のすべては近代社会に関しても成り立つ。だがここではさらに、環境の側が全体社会の影響を受けて以前よりも激しく変化するようになっているという事態が加わってくる。これは生命の物理学的・化学的・生物学的条件にも、つまり通常《エコロジー》として指し示されている複合体に関しても言えることである。さらにまた、近代的な生活条件のもとで心的システムに生じる歪みに関しても、というよりもそこにおいてこそ同じことが成り立つ。[50] 近代的個人主義の概念や、要求のヒートアップをめぐる理論（Theorie steigender Anspruchshaltungen）などが表現しようとしていることすべてに関して、成り立つのである。今日では全体社会システムと環境との構造的カップリングは、あたかもエコロジカルなハイパーサイクルを形成しているかのように、変異への圧力を受けている。しかもその変化のテンポから、次のような問題が浮上してくるのである。全体社会は今述べた環境の変化すべてによって刺激されるのだが、それらすべてを自分自身へと帰属させねばならない〔したがって先に述べたように刺激を「偶然」として片づけるのではなく、常に自分の行動から学習しなければならなくなる〕。しかし全体社会ははたしてそこから速やかかつ十分に学習することができるのだろうか。できるとしたらいかにしてなのか。

最後に、作動上の閉鎖性はシステム分化の理論への鍵をも与えてくれるという点を指摘しておこう（この論点については、第四章でより詳細に論じる）。全体社会が自分自身の内部において社会システムを分出させる場合も、その契機となるのはあくまで自身の作動を分岐させることなのである。環境においてすでにそこにある区別を模写すればよいというわけでは決してない。性別や年齢のような人間学な基準に依拠しつつ〔分化を〕試してみたのはきわめて原始的な全体社会だけだった。しかもそれは進化上の袋小路だということが判明しているのである。家族が形成され環節分化が生じればそれだけで、そのような段階からはみ出してしまうことになる。より後になると、構造上の区別が〔例えば「農民／遊牧民」、「都市住民／田舎の住民」が、あるいは今日では時として人種の区別が〕弁別＝差別としての意義を帯びるようになる。そこにおいて問題となっている社会的な相が重要になりうるのは、〔自然環境などの違いとではなく〕システム分化の形式と結びつきうる範囲でのみのことであるのは明白だろう。発生論的に見れば、ポイントとなるのはあくまでコミュニケーション・システム自身の働きである。ある逸脱が引き起こされ、観察され、テストされ、退けられるか強化されるかして、さらに多くの接続のために使用されていく。そこでは、自己言及的な構成要素と他者言及的な構成要素が協働しているのである。それゆえにあるシステムが分化すれば常に、そのシステムの分出もまた生じてくることになる。ここでの「分出」とは、システムの構成要素とその環境の構成要素との一対一での一致が打破されるという意味である。そして他ならぬこの打破のゆえに、システムは解釈された環境と折り合っていかねばならなくなるのである。

コミュニケーション・システムを独自の種類のオートポイエティック・システムとして分析していこうとするなら、その分だけ《認知》という伝統的な観念を再検証する必要が生じてくる。その際、ヨーロッパの伝統である人間主義＝人文主義的な遺産を新たに記述しなおすこともまた重要となる。この伝統においては、認知能力は人間と結びつけられ、さらに人間の特性は二つの区別によって、すなわち「人間／動物」の区別と「人間／機械」の区別によって確定されてきた。すると、人間は有しているが、動物や機械はもたない特性を求めねばならなくなる。認知の理論がそのために用いたのが、留保による概念構成というやり方であった。[51] そうしておいて次には理性・悟性・反省能力などの観念で特定化していけばよい、というわけである。その結果、人間が動物と分かちもっている感性的知覚の能力のほうには、十分に焦点が当てられないままとなった。その能力は（より高次の能力と比較して）低次のものと見なされてきたのである。(155) それに対して機械は、人間の行為能力を補い負担を軽減するだけのものだった。そして行為そのものは、意志の自由や理性的なコントロールの可能性へと帰属させられていたのである。

特殊人間的なのものを引き合いに出す認知理論のこの前提は、現在では科学ないし機械工学内部での展開によって破綻するに至っている。近代物理学はことによると、認知を電磁場をめぐって生じる変化の特別な事例として記述することすら可能にするかもしれない。そうすれば、「世界はいかにして自分自身を観察することを可能にするか」という問いに答えることもできるかもしれないのだ。ただしだとしてもそこから、世界の〈意識へのたち現れを解明しようとする〉現象学へのアプローチが切り開かれるわけではないのだが。神経生理学の分野では、脳は作動上閉じられたシステムとして記述される。そして、それにもかかわらず、いかにして外部世界を表象することが可能になるのかという問いが、動物についても、また人間についても立てられることになる。その答えをもたらすのは、感性的知覚という概念のみである。つまり感性的知覚は、あらゆる反省のプロセスの上位にではないにしても、それに先立つものとして位置づけられるわけだ。知覚は、神経生理学的プロセスの結果を（常に何かしら謎めいた仕方によって）外部化する。そしてこれは高等動物の場合でも人間の場合でも同様なのである。機械への関係に関しても、データ処理のための電子機械工学によって方向転換が生じた。もはやこの機械を、身体活動を補うものとして捉えることはできない。それゆえに人間と機械との関係も新たに記述し直されなければならなくなる。[156]《人工知能》に関する研究も、この変化を暗示している。そしてついには、人間と機械との関係についてのこの問いは、そもそも認知理論的に見て適切な問題設定なのかどうかとまで問われるに至るのである。

このような条件の下で、人間特有の独自性を示しておく《予備カテゴリー reserve category》[157]についての問いを改めて立て、改めて答えなければならなくなっている。それに貢献できるのは、意味というメディアの分析である。[158]ただしこのメディアは心的システムだけでなく、社会システムによっても使用されている。したがって人間の独自性は、有意味なコミュニケーションに関与することによっても定義できるはずである。

しかしこれだけでは認知に関する、新たな条件に適合した十全な概念にはまだ到達できない。そこに到達するためにわれわれは、「観察する」という概念から出発することにしよう。ここでは、観察することはひとつの区別という文脈の中での指し示しとして把握される。さらにまた記憶の概念も必要となるが、こちらは忘却することと想起することとを弁別できるという事態を意味する。そうすれば、意味を用いる認知は一特殊事例でしかないということになる。ただし全体社会の理論だけは、他ならぬその事例を扱わなければならないのであるが。言い換えるならば認知とは、想起された作動に新たな作動を接続できるということなのである。その前提となっているのは、忘却によってシステムの容量に空きが作られているという点である。また同時に新たな状況が、過去の作動の凝縮物に対して高度に選択的な遡及効果を及ぼしうるということも前提となっている。

この考察のゆえにわれわれは、伝統的に主流を占めてきた、今日においてもなお多くの人々にとっては自明な観念を放棄しなければならなくなる。それはすなわち、システムは認知を通じて環境に適応できるのであり、したがって認知能力を改善することによって、つまり環境をより深くに及ぶまで、的確に、事前に警告を発するかたちで認識することによって、進化が可能になる云々という観念である。進化と、高度に発達したシステムの認知能力の変化との間に連関が存在するという点に関しては、もちろん異論の余地がないはずである。しかし「認知／よりよい適応／進化」という〔三つの〕条件が関連しているとのテーゼは、今述べた単純なヴァージョンでは、批判に耐えられないだろう。生物学にとってすらそうなのである。[159]

そのような疑念を提起する根拠を、旧来のサイバネティクス的なシステム理論のうちにすでに見出すことができる。「システムはエネルギーに関しては開いているが、情報に関しては閉じている」、「システムには《最小多様度》が欠けている」というアシュビーのテーゼを考えてみればよい。[160]また制御ループ（Kontrollschleifen）のサイバネティクスにしても、環境についての知見がなくとも——こう言ってよければ、客体も主体もなくても——機能しうるよう造られているではないか。作動上の閉鎖性の理論と、「オートポイエティック・システムは、自身がもつ進化のポテンシャルを利用しうるためには、常にすでに適応していなければならない」というテーゼによって、さらに先へと進んでいける。常にまず問われるべきは、「どのような作動がシステムの再生産を成し遂げるのか。またシステムが〔自己の再生産という〕この認知以前の水準で適応しうるのはいかにしてなのか」ということである。[161] 観察を成し遂げる特殊な作動が生じうるのはいかにしてか、またいかにしてその基盤の上で認知能力（デジタル化、記憶、学習、距離の見積もり、予期、錯誤の訂正）が生じうるのか。これらについて問えるのは、その後でのことである。

認知とは、機能という点から見れば、システムの環境の側での所与の事態をコピーしたり再現したりすることではない。認知が行うのはむしろ、冗長性を発生させることである。その冗長性のゆえにシステムは、情報処理を反復せずともすむようになる。冗長性は知（Wissen）としてマークされる。[162][52] 再認識可能なように記録され、新たな情報が生じた場合には常に検証されるべく集中的に、また検証を促進しもするように、《経済的に》投入される。かくして認知は、システムが状況に暫定的に順応するのを手助けできる。移ろいやすい世界の中では、これは大きなメリットとなる。しかしこのように特殊化されるというまさにそのことによって、認知はシステムが世界へと構造的に適合するのを保証してくれるというわけにはいかなくなるのである。

生体はまずもって生命の再生産という代謝プロセスを保証しなければならず、この水準において適応していなければならない。その後で初めて、この事態に結びつくかたちで、またこの事態によって条件づけられつつ、特殊認知的な能力を発展させることができる。それに対して社会システムを形成するために用いうるのは、コミュニケーションという基礎的作動だけである。また、生体が刺激に反応できるのは、その刺激を内的にどう解釈しようと、外面においてだけである。それに対してコミュニケーション・システムは、空間的境界を意味による区別によって置き換えることを通して、刺激される可能性を増幅していくのである。コミュニケーションは、作動上の必要条件のひとつとして、常に作動の自己観察を必要とする。つまり、情報と伝達とを区別できねばならないわけだ。他ならぬこの区別によって、認知を接続できる領域が、つまり情報が、選り分けられるのである。ここにおいてもやはり言えることだが、基礎的作動は認知であるわけではない。しかしこの基礎的作動によって、認知が不可避的に随伴すること、およびそれを切り離して浮上させうるということが保証されているのである。伝達と情報との区別によって、また理解に依存しているということによって、作動としてのコミュニケーションもまた環境に適応しているはずだという点が明確になる。ただしだからといって、この依存性を認知的にコントロールしうるというわけではない。コミュニケーション・プロセスは、関与者がまだ生きているかどうかを、声を運ぶだけ十分な空気があるのかどうかを、あるいは電子装置がしっかりと機能しているかどうかを、いちいちコントロールする（つまりコミュニケーションで表現する）ことなどできない。そんなことを要求すれば、コミュニケーションという進化上の達成物がもつ効率は決定的に麻痺してしまうだろう。その要求が満たされなければならないというのなら、コミュニケーションのシステムはそもそも発展などしてこなかったはずである。[163] 言い換えればコミュニケーションの作動が連続していくためには、環境に関係する事柄によって、コミュニケーションの作動様式が可能になり許容されているということが前提とならねばならない。そうすれば、中断や妨害が生じた場合でも、それらを出来事として考慮しつつ、それに関するコミュニケーションという形式の中で処理していく可能性を留保しておけるのである。

そうしてこそコミュニケーションは、自分自身に集中できる。そうしてこそ作動を貫徹できる。そうしてこそ自身が生み出す（環境から取り出してきたりするのではない）情報をデジタル化できる。そうしてこそ作動の接続能力（了解可能性、場合によってはコンセンサスの可能性）を継続的にテストしていける。そうしてこそ莫大な量の情報を生み出して複雑なシステムの中で分配できるし、また順次的に処理していくこともできる。そしてとりわけコミュニケーションはそうしてこそ、〔「情報／伝達」という〕自身の区別が形成する内的境界を絶えず横断できる。ある情報が伝達されたという事実を、伝達された事柄や伝達する者についての情報として取り扱うこともできる。また反対に、伝達の種類や伝達の動機に関する情報から、情報の質を逆推することもできるのである。

つまりコミュニケーションを継続していくためには、環境との一致を保証する必要などまったくない。その代わりに認知を用いればよいのである。いずれにせよ環境には《テーマ》も《情報》も含まれていない。コミュニケーションが用いる形式の等価物も含まれていないではないか。一致の保証に代わって登場してくるのは、コミュニケーションが時間と関係しているという単にそれだけのことである。すなわちコミュニケーションは、出現すると同時に再び消滅していく作動（出来事）から成っている。それゆえにコミュニケーションは、無規定的な未来を自身の前へと引き寄せてくるのである。コミュニケーションは、〔コミュニケーションの継起の中で〕自己形成されたどんな構造をも（《知》の構造を含めて）再確認もできるし変えることもできる。コミュニケーションは常に回帰的に作動する。つまり、自分自身に接続していくのである。しかしまさにそれゆえに、自身を反省したり修正したりすることもできるわけだ。

以上の分析から、全体社会の理論にとって広範囲にわたる帰結が生じてくる。全体社会は、自身の作動を継続していくに際しては、環境への適合性を前提としなければならない。しかしその適合性を認知的にコントロールすることはできないのである。全体社会は攪乱を認識して、それを後続するコミュニケーションのテーマとすることができる。しかしその場合でもやはり、コミュニケーションによってコミュニケーションを打ち立てることが、したがってシステムの再生産を継続することが可能であり、可能であり続けているという点が前提とされねばならないのである。認知能力は、さまざまなかたちで拡充されてきた。記号システム（特に言語）によって、一般化（一対多の規則）や、流布技術や、保存するに値するものをくり返し使用できるよう保っておけるべくよく分類されたゼマンティクによって、さらには学術という機能システムの分出によって。このシステムは認知的革新（学習）へと特化しており、そのために自由に活動できるようになっているのである。しかしこれらすべてにもかかわらず、〈適合を認知的にコントロールできないという〉今述べた点に関しては、原則的に何も変化しえない。同一の基本的前提が、常にくり返し要求されるはずである。その前提とは何よりもまず、「全体社会は、自身にとっては未知のままであり続ける世界と、うまく折り合っていかねばならない」というものであった。これはすなわち全体社会は、そのために特化した象徴システムを形成しなければならないということを意味する。特に宗教がそれに相当するが、それぞれの機能システムにおける《偶発性定式 Kontingenzfor-

〔53〕mein》もそうである。先の前提はまた結局のところ、時間の流れという点で見れば全体社会は、自身の未来を予測しえないし、計画することもできないということを意味してもいるのである。全体社会は、構造生成において、また構造を変化させ続けていくために、進化に依存している。したがって次のような事態すら想定しておかねばならないのである。認知能力は常に、自己言及的にのみ投入されうるにすぎない。だから認知能力を拡充してみても、システムの環境への適合性が改善されるわけではない。それどころか場合によってはシステムの被刺激可能性が増幅させられることもありうる。そして継続的な自己刺激から生じる負荷もが〔適合性という課題に〕加わってくるかもしれないのである。

あらゆる認知は、あらかじめ可能になっている作動に依拠しなければならない。だとすればそこから、広範囲にわたる認識論的帰結が生じてくるはずである。認知の可能性の条件についてのカントの問いは保持しておいてよい。しかし現在では、それへの答えは「作動上の閉じ」だということになる。またしたがって研究関心は可能性の条件から、より複雑な連関の中での条件づけの可能性へと移っているのである。[164] リアリティは認識に対する、あるいは意志衝動（Willensimpulse）に対する抵抗において明らかになるという、これまた古典的な観念も保持しておいてよい。ただし今や、抵抗はシステムそのものの中に位置づけられる。あるシステムの作動が同じシステムの作動に抵抗することの中に、つまりコミュニケーションに対するコミュニケーションの抵抗のうちに、である。[165] 学術が関わるのは自己産出された（ただその理由においてだけ絶対的な！）確実性にのみであるという点もやはり変わらない。[166] だがその点を容認するのであれば、はるかに広い射程をもつもうひとつの前提をも受け入れねばならなくなるはずである。すなわち学術が関わっているのは常に、自己産出された不確実性にである、と。というのは確実性とはひとつの形式〔を構成する、一方の側〕であり、それを用いることができるのは反対の側である不確実性をも受け入れる場合だけだからである。

したがってシステムの中に（いわば、システム理論が述べているのは、「認識の確実性の現実的基礎（fundamentum in re）はシステムの働きの成果として）存しており、不確実性のほうは、世界のカオスとしてではないにしても過度の複雑性として、外側に位置づけられるべきだ」といったことではない。むしろ、確実／不確実という図式は、認知独自の働きなのであり、認知がその働き＝図式を投入できるのは、認知のオートポイエーシスが機能しているかぎりでのことなのだと主張されているのである。

VIII　エコロジー問題

古典的な社会学は、社会システム（社会的事実、社会関係、社会秩序、あるいはそれ以外の名称で呼ばれようと同じことだ）を特別な対象として扱ってきた。全体社会にとって環境であるものは他の専門分野の対象なのであり、その領域管轄権は尊重されるべきである、というわけだった。ここ一〇年においてエコロジー問題がテーマ化される事例が急速に増大してきたが、それが社会学にとって予期せぬ不意打ちとなったのは、この理由によっていたのである。そして今日においてもなお、エコロジー問題がテーマ化される際には、理論による助力を得られる状態には至っていない。社会学者にできるのはお馴染みの批判的態度で、近代社会は環境をかくも見境なしに扱っている云々と嘆くことだけである。しかしそういった発言は、せいぜいのところ文学的な意味合いしかもたないし、また、この問題を正当にそして成果を伴うかたちで世間に認めさせようとするエコロジー運動を政治的に支えることにしかならないのである。

先に要求したようにシステム形式をシステムと環境との差異の形式と見なすなら、原理的に異なる理論的基礎に到達することになる。もっとも、さしあたり観察できるのは混乱状態だけである。マスメディアは、エコロジー（ecology）と環境（environment）という言葉を融合させてしまった[167]。日常言語においてもこの混乱は受け継がれており、それによって困惑と苛立ちが表現されてはいるが、概念の解明に貢献できているわけではないのである。

今日ではエコロジーという言葉はもはや、「世界を住み心地よく整える」という言葉の意味どおりに理解されてはいない[54]。しかし暗黙裡にその意味合いが議論を支配しているがゆえに、この語は願望を含んだ概念となっているのである。他方では、物理学的‐化学的‐生物学的な世界連関の総体が問題とされているといったこともほとんど考えられない。このような限定が必要とされていることから、次の点が明らかになる。エコロジカルな連関がわれわれの関心対象となっているのは、それが環境として全体社会に関わってくる限りにおいてなのである。全体社会が引き起こした影響によって環境が変化を被る場合もあれば、逆に環境が全体社会に影響を及ぼす場合もあるだろうが。だとすればまず最初に必要なのは全体社会の概念であるはずだ。環境とは何なのかは、そこから見て明らかにされるものだからである。またかだらこそこの理論構想をさらに彫琢していけば、直接にせよ間接的にせよ、かくも明白なものとなっているエコロジー問題を理解するために役立つ結果にもなる。この問題はすでに以前から、全体社会の進化に常に随伴していたのだが、それが劇的に先鋭化したのは前世紀〔十九世紀〕においてであった。

われわれの理論構想に従うならば、社会学が扱うのは特定のシステム言及、すなわち全体社会システムとその環境である。社会学はもはや、社会内的パースペクティヴだけに自己を限定できはしない。社会学のテーマは全体社会およびその他すべてである——「その他すべて」が全体社会から見た環境である限りは。システム理論的な基礎を選ぶならば、システムと環境との差異を維持することへと焦点が当てられる結果になる。

この文脈において、作動上の閉じ／自己組織化／オートポイエーシスという概念配置が特別の意義を帯びてくる。次のような点を想起してみよう。作動の上で閉じられたシステムは、それ自身の作動によって環境に到達することはできない。そのようなシステムは、認知を介して環境への適応を確保することなどできない。作動できるのはただシステム内においてだけであり、一部は内部で、一部は外部で作動するなどというわけにはいかないのである。〔ある時点での〕構造やシステム状態は後続する作動の可能性の条件として働くことになるわけだが、それらはすべてシステム固有の作動によって生産される。つまり、創作される（hervorgebracht werden）のである。

だとすれば作動と因果性とを区別する必要が生じてくる（ただし、システム作動の因果性を否定する必要はない）。作動によってコントロールされ変化させられるのは、この点ではポイエーシス（poiesis）や生産などの古典的な概念とまったく同様なのだが、常にシステムの再生産に必要な原因の一部だけである。環境もまた常に共に作用しているのである。さらに加えて因果関係を確定するためには、観察者の特殊な働きが必要となる。特定の原因を特定の作用へと帰属させねばならず、その際には無数に存在するその他の因果要因からの選択を行わねばならない。この帰属は、帰属関心に従ってきわめて多様なかたちで生じうるのである。この点は法学や経済学における、あるいはここ数十年間の社会心理学における帰属研究ではよく知られた事柄であるから、ここでこれ以上論証するには及ばないだろう。どの因果関係が採用される（選択される）のかを知りたいのであれば、観察者を観察しなければならない。そうすれば、どの帰属も偶発的であることがわかるだろう（しかしこれは、帰属が任意のかたちで、完全な虚構として生じうるということを意味するわけではまったくない）。

したがってシステムの作動が環境条件に因果的に依存しているという点に異論の余地はない。環境条件は、構造的カップリングを介して〔システムに〕伝達されるか、さもなければ破壊的な影響を及ぼすかたちで生じるかのどちらかである。さらにまた、システムの作動が環境の状態を因果的に変化させているという点にも異論の余地はない。言い換えるならばシステムの境界は、どちらの方向においても因果性を遮断しはしないのである。コミュニケーションによって空気が振動したり、紙に色がついたり、用いられている機器の電磁気的な状態や関与する意識システムの状態が変化したりするではないか。これはそのつどの〔コミュニケーションで用いられている〕メディアに関して言えることである。メディアは一時的に、ルースなカップリングからタイトなカップリングへと移行するのである。(168) この点も疑いの余地がないし、この点を考慮から外すなどということもありえない。〔メディアがない状態を想定するという〕そんなことをすれば、コミュニケーションが欠落した事態しか考えられなくなるはずである。問われるべきはただ、次の点だけである。〔ある種のコミュニケーションが〕その種の環境因果性を伴うということが、全体社会の中でどのような意義をもつのか。またそれ〔が環境への因果性を帯びているということ〕によって、システム内でその後に続く作動を選択する条件が、何らかのかたちで変化することになるのだろうか。それはどんな時間地平においてなのか。

明らかに〔コミュニケーション内部という〕ここにおいて問題となっているのは、ごくわずかの効果ないし欠落（minimale Effekte oder Defekte）である。それが攪乱効果をもつということが認められうる場合には、システム内で容易に調整可能である。別の紙を、あるいは別の意識を選び取ればよい。全体社会というコミュニケーション・システムの中で攪乱についてコミュニケートするのは簡単なことである。通常の場合なら〔攪乱を〕吸収する能力は十分である。だから少なくともコミュニカティヴな作動においては通常の場合、自身が〔コミュニケーション〕独自のかたちで条件づけられているという点を顧慮しておけばよい。なるほど、〔コミュニケーションにおいて用いられる、物理的環境に位置する〕素材が、あるいは〔意識という環境において働く〕動機が、〔コミュニケーションが膨大な数にわたって生じるがゆえに〕過度に使用され稀少なものとなるということもあるかもしれない。しかしその場合でも、稀少性は〔持つ／持たざるという〕形式となるのであり、システムの内部においてそれについてさらにコミュニケートしていかねばならないし、またコミュニケートされうるのである。だとすれば、重大な結果をもたらす問題など存在しないということになるのだろうか。

まずはわれわれの理論的アプローチによって、説明されるべき空隙を切り裂いてみよう。われわれの出発点からは、次の事態を説明することができる。なるほど近代社会が環境との関係において特別な、先鋭化した問題を抱えているのは事実である。しかしそもそも数十億年来の進化は、自分自身に対して壊滅的な反作用を引き起こしているではないか。また人類の歴史を見ても全体社会システムが、自身を再生産していくうえでのエコロジカルな条件を実際にコントロールすることなど一度もできなかったのである。では、〔近代社会とそれ以前の社会とでは〕何かが変わってしまっているのだろうか。あるいはこう言ってもよい。全体社会は自分自身を変化させたのだろうか。どの形式を、どの変数を変化させたのだろうか。

　満足すべき仮説のひとつはこうである。すなわちその変化は、全体社会のシステム分化の形式と、またそれによって引き起こされた複雑性の増大と関連しているのである(169)。それゆえにわれわれはここで、第四章で初めて詳細に論じられることになるテーマを先取りしておかねばならない。

　機能分化が意味するのは何よりもまず、機能システムも作動の上で閉じられているということである。それによって部分システムに、全体社会総体のネットワークのもとでは――言語という基礎の上だけでは、と言ってもいいかもしれない――調達されえない遂行能力（Leistungsfähigkeit）[55]が与えられる結果になる。部分システムは、自身の特定の機能に関する普遍的な権限を引き受けている。そこから、〔物事を細目へと〕分解・再結合する能力が莫大に増加するという事態が生じてくる。これは自身の作動に関しても、またその機能システムの全体社会内的・全体社会外的な環境に関しても同様である。さらに加えて、組織が独自の意義を獲得するようにもなる。〔組織の〕メンバーの行動は、メンバーシップという独特の包摂と排除のメカニズムによってきわめて特殊なかたちで規制され、具体的に指示されうる。それはすなわち〔組織内部での〕コミュニケーションによって影響を受けるということであり、この事態は当該組織システムの環境においてメンバーに課せられる通常の義務から相対的に独立して、つまりメンバーの他の役割から独立して、生じるのである。

これらの構造変化は、作動上の閉じという原理に関しては、何も変化させはしない。むしろそれはこの原理を踏まえているのであり、この原理を全体社会の内部において、機能システムのオートポイエーシスによって反復しているのである。だがコミュニケーションとコミュニケーションでないものとの、つまり全体社会とその環境との、因果的な接触面は変化するし、またそれとともにコミュニケーションによる因果性の観察とテーマ化〔のあり方〕も変化する。学術が成立して以降においては、はるかに深くまで焦点を伸ばしつつ因果性を定式化できるようになった。しかしその分だけきわめて多くの不確実性を伴うことにもなったのだが。どんな種類をどの程度の量だけ生産すれば市場の収容能力という点から見て引き合うのかは、算出できるし経験に基づいてコントロールされうる。同様に、全体社会の環境からどの原料を取り出してくればよいか、どの廃棄物なら環境に戻してもよいかも市場によって、つまり全体社会の内部で規定されるのである。このようにコミュニケーションを環境に影響を及ぼす因果性へと変換することは、基本的には〔企業という〕組織を介して行われる。しかしもちろん、〔広告を用いて〕可視的なかたちで消費を提案するという誘惑によってもなされうる。

機能システムは今述べた効果を、全社会的なコントロールと制限を受けることなく生じさせてゆく。まさにそれゆえに、帰結を差引勘定することは困難になっている。そこには統合が欠落しているし、操舵を受け付ける可能性も存在しない。また、大衆の道徳や《身分相応の生活》という理念を介して、〔階層という〕全体社会の秩序そのものを全体社会の中で〔規範的なかたちにおいてだけにせよ〕表現する可能性もないのである。因果性に注目し因果性についてコミュニケートするならばより多くの可能性が、したがってより多くの選択可能性が視野に入ってくる。しかし同時にそうすることによって複雑性もまた視野に入ってこざるをえない。予測を受け付けない複雑性も、である。われわれができるのはただ、見かけ上はそのようにコントロール可能な技術の範囲内で、かろうじて実験することだけなのである[170]。

ふたつの帰結が否応なく浮上してくる。〔第一の帰結として〕システム理論は、システム－環境間の因果関係からシステムの環境への適応〔の度合い〕を推定するという、お気に入りのアイデアを放棄しなければならなくなる。進化論もやはり、この発想を放棄しなければならないだろう。システムは作動上の閉じによって自身の自由度を生み出す。システムはその自由度を、うまくいっている限りは、つまり環境が許容する限りで、徹底的に利用できるのである。そのために適している形式は数少ない。オートポイエーシスという十分な構造吸収力をもつ形式を、もちろん特にまず、生命のきわめて頑丈な生化学(die äußerst robuste Biochemie des Lebens)を挙げるべきだろう。これらすべてからの相対的効果として生じてくるのは適応ではなく、逸脱の増幅なのである。

第二には、前記の理由から、近代社会においては自身を危険に陥れるポテンシャルと同様に、自己回復能力も増大しているのである。環境に対して意図されることなく、あるいは少なくとも故意によってではなく加えられた影響は爆発的に増大しているように思われる。それを《コスト》として経済性の計算に算入できるという観念も登場しているが、問題の範囲と時間地平とを考えてみれば(つまりコミュニケートされうる非知を考えてみれば)その種の観念はすべて幻想だという結論になる。このような状況において《責任》を要求するという傾向がよく見られるが、それを観察してみれば絶望のジェスチャーでしかないのがわかるだろう。しかし同時に〔機能分化した近代社会では〕、状況が十分に明確になっている場合には、反応の自由度が大きくなっているという点も計算に入れることができる。規範的構造ですら偶発的なものとなっている。つまり《自然な＝本性に基づく》秩序へと立ち帰ることが断念されている分、変更できるよう定められているのである。何よりもまず実定法を考えてみればよい。エコロジー問題についてのコミュニケーションが経済において生み出すのはコストだけでない。〔コストの問題を処理可能にする〕市場もまた生み出されるのである。特に、組織というメカニズムによって、規則を必要に応じて変更しつつ人間の行動を特定化するという、およそ蓋然性が低いことが可能となっているという点を挙げておこう。そう考えるならば組織は貨幣と同様に、そのつど暫定的なかたちでのみ固定される形式のためのメディアだということになる。[56] しかし他方では、組織を用いる可能性は、機能システムの再生産の条件によって制限されてもいる。給与は魅力的であり続け〔るほど高額で〕なければならないが、〔同時に、会社が〕支払うことができねばならない。これは遂行能力をもつ経済システムがなければ生じない。ところがその経済システムが今度は再び環境を消耗させるのである。だから結局のところ、環境への不適応が生じるのは特に異常な事態ではないことになる。(171) この事態に対する理論的説明として、「作動上閉じられたシステムは内的な問題に内的に定位する可能性しかもたない」というテーゼを挙げておこう。通常ならざる、説明を要する事態はむしろ、今日の全体社会システムの中でコミュニケーションが他ならぬこの問題に関わり合う度合い〔が大きくなっている〕ということのほうなのである。

IX 複雑性

ここまでの議論で、意味、自己言及、オートポイエティックな再生産、コミュニケーションという独特な型の作動のみによる作動上の閉鎖性などのメルクマールを列挙してきた。これらから、全体社会システムが固有の構造的複雑性を形成しており、それによって全体社会固有のオートポイエーシスを組織化しているということが導かれてくる[172]。この文脈においてはしばしば《創発的》秩序という言い方もなされている。ある現象が生じているが、それを構成要素の特性（例えば行為者の意図）へと還元できない云々というわけである。だが《創発》は、創発〔現象〕の説明のために使えるというよりはむしろ、ストーリーの構成要素なのだ[173]。〔だから創発概念は使うに値しない〕。それゆえにわれわれにとっては、「境界による防護の下でシステム固有の複雑性が構築されうるが、その前提となるのはシステムの分出であり、システムと環境の関係が切断されることである」との観念で十分なのである。

組織化された（構造的な）複雑性は、はるか以前から、また現在においてもなお、理論的考察と方法論的考察との交点に位置している[174]。ヘルムート・ヴィルケ[57]に言わせればそれこそがシステム理論の中心的な問題設定であり、また近代社会は、コントロールと操舵を行うに際して、この問題を自己組織化のプロセスによって処理することにますます腐心するようになっているのである[175]。われわれはこの現象がもつ多くの相を別々に論じていくつもりである。例えばシステム分化（第四章）、メディア／形式の差異と、コード化や自我／他我の区別といった二重化プロセス（Duplikationsvorgänge＝複製プロセス）（特に第二章）などについて、である。しかしここで、いくつかの要約的な議論で先取りしておく必要はあろう。

出発点はこうである。システムの作動上の閉じと、進化においてシステム固有の複雑性（システム複雑性）の形成へと至る傾向が存していることとの間には、ある種の連関が存在する。システムが要素の結合からなる固有の内的秩序によって自身を環境から区別できるのは、システムが環境に対して十分に隔離されている場合のみ、つまりシステムが、可能であればすべての、〔少なくとも〕できるだけ多くの環境状態に対して独自の内的対応物を用意するのを放棄する場合のみのことなのである。これを基礎として進行する、固有の要素による固有の要素の生産（オートポイエーシス）によってのみ、システム固有の複雑性が形成されるに至る。それがどの範囲で生じるのか、どこでその発展が止むのか、相対的に単純なシステムが複雑性の高い環境の中で、いかにして生き残る力をもつ（すなわち、オートポイエーシスを続けられる）のか。これらの問いは進化論に委ねなければならない。目下のところ重要なのは、作動上の閉じとシステム固有の複雑性の形成が可能になることとが関連しているという点を確認することだけである。進化の《方向》を規定するのはこの連関なのである。

だが複雑性とは何だろうか。複雑性という概念で指し示されているのは、何なのだろうか(176)。複雑性は作動ではない。つまりシステムが行うこと、あるいはシステムの中で生じることではない。複雑性とは、観察と記述（自己観察および自己記述を含めて）の概念なのである。したがって問われるべきはこうである。複雑性の概念の形式は何か、複雑性を構成する区別は何なのか、と。この問いからしてすでに、以後に続く考察におけるカスケード[58]が生じてくる。というのは複雑性の概念そのものが単純な概念ではなく、それ自身もまた複雑に、したがってオートロジカルに形成されているからである。

よく言われるように、観察者にとってシステムが複雑なのは、それが完全に秩序づけられてもいないが完全な無秩序でもない場合、つまり冗長性と多様性との混合が実現されている場合である。未規定性を自己産出するシステムにおいては特に、そのような状態が生じていると言える。さらに一歩踏み込んで、こう問うてみよう。そもそもなぜ、さまざまに異なる事態を〔複雑性という〕ひとつの概念によって把握しなければならないのか。この概念においては、〔多様性の反対物である〕統一性が前提とされているではないか。だとすれば複雑性を構成する区別は、パラドックスの形式をもつことになる。すなわち、複雑性とは多様性の統一〔多数からなるものが、ひとつであること〕なのである。ここではひとつの事態がふたつの異なるヴァージョンで表現されている。統一性として、また多様性としてである。同時にこの概念は、相異なる何かが扱われているということを否定してもいるのである。したがって、複雑性をある場合には統一性として語り、ある場合には多様性として語るという安易な脱出口は塞がれてしまっている。しかしこう問うてみる余地はまだ残されている。このパラドックスはいかにして創造的に変換されうるのか、いかにして《展開》することができるのか、と。

通常の場合要素と関係という概念を、つまりは別の区別を用いて複雑性を分解するという方策がとられる。ある統一体は、それが多数の要素を有しており、それらを多数の関係によって結びつけている分だけ、複雑なものとなる。要素の数を挙げるだけでなくその質的な違いも考慮に入れれば〔複雑性の概念は〕さらに精緻なものになる。時間次元をも付加して順次的に生じる相違を、つまり安定していない要素をも許容すればまた一段精緻なものとなるだろう。この種の彫琢によって複雑性の概念はより複雑でより現実的になるだろう。しかしまた多次元的になりもする。したがって、「より大きな／より小さな」という〔一次元的な〕尺度によって複雑性を比較する可能性が失われてしまうのである（脳内には社会の中に存在する人間よりも多くの神経細胞が存在するのだから、脳は社会よりも複雑だと言えるのだろうか）。

全体社会の理論という目的にとってより重要なのは、また別の区別である。こちらの区別も要素と関係との区別を前提としてはいるが、特に強調されるのは次の点である。すなわち要素の数が増えていけば、つまりシステムが成長していけば、要素間の可能な関係が幾何級数的に増加することになるのである。しかし現実には要素の結合能力は、ドラスティックに限界づけられている。したがって秩序がほんのわずかだけ大きくなればただちにこの数学的法則のゆえに、要素はただ選択的にしか結合されえなくなるのである。そう考えるならば、複雑性の《形式》とは、どの要素もあらゆる別の要素といつでも結合できるような秩序に対する境界だということになる。〔そのような秩序のほうから〕この境界を踏み越えるものはすべて選択に依拠しており、偶発的な（別様でもありうる）状態を生み出すだろう。認識可能な秩序というものはすべて〔このような意味での〕複雑性に依拠している。別様でもありうることから、複雑性を見て取ることができるのである(177)。

われわれは全体社会の理論というこの目的のために、個々のコミュニケーションという要素から出発することにしよう。〔コミュニケーションという要素の〕結合能力が極端に制限されていることは明らかである。ある文に繋がりうる別の文は、ごくわずかでしかないからだ(178)。〔数だけを問題にするという〕数学的抽象だけによっても〔コミュニケーションの〕この蓋然性の低さが認識できるが、話はそれに留まらない。進化のうえで優越するシステムは、その要素の結合能力を〔数学的に許される範囲からさらに〕ドラスティックに制限しなければならない。したがってそれによって生じる関係づけ〔可能性〕の喪失を埋め合わせるために、何かを発明しなければならないのである。どの要素も他のあらゆる要素といつでも結合可能であり、したがって外部からのどんな攪乱もシステム全体を揺るがしうる——進化の中では、システムの成長がそのような範囲内に押しとどめられはしないからである。[179] 以上の分析によって初めて、複雑性のパラドックスの展開を実り多いものにする〔区別をもたらす〕問題へと到達できる。今や決定的となるのは、「要素が完全に結びついているシステム」と「要素が選択的にしか結びついていないシステム」との区別である。進化を遂げた世界においては現実のシステムは、明らかにこの区別の後者の側で見いだされる。要するに複雑性の形式とは、要素の選択的な結合を維持していく必要性なのである。あるいは、システムのオートポイエーシスを選択的に組織化することであると言い換えてもよい。

観察し記述するための道具として複雑性の概念は、あらゆる可能な事態に対して適用可能である。そのためにはただ観察者が、複雑なものとして指し示される事態において、要素と関係とを区別できさえすればよい。システムを問題にする必要はない。世界もまた複雑なのである。この概念においては、複雑な事態が複雑であるのはただひとつの仕方でのみであるということが前提とされているわけでもない。観察者がどんな仕方で多数性の統一性を要素と関係へと分解するか。それによって、相異なる複雑性の記述が存在するかもしれない。最後にシステムもまた、自分自身を記述する際に、さまざまな様式を取ることができるのである。[180] これは複雑性概念のパラドキシカルな性質からしてすでに言えることである。しかしまた、観察者は他の観察者による複雑性の記述をも記述できるということにもよっている。かくして、複雑性の記述の複数性をも含む、超複雑なシステムが生じうることになる。そしてまた、超複雑性もやはりオートロジカルな概念だという点を明確にしておくべきだろう。形式による概念構成をここまで徹底的に推し進めて初めて、全体社会の理論が複雑性の概念を必要としていることを、そしてなぜそうなのかという点を、認識できるのである。

最後に、複雑性をめぐる概念構成の最新の展開にも注目しておかなければならない。そこではテーマを〔複雑性一般や世界の複雑性ではなく〕システムに限定しつつ、システムが不可避的に不透明さをもつということが強調されているのである。そこで問われているのは、どのようにして時間を考慮に入れればよいかという点である。複雑系の古典理論においてすでに時間はひとつの次元とみなされており、複雑性は順次的に生じるシステム状態の違いとしても記述されていた。さらに議論が一歩進むと、結合されるべき要素そのものが時点に関連した単位として、つまり出来事あるいは作動として理解されるようになる(181)。そうなると複雑性の理論は回帰的な作動を、つまり同一システム内でそのつど現時的ではない別の作動を顧慮したり先取りしたりすることを必要とするようになる。だとすればシステムの発展を、〔あらかじめ全体の流れがデザインされた〕デシジョンツリー（Entscheidungsbaum）[59]やカスケードとして描き出すだけではもはや十分ではなくなる。回帰そのものが形式となるのであり、システムはその内部において境界づけを行ったり構造を形成したりすることができるのである(182)。だからこそ現在では複雑性に関与するということはしばしば、確固とした端緒も固定された目標も伴わない戦略として記述されるのである(183)。言うまでもなくこれは、システムの作動はすべて、そのつどの自身の歴史的状態に積み重ねられるかたちで生じるということである。つまり作動はそのつどただ一度だけ生じるのであって、あらゆる反復は自身の作動様式を再構成する〔すなわち、新たな歴史的状態を生じさせる〕効果を及ぼさざるをえないのである。[184]もちろんある程度の冗長性を組織化して組み込むことはできる。そうすればシステムは、自分自身をどう扱えばいいかを知ることもできるだろう。しかし原理に関しては何も変わらない。作動として産出されうるものはあくまで特定の時点に従属しており、予測不可能であり続けるのである。[185]言わずもがなではあるが、コミュニケーションそのものは回顧的にしか把握されえない。[186]またその際には、これから決定を下さねばならない未来というものが存していることも、同時に観察されるのである。複雑性が時間次元に沿って分解される場合、それは単にさまざまな状態の時間的な連なりとして立ち現れてくるだけではない。複雑性は、すでに確定された状態とまだ確定されていない状態との同時性としても現れてくるのである。

複雑性の概念で捉えられる対象領域の中では、全体社会は明らかに極端な事例である。極端なのは全体社会が他のシステム（例えば、脳）よりも複雑だからではなく、要素の作動様式、すなわちコミュニケーションによって、全体社会は多大な制約を被ることになるからである。したがってまず、こう疑問を呈しておかねばならない。この様式の作動タイプで、高度に複雑なシステムが形成されることなどそもそもありうるのか、ありうるとしたらいかにしてなのか、と。コミュニケーションが形成しうる軌跡の幅はきわめて狭いし、結合のためにはシークエンス化が必要である。それに対応して、コミュニケーションは大いに時間を必要とする。これはまた常に、コミュニケーションは崩壊しやすいということを意味してもいる。この出発点からの構造的な帰結として、形式がどうにかして保護されねばならないということになる。われわれはこの帰結には、特に文字や活版印刷術などの流布メディアとの、また連鎖形成と分岐能力という問題との、さらにはシステム分化の利点との関わりにおいて、以後継続的に取り組んでいくことになる。目下のところは、全体社会システムがこういう制限の下で作動しなければならない（さもなければ進化できない）という事例から発達してきた、一般的な形式だけを考えておけばよい。この問題に対する、相互に密接に関連した二つの解決策を一瞥しておくことにしよう。すなわち、①作動がきわめて高度な自己言及性をもつこと、②意味という形式の中で複雑性を再現するということ、である。

全体社会のオートポイエーシスの回帰性が組織化されるのは、因果的な結果物（Kausalresultate）（出力を入力として扱うこと）によってでも、数学的な演算結果という形式においてでもない。組織化は再帰的に、つまりコミュニケーションをコミュニケーションに適用することによってなされるのである。[187] どのコミュニケーションも自分自身を、問い返したり、疑念に付したり、承認したり拒否したりすることに対して開いているのであり、しかもその点を予期している。どのコミュニケーションに関してもそうなのである。例外は存在しない。コミュニケーションを試みながら、同時にこの再帰的な回帰性という形式から逃れようとするならば、もはやコミュニケーションとしては成り立ちえないだろう。というよりも、コミュニケーションとして認識されることもないはずである。複雑性問題に対するこの回答から生じる帰結は、コミュニケーションの最終化不能性（Unendgültigkeit）は除去されえないという点である。最後の言葉など存在しない（もちろん人々を黙らせる可能性はあるにしても）。これはすなわち、システムおよびその環境の複雑性の描出を、常にまだ説明されるべき現象として、未決のかたちにしておけるということでもある。[188] またコミュニケーションは、さらに言葉を継いだり、詳論したり根拠づけしたりすることが、ある瞬間において目的に適うと思われる場合には、そうできる能力を持たねばならない。その意味での権威を駆使できねばならないのである。

順次的な回帰性という問題に対するこの再帰的な解決は、全体社会のコミュニケーションがそもそも可能となるうえで最も重要となる進化上の成果へと収斂していく〔両者は共進化する、と述べてもよいだろう〕。その成果とはすなわち、意味という形式の中で複雑性を再現することである。

形式とはここでもやはり、ふたつの側の区別である。意味形式のふたつの側についてはすでに述べておいた（第III節）。それはすなわち現実性と可能性、あるいは形式が作動として用いられるということを見越して言えば、現時性〔その時点において実現されていること〕と潜在性である。複雑性が選択を強制すること（これは複雑性〔という形式〕の一方の側であり、他方の側は諸要素の完全な関係づけだということになる）を、意味をプロセシングするシステムの中で再現できるようになるのは、この区別によってなのである。ある意味が現時化される場合には必ず、別の可能性が潜在化されている。(189) 何か規定されたものを体験する場合、その規定性によって他のものが参照されているはずである。〔次には〕それを現時化することもできるし、続けて潜在的なままに留めておいてもよい。かくして、あらゆる作動が選択性を（あるいは様相理論的に言えば、偶発性を）もつということが不可避的な必然性となる。オートポイエーシスというこの形式の必然性となるのである。

それゆえに、どの瞬間においても世界が現前していることになる。ただし存在ノ充溢（plenitudo entis）としてではなく、「現時化した意味／そこから接近しうる可能性」という差異として、である。世界は常に同時に現前している。しかし同時にこの現前が生じる形式は〔すべてを一度に現時化することはできないのだから〕シークエンスの形でプロセシングすることへと適合させられてもいる。そのようなシステムにおいて観察と記述を導きうるその他の形式はすべて、この意味形式の一部である。すでに説明したように、それらすべての形式は、ふたつの側からなる形式を前提としている。そこでは両方の側が同時に与えられているが、ただし、今やこう言ってよいだろうが、一方は現時化された、他方は潜在化された様相においてなのである。潜在的なものを現時化しようとする場合には必ず時間が必要とされる。ここでもまた同様に、形式の一方の側から別の側へと至る〔境界を横断する〕ためには時間が必要となるのである。

区別の場合一般と同様に「現時性／潜在性」という、意味を創設する区別の文脈でも、ひとつの作動を反復することは二重の効果をもつ。一方では反復によって同一性が創出され圧縮される。反復は自身を、同じことの反復として認識せしめる。そしてその「同じこと」を知として使用可能にするのである。他方で反復が生じるのは〔常に〕なにがしか異なる（少なくとも、時間的にずれた）文脈においてである。[190]かくして、さまざまな状況での使用に適合していくことから、意味の集積が生じてくる。その結果として意味は参照過剰の状態となり、厳密な意味では定義不可能になる。作動上の〔意味の〕再使用を保証するには、新しい指し示し（言葉・名前・《定義》）を発明するしかない。どの意味も最終的には世界に言及しているのであり、したがって作動は選択として生じるしかなくなるのである。[191][60]

もしケネス・バークやジェローム・ブルーナーに倣って《複雑性の縮減》を語るとすれば、それが意味するのは消滅（Annihilation）といったものではありえない。[192]問題なのはただ複雑性という文脈において作動すること、つまり現時的なものと潜在的なものとが絶え間なく移動することだけである。あるいはそれ自体としてより複雑な水準では、複雑な記述（例えばシステムの、あるいは環境の）が用意されるが、そこでは対象の複雑性に適合しようとするのではなく、その複雑性をモデル・テクスト・地図などの単純化された形式に移し入れようとするといった事態を考えてもよい。

複雑性というテーマを学術的に取り扱うということに関して以上すべてから導かれる結論として、理念化したり単純化したりするモデル形成では十分でないという点が挙げられる。そのようにするだけでは、複雑性を錯綜したもの（Komplikation）と取り違えることになるだろう。古典的な擬人論（Anthropo-morphism）[61]もやはり不十分である。そこでは《人間一般》に関する仮定が拠り所とされており、それに対応して意味も《主観的》に把握されているからである。しかしこれらのアプローチ法の代わりにセカンド・オーダーの観察の手法を持ち出す余地はまだ残っている。そうすれば複雑性を透明に、わかりやすく（知性によって把握できるように）する〔べきだ〕という理念が放棄されることになる。しかし複雑性がどのように観察されるのかと問う可能性が開かれてきもするのである。まず第一に問われるべきは常に、「われわれが観察している観察者とは誰なのか」という点である（観察者がいなければ、複雑性は存在しない）。観察者は、観察の際に踏まえられている図式によって、つまり観察者が用いる区別によって定義される。かくしてこの観察者の概念の中では、主体、理念ないし概念という伝統的な諸観念が重なり合って現れてくるのである。そしてセカンド・オーダーの観察という手法の基礎にあるオートロジーによって、つまりセカンド・オーダーもまたひとつの観察にすぎないという洞察によって、複雑性をこのように扱うことが認知的閉鎖性をもつという点が保証される。〔そこでは〕外的保証が拠り所となりはしないいし、その必要もないのである。

X 世界社会

全体社会（Gesellschaft）は包括的な〔すべてのコミュニケーションを含む〕社会システムである。この規定から結論されるのは、接続可能なコミュニケーションすべてにとっては、ただひとつの全体社会システムしか存在しえないということである。純粋に事実的に見れば、多数の全体社会システムが存在するということになるのかもしれない。だからこそかつては、世界の多数性について語られてきたわけだ。しかしだとすると、それら諸社会の間にはコミュニカティヴな結びつきが存在しないということになる。あるいは個々の社会から見れば、他の社会とのコミュニケーションは不可能であるとか、そこから何らかの帰結が生じることなどありえないとかいう話になってしまう。

この点に関してもわれわれの概念は、ヨーロッパ旧来の伝統と連続していると同時に非連続でもある。「その他すべての社会システムを包摂する」という概念は、この伝統に由来している。また、自足（Autarkie）、自己充足、自律性といったメルクマールに関しても事は同様である。とはいえより仔細に見るならば、伝統の中ではこれらの概念は、われわれの文脈とは異なる意味をもっていたことが、ただちに明らかになる。古典古代の都市国家システム（Stadtsysteme）が自足的だと見なされていたのは、人々が完全な生活態度（Lebensführung）を達成するために必要なものすべてを提供するという点においてであった。国家（civitas）は、のちにイタリアで言われるような善き有徳な生きざま（bene e virtuose vivere）を保証できねばならないとされていた。それ以上でもそれ以下でもなかったのである。防衛上の理由からであれ、貴族の同族結婚の慣習という理由からであれ、そのためにどれぐらい広大な領土が、つまり地所＝国〔62〕(regna) が必要なのかという点については、中世以来議論されてきた(193)。いずれにしても、あらゆるコミュニケーションがひとつの国家ナイシハ政治社会 (civitas sive societas civilis) の内部で生じなければならないと考えられていたわけではまったくなかった。さらに、言うまでもないことだが、ヨーロッパ旧来の伝統においては〔自足・自己充足・自律性ということで〕経済的自立が考えられていたわけでもなかった。というよりも、今日の意味での経済という概念すら存在していなかったのである。

それに対応することだが、全体社会が複数存在するという場合、そこでの世界概念は物に即して (dinghaft) 構想されていた。そして物は名称に従って、種と類に従って秩序づけられうるとされていたのである。世界は、物 (＝身体) ノ集マリ (aggregatio corporum)〔63〕として把握されていた。場合によっては、巨大で可視的な生命体と見なされてもいた。その中にその他のあらゆる生命体が含まれる、というわけである(194)。そこには死すべき生命もいれば不死の生命もいる、人間もいれば動物もいる。都市もあれば田舎もあるが、聞くところではさらに遠く離れた地域には魔物と怪物もいるそうだ云々 (「聞くところでは」という言い回しは、コミュニケーションによっては直接コントロールできないということを意味している)。怪物や魔物は、社会の中で知られているタイプには合致しないという点で、いわばその珍奇さゆえに、境界の彼岸を代理していたのである。

この世界秩序においては、空間的距離が増大するにつれてコミュニケーションの可能性が急速に減少していき、不確かになるということが前提とされている。なるほど、高度文化が成立する以前においても、広範囲にわたる商取引がすでに存在してはいた。しかしそれがコミュニケーションとしてもつ効果はごくわずかなままだったのである。技術は社会から社会へ次々に広がっていったし（例えば金属加工）、知識の伝播もまた、第二・第三の受け手が受け入れる能力をもっているなら可能だった[195]。技術と知の形式とが、受け入れ条件へと適応していくプロセスの中で初めて、成熟した形式（例えば表音文字）を身につけるということもしばしば生じたのである。このプロセスは多くの時間を要したのだが、結局のところそれに呼応して生じてきたのは個々の宗教の普遍化だけであって、地域的に境界づけられることのない世界社会という観念ではなかったのである。遠く離れた大陸に関する知見は散発的なものに留まっており、人伝えに広められるだけだった。その種の知見は明らかに、報告について報告することを通して、つまり噂のかたちをとることによって、誇張されたり変形を被ったりしていたのである。もちろん自身の境界を越えて広がる世界が、民族の多様性として記述されてはいた。しかしそれが生じたのは何よりもまず戦争に巻き込まれることによってであって、コミュニケーションによる協調を通してではなかったように思われる[196]。また政治に関して言えば帝国の形成は、コミュニケーション可能性が増大していくという動向のもとでなされてきた。したがってそこでは近代に至るまで、いかにして中心から広大な領土を支配するか、つまりコミュニケーションによってコントロールするかという問題が含まれていた[197]。先に述べたような、全体社会を政治的支配領域と同一視する、すなわち領土によって定義するという傾向も、そのような経験に由来しているのである。

物に即した（dinglich）この世界概念を救い上げる最後のチャンスを提供したのは、神の概念であった。神の概念は、いわば世界の複製として構想されると同時に[198]、セカンド・オーダーの観察という機能のためには、人格として規定されもした。かくして世界の中で、世界を手がかりとして神を観察しようと試みることが可能となった。しかもその際神は、世界の観察者として観察されていたのである。確かにそこから学識アル無知（docta ignorantia）[64]、つまり〔自身の〕非知を知ることというパラドックスが生じてきはした。しかし神の啓示を示唆することによって、そこから逃れることも可能だったのである。蛇足ながら、世界を存在論的－論理学的な意味でパラドックスを含まないように設定し、罪を負っており縮限された（kontrahiert）[65]、有限である認識と行為からもたどり着けるものと見なすためには、このようなかたちでパラドックスを吸収しておくだけでよかったのである。

世界が物のように、つまり事物の総体として、あるいは被造物＝宇宙（Schöpfung）として把握されている限り、謎めいたままに留まるものすべてもまた、世界の内部に位置していると見込まれねばならなくなる。それらは感嘆（admiratio）の対象であり、奇跡であり、秘密であり、玄義（Mysterium）であり、驚愕と畏怖の、あるいはひたすらな敬虔の契機となる、と。(199) 世界はひとつの地平にすぎず、ありとあらゆる規定に対する別の側にすぎないということになれば話は違ってくる。この世界概念は、遅くとも超越論的意識の哲学によって確立されていた。(200) かくして神秘は、観察者が日常的に用いている「マークされた／マークされない」という区別によって置き換えられる。ただし今や、マークされたものが集積して〔世界という〕総体を形成するわけではないし、またその総体がマークされないものと同一視されるわけでもない。近代社会における世界とは、背景となる未規定性（《マークされない空間 unmarked space》）である。それが客体を現出させ、主体を登場せしめる、というわけだ。(201) だが、意味上のこの変化はいかにして生じたのだろうか。社会学的にはどのように説明できるのだろうか。

次のように推定してみることもできる。すなわち、この変化にとって決定的なターニング・ポイントとなったのは、地球が〔ひとつの球体として〕完全に発見されて、それが有意味なコミュニケーションの閉じられた領域と見なされるようになったという事態であった、と。昔の社会では、事物それ自体によって与えられる境界を考え合わせなければならなかった。ただし同時に、この境界を超える観察とコミュニケーションを投入することもできたのである。どんな意味にせよ珍奇ナモノ（admirabilia）がテーマとなる場合がそれに当たる。この条件は十六世紀以降次第に変化していき、ついにはその変化は不可逆的なものとなる。ヨーロッパから出発しつつ地球全体が《発見され》、次第に植民地化されていく。そうでないにしても、〔ヨーロッパ言語が通用するという意味で〕通常的なコミュニケーション関係の中に算入されることになったのである。十九世紀後半以降においては、統一的な世界時間も存在するようになる。つまり地球上のそれぞれの場所において、ローカルな時刻から独立して、他のすべての場所との同時性が生産される。そして世界規模において時間的な遅延なしにコミュニケートされえたのである。物理学における光速不変性の場合と同様に、全体社会においては世界時間が、つまりあらゆる時間パースペクティヴの換算可能性が保証される。どこかある場所でより早く（あるいは、より遅く）生じたことは、他の場所から見てもやはり、より早く（あるいは、より遅く）生じていたということになる。また、本書第四章で詳しく述べることになるが、全体社会においても同様の動きが起こっていた。すなわち、機能システムごとの分化への転換が生じていたのである。かくして、全体社会システムの統一性を領土の境界によって、あるいは構成員が非構成員とは異なる（例えば、キリスト教徒は異教徒とは異なる）ということによって定義する可能性は消滅する。[202] というのは経済・学術・政治・教育・医療・法のような機能システムはそれぞれ自分自身の境界に関して、独自の要求を掲げるからである。それらの境界はもはや、空間内において、あるいは人間集団に即して、具体的に統合されはしないのである。

この事態が世界社会において最終的かつ決定的に明らかになるのは、時間ゼマンティクが「過去／未来」図式へと転換し、またこの図式の内部において主要な定位先が過去（同一性）から未来（偶発性）へと移動することによってである。(203) 起源と伝統とを考え合わせれば、世界社会は依然として領土として明確に分化しているような印象を受ける。しかし問いを未来のほうへ向けるならば、世界社会は自己の運命を自分自身の中で取り決めねばならないという点に、異論の余地はもはやほとんどないはずである。エコロジーの点でも人間に関しても、経済についても技術に関しても同様である。機能システムの差異がわれわれの関心を引くのは、そこから未来に関してどんな帰結が生じてくるのかという点においてである。

ことコミュニカティヴな作動という事実に関してはすべての機能システムが一致しており、〔相互に〕区別されえない。(204) 抽象的に見るならばコミュニケーションとは、例の〔ベイトソンに基づく〕パラドキシカルな定式化を反復して言えば、システムの中では差異をつくり出さない差異なのである。全体社会は自身をコミュニケーション・システムとして、環境から区別する。しかしこれは外的な境界であって、内的な境界ではない。全体社会のあらゆる部分システムにとって、コミュニケーションの境界（コミュニケーションでないものとの違いにおいての）は、全体社会の外的境界である。その点では、またその点でのみ、諸部分システムは一致している。内的分化はすべて、この外的境界に続くかたちで生じなければならないのであり、また生じうる。それは、個々の部分システムがそれぞれ相異なるコードとプログラムを備えることによる。あらゆる部分システムは、コミュニケートしている限り、〔等しく〕全体社会に関与していることになる。〔他方で〕それらは、相異なる仕方でコミュニケートしている以上、相互に区別されるのである。

コミュニケーションは基礎的作動であり、それを再生産することが全体社会を構成する。この点から出発すれば、明らかにどのコミュニケーションのうちにも世界社会が含まれているということになる。具体的なテーマや関与者間の空間的距離にかかわらずそうなのである。コミュニケーションがさらに続いていく可能性が常に前提とされており、常に象徴的メディアが用いられているが、それらは地域の境界によっては定められない(205)。これは、領土的境界について語るための条件に関しても同様である(206)。というのはどの境界の反対側にも境界をもった国々が存在しており、その境界もまた別の側をもっているからである。もちろんこれは〔「境界」に関する、スペンサー＝ブラウン流の考察に基づく〕理論的な論証に《すぎない》のであって、別の概念構成を採用していればそうは言えなかっただろう。しかしにもかかわらず、そのような《地図意識 Landkartenbewußtsein》は、リアリティの上でも大いに意義を有している。というのは今日では、境界の裏にも〔つまり、反対側から見てもやはり〕境界があるというこの事態に疑いを差し挟むコミュニケーションは、決して成功しないからだ。世界社会とは、コミュニケーションの中で世界が生起してくることなのである。

コミュニケーションという作動様式によって全体社会システムの境界を、完全に明確かつ一義的に引くことができる──ごくわずかの不明確さは残るにしても、である〔例えば、知覚されうる行動が生じているが、それが伝達として意図されたのかどうかに関して疑いが残る場合〕。アンビヴァレンツは可能であり続けるし、洗練されてもいく〔修辞によるパラドックス化、フモール、イロニーなどの形式において）。しかしそれらは、選ばれるべき、責任を負われるべきものとして、また問い返しを受け付ける表現法として扱われるのである。外的境界（＝コミュニケーションとコミュニケーションでないものとの区別可能性）の一義性によって、世界社会システムの作動上の閉じが可能になる。同時にそれによって、開かれたコミュニケーション可能性という内的な未規定性が生じてきもする。この未規定性はもはや環境によっては規定できないのであり、システム固有の手段によってのみ、自己組織化によってのみ形式を付与できるのである。さらに加えて活版印刷術の発明以降、やはり徐々に、そして最後には不可逆なかたちで、全体社会のコミュニケーション網の途方もない増殖と濃密化が生じてきた。今日では全体社会は原則的に言って、統計学上の人口増大ないし人口減少からは独立するに至っている。〔現在までに〕到達された発展水準では、全体社会システムのオートポイエーシスを継続していくために、いかなるケースにおいても十分な容量が使用可能となっている。その点に気づくや否や、人口の増加はもはや祝福としてではなく、呪いとは言わないまでも問題として記述されるようになるのである。

〔このような発展の結果として〕最後にはあらゆる機能システムの作動が、セカンド・オーダーの観察へと、すなわち観察者を観察することへと転換する。この観察が関わるのは、〔観察対象となる観察において用いられている〕システムと環境の区別という、それぞれのシステムの内的なパースペクティヴになのである。かくして全体社会は、拘束力を持つかたちで世界を代表＝表出する可能性を失ってしまう。また文化的多様性が承認されるようにもなり、そのために十八世紀の終わりには再帰的な（文化を文化として反省する）文化概念が導入されるに至る。その結果、事物に基づく世界概念は放棄されねばならなくなる。[207]代わって登場するのが、観察不可能な世界という仮定である。すべては、われわれがどの観察者を観察するかによる。観察に観察を回帰的に再適用することによって、かろうじて観察不可能な統一性が、あらゆる区別の統一性を表す公式としての全世界が、生じてくるのである。

さらに、新しいコミュニケーション・テクノロジーが、とりわけテレビがもたらす影響は、どんなに重視しても重視しすぎることはないだろう。今や、こう言ってよければ、どの場所からものを見ているかはどうでもよくなってしまう。テレビに映っているものは、どこか別の場所で生じているにもかかわらず、ほぼ同時に（いずれにせよ、その出来事を直接体験できる場所に到達するのに必要な移動時間にかかわりなく）見ることができる。現在位置がどこであってもかまわないが、そのことによって出来事のリアリティが疑わしくなるわけではまったくない。リアリティは純粋に時間的に保証される。というのは、撮影は出来事とリアルタイムで同時になされねばならないからである。このリアリティは、より多くの同時録画から選択的にモンタージュするというトリックにもかかわらず、また、録画と放送との間に時間的差異が紛れ込んでいるにもかかわらず保証されるのである（あるいはこう言ってもいい。当該の出来事が起きる前にも、起きてしまった後でも、撮影することなどできないではないか、と）。さらにまた、移動範囲がより大きくなりスピードが増大することによって、空間経験は場所よりもむしろ移動に関係づけられつつ生じるようになるのではと推測してみることもできる。だとすれば知覚とコミュニケーションの到達可能性の枠組としての世界についてのイメージも、その事態に適応することになるはずである。

ただしそこでもやはり、十九世紀以降においてはローカルな時間すべての換算可能性が保証されているという条件が、つまり先に触れたような、地球を標準時間帯へと分割することが、前提とされている。

それによって、昼であったり夜であったりという物理的条件に係留されることなしに、世界のあらゆる出来事が同時であるという点から出発できるようになる。もちろん、その出来事についてのコミュニケーションがある場所では夜になされたが、その時別の場所では昼だったということはあるにしても。その結果、その場にいる者と不在の者との差異が時間化（Temporalisierung）されることになる。地球全体にわたって同時的な出来事に関与できるし、たとえ相互作用や知覚では到達不可能なものが話題となっている場合でも、コミュニケーションによって〔その事件はこちらの時間で言えば何日の何時に生じた、というように〕同時性を打ち立てることができるのである。この意味で不在のものとは、過去の、あるいは未来のものに他ならないのである。

この構造変動によって世界概念も変化する。以前の世界の中では、世界が有限なのか無限なのか、始源があったのか、終焉が来るのかなどについて議論することができた。この論争は決着不可能だったが不可避でもあった。境界を考えようとすれば、その境界の反対側をも考えないわけにはいかないからである。(208) 変化が生じたのはこの次元においてではない。今日の理解によれば世界は美しい生き物（ein schönes Lebewesen）でも、[66] 物ノ集マリ（aggregatio corporum）でもない。また物ノ宇宙（universitas rerum）、すなわち可視的な事柄と不可視の事柄（物と観念）の総体でもない。最後に世界はまた、何かで充たされるべき無限、絶対的な空間や絶対的な時間でもない。すべてを《含んで enthält》おり、そうすることによって《保持される hält》ような実在（Entität）などではないのである。これらの記述に加えてさらに多くのヴァージョンが可能だろうが、それらすべてが作成されうるのは、当の世界の内部でのことである。世界そのものは、あらゆる有意味な体験の総体的地平（Gesamthorizont）にすぎない。その体験が内を向こうが外を向こうが、時間を先取りしたり遡ったりしようが、この点は変わらない。世界が閉じられるのは境界によってではなく、世界の中で活性化されうる意味によってなのである。世界は〔事物の〕集積としてではなく、世界の中で生じる作動の相関物として理解されることになる。[209]改めてジョージ・スペンサー゠ブラウンの用語法に立ち帰るならば、世界はそれぞれの形式の統一性の相関物である。あるいは世界とは《マークされない状態 unmarked state[210]》であると言ってもよい。区切りがなされ、形式の境界線が引かれれば常に世界には傷が付けられる。しかし世界は区切りや境界に従って、ただ区別相対的にだけ、一方の側から他方の側への移動においてのみ、検知されるのである。システム理論的な世界概念から見ればこれが意味するのは、世界とは各々のシステムにとって「システムと環境」であるものの総体だということである。

昔の世界は、まったく計り知れない《秘密》であった。まさに事物の本質や神の意志そのもののように、秘密だったのである。したがって世界は認識できるようには造られておらず〔あるいはきわめて限定的にしか認識できず〕、驚くべき感嘆をもたらしてくれるだけである云々。名前をつけることすら危険だと見なされていたはずである。名付けられることによって世界はコミュニケーションへと開かれてしまう。また名前を知ることは、ある種の呪文に類してもいた。その呪文゠名称を唱えれば、〔唱えられたものが〕自ずから生じてくるという性質が喚起されるのだ、と。これは、全体社会に対する了解が空間的に限定されていたという事態に対応してもいる。地面の下、最も高い山の頂の上、大海の水平線の彼方それぞれ数メートルのところですでに、知られざるもの、慣れ親しまれていないことが始まりえたのである。近代の世界はもはや秘密として崇拝されはしないし、恐れられることもない。まさにその意味で、世界はもはや聖なるものではない。にもかかわらず世界は理解しがたいままである。なるほど作動の上では世界に到達可能である（例えば、原理的に探究可能である、というように）。しかし知見を得たりコミュニケートしたりするというどの作動も、それ自身にとっては到達しえない。世界の中で観察を行うことはできる。しかし観察者自身はこの作動の中では排除された第三項となっている。したがって世界の統一性は秘密ではなく、パラドックスなのである。世界の統一性は、世界の観察者というパラドックスである。この観察者は世界の中に留まってはいるが、観察においては自分自身を観察できないではないか。

かくして、以前の世界においては無分別にも踏まえられていた前提は解体されるように思われる。それによれば、世界はあらゆる観察者にとって同一の世界であり、観察によって規定可能である。問題状況が残るとしても、それは宗教に委ねればよい。宗教は〔世界の〕規定不可能性が規定可能性へと変換されることを説明しなければならないからである云々。観察することが世界とどう関係するかが問題として浮上してくるや否や、統一性のメタ統一性（あらゆる観察にとっての自同性 Selbigkeit für alle）や規定可能性は解体され、反対の仮定のほうがよりもっともらしくなってくる。世界がすべての観察者にとって（どんな区別が選ばれようと）同一であるというなら、世界は規定不可能である。世界が規定可能だというのなら、あらゆる観察者にとって世界が同一であるなどということはなくなる。規定するには区別が必要とされるからである。まさにそれゆえに、どうしても次のように問われざるをえなくなる。全体社会システムと観察することの結びつき方によって、世界が規定不可能なものとして、あるいはさまざまに規定されうるものとして前提とされねばならない場合でも、コミュニケーションのオートポイエーシスは可能であり続けるようになっている――このように言えるのかどうか、言えるとしたらそれはいかにしてか。まさにそのような条件の下で、観察が世界と取り結ぶ原初的関係から全体社会が生じているのである。

《相対主義》や《多元主義》をめぐる広範囲な議論を見ればわかるように、この状況から認識論的帰結を引き出すのは難しい。あらゆる社会や文化などが〔それぞれ〕《独自の世界》を生み出しており、社会科学はそれを受け入れねばならない。この点が認められるまでには至っている。だが、多元主義を受け入れる観察者の立ち位置は不明確なままである。その観察者を神を引き継ぐ、世界から離れた（welt-los）観察者として記述することなどほとんど不可能だろう。《自由に浮動する》インテリゲンチャとしても同様である。したがってこの観察者を、他の観察者を観察する者として世界の中に位置づけうるような認識論が見いだされねばならないことになる。当の観察者を含めてあらゆる観察者が、世界を相異なるかたちで構想しているにもかかわらず、そうできねばならないのである。それゆえに、多元主義的な倫理など存在しえない。そのようなものが存在するとすれば、〔多元性を主張しながら〕自分自身に対する代替選択肢は何ら許さぬよう要求するというパラドックスに陥るしかないはずだ[211]。以上の議論を踏まえるならば、世界が《部分》へと分割されたひとつの《全体》であるということからは出発できなくなる。世界とはむしろ、把握不可能な統一性であり、相異なる仕方で、相異なる仕方でのみ観察されうるのである。世界の《分解 Dekomposition》〔された状態〕など発見できない。それは構成されるしかないのであり、そのためにはさまざまな区別から選択することが前提となる[212]。ラディカル構成主義はこの点を、世界を記述できないものとして前提しつつ、世界の中での世界の自己観察の営みをセカンド・オーダーの観察の水準へと移すことによって、考慮しているのである。

われわれが近代社会を世界社会として指し示すことによって同時に考えているのは、以上の論点すべてである。それは一方では地球上には、さらに言えばコミュニケーションが到達しうる世界総体の中には、ただひとつの全体社会しか存在しないということを意味している。これはこの概念の構造面および作動面からしてそう言える。しかし同時に他方では世界社会というこの表現によって、各々の社会が(回顧してみれば、伝統的な社会もやはり)それぞれひとつの世界を構成しており、そうすることで世界の観察者というパラドックスを分解しているということもまた述べられているはずである。そのパラドックス分解のために問われることになるゼマンティクは〔当の社会において〕首肯性をもっていなければならないし、当の全体社会システムの構造に調和してもいなければならない。世界に関するゼマンティクは、全体社会システムの構造的進化とともに変化していく。もちろんその事態を目にし、それについて語ることもまた、われわれの全体社会の世界の中で生じている。それはこの社会の〔中で営まれる〕理論なのであり、この社会が構築した歴史なのである。われわれにできるのはせいぜい、以前の社会は自分自身を、また自身の世界をそのようには観察できなかったという点を観察することだけである。

近代世界がもつ特殊なメルクマールを考え合わせてみることによっても、この世界が近代社会の相関物に他ならないことがわかる。物(ラテン語の res という意味で)[67]から成る世界は、自身を自然=本性として記述する全体社会、人間からなる全体社会と調和していた。〔それに対して、近代における〕全体社会は、自身を作動上閉じられたコミュニケーション・システムとして記述する。したがってこの社会は、どれだけ多くのコミュニケーションがなされるかに応じて広がったり縮んだりすることになる。同じメルクマールを備えた世界、すなわち何が生じるかによって広がったり縮んだりする世界は、まさしくそのような全体社会に対応しているのである。以前の社会はハイアラーキカルに、また中心と周辺との区別に沿って組織化されていた。これに対応するのは、ひとつの位階秩序〔事物ノ系列 series rerum〕とひとつの中心を備えた世界秩序である。このような構造原理は、近代社会の分化形式によって放棄されねばならなくなる。それに対応して近代社会は、ヘテラルキカルで中心のない世界をもつことになる。近代の世界は、諸作動のネットワークの相関物なのであり、〔特定の頂点・中心だけでなく〕どの作動からも到達可能である。以前の社会では、その分化の形式に基づいて、〔それぞれの〕人間は特定の社会的位置へと固定的に包摂されるものと想定されていた。したがってこの社会では、世界は物の総体として把握されねばならなかった。近代社会は機能分化の結果として、このような包摂の観念を放棄せざるをえなくなる。近代の個人主義は、また特に十九世紀において登場した自由というテーマは、世界社会の観念を形成するうえで重要な契機となったのである(213)。しかしそれとは別に、機能分化が世界概念に影響を与えてもいる。近代社会は拡張していくが、それを規制するのは近代社会自身である。近代世界に関しても事は同様である。近代社会を変化させるのはただ近代社会自身だけである。したがってこの社会は、恒常的な自己批判に晒されることになる。近代社会は自己代替的な秩序である。近代世界に関しても事は同様である。近代世界もまた、世界の中でしか変化しえないからである。近代性／近代化というゼマンティクは、その点を表す最も重要な指標のひとつである。ただしわれわれは収斂テーゼとしてそう述べているわけではない。というのもこの指標によって、世界社会の諸地域をさまざまな異なる程度に近代化した〔発展した〕ものとして描出することが可能になるからである。またその〔程度の〕区別によって、〔世界全体の〕完全な記述を行いながらも、場合によっては強調点を変化させることが可能になりもする。〔逆に言えば〕程度の差はあるにせよ、近代的でないものは何もない。したがって全体社会がすべてのコミュニケーションの総体から成っているというなら、それ以外の世界は無言でいることを強いられ、沈黙の中に閉じこもる結果になる。いや、「沈黙」という概念ですら不適切だろう。沈黙できるのはコミュニケートしうる者だけだからである。

しかしだとすれば神はどうなるのか。社会が発展していくとそれと並行して、《神を通しての、あるいは神とのコミュニケーション》という構図（Figur）はますます色あせていく。今日では神とのコミュニケーションはただ歴史的な、テクストにおいて把握できる事実として、つまり一度限り生じた啓示として描出されている。この構図を取る宗教はただ適応能力を放棄するしかないのだろうか（放棄したからといって、神に近代性についての〔「外」からの、批判的な〕論評を請う可能性が見えてくるわけではないのだが）。しかしどれくらいそうなるかは、漠然と推し量ることしかできないのである。

近代社会においては、世界規模での連関が見通しがたいかたちで生じている。だからこのグローバル・システムを〔ひとつの〕全体社会として承認することが重要となっているのだが、社会学はそうすることに強く抵抗しているのである。日常的な言語使用の場合と同様に社会学においても、イタリア社会やスペイン社会などについて普通に語られている。方法論的理由だけからしても、「イタリア」や「スペイン」のような名称をひとつの理論において用いるべきではないにもかかわらず、である。[68] パーソンズはきわめて慎重にも《近代諸社会のシステム The System of Modern Societies》という文言を本の表題として選んでいた。(214) イマニュエル・ウォーラーステインはなるほど世界システムについて語ってはいるが、しかしそれによって考えられているのは、さまざまな地域において成立している複数の全体社会の相互作用からなるひとつのシステムなのであり、近代に関してもその点は変わらない。(215) またとりわけ、近代国家に全体社会の理論にとっての中心的役割を与える著者たちは(だがなぜそうするのだろうか?)、〔国家が中心であるべきだという〕その理由から、グローバルなシステムを全体社会として認知することを拒絶している。(216) そうすると、近代社会という現象は《グローバリティへの反応》という構図において生じてくるとの話なる。(217) われわれはすでにこのような配置が目下のところ、全体社会の理論における認識論的障害[69]となっていると指摘しておいた。政治学者もまた一般的なかたちで《国際関係》あるいは《国際システム》について語っているだけである。(218) したがって政治学者の注意は主として国民国家へと向けられるのである。例外的に世界社会について語られることもあるが、その場合でもそれは複数の国民国家へと環節的に分化したシステムという意味においてであって、さまざまな機能システムへとなにがしか機能的に分化したシステムについて語られているわけではないのである。(219) しかし他方において、地域的特性や、政治におけるイデオロギー的統制の相違にもかかわらず《国家》や学校などについて語られる場合に、そもそも何が考えられているかといえば、それは近代の、世界規模の《文化》によってもたらされたものであるという点はほとんど否定できないはずである。(220)

地域に基づく全体社会概念に固執する論拠を問われた場合に決まって持ち出されるのは、地球上の個々の地域では発展状態に極端な違いがあるという点である。もちろんこの事実は否定することもできないし、重要性が低いと見なされるべきでもない。しかしより詳細に見ていくならば、社会学がここで踏まえているのは、比較を行なうという方法論によってもたらされた人工物(Artefakt)であるということがわかるだろう。地域的に比較するならば、当然のことながら地域ごとの違いが浮上してくる。その中には、時間の経過とともに増大していく違いも含まれているはずである。それに対して歴史的に比較すれば、一致した傾向のほうが現れてくる。あらゆる階層において家族経営体（Familienökonomien）の解体が世界規模で生じていることを、あるいはやはり世界規模でライフスタイルが技術に依存するようになっていることを、また不均衡な人口増大（以前は今日のような程度では存在していなかった）を考えてみればよい。世界社会における全体社会の機能分化もまた、〔世界規模で生じている傾向によって〕強力に後押しされている。したがって、政治的・組織的手段を強力に行使したとしても、特定の地域において機能分化を押しとどめることなどできないのである。特にソヴィエト帝国の崩壊から、その点を見て取ることができる[221]。

比較のパースペクティヴという手がかり次第で、地域発展における相違点にスポットを当てることもできるし、類似点のほうにスポットを当てることもできる。この食い違いは方法論上解消不可能だが、比較のパースペクティヴを選択するとともにそれが再生産されるのを認識することはできる。だからこそ、そのような違いと両立可能であり、それを解釈することのできる理論を探さねばならない。そのような理論は、地域の違いは徐々に消えていくだろう（収斂テーゼ）などと主張しはしない（というのは、そう主張するだけの手がかりがほとんど存在しないからだ[222]）。しかしだからといって世界社会という仮定が誤っていることが証明されるわけでもない。〔発展の〕不均等性が論証されれば、世界社会が論駁されるのではなく、むしろ支持されることになる。発展への関心そのものが、個々の国の多様な文化的所与性を維持することへの関心と同様に、全体社会によって形成されたものなのである。変化と保存とを同時に追い求めるという近代特有のパラドックスを考えてみれば、この点はきわめて明白である。再びスペンサー＝ブラウンの形式概念に立ち戻るなら、こう言ってもいいだろう。発展とは、その一方の側が〔目下の理解では〕産業化からなっており、もう一方の側は低開発からなる形式なのだ、と。

地球上の個々の地域によって発展状態が相異なっているということは、他ならぬ全体社会の理論によって説明されねばならない。この相違は《民族の数様性 Völkervielfalt》という一〇〇〇年来の範型によって説明されるものではない。むしろこの違いを生み出している全体社会システムの統一性をこそ、出発点としなければならないのである。近代社会を伝統社会と比較してみれば、例えば教育・養成プロセスを学校や大学へと委託し、その種の機構をキャリアやライフ・チャンスのためのコントロール・センター（Leitstellen）として利用するという、世界規模の傾向を見いだせる。[223] しかし他ならぬこの新しい流動性（Beweglichkeit）こそが、地域の違いに対して不均等性を強める効果を及ぼすことを可能にしているのである。[224] また今日ではあらゆるところで美術館・博物館が、あるいは博物館化された知が〔標準的・伝統的な〕芸術の文脈として通用するに至っている。新奇な芸術はこの文脈に抗して自身を貫徹しなければならないのである。しかし同時に普遍的博物館という理念はすでに破綻してもいる。それと機能的に等価なかたちで新奇なものを目にすることを可能にする文脈は、無数の、やはり地域的な分裂の中で常に新たに発明されていくのである。世界社会規模で貫徹しているのは「〔個々の〕作品／文脈」という構造だけである。しかしまさにこの構造によって文脈の分化が可能になってもいる。それゆえに多様な革新に多様な表現可能性が与えられることになるのである。個々の地域が機能分化の長所と短所にどれくらい関与しているかは、明らかにきわめて異なっている。短所のほうが支配的である場合には、すでに分出している機能システムが、例えば政治と経済が、相互に阻害し合っているように見えてくるだろう。しかしだからといって、相異なる地域それぞれを全体社会と見なすことから出発するのが正しいという話にはならない。というのは、この問題に目を向けさせるのは他でもない機能分化の論理であり、比較するということだからだ。[70]ただしここでの比較は別の全体社会との比較ではなく、機能分化が完全に実現した場合の長所との比較なのであるが。

機能的比較の方法論を一瞥することによっても、世界社会というシステムを出発点に取るのを基礎づけることができる。地域を全体社会と見なすことから出発するのであれば、それぞれの諸特性を数え上げ、まとめ上げるという手続きを省くわけにはいかない。さまざまな文化的伝統、地理的特色、資源基盤（Rohstoffbasis）、人口データなどを立証し、それらのどちらかというと記述的なカテゴリーによって諸地域を比較できる、というわけだ。それに対して世界社会およびその機能分化から出発すれば、個々の地域が直面している問題を考察するための手がかりが生じてくる。それによって、地域に関する一定のデータに違いが生じてくるのはなぜなのかを、また既存の差異が強まったり弱まったりしていくのはなぜなのかを、よりよく視野に収めることができるし、また特によりよく説明できるようにもなるだろう。それらの違いは、世界社会の先行状態と、どのような回帰的ネットワークを形成するかによるのである、と。この議論によって線形的な因果帰属が確定できるわけではおそらくないだろう。[225]システム理論ではすでにはるか以前から、その種の帰属は時代遅れと見なされているからである。しかし思いがけない・予測不能な・非線形的な因果性に関してはよりよく理解できるようになるはずである。例えば《散逸構造》について、《逸脱増幅効果》についてである。最初は重要な意味をもっていた違いが消滅すること、また逆にほんのわずかな差異〔地域《政策》という偶然の要因も、もちろんそのひとつである〕が甚大な効果を引き起こすという事態を考えてもよい。比較の基準となる問題を、抽象的に導き出すこともできる。システム理論がそうするように促すのは、周知のところだろう。しかし近代社会のような複雑なシステムを研究する場合には、システム総体の水準においてすでに経験的内容をもつ問題概念で作業を進めることができるならば、相当なメリットが得られることになる。例えば次のような問題を考えてみればよい。近代国家の中央機構は、エスニシティや宗教や部族によって分裂した諸地域をどうやって取り込むことができるのか。世界経済的な関係の下では高い消費期待や賃金期待を考慮に入れねばならなくなるが、にもかかわらず地域内の勤め口を保つことができるのか否か、できるとすればいかにしてか。グローバルな研究機構が存在しない場合には、学術システムにおけるどんな制度・慣行が研究テーマの国際化を促進することになるのか。[226]

〔世界社会について論じられる際には〕依然として類の理論[71]に基づく議論がなされている。つまり、個々の地方がひとつの全体社会へと帰属させられるためには、それらにおける生活条件が《類似》していることが前提となる、というわけである。しかしこれまで述べてきた概念構成法と比較の方法論から見ると、これは時代遅れとなった思考のメルクマールである。それが意味を持つのは、《事物の本性》によって〔類に〕対応する基準が提供されており、概念構成法が規定されている場合でしかないはずである。今日ではこの前提を受け入れる者などいない。だとすればそこから、理論に関しても帰結が生じてくることになる。全体社会の近代性は、何らかのメルクマールをもつということにではなく、その形式のうちに、すなわちコミュニケーションの作動を統制するために用いられる区別のうちに存している。近代においては発展や文化のような概念は、〔援助や保護が必要だとの〕懸念を伴っていることが多い。それらの概念ではきわめて特殊な区別に注意が向けられている（そして、われわれならば「観察すること」の理論に基づいてこう言えるだろうが、そのような仕方では何を見ることができないかが見えていないということを、見ることはないのである）。かくして特定の差異に焦点が当てられ、他の差異は不可視のままに留まることになる。これはことさら驚くべきことではない。なるほど諸区別の区別（あるいは観察者の観察）という水準では、事は偶発的に進んでいく。だがどの全体社会も、自身の偶発性を隠蔽するのである。近代社会の場合なら、発展と文化の偶発性が隠蔽されることになる。ただし明らかに、自己確信をあまり持てないままである。というのはこの社会はわずかの伝統しか持てていないからだ。その代わりに、自分自身への観察がなされ、その時々において選好された区別というコンテクストの中で、自分自身への懸念がなされるのである。

前近代社会では地域間の広範囲にわたる接触は、貴族やいくつかの大商家など、特定のわずかな世帯の管轄事項だった。商業がもたらしたのは何よりもまず《威信財》だった。それによって地域内での階層分化が可視化され、強化されたのである。このようにして、地域としての全体社会がもつ外的接触は、内的分化と結びつけられていた。内的分化は当初は世帯の環節分化に基づいていたが、その後等級化に基づくようになる。階層化という観点による場合もあれば、都市／地方に従う場合や、職業による場合もあった。いずれにせよ等級化によって、境界を越えた接触のために特定の世帯を傑出させることが可能となったのである。今日の社会では、地域間関係（Interregionalität）は、諸組織による協働という作動に、とりわけ経済・マスメディア・政治・学術・交通の協働に基づいている。経済が世界規模で結びつくのは、市場（金融市場、原料および製品の市場、最近ではますます労働市場も）によってのみではない。経済に対応して〔世界規模で〕作動する組織もまた形成されるのであり、それら組織は既存の〔地域間の〕差異から利益を得ようとするのである。[227] 大衆観光までもが組織されるに至っている。一見したところ知識人は例外のように見えるかもしれない。しかしマスメディアがなければ知識人がいったい何だというのだろうか。その場合には誰もその知識人の名前など知らなかったはずではないか。組織もまた、分出した社会システムである（この点については後でまた触れる）。だが組織が全体社会の機能システムを実現するのは、あくまで独自のダイナミズムによってなのである。組織においては決定を下す必要があり、またさらに続く決定にとっての出発点を固定するために、決定をコミュニケートしなければならない。組織の進化はそこから生じてくるのである。組織は、一方に全体社会とその機能システム、他方に対面状況での相互作用という、ふたつの側の中間に位置している。そして組織ゆえに全体社会のあらゆるセクターにおいて、世界規模の提携が不可避のものとなる。しかしそれは全体社会の中で生じるのであって、全体社会に抗して生じるのではない。したがって、地域としての全体社会という概念になおも固執していくことなど、ほとんど不可能なのである。

近代的条件の下では、地域としての全体社会など存在しえない。しかし世界社会の地域分化について語ることは、まだ常に考えうるかもしれない。それは全体社会が下位の全体社会へと分化していくようなものなのだ、と。しかしこれもまたより厳密な考察に耐えうる議論ではない。地域への分化が優越しているとすれば、それは近代における機能分化の優位と矛盾することになる。すべての機能システムが、それらすべてに共通して妥当する統一的な空間的境界に結びつけられることなどありえない。この点で、先のような発想は破綻する。近代社会では、国家という形式において地域的な分化が可能なのは政治システムのみ、またそれと結びついた法システムのみである。その他のシステムすべては、空間的境界から独立して作動している。空間的な境界は一義的であるからこそ、真理も病気も、教養（Bildung）もテレビも、貨幣も（信用の必要性をも考えてみればよい）愛も、明らかにそのような境界を尊重するわけにはいかなくなる。言い換えるならば、あたかもマクロコスモスの中のミクロコスモスのように、全体社会という包括的なシステムで生じる現象の総体が、空間的境界の内部で反復されるというわけではないのである。空間的境界が意義をもつのは、一方で政治システムおよび法システムと、他方でその他の機能システムとの間に相互依存が成り立っているからこそである。空間的境界は、通貨の相違および発券銀行システムを介して経済に影響を及ぼす。また〔特定の国の教育機関による〕修了証書を介して教育と職業秩序に影響を及ぼすのである。この種の違いは世界社会というコンテクストにおいてきわめて明白に把握されうるが、なるほど政治によって強められたり弱められたりするのも事実である。しかしそれを違いとして、地域としての全体社会に、あるいは全体社会システムの地域的な分化に結びつけようとすれば、その特質を見誤ってしまうことになる。

世界統一的な全体社会システムという前提から出発することによって初めて、今日においても、あるいは今日においてこそ（古代の部族社会の時代よりもはるかに）地域の違いが存在することを、にもかかわらずその違いはシステム分化の形式をとらないということを、説明できる。この事態は世界社会システムで優勢を占める構造にどう関与し、どう反応するかの違いによって説明される。その違いは地域ごとにまったく異なる影響を及ぼすので、ここで個別に取り扱うことはできない。しかし最低限、いくつかの一般的な観点を、研究パースペクティヴとして挙げておきたい。

1　欲求の多様化という意味での近代化が進行するにつれて、地域は世界経済システムに、詳しく言うと生産と販売、労働と信用に関して、依存するようになる。

2　機能システムという体制下では、合理的な選択様式を取ることは逸脱を増幅する（減じる、ではなく）影響を及ぼす。すでに貨幣や所得を有しているなら、それだけ容易に信用を獲得できるだろう。学校教育の開始時におけるわずかな成績の差が、教育が継続される中で増幅されていく。学術研究の中枢部でその時々に話題となっている情報可能性を用いて仕事を進めなければ、もはやついて行けなくなってしまう。せいぜいのところ、どこか別の場所で仕上げられたものを大幅に遅れて知りうるだけだろう。ノーベル賞を見れば、学術的専門分野には明確な地域分布があることがわかる。その結果、中心／周縁というパターンが生じてくる。ただしそれは必ずしも安定したものではなく、重心が移動していくのではあるが[228]。固有の伝統の発明ないし再構築もまた世界社会的な現象であり、近代的な比較可能性への反応として生じたのである[229]。

3　伝統社会と近代社会とを先鋭なかたちで対照化することは放棄されねばならない。近代社会への過渡期においてはさまざまな条件のために、伝統に拘束された構造が〔近代化を〕促進する影響を及ぼすこともある。世界社会はいわば、伝統において近代社会のために必要とされるものに祝福を与えるのである。階層化、組織、労働意欲や宗教などの領域を考えてみればよい[230]。したがってもはや土着のかたちで条件づけられた生活秩序などほとんど見いだしがたい。見いだせる状態は、世界社会的な構造条件

(Strukturvorgaben)や作動と、地域の地理的・文化的に特別な条件との衝突(Aufeinandertreffen)から生まれる分化効果(differentielle Effekte)によって説明できるのである。

4 政治的に強制された産業化によって、またそれとともに生じる都市化によって、世界社会の発展状態への適応が達成される。これはまた、土地所有に基づいた古い階層構造が解体されていくことを意味してもいる。同様にして世界規模で、農業および手工業部門における小規模の家族経営体が解体して、流動的な貨幣および流動的な諸個人へと変化していく。家族経営体〔に基づく階層的秩序〕は、「包摂/排除」の鋭利な差異によって(一時的に?)代替される。それに対応して、人口の広範な部分の貧困化が生じてくる。国家は、この差異を維持するメカニズムとなる。特に国家が、世界経済との交流を断つような開発政策を取る場合にはそうである。(231)

5 包摂と排除というこの差異は、重大な効果を発揮する。というのは、それは世界社会の機能分化によって引き起こされているにもかかわらず、機能分化の諸条件が地域において確立されるのを、阻止するとまでは言わないにしても妨害するからである。この差異は十分に大規模で分化した地域市場が発展するのを妨害するが、その地域市場こそが、市場に定位した大量生産の前提となるのである。かくして周辺諸国は特定の商品の輸出に依存することになり、〔その商品の価格次第で〕著しい変動に晒されてしまう。さらにまたこの差異からの帰結として、人口の広範な部分が法システムに包摂されないということになる。したがって、法システムのコードである「合法/不法」は貫徹できない(あるいは、きわめて限定的にのみ貫徹できる)のである。したがって法のプログラム(憲法を含む)によって、ある犯罪構成事実に合法と不法を帰属させる〔つまりそれが不法かどうかを判定する〕ことが実際に規制されるだろうなどと、当てにするわけにはいかなくなる。もちろん実際にはかなりの範囲においてそのような規制が生じてはいるのだが、それもまた「包摂／排除」を基準としてのことなのである[232]〔つまり、法に包摂される者についてのみ法のプログラムによる規制がなされるわけだ〕。この二点を合わせて考えれば、貨幣と法のどちらについても、それらが政治にとっての秩序形成手段（Gestaltungsmittel）として使用可能になるのは限定的な（しばしば《腐敗した》）意味においてだけであるということになる。またこの事態に対応することだが、学校や大学といった教育システムにおいて、生活の現実への準備をさせることは難しくなる。学習されることは抽象的なものに留まるのであり、それが正当化されるのは大半が外国のモデルによってなのである。これはまた、キャリアへの新規参入のためには、階層やコネクション（Kontakt）に規定された、〔教育とは〕別のメカニズムが存在していることを示している。社会学者の伝統的な視点から見ればこれらはすべて、階層分化〔の残存〕によって説明されるだろう。なるほど階層化なら、社会秩序の原理のひとつだと言えるのかもしれない。しかし「包摂／排除」に沿って全体社会を引き裂くことは、それが単なる開発政策的な移行状態以上のものである場合には、〔階層分化を前提として〕階層上昇や格差解消や再分配だけをめざす試みとはまったく異なる混乱を引き起こしかねないのである。

6　世界社会の近代化にどのように関与し、またそれにどのように依存しているのか。この違いによって、一見したところ時代錯誤の傾向が呼び起こされてくる。特に宗教や、国民国家の内部で展開されるエスニック運動の領域を考えてみればよい。世界社会として作動する機能システムの普遍主義は、さまざまな種類の個別主義＝地方分権主義（Partikularismen）を排除したりはしない。むしろ前者は後者を刺激するのである。世界社会の構造は容易に変化する。しかしその容易さは、むしろ土地に根ざした、ともかくも境界づけを強める拘束によって埋め合わされるのである。

7　確かに相互作用の水準では依然として、文化間コミュニケーション、言葉による了解の困難さ、誤解などの問題が存在している。しかしそれらはあらゆる文化接触において予期される事柄であって、世界社会の成立とはまったく無関係である。[233] ただし次の仮説ならあるいは証明可能かもしれない。文化の多様性は、それぞれの文化に伴うそのエスノセントリズムの多様性共々、今日では周知の事柄と見なされうる。そのためにエスノセントリックな観点から、了解の問題が外国人（Fremde）のせいだとされることは、以前よりも少なくなっているのではないか。

世界社会に対するこれらの議論は、経験的に十分に証明されうるはずである。現在までのところ欠けているのは、それらを取り上げて使いこなしうるような理論だけなのである。これまで数多くの論議の対象となってきた「資本主義的世界システム」という構想は、イマニュエル・ウォーラーステインによって彫琢されてきたものである。[234] しかしこの構想は資本主義経済の優位性から出発することによって、他の機能システムの寄与を、とりわけ学術の寄与とマスメディアによるコミュニケーションの寄与とを過小評価している。十九世紀に由来する区別を取り上げて、経済に文化を対抗させてみたところで、その点が十分に修正されるわけではない。[235] 当時この区別は、階層に関係していると見なされていた〔が、今日の社会はもはや階層分化に基づいてはいない〕からである。〔経済だけでなく、それ以外の〕個々の機能システムにおけるきわめて多様なグローバル化の傾向を包括的に視野に収めることによって初めて、伝統的な全体社会すべてに対してどれくらいの変化が生じているのかを認識できるようになる。〔ただしその場合でも〕《グローバル化》にはきわめて異質な複数の源泉があることを考えてみれば、統一的な全体社会概念が欠落していることがわかる。システム理論は全体社会を、作動の上で閉じられたオートポイエティックなひとつの社会システムとして構想する。そこには〔機能システムや組織や相互作用システムなどの〕他のあらゆる社会システムが、つまりあらゆるコミュニケーションが含まれることになる。この構想が試みているのは、今述べた欠落を埋め合わせることなのである。

XI　合理性への要求

ヨーロッパの人文主義的＝人間主義的伝統においては、合理性の概念に〔また、それとともに合理性への期待にも〕きわめて特殊な形式が与えられてきた。同時にこの形式の特殊性（Spezifik）は、伝統の自明性によって隠蔽されてもきた。この伝統においては、別の思考の可能性は許容されていなかったのである。この伝統では、理性（ratio）は人間の自然＝本性に属するものと観念されていた。人間は自然存在（Naturwesen）として、動物との区別を通して規定された。そこでは自然の概念のうちで、今日とは異なって、規範的な構成要素もが想定されていたのである。したがって合理性という規範的概念は、自然の規範的な理解に基づいていたことになる。アリストテレスの文脈では自然は、目的＝終局（Ende, télos）に向かう運動として理解されていた。ただし、目的に到達することが〔自然そのものによって〕直接保証されているわけではなかった。特に《歴史》という言葉は近世に至るまで、《詩》との違いにおいて、事実と経験の集積として理解されていた。[72] この事実と経験を見れば、あらゆることは〔目的＝終局に達することなく〕失敗に終わりうるということがわかるはずだ、と。したがって、われわれの概念言語に翻訳すれば、テロスは二つの側をもつ形式として通用していたのである。テロスは、〔それ以上いかなる運動も生じえないという意味での〕静穏・充足・完成の状態であるが、それは達成されることもあれば失敗する場合もありうる、と。完成態の対概念は堕落（Korruption）だった。自然状態という正の値には、欠如や失敗を示す負の値（stérēsis, privatio）[73]が対置されていたのである。

社会学的に見れば当時の貴族の理論の中に、とりわけ貴族の教育についての理論の中に、この構想に正確に対応するものが見いだされるのは偶然のことではない。人が貴族になるのは、以前からもともと裕福だった家庭に生まれつくことによってである。またいかなる場合においても、スキャンダルによって貴族の地位を失うことは回避されねばならなかった。だがそれだけではまだ不完全な貴族にすぎない。貴族の完成態、貴族のテロスが達成されるのはただ特別な偉業によって、善き有徳の生きざま（bene e virtuose vivere）によってだけであった。この生きざまは貴族に生まれつくことによって可能になりはするが、それだけで保証されているわけではなかったのである。(236)教育は、道徳によって生活態度（Lebensführung）を教導することと並んで、貴族を合理的な完成態へと至る道筋に留めておき、堕落の誘惑から守るという課題を担っていたのである。自分自身が成し遂げたことによって傑出した後で初めて、先祖を引き合いに出してもよい、というわけだ。

自然＝本性の合理性という構想はこのようにさまざまなかたちで洗練され、教説（Lehre）と教育のために、倫理学と修辞学のために精緻化されていった。それらすべての局面によって、〔完成態と堕落のどちらに向かうのかが常に問われるという〕安定した緊張がもたらされたのである。それに対応して、合理性連続体が仮定されることにもなった。この連続体は、さまざまな異なるものすべてを、行為と生起（Geschehen）を、思考と存在をすら包括しうるものと見なされていたのである。振り返ってみれば、リアリティと合理性の間の緊張は、目的論的形式において、また「完成態／堕落」という区別において受け止められ、安定化されたのだということがわかるだろう。貴族は、「生まれ／功績」という二重の基準を伴うがゆえに、特別の問題に直面する。この問題は、「完成態／堕落」「完成態／未完成態」というふたつの区別を区別することによって処理されたのである。倫理も、発見されたこの解決に唱和する。倫理は何を賞賛し、何を非難すればよいかを知っている、というわけだ。しかしその一方で修辞学は、価値を自由に扱うという、倫理によって失われてしまった可能性を実践する余地を保持し続けていたのである。[74] このようにして、今日のわれわれならこう言うところだろうが、パラドキシカルにコミュニケートすることが可能になった。自身の意図と態度とを、世界の善き側にしっかりと位置づける。そしてまさにそうすることによって、〔こちらが善き意図に基づいて行動しているにもかかわらず、相手がそれを受け入れない場合などのように〕すべては一見して思われるほど、うまくいく＝善である（gut）わけではないということをも示唆するのである。しかしパラドキシカルなコミュニケーションにおいてもやはり、コミュニケーションのパラドックスそのものは抹消されるか、あるいは修辞学において単なる精神修養として扱われるに留まっていた。コミュニケーションのアンビヴァレンスや非一貫性は、一貫してコミュニケートできないものとして扱われるか、あるいは宗教の分野へと押しやられることになった。そこでなら原罪の問題として、あるいはやがて来るであろう世界の没落の〔予兆という〕問題として扱うことができたからである。

このような世界は、その構造的条件（貴族社会）およびそのゼマンティクともども、消滅してしまった。過ぎにしものをいかに賛嘆しようと、われわれはこの事態を受け入れねばならない。われわれは今を生きているからだ。しかしだとすれば、ユルゲン・ハーバーマスが提案しているように、理性的合理性によって規範的概念を堅持していけるのだろうか。そうできるというのであれば、どんな区別を用いて合理性の概念を再構成すればよいのだろうか。

十七世紀においては、合理性への信頼はまだ崩壊してはいなかった。しかしそこでは最初の解体現象が生じてもいたのである。自然＝本性という旧来の合理性連続体（整然と秩序づけられた被造物の世界）は分解してしまった。〔今や〕合理性への要求は〔自然ではなく〕精神状態へと、つまり主観へと切り縮められる。その先導者となったのはデカルトだった。かくして目的というものは、もはや自然そのものの完成状態としてではなく、操舵のための観念として、あるいは世界の経過を修正することとして、したがって〔世界のもともとのありようからの〕逸脱として把握されうることになる。それとともに、目的の選択が初めて焦眉の問題となる。もはや、明白な目的のための手段の選択のみを問題にすればよい、というわけにはいかないのである。動機と目的とが区別されるようになって、動機は〔目的から読み取りうる〕利害関心とは異なって〕見抜きえないものと見なされることになる。それに対応して、コミュニケーションにおける誠実さの問題が、また真正さの判断基準という問題が反省されもするのである。こうして自然という合理性連続体のみならず、主体という合理性連続体もまた区別によって、他ならぬ動機と目的との区別によって分裂するに至る。したがってそれ以上に〔主体を〕反省しようとするなら問題は、どんな区別によって合理性連続体が破砕されるのかだということになる。目的合理性をこのように〔何らかの区別によって、複数の合理性へと〕分解することから導かれたのは、別のよりよい（より合理的な？）種類の合理性を構想することだった。例えば価値合理性（結果を比較衡量することによって整えられた合理性）を、あるいは了解合理性（理性的な根拠によって整えられた合理性）を、というようにである。その結果現在では、合目的性に関してはその時々でしか判断できないということを認めねばならなくなっているのである。

十八世紀には合理性を再獲得して、生活態度を導く原理として確立しようとする試みがなされた。この世紀はその点で、今日のわれわれにも感銘を与えてくれる。もっともこの試みは抵抗に直面したが、まさにそこから多くのことを読み取りうるのである。合理性連続体には亀裂が入ったままだった。十八世紀は啓蒙の世紀であると同時に感情の世紀でもあった。ニュートンの世紀であると同時にミュンヒハウゼンの世紀でもあった[75]。理性の世紀であると同時に歴史の世紀でもあった。そしてこの世紀は、ヘーゲルの分裂（Entzweiung）の問題とともに終焉を迎えるのである[76]。いずれにおいても合理性は今や、ひとつの形式のマークされた側となっている。そして形式は、もう一方の側をも備えているのである(237)。合理性に固執すればパラドキシカルなコミュニケーションが生じてくるということが、以前にも増して明白となる。しかしその種のコミュニケーションは依然として、自分自身を封印し続ける。合理性に反対することとさらの理由などないからである。かくして形式の反対側へと境界を横断することは、《シニシズム》として扱われることになる。

十八世紀においてすでに、また別の綻びが出現してもいた。例えばフモールの理論の探求がそうである(238)[77]。十九世紀以降になると、またさらなる縮減が生じてくる。今や合理性概念は全体社会の部分システムへと帰属させられる。目的と手段との関係がどれくらい有用かを経済的に計算すること（最適化）へと、さもなければ科学的に確認された知を適用することへと、である。十九世紀終わりに至ると、ついには合理性概念そのものの解体が始まる。合理性一般に対する懐疑（マックス・ヴェーバー）が許容されたのである。それが生じたのもやはり、区別の技法によってだった。合理性概念そのものが、例えば制作（poiesis）と実践（praxis）[78]という昔ながらの区別に従って、目的合理性と価値合理性へと分裂する。ユルゲン・ハーバーマスにおける、戦略的行為とコミュニケーション的行為それぞれの合理性（モノローグ的合理性とダイアローグ的合理性）という議論は、その残響である[239]。ハーバーマスは〔従来とは〕別のかたちで複数の合理性概念を分離させることによって、今世紀〔二十世紀〕の終わりにおいてもなお、全体社会の理論と合理性の理論は互いに条件づけあっているというテーゼに固執しえているのである。《全体社会理論的な要求をもつ社会学ならすべて、きわめてラディカルな態度をとるときには、メタ理論、方法論、経験という三つの水準で同時に、合理性の問題を提起する》[240]、と。このように合理性は、歴史上のゼマンティクとして問題になるだけでなく、今日においてもなお、全体社会の概念に対して過度の要求を突き付けているのである。しかしそこでは、十九世紀における区別の技法に典型的に見られるように（ヘーゲルは例外であるが）、差異の統一性について問われることはない。つまり合理性ソレ自体（per se）によって考えられているのは何なのかが、明らかにされないままなのである。その代わりに合理性と非合理性、意識と潜在意識、顕在的機能と潜在的機能などの区別がなされている。しかしそこでもまた、本来ならそれぞれの差異の統一性について問われねばならないはずであるにもかかわらず、その点に目が向けられることはないのである。

今日では周知のものとなっている別の区別もある。すなわち、実質合理性と手続的合理性〔procedural rationality〕の区別である。[241] この区別によれば、複雑性が増大し判断基準が不確実になっていくに連れて、実質合理性から手続的合理性への転換が生じなければならないとされる。手続ということで考えられているのが目的と手段の連鎖であるなら、そうしてみたところで大して得られるものはないだろう。手続を固定することから生じる長所は〔合理性をもたらすことよりも〕むしろ、未来が不確かであるにもかかわらず事を始めうるという点に、またその後の経過の中で、すでに達成した結果に回顧的に定位できるという点に存しているのである。

ヨーロッパ旧来の合理性連続体は、このようにさまざまなかたちで分裂するに至っている。しかしこの点に関する議論には〔これ以上〕かかわらないことにしよう。ここまでラフなかたちでスケッチしてきた合理性のゼマンティクの展開を、むしろひとつの指標として受け取っておきたい。すなわちそれは、近代への移行において全体社会システムがラディカルに変化していることを、またリアリティと合理性の関係についての了解もその変化の影響を被っているということを示しているのである。近代における世界概念は、肯定的にも否定的にも判定されえない。というのは、そのような判定はすべて、世界の内部において観察されうるかたちで生じる作動だからだ。近代の全体社会に関しても同じことが成り立つはずである。オートポイエティックなコミュニケーション・システムという概念が学術という目的のために確定してくれるのは、結局のところこの点なのである。というのはこの概念を全体社会へと適用することで明らかになるのは、すべてのコミュニケーションは——合理的であろうが、非合理的であろうが、没合理的（arational）であろうが、あるいはどんな判断基準によろうが——全体社会のオートポイエーシスを継続することになるという点だからである。しかしだからといって、合理性への期待を捨て去らねばならないとか、何の基準もなしにリアリティに向き合わねばならないとかいう話にはならない。ヨーロッパ旧来の概念が崩壊したとしても、それによって問題が消え失せるわけではない。これまでの〔合理性を〕再構築〔しようとする試み〕が不十分だったのは、〔それらの試みがなされた〕状況が過渡的だったことに、また全体社会に関する十分な理論が欠けていたことによると思われる。現在では自然科学ですら、物理学ですら、確実な知識という形式で、合理性判定のための基礎を全体社会に提供することができるなどと考えてはいないのである(242)。

このようにして合理性の基準が不確実なものとなり、それが合理性の概念のほうにも影響を及ぼし返すことになる。その場合に浮上してくるのは、《多元主義的な》解決策である。合理的選択理論が考えるように選好の確定だけでなく、基準の定立までもがその時々の観察者に依存する。行動を合理的であると、あるいは合理的でないと記述するのはこの観察者なのだ、というわけである。しかしこれでは安定した解決など与えられない。ただ問題が解消されるだけである。観察者が多数であるにもかかわらず統一性を再確立するためには、万人に対して次のように要求しなければならないはずである。自身の合理性基準を確定する際には、当の基準に従って合理的にふるまわねばならない（例えば功利主義の場合なら、功利主義そのものが有用であることが証明されねばならない）、と。しかし現在のところ、このような再帰的な洗練のための論理的・理論的手段は存在していない。日常においてそれをどうやって扱えばよいのかとまでは問わないにしても、である。いずれにしても、この事態に反応しようとする合理性の概念はより多くの要求を掲げることになるから、古典的な二値論理学では不十分になる(243)。合理性の概念のうちには、合理性について判断する観察者が含まれねばならない。これはすなわち、セカンド・オーダーの観察者の水準において問題を新たに定式化できねばならないということである。

この状況においても例によってわれわれにできるのは、鋭い抽象化によって反応することだけである。ここで提案している差異理論アプローチに従えば合理性の問題は、その時々で用いられている区別の統一性についての問いのうちに存していると言えよう。だとすれば目的と手段との関係の最適化、自我と他我との合意、ハーバーマスの言う了解合理性などは、ひとつの普遍的原理の特殊事例でしかないことになろう。そしてシステム理論もまたその形式によって、つまりシステムと環境との区別によって、合理性への要求を表明することができるはずである。

社会構造（Sozialstruktur）と伝統社会のゼマンティクとの一致が解消され、その一致によってあらかじめ与えられていた首肯性がもはや拘束力をもたなくなると、その分だけより自由な概念形成が可能になる。合理性の問題も、より抽象的に定式化されうるようになる。今日ではもはや合理性の問題を、中心や頂点の生活形式へと合わせることとして把握することなどできない。つまりある理念へと接近していくこととして、あるいはある規範的命令を満たしているないしそれから逸脱していることとして捉えるわけにはいかないのである。その種の理想的なものを用いた概念構成が浸食されれば、最後には反対側の概念構成も〔浸食に〕巻き込まれてしまう。その反対側とは例によって不完全な、腐敗した、逸脱した、抵抗するリアリティであった。かくして、合理性の伝統的な形式（すなわち、一方の側がマークされた区別）は解体してしまう。それに代わって焦眉のものとなるのは結局のところ、〔以下のような意味での〕リアリティと合理性との関係という問題である。認知としての、あるいは行為としての作動はすべて観察であり、〔それぞれ〕ひとつの区別を必要とする。〔観察とは〕区別の一方の（他方の、ではなく）側を指し示すことなのである。観察は、観察を主導する区別を差異として（統一性としてでも、区別の非区別性（Ununterschiedenheit）においてでも、両側に共通するものにおいてでもなく）利用しなければならない。観察にとって重要なのは、ヘーゲルの言う意味で弁証法的に〔すなわち、自己の内に対立するものを包摂し統一するというように〕ふるまわないことである。というのは、観察は観察としての自分自身を、観察されるものから排除しなければならないからである。そこでは観察者は、どんな区別を用いているかにかかわらず、排除された第三項となる。しかし観察者自身の作動のリアリティをオートポイエーシスによって保証してくれるのは当の観察者なのであり、観察者だけなのである。さらに同時性という様式において世界として前提とされねばならないものすべての現実性に関しても、やはり観察者だけが保証してくれるのである。指し示しつつ区別することが実行されるのは、その区別の中においてではない。区別することの実行は指し示されえない（別の区別を用いるなら話は別だが）。その実行は観察することの盲点となる。そして、まさにそれゆえに、観察することの合理性の居場所なのである。

このように立てられた問題に、満足のいく解決が与えられることなどない。改めて思考と存在の、あるいは主体と客体の区別を立てようと試みても、やはり無益だろう。理論が、パラドキシカルなのは客体（ここでは、全体社会）だけであると見なし、パラドックスをいわば分離沈殿させて自身をそこから解放しようとしても、それで理論自身が浄化されるわけではない。というのは、理論が客体を分析するために用いる概念（システム・観察・盲点・意味・コミュニケーションなど）はすべて、理論自身にも当てはまるからである。われわれがここまでの考察で扱ってきた分析の水準では、オートロジカルな推論がどうしても生じてしまう。しかし他でもない合理性の問題がパラドックスとして定式化されているがゆえに、また合理性のコミュニケーションが可能になるのはパラドキシカルなコミュニケーションとしてだけであるがゆえに、〔客体も理論もパラドキシカルであるという〕このパースペクティヴにおいては機能的で合理的だと見なしうる打開策や救済手段〔の存在〕を認識できるのである。合理性の問題を、その基礎にあるパラドックスとの関係において〔次のように「観察／作動」というふたつの水準へと〕分解することができる。パラドックスは、自分自身以外の何ものにも至らない。他ならぬこの点から導かれるのは、観察においては克服されえないこの問題との関連で何かが生じていなければならない、しかも作動の上で〔現に事実として〕生じていなければならないということである〔さもなければ、パラドックスについて語ることすらできないだろう〕。〔パラドックスは〕常にすでに生じてしまっているのだ！　というのはどのパラドックスも、ある観察者にとってだけパラドキシカルなのだから。そして観察者は〔パラドックスを目にする時点で〕観察をすでに体系化してしまっているはずなのである。言い換えるならばパラドックスは、自己を自力で《展開》できるわけではない。パラドックスが見いだされるのは観察することにおいてである。そこでは常に区別が踏まえられており、その区別によってパラドックスは常にすでに展開されてしまっている〔区別自身の統一性について問うのを断念することによって、ではあるが〕。

例えば、システムと環境との区別によってである。世界の成り行きが生じるのは作動の上でだけのことである[79]。あるいはハインツ・フォン＝フェルスターの定理を引いてこう言ってもよい《われわれが決定できるのは、原理的には決定不可能であるような問いだけである[244]》。

パラドックスを分解するものとして用意された脱出策は、形式への形式の、あるいは区別されたものの区別の再登場という概念によって指し示される。[245] 形式の中の形式は、形式であると同時に形式でない。[80] したがってそこにおいて問題となっているのはパラドックスであると同時に、展開されたパラドックスなのである。というのは、再参入を解釈できる区別を選べばよいのだから（すべての区別がそれに適している、というわけではない）。したがってこの再登場を観察する者は、二重の可能性を入手することになる。システムを内部から（システムの自己記述を《理解》しつつ）記述してもよいし、外部から記述することもできる。つまり内部の立場を引き受けることも、外部の立場を引き受けることも可能なのである。[246] ただし当然のことながら、両方の立場を同時に取ることはできない。というのはこの観察者は内／外の区別を用いなければならないからである。だがこの不可能性は、自身の観察をそのつど〔選ばれた側とは〕反対の位置から観察するという可能性によって埋め合わされるのである。

今や振り返ってみるならば、形式のなかへの形式の再参入というこの構図が、常に隠れた構造として合理性概念の根底に横たわっていたということを認識できる（ただし、議論〔の対象〕とはなりえなかったのだが）。[247] 存在と思考とが区別されたのは、また思考に対して、合理性の条件として、存在との一致が要求されたのは〔次に述べるように〕そのようにしてであった。[81] 公式見解においては、合理性とはこの一致そのものだった。われわれが先にヨーロッパ旧来の合理性連続体について論じたのは、それとの関連においてだったのである。だが思考そのものが——外世界的な（extramundan）主体が発明されて、ヨーロッパ旧来の伝統が破壊されるまでは——存在していなければならなかった。つまり存在と思考の区別の根底には、この区別が、それによって区別されたもの、すなわち思考へと再参入してくるという事態が横たわっていたのである。もしかすると〔再参入の〕この構図が常に、合理性への要求の隠された基礎となっていたのではないだろうか。自然＝本性と行為の区別に関しても、事は同様である。両者の収斂が達成されうるのは、「行為が合理的なものとして通用するのは、行為が行為自身の合理的な本性＝自然と一致している場合である」との前提のもとでのみのことなのである。しかし合理性が収斂として描出されている限り、この構造を反省することはできなかった。だからこそヨーロッパ旧来の伝統においては、存在と思考および自然と行為という並行存在論（Parallelontologie）しか生み出されえなかった。〔どちらの区別においても、ふたつの側が〕連関しているということを前提とし、その点を神に感謝するしかなかったのである。われわれが伝統に対して距離を取っているのはただ、再参入を暴露したという点においてにすぎない(248)。そのためには概念上のより抽象的な手段が前提となる。またその手段は人間主義的＝人文主義的な、思考と行為を介して分節化された合理性のヴァージョンから距離をとり、より形式的でシステム理論的な描出へと移行する契機を与えてくれもするのである。

とりあえず〔再参入の手続きに従って〕形式としての目的合理性を、それ自身の中に転写してみよう。それはすなわち、合理性そのものが手段と見なされるということである。だが、どの目的に対しての手段なのだろうか。ここにおいて明らかに、目的そのものが外部化されねばならなくなる。そうすれば合理性は、その目的に役立ちうるということになるわけだ。これは、目的／動機の区別によってすでに準備されていたことであった。さらにこう述べることもできるだろう。合理性は、自己を合理的なものとして描出するのに役立つ。あるいは正統化のために、行為を理由づけるのに役立つのだ、と。これらいずれのパターンにおいても、合理性はいわばゲーデル化されている。つまり外的にあらかじめ与えられた意味を拠り所とすることによって、内的には自身を閉じられた、完全な区別として描出できるのである。[249] この外的な所与条件を計算のうちに包摂しようとしても、同じ問題を反復することにしかならない（したがって、ラッセルとタルスキのように、この問題を諸水準を区別（！）することによって解こうとしてみても、何かが得られるわけではない）。それゆえに自身を再参入せしめた合理性は、初めから《イデオロギー》なのである。つまり、自分自身では遂行できない、また根拠づけることもできない作動に依存し続けることになる。あらゆる再参入は、システムを《解決不能な不決定性》という状態のうちに置くからである。[250]

近代的な合理性の運命に関するこの解釈を、システム理論的な分析によって補完し精緻化することができる。再登場の規則がシステムと環境との区別に応用されることによって、システムと環境の区別がシステムの中に再び現れねばならなくなる。システムの中に、である。それゆえにシステムが〔自身を規定するために〕、包括的なシステムへと手を伸ばす必要はなくなる。合理性によって世界が究極的に保証される必要もないし、その現実化の形式としての〔包括的審級による、個別的審級の〕《統治》も必要とされない。システムそのものが、システムと環境との差異を生み出し、観察するのである。システムがその差異を生み出すのは、作動することによる。自身のオートポイエーシスという文脈において〔すなわち、あくまで内的に〕そのように作動することによって、自己言及と他者言及の区別が必要になる。システムがシステム／環境の差異を観察するのは、こちらの区別によってなのである。そして〔システム内において引かれた〕自己言及／他者言及の区別を、事後的に〔世界の中にあらかじめ与えられたものとしての〕システムと環境の区別へと《客体化》することもできる。〔たとえそうしたとしても〕システムは依然として、自身の作動を自らの作動に接続させていくことしかできない。しかしそのための指針となる情報を自分自身から、あるいは環境から引き出すことはできる。それが実際に可能であること、また作動上閉じたシステムにとっても、いやむしろ作動上閉じたシステムであるからこそそれが可能であるという点に、疑問の余地はない。そこで重要になるのは区別を作動として徹底的に用いることである。ここで言う「徹底的に用いる」とは、区別を適用することによって差異を生ぜしめるという意味である。その差異がシステムという形式の中で、持続することもあれば持続しないこともあるのだが。

近年の記号論の概念構成において、きわめて類似した考察が定式化されている。そこではまず、最初の差異が記号によって設定される。そして、相対的に少数の記号を用いて、世界を解読可能にしようとする努力こそが合理的だと見なされる。〔なるほど〕記号は〔少数ではあるが〕実際には、無限に多くの組み合わせにおいて使用可能なのである、と。伝統的には記号は、言及（Referenz）として、何かしら現存するもの、何かしら《現前する》ものを参照することとして、考えられていた。この伝統に対する批判にしても、例えばジャック・デリダに見られるように、〔記号の、言及対象からの〕離陸（take off）、剝離、差延による差異の産出といった作動上の事実に拘泥しているにすぎない。記号もまた〔自身の形式＝区別の〕別の側に依拠しているのだが、そちらの側を指し示しのために用いることはできない。スペンサー＝ブラウンの言う《マークされない空間》、紙の《空白》、音が書き込まれる〔地としての〕静寂などがそれに当たる。(251)〔音を含めた〕記号によって独自の区別がもたらされる。しかし〔記号はそれ自体で働くのではなく、〕静寂を静寂に保つことが、記号を組み合わせる余地があることの前提なのであり前提であり続ける。ここにおいて肝心なのは、無差別（Indifferenz）による差異の産出だということがわかるだろう。〔記号における指示するもの／されるものなどの〕単独で機能する能力をもつ〔ように見える〕区別は、最終的な区別ではない。機能しうる区別がシステムと環境という区別にまで至った場合でも、やはり事は同様である。グランヴィルとともに、こう言ってもよい。《最終的な（すなわち究極的な）区別がなされるとき、そこにはすでに、内包（intension）においても外延（extension）においても別の区別がなされている。それはすなわち、最終的な区別は最終的な区別ではないという区別である。というのも、どちらのケースでも（両者は形式においては同一である）、別の区別がなされているということが求められるからである。すなわち、再参入へと至る形式的な同一性が存在しているのである[252]》。

概念に関するこれまで述べてきたような提案に従うならば、システム合理性は形式の中での形式の再登場を前提としていることになる。しかし再登場だけではまだ合理性は達成されない。さらに加えて合理性は、〔現に生じている事態そのままという意味での〕リアリティからの区別という文脈において定義され、追い求められねばならないという点も考慮されるべきである。すなわち合理性もまた、最終的な区別ではない区別に基づいているのである。オートポイエーシスは、〔それ自体としては合理的ではない〕リアリティという条件の下で継続されねばならない。そうでなければ、〔システムに〕対応するリアリティ〔そのもの〕が脱落してしまう〔すなわち、リアリティについて語ることそのものが意味をなさなくなる〕だろう。システムがオートポイエティックに作動する時、システムは自分が行っていることを行っているのであって、それ以外の何ものでもない。システムは境界を引き、〔システム／環境という〕形式を形成する。それ以外〔の形式〕はすべて無視されるのである。システムはこの境界によって、排除されたものを環境として、自分自身をシステムとして観察する。システムは、自己言及と他者言及との区別に基づいて世界を観察できる。またそうすることによって自らのオートポイエーシスを継続できるのである。自己観察によって、現に生じているものを取り消すことなど決してできない。自己観察そのものもまた、オートポイエーシスという文脈において、現に生じていることを使用し、継続させているからだ。自己観察は、自らがオートポイエティックに差異として産出したものに、決して追いつきえないのである。自己観察は、現実の作動において世界を、つまりマークされていない空間を、システムと環境とに切り分ける。この結果が観察によって把握されることはない。伝統的な用語法で言えば、存在ノ充溢（plenitudo entis）を目にすることができる視点など存在しないように、である。問題をこのように書き換えるならば、合理性はもはやパラドキシカルなものとしては現れてこない。それは不可能なものとして登場してくるのである。

しかしそうすることには利点もある。〔合理性への〕接近可能性を考えることができるようになるのである。システムは固有の複雑性を、またしたがって刺激される可能性を形成できる。システム／環境の区別を、その両側において別の区別で補完すればよい。そうすることで観察可能性を拡張できるのである。システムがある指し示しを反復的に使用して、それによって言及を圧縮することもできる。また反復的に使用せずに、抹消するのも可能である。記憶することも、忘れることもできる。そうすることで、頻繁に生じる刺激に対応できるのである。これらすべてによって、区別されたものへの区別の再登場が豊富化されて、より複雑な接続能力を備えるようになる。伝統的な構想とは異なって、ここで重要なのは理想への接近でもないし正義でもない。より高い教養でもないし、主観的あるいは客観的精神の自己実現でもない。また統一性を達成することが問題なのでもない（すでに述べたように、統一性が達成されれば、〔何から区別されるのかという〕パラドックスに、あるいはその代替物である不可能性へと戻ってしまうことになるだろうから）。システム合理性とはすなわちある区別を、つまりシステムと環境との区別をリアリティに晒し、リアリティにおいて〔豊富な接続能力を有しているか否かを〕テストすることなのである。

近代社会のエコロジー問題という事例によって、この点を明確にできる。[253] さしあたり次の点から出発しなければならない。例えば市場経済は、作動上閉じたシステムとして機能している。それゆえに、同時に《生態系 ökologische System》（それがシステムだとすればの話だが）を最適化することはできないのである。[254]〔生態系という〕この条件を無視するのは、確かに合理的ではないだろう。それは盲目的に振る舞うことを意味するだろうから。またこの問題を、環境に働きかけることを放棄したり、システムと環境との差異を消去してしまったりすることで、つまり全体社会の営みを停止することによって、解決できるわけでもない。それは、最終的カタストロフィーとして合理性を追求することを意味するだろうから（同じ原理をもっと小規模なかたちで考えることならさほど難しくはない。例えば、エネルギー生産や化学的生産などをやめることを提案する、というように）。この問題の合理的な扱いは、全体社会の中でのみ、また全体社会のオートポイエーシスを継続するという条件下でのみ、追求されうる。そしてそれは常に、差異を維持するということを含意しているのである。全体社会の内部においては同じ問題が、個々の機能システムの水準で反復される。ここでも合理性がチャンスをもつのは差異を抹消することによってではなく、差異を保持し利用することによってである。システムが〔合理的であるためには、環境から、特定化されたかたちで〕刺激される可能性が強化されねばならないが、それは自己言及的に閉じられて作動することという文脈においてのみ生じうるのである。システム理論が、システムと環境との差異をシステムの形式として扱うことによって狙いを定めているのは、まさにその点になのである。こうして全体社会に関する他のどの理論にもましてエコロジー問題が、またまったく同じ意味で人間の問題が、理論的構想の中心点となってくる。差異を焦点とすることによって、今挙げた問題に鋭利に切り込んでいくことができる。ただし、それらの問題を解決しうるとか、解決することで問題が消滅するだろうといった希望はすべて放棄されねばならない。この点を受け入れて初めて、問題を作業プログラムのように扱うことが可能になる。また、人間という環境と人間以外の環境に関して、全体社会システムの立場を改善しようと試みることもできるようになる。ただしその改善の基準は全体社会そのものの中で構成され、変更されねばならないのであるが。

以上の考察から、近代の合理性問題が全体社会システムの分化形式ときわめて密接に関係しているということをも読み取りうるだろう。近代社会は、主として機能的に分化した状態へと移行することによって、主導的なシステム・中心・頂点といったものを放棄しなければならなかった。したがって、自身において統一的な合理性が存在するとの自負を抱くこともはやできないのである。しかしだからといって、機能システムがそれぞれ独自にシステムと環境との差異の統一性を反省しようとすることまでもが排除されるわけではない。その反省において、全体社会システムの環境である自然や人間をも考慮することができる。〔それぞれのシステムが有している〕エコロジカルな、また人間に対する感受性によって、その可能性が与えられると同時に限界が課せられることにもなるのである。ただしこの問題においてもやはり、システム言及が区別されねばならない。どの機能システムも、自分自身の内部で全体社会を反省することなどできない。そうするためには、他の機能システムすべてが被る作動の制約を、個々に考慮に入れることまでもが求められるからである。(255) 近代的条件の下では、全体社会の合理性は語義通りの意味でのユートピアである。つまり全体社会の中には、合理性のための場所などもはや存在しないのである。だが少なくとも、その点を知ることはできる。またそうすることを妨げるものなどなにもない。本書のこの議論そのものが、全体社会の機能システムにおいて、全体社会総体という〔個々の機能システムにとっての〕環境をより強く考慮する試みを開始できるということを示しているではないか。〔機能システムの内部での反省という〕それ以外のかたちでは行いえないはずである。

観察のパラドックスを踏まえた、この意味でのシステム合理性は、《理性》の名を騙ろうとするものではない。〔そもそも〕この種の能力概念は、主体を欠いているのである。《理性》という語において際だっていたのは、目的と手段との矛盾に関してまったく無頓着だったことである。この意味で理性とは罪無きものと見なされていたのである。理性は、自身が《批判的》であることを誇る。しかし《批判》という情念語(Pathoswort)には弱点が潜んでもいる。今日ではもはや、その弱点を見過ごしえなくなっているのである。理性は、世界状態が(実際には、テクストが)判定にかけられるべく理性の前に差し出されているということを前提とする。しかしながら問題なのは、状態を批判したからといって、その状態を変更するための合理的な構想に至りうるわけではないという点である。今日ではその点を、至る所で見て取れる。企業における生産計画を、あるいは環境政策を考えてみればよい。さらに、それまで慣例だったものから逸脱する芸術作品を、また理論を着想する場合でもよい。そこでは常にルーティーンが前提とされている。ルーティーンによってこそ、変更が必要であることを認識できる。また、〔変更のために〕どこに介入すればよいかを操舵することもできるのである。しかしそこから、変更することの合理性に関する示唆を引き出せはしない。ましてや変更にどう合理的に順応すればよいかを構想することなどできないのである。ルーティーンを批判すればむしろ、変更の必要性を知覚するための認知的基礎を解体してしまう結果になるだろう。合理性の要求が貫徹されえないところで進化論が常に魅力的に映る理由のひとつは、そこにあるのかもしれない。

また理性を、諸基準の原理として（あるいは、基準を規定する審級として）把握することもできない。その原理に従いさえすれば、あるコミュニケーションが受け入れられるはずであるか否かを、そのコミュニケーションがなされる前に、あるいはなされた後に、認識して確定できる、などというわけにはいかない。受け入れることも拒絶することも常に、新たな独立したコミュニケーションだからである。理性はせいぜいのところ、成功した了解をシンボル化するために回顧的に引用されうるだけである。特に利害状況を無視しようとする場合に、理性が用いられる。

観察することの、また区別がそれ自身の内部に再登場することの根本的パラドックスを考慮するとすれば、残るのは盲点の問題である。つまりパラドックスを不可視化する必然性という問題が浮上してくるのである。どの観察も、自身のパラドックスを展開しなければならない。世界を記述するという要求を掲げる、その意味で普遍的妥当性を追求する理論はすべて、この不可視化の必然性をも計算に入れねばならない。この理論は少なくとも他の理論において、必然的に不可視化が生じているものと考えねばならない（他の理論は《イデオロギー》《無意識》《潜在的需要》を含んでいる、というように）。つまり不可視化の必然性は、セカンド・オーダーの観察の水準で定式化されねばならないのである。しかしだとすれば、「自身も観察を行っている」ということへの《オートロジカル》な逆推論を回避できなくなるはずである。

今や振り返ってみれば、なぜヨーロッパ旧来の合理性連続体が放棄されねばならなかったのかを、よりよく理解することができる。あらゆる観察（認識すること、行為することを含めて）は、区別の選択に拘束されており、拘束され続ける。そして選択するということは必然的に、何かを考慮せずにおくということを意味しているのである。二十世紀においてこの事態を表してきたタイトルは、プラグマティズム・歴史主義・相対主義・多元主義であった。ただしそれらは〔ひとつの独立した、普遍的な立場というよりは〕普遍主義的な合理性要求に対する制限として定式化されてきたのであるが。しかしどの観察も自身のパラドックスを分解しなければならないのであり、なおかつそのための理性的な（無罪の）基礎など示しえないというのであれば、どんな種類の不完全性定理も、「それ自体として追求されるに値する〔普遍的な〕ものの背後には〔まだ〕何かが残っているはず〔であり、それを把握して初めて対象を完全に理解できるはず〕だ」との含意をもたないことになる。今や、選択の強制の普遍性から、区別し境界を引くことの普遍性から出発しなければならない。理性がこの点を認めようとしないのであれば、テロリストのとまでは言わないにしても、全体主義的な論理に接近してしまう結果になるだろう。理性もまた独自の不可視性定理に服しているのである（うまく隠されているにせよ）。われわれには、理性が何を提案してくれるかを見通すことなどまったくできない。したがって理性にしたところで、そのようなわれわれにおいて何が生じることになるかを示すことなどできるはずがないではないか。

合理性は、一種の消尽点であり続けてきたように思われる。全体社会の複雑性が増大していこうが、この消尽点から見れば最終的な調和の存在を信じることができるのだ、と（経済の自己記述は、決定の実践が合理性をもつとの仮定によって正統化されている。ここでは今述べた想定から利益が引き出されているのである〕。だがその想定から出発したとしても、合理性のパースペクティヴの内で、最終的な調和という観念の解体〔していく過程〕が記録されてもいることに気づくはずである。まずは好結果を保証する《見えざる手》の仮定によって、次には進化論を経由して、さらには主観的選好を相対化することによって。選好は社会的に独立であるとされるのだが、だとすれば安定したものとしては前提されえないことになるではないか。そしてついには合理性の問題〔合理的選択という意味であれ、コミュニケーションによる了解という意味であれ〕を個人に関係づけておいてよいのかどうかが疑われさえするのである。それもまた〔ポリス／オイコスを区別する〕伝統の一要素にすぎないかもしれない。われわれは、組織や職業の構成員であることからは合理性を期待するが、私生活を営んでいる人からは、まずそうしないではないか。このような下降線を追ってみても、社会学は何の手がかりも得ることができない。倫理や文化や制度のような概念を経由してみたところで、やはり同じことである。システム理論ならいずれにせよ〔どんなヴァージョンのシステム理論であれ〕システム言及の相対化を利用することができるし、合理性への問いが最も重要であり続けているのはどのシステムについてかと問うこともできる。それに対する答えは明らかにこうである。そこで〔強い合理性要求に〕関わってくるのは全体社会という包括的な社会システムであり、またあまりにも一般的になりすぎた基準を再特定化していく形式、すなわち組織および職業なのである、と。

しかしだとしても〔そのようなシステム言及において合理性が問われているからといって〕、全体社会が規範、規則あるいは指示を介することにより、全体社会の部分システムにとって合理的という評価にふさわしいのは何かに関して、指導要綱を示しうるはずだなどと主張することはもちろんできない。以後何度も触れることになる論点だが、全体社会は場合によってはゆらぎを介して自身を操舵する。そのゆらぎによって機能システムは、あるいは地域システムは、散逸構造による処理を、またしたがって自己組織化を強いられることになる。そこで〔重要な〕役割を担っているのは、〔全体社会の水準とは〕まったく別のパラドックス、まったく別の区別かもしれない。いずれにせよ、自己言及と他者言及との区別がシステムごとに異なっているのは確かである〔したがって全体社会があらゆるシステムに対して一律に指令を出すことなどありえない〕。この点はより具体的な研究に委ねなければならない。しかし次の点に関しては何も変わらないはずである。合理性の概念は何よりもまず世界社会のシステムに関係づけられねばならない。そうしてこそ、それ以外のシステム合理性にとってのコンテクストがいかにして再生産されているのかを把握できるのである。

それでもなお、合理性概念やその条件についての決定がなされ続けていくことになるだろう。合理性を召喚することは、コミュニケーションが進行していく中ではある種の立場に関しては交渉の余地などないという点を強調するために役立つからだ。そのような需要は〔常に〕存在しているのである。そして事がそのように進められる際には、コミュニケーション・プロセスが動きにくいという点が見込まれてもいる。コミュニケーションは、現下のテーマからは離れようとしないものである。合理性の条件が論じられるのは、何かが合理的であるとかそうでないとかと誰かが主張しているという理由によってだけである。たとえこの概念を明確化しようとしてもきりがないにしても、進行しつつあるコミュニケーションの中で時おり合理性を引き合いに出すことが妨げられるわけではない。いわばコミュニケーションは、合理性の条件を明確化するというニーズにつねに新しい栄養を与える土壌なのである。

第二章　コミュニケーション・メディア

I　メディアと形式

全体社会システムは現に事実として存在しており、コミュニケーションをコミュニケーションによって再生産し続けている。しかしこの事態を一度括弧に入れてみるならば、それがきわめて蓋然性の低いものであることがわかる。コミュニケーションを蓋然性の高いものにするのは、ただコミュニケーション自身だけである。コミュニケーションが単独の出来事として生じることはありえない。あらゆるコミュニケーションは、同じタイプに属する他の作動を前提とする。他の作動に反応し、他の作動を刺激するのである。この種の回帰的な関連づけがなければ、コミュニケーションが生じてくる契機は存在しないはずである。

これが意味するのは何よりもまず、コミュニケーションが恣意的・偶然的に他のコミュニケーションに接続することはありえないという点である。さもなければ、コミュニケーションがコミュニケーションをコミュニケーションとして認識することは不可能であろう。予期に導かれた蓋然性というものが存在しなければならない。さもなければ、コミュニケーションのオートポイエーシスは可能とはならないはずである。しかしそうするとわれわれにとって問題は、次のような問いのかたちを取ることになる。コミュニケーションが生じることの蓋然性は低い。ではコミュニケーションはいかにして、自身のこの蓋然性の低さを克服しうるのだろうか、と。

コミュニケーションという作動の蓋然性の低さを明示するには、この作動が成立するにあたってどんな要件を満たさねばならないかに注目すればよい。コミュニケーションとは、すでに詳述しておいたように(1)、三つの選択の綜合である。すなわち、コミュニケーションは情報、伝達および理解から成り立っている。これらの構成要素のどれもが、それ自体として偶発的な出来事である。情報とはあるシステムの状態を変化させる、つまりは別の差異を生じさせる差異である。しかし他ならぬある特定の情報があるシステムに影響を与え、他の情報は影響を与えないということになるのはなぜなのだろうか。その情報が伝達されたからなのだろうか。しかし伝達のために特定の情報が選び出されることもまた蓋然性が低い。われわれが物事に有意味に関わり合いをもつ可能性は、多数存在する。にもかかわらず特定の伝達によって特定の他者へと関心を払う必要がそもそもあるのだろうか。あるとしたら、それはなぜなのだろうか。だから結局のところ、こう問われねばならない。ある人が、ある他者による伝達に注意を集中することになるのはなぜなのか。その人がその伝達を理解しようと試み、自身の行動を伝達された情報に適合させようとするのはなぜなのか。当人にはそうしない自由が与えられているにもかかわらず、である。さらに加えて、以上のすべての蓋然性の低さが、時間次元においてはさらに膨れあがっていくことになる。コミュニケーションが十分速やかに目標に到達するなどということが、いかにして可能となるのだろうか。またとりわけ、あるコミュニケーションに、別の(同じ、ではない!)コミュニケーションが予期可能なほど規則正しく続くなどということがいかにして可能となるのだろうか。

コミュニケーションの個々の構成要素からしてすでに蓋然性の低いものだとすれば、それらの綜合についてはもはや言うまでもないだろう。ある他者を単に知覚するだけでなく、伝達と情報との区別という観点から観察しようなどと考えるに至るのはなぜだろうか。他者の行動は危険なものであるかもしれず、あるいは滑稽かもしれないというのに、である。またいかにして、他者のほうで自分がそのように観察されるということを予期し、それに合わせた態度を取ることになるのか。さらに、まさに伝達の意味を理解することでそれを拒絶できるようになるはずなのだが、にもかかわらず、いかにしてあえて伝達を行おうとする気になるのだろうか（加えて、「どんな伝達を行うのか」という問題もある）。以上からして、そこに関与している心的システムから見て蓋然性が高い事柄を出発点にする〔べきだ〕というのなら、そもそもコミュニケーションが生じてくるなどということはほとんど理解しがたいのがわかる。

それゆえにこの種の問いは原則として、進化論とシステム理論とに向けられねばならないのである。この点に関しては、次章および次々章において再度論じることにしよう。ともあれ、コミュニケーションそのものもまた、自らに内在する蓋然性の低さに耐えていかねばならない。コミュニケーションはいかにして可能になるのか。また何がコミュニケーションに値するのか。これらの問いは、この問題を解決しなければならないということが基盤となって、より精確に言えばこの問題がその形を変えることによって、引き起こされているのである。

件の問題がこのように明確なかたちで設定されたことは、これまでほとんどなかった。というのは通常の場合、コミュニケーションの発生はその機能によって十分に説明できると見なされているからである。そしてその機能は、生物の認知的能力を負担軽減し拡張することのうちにあると考えればよい、と。そもそも生物というものは生物学的理由からして、個体として生きていかざるをえない。しかし同時に、互いに無関係に生きているわけでもない。高度に発達した種は、自己運動能力と遠隔知覚能力を備えるに至っている。そのような能力が与えられているならば、自身の知覚の範囲を拡張するだけでなく、(2)あらゆる情報を自前で調達する代わりに情報を交換しもするほうが、進化のうえで実り豊かだということになる。文献を探ってみれば、この事態を表す数多くの名称を見いだせる。例えば《代理学習 vicarious learning》(3)や《認知の節約 economy of cognition》(4)などを考えてみればよい。いずれの場合でも目の付け所はこうである。他者の感覚器官の助力を仰ぐほうが、自身の感覚器官を頼りにする場合よりもずっと大量に情報を入手できる。しかもより速やかに入手できるのである、と。これに対応することだが、《ヒト化 Hominisation》に関する近年の理論においては以下の点が強調されている。すなわち、「人間」という進化上の特殊な一分枝が生じてきたことを、外的自然を取り扱う能力の点で優越しているという事実のうちに直接求めることはできないのであり、むしろそれは、人間へと進化しつつあった霊長類が置かれていた社会的な場によって要請された特殊な認知的課題のうちに求められるべきなのだ、と。(5)このようなかたちで呈示された課題に対する解決策となったのは、極度の社会的依存性と高度の個人化との同時発展である。この同時発展は、有意味なコミュニケーションという複雑な秩序を形成することによって達成されるのであり、この秩序が今度は人間のさらなる進化を規定していくことになる。

以上の議論は有益ではあるが、説明としては十分とは言えない。確かにそこから、全体社会というコミュニケーション・システムの（あるいは、動物のコミュニケーションが形成する、全体社会に対応するシステムの）環境に関する情報を引き出すことはできるだろう。もしも生物がそれぞれ個体として生きていく必要がないならば、遠方から情報を獲得することにメリットがないならば、また他の個体の遠隔知覚を遠隔知覚することで自身の感覚器官（それ自体もまた遠隔知覚に適したものであるかもしれないが）が及ぶ範囲を拡張することからメリットが生じないならば、およそコミュニケーション・システムというものは形成されえなかったはずである。このシステムの成立を可能にするのは環境であり、それによって多くのことが説明されるのは確かである。しかしこの議論は肝心な点を、すなわちコミュニケーションのオートポイエーシスの成立を、別様に言えばコミュニケーションから成るシステムの作動上の閉鎖性の成立を、説明してはくれない。それは、生命のオートポイエーシスを化学的には説明しえないのと同様なのである。あるいは一般的なかたちでこう言ってもよい。あるものの機能を示したからといってそれによって、そのものが存在するということが説明されうるわけではない。またそのものがどんな構造によって自分自身を可能にしているのかも、説明されえないのである、と。ましてや、環境における必要条件やメリットを引き合いに出しての機能的説明では、システムがいかに機能するかを説明するためには不十分なのである。システムが成立することや機能することがいかに極端に蓋然性が低いかを考えるや否や、それを誘導する役割を果たしているのは環境だという前提があるにしても、説明はシステムそれ自体のうちに求められねばならなくなるはずである。

より高度な概念的厳密性を求めていけば、次の点を容易に見て取れるだろう。生物を相互に依存させることによっては、その認知能力を社会的に拡張するというメリットはまったく得られないのである。伝統的には、生物（とりわけ人間）の間の《関係》について語られてきた。しかしそれは今述べた点を隠蔽することになる。生物というものは、個々別々に生きている。構造的に決定されたシステムとして生きているのである。そう見るならば、ある生物があることを行いながら、同時にそれが他の生物を利することができるのは、ただ偶然的布置によってのみであるのがわかる。これはすなわち、依存させればむしろそれだけ〔生存の〕蓋然性の低さが倍加されるということである。したがってメリットを獲得できるためには、生物はより高次のシステムに依存しなければならない。そのシステムの条件下で、相互に接触する仕方を選択できねばならず、つまりは相互に依存しない状態にならねばならないのである。人間にとってそのようなシステムとは、それ自体としては生命を持たないシステム、すなわち全体社会というコミュニケーション・システムである。[6] 言い換えるなら創発したシステムの水準においては、独自の作動様式というものが（ここでは、コミュニケーションが）備わっていなければならない。独自のオートポイエーシスが、自分自身を保証する継続可能性が必要なのである。さもなければ代理学習の可能性が成功裡に進化していくことなどありえなかっただろう。

これは次のことをも意味している。すなわち、ある生物から他の生物への（もしくは、ある意識システムから他の意識システムへの）情報の《移送＝譲渡 Übertragung》は不可能なのである。[7] したがって、コミュニケーションを移送過程として捉えることはできない。情報とは、常にシステム内部において構成される時間の違いである。すなわちシステム状態の違いであり、その違いは自己言及的な指し示しと他者言及的な（しかし常にシステム内における）指し示しとの協働によって生じてくるのである。これは神経生理学的なシステム形成に関しても妥当する。そしてもちろん、コミュニケーション・システムについても妥当するのである。

コミュニケーション・システムは、メディアと形式の区別によって構成される[8]。「メディアと形式」のこの区別はわれわれの議論においては、移送という、システム理論から見れば説得力を欠く概念を代替する役割を果たすことになるだろう[9]。さらに加えてこの区別は、われわれを《最終要素》を探し求めることから解放してくれる。ハイゼンベルク流の原子核形而上学の知見によれば、いずれにせよそのような要素は存在しないのである。還元主義と全体論との論争においては、存在論的原点をどこに求めるべきかに関する論戦が繰り広げられてきた。今やその種の原点に代わってひとつの区別が登場するが、それは観察者に依存したものなのである。われわれが《コミュニケーション・メディア》について語る場合、メディア基体（das mediale Substrat）と形式との差異を作動において用いるということを念頭に置いている[10]。コミュニケーションは、この差異のプロセシングとしてのみ可能である。そしてこれこそが、〔コミュニケーションの〕蓋然性の低さという問題に対するわれわれの解答となる。

情報概念と同様に、（情報概念と密接に関連する）「メディア／形式」の区別もまたシステム内部における事態である。情報に対してと同様に「メディア／形式」の差異に対しても、環境の側にそれに相当するものが存在するわけではない（環境の中に可能性の条件が存しており、それに対応する構造的カップリングも存在するのは当然だとしても）。したがってコミュニケーションは、コミュニケーション自身が独自の区別を用いて形成したものではないような最終的同一性（原子、粒子）を前提とはしない。《情報》にしても《メディア／形式》にしても、環境の側の物理的諸事象をシステムの中で《表象する》ものではないという点を、特に強調しておこう。これは知覚メディアについてもすでに言えることである（《光》は物理学的概念ではない）。以下で論じるあらゆるコミュニケーション・メディアに関しても、もちろんそれは妥当するのである。またそれは次の点をも意味する。どのくらいの複雑性が適切なのかを考えるには、情報処理を行うシステムが自身のオートポイエーシスを構造化する様式を勘案しなければならないのである、と。

メディア基体と形式との区別によって、構造化された複雑性という一般的問題を分解して扱うことができる。その際には、ルースにカップリングされた要素とタイトにカップリングされた要素という別の区別を用いることになる。[11] こちらの区別は、すべての要素が他のすべての要素と結びつくことなどできないという点から出発する。しかしこの出発点によって提起される選択という問題は、「ルース/タイトなカップリング」の区別によって扱われる前に、もうひとつ別の、先に挙げておいた区別(すなわち、「メディア基体/形式」の区別)によって定式化し直される。かくして形式(タイトなカップリングという狭い意味での)は、あるメディアという領域内部での選択として描出されうるようになるのである。

有機体の知覚過程においてもすでに、このような区別が踏まえられている。[12] 知覚過程は光や空気や電磁場などの特殊な知覚メディアを前提とする。知覚する有機体は、それら知覚メディアを特定の諸形式へと結合させることができるわけである。そして複雑な神経生理学的諸過程を踏まえることによって、その形式が特定の物や特定の音、特定のシグナルなどとして現れてくる。したがって、それらを物や音やシグナルとして利用することもできるのである。ここにおいてすでに、メディアが形式と化すことが可能になっている。光はカテドラルのなかへと導かれることによって形式となる。そこでは、光は円柱やアーチと戯れうるのである。これを可能にするのはもちろん、世界の物理的構造であるはずだ。しかしメディアと形式の差異は、知覚する有機体独自の成果なのである。

まったく異なる基礎を踏まえてではあるが、同じ区別がコミュニケーション・システムの作動基盤となっていることがわかる。われわれが意味概念を解明した際に、また言語を分析した際にすでに先取りしておいたように[13]、コミュニケーション・システムにおいてもやはりシステム特有のメディアが存在する。またしたがって、一定の形式がそのメディアに刻印されることにもなるのである。ルースにカップリングされた言葉が、結合されて文をなす。それによって言葉は、コミュニケーションにおける一時的な形式を獲得する[14][1]。しかしこの形式によって素材としての語は消費されてしまうのではなく、逆に再生産されるのである。コミュニケーション・システムの作動が連続していくことは、蓋然性が低い。しかし「メディア／形式」の区別によってこの蓋然性の低さは、システム内部で取り扱われうる差異へと翻訳される。そしてそれによって、システムのオートポイエーシスを枠づける条件へと変換されるのである。確かにシステムの作動様式においては、独自のメディアが結合されて独自の形式と化す。しかしそうすることでメディアが消費されてしまうわけではない（物を見たからといって、光が消費されるわけではないのと同様に）。そのつど実現される形式によって、例えば見られた物によって、話された文によって、システムの要素は一時的な使用のためにカップリングされる。しかしそうすることで要素が無化されてしまうわけではないのである。メディアと形式との差異は、作動として用いられる中で保持され続ける。使用されることによって再生産されるのである。そこで重要なのは、そのつどの作動の中で濃密化されていく形式だけでなく、〔形式とメディアの〕差異そのものでもある。色彩の印象を知覚したり言葉を発したりする可能性において、それらの単位がその作動によって使い尽くされてしまうわけではないということが前提とされているではないか。それらの単位は、別の形式という文脈においても使用可能なものとして再生産されていくのである。

ここで、われわれが《形式》を、何らかの区別をマークすることとして理解しているという点を想起しておきたい。したがって「メディアと形式」の区別もまたひとつの形式なのである。この区別は自分自身を含意している。それゆえにこの区別を用いて作業を進める理論はすべて、オートロジカルなものとなる。われわれが「メディアと形式」ということで何を考えているのかを明らかにするためには、言語を用いなければならない。ということは結局のところ、「メディアと形式」の区別〔例えば「語／文」の区別〕を用いることになるのである。伝統的な認識論の視角から見ればこれは紛れもない誤謬であり、したがってそこから導き出される議論はすべて役に立たないということになるはずである。われわれは以下の章において、「変異／選択」の区別（進化論）を、また「システム／環境」の区別（システム分化の理論）を扱う際にも、同じ問題に直面することになるだろう。普遍的であろうとする理論にとっては、この種のオートロジーは不可避である。オートロジーに突き当たったとしても、そのことをもって論難すべきではない。むしろそれは、抽象度の高い概念から構成されている理論であることの証左なのである。

とはいえその分だけ、「メディアと形式」の区別というこの形式を、可能な限り精確に記述しておくことがさらに重要になる。ある作動がどんな区別を用いているのか、それぞれの作動の盲点がどこにあるのか、その作動自身は何を観察しえないのかを確認できるように、である。われわれがそのために用いるのが、諸要素のルースなカップリングとタイトなカップリングの区別である。メディアとは、ルースにカップリングされた諸要素である。それに対して形式とは同じ諸要素を、タイトなカップリングへと組み合わせたものである。例として、行為というメディアを取り上げてみよう。全体社会を、諸行為の総体と考えるわけである。そうすると自由というものは、個々の人格に帰属させられるという点で、諸行為をタイトにカップリングすることに依拠しているとの話になる。というのも、人格はその人の諸行為という形式において認識されうるからである。[2] それに対してルースなカップリングによって、そのつど生じてくる目的のために行為をリクルートする可能性が与えられるだろう。その場合行為が人格に拘束されはしないということになるはずだからである。したがって全体社会が〔個人の行為選択に〕高度の自由を保証するならば、そこでは集合的な目的のために行為を意のままに使用することができなくなってしまうし、[15] そうなれば全体社会は、見かけ上だけはパラドキシカルなことではあるが、自由を無視して自己のプログラムを実現するために多額の金銭を要する巨大国家になってしまう。

さらにカップリングの概念のうちには、時間が含意されている。その点で、カップリングと脱カップリングについて語らねばならない。すなわち、統合は一瞬だけなのであり、それによって形式が与えられはするものの、再び解体されもする、というわけである。メディアは結合され、そして再び解体される。メディアがなければ形式もなく、形式がなければメディアもない。にもかかわらず時間の中で、両者の差異を不断に再生産することが可能となる。ルースなカップリングとタイトなカップリングとの差異は、ダイナミックに安定化されたシステムにおいて作動を時間的にプロセシングすることを、またそれによってそのようなタイプのオートポイエティック・システムを可能にする。どのような事象として立ち現れようが、どのような知覚に基づいていようが、この点は常に変わらない。メディアがたえず結合されたり解体されたりするというこの意味においてなら、メディアはシステムの中で《流通する》と言ってもいいだろう。メディアの統一性は、運動の中に存するのである。

不断のカップリングと脱カップリングとがこのように時間的に進行していくことは、オートポイエーシスの継続にも、またその継続に必要な構造を形成し変動させることにも貢献する。フォン＝ノイマンの機械の場合と同様に、である。[3] それによって、構造と過程という古典的な区別は掘り崩されてしまう。これは言うまでもなく、もはやシステムの統一性を（相対的な）構造的安定性によって定義できはしないということを意味している。依然としてシステムを維持することが重要であるとしても、やはりこの点は変わらない。今やシステムの統一性は、ひとつのメディアが形式をさまざまに形成していく、その特性によって定義されるのである。

時間に対する以上のような関係は、意味という一般的なメディアにおいても現れてくる。このメディアは心的な形式形成のためにも、また社会的な形式形成のためにも用いられる。意味は常に、出来事としてしか実現されえない。またそれが生じるのは〔他の異なる諸可能性という〕地平の内部でのことであり、その地平においては多数にわたるさらなる実現可能性が間接呈示されているのである。それゆえに今現在体験されている、あるいはコミュニケートされている意味は常にひとつの形式である。つまりそこではひとつの違いがマークされているのであって、その点では決定された確定だと言える。だが同時にそこでは、その後に続く諸可能性から成る《以下同様》を引き合いに出す参照によって、ルースなカップリングの関係が写し取られてもいる。その後の作動が実現しないことには、この《以下同様》が結び合わされることはないからである。タイトなカップリングは、現在において現実化されている（具体的に想起することも、予想することも含めて）。しかしタイトなカップリングそのものによっては、あングは、この未決の可能性のうちに存しているのである。

メディアの流通は、形式がメディア基体よりも強固であるということによって成立するのであり、ルースにカップリングされた諸要素の領域において実現される。しかもそれは、選択基準や合理性の観点や規範的指令や、その他の価値選好を考慮することなく、むしろただ単にタイトなカップリングとして生じるのである。したがってわれわれは、コミュニケーション概念の中にあらかじめ合理性を持ち込んでおくようなことはしない。この点は、ユルゲン・ハーバーマスのコミュニケーション的行為の理論とは異なるところである(16)。われわれが主張するのはただ、形式は〔自らを〕貫徹する強さと時間的な脆さとを併せ持っているということだけである。コミュニケーション・メディアそれ自体からして、合理性の方へ向かうというわけではない(この点は、システムの概念や進化の概念の場合と同様である)。原初的な水準において言えるのは、〔これこれのコミュニケーションが本来生じるべきだとか、生じるのが望ましいとかいうことではなく〕生じることが生じるという点だけである。他方で形式は、メディア基体ほどには持ちこたえられない。形式を維持するには、記憶・文字・活版印刷術などの特別な事前措置が必要である。しかしある形式が重要なものとして保存される場合でも(われわれはそのような事例を表すために「ゼマンティク」の概念を用いる)、メディア基体は常に新たなカップリングに対して開かれており、この能力は保持され続けるのである。拘束されていない(あるいは、わずかだけ拘束されている)要素は大量に現存しているのであって、形式が保存されているからといって、使用可能性が少しでも減じるわけではないのである。例えば語が、しばしば恣意的なかたちで用いられうるということを考えてみればよい。そして〔たとえ恣意的なものであっても〕ある用法がくり返し生じれば、語義が《圧縮される kon-densieren》ことになるだろう[4]。そしてその結果、メディア基体と形式の差異がプロセシングされていく中で（ここでは、言語の歴史が経過する中で）組み合わせ能力が、使用可能性の種類と射程が、変異を被るのである。

最後に次の点も考慮しておかねばならない。システムにおいて作動上の接続能力を有しているのはメディア基体ではなく、形式だけなのである。システムが形式を欠いた、ルースにカップリングされた要素によって何かを始めることなどできない。すでに知覚メディアからしてそうである。われわれが眼にするのは光ではなく物である。光を見るにしても、それは物のかたち（形式）に即してのことである[17]。われわれが耳にするのは空気ではなく物音である。空気自身が聴かれようと欲するなら、自ら物音を立てねばならないだろう。コミュニケーション・メディアに関しても、事は同様である。言語を取り上げてみよう。ここにおいても、語そのものからして、コミュニケーションの中でプロセシングされうる意味を形成するというわけではない。意味を形成するのはあくまで文なのである[18]。したがってルースなカップリングとタイトなカップリングとの区別には、時間的な非対称性に加えて事象的な非対称性も備わっている。この非対称性もまた、全体社会というコミュニケーション・システムのオートポイエーシスの条件のひとつなのである。

コミュニケーション・システムがコミュニケーションをプロセシングするのは、メディア基体と形式という、それ自体として非対称的な区別を踏まえてのことである。このシステムはそうすることによって意味の焦点を「今現在において生じており、接続していこうと試みているのは何なのか」へと向ける。

全体社会が創発するに至るのは、このようにしてである。またこのようにして全体社会は、自らのコミュニケーションのメディアにおいて自身を再生産していくのである。「移送メディア」という通常のイメージにおいては、このメディアの機能は独立して生きている複数の有機体を《媒介する＝伝達する vermitteln》ことにあると見なされている。われわれは、以上述べてきたより複雑に構成された概念をもって、この観念の代替物としたい。そうすることによって、《共有スルコト communicatio》という旧来の意味が、また体験の《共有性 Gemeinsamkeit》を確立することという意味が廃棄される。あるいは、単なる副次効果へと縮減されるのである。これは、「コミュニケーションの機能を生物の認知能力を拡張しその負担を軽減することにあると見なすだけでは十分ではない」という、先に述べておいた見解からも導き出される事柄である。そもそも人類を含めた生物が、意識という内部の闇に何かしら共通のものを有しているなどということは、理解しがたい話ではないか。われわれのコミュニケーション・メディア概念はその代わりに、コミュニケーションという基礎の上で、蓋然性が低い事柄がにもかかわらず可能になるのはいかにしてかを説明してくれるはずである。蓋然性が低い事柄とはすなわち、全体社会というコミュニケーション・システムのオートポイエーシスに他ならない。[19]

II　流布メディアと成果メディア

以下の分析はひとつの区別に基づいている。まずその点について簡単に論じておかねばならない。全体社会を形成するコミュニケーションは、どんな問題を解決しなければならないかに応じて、さまざまな「メディア／形式」を形成する。問題となっているのが社会的冗長性の到達範囲である場合には、流布メディアという語を用いることにしよう。流布メディアはコミュニケーションの受け手の範囲を規定し、拡張する。同一の情報が流布されていくにつれて、情報は冗長性へと変化していく。冗長性によって情報は無用のものとなる。冗長性を、社会的帰属を確認するために用いることもできる。連帯を証明するために既知の事柄が語られるわけである。もちろんそうすることによってさらなる情報がもたらされるわけではない。情報を受けた人に質問するのもよいだろう。しかし繰り返し問うてみたところで、新たな情報が生じはしないのである[20]。

対面状況での相互作用においては、口頭で流布がなされることもある。文字によってすでに受け手の範囲が拡大されていたが、当初はまだその拡大はコントロール可能だった。文字の支配が強まっていくや否や、誰がどのテクストを読んだのかを、また誰がその内容を記憶しているのかをもはや知ることができなくなる。ましてや印刷機が発明されることにより、さらには近代のマスメディアのシステムの中で、一段と社会的冗長性が匿名化されていく。流布された情報が疑わしい場合でも、その情報が知られているという点は考慮されねばならない。だからその情報を再度コミュニケートすることはできないのである。今や、常に新しい情報が必要になる。この必要性を満たすのがマスメディアのシステムである。このシステム固有のオートポイエーシスは、情報を消失させることによっているわけだ[21]。

流布メディアが社会的冗長性を生じさせるとともに、時間はより急速に流れるようになる。しかしそれだけではない。伝達された情報が、それ以後の行動の前提として受け入れられるのか、それとも拒否されるのかという点もまた不確実になり、最後には明らかでなくなってしまう。今やコミュニケーションにはあまりにも多くの者が、見通しえないほど多くの者が関与している。したがって、あるコミュニケーションが動機づける働きをしたのかどうかを、また何へと動機づけたのかを確認することはもはやできなくなる。この点に関する対立する議論がマスメディアのどこかで常に生じている。このシステムはコンフリクトを好むからである。しかしその種の論争によって、どのコミュニケーションが全体社会規模で受け入れられ、どれが拒否されるか、あるいは最後には完全に忘れ去られるかが明らかにされうるわけではない。せいぜいのところシミュレートできるだけである。

このような状況に直面した場合、進化が停滞することもありうるだろうし、新たな問題に対する解決策が進化によって見いだされることもあるだろう。まずは、文字が発明された結果、〔文字情報の受け手を〕一様に動機づける手段として投入するために、宗教を厳格で強固なものにせよとの発想が生じてきたようである。だがそれとともに、統一性というこの動機づけ手段に含まれる宇宙論が誇張される結果にもなった。最終的に全体社会は新たな種類のメディアの発展の中にまったく異なる解決策を見いだしたのだが、宗教はその解決策を表面的にしか組み入れることができなかった。そのメディアを成果メディアと呼びたい。それはすなわち、象徴的に一般化されたコミュニケーション・メディアである。

象徴的に一般化されたメディアが行うのは、条件づけと動機づけとを新たな仕方で結びつけることである。このメディアは、各々のメディア領域において、例えば貨幣経済において、あるいは権力行使の場合ならば政治的職務において、コミュニケーションを特殊な条件に適合させる。その条件のゆえに、《不愉快な unbequem》コミュニケーションの場合でも受け入れられるチャンスが高くなるわけだ。例えば、人が自分のものを差し出したり、サービスをしたりするのは、それに対する支払いがある場合（だけ）である。また例えば、人が国家の役人の指示に従うのは、物理的強制力によって脅されているとともに、こうした脅しが全体社会において正統なもの（例えば、適法的なもの）とみなされるということを前提としなければならないからである。コミュニケーションは、対面状況での相互作用の領域を越えて広がるや否や、それ以上はコミュニケーションが受け入れられない臨界点に直面するという著しい危険性にみまわれる。象徴的に一般化されたコミュニケーション・メディアを制度化することによって、この臨界点を遠くへ押しやることができるのである。全体社会の文化的な自己記述においても、成果メディアが顕著になっていく。そのため、〔成果メディアに〕従わないコミュニケーションがどれくらいあるのか、どのくらいの情報が完全に忘れられてしまうかに関しては、まったく情報の収集がなされないままである。かくして全体社会は自分自身を、あたかも社会全般に及ぶコンセンサスに頼っているかのように、しかも、そのコンセンサスが原理なりコードなりプログラムなりによって保証されているかのように記述する。全体社会はまた、あたかも《世論》というものが存在するかのように自らを記述する。それ以外は《多元的無知》のかたちで解明されないままに留まるのである[22]。

コミュニケーションへの反応として、受け入れが生じるのか、拒否がなされるのか。言語だけでそれがすでに決まってくるということはない。とはいえ言語が口頭でだけ、つまりは対面状況での相互作用の中でだけ使われている限り、耳障りなことではなく心地よいことを口にすべきであり、拒絶するコミュニケーションは差し控えるべきであるとの社会的圧力が十分に存在しているはずである。したがって口頭でのコミュニケーションのみがなされている場合には、言語は《本来的に説得するもの intrinsic persuader》（パーソンズ）[5]としても働くのである。象徴的に一般化されたコミュニケーション・メディアが成立するのは、社会進化がこの閾値を乗り越えている場合のみである。すなわち複雑性が空間的次元においてはより広範囲に、また時間的次元においてはより長期にわたって成立しており、にもかかわらずそれは同一の全体社会内部で生じているとされる場合のみなのである。そこではコミュニケーションはますます、その時点では未知の状況に適合していかねばならなくなる。全体社会が自ら何とかやっていけるのは（進化がそれを許すならばの話であるが）、一方でシステム分化によってであり[23]、他方では、条件づけと動機づけとを結びつけることを通して偶発性を制限する、特殊なメディアを形成することによってである。それがすなわち象徴的に一般化されたコミュニケーション・メディアに他ならない。そしてこのメディアの分化が同時にシステム分化を促進しもする。つまり全体社会の重要な機能システムが分出していくための契機となるのである。

ここまでで、以下の研究を導くことになるであろういくつかの仮説を概観してきたことになる。とりあえず次の点を確認しておこう。われわれの議論の理論的な基礎は、全体社会はコミュニケーションを踏まえた、作動の上で閉じられた社会システムであるという仮定のうちにある。したがってまた、全体社会の進化は、コミュニケーションのオートポイエーシスに伴う諸問題のもとで生じるということも仮定されている。ただしその問題のほうも、進化そのものによって条件づけられており、不断に変異していくのであるが。われわれは以上の仮定によって、複雑な研究プログラムをめざしている。それを本章の以下の節と次章以降で実現していくことになるが、そのためには内容的にさまざまな種類に及ぶ問題を経由していかねばならないだろう。

III 言語

全体社会のオートポイエーシスは常に生じており、継続を見越している。そしてそれを保証する基礎的なコミュニケーション・メディアは、言語である。もちろんまったく言語を伴わないコミュニケーションも存在する。身振りが用いられる場合もあれば、単なる行動から(例えば、物を扱うことから)読み取られうるものもあるだろう。その種のものはこれまでコミュニケーションと見なされたこともあったし、見なされない場合もあったわけだが〔その点は今は問わずにおこう〕。しかしまずもって次のように問うことはできる。およそ言語が存在しないとしたら、つまりおよそ言語を伴う経験というものが存在しないとしたら、その種のコミュニケーションははたして存在するのだろうか。あるいは、「伝達行動と情報との違いを、そもそも観察しうるのだろうか」と言ってもよい。さらに加えて、〔言語を伴わない〕行動が解釈可能だとしても、それは状況特殊的に規定されることによってである。それゆえにそこではメディアと形式との分化が生じる余地はほとんどない。この分化を生ぜしめるのが、他ならぬ言語なのである。いずれにせよコミュニケーション・システムにおいては、まさに、さらなるコミュニケーションが絶えず生じてくるのを見越すことが前提とされる。そのようなシステムのオートポイエーシスは、言語なしには不可能である。ただし、そのオートポイエーシスがすでに可能となっているならば、言語なしのコミュニケーションも許容されるのであるが。

前言語的なコミュニケーション・メディアについて考えてみよう。それはまだ意味を構成する作用を果たしていなかったはずである。したがってそのようなメディアは、対面状況にある複数の個人の行動可能性の総体の中にのみ存在していたことになる。そこではその空間内での運動が重要な役割を演じていたはずだ。ジョージ・ハーバート・ミードに倣って、身振り（ジェスチャー）の回帰的連鎖について語ってもよいかもしれない。ただしその場合、創発効果を引き起こすのは個々の行為ではなく、回帰性（先行するものへの接続）だということになる。(24) 複数のエピソードという形式で実現されるこの種の連関のうちに、種に固有の、しかしきわめて限定的にしか利用できないシグナルを見いだすこともできる。

シグナルはまだ記号ではない。他の何かを参照しているわけではないのである。それは《先取り反応 anticipatory reactions》(25) の解発因にすぎない。その基礎となっているのは、現在の出来事と未来の出来事との間の、類型的で反復的に生じる連関であるが、しかしそれが連関として認識されることはないのである。このような条件のもとでも、かなり複雑な社会秩序が形態生成《モルフォジェネシス》するに至るということもありうる。ただしそのためには、反応行動の範型が、当の行動そのものの帰結に再度適用されるという前提が必要なのであるが。しかし当事者たちがそのようにして生じてくる構造を認識しうることや、この構造に反応できることまでもが前提とされる必要はない。その分だけ、形式を形成する潜在的可能性は制限されていたはずである。とはいえそれだけでも位階秩序を、また個体がパートナーに関してさまざまな選好をもつという事態を実現するのには、どうやら十分であったようだ。(26)

前言語的領域においても、それどころか人間と動物との関係においてすでに、言語の進化のためのきわめて重要な備えを見いだしうる。それはすなわち知覚することを知覚すること、特に知覚されていることを知覚することである。これは発展した社会においても、今日においてもまた以前と同様に、社会性の形式として不可欠である。特に男女の間柄においてはそうである。この水準における社会性が利用するのは、知覚がもつ複雑性と焦点化能力である。それにより現在が産出されはするが、その現在は未来〔という時間地平を〕をほとんど備えてはいない。この点をいわば先史時代以前[6]の実状として想定したり、それによって社会的共同生活がこの可能性に適応していたのだと想定することもできる。だがそのような社会状況のもとではメタ・コミュニケーション、つまりコミュニケーションに関係づけられたコミュニケーションは存在しなかったはずだ。例えば伝達を受信したことを確認したり、同じ伝達を反復したりすることはなかっただろう。また、継起的な、《時点化されたpunktiert》複雑性が形成されることもなかったはずである。そうするためには、ある〔時点において、特定の〕コミュニケーションが、他の〔コミュニケーションの〕内容を踏まえてすでにうまく作動し終えているということが〔したがって、そのコミュニケーションと先行するコミュニケーションの関係を反省することが〕前提となるからである[27]。〔メタ・コミュニケーションを欠くという〕この条件のもとで、生命活動から自立した〔数世代全体が死に絶えた後も存続していくといった意味での〕社会システムがもつオートポイエティックな閉鎖性について、どのくらいまで語りうるのか。この点に関しては未決にしておかざるをえない[28]。マトゥラナがいう意味での《言語》を、つまりは生きている個々の生物の行動の調整を調整することを受け入れてもよいものかどうか、そしてどこまで受け入れてよいのか。この問いについてもやはり事は同様である。いずれにせよわれわれが通常用いている意味での言語は、音響的なメディアを、またそれに立脚した視覚的メディアを明らかに優先する。この意味での言語は、自らの手段を厳しく選択することに依拠する進化の、歴史的な特殊構成物なのである[29]。

しかしここで言語の進化に関する研究を行うことはできない。次の点を仮定しておくに留めよう。オートポイエティック・システムの進化においては常にそうなのだが、離陸《テイク・オフ》が可能となるためには、ある種の補助的組成が必要なのである。[30] おそらくこの場合、身振りと音声とを記号として使用することが何らかの役割を演じていたはずである。記号はまた形式でもある。すなわち、マークされた区別なのである。ソシュールに従うならば記号は、指し示すもの（シニフィアン）を指し示されるもの（シニフィエ）から区別する。記号という形式のうちには、指し示されるものに対する指し示すものの関係の中には、言及が存している。指し示すものは指し示されるものを指し示す、というわけである。それに対して形式そのものは（これだけが記号と呼ばれるべきであろう[31]）言及をもたない。形式は区別としてしか機能しない。また形式が機能するのは、実際にそのようなものとして用いられる場合のみなのである。[7]

したがって記号とは（反復可能な）作動のための構造であり、その作動は外界との接触を必要としないのである。したがってまた記号は、しばしば想定されているのとは異なり、システムの内部において外界の事態を《表象すること＝代表すること repräsentation》に役立つのでもない。指し示すものと指し示されるものとの区別はむしろ内的な区別であり、指し示されるものが外界のうちに存在するということを前提としているわけではない。記号の特性はむしろ、この区別を隔離することにある。隔離されることによって、指し示すものと指し示されるものとの関係は、使用の文脈に左右されることなく安定的に保たれるに至る。[32] 他の意味参照の関与や他の連関（例えば、記号を担うものが物質性をもつことから生じる連関）は度外視される。したがって技術の場合と同様に、記号という文化的発明品においても、分出や隔離、およびそれらによって条件づけられた反復可能性と世界との関係は決定的に重要である。

同時にこの事態から、錯誤の可能性が存在することが明らかになりもする。記号は、ごくわずかの逸脱や混同によって機能不全に陥りかねない（Zeichen＝記号の代わりにWeichen＝転轍機、Zeiten＝時代、Ziehen＝引くことなどと言ってしまえば、本書のこの議論で何が考えられているのかをもはや理解できなくなるだろう）。冗長性を産出するためには、つまり記号使用において不意打ちが生じるという効果を制限するためには、周知の範型を正確にコピーしなければならない。しかしそれもまた、隔離そのものと同様に、記号を任意のかたちで確定することによってしか達成されえないのである。

しかし記号のステレオタイプ化された使用法が進化していくことは、言語の進化のための先行条件のひとつにすぎない。そのことだけでは言語の重要な特性を明らかにできはしない。しかも決定的な点が明らかにならないのである。それはすなわち、言語を用いるコミュニケーション・システムの作動上の閉鎖性に他ならない。一連の身振りの回帰性は、エピソードのかたちでしか実現されえない[8]。しかしそこから記号の回帰的使用が生じてくるとともに、繰り返し引き合いに出せるような、しかも比較的長期にわたる中断の後でも再びそうしうるような世界が登場する。したがって、《記号》という形式の進化の中に存する先行諸条件と契機は、言語を駆使するコミュニケーション・システムの作動上の閉鎖性の成立から入念に区別されねばならない[33]。言語によって意味の自己言及が一般化される。それは記号を用いることによってであるが、記号そのものがこの一般化なのである。それゆえ記号は、他の何かを参照する中で成立するのではない。

個々の状況において記号が登場してくる。その状況を見れば登場してきた理由が理解できるはずである。確かにその個別的事情が契機となったのかもしれないし、度重なる反復の可能性を与えてくれたのかもしれない。しかし結果として成立したのは、まったく異なる何かであった。ある者が他者を、情報と伝達行動との差異という観点から観察するようになるのは、そもそもいかにしてなのか。われわれはこの問題のうちに閾値が存しており、それが越えられる蓋然性は低いと考える。(34) したがってわれわれが出発点に取るのは言語行為ではない。言語行為が登場してくるのは、言語行為が予期され理解されるということを予期できる場合だけだからである。出発点となるのはむしろ、伝達の受け手が見せる一定の姿勢である。すなわち伝達する者を観察しており、伝達者には情報ではなく伝達を帰属させるという姿勢なのである。伝達の受け手は、伝達を何らかの情報の指し示しとして観察しなければならない。つまり〔情報と伝達の〕どちらをも同時に記号として〔指し示すものと指し示されるものとの区別の形式として〕観察しなければならないのである〔受け手には、例えば単に知覚に即して〔外面上の動きだけを〕観察するなど、別様に観察する可能性も与えられているにもかかわらず〕。ここまでのところは、必ずしも言語を前提とする議論ではない。例えば主婦が勇敢にも焦げたものを食べている場面を考えてみればよい。それは、まだ十分食べられるということを伝達するためなのである〔あるいは少なくともそう推測される〕。ただしこの場合、コミュニケーションという事実は曖昧であり多義的なものに留まる。それゆえに伝達者は、〔どういうつもりかと〕問い質された場合には、伝達を意図していたということを否認もできる。ノンヴァーバル・コミュニケーションが選択されるのは、まさにこの理由によってなのである。しかし同時にこれは、伝達者がなしたその伝達に別の伝達を接続させることが困難であるという話にもなる。したがってこの場合、コミュニケーション・システムを形成するのも難しいのである。

言語によって事態は一変する。言語が発達する以前には、生物は構造的にカップリングされた状態で生を営んでいた。したがって共進化のもとに置かれていたのである。言語によってさらに、作動的カップリングも可能になる。こちらのほうは関与者たちが再帰的に（reflexiv）コントロールできる。このようにして特定の環境のうちに身を置いたり、ある環境を避けたりする可能性が増大し、関与者たちの自己組織化にとっては、コミュニケートされる事柄から距離を置くチャンスが与えられることになる。知覚することは依然として可能であるが、把握することは、よく考えたうえで言語的コミュニケーションにおいて扱われるものによらなければ不可能である。今述べた事柄の帰結として、このようなカップリングの作動が通常化し、回帰的に固定化されることにより、言語的コミュニケーション独自のオートポイエティック・システムが形成される。このシステムは自己決定的に作動するが、同時にまた、個々人が十分に考慮したうえで（reflektiert）関与することとも完全に両立しうるのである。その結果として今や、個人と全体社会との共進化が成立するに至る。個人の間に共進化関係が生じる場合もあるが（例えば母／子関係）、その場合〔個人は〕、個人と全体社会との共進化によっても重層的に決定されていることになる。

知覚メディアの水準においても、重大な変化が生じてくる。発話はコミュニケーションに特化した、コミュニケーションの機能のために分出した行動である。しかしまたそのことによって発話は、知覚にとっても非常に目立つ行動となっている。音響的な（また文字の場合、視覚的な）知覚メディアとして考えた場合でも、言語は形式としての含意を豊かに含むかたちで分出している。したがって言語が用いられている場合、その事実に関する疑念は生じようがない。また他者の側でそれに対応する知覚が生じているはずだと想定できるのである。さらに関与者すべてが、自己に関しても他者に関しても、言語の意味が偶発的選択によって固定されているということを知っている（またそのことを通して、ここで扱われているのは記号にすぎないということが不断に確認されもする）。かくして音響的に、あるいは視覚的に知覚され区別されうるものに、第二の選択様式が接木されるのである。確かに言語の《素材》それ自体もすでに形式化されており、形式化されることによってのみ知覚可能となる。しかしさらに素材には、周囲の状況に左右されることなく機能する参照連関が付与される。そしてそれゆえに、反復的な使用が可能となるのである。したがって言語記号というものは、常に別様である可能性を持ち続ける。しかし言語記号は同時に、問い返しを可能にする形式を、また文字が用いられている場合にはテクスト解釈を可能にする形式を獲得しもする。かくして、コミュニケーションのエピソードが終了するのを先延ばしにできる。一連の要素的言明の系列を、それ自身へと差し戻すことができるのである[35]。

確かに言語過程は、そこに関与する者を前提とする。しかし今述べてきたようにして言語過程が、その関与者の知覚からは独立して自己決定することも可能になる。このシステムは独自の回帰によって知覚というノイズから身を守り、言語独自のやり方で取り扱われうる刺激のみを容認するのである。コミュニケーションが言語というかたちをとった場合、コミュニケーションは自己触媒のために必要なものを自ら再生産していく。すなわちダブル・コンティンジェンシーを、である。かくしてコミュニケーションは、何が端緒を可能にしたかに関わりなく、自分自身の前提を不断に更新していくのである。話し手も聴き手も、コミュニケーションという事実そのものを否定することはできない。できるのはただ誤解したり理解困難に陥ったり解釈したり、あるいはどうにかして事後的にコミュニケーションについてコミュニケートしたりすることぐらいである。コミュニケーションの問題は、コミュニケーションへと差し戻される。こうしてこのシステムは閉じられるのである。通常の場合コミュニケーションはエントロピー増大の方向へ、つまり非コミュニケーションのほうへと向かっていく。言語によってこの方向は逆転する。今やより複雑で解釈に耐える、すでに話されたことを拠り所とするコミュニケーション様式が構築される方向へと進んでいくのである。コミュニケーション・システムのオートポイエーシスは、そのものとしては蓋然性が低い。しかし以上のようにして、それは蓋然性が高いものになるのである。

しかしオートポイエーシスのうちには、同時に蓋然性の低さが保持され続けもする。個々の発言を取り出してみれば、それは常に無数の別の可能性に直面しているから、きわめて蓋然性が低いということがわかる。システムを外に対して明確に境界づけることによって[9]、構造化された複雑性が形成される。それゆえにこのシステムの内で生じるどの特定の出来事も、個々に見るならば蓋然性が低いものとなるのである。しかし他ならぬこの点において、システムは自分自身を支えていく。それは回帰的なプロセシングを行うことによって、また具体的に与えられた選択可能性に対して制限を加えることによってなのである。

言語は聴覚と結びついている。したがって視覚とは異なり、コミュニケーションは時間的に順次化されざるをえなくなる。つまり順次性による秩序を確立せざるをえないのである。[10]複数の区別が感じ取られたとしても、それらが相互に意味を与えるのはあくまで前後関係においてである。それらが回帰するには時間を必要とする。したがって世界が同時的に眺められている限り、回帰は生じようがないのである。誰かが話しているのを見るという〔言語が時間的な連続においてではなく、ある瞬間における知覚によって捉えられている〕場合でも、やはり事は同様である。その分だけ言語は、時間的に柔軟な組成を必要とする。どんな連鎖なら可能かを、あらかじめ構造的に固定化することのない組成が、つまりは文法が必要なのである。手話もまたこのような時間的な様式に合わせられている。文字が扱われる場合に関しては、もはや言うまでもないだろう。このように音響のメディアは、最初からかなり高度に抽象化されていなければならない。またそれゆえに個々の構成要素の指示的意味（Bedeutung）は、より明確に固定されていなければならないのである。以上のような道筋において初めて、反復可能性が生じる。そしてそのようにしてのみ〔作動の〕非同時性にもかかわらず――ここでの非同時性は、〔言語の〕外の世界での運動における〔起点と終点の〕それとは異なっている――意味連関を産出できる。かくして見られたもの〔知覚対象〕からなる第一の世界に、コミュニケーションからなる第二の世界が重ね合わされるのである。

このように、言語はまったく独特の形式を有している。ふたつの側をもつ形式としての言語は、音声と意味の区別のうちに存している。この区別を取り扱うことができなければ、話すことなど不可能である。言語の形式において――われわれが考えている「形式」においては常にそうなのだが――ふたつの側の間に圧縮された参照連関が生じてくる。音声は意味ではない。[11]にもかかわらず、この「ではない」ことによって、そのつどのような意味について話されているのかが規定されるのである。逆に意味は音声ではない。しかし特定の意味を話そうとする時にどの音声を選ばねばならないかを規定するのは、意味なのである。ヘーゲル流に言えば言語は、自分自身における区別（Unterscheidung-in-sich）によって規定される。[12]そして言語は、われわれがこうして話している〔すなわち、音声と意味の区別を用いて音声と意味の区別について語っている〕ように、[13]他ならぬこの区別の特性によって分出するのである。

それゆえに言語的コミュニケーションとはさしあたり、音というメディアのうちで意味をプロセシングすることである。ここでメディアについて語っているのは、音声が意識の知覚メディアにおける形式だからではない。音声が反復的に使用可能な語へと圧縮され、さらに語として、ルースにカップリングされたかたちで用いられるからなのである。[14] しかしそのためにはさらに文法が、おそらくはチョムスキー流の深層構造が前提となる。(36) この深層構造によって、文を形成する十分な余地の存在と、同時に文の形成が恣意的に行われず、〔コミュニケーションの〕回帰と速やかな理解、またとりわけ速やかな言語習得が生じるのに十分なだけの冗長性が確保されるのである。

言語自らが、メディアと形式の差異を言語独自のかたちで設定することができるためには、言語のメディア基体が、すなわち音声と意味との差異があまり特殊化されていてはならない。(37) さもなければ、すべてが常にすでに言われてしまっているがゆえに、もはや何も言うことがなくなってしまうだろう。この問題は、言葉と文との分化によって解決される。言葉もまた意味を伴うとともに、音韻を配置することによってできている。[15] しかし言葉によってすでに、それがどんな文へと組み上げられるかが確定されているというわけではない。言語はこの差異を経由することによって初めてコミュニケーションに、一時的な状況に対して一時的に適応する能力をもたらすことができる。そしてさらには、一時的な意味構築の能力ももたらされる。一時的であるがゆえにそれを後から確証したり取り消したりできるのである。このようにして初めて、次の点を考慮できるようになる。すなわちコミュニケーションにはコミュニケーションが接続していくのであり、〔接続する以上は〕何かまだ言うべきことが残っているはずだ、と。

単なる知覚メディアは、知覚することと知覚されるものとの同時性に拘束されている。これは、他者の知覚を知覚する場合に関しても言える。また目印（Zeigezeichen）の知覚[16]という単純な形式についても、やはり同様である。観察と、観察される世界との同時性は、作動によって条件づけられており、打破できない。順列化によって初めて意味が生じてくる場合でも（聴取を考えてみればよい）、やはり事は同様である。知覚が未来に関わりうるためには、環境の定常性が十分に保証されていなければならない。その場合には現在における反応が、未来への適切な備えとなってくれるだろう。言語に至って初めて、同時性というこの前提を突破できるようになる。今や、時間的に隔たった複数の出来事をあらかじめ同期化しておくことが可能になる。しかしこれはさしあたり、言語において過去・現在・未来の違いを（例えば動詞の語形変化によって）表現できる形式が使用可能になっているか否かとは無関係である。言語そのものによって、後から何を言えるかを予見したり、制限したりすることすら可能となるからである。とりあえず、回帰的に作動する言語の流れが環境の側での時間順序から解き放たれさえすればよい。つまり重要なのは、コミュニケーション・システム独自の時間が分出することなのである。独自の時間によって、システムの内部で進行するコミュニケーション過程を環境での出来事の連鎖から区別することが可能になるからである。それが保証されて初めて、時間関係を表現する言語形式が成立してくる。その単純な例としては、「もし〜ならば／そのときには」という条件づけの形式を考えてみればよい。言語が多少とも洗練された形式を伴うようになれば、もはや知覚できないものを、あるいはまだ知覚できないものを指し示すこともできる。そしてその時初めて、同期化を問題にする余地が生じてくる。またそこからさらに、試行錯誤による学習も可能になるのである。

言語的コミュニケーションの固有時（Eigenzeit）がこのように分出することによって生じてくる成果

こそ、言語的コミュニケーションの進化がもたらす余得の中で最も重要であると考えねばならない。言語を用いることによって、これまで一度も言われなかったことを口にできる。《エルヴィーラは天使だ》[17]。この文は、身振りの場合とは異なって、また単純な行動や、物を使用する場合とは異なって、たとえ一度も耳にしたことがなくても理解されるはずである[38]。あるいは精確に言えば、この文が世界史的な独創性をもち、かつこれまで一度も言われたことがなかったどうかなど、重要なことではないのである。決定的なのはむしろ、以前の用法の意味と文脈を想起する必要はないという点である。言い換えるならば、言語は忘却を容易にする。そして言語によって社会的記憶の負担が軽減される分だけ、つねに新たなコミュニケーションのための容量が開放されているのである。

言うまでもないことだがその容量を無条件に、まだ一度も使われたことのない新たな意味のために振り向けるわけにはいかない。容量に関してもまた、それが依存する文脈というものが生じてくるからである。しかし次のようには言える。進化の初期の諸段階においては、一度も聞いた覚えのないことを述べる可能性はごくわずかしか利用されなかったのかもしれない。だが全体社会の複雑性と分化とが増大するとともに、新たなものを認識し理解するための特殊な条件が作り出されていく。かくして進化の潜在的可能性は、しだいに徹底的に駆使されるようになるのである。

言語が音声的に（口頭で）しか用いられないという状態においてすでに、今述べた点がすべて完全なかたちで出そろっていたということがわかる。今日の文字文化という状況のもとでは、言語がそのような状態であった場面に身を置いて考えてみるのは、困難以外の何ものでもない。音声というものは要素としてはきわめて不安定である。しかも音声は空間的にあまり遠くには届かない。それゆえに話し手と聴き手が対面していることを前提とするのである。話し言葉が可能となるためには、空間と時間が密接した、状況に即した形式の中に収められていなければならない。そこでは文は組み立てられ発話されるや否や、解体されてもはや聴けなくなってしまう。したがってコミュニケーションに基づいてシステムが形成されるためには、あらかじめ反復可能性が備えられていなければならない。言い換えるならば、記憶が前提とされているのである。

だとすれば音声によるコミュニケーションに依拠する全体社会は、記憶という純粋に心的な働きに依存したままだったという話にならないだろうか。ある意味ではそのとおりである。しかしそれだけでは事態を十分に説明してくれはしない。文字文化もやはり、しかもはるかに強く、心的記憶に依存しているからである。なにしろ文字文化が機能するのは、いかにして読み書きするのかを関与者が常に記憶している場合に限られるはずではないか。社会的記憶は、心的な記憶の働きの外部で形成されざるをえない（ただしこれは、心的な記憶の働きとは無関係だということではない）。社会的記憶もやはり、言葉の再使用や、言葉によって組み立てられる発言の意味の再使用を引き延ばすことによってのみ成立する。[39] 心的システムは、いわばバッファメモリ（Zwischenspeicher＝緩衝記憶装置）として用いられるだけである。社会的記憶にとって決定的なのは、後刻の社会的場面において記憶の働きを呼び覚ますことである。その際、かなり長い期間を隔てているために、心的基体がすっかり入れ替わっているかもしれない。[40] 文字の発明によって生じる利得を理解するにはまず、その発明に先だつメカニズムを明らかにしなければならない。だが、そのメカニズムは、引き延ばしという時間形式に関して記憶が果してきた働きのすべてをこなさねばならない。

音声を明確に知覚する可能性が与えられており、後刻におけるコミュニケーション過程の中でその知覚を再活性化できるとしよう。しかしそれだけではまだ、言語がいかにして自己の回帰的適用を組織化しうるのか、言語はいかにしてコミュニケーションを可能にしうるのかが説明されるわけではない。ヨーロッパ旧来の記号に関する理論は、ここにおいて外部との関係を持ちだして議論を進めていった。人間の言語共同体を支える世界を考慮するとともに、言語は表象機能をもつと考えていたのである。それに従って、名称を知るためには、また名称を与えるためには、自然＝本性を知らねばならないとされていた。[41] これらの前提が廃棄されるなら（近代言語学においては実際に廃棄されたのだった）、もはや世界によって言語の耐久性を保証するわけにはいかなくなる。では世界以外の何が保証するのだろうか。[42]

この謎を解き明かすためには、記号論理学に由来する《固有行動》の概念が役立つかもしれない。それが指し示しているのは、手続を当の手続の結果に適用するという回帰的手続の中で生じてくる安定性なのである。[43]

言語は、音声ないし音声群を反復的に用いることによって成立する。あるいはより精確に言えば、言語は反復的適用という様式を用いて、一方で単語の同一性を産み出していく。言語固有の同一性を圧縮するのである。他方で言語は同じ過程の中で、今述べたようにして圧縮されたものを常に新たな状況において再認する。つまり一般化するのである。したがって言語形成のこの過程から、まずはコミュニケーション・システムの固有行動が分出する。そしてそこから二次的に、個々の意識の知覚の働きが言語に依存したかたちで秩序化されるに至るのである。

ただしこの反復的使用が成功するためには、語と物とが混同されてはならない。[18]〔歴史の〕当初においては常に、語と物とが内密の親和性をもつということが、またそれに応じて言葉が物に影響を及ぼしうるということが、事を運ぶ際の補助的仮定として用いられていたのである。実際のところ、言語が機能しうるのは次の場合だけであるということは明らかだろう。すなわち語というものは物の世界に属する対象ではなく、ただ対象を指し示すだけであるということが見抜かれており、またその点が見抜かれているということが見抜かれている場合にのみ、言語は機能するである。そこからひとつの新たな、創発的差異が生じてくる。それはすなわち、現実的現実と記号論的現実との差異である[44]。そもそもそうした差異があって初めて、リアルな世界が存在するのである。なぜなら、そうした差異があってはじめて、現実を現実として指し示す（すなわち、〔現実が現実でないものから〕区別できる）ための拠点となる場所が存在しうるからである。これは決して、現実とは単なる虚構にすぎないとか、（かつて主張されたことがあるように）現実は《本当はまったく存在しない》ということを意味するものではない。そうではなく、このことが意味しているのは、そもそも何かをリアルであるとして指し示すためには、現実的現実と記号論的現実とのこの区別を世界へと導入しなければならない、ということである。リアルであると指し示されるものが記号論的現実である場合でも、事はやはり同様である。

しかし、区別はそれとして産出されねばならないものである。世界に対してまずはその過酷さや宿命性を付与し、さらにはその不十分さまでも付与してしまうような区別もまたそうである。この区別が可能性の超越論的条件として必要だからといって、それだけで所与であるはずだとは言えないのである。この点ではわれわれは《言語論的転回》に従うことになる。ただしこの「転回」においては超越論的主体が言語によって置き換えられたわけだが、われわれは今やそれを全体社会によって置き換えようとする[45]。全体社会というコミュニケーション・システムの固有行動の中で〔語が使用されるたびに〕、〔その語が直接指し示しているもの以外に、その語に含意されている〕種々の意味内容(Bedeutungen)から構成される想像的空間が〔圧縮と再認により〕安定化されていく。この空間はコミュニケーションに対してコミュニケーションが回帰的に適用されても破壊されはしない。むしろ確立されていくのである。それは他ならぬ回帰的適用の固有値による。つまり、〔他者が、私がこれこれの含意を伴いつつこの語を用いているということを〕見抜くことを〔私が〕見抜くこと〔それによって当の含意が確定すること〕から生じてくる効果こそが回帰的にコミュニケートし続けることを、したがって全体社会のオートポイエーシスを、可能にするのだという経験によっているのである。これが常に成功するとは限らない。しかしこの種のシステムが成立し進化していくのは、それに成功した場合に限られるのである。それゆえに、こう述べてもよいかもしれない。言語は一種の自己成就的予言の中で成立するのである、と。ただしここではこの概念を、マートンが考えていたような古典的な意味において、つまり経験的社会調査における単なる方法上の問題としてではなく、全体社会そのものにとって構成的意義をもつものとして扱っているのだが[46]。

それ自体が形式であるものを用いて、つまり語を用いて新たなメディア基体を形成できる。きわめて大量の、ルースにのみカップリングされた語が、今度はタイトにカップリングされた形式へと、要するに文へと結合されていく。しかしカップリングのたびにメディア基体が使い尽くされるというわけではない。むしろメディア基体は使用されるたびに更新されていくのである。したがってどの文も、任意に反復使用できる構成要素から成っている。そして文が継続的に形成されることによってその言語の語彙のストックが再生され、語義が圧縮され再認されていく。つまり語義が豊かになっていくのだが、同時に再び用いられることのない言葉は忘却されもするのである。言語的コミュニケーションの回帰的ネットワークの中で関係づける力をもつのは、ただ文だけである。語形が曖昧に表現されたとしても文を予測することもできるし、固定化された意味として文を想起することもできる。引用することも、大意を要約しつつ広めることも、裏付けることも、あるいは撤回することも可能である。この意味において文は語彙のストックをカップリング／脱カップリングし、それによってシステムのオートポイエーシスを先へと運んでいくのである。文によって、コミュニケーションによる意味の構成という創発的水準が形成される。この創発こそが、言語的コミュニケーションのオートポイエーシスに他ならない。このコミュニケーション自体が、固有のメディア基体を創り出していくのである。

言語特有の構造が生じてくるのは、この機能に対してのことである。言語の専門家たちはこの構造を詳細に研究してきたが、それは潜在的構造として機能するのであって、コミュニケーションの対象ですらない。言語の構造が問題とされる場合、普通引き合いに出されるのは語の用法上の制約や、統語論や文法などである(47)。それらに対応する深層構造が生じてくるのもやはり、言語が使用される際の時間的圧力からなのである(48)(後続する世代が、話すことを社会的に学習する際の時間的圧力を含めて)。この圧縮された複雑性が、蓋然性の低い事柄が蓋然性が高いものになるという事態を生ぜしめるために役立つのは、見やすい道理だろう。たしかに、圧縮された複雑性によって特定の文はすべてきわめて蓋然性の低いものとなる。しかし同時に、どのコミュニケーションにおいてもそうであるということがきわめて通常的になりもする。このパラドックスは、コミュニケーションの中で初めて展開される。他ならぬコミュニケーション・システムのオートポイエーシスを通じて、つまり先行するコミュニケーションへと回帰的に遡及し、後にくるコミュニケーションを展望することにより、何が有意味に言われうるのかがそのつど制限されるということを通じて、展開されるのである。

言語がコミュニケーションのオートポイエーシスを構造化するという点から出発するならば、根源的ではるかに単純なひとつの構造が視野に入ってくる。われわれはそれを、言語の（バイナリー）コードと呼ぶことにしよう(49)。この意味でのコードが存在するのは、言語においては言われたことすべてに関して肯定的な見解と否定的な見解を持ち出すことができるからである。

この二重化が構造として働く。ただしその構造が関わるのは、言語的コミュニケーションにだけである。したがって心的システムがこの構造を学ぶためには、コミュニケーションに関与するしかない(50)。さらにこのバイナリーなコード化は、言語によってすでに同一性が構成されているということを前提とする。つまり区別と指し示しの可能性を用いて、〔そのつどの〕応諾することと拒否することとが何に関係しているのかを確定できねばならないのである。このコード化によって、同一性の必要性が変化し拡大される。否定に耐えうる同一性が前提とされねばならないからである。今や重要なのは、〔同一性を手がかりとして〕知覚と知覚の記憶にとって再認識すること（言葉の再認識を含む）が可能になるという点だけではない。さらに加えて、コミュニケーションが応諾から拒否へと、あるいは拒否から応諾へと移行する場合でも、同一性はそのままであり続けねばならない。そうすれば最後には可能なコミュニケーションのレパートリーは、指さされる範囲で知覚可能なものから解き放たれるに至る。さらに言えばコミュニケーションが意見対立を（またそれによる社会文化的進化を）を生ぜしめることができるのは、ただそのようにしてだけなのである。したがって、古典論理学やそれに対応した存在論が予見していたのとは異なって、存在と非存在との間に、また肯定的な指し示しを行う作動と否定的な指し示しを行う作動との間に、本源的な違い[19]が存しているわけではない。むしろ世界そのものは肯定的な特質も否定的な特質ももちえないのである。まさにそれゆえに、何かを指し示そうとする場合には区別することができるし、また区別しなければならない。言い換えるならある区別において何かが指し示されないとしても、それは否定されるわけではない。むしろ《マークされない空間 unmarked space》(51)として前提とされるのである。

さらに、この成果を理解するためには、否定を用いたからといってただちに論理矛盾に至るわけではないという洞察も重要になる(52)。むしろ否定の使用によっては、偶発性の空間が切り開かれるだけである。この空間に関してはコミュニケーションの中で次のように想定されうる。すなわち肯定されたものはすべて否定されうるし、また逆も言えるのである、と。この点が前提とされる場合に初めて、肯定的言明についても否定的言明についても、それが真理か否かを吟味できる。そして他の〔思考〕用具と並んで《論理学》が発展させられうるのは、ただそのためにだけなのである。その際には付加的な工夫として、排中律〔第三項排除の法則〕(第三ノモノハ与エラレズ tertium non datur)が前提とされることになる。

以上述べてきたことは、否定が成立するための進化的条件のひとつだったのだろうか。それとも、〔否定が成立するにあたって〕副次効果としてうまく利用されたにすぎないのか。この点については決しがたい。いずれにせよ否定によって、「規定された/未規定の」という区別をうまく馴致できるようになったのは確かである。この区別は、意味を扱うことを可能にする根本的区別(fundierenden Unterscheidungen)のひとつなのである(53)。否定によって、何かを指し示しながら、しかも実際には何が存しているのかを未規定なままにしておくことができる。《砂漠には人っ子一人いない》と述べたとしても、では砂漠には人間以外の何がいるのかについては未決のままである。人間は実際にはどこにいるのかについても同様である。そしてまたどの人間のことを考えているのかも未決のままになる。にもかかわらずこのコミュニケーションは即座に理解できるし、また別のものとして、例えば警告として扱いうる。〔否定の効用について、もう一点付け加えておこう。〕馴染みのないものを通常化し、自身の病理状態を反復によって安定化させること。きわめて単純な社会においてもすでに、これらの扱いがまったく重要なものとなっていたのは明らかだろう。そこにおいて通常性への橋渡しとなってくれたのが、否定的な指示しだったのである〔「それは普通ではない」とくり返し述べられることによって、通常性が生じてくるから〕。しかしこれらすべてはあくまで、全体社会というコミュニケーション・システムの内的問題である。外界には否定的なものは存在しない。したがって未規定的なものも存在しないのである。それゆえに言語をコード化すれば結局のところ、言明の可能性を二重化することになる。だから最初に問われるべきは、なぜそうでなければならないのかということであろう。言語がこんな余計なことをするのは、いったい何のためなのだろうか。

このような構造のうちに、全体社会というコミュニケーション・システムが分出したことから生じた問題に対する補償が存しているのだと考えられる。つまりは、オートポイエティックな自律性の条件とそこから派生した装置が存しているのである。

オートポイエティックで自己言及的なシステムは、この種のコードを必要とする。それによって、独自の自己言及を象徴化しつつ、同時に根底にある循環性を打破せしめなければならないのである。確かにふたつの値は相互に翻訳可能である。否定することは、当のシステムの肯定的な作動を必要とする。また肯定することは論理的に、否定の否定と等価だからである。しかしまたこのトートロジカルな構造のうちには、〔循環性の〕打破への潜在的な用意が含まれてもいる。この構造はまず、システムを偶然に対して敏感にする。そしてそれを踏まえて、自己組織化に対して敏感にするのである。[20] かくして、イエスとノーのどちらが持ち出されるのかに関する手がかりが与えられていく。したがってそもそも全体社会は、言語の中に備えられたこの対称性の破れによって初めて成立するのだということになる。対称性が打破されれば、さまざまな条件づけがそれに接続していけるからである。ふたつの値が単に関係づけられているというだけでは、まだシステムとは言えないはずである。しかし関係づけが生じるのはただ、それがシステム形成を解発する力をもつからなのである。(54)

この事態からしてすでに複雑なのであるが、そこにはさらに進化していく能力が含まれているのは明らかである。そしてこの事態は、時間の成立をも規制しているのである。(55) ふたつの値の境界を横断することからして（つまり、何かを否定する——ただし、この否定されたものの同一性は保たれるのだが——ことからして）、すでにシステムは時間を必要とする。そして、トートロジーの展開、つまり〔区別されたふたつの値を〕非対称化する条件づけを行うにあたっては、この境界横断がなおのこと有効である。というのはこの場合、出発点として与えられた状況から目を離してはならないのであり、しかも同時にシステムの双安定性（Bistabilität）[21] を未来へと投影しなければならない〔ふたつの値の間を往復するための複雑な条件づけを構築していかねばならない〕からである。このようなシステムが自己のオートポイエーシスを継続できるためには、（スペンサー＝ブラウン流に言えば）《記憶 memory》と《振動 oscillation》

を必要とする。そしてこのふたつの条件を区別する（観察する）ために、システムは過去および未来というふたつの時間地平の差異を形成する。この地平は、そのつど作動として実現される現在のほうから、その現在にとっての過去ないし未来として、同時に観察されうるのである。〔まず記憶について述べるならば〕一方でシステムは、コミュニケーションがイエスの立場から出発したのか、それともノーの立場からかをそのつど知っていなければならないし、またそれが現下の文脈において何を意味しているのかをも知っていなければならない。〔次に振動について。〕また他方で、それを知っているからといって、コミュニケートされた意味が次の事例において受け入れられるか、それとも拒否されることになるのかが確定してくるわけではない。全体としては世界の現状が続いていくということから出発しなければならない場合でも、コミュニケーションの未来そのものは振動関数[22]を介してしか与えられない。この関数がどう動くかは、〔当のコミュニケーションにおいて〕問題になっているのが何なのかに応じて異なってくるのである。以上の事態は、言語のコード化が生じている限りで、歴史的に普遍性をもつ。しかしまたこの事態は、全体社会のどんな構造が実現されているかに応じて、きわめて多様なゼマンティクの形式を帯びて現れるのである(56)。

したがって次のような言い方をしても誇張には当たらないだろう。言語のコード化は、全体社会にとってのムーサ[23]である、と。言語のコード化を通して、同一性を固定化するあらゆる記号が二重化されなければ、進化によって全体社会が形成されることもありえないだろう。それゆえにこの必要条件を満たしていないような全体社会を見いだすことはできないのである。

言語を使用し記号を適用する全体社会が分出するとともに、錯誤および偽計の問題が生じてくる。記号を意図せずに誤用する問題と意図的に誤用する問題が生じてくる、と言ってもよい。ここで問題にしているのは、コミュニケーションは時として不首尾に終わったり、誤りに陥ったり、まちがった方向へと導かれたりする可能性があるということだけではない。錯誤と偽計の問題は、いつでも生じうるがゆえに、いつでも現前している[57]。それは、ホッブズが強制力という事例において発見したのと同様な、ある種普遍的な問題なのである。全体社会が誠実さや真正さを、あるいはそれに類するものを道徳的に称揚しているということ。またコミュニケーションの中では信頼に頼らざるをえないということ[58]。これらの事態も、今述べた問題との関連で理解できるだろう。しかしそれだけではまだ、本来あってはならない〔錯誤と偽計〕が今なお起こりうるという点を確認したにすぎない。さらに「コミュニケーション過程そのものが、この問題にどう反応するのか」と問うてみよう。そうすればコード化がもつ長所が明らかになるだろう。コード化によって、伝達された何かを疑うことが可能になる。あるいはそれを受け入れないこと、明確に拒否することもできる。さらにそのような反応を理解できるかたちで表現することも、したがってまた反応をコミュニケーション過程そのものへと再び持ち込むことも可能なのである。誠実さや信頼などの心的で道徳的な特質を引き合いに出すのも、依然として意味を持ち続けてはいる。しかしコミュニケーション過程がこの種の心的前提を吟味することはできない（吟味することそのものによって、探し求められているものは破壊されてしまうだろう）。したがってそれらの条件は心理的な条件から切り離されて、コミュニケーションそのもののテーマとして扱われねばならない。そしてそのためには、イエス／ノーのコード化が前提となるのである。

この問題は普遍的（allgemein）であり、言語使用総体に及んでいる。したがってコード化による問題解決も普遍的でなければならない。言語総体がコード化されている。これはすなわち、あらゆる文が否定されうるということである。一般に言語記号は、誤用されうるという点で不確実性を有している。今やこの不確実性はコード化によって、ふたつの接続可能性からなる分岐へと変換されるのである。そうなれば後続するコミュニケーションは、受け入れるかそれとも拒否するかのどちらかを踏まえるしかない。可能性はこのふたつしか存在しない。だがまさしくそれゆえに、まだ〔受け入れるか否かが〕決まっていないという点を表現したり、決定を先送りして以後のコミュニケーションに委ねたりすることもできるのである。バイナリー・コードがなければ、そのような先送りすら不可能になるだろう。その場合には、何が先送りされるのかをまったく認識できないはずだからである。

言語的コミュニケーションのコード化からは、きわめて広範囲にわたる帰結が生じてくる。その帰結のいくつかのメルクマールについては、簡潔に論じておく価値があるだろう。何よりもまず注目すべきは、コード化が言語的コミュニケーションのシステム総体を完全にカヴァーするという点である。言語的コミュニケーションに参与するものはすべて、受け入れか拒否かという二者択一に直面する。《口に出した言葉は、どんなものでも、反対意見を呼び起こす》[59]。このリスクを回避しようとするなら、コミュニケーションを断念するしかないだろう。

このようにコード化が一般性と不可避性をもつとの事実は、コード化が吉報と凶報とを分類するために用いられるわけではないということをも意味している。悪い知らせ（《蛇口から水が漏れている》）をまったく確定的＝肯定的（positiv）に定式化することもできる。そうすればそれはコミュニケーションとして、受け入れか拒否かの二者択一に直面することになるだろう。いずれにしても前提となるのは、場合によって受け入れられたり拒否されたりするにせよ、その対象は同一の状態に保たれるということである（この点から改めて、コードとは二重化の規則であるということを認識しうる）。受け入れたり拒否したりするに際して、いとも自然にやんわりと修正されることもある。特に拒否のどぎつさを和らげようとする場合がそうである《蛇口から水が漏れているわけじゃない。閉め忘れてるだけだよ》。しかし〔その場合でも〕コミュニケーションは常に、テーマの同一性に沿って進展していく。これもまたコード化の効果のひとつなのである。コード化は〔コミュニケーションに対して〕、テーマに服従するよう働きかける。コード化によって、同じことについて語られているという点に留意するよう促されるからである(60)。

　コード化それ自体のうちに、イエスの態度ないしノーの態度への選好が含まれているわけではない。これは、言語それ自体がコミュニケーションを拒否することよりも受け入れる方を促すわけではないのと同様である。したがって原理的には、イエスもノーも同じくらい理解しやすいはずである。もっとも、否定を含意する文を作成したり理解したりするには、情報処理のためにいくらか長い時間といくらか多くの精神的負担とが必要になるということもあるかもしれない(61)。しかし否定的な態度を取るだけの理由があるなら、おそらくそのような負担はほとんど問題にならないはずである。むしろより重要なのは、否定の使用を社会的に条件づけることのほうであろう。心的システムにおいて何らかの困難が生じるとしても、それが示しているのはむしろ、その時登場しているのは全体社会の環境に位置するシステムの作動に関わる問題であるということなのである。

　コード化が関わるのはコミュニケーションにであって、関与者の意図や心構えにではない。この事態を、コミュニケーション過程の自己修正を準備しておくこととして定式化してもよい。修正を施す〔先行するコミュニケーションを否定する〕よう義務づけられているのが常に伝達の受け手の側であるというわけでは、必ずしもない。伝達する側が後続のコミュニケーションにおいて、自身が述べたことを訂正するのも可能である。さらに、訂正を行う者が、以前のコミュニケーションを明示的かつ詳細に記憶していて、それを引き合いに出さねばならないというわけでもない。あるいは訂正が、以前のコミュニケーションの帰結として存在している予期に関わるものだという場合もあるかもしれない。その場合、否定はコミュニケーションの主導権をとるということにおいてすでに現れており、〔先行するコミュニケーションに含まれている〔と予期される相手側の〕予期の明示的な否定としてではなく〕外的な事態の否定として発現する（《「君は蛇口が壊れていると考えるかもしれないが、そうじゃなくて」という部分は発言されずに》蛇口が閉められていないんだよ》）。だから次のように推測できるだろう。否定が世界の事態に直接関係づけられるかたちでなされる場合、以前のコミュニケーションのうちにその契機が潜んでいたのである。そしてまた、〔今から始まる〕コミュニケーション過程は記憶されているコミュニケーションの影響を受けつつ進んで行くだろうから、〔まずそれを〕否定によって訂正しておかねばならないはずだとの推測も、同様の契機となるのである。

言語的コミュニケーションのコード化から導き出される特質を、あとふたつ挙げておこう。第一に、否定が用いられる場合には常に、少なくとも暗黙裡には、諸区別が前提とされている。したがって何かが否定された場合に、まだ開かれているのはどの選択なのかを確認できるのである。あるものが赤くないものとして指し示されているなら、考慮すべきは別の色である。逆の場合、すなわち「その自動車はゆっくり走っていた」などの肯定的な定式化の場合でも、それが否定された場合に備えて、特定の選択肢〔関連性を持った他の肯定的な定式化〕が用意されている（「その自動車は四輪で走っていた」と述べれば、否定はされないだろう）[62]。

さらに加えて、マーキング＝有徴化（Markierung）[24]を通してイエス／ノーのどちらに向かうかという見込みを誘導できる[63]。コミュニケーションの構成要素のうちで、情報価値をもつと、あるいは反論の余地があると前提とされるものが有徴化され、それ以外のものは無徴のままとなる。特に価値に対する態度は、それが共有されているということが当然であるかのように前提されているので、決まって無徴のままコミュニケートされるのである[64]。誤りが有徴化される場合、〔コミュニケーションそのものよりも〕話者に焦点が当てられるのが普通である。その話者は、コミュニケーションの文化的ないし状況的な文脈にあまり習熟していなかったために、〔自分のコミュニケーションが〕どれくらい蓋然性が高いのかを正しく評価できなかったのだ、というわけである。しかしこのように〔人に焦点を当てて〕先鋭化するという問題が生じてくるのはただ、次の理由によっている。すなわちコミュニケーションがコード化されており、それゆえにどの点で受け入れられるかあるいは拒否されるかを、どの点で不意打ちと反論を覚悟すべきなのかをコントロールしようと試みられるからなのである〔誤りを話者に帰属することでコントロールが容易になるわけだ〕。

しかしコード化の最も重要な効果は、コミュニケーションという基礎的な作動が理解をもって完結することに関わっている。それゆえに、受け入れや拒否を、あるいはどちらとも決せられないことを伝達するためには、後続するコミュニケーションがもうひとつ必要になるのである。というのもコミュニケーションを理解することこそが、それを受け入れたり拒否したりできるようになるための前提だからである。そしてコミュニケーションがこの地点からどちらの道を選んで行くかは、後続するコミュニケーションによってしか明らかにできないからである。理解においては〔話し手と聴き手の〕関心が収斂する。というのも通常の場合、理解できないかたちで話そうとする、あるいは理解できないということに対する、特別な関心など存在しないからである。(65) したがって、イエス／ノーの分岐によって初めて、コミュニケーション過程に〔イエスと言ったりノーと言ったりすることへの〕さまざまな関心を持ち込む機会が与えられることになる。また理解できるということに対する共通の関心が受け入れられうるのは、〔理解が生じれば〕ただちにかの分岐が生じてくるだろうという理由にのみよっているのである。

要約するならば、言語的コミュニケーションの統一性は、「イエス／ノー」の分岐のうちに存しているのである。この点を真剣に受けとめるならば言語それ自体から、了解を求める努力という理念的規範を導き出すことは排除されるはずだ。(66) 必然的なのはただ、コミュニケーションのオートポイエーシスだけである。そしてこのオートポイエーシスが保証されるのは了解というテロスによるのではなく、バイナリー・コードによる。というのもコード化されたコミュニケーションにとっては、そもそも目的＝終局(Ende)というものは存在しないからだ。存在するのはただ、受け入れを経て続けていくか、それとも拒否を経て続けていくかという選択肢だけであり、しかもこの選択はあらゆる理解において再生産されていく。言い換えるならばコード化は、あらゆるメタ規則を排除するのである。そのようなメタ規則についてのコミュニケーションに対してもまた、是認する態度も取れるし否認する態度を取ることもできるはずではないか。(67)

作動の上で閉じられたコミュニケーション・システムが進化することは、蓋然性が低い。しかしこの低い蓋然性は、言語のコード化によって克服されてきた。コード化は、システム自体の中でそれが可能であるかぎりにおいて、全体社会におけるコミュニケーションのオートポイエーシスを保証する。全体社会におけるコミュニケーションのオートポイエーシスは、どんな規定性が確立されていようと、コード化によって、それに対してイエス、あるいはノーと言いつつ、そこから豊かな帰結を引き出す自由へと変換されることで保証されているのである。だからこそ、複雑な全体社会において進化してくるのはコンセンサスの義務ではなく、後で詳細に述べるように、象徴的に一般化されたコミュニケーション・メディアなのである。

IV　宗教の秘密と、道徳

コード化によってシステムは閉じられる。コード化はそれ以外のすべてを開いた＝未決の（offen）状態にする。しかしコミュニケーションによって提示された意味を受け入れるのか拒否するのかを、未決のままにしておくことはできない。むしろコード化によって分岐が強いられることから、次のような事態が生じてくるだろう。すなわち、どの場合には受け入れが、どの場合には拒否が適切になるのかに関する手がかりを与えてくれるような条件を、システムが発展させるのである。システム理論が明らかにしてきたように(68)、条件づけはあらゆるシステム形成の最も一般的な要件のひとつである。条件づけは、非任意的な連関を固定することによって生じる。あるメルクマールが確定されれば、別のメルクマールを確定する範囲が制限される、というようにである。「システムに関する情報をいかにして獲得するのか」という問いから出発しつつ、別の術語を用いることもできる。つまり冗長性という語を用いるわけである。冗長性がシステムの多様性を制限する。あるメルクマールによって、別のメルクマールの存在が多少とも蓋然性の高いことになるのである。

このような理論枠組を踏まえるならば、「言語コードという形式において、システムは自身を自己条件づけの下に置く」と述べることもできる。だとすれば言語のコード化とは、次の事態をも意味していることになる。全体社会の自己条件づけから生じてくる構造によって、コミュニケーションが受け入れられる可能性ないし拒否される可能性に関する予期を形成することが可能になる、と。このような構造を経由することによって初めてコミュニケーションの蓋然性の低さは、高い蓋然性へと変換される。またこのような構造を通して初めて、閉じられたシステムが環境の影響に対して開かれるのである。もちろん言語的コミュニケーションの作動に対しても、システムのバイナリー・コードに対しても、システムの環境の側に対応する事柄が存在するわけではないという点は変わらない。しかし構造化する予期を形成することによる自己条件づけを経由して、システムはコミュニケーションの成否を考慮に入れうるようになる。その意味においては、環境による刺激（Irritationen）に反応できるのである。

きわめて単純な社会においてもすでに、そのための備えが存在していたように思われる。それが言語コードを、ふたつの異なった方向へと発展させることになった。そのひとつは、コードをコミュニケーションそれ自体に適用すること、すなわちコミュニケーションの禁止である。それは秘匿の必然性というかたちで生じてくる。(69) 本書ではこの禁止は宗教の領域に属するものと見なすことにしよう。コミュニケーションの反対の側に割り当てられるのはタブーである。コミュニケーションはタブーを扱うことができる。したがってタブー化は、排除されたものの包摂を可能にするのである。だから神とのコミュニケーションも決して排除されはしない。ただし通常の場合それは天与と供物という形式を纏うのであり、せいぜいのところ祈祷によって補足されるだけである。(70) 同じ問題に関するもうひとつの解決策は、当初は〔第一の解決策から〕ほとんど区別できなかったが、その後次第に分かれ出て自立化していった。それは、もうひとつ別のコード化を施すことによっていた。すなわち道徳コードによって、何が受け入れられるべきで何が拒否されるべきなのかを明らかにしようというわけである。タブーは、全体社会の接続可能性へとより豊かに開かれた区別によって置き換えられていく。

宗教は、観察することの特性に直接関わっている。あらゆる観察において、何かを指し示しうるためには区別を行なわねばならない。そしてその際、《マークされない空間 unmarked space》が分かれ出ていくことにもなる。世界という究極的地平はその空間へと退いていく。かくして把握可能なものにはすべて、超越が随伴していることになる。新たな区別と指し示しによって区別を横断しようとしてみても、超越性はそのたびに位置をずらしていくのである。超越は、規定されたもののすべてに対する〔区別の〕反対側として常に現前している。しかしそこに到達することはできない。他ならぬこの到達不可能性が観察者を、当の観察者が指し示すことのできるものに《結びつける》。観察者自身もまた観察から逃れ去るものだからである。指し示し不可能なものが指し示し可能なものの背後に結びつけられていること。文化的にどんな形態を取っていても、これが最も広い意味での《宗教＝再び結びつけるもの religio》なのである。

宗教をその起源に関して理解する最上の方法は、「宗教とは慣れ親しまれたものと慣れ親しまれていないものとの区別に関わるゼマンティクおよびその用法である」と理解することだろう。ただしこの区別は世界の分割として理解されており、観察者ごとに、集落ごとに、部族ごとに異なっているという点までもが省察されるわけではない。宗教は、慣れ親しまれたものの中に慣れ親しまれていないものを出現させる。後者を、到達不可能なものとして到達可能にするのである。そしてそうすることによって、全体社会システムの世界状態を定式化し実践する。このシステムは、空間においても時間においても自身が未知のものによって囲繞されていることを知っているからである。宗教はこのようにして日常を越えて行きながら、なおかつ全体社会の内部において全体社会のために、自己言及と他者言及とをプロセシングする。全体社会は作動の上で閉じられており、コミュニケーションによって成立している。にもかかわらずこのシステムは、いかにして世界への開放性をもちうるのか。宗教は今述べたような意味で、この点に関する《指針となる maßgebend》のである。[71]

《象徴》が伝達のための構図（Figur）として発明されたのは、慣れ親しまれたものの中で慣れ親しまれていないものを表出するためだった。その発明以前に同じ役割を担うことができたのは、《秘せられたもの》という構図であった。そのために特に有用だったのは《何かの内にあること In-etwas-Sein》というゼマンティク形式だった。この構図には容易に説得力を付与できたからである。神たるものは現象それ自体ではなく、現象の中に存している、というわけである。[72] この謎めいた構図はコミュニケーションの禁止と、それに対応する儀式およびサンクションによって守られていた。ほとんどコミュニケーションの禁止だけによって構造化されている社会の恰好の例となってくれているのは、バクタマン族

(Baktaman) である。[25] 蛇足ながらこれは、文明との接触による影響をまだほとんど受けていない社会を、特有のコミュニケーション様式という点について研究した稀有な事例のひとつである。(73) 研究の結論は単純であり、ひとつの命題で定式化することができる。すなわち、〔この社会では〕コミュニケーションをめぐる諸問題はコミュニケーションを抑圧することによって解決されている。あるいは少なくとも、構造化されているのである。バクタマンの社会における本質的で保持されるに値する知識は、聖物《せいもつ》に関する知見であった。しかしその知見に近づきうるのは男性のみであり、(74) しかも七段階に及ぶ通過儀礼を経た後でのみのことだった。さらに死亡率が高いという条件も加わってくる結果、件の知識を持つに至るのは全住民のわずかの部分にすぎず、かつその部分は、男子宿における相互作用によって分離されコントロール下に置かれうるのである。社会的に構造化された複雑性が成立するに至るのは、このようにして保護された領域内部においてのみのことだった。他の領域（疾病をも含む）に関しては、また同胞に対する共感の可能性も、ゼマンティクとしては未発達のままだった。結果として生じてきたのは、知っている者と知らない者という線引きこそが主要なものとなり、不信がそれに沿って組織されるという事態だった。バクタマンの全体社会は、この線引きによって分化しているのである。共同生活は、このような構造に抗するかたちで実現されねばならない。したがってそこには家族もなく、環節的構造もなく、共通性を表現する可能性もないことになる。《バクタマンの生活に見られる衝撃的な事実は、親密な相互作用を取り交わしている人びとのあいだにそのような前提や共有された知識が存在しないという点である(75)》。

自然の内部に聖なるものを見いだすことはできない。聖なるものは秘密として構築されるのである

（後になると、「聖なるものは言葉によっては十分に記述できない」と言われるようになる）[76]。非経験的な知識を扱う場合、恣意的に、あるいはえてして無責任になりがちである（これは「騙される」というリスクの一変種である）。秘匿によってそれが制限されもする。このようにして、秘匿されるべき知識が成立する。あるいはこう言ってもよい。そのような知識はコミュニケーションから保護されねばならない。というのはそもそもこの知識は保護を通して初めて生じてくるからである。さもなければ、聖なる骨もただの骨にすぎないということが、たちまちのうちに知られてしまうではないか（高度な宗教においては、この循環は次のようなかたちを取る。玄義を暴露し冒瀆することなど、まったく不可能である。暴露によって好奇な者どもが眼にするのは取るに足りぬことばかりである。まさにその理由により、それは玄義そのものではないことがわかる云々）。

しかしこれは進化の袋小路であり、そこからはさらなる発展の可能性がほとんど得られないだろう——当然このような推測が生じてくる。そこではコミュニケーションの蓋然性の低さと、コミュニケーションがもたらす利得と、コミュニケーションのリスクとが、あまりにも簡単に一括りにされてしまっているからである。〔したがって本節で扱われている、コミュニケーションの自己条件づけという〕問題は、潜在的可能性の制限によって、また排除によって緩和されているにすぎない。しかし同時にそこにおいて、一定の発展方向を認めることもできる。洗練された形式が分岐してきているのである。秘密を探ってはならないということが承認されると、それへの反動として、あるいはむしろそれへの補完制度として、占術の技法が普及していく。これは広く見られた事態である。通常の場合占術は現象の表面から、空間ないし時間における〔類似性や因果関係の〕線の連なりを頼りにして、深層を導き出そうと試みる。過去や未来のことを、遠く隔たったことを、到達不可能なものの意味を導き出そうとするのである。占術の技法においては、表層と深層との、可視的なものと不可視のものとの差異が前提とされている。しかし占術は同時にこの境界をいかにして横断するかを教えるわけだから、差異を無効化しもするのである。ついでに述べておくならば、自己を啓示する神という教説によって宗教がいかに劇的に変化したかを理解するには、それ以前の宗教がたいていの場合、今述べたような背景に依拠していたという点を考え合わせてみなければならないだろう。啓示という教理を理解するには、それが何に向けられていたのかをも視野に収めねばならないのである。

同じ根本問題に対するもうひとつの解決策は、それはつまりコミュニケーションを禁止し、畏怖と恐怖によってその禁止を守ることに対する機能的等価物となるわけだが、可視的なものと不可視のものの、現前するものと不在のものの統一性を象徴的に提示するのを発案するということのうちにある。象徴は単なる記号（例えば、語のような）ではない。象徴は単に統一性を指し示すだけでなく、統一性を生じさせもする。[77] 根底に横たわるパラドックスは、その位置を保ったまま隠蔽される。したがって、象徴を概念によって置き換えることもできない。置き換えてしまえば、概念のうちに矛盾が存するということになってしまうだろうから。しかしまさにそれゆえに、語りえぬものを合理的に扱うことが問題となっている場合に好適なのは、〔概念という形式ではなく〕象徴という形式なのである。

儀式という祭祀形態の起源も、同じ所にある。[78] 儀式によって、コミュニケーション回避のコミュニケーションが可能になる。儀式を扱っている文献では、〔儀式によって〕形式がステレオタイプ化されて他の可能性が排除されることが、したがって偶発性が必然性へと縮減されることが強調されている。提起された意味〔すなわち、儀式の特定の手順〕に対して「イエス／ノー」が開かれる代わりに、「誤りを回避せよ、誤りは重大な帰結をもたらすかもしれないから」との掟が登場する。さらに重要なのは、儀式がそもそもコミュニケーションとして実行されるわけではないという点である。儀式が作用するのは対象として（ミシェル・セールが言う準－対象物として）(79)[26]である。儀式は伝達と情報とを分化させはしない。儀式が提供するのは儀式自身についての情報と、また〔儀式が〕正しく執り行われているとの情報だけである。[27] なるほど儀式は知覚の上で選りすぐられた、人目を引く形式において演じられる（言葉づかいを考えてみればよい）〔そのように人為的なかたちでなされる以上、その伝達様式の適切さや伝達意図についても問うことができるように思われる〕。しかし他ならぬその目立つ形式が生じるのは任意の場所においてではなく、危険を冒してまでコミュニケーションを行うことはできないと信じられているような場所でだけなのである。

秘匿を実行することについても、またコミュニケーションを「これこれは秘密である」という伝達へと制限することについても、それらを引き継ぐ多数の事例を見いだすことができる。そこへと近づく術を独占するためだけであっても、神の名は秘匿される。自己の権利を押し通すための決まり文句も当初、それを公開すると権利をめぐるあからさまな争いがもたらされると考えられていた間は、〔かつて神の名が秘匿されていた理由と〕同様の理由から秘匿されていた。確かに重要なコミュニケーションを解禁することは、常にリスクを伴う。しかし古代地中海文化圏の諸都市における濃密で《政治的＝ポリス的》なコミュニケーション状況は、公共的なコミュニケーションの領域を膨張させたように思われる。そしてその領域は、世間一般に認められていた宗派による秘儀の保護育成〔が行われる領域〕から切り離されていた。[80] この並存ゆえに、〔宗教が〕根底から崩壊する、つまり、宗教が政治と法によって取って代わられるなどと考える必要はなかったのである。かくしてローマ市民法の進化は十二表法が公布され、《訴権《アクティオ》 actiones》が周知のところとなり成功の見込みが高まるとともに始まることになった。[28]

近代初頭に至ってもまだ、生まれたばかりの主権国家を擁護するために、秘密という技法が用いられ続けていた。[29] しかし今や活版印刷術が登場するに至っている。そうなると秘匿そのものが秘匿されねばならなくなる。したがって秘匿によって、秘匿されているものの偉大さをマークすることなどもはやできはしないのである。[81] 秘密が本来の意味を保ち続けたのは、ただ宗教としてだけであった。宗教においては、暴露によって秘密がかき乱されはしないということが前提とされるからである。好奇の目をもって探ってみても、理解しがたさという罰を受けるだけである、と。

古代社会から高度な文化を有する社会へと移行する中でも、「馴染まれた／馴染みのない（隠された、秘密の）」という図式が依然として支配的だった。そこではすでに言及したような賢者の教えが成立していたが、それは文字を用いて高度に複雑なかたちで組み立てられるに至っていた。特にメソポタミアと中国においてはそうであった。[82] その基礎となっていたのは占術の実践だった。占術は日常的に用いられていたが、政治に関わることもあれば、（政治と不可分も同然な）儀式において執り行われることもあった。さらには通常の生活の中で用いられもした。占術と文字とは密接に関連づけられていたが、その理由は事物の本質と文字記号とが区別されていないからであった。文字記号は本質の形式を表しているのだ、と。純粋な表音文字が存在していない以上、そう考えることができたのである。[83] これは文字の場合と、また蛇足ながら芸術における装飾の初期的形式の場合とも同様なのだが、占術記号において肝心なのは、〔因果や連続や類似が織りなす〕可視的な線を、何かしら不可視なものを表す記号として受け取ることである。中国では、隠された事態を表す記号として明白な《対象物》（生贄動物の骨や内臓、鳥の飛翔、夢）が用いられたが、それら対象物そのものもすでに〔それらが表すはずの事態と比較できるほど〕十分な複雑性を有していたのである。占術の潜在的機能は、決定過程に対する他からの影響を中和することにあった。例えば個人的な記憶という偶然事や、社会的影響の圧力をである。偶然のメカニズムそのもののうちに〔影響を打ち消すという〕学習能力が備わっていると述べることすらできるかもしれない(84)。結果としてこのような道筋で、未知の事柄に対する行動のシステムが、つまりは《占い》が成立してきたが、それは徹頭徹尾合理化されたものであった。そこでは、驚きと錯誤が蓋然的だという事態に対して自身を守るために幾重もの形式が備えられていたのである。例えば膨大な数に及ぶ具体的な条件プログラム（もし～ならば／その場合には）を備えておくが、そのどれを選び出して組み合わせうるかについては未決のままにしておく（メソポタミア）。予言が次第に抽象化されていき、ついには記号の吉凶を判定するだけにまで限定されること。自己成就的予言を組み込んでおくこと。予言された事柄は、当事者がその予言を信じないことによって、あるいはそれを回避しようとすることによって生じてくる、というわけだ（オイディプス）。さらには誤解されやすいようにしておくことも挙げておこう。誤った理解をそれで正しいかのように思わせておき、事後ニナッテ（post factum）初めて予言が確証されたことにするわけである（ギリシア）。こうして「表層／深層」（公然たる／秘密の、馴染まれた／馴染みのない、明瞭な／不明瞭な）という主導的図式が二重化され、事態を表す記号の内部において反復されるに至る〔占術は世界の隠された本質を明らかにするが、占術そのもののうちにも表層的な意味と真の意味が含まれる〕。

しかしこのような二重化された対象関係がどんなに重視される場合でも、[85]観察の観察が焦点となることはなかったのである。

賢者の教えを集成したテクストにおいて目立つのは、またそれによって引き起こされた、賢者に期待を寄せる態度を規定しているのは、とりわけ次の点である。すなわち、今や知識は自己言及的に把握されているにもかかわらず、直接的に世界を見るというファースト・オーダーの観察の水準に留まったままなのである。[86]また文字が使用されてはいたが、まだ《聖典》と言えるものは存在していなかった。聖典が登場すれば、それ以後の進化は正典化されたテクストの解釈という線に沿って生じてくることになるだろう。〔そこまで至っていないこの段階では〕神々の世界は、全体社会の構造を引き写すかたちで整えられていた。特に家族の形式〔すなわち、血縁と婚姻による神々の関係づけ〕を、主神による政治的支配という形式を、[87]また天国にも会計帳簿があるとのイメージを考えてみればよい。[88][30]このように、宗教的な知識の伝承を可能にしてきたのは特殊なテクストの意味ではなく、全体社会の構造とのアナロジーであった。賢者がその技としてなしうるのは問いを投げかけ、答えを解釈することである。自発的で能動的な神のせいで賢者が「見当違いの方向に進ませられる＝錯乱に陥る ver-rückt werden」ことなどないのである。[31]

智慧（Weisheit）は、すでにテクストが存在していたにもかかわらず口頭で教えられた。またテクストは賢者たちの助力によってしか理解できなかった。したがって智慧には確かに誰もが到達しうるわけではないが、厳密な意味で秘密にされていたわけでもなかったのである。智慧というものは賢者がもつ格段の資質に、賢者が「自分は知っている」ということを知る流儀に、また賢者が自身の生活と教説とを智慧によって整えるその仕方に依拠していた。智慧は非知という背景のもとで知を呈示する。その点で呈示は自己言及的になされている。しかし世界に対して智慧が関わるのは、その智慧がいかに一般的であろうが、あくまで状況に即してのみのことである。その点では、諺に秘められた庶民の智慧の場合と似ていると言える。多くの言明は相互に関係づけられず、相互の差異が調整されることもなく、体系化されもしないのである。智慧は論理分析から、つまり非一貫性を回避するための方法論から生じてくるわけではない。智慧の使用において非一貫性が生じたとしても、その点には注目されないままだったり、攪乱的だとは見なされなかった。というのはどのみち人間は〔世界の内奥に隠された真実を〕知らないということが知られているからであり、知がなしうるのは未知の領域から既知の領域へと〔個々ばらばらの〕何かを引き寄せることだけだからである。このように不十分さが自覚されているわけだが、ただしその点は補償可能だとされる。智慧を〔単に知るだけではなく〕生きることによって、清浄さを通して智慧を保証することによって(89)、そして智慧を賢者の生活態度を律する規則として描出し状況の中でそれを証明することによって、である。そのためには差異に注目すればよい。智慧がなければこうは行動しなかっただろう、というようにである。このように〔智慧を〕生活態度へとフィードバックさせることによって、賢者は〔階層分化社会における〕上層に普通に見られる行動に対して一定の距離を取って生きる、ある意味で階層秩序の外側で生きるのだということが保証されもする。例えば預言者として、修道僧として、社会の木鐸として、警世家としてである(90)。そこでは当然のことながら、賢者の発話が真正なものであることには疑念の余地がないという点が前提とされねばならなかった。賢者の智慧そのものからして真正さが生じてくるはずだから、と。セカンド・オーダーの観察は排除される。賢者が取る他の見解と調整されることもないし、自身が他にどんな見解を取りうるかという点に関して〔今取られている見解との〕繋がり具合をコントロールすることもなされない。智慧とは、素朴さを崇拝する形式のひとつなのである。賢者の箴言は〔何らかの意図を介することなく〕直接に流れ出てくる。そしてそれによって、後に十八世紀の書字文化において言われることになるように、(91)〔この文脈では、「人智を超えている」という意味での〕《崇高な sublim》(荘厳な erhaben)[32]印象を呼び起こすのである。

占術の実践から生じる効果の中で進化にとって最も重要なもののひとつとして、この実践と文字との循環的な関係を挙げることができる。そもそも文字が成立してきたのは、ひとつには、占術に登場する記号はすでに《読み》うるものだったからである。〔この記号から文字へと至るために〕必要なのはただ、それを表意文字として受け取り、対象物(熱せられた骨、亀の甲羅)から分離することだけだったのである。(92)またもうひとつには、当初は記録のために文字が発明された場合でも、それが占術の中で用いられることによって、また占術を記録する必要上から、きわめて複雑な領域に適用されたということがある。この適用によって文字の表音化が始まったわけだが、逆に適用が阻止された場合もあった。例えばメソポタミアがそうだった。いずれにせよ、占術と文字とが共生していることは、高度文化を古代後期の社会から明確に際立たせるメルクマールのひとつである。しかしそこではなおも長期にわたって、口頭コミュニケーションの優位が保たれ続けてもいた。

こう問うてみることもできるだろう。今述べてきたような形式において発展してきた智慧の文化は、有意味なコミュニケーションすべてにおいて用いられる区別の技術に対してどんな関係にあるのか、と。一方で智慧の文化もまた、隠されたものを〔表層的なものから〕区別することなしには考えられない。そこから「吉兆／凶兆」という〔さらなる区別からなる〕コードを発達させる傾向すら存在していたのである。しかし他方で、智慧の文化がバイナリーな図式に対して取る関係は、ギリシア－ローマの伝統を特徴づける《賢慮をもつ者 Prudentien》[33]におけるそれとは、明らかに異なっている。そして賢慮こそがヨーロッパ旧来のゼマンティクを、近代に至るまで規定してきたのである。賢慮をもつ者にとって重要だったのは、まったく異なる意味での合理性だった。すなわち、自身が差異に直面していることに気づいた場合の行動のあり方に関して助言を行うことだったのである。その差異とは過去と未来のそれである場合もあれば、道徳的差異のこともある。道徳的差異とはすなわち、他者が善くも悪くも行為しうるという可能性に他ならない。したがって賢慮ある者は、智慧の場合とはまったく異なる意味で時間次元および社会的次元との関係を取り結びうる。[34]それゆえに賢慮は新たな合理性のために、進化論で言う《前適応的進歩 preadaptive advances》[35]として働くのである。

言語がコード化されたことに対する別種の反応は、道徳の発明であった。こちらは直接この問題への反応として始められたものではなかったが、〔その分だけ〕秘儀的だと非難されることもなかったし、全体として比較的大きな成果をもたらすことが明らかになってもいる。日々の生活における了解事項が、教会〔で聴いた説法など〕から家庭に持ち帰られるような状況とは異なって、宗教と道徳が共生しているという状態は文化的な人造物として把握されねばならない。したがってそれは取り扱い困難で偶発的だし、またそうであり続けるのである。例えば、一神教の影響を受けたアフリカの宗教圏などにも見られるように、至上神が観念されるたびに聖なるものは道徳的なアンビヴァレンツを帯びることがわかる。至上神が惨禍を生ぜしめたとされるにもかかわらず、当の神が悪意をもつと想定することは回避されるからである。[93] 高度に発達した宗教では、宗教的コード化と道徳的コード化との間の緊張は抑圧される。しかしその周辺領域においては、両者のゼマンティクが相互に独立しているという点が、常にくり返し浮上してくるのである。例えば中南米に広まっている祭祀の形態を考えてみればよい。そこではトランス状態で事が運ばれるのであり、黒魔術と白魔術は区別されない。憑依状態が引き起こされるがそれは道徳的にはアンビヴァレントであり、肝心なのはあくまで手続きと効果のほうなのである。[94] われわれにとっては宗教と道徳が収斂しているのは当然の事柄のように思われる。しかしその意味はおそらく、コミュニケーションから生じるひとつの問題を解決することにしかないのである。その問題は言語によって、言われうるあらゆることに関してイエスとノーの態度が用意されるということから生じてくる。それゆえに、否定される可能性をもたない根拠づけなど存在しえない。またそれゆえに道徳は自己の根拠を、宗教というコミュニケーション不可能な秘密へと移さねばならないのである（カントやベンサムのように、あるいは今日における価値倫理学者のようにこの必然性を無視すれば、もはや不毛な格率しか持ち出せなくなるという報いを受けてしまう）。

道徳とは常に、対称化された意味である。すなわち道徳は、自分だけを道徳の適用外とすることが禁止される中で作動するのである。道徳を要求する者は、その道徳を自分自身の行動にも適用しなければならない。ただし例によって、神は例外である。道徳律が宗教的に根拠づけられる場合には、今述べた構成的規則は成り立たない。この根拠づけはあくまで秘密を守る。それ自身〔すなわち宗教〕は道徳にすら服さないからである。「姦婦は投石にて死刑にせらるへし」との律法はイエスによって変更されたが、その〔変更が書かれた〕文書を他の人間たちが眼にすることはできないのである。今や新たな戒律はこうである。《汝らのうち罪なきものがこの女に最初の石を投じるがよい[95]》。なるほど戒律は打ち立てられたが、それはコミュニケーションを受け付けない。戒律は「われらのうち」とはなっていないではないか。さもなければイエス自身が最初の石を投じなければならなかっただろう。

あらゆる秘密にとっての問題は、秘密は構築されえず脱構築されうるのみであるという点にある。秘密がコミュニケーションに関われば、〔秘密のうちに〕閉じ込められたものを開示しよう、確かめてみようとの誘惑が生じてくる。それが禁じられるということもありうるが、禁止そのものが、違反が可能だということを示唆するものとして受け止められてしまいかねないのである。構築と脱構築とがこのように非対称的であるがゆえに、全体社会の大いなる秘密は進化による腐食作用に晒されてしまう。したがって常に新たな補償の働きが必要になる。〔この働きの〕受け皿として最も有効なもののひとつは、パラドックスという構図であろう。この構図は依然として秘密であると同時にもはや秘密ではない。というのは〔構図として観察に晒されている一方で〕、それによってなしえている事柄が伏せられており口外されないままだからである。

歴史的に見て最も重要な脱出策はおそらく、宗教の秘密を道徳の（容認されがたい）パラドックスへとずらすことであろう[96]。道徳そのものは広範囲にわたって秘密を（したがって宗教を）放棄できる。というよりもむしろ、放棄しなければならないのである。道徳が道徳固有の機能を担おうとするなら、秘密であってはならず、知られている必要があるからだ。しかし道徳もまた、次のような問いにおいて固有のパラドックスを抱えている。道徳は、善い行動と悪しき行動とがあるということを見越している。にもかかわらず道徳自身が善いものだとなぜ言えるのだろうか。当初道徳は、この問いを抑圧するために、神の意志のうちでの宗教的根拠づけを必要としていた。しかしそうすると神のほうにも制約が加えられることになる。神はただ善のみを為すはずである、と。(97) 宗教そのものが、道徳を根拠づけることができるように道徳化されるわけである。かくして宗教は、「神はたった一言で世界全体を善きものとすることができるのに、いったいなぜ悪が存在するのか」〔という問題〕を、最終的には秘密のままにしておかねばならなくなる。しかし道徳と宗教とのこの同盟によって、文字と、また文字によって条件づけられて生じる世界の客体化と、両立可能となるという利点ももたらされる(98)〔すなわち、先の問題をめぐって文献を積み重ね、複雑な議論を取り交わすことができるようになる〕。こうして、少なくともコミュニケーションのより具体的な意味という水準においては、相当な範囲において神秘化の代わりに構造化された複雑性を登場させることが可能になったのである。

〔道徳が焦点となるこの状況において〕特に問題となるのは言語にとって新たな種類のコード、すなわち善き行動と悪しき行動の区別である。言語コードそのものと同様に、このコードもまたふたつの値しか含まない。すなわち正の値と負の値だけである。しかし道徳コードは言語コードと交差する。したがってコミュニケーションを受け入れることと拒否することのどちらもが、善でもありうるし悪でもありうるという話になる。先に論じたコミュニケーションの制限になぞらえて言えば、この点において道徳〔によるかくも複雑で不自然な組成が生じること〕など蓋然的が低いのである。また特に、言語によって解き放たれたリスクがそのようにしてコントロールされうるなどということも蓋然性が低いだろう。

われわれが道徳について語るのは、[36] 次のような場合すべてに関してである。すなわち個人が相互に個人として、つまり区別されうる人（Person）として扱われており、相手に対する反応が、状況についての判断ではなく〔相手の〕人格についての判断次第であるような場合である。この意味での道徳は、あらゆる社会において普遍的に見られる現象だろう。個人が相互に個人として区別されることのないような社会など存在しないからである。[99] 言うまでもなく、人であるということがどのように理解されるかは、また個人に何が帰属させられ何が帰属させられないかは、可変的である。その点に関しては、全体社会の進化につれて道徳も進化するのである。道徳は規範の特殊なタイプではない。ましてや、道徳が常に〔人の〕規格化＝規範化（Normierungen）によっているわけではない（主として功績に基づく道徳もある）。道徳とは尊敬と軽蔑の違いに基づくコード化であり、それぞれに対応する実践方法を規制するのである。

十全に発展した道徳は、それ自体からして相当に込み入った社会的調整メカニズムである。現代の倫理学がわれわれに信じ込ませようとしているように、道徳とは単に理性的に根拠づけられうる規則を適用するだけのことなのではない。言語のコード化の場合と同様に「善と悪」という道徳コードも、コミュニケーションの実践に適用されることにより、種々の条件づけからなる相当に複雑な組成を、さらには道徳へと特殊化された複雑性をすら生み出していく。[100] そこではさらに多くの区別を同時に、相互に関連させつつ実行しなければならなくなる。まず問題となるのは社会次元、すなわち自我と他者の区別である。この形式の両方の側に、やはりふたつの側からなるもうひとつ別の形式が適用される。すなわち尊敬と軽蔑からなる形式が、である。ここにおいて、コミュニケーション特有の道徳的特質が表現されるに至る。自我も他者も、自身の行動によって尊敬されることもあれば軽蔑されることもある。こうして、組み合わせ可能性の人工的な可動域が成立する。[101] しかしその可動域は即座に制限されねばならないのである。したがって（言葉の通常の意味における）道徳とは、〔ここで扱われてきた〕道徳がもつ複雑性を縮減することによって成立する。尊敬もしくは軽蔑に関する条件が定式化されるのは、この縮減としてである。定式化は行動の記述という形式でなされることもあるし、美徳と悪徳という形式が用いられることもある。あるいは目的ないし規則の形式を取るかもしれない[102]。さらに、「そのような条件は、当の条件を持ち出す者にも常に遡及的に適用される」という規則が、いわば道徳の原理として〔縮減のために〕通用してもいる。われわれが他者に対して、こちらがどのような条件に基づいて相手を尊敬したり軽蔑したりすることになるのかを伝達するや否や、われわれ自身も〔その条件に〕拘束されてしまうのである。それゆえに道徳のコードにとってはさしあたり、「善／悪」という象徴的に一般化された形式で十分なのであって、評価の対象である行動を取っている人の内面的態度を引き合いに出す必要はない[103]。古代〔演劇〕の英雄たちの道徳的な過ち〔母親殺し、父親殺しなど〕は運命として演じられたのであって、罪としてではなかった。それらの過ちが証明しているのは彼岸の力がもつ威力なのであって、その力が道徳を孕んでいるということではなかったのである。以上述べてきた間人格的な遡及効果〔相手の要求が自分へも跳ね返ってくること〕および道徳コードの象徴的一般化は、劇的な帰結をもたらすことになる。一方では〔自分にも降りかかってくるがゆえに〕道徳的な要求が抑制される結果になるが、他方ではひとたび要求が立てられたならば、それは〔一般化されているがゆえに〕頑強かつ徹底的に主張されることにもなる。したがってまた、コンフリクトが不可避にもなるのである。

〔道徳が〕さらに洗練されていく過程は、明らかに文化次第で左右される。それゆえにこそ道徳規則の働きを、全体社会の発展においてその時々に達成された状態に適合させることができるのである。例えば、自我と他者との道徳的対称性を、全体社会の階層に応じて再度非対称化することもできる。貴族に適用されるものが平民には適用されない、というようにである。英雄や苦行者、騎士、修道士には、傑出する可能性が与えられている。その可能性は普通の人々たちに賛嘆の念を呼び起こしはしたが、もはや普通の人々を拘束はしなかった。ここでは道徳は功績を踏まえるかたちを取っているのである。あるいは道徳が社会分業に適合する場合もありうる。尊敬と敬意〔Respekt〕の区別を用いて、専門家たちだけに求められる業績が承認され評価される領域を分離させればよい。数学者のように数学に精通している必要はない、というわけだ。最後に、中世において道徳は意識によるコントロールのもとに置かれていたということも指摘しておこう（これはおそらく、定期的な告解の影響であろう）。道徳が扱うのは、もっぱら行動の《内》側のみであった。したがって次の点が前提となっていた。誰でも〔道徳〕規則を知っている。だから自分自身の行動に関してすら、道徳を遵守するないし道徳に違反することを欲しているのか否かを、内面的にコントロールしなければならない、と（〔欲することをコントロールするとは〕何とも奇妙なことである）。最終的にはそこからさらに、神学と道徳が合体してかけてくる圧力のもとで、自己の行動に関して悔恨という非一貫性〔痛悔 contritio〕[37]を要求することすら可能になった。そしてその要求を達成するという目的のためだけに、聖職者の助言装置が発展してくることになったのである。

最後に、行為が道徳的な特質をもつための条件として帰属の限定化が試みられてきたのは中世盛期以来のことであったが、その点が決定的になったのは近代においてなのである。いわく、行為は内面における同意によって担われているはずである[104]。それによって道徳の適用領域は著しく制限されることになり、また道徳は社会的地位から切り離される結果にもなった。確かに旧世界のヒロインたちは自己の行動総体に対して責任を取った。[38] しかしそれはもっぱら、彼女たちが社会的地位によって行動の独立性を保証されていたからだった。中世以降、社会的包摂へのこの拘束はますます解体されていく。それに代わって登場してくるのは、普遍性と限定化という新たな組み合わせである。これは近代に典型的に見られる症状である。

活版印刷術の発明以降になると、宗教と道徳との関係も緩んでくる。この点は宗教戦争によって万人の目に明らかとなった。宗教戦争の中では、どちらの陣営においても道徳的熱狂が生じていた〔したがって、道徳と特定の内容の宗教が結びついていたわけではない〕からである。その後十七世紀になると道徳は心理学の立場から問題視されるようになり、十八世紀には今度は根拠づけの理論の観点から問題視されるに至ったのである。それと並行して、宗教はもはや世界の分割として観念されはしなくなる。コミュニケーションはその分割を適切な仕方で跡づけていけばよい云々と考えるわけにはいかなくなるのである。むしろ宗教そのものが特別な種類のコミュニケーションであり、特定の意味内容と特定の機能を備えていると見なされる。主導的観点は、ファースト・オーダーの観察からセカンド・オーダーの観察へと変化する。今や宗教は、縮減によって生じる特別な種類の構造として現れてくる。それゆえ宗教は偶発的なものとして登場してくるのである。もはや宗教が人間を拘束することはない。拘束し続けているなら、われわれは今後も錯誤と罪業の中で生きていくことになってしまう。宗教を信じることも可能ではある。しかし信じなくてもよいのである。

今日においてわれわれの社会が呈している状態は、以上の経過の結果として登場してきたものである。そこでも依然として道徳化が広く行き渡ってはいる。それどころか、上層において苦労して習得されてきた《上品な》慎み深さが再び放棄され〔て、道徳への熱狂が生じ〕てすらいる。しかしこういった道徳化によって全体社会を統合することなどもはやできない。これは宗教についてもまた言えることである。なるほど「善／悪」のコードが用いられてはいるが、それはいわば空回りしてしまっている。価値に「善い」ないし「悪い」を割り振るための基準については、コンセンサスが存在しない。確かに、善／悪のコードが双安定的であり、この二つの値以外のあらゆる値が排除されていることによって、抽象性・召喚可能性・不変性が保証されはする。しかしまさにそれゆえに、どの行動を正＝肯定的ないし負＝否定的に評価するべきかという判定を規制するプログラムが必要になってくるのである。ところがそのようなプログラムを宗教によって定めることはもはやできない。またその点で宗教に取って代わりうるものも存在していないのである。依然として、社会のために何かをなすべきだとの要求のもとで道徳的コミュニケーションが登場してくることもある。しかし多次元的（polykontextural）な世界の中では、この点に関する一致はもはや生じえない。だからといって道徳が浸食されることによって不道徳が増大しているなどというわけではない。むしろ道徳が自己を固定している形式を拒否することには〔すなわち、道徳に関するコンセンサスを打破することには〕、常に立派な道徳的理由があるのである。

このように今日の社会においては、道徳は窮状に陥っている。この事態にゼマンティクの水準で対応するのが、道徳の準拠先が個人化されたことである。今や道徳があくまで依拠しようとするのは、内的な確信（外的に強制されていることとの対照における）にである。あるいは自己動機づけに依拠する、と言ってもよい。この個人倫理は宗教から切断され、法から区別される。かくして、「複数の道徳的パースペクティヴは、そもそもいかにして社会的に調整されうるのか」との問いは未決のままになる。現在では至る所で、例えば経済において、政治において、エコロジー問題において、医師に、ジャーナリストに、《倫理》が求められている。しかしそれは、道徳に対するこの〔相互調整不可能であるとの事実を明らかにするという意味で〕不道徳的な調整を引き起こしかねない社会的メカニズムについて、徹底的に問わずに済んでいるからである。だからこそ、そのような調整をなしうるように思われる装置、例えばテレビは、その機能を潜在化させておかねばならないわけだ。

どうやらごく最近の状況に深入りしすぎてしまったようだ。〔議論を戻すならば〕道徳とは、コミュニケーションによって要求される意味が受け入れられることは蓋然性が低くなったという事態に反応するための、一種の社会的普遍項であるように思われる。きわめて単純な社会では規則への定位も生じていなかったし、ましてや《内的》帰属〔すなわち、コミュニケーションを話者の内面的意図に準拠して理解すること〕など知られていなかった。そこでは、状況ごとの一貫性をあまり気にかけずに、人間と行動様式とによって具体的に評価するだけで十分だった。しかしそこにおいてもすでにコミュニケーションの道徳化が、きわめて単純なかたちにおいてではあるが生じているのを認めねばならない。そこでもやはり、ある行動に関して判断を下すことからは、余剰効果が生じてくる。すなわち〔判断の対象である行動が帰せられる〕行為者の人格も〔判断を下す〕話者自身も、特定の予期のもとに置かれるのである。〔そこでは〕この種の道徳が全体社会において担う機能は小さなものでしかなかったかもしれない（この点についてはどちらにせよ、デュルケームの評価に従う必要はないだろう）。にもかかわらず、ある種の生成メカニズム〔の存在〕を考えることはできる。それによって、言語が「イエス／ノー」にコード化されることと相まって、条件づけが発展していく。そしてその条件が、どのコミュニケーションを受け入れてそれに従うか、どれにはそうしないかに関する手がかりを与えてくれるのである。

われわれが、コミュニケーションの遮断を介して進行する機能領域を宗教として、また善き行動と悪しき行動をコード化する機能領域を道徳として指し示すのは、ただ歴史的回顧においてのみである。本書で提起してきた理論的再構成においては、これらの指し示しに含まれるあまりにも今日風の意味あいが〔過去の〕社会に投影されてしまわないよう注意しておくべきである。それらの社会のコミュニケーション様式は、われわれのものとはまったく別様に秩序づけられていたからである。

V　文　字

言語が生じたのは話すためにであり、口頭コミュニケーションのメディアとしてである。したがって言語によるコミュニケーションは、対面状況での相互作用システムに拘束されていた。しかし社会が大きくなるにつれて対面状況がもつ社会的意義は減少していく。ともあれ口頭コミュニケーションの場に居合わせねばならないということは、その条件のもとで達成されうる社会構造と分化形式に対して、広範囲に及ぶ影響を与えることになる。この点に関しては第四章の、環節分化を論じる節と、全体社会におけるさまざまな相互作用システムとを論じる節で再度論じることにしよう。

口頭コミュニケーションに際しては、社会性はいわば自動的に確証される。話す者と聴く者は同一のことを聴いている。話者は自分が話すことを聴きつつ、聴くことの共同体（Hörgemeinschaft）へと包摂されるのである。これは演出され様式化されたコミュニケーションにも、というよりも、その場合についてこそ言えることである。物語を暗誦する場合〔《口述テクスト》や《口承文学》などの表現は不適切であり、〔口頭で語られたものは〕回顧することによってしか理解できない〕や、すでに文字によって固定化されているテクストを朗読する場合を考えてみればよい。そこではコミュニケーションによって、いわば朗唱者から物語が〔あたかも朗唱者の内面にあらかじめ存在していたかのように〕引き出される。しかしそれを認識するにはリズム、音楽、〔「昔々あるところに」などの、決まった抑揚・リズムで発音される〕定型的な言い回し、そして特に聴衆という〔対面状況においてのみ体験できる〕形式を手がかりにしなければならない。それらの形式がなければ歌い手の個人的な記憶も機能を発揮しえないはずである。〔対面状況では、朗唱という特別なケース以外の〕通常のコミュニケーションでも、きわめて限定的で標準化された語彙で十分であるように思われる〔それ以上のニュアンスは、対面状況の中で身振りや抑揚などによって補えばよいのだから〕。

口頭コミュニケーションのもうひとつのメルクマールとして、必然的にメタ・コミュニケーションを随伴するということを挙げておこう。われわれはすでに、前言語的なシグナルの交換においてはまだメタ・コミュニケーションは可能とはならないとの推測を提出しておいた。しかし言語が進化するや否や、メタ・コミュニケーションがコミュニケーションの中心へと進出してくる。少なくとも対面状況でのコミュニケーションに関してはそうである。われわれが語り始めるや否や、「自分は話しかけられ、聴かれ、理解されたいと思っている」ということをもまた〔相手に〕伝達せざるをえない。したがって妨害が生じた場合や、中断、同じことの繰り返し、特別な強調がなされていることに対しても注意が払われるようになるだろう。コミュニケーションがなされる場合には常に、コミュニケーションがなされているということが強調されてもいるのである。したがってコミュニケートしないこともまた、コミュニケートしないということをコミュニケートしているのであり、パラドキシカルなコミュニケーションだという話になる。このパラドックスは通常の場合、拒絶として解釈され、それによって意図的なコミュニケーションという形式を与えられるのである。本心からただ放っておいてもらいたいと考えている者にとっては、これは由々しき帰結をもたらすはずである。以上の事態をわれわれの概念を用いて翻訳するならば、「コミュニケーションのオートポイエーシス、つまりそもそもコミュニケーションが生じているということは、同時にメタ・コミュニケーションのテーマともなる」、また「コミュニケーションのオートポイエーシスは、たいていの場合共同的（kommunal）規範でもあり――その場からいなくなるという簡単な方法を別にすれば――それから逃れるのは困難である」、ということである。逆にその場に居続ける以上コミュニケーションに関与しているのであって、言うべきことを持ち合わせていないとしても何ら事態は変わらない。その場合重要なのは情報よりもむしろ、コミュニケーションを続けていくことそのもののほうなのかもしれない。

さらに加えて声というものは、あえて極端なかたちで定式化するならば、意味の再認可能性とは矛盾する。声が聴かれうるのは発話の瞬間だけであり、たちまち消えていってしまう。口頭コミュニケーションにおいても冗長性が必要であるが、それは話し手と聴き手の人格の同一性から引き出される。つまりは一貫性の要求からであり、それは人格から読み取られ、同調と逸脱という図式によって処理されていくのである。文字を用いるコミュニケーションによって初めて、必要な冗長性は［コミュニケーション過程そのものの中で］自ら調達されるべきだとの圧力が生じてくる。そしてそのためにはまったく別の記号文化と文字文化が必要となるのである。しかし同時にそれによって、個人は再認可能性に責任を負うという機能からかなりの程度免除されることにもなる。そしてまた、完全に人格に依存するコミュニケーションのために、特殊なコミュニケーション文脈が分出するようにもなるのである。

口頭コミュニケーションに依拠している限り、保存し想起するという可能性も制限されざるをえない。したがってそのような社会においては、語りの伝統がゼマンティクによって構築できるものも制限されるのである。そこから、コミュニケーションが空間に拘束され時間に依存するという点に関わる、重大な帰結が生じてくる。可能な（有益であれ危険なものであれ）相互作用として考慮されるのは、近隣である。距離が離れていくということは、有益さが減少し危険が増大するのを意味する。そしてついには馴染みのないものとの境界へと至るのである。山の向こうにも別の人間が住んでいるということは皆が知っている。あるいはそう感づいてはいる。しかしその人々はこちらの社会に属してはいないし、またその言語はしばしばほとんど理解しがたい、あるいはまったく理解できないのである。したがってその人たちに対する紐帯も、《再結合＝宗教》（religio）も、道徳もないことになる。(105)

このような条件のもとでは、空間の観念と時間の観念とを分離するのは困難であり、結局のところ両者は相互に入れ替え可能なのである。世界は空間的にも時間的にも、居住地である中心の周囲に《凝縮されて konzentriert》いる。空間が経験可能になるのは具体的な場所に即してであり、また同様に時間が経験可能になるのは具体的な出来事に即してである。時間も空間と同様に、「近／遠」に従って秩序づけられている。(106) 空間の場合と同様に、数え分けて〔部分ごとに〕条件づけることができる近接時間と、到達不可能ではっきりしない遠隔時間が存在する。後者においては過去と未来は区別できないのである。

〔それに対して前者における〕近接過去は個人の記憶（〔ただし、特定の人間の内だけに存在するという意味ではなく〕コミュニケーションにおいて、他者の側においても存在するものと〕前提でき、それゆえに〔共通の土台としてコミュニケーションの中で〕呼び覚ましてもよい記憶という意味での）が及ぶ範囲にまで広がる。また近接未来は、現在の行動によって未来の状況が条件づけられていることを認識できる範囲にまで広がるのである。(107)

口頭でコミュニケーションを行う社会が宗教を目に見えるかたちにするのは、エクスタシーを介して、トランス状態を介してである。エクスタシーやトランスに含まれる非日常性が、対面状況にいる者たちに強い印象を与えるわけである。(108) エクスタシーやトランスはシャーマンたちを、未知なる世界の旅へと送り出す。しかし神聖化（Sakralisierung）が生じるとともにトランス／エクスタシーもたちまち飼い慣らされてしまう。(109) 神聖化が意味しているのはさしあたり、理解可能な日常生活の境界が引かれ、その向こうに関してはそれ以上問われることがないか、あるいはある種〔その境界を〕防御するような意味内容によって妥協させられるかするということである。〔境界および防御的意味という〕この意味設定は受け入れられねばならない。また次のような推測へと逃げ込むわけにもいかないのである。聖典が（あるいは、聖典に精通している者が）、したがって権威ある者がどこかに存在していて、防御する意味内容が何を指しているのかを解き明かしてくれるに違いない云々。それ以上口頭コミュニケーションを続けてみても、〔際限なく問い続けるという〕見込みのない企てに対する抵抗に出会うだけだったり（〔問うてばかりいないで〕何を言うべきか〔を考えろ〕）、受け入れられている意味を多かれ少なかれ循環的に確証しているだけの状態にぶつかったりするだろう。洗練された宗教では、聖物（sacrum）は神話・象徴・宣明によって護られている。そのような宗教にはまだ手が届いていない場合でも、いやむしろそのような場合にこそ、今述べたことが成り立つのである。聖なるものがまったく通用しなくなった場合には、聖なるものに対して実用主義的な態度をとる〔適当なものを聖物として設定する〕こともできる。むしろそのことは織り込み済みなのである。口頭性を特徴づけるのは、忘却し、〔既存の聖なるものの〕価値を貶め、新たに適応する能力である。したがって聖なるものの中には、さしあたっては持続を保証してくれるものなど存在しない。崇拝を、伝統を保証してくれるものもないのである。聖なるものが伝統と化したとすれば、それは神聖さが解体に向かう第一歩に他ならないだろう。

さらに加えて、口頭でコミュニケーションを行う社会にとって特徴的なのは、きわめて多くのコミュニケーションが同時に進行している（現れては消えている）ので、それらを調整することなどできないという点である。《多くの異なるインフォーマントが、同時に情報を発信していることを考慮しなければならない》(110)。コミュニケーションの理解可能性は、そのつどの状況に依存したままである。したがって一貫性への要求はわずかしか生じてこない。一貫性を吟味したり一貫性を確保したりすることもほとんど要請されないままである。もともと世界認識の枠組みが狭く設定されているのだから、〔コミュニケーションにおいて扱われている〕事柄それ自体からして、意見が一致しているということを吟味せずに推定できる。また、一致を得るためにことさら労力を払う契機も可能性もないのである。秘儀的な知識すら、神話学すら、占術学すら、系譜学すら伝承されるかもしれないが、その場合でも非一貫性が問題となることはないだろう。したがって統一的な集合記憶〔が当時において存在していたはずだ〕という観念は、このような社会の現実に対応したものとは言いがたい。むしろそのような観念が生じてきたのは、無文字社会においては文字の代わりとなる何らかの機能的等価物が存在していたはずだとの仮定がなされたせいだと考えるべきだろう。

このような状態は文字が発明され普及していくことによって徐々に、しかしやがては根本的に変化していく。文字は何よりもまず、ある社会が利用し保存し想起することのできる区別の数を増大させる。それによって、指し示されうる事物や世界の側面も増加することになる。しかし重要なのは量的増大のみではない。この変化はきわめて深甚なものである。それゆえに、（あるテクストをひとつの言語から他の言語へと翻訳することが可能であるのと同様の意味で）口頭コミュニケーションを文字によるテクストの形式へと移し替えうるというわけにはいかなくなるのである。(11) 言うまでもなく、ある口頭コミュニケーションの意味を固定することはできる。今日ならば電子的に記録することすらできるだろう。しかしその意味をコミュニケートすることは固定・記録できないのである。口頭による呈示にとって不可欠の契機として、話し手と聴き手が同時に〔コミュニケーションに〕巻き込まれること、複数の知覚メディアが（特に聴覚と視覚が）同時に用いられること、声の高低の変化やジェスチャーや休止が使用されること、聴き手が介入してくる可能性や《話者交替 turn taking》の可能性が常に存していることなどが挙げられる。これらを文字によるテクストの形式へと移し入れることはできない。本質的なのは、話すことと聴くことの同時性が、単に時計によって計測された推移のうちにあるのではないという点である。つまり秒から秒へ、分から分へと同じ早さで進んでいくということが問題なのではない。重要なのは構造化された推移であり、それは加速と減速を、音が響き続ける時間幅を、休止を、待ち時間を、緊張が生じては解消する時点を、伴っているのである。この構造化された推移という共通の体験こそが話し手と聴き手に、同じことを体験しているという印象を生じさせる。読むことも一様ではない、秒単位で変化するテンポに従う。しかしこのテンポの差異は、社会的な重要性をもたないのである。

口頭コミュニケーションと文字によるコミュニケーションとのあいだには、一対一の等価関係も存在しない。表音文字の場合ですら、音のまとまりを視覚的な単位として再現することはできない。肝心なのはまとまりを再現することではなく、差異を新たに構成することである。文字によって固定されるのは音声ではなく、音声の違いである。それゆえに文字が可能となるのはただ、すべての可能な、あるいは少なくとも現に使用されている音声の相違を再提示できる体系としてだけである。聴くことと見ることのための知覚メディアを利用できるのはただこのようにしてだけであって、一対一の代理表象(Repräsentation)の形式においてではない。さらに加えて文字は、周知のように、発話の音声的組み立てを独自のかたちで分解することを要求する。そこでは、違いというものもまた、他のメディアへと翻訳されるに際しては、精確にコピーされうるわけではないということが考慮されるのである。

以上の点を考慮する場合にのみ、(ここで結局のところ問題となっている)音声と意味の差異は他のメディアへと翻訳可能であるということを、またそれはいかにしてかを、理解できる。言語は、きわめて一般的に言えば、自身の形式を音声と意味の差異として見いだす。それに対して文字が可能にするのは、他ならぬこの差異を別の知覚メディアにおいて、すなわち視覚的メディアにおいて象徴化することである。ここでわれわれが《象徴》ということで理解しようとしているのは、記号ではない。また、自然によって〔本性からして〕与えられた類似性を踏まえて何か他のものを代理表象することでもない。象徴は形式をマークするのである。l〔エル〕はr〔アール〕ではない——口頭ではしばしば〔両者の違いを〕聴き取れないし、したがって〔違いの存在を〕知ることもできないのだが。これはすなわち文字記号が、区別の統一性を表現しているということである。その統一性によって、さらに作動していくこと、つまり別の諸区別を設けていくことが可能になる。さらに、文字によってまったく新しい作動を実行できるようになる。すなわち読むことと書くことを、である。そしてそれは他でもない、この作動において区別されねばならないのが「音声と意味」ではなく、「文字の組み合わせと意味」であることによっている。文字が発明される以前には、言語の形式が象徴化されることはありえなかった。せいぜいのところ音声と意味が非同一的であることを洞察するだけで満足しなければならなかったのである。これは区別そのものを行うのが困難になるということである〔というのも、区別を統一性として——考察および取り扱いの対象となりうるまとまりとして——捉えられなかったからである〕。したがって、語そのものを意味として受け取る傾向が、常にくり返し生じてくる。名称は幸運や不運をもたらすものと見なされる。発話を通して物そのものに影響を及ぼしうるとされるのである。それに対して文字の発明以降においては、直接物を変化せしめることができるのは神の言葉のみであるという話になった[112]。神は「光あれ」と言われた。すると光があった[113]。

　言語を視覚メディアへと移すことで、ある契機が強化される。ソシュールに倣って〔文字のほうから〕振り返ってみれば、その契機は話された言語にも帰せられることがわかるだろう。すなわち、言語はその諸記号の差異によっているのであり、言語外的な現実との一致によっているのではないのである。口頭による文化はその点を無視できた。というよりも無視せざるをえなかった。口頭文化は自身のメディアを反省することができなかったからである。文字が採用されるとともに、記号であるという性質、語としての性質、語の相違、語の組み合わせ方〔文法〕が、要するに世界との距離が問題になる。そしてその問題はコミュニケーションの中で反省される。当初は〔語の使用法を〕革新することに対する批判として、しかし最後には形式の制限として。今や、コミュニケーション・システムの働きを強化するためには、その制限を踏まえねばならない〔したがって、制限こそが革新の前提である〕とされるのである。

文字とともにテレ〔遠隔〕コミュニケーション（Telekommunikation）が始まる。空間的な意味ないし時間的な意味で不在の者にもコミュニケーションが到達する可能性が生じるのである。今や語と物との区別には、新たな次元が付加されるに至る。テレコミュニケーションは、物を輸送する代わりに記号を輸送することを可能にする。したがってより迅速に、よりわずかなエネルギー消費で作動する。伝送にとって必要なエネルギーはさしあたり、「書くことを学び実際に書くために必要な労力×時間」にすぎず、それは伝送が行われるところで生産される必要はないのである。文字だけからしてもすでにこれらの利点を享受できる。しかし活版印刷術と、さらに近年における電子的コミュニケーションとによって、利点は膨大なものへと増大していく。ただしその分だけ、全体社会におけるコミュニケーションが、今や広範囲にわたって工業的なエネルギー生産に依存するに至るという、憂慮すべき結果が生じてきてもいるのだが。

それゆえ文字は、一見して思われる以上にはるかに多くのことをなし遂げてくれる。とりわけ文字は、文字によって伝達されること以上のものをなし遂げるのである。何よりもまず、文字によるコミュニケーションの場合には、メタ・コミュニケーションは、〔必要に応じて選ばれるような〕選択肢となるという点を挙げておこう。〔口頭コミュニケーションにおける抑揚や表情のような〕メタ・コミュニケーションは、かならずしも随伴しない（文字によるあるテクストから、当のテクストが書かれたのは読まれるためにだという点が読み取られうるような露骨な形式の場合は、別であるが）。テクストやコンテクスト（筆者、送り手、受け手など）が参照される場合には、そのことが明示されねばならない。また〔文字を読むことにより〕ただちに積極的な関与が生じるだろうとか反応として発話が帰ってくるだろうとか、あるいは〔受け手が、自分はそのコミュニケーションを〕理解したということが伝達されるだろうとすら、社会的に予期されているわけではない。したがって〔そこでは〕、コミュニケーション本来の意味はメタ・コミュニケーションの中に、すなわちコミュニケーションに関与することのうちにあるはずだとの想定は廃棄されているのである。それに代わって期待されているのは情報である。その期待がまったく満たされないようなら、読むのを続けようとはしないだろう。

読者が直面する伝達の経過は、縮減された形式によるもの、すなわちテクストである。テクストの作成はしばしば、空間的にも時間的にもきわめて隔たったところでなされる。それゆえに伝達の具体的な動機〔が何なのか〕は、関心の対象とはならなくなる（トマス・アクィナスはなぜ『神学大全』を書いたのかなどとは、誰も問いはしないだろうし、それを知ったとしても何の役にも立たないだろう）。そしてその代わりにきわめて多様な解釈を受け付ける余地が生じてくるのである。もちろん伝達の動機についての、またそのコンテクストについての問いが一定の役割を演じる場合もあり（例えば、「そのテクストはもともと誰に向けて、また何に向けて書かれたのか」というかたちで）、それもまたテクストを解釈するうえで有益だろうが。

このように、同一のテクストに関して相異なる意見を形成できる。それがテクストの分出を可能にすると同時に、即座に反応することを難しくもする。文字によって、情報と伝達というふたつの選択の連関が損なわれるわけではもちろんない。文字がコミュニケーションに適しているのはその点においてである。しかし文字は理解の遅延を可能にしもする。理解は相互作用から自由に、何時でも、何処でも、誰によっても実現されうるものとなる。かくして文字は流布メディアとして、社会的冗長性の射程を拡張する。受け手の圏域を押し広げると同時に、何についてなら情報価値をもつかたちで（つまり、驚きをもたらしつつ）語ることができるのかを、制限しもするのである。このように文字を使用することによって全体社会は、コミュニケーションという作動の統一性を、時間的に〔すなわち、特定の時点に、限られた時間幅において生じ、終結するということによって〕また相互作用によって保証することを放棄する。そして、そうして放棄されたものに対する補償を要求することになる。かくして接続能力が莫大なものへと、見渡すことができないほど、拡張されるに至る。今や伝達をテクスト化する際には、より高度な要求が課せられる。テクスト化された伝達はほとんど予見できないような条件下においても、やはり理解できねばならない。しかしにもかかわらず、読者の反応を制御するためには適していないのである。そして、文字が記録のためだけでなくコミュニケーションのためにも用いられるようになると、ついには「書かれたものは、何ら起源を示さないかたちで登場してくるにもかかわらず、いかにして自己を権威づけうるのか」という問題に直面することになるのである[114]。

　口頭コミュニケーションの場合、情報・伝達・理解が作動上同時に産出されるということから出発できた。情報が関係するのがもはや現時的ではない、おそらくははるか以前の出来事にである場合でも、やはり事態は変わらない。太古の昔において生じた神話もまた、語られるのは〔そのつどの〕現在においてなのである。それゆえに、当の神話は周知のものであるということを前提としうる、あるいは前提としなければならないとしても、その点が打撃となるわけではない。神話をコミュニケートすることの意義は〔新しい情報による〕驚きにではなく、〔そのコミュニケーションに〕関与することにあったからである。文字によるコミュニケーションの場合には事情が異なってくる。今や伝達と理解とのあいだに時間の隔たりが生じ、またそれが反省されざるをえなくなるからである。伝達が理解されるのは今現在においてではなく後においてのことであり、したがって理解は独自の筆法によって書かれるのを眼にしながらではなく、後から固有の読解関心に即して生じる。伝達はこのような事態に適応しなければならないのである。また理解にとっても、反対方向への反省が重要になってくる。伝達者が念頭に置いていたのは未来なのだが、それは理解する者にとってはすでに過去になっているのである。この二重の反省によって、コミュニケーションにおけるテクスト理解は規格化されることになる〔〈時間の隔たりと過去／未来に関するパースペクティヴの差異が存在する〉にもかかわらずコミュニケーションは理解可能でなければならない——例えば、時間を度外視することによって〕。さらにこの二重の反省によって〔時間の隔たりが明らかになるから〕、情報というものがもつ驚かせる特質が強化されもする。しかし二重の反省がもたらすのは何よりも、世界のイメージが抽象化されるということである。今や世界は、コミュニケーションと同時に仮定されるべきものとなる。例えば存在として、自然＝本性として、観察者たる神の遍在として、である。

それゆえに、文字によるコミュニケーションをコミュニケーションとして把握することは困難だったはずだし、今日においてもなお困難である。世界は常にある時点においてのみ現れ出て《アクチュアル》くる。したがって今や理論的には、そもそも文字によるコミュニケーションはいつ生じているのかを決定する必要がでてくる。書かれるたびに、そして読まれるたびに生じているのだと考えることもできるかもしれない。しかし両者はもはや同時には生じえない。実際にはコミュニケーションは、理解においてコミュニケーションが完結する中で初めて成立する。いつ（誰によって、何のために等）伝達が書かれたのかを再構成することが重要になったり重要にならなかったりするのは、〔理解という〕この点から見てのことなのである。いずれにせよ、文字によるコミュニケーションが機能するのは、自分自身を回顧する中でのみのことである。したがって文字によるコミュニケーションは、事後性との関わりを避けるわけにはいかない。もはや、〔書かれる時点ないし読まれる時点のみにおける〕自明的な回帰性〔ある発話が、「特定の相互作用の中でのこの発話」というかたちで、自分自身を指し示すこと〕に頼るわけにはいかなくなる。文字によるコミュニケーションは、冗長性を構成し、〔今読んでいる文書に〕先だって書かれたものを顧慮しなければならない。またそれを、さらに書き続けていくための前提として手元に置いておかねばならないのである。(115) 以上すべてによって、コミュニケーションは空間的統合（共に居ること）には左右されなくなる。しかしその分だけ時間問題がますます重要になってもいくのである。文字というメディアは安定的である。さらにこのメディアの内で形成される形式も、すなわちテクストもまた、相対的に安定している。それゆえにテクストが今度は、独自の形式形成のための二次的なメディアとして働くことにもなる。こちらの形式は、解釈によって初めて成立するのである。

したがって文字の使用においては、メディアと形式の区別を二重に投入することが前提とされている。まず言語との関連で一群の文字記号が、〔語のかたちへの〕カップリングを可能にするために投入される。

この〔文字記号をカップリングさせる〕可能性はまだ未規定であるが同時に調整されてもおり、〔次の段階で、カップリングされた文字記号である語は〕テクストを形成するためのメディアとして用いられることになる。この第一段階において文字はまず物理的に〔視認されうるものとして〕機能しなければならない。またそれゆえに〔紙の腐食などの〕破壊にさらされ続けもする。記号が再認されうるためには再生産を精確に行わねばならないのだから、なおのことそうである。第二段階においては、有意味に理解できるテクストが形成されねばならない。そのテクストがさまざまな読みを、さまざまな解釈の可能性を開示するのである。ここにおいてもやはり、再生産の誤りが生じうる。そのような誤りの中には、解釈によっては（もはや）修正できないものもあるはずである。さらに解釈によって、新たなテクストを産出することが可能になる。そしてそのテクストから再び、解釈を必要とする伝統が生じてくるのである。最後にその伝統が個人によって理解されることで形式が形成されるわけだが、それはコミュニケーションそのものと同様に流動的である。しかしこの形式形成こそが、継続的な使用を通して文字というメディアを再生産するのである。

もちろん文字は、コミュニケーションの手段として生じたものではない。そうだとしたら〔文字が成立する前に〕すでに読者が前提とされていることになるからである。しばしば見られるように、ここでもまず暫定的な機能が〔文字の成立という〕革新を担う役割を果たすことになる。やがてその革新が十分に発達して初めて、最終的な機能を引き受けることができるようになるのである。(116)

現在知られている最古の《文字》は――異論があるにしても――紀元前六〇〇〇年代後期（メソポタミアで最初の文字が登場する、およそ二〇〇〇年前）のバルカン文化のものである。それは純粋に宗教的な目的のために、つまりは神官たちと神々が交流するために、用いられていたようである[117]。そこにおいて生じていたのは、「宗教によって秘密を保つ」ということのパターンのひとつだったのだろう。したがって、〔文字を〕日常生活のコミュニケーション問題へと取り入れるための手がかりは存在しなかったのである。その点でこの事例は、〔先に述べたようなかたちで〕新たな成果が進化してくることの証拠となってくれる。すなわちその種の成果が最終的な機能を担うようになるのは、後から機能転換を経由することによってなのである。文字が成立する契機として最もよく知られているのは、大世帯の複雑な経済事情を記録する必要性であるが、そこではすでに全体社会のコミュニケーションへの関連が現れている。そしてそれに続いて、それ以外の場合においても記憶を保護する必要性が登場してくる。例えば使者を出す場合がそうである（使者自身は依然として伝達を口頭で行わねばならなかったとしても）[118]。ただし当初そのために前提とされていたのは言語への直接的な関係ではなく、対象に目印を付けることだけだった[119]。中国の場合、出発点となったのは占術の実践であったように思われる。そこでは、（しかるべく用意された骨や亀甲などの表面に現れた）記号が高度に複雑なかたちで読解されていた。だから書くことができる前にすでに読むことが可能だったのである。また占術の実践は日常生活の諸問題に、きわめて具体的かつ分化されたかたちで関連づけられていた。したがってその分、記号も豊富でなければならなかったのである。線の意味を解き明かす中で、そして教典に基づいて問いと答えを重ねていく中で、さらに人為性が高められていく。だから記号にとって必要なのはただ、その基体から解き放たれて人為的な使用法に適応することだけだった。それは進化上の突然変異であり、明らかにきわめて短期間のうちに生じたのである[120]。ついでに述べておくならばメソポタミアにおいてもやはり、文字の発展に対して本質的な貢献をなしたのは、文字を占術プログラム（賢者の教え）を記録するために用いることだった。ただしメソポタミアで生じたのは初歩的な表音化にすぎず、完全な表音化への移行は妨げられることになったのだが[121]。以上のすべてが可能となるために、文字をコミュニケーションにおいて使用することまでを考える必要はなかったのである。

文字がコミュニケーションにおいて用いられるためには読者が、それゆえリテラシーが普及していることが前提となる。もちろんリテラシーが普及するに至るはるか以前から（当時は、文字は政治的・宗教的表現のために用いられていたと考えねばならない）、文字は字の読めない民衆にとっても印象深いものだった。ただしそれは、ほとんど魔術的なイメージにおいてのことだったのだが。古代エジプト帝国でもそうだったし、また他の多くの事例に関しても同様である。さらに、それまではまったく、あるいはわずかしか文明化されていなかった地域に文字が浸透していく場合には、今述べたことは特によく当てはまる[122]。その後文字が移されることになった〔文字が一種の装飾として働くという〕機能水準においては、文字の装い、形姿、組成も意味をもっていたのである。

フェニキアの音節文字がアルファベットに改造されたのは、今日において考えられているように、文学を産出しようとの意図によって刺激されたからでも、詩人が記憶する必要があったからでもなく、紀元前九世紀から八世紀にかけて急速に生じてきた経済的状況によるものである[123]。口頭で唱えられてきた叙事詩を文字にして手元に置いておきたいとの願望は、おそらく外側から詩人たちに押しつけられたものだろう[124]。もともと詩人たちの職業的関心の中にはそのような願望はなかったし、〔文字化されたテクストを〕朗読することなど考えられもしなかったのである。しかしここにおいてもその後、コンテクストの転換が生じてきた。アルファベットが歴史的に重要な効果を発揮したのは、経済の働きを潤滑にしたという点ではなく、文学生産という点においてだった。今やリズムに結びついた形式は、音楽・記憶・コミュニケーションという連関への拘束は、放棄されうるのである。

さらに遅くとも紀元前二〇〇〇年以降、文字はコミュニケーションとしても用いられるようになる。例えば書簡の形式においてである（しかし書簡は当初、使者を前提としていた。使者が〔用件を〕記憶するための補助手段として用いられたのである）。あるいは明確に読者に向けられており、読者に何かを伝達するためのテクストという形式を取る場合もあった。コミュニケーションとしての用法は寄生的に生じたものであり、すでに彫琢されていた〔その場限りの記号を超える〕普遍的文字（Universalschrift）によって大いに助けられることになった。しかし同時にこの用法は、普遍的文字にひとつの新たな機能を付加しもした。特に、読み書きのための新たな契機を付加したのである。

このように文字の成立と普及も進化的事象の典型的なメルクマールを示している。すなわち進化の経過の中では機能が補完され、置き換えられ、あるいは完全に〔別のものに〕取って代わられさえするのである。しかし言語の場合とは違って、文字は人間の有機体が共進化することを必要としない。それゆえに文字は比較的急速に、たかだか二、三〇〇〇年のうちに普及しえたのである。文字は、その間に、コミュニケーションの可能性を根源的に変容せしめるに至った。それによって全体社会システムは、根底から新たに構造化されることになる。今や全体社会は、口頭コミュニケーションおよび文字によるコミュニケーションに対して準備ができていなければならないからである。この歴史的転換点の射程については、ここ数十年において多くの観点から論じられてきた。[125] しかしその理論的射程を明らかにするためには、全体社会をコミュニケーション・システムとして把握しなければならない。文字の意義は、コミュニケーションという作動のまったく新たな時間性をもたらすという点にある。〔文字によって〕得られるものを「永続性」「安定性」「記憶」などと言い換えてみたとしても、それはきわめて表面的な話にしかならない（口頭文化において文字の優位性が体験されざるをえなかった時には、そのような見方が取られていただろうということまでをも否定するつもりはないが）。生じることはすべて現在において生じているのであり、また同時に生じている。文字によってもこの点が変化するわけではない。いかなるシステムも自身の現在の外部において、非同時的な世界の中で活動することなどできない。文字が意義をもつのは、現在によるこの拘束のゆえにである。というのは文字を介することによって、そのつどの現在において（そこにおいてのみ！）相異なる現在を（それらは互いにとって未来ないし過去である）組み合わせることが可能になるからである。テクストが書かれた時点では未来であったものが、あるいはテクストが物語られる時点で未来であるものが、読む際にはすでに過去となっているかもしれない。そして書き手が、あるいは〔テクストに登場する〕主人公が、その間に何が生じたのかを知りえなかったということを〔読み手は〕知りうるのである[126]。

　しかしだからといって、時間の統一性が疑われるに至るというわけではない。ただ文字によって、時間の現前が新たな仕方で生じてきはする。すなわち、非同時的なものの同時性という幻想が生じてくるのである。過去および未来は、単なるヴァーチャルな時間にすぎない。しかし両者はどの現在においても現前するものとなる。ただしその過去および未来の時点で同時的なものは、現在の時点で同時的なものとは異なるのであるが。文字文化がもたらすこの幻想に、われわれは馴染んでしまっている。まさにそれゆえに、「生じることはすべて現在において生じるのであり、また同時に生じる」という根本的洞察へと立ち帰ることが困難になっているのである。

文字によって時間は、テクストの内部に固定されざるをえなくなる。にもかかわらず時間は過ぎ去っていく。〔逆に言えば〕テクストは時間の流れを超えて持続するのである。つまりテクストは、以前において未来であったものが過去となっている時点においても、同一であり続ける。それゆえに文字文化は、直接的に時間と共に生きることを打破しなければならない。そこでは、過ぎ去っていくものへの言及が定常的であり続けるという例のパラドックスを分解するような時間記述が提供されねばならないのである。また時間への言及が、あたかも物や運動と同様に時間がそこにあるかのようなかたちでなされえねばならない。さらに時間の内にあると同時に外にもあるような立脚点を踏まえて、またそれを時間のゼマンティクのうちへと取り入れつつ定式化しなければならない。そのためには何よりもまず、空間と時間との本来的な一致を解体しなければならない。観察者は、テクストを導きの糸としている場合でもやはり、世界の内にある。つまり空間内の、また時間内の特定の位置にいる。どこであれ《ここ》と《今》にいるのである。しかし空間への関係と時間への関係はまったく異なる意味をもつし、空間と時間に直面する形式も異なっているのである。(127)

しかし今述べたことはコミュニケーションの観察の相に関することであって、作動の相に関わるものではない。コミュニケーションは時点に拘束された出来事であり、そうであり続ける。この点に関しては何も変わらないのである。コミュニケーションが達成しうる安定性は動態的なものに限られる。すなわち、常に別のコミュニケーションにより継続されることに依拠する安定性だけなのである。この点に関しても何も変わらない。単に記録することとは異なって、コミュニケーションは理解において初めて完結する。この点もそのままである。まさにそれゆえに、文字を記録のためだけにではなくコミュニケーションのためにも用いるのは、当初においては自明のことではなかったはずである。文字の効果として伝達と理解は空間的に、また時間的に脱カップリング化される。そしてそれによって生じた接続可能性が、爆発的に増大していくことにもなる。そこから直接的に帰結するのは、①発話された語は幸いなことにすぐ消えてしまうのだが、この利点は放棄される。したがって、簡単に忘れることができなくなるのである。②〔コミュニケーションの〕順序を配列し直す余地が得られる。あらゆるコミュニケーションはきわめて狭い軌道の上で、厳格に順序に従って生じるからである。ある人が話すのは、別の人の後にである。さもなければコミュニケーション過程は秩序づけられないだろう。原理的にはこれは文字に関しても当てはまる。しかし文字によって、伝達されたものが保存される。したがって〔書かれた〕現時点においてはまだ読み取れないようなかたちで順序化することも可能になる。〔複数の読者が同時に同じ文書を読み、それぞれ別の感想をもつというように〕複数の継続が同時並行的に生じることもあるし、また特に、間接的な接続も可能になるのである。このようにして自身を再生産していくシステムは、順次的というよりは、むしろ（今日の言葉で言えば）《コネクショニズム的》に作動することになる。そのための前提は、すでに示唆しておいたように、メディア基体と形式との差異を再編成することのうちにある。

われわれはコミュニケーション・メディアの概念を、メディア基体と形式の差異によって、ルースなカップリングとタイトなカップリングの差異によって定義してきた。口頭コミュニケーションの場合、この差異が関わるのはただ、個々のコミュニケーションという出来事にだけである。言われたあのことにか、それともこのことにか、というようにである。それに対して文字は、コミュニケーションという出来事そのものを脱カップリング化する。それによって、新たな種類のメディア基体が登場してくる。ただしそのメディア基体もまた、文の形式によるタイトなカップリングに対して、まったく新たな要求を課すのであるが。コミュニケーションの基礎的単位は解体される。したがってそれが再びコミュニケーションとなるには、再結合されねばならない。より簡単に言おう。書かれた文は後からいつでも、未知の多くの人によって読まれうる(そのための物質的基体が整っていればの話だが)。しかし文は、そのために必要な理解のコンテクストを、自分自身で創り出さねばならない。つまりそれ自身として理解可能でなければならないのである。文は多くの事柄に関して読者に《イメージを抱かせる＝事情を飲み込ませる ins Bild setzen》必要がある。口頭コミュニケーションにおいては、その点は前提にできる。むしろ前提にされねばならないのである。というのは〔口頭コミュニケーションが生じる場面において〕誰の目にも明らかで周知の事柄を伝達してみても、そんなものは何ら情報価値をもたないだろうからである(例えば、そこに居合わせている人に対して、目の前の情景はこうであるなどと描写してみても、まったく意味がないだろう。それに対して文字による形式にとっては、たとえ口頭コミュニケーションをシミュレートする——例えば対話形式を選択することによって——場合でも、最低限でも誰が話しているのかを同時に呈示していかねばならないのである)。

口頭コミュニケーションにおいて出発点となるのは、コミュニケーションがなされている世界と、コミュニケーションにおいて語られている世界とは原理的に区別できず、両者は連続するリアリティを形成しているということである。儀式や祝祭において長々とした演出を伴う朗唱がなされる場合でも、やはり事は同様である。純粋に虚構的なテクストへの取り組みが始まるまでには、文字の発明後も（また、印刷術の発明からでさえ）なおも長い時間が必要だった。しかも当初それは過大な要求だと考えられていたのである。物語られる場合には、たとえその物語がどんなに蓋然性の低いものであっても、万人の眼前にある世界と関わっていた。つまり、物語ることにおいて前提され、物語る中で作り上げられ、さらにコミュニケーションによって拡張された状況と関わっていたのである。テーマに対して文字の形式が付与される場合に初めて、純粋にテクストの配置という問題が浮上してくる。[128]文字化から生じる事象次元における帰結として、今や非一貫性が可視的なものとなるということが挙げられる。したがってそれを一掃しようとする努力も生じてくるのである。状況に即して用いられていた意味付与の形式から、〔一貫性をもつ〕宇宙論が生じてくる。神々は相互に家族関係を取り結びつつ現れてくる。系統図は編成し直される。[129]さらに中世盛期においては神学の総体が再び、理論としての一貫性を求める圧力の下に置かれることになった。そこから生じた広範な帰結は、数々の論争や学派形成、教会政策への干渉、さらには教会分裂にまで及んだ。コミュニケーション内容をより抽象化するよう促したのは、この状況だった。この点はどれほど高く評価してもしすぎることはないだろう。

一貫性を育むうえで最も重要な用具となるのはおそらく（パラドキシカルな話だが）、区別を導入することであろう。そうすれば一貫性の要求を弱めることができるからだ。[130]文字は区別を引き起こすという点で、高度の効果を有している。文字がゼマンティクにおいて効果的なのは、この点に基づいている。個々の語を概念的に類型化することも同様である。また伝統的には境界設定や分割や範疇や「種と類」

によって意味が縮減されてきたが（存在論的形而上学の伝統）、これもまた同じ点に基づいているのである。さらには、排除されたものを、論争を、不一致を、問題を新たに設定し直すための資源として伝承することもまた同様である。[39]

社会的観点から言えば、コミュニケーションが対面状況に制限されている場合、ひとつのコミュニケーションが到達しうる人の数は限られていた。今や文字によって、それよりもはるかに多くの人へと到達できるようになる。われわれが文字を（そして、それとの関連で印刷術を）流布メディアとして指し示したのは、この点を強調するためだった。しかしこう述べることによって、「メディアとしての側面は、ある人から他の人へと情報を移送することにある」というイメージに逆戻りしてはならない。文字の効果は、受取人の数が単に増加したということによっては説明できない。その側面がいかに重要であろうと、やはり同じことである。文字の効果はむしろ、時間と文化を再編成することにある。特に文字によって、思念された意味の了解に関する不確実性が増大することを挙げておこう[131]。《われわれが読む能力をもつということは常に、不確実になる能力をもっているということでもある[132]》。これは読者に対してだけでなく、むしろテクストの執筆者によって〔読者の〕理解が先取りされる場合に関してこそ言えることである。文字によって引き起こされたゼマンティクは、この不確実性の縮減に関わるのである。

結局のところ、文字よるゼマンティクへの影響を評価し、それを文字へと帰着させようとするのであれば、文字によるコミュニケーションの特性をはるかに詳細に分析しなければならないだろう。しかしここではいくつかの論点に議論を限定しなければならない。

文字は常に、記憶術のための補助手段でもあった。しかし文字によって、記憶の意義が変化することにもなる[133]。この点を理解するためには、まずもって次の点を確認しておかねばならない。心的システムにとっても社会システムにとっても、記憶とは単に過去の状態ないし出来事を貯蔵しておいて、利用可能にすることなのではない[134]。過ぎ去ったものを作動においてしか用いることはできないし、またそうであり続ける。記憶もまたそのつどの現時的な作動においてしか、つまりは現在においてしか用いられえない。それゆえに記憶本来の機能は、過ぎ去ったものを保存することにあるのでもない。機能はむしろ想起と忘却の関係を〔そのつど〕規制することにある。あるいはハインツ・フォン＝フェルスターに倣って定式化すれば、自己の状態を絶えず選択的に再充塡（Re-Imprägnierung）していくことにある[135]。

そもそも記憶によって初めてコミュニケーションは、出来事としての性格を持ちうるようになる（口頭コミュニケーションの場合も、文字によるコミュニケーションの場合もこの点は同様である）。というのは出来事としてのコミュニケーションは自分自身に関係するからである。自分自身への関係は、コミュニケーションが現在を過去と未来の差異として把握し、そのつど非現時的なこの地平へと手を伸ばすことによってのみ、すなわち回顧し先取りすることによってのみ可能になる[136]。そしてそれが可能となるためにはさらに、神経生理学的な物質的基盤が、あるいは文字の基体を形成する物質的基盤が存在しなければならない。しかしその基盤はそれ自体としては想起されない。文字によるコミュニケーションにおいてもやはり、想起されるのは文字ではなく[137]、コミュニケーションとして用いられるテクストだけなのである。

特殊社会的な記憶が分出するうえで、また想起と忘却の関係を新たに調整しなければならなくなったことに対して、文字の発明がいかなる意義を有していたのか。以上の考察によって、この点をよりよく理解できるようになるはずである。無文字文化においては、記憶は対象物に、またありとあらゆる種類の演出（準－対象物）に固定されざるをえなかった。人の記憶は消滅していくのだから、それから独立させるためにはそうするしかなかったのである。文字の使用によって、想起と忘却とを弁別することは、決定されるべき事柄となる。記録するということは常に、他の事柄を記録しないということでもあるからだ。文字は、〔決定によって、こうであって他ではないものとして〕自分自身を作り上げていく記憶である。今やより多くのことを想起すると同時に、より多くのことを忘却へと委ねることができる。文字は記憶しやすくすると同時に、記憶しにくくもするのである。文字は、テクストを再読するという形式で、また（しばしば、入手しがたいものであったとしても）現存すると想定されるテクストを口頭で引き合いに出すという形式で、コミュニケーションを再充填することを可能にする。そこでは忘却を阻止することが同時に、〔テクストに新たな解釈やニュアンスを付加するという点で〕学習を促進する経過としても働いている。そこから再び、ゼマンティク上の図式が発展してこざるをえなくなる。今やその図式は、より多くの冗長性とより多くの変異とを同時に活性化しえねばならないのである。以上のようにして、より抽象的な概念構成が成立してくる。それは、口頭コミュニケーションだけによっては決して産出できなかったはずなのである。

一例として、時間を取り上げてみよう。時間は時計のかたちで把握されるようになる。そうしてこそ、さまざまな出来事をさまざまな時点のもとにおくことができるからである。そこにおいて決定的〔に重要〕なのは、あらゆる運動がその速度から独立に、また起点と終点からも独立して、同一の時間尺度に関係づけられうるという点である。時間尺度そのものが運動（例えば、太陽や時計の動き）である場合でも、事態は何ら変わらない。そこからの帰結として、いかなるものも時間そのものを動かしえない、ということになる。(138) 時間の存在はひとつのメタ構築物であり、あらゆる運動の彼岸に置かれるのである。記憶の問題が、記録するということによって解決され始めるや否や、もはや次のように考えることはできなくなる。すなわち時間とは忘却（léthe）の力であり、ミューズの力によってしかそこから逃れることはできない云々というようにである。口頭による朗唱と音楽との古くからの（また必然的な）結びつきは、文字よって置き換えられ、破壊される。(139) かつては、リズムによって支えられた時間の中で、別の時間が想起されていた。今やそれに代わって測定可能な運動という観念が、ひとつの記述可能な次元という観念が登場してくる。その次元の内部において、非同時的なものの同時性が保証される、というわけである。それに対して口頭による伝承様式が支配的な場合には（とりわけ、講義においては）心的な記憶を放棄するわけにはいかない。もともと想起術の技法の中には、記憶がもつ聖なる性質が込み入ったかたちで紛れ込んでいた。したがって口頭文化においてはたいていの場合、表現様式は厳粛な成句のかたちを取っていた。(140) しかし今やそれも後景へと退いていく。せいぜいのところ、（散文とは異なる）詩歌のために保存されるぐらいである。それによって、表現上の必要性によりよく応えつつ定型的表現を行うこともできるようになった。しかし記憶が高く評価されていたことに変わりはなかったのである。記憶の聖なる特質は、〔その文化の〕礎が築かれた過去への追憶として定式化し直される。(141) したがって聖なる記憶と並んで人為的な記録の実践が、高度に発達した記憶の訓練が根付きえたのである。

同時に過去は記録された歴史として、また手元にあるテクストとしても、現在に対して、それ以前には知られていなかったほどの力をもつようになる。ジャック・ジェルネ[40]は十世紀から十三世紀までの中国に関して、《過去への回帰 retour du passé》について語っている。(142) このことからはホメロスの叙事詩が文字で記録されたこととの比較が連想されよう。メソポタミアに関しても同じことが言える。(143) ヨーロッパ旧来の伝統においては、不在のものを文字を用いて象徴化することによって、過ぎ去ったことが現在に位置しうるようになり、起源が〔例えば貴族の家系が〕現時性をもちうるようになった。またそれによって、始原（arché）や起源（origo）、根拠が正統化する力をもちうるようにもなったのである。そこから生じた帰結は、周知の通りアンビヴァレントなものであった。過去への定位がなされるようになり、他ならぬそのことによって、現在では〔過去の姿と〕何が異なっているのかに注意が向けられる結果になる。歴史は、過ぎ去ったものの現前、非同時的なものの同時性のドラマとなるのである。〔このドラマでの〕敗者に属するのは何よりもまず、親族クラン（Familienclan）の環節的システムである。というのも、文字に定位した、したがって吟味可能な知識という背景のもとでは、帝国官僚に対して親族クランがもつ影響力は後退していくからである。(144)

社会次元に関して言えば文字は、話し手と聴き手とが不断に役割交替（《話者交替 turn taking》）していく可能性とその必然性から解き放たれている。そこからは多くの帰結が生じてくる。コミュニケーションからは互酬性が取り除かれ、単線化される。それによって、きわめて長い、また分岐を含んだ配列を取る可能性が得られる（その時にはその種の配列が生じなければならなくなっているし、また特にすでにそれが可能になってもいなければならない）。〔そこからのさらなる帰結として〕まったく新たな種類の権威も生じてくる。大声を出し、話し手の役割をくり返し、継続して占めること〔他人に喋らせずに自分が話し続けること〕はもはや、〔権威を形成するうえで〕大した意味をもたなくなる。(145) 今や権威が形成されるのは、知の僭称という、またある種の能力を想定するという形式においてである。コミュニケーションは順次的な構造を取らざるをえない〔からこれこれのことしか言えない〕が、自分はそれよりも多くのことを知りうるし、多くのことを言いうるのだ云々というわけである。権威は今や《推定された推敲の能力 capacity for reasoned elaboration》である。[146] この段階では書かれた伝達はまだ比較的稀であった。しかしこの種の権威はそれから長期にわたって、書かれた伝達に影のように寄り添い続けていくのである。しかし同時にこの事態から、権威のこのような形式を身分上の立場と結びつけるという問題が生じてきもする。全体社会の分化によって、全体社会の中で全体社会を代表＝表出することのできる〔上層という〕身分が現存するに至っている〔から、権威は当然その地位と結びつけられねばならない〕のである。

話し手と聴き手の役割交替が脱落することから生じるさらなる効果として、それぞれに対応する書くことおよび読むことという役割が没社会的な（unsozial）活動になるという点が挙げられる。書くことそのものが、特別な種類の技能となり、問題となる。この点は例えば、中世初期においてさまざまな写字室（Skriptorien）[41] で用いられていた書体を統一するのがいかに困難だったかを考えてみればわかるだろう。[147] 社会的なのは、コミュニケーションそのものだけである。書くことと読むことは、必然的に一人でなされねばならない。他者が側にいて眺めている場合でも、過度に集中的な観察は無益であり無礼だし、うさんくさく思われるだろう。[148] 一人で、社会的圧力を受けずに活動している時のほうが多くの時間をもてる。したがってより注意深さを発揮する機会をもちうるのであり、書き手ないし読み手として、テクストの形式的な厳格さに対応することができるのである。メディアを組み合わせる余地が拡大すればその分だけ、メディアに刻印される形式は高度の選択性を帯びるようになる。それが〔没社会的で集中的な読み／書きによって〕制御されることになるのである。一般的に言えば、今や次のような問題が浮上してくる。完全に理解するためには、コンテクストをも合わせて理解しなければならない。選択の《出所Woraus》をも理解する必要があるわけだ。しかし周知のように、この点に関しては欠落が存在するのがむしろまったく通常的な事態なのである。

以上述べてきたことすべてを考え合わせるならば、文字によってコミュニケーションの重心を情報のほうへと移せるようになることがわかる。口頭コミュニケーションの才能をもつ者なら、言うべきことがまったくないにもかかわらず話し続けるのも可能だろう。またそもそも単純な社会においては、継続的なコミュニケーションを常に生じさせておくほど十分な情報はまったく存在していなかったのである。本質的に言ってそこではコミュニケーションは、社会的な良心と、互いに対する肯定的な態度とを表明し確証するために役立っていた。皆が喋っているにもかかわらず頑なに沈黙する者は、危険だと見なされる。その人は自分の意図を示すのを拒否しているからである(149)。文字によって、主としてコミュニケーションに依拠しているこのような状況は、背景へと退いていく。同時に対面状況に関係づけられた、全員が〔その場で話題にされる〕すべてのことを知っているとの、あるいは少なくとも物の本質は知られているとの確実性も、脱落していくのである。ここに至って初めて、情報をもたらすということに焦点が当てられるようになる。したがってまた人為的な冗長性も焦点となってくる。冗長性があれば、それを読んださまざまな人が情報を得るようになる、というわけである。

今述べた点に対応することだが、口頭コミュニケーションでは互酬性と時間とが密接に融合していた〔応答は一定の時間幅のうちで生じなければならない、というようにである〕。今やそれに比べて、事象次元がより大きな意義を有するようになる。文字によるテクストは、そこで扱われているテーマに対して客観的な関係を取り結んでいる。またそのことによって今度は、当のテーマが主観的な仕方で扱われているのに気付かされ、その扱いを著者に帰属させることが可能になりもする。こうして《対象》は――それはこの時初めて存在することになるのだが――そこにあり続けるがゆえにあらゆる面から取り扱われうるのである。したがってまた、口頭での語りが気まぐれに流れていくのに比べれば、説得力をもたせる手だてがより強く求められることにもなる。文字によるテクストは、〔読者が〕批判的態度をとることを、別の文字テクストを知悉していることを、また批判のための時間的余裕をもつことを考慮に入れねばならない。それらのことをよりよく知っている読者を考慮しなければならないのである。語は依然として真正である――ただし今や「真正である」の意味は、誤謬の対極ということなのだが。しかしいずれにせよ今や語は、自分自身を保証するというわけにはいかなくなる。語は文字の中で、拘束力をもたらす別の源泉を参照しなければならないのである。かくして文字は認知に関する、また正しい思考に関する概念を産出することになる(150)。

口頭コミュニケーションにおいては、話される声が空間を満たしていく。それに対して文字が用いるのは、可視的な現実のごくわずかな断片でしかない。文字それ自体が、その知覚メディア内における形式として、〔声よりも〕より明瞭に分出している。それゆえに比較的簡単に無視できるし、目下のところは重要ではないものと見なされて、コミュニケーションとしては後回しにされることもある。発話された語はどうしても注意を引きつける。それは自己を貫徹し、優先権を要求するし、実際に優先されるのである。発話された語は書かれたテクストよりも、状況に合致している度合いがはるかに高い。しかしまさにそれゆえに、その状況を超えて存続することはできなくなる。書かれた伝達にとっては、書き手がまだ生きているということすら必要ではない。だからこそ、文字による特殊なコミュニケーションが使用された最も初期の事例のひとつは、文字によって死者たちに、生ける者たちに話しかける機会を提供するということだったのである。墓に字を刻むことによって、死を超えて自身を存続させるというこの可能性を徹底的に用いたのは、とりわけエジプト人だった。

文字がもたらすもうひとつ別の効果は、長期にわたって発揮されることになった。それをわれわれは、イヴ・バレル[42]の概念を用いて《潜在化 Potentialisierung》として指し示すことにしよう[151]。意味がテクストのかたちで固定化されるなら、一度定式化されたものは、拒否されたり利用されたりしない場合であってもやはり、固定化されたまま留まるのである。口頭コミュニケーションにおいては実際に存続しうるのは、コミュニケーション過程に即座に影響を及ぼすものだけである。それに対して文字は、「受け入れ／拒否」の決定を遅延させたり、社会的に多様化させたり〔つまり、人によって「イエス／ノー」の意見が食い違うことを可能にしたり〕、説得力をもたない意見を保持させておくことすらできるのである。その場合〔拒否されたもの、食い違うもの、説得力をもたないものは〕「単にそうも考えうる」という形式を帯びることになる。やがてそれらの可能性が再発見され、改めて取り上げられ、別の評価を受ける時が来るかもしれない、というわけである。コミュニケーションの中で、このような潜在化が引き起こされては退けられる程度に応じて、ゼマンティク総体が《様相化》されていく。現実はその可能性に基づいて眺められ、ある部分は必然的なものとして、別の部分は偶発的に実現されたものとして、また一部は単なる可能性として扱われる。当初は〔現実以外の様相としては〕拒否された可能性や、きわめて遠くに位置する《怪物的な》可能性を考えるだけで十分だった。確かに古代においてすでに、様相理論によって文字に反応することが始まってもいた(152)。しかし、明らかに《どこにもないもの》、虚構的なもの、空想的なものをも公刊可能であると見なし、それらは実現不可能な単なる可能性としてこそ存在する権利をもつ云々というように正当化を行いうるようになるためには、やはり活版印刷術を踏まえねばならなかったように思われる。トマス・モア、ジョルダーノ・ブルーノ、近代小説を、また十八世紀末以降の、未来におけるユートピア〔の想定〕を、ロマン派にとっての《文芸》を考えてみればよい(153)。そして最後には、可能性の条件について問うことを梃子として、存在論的世界観とそれに基づく世界の形而上学的記述とを打破することも、意味をもつようになるのである。

しかしここに至ってもう一度、次の点を確認しておかねばならなくなる。口頭で発せられた言語と同様に、文字もまた世界を二重化するわけではない。いかなるシステム分化が存在していようと、「心的に知覚されるひとつの世界があり、それとは別に語の系としての世界があり、また別に文字の系として世界がある」などというわけではない。むしろ新たな種類のオートポイエティックな作動と観察の様式が進化してくるのは、一にして同一の世界の中でのことである。〔進化の〕新たな成果は対象の増殖によってではなく、観察の分化と精緻化によって確認できるのである。したがって文字の進化によってしだいに、より高次のオーダーの観察様式が進化してくることになる。特に、ソクラテスほどの知恵はもたないが、自身が観察したものを文字によって固定する他の観察者たちを観察することを挙げておこう[43]。また古代の医学文献においてはすでに早い段階から、自己の観察を文字によって固定することの意味と必然性とが意識されるに至っていた。他のどこよりもそこにおいてこそ、自己の観察〔によって得られた医学上の知見〕を他の観察者〔＝医者〕が使用できるようにしておかねばならなかったからである[154]。文字を踏まえることから生じる長期にわたる効果の中で、自身のオートポイエーシスを完全にセカンド・オーダーの観察へと転換するシステムが成立してくる。すなわち、近代社会の機能システムである。

文字によるコミュニケーションがもつこれら多面的なメルクマールが、一度に実現されたわけではないのはいうまでもない。記録のための文字からコミュニケーションのための文字へと移行することだけでも問題であったはずだし、それなりの時間を要しただろう。当初、読み書き能力はある種の手仕事であり、特殊な役割に属する事柄だった。記録してコミュニケーションを支えることに対する需要も、やはり特殊な需要であった。したがって口に出して言えることすべてが書かれもされうるというわけではまったくなかったのである。表音文字の発達によって初めて、口頭コミュニケーションと文字によるコミュニケーションが、厳密かつ例外なしに並行することになった。表音文字がコミュニケーションそのものを（発話のテーマとなる対象の世界を、ではなく）二重化することによって初めて、「口頭の／文字の」による、言語の二次的コード化について語りうるようになる[155]。ヨーロッパでは、音節文字という中間段階を経て、単音文字であるアルファベットという最終的形式に到達した（音節文字に関しては、言語の種類によってはいまだ不明瞭な点と読解上の困難とを甘受せざるをえない。また音節文字はしばしば——クレタ＝ミケーネの線文字B[44]の場合のように——表意文字によって補完されていたように思われる[156]）。字母（Buchstabe）が実行するのは、言語に必要な「記号と意味」という区別だけに留まらない。字母は言語の音声という点に関しても人工的なのではあるが、まさにそれゆえに、表音文字の完全な標準化を可能にしてくれる。その利得は間接的なかたちで現れてくる。容易に学習されうるものとなり、したがって読み書きの能力は、特定の役割に結びついた熟練を前提とすることなしに、普及していく。そして特に、新たな語を形成することが可能になる（例えば形容詞と動詞を名詞化したり、語を組み合わせて新たな合成語にしたり、というように）。文化が発展すれば言語に対してさまざまな要求が寄せられることになるが、それらすべてに対してはこうして対処できるようになる。今や言語は以前のように、伝達しようとすることを妨げたりはしないのである。

現在から振り返ってみれば、完全な音声文字としてのアルファベット特有の働きに関しては、どうやら過大な評価がなされてきたようである。そこにおいて世界規模で見ても類例のない進化上の分岐が生じたのであり、以後それが歴史を形作っていくことになった云々。しかしきわめて多くの文化が、自身に適した文字を産み出してきたではないか。にもかかわらずアルファベットの特性があるとしたら、それはどの点においてなのか。満足のいく回答を見いだすのは困難である。しかしとりあえず気がつくのは、次の点である。すなわちアルファベット化された文字は、遠隔地貿易や神殿、政治的支配中枢における宮廷行政という狭いコンテクストをたちまちのうちに打破して、世間一般で用いられる文字となっていったのである[157]。そうなるために貢献したのはアルファベットそのものに加えて、都市が明確に境界づけられていたことや、都市特有の生活秩序（法＝ノモス nómoi）もあっただろう。いずれにせよ、文字に習熟した全体社会が成立してくることになる。そして次にはその社会が、文字という普遍的なメディアを用いることによって、特殊領域を分出させることができる。そのうちで特に重要なのは都市行政である。そこでは役職を占める人間は交替していくのであり、都市行政の継続性はその所在地とその成文法〔＝書かれた法律〕のうちに求められる。しかしその時には文字はすでに、政治的支配のための特殊な資源を意味するものではなくなっている。今や同一の文字が、異なる多くの目的のために用いられる。とりわけ、医学や幾何学から詩や演劇、修辞学や哲学に至るまでの多数にわたる主題領域において、論争のためのメディアとして用いられたのである。

ただしこれはもちろん、全住民が読み書きを習得しているということを意味するわけではない。読み書きの普及は、活版印刷術が発明されてからずっと後になって初めて、十九世紀中頃においてようやく、地球上のいくつかの国で実現されたにすぎない。しかしそもそも完全性など問題ではなかったのである。すでに古典期アテネにおいて、アルファベット化は十分に進展していた(158)。だからこそ文字によるテクストが書かれた場合、それは未知の受け手と未知の状況へと散布されていく効果を発揮しえたのである。また同時に、論争が文字によって記録されることが可能になりもした(ただしそれはあくまで、医学などの限られた領域においてのことであったが)。そこからの直接的な諸帰結のひとつとして、セカンド・オーダーの観察に、すなわち他の観察者を観察することに基づく批判への習熟が挙げられる。

そこから生じる効果は、短期的に見ても長期的に見ても、巨大なものだった。最後には文字もまたコミュニケーションとして把握されうるようになる。もはや文字は単なる記録の形式でも、口頭コミュニケーションに対する支えでもないのである(159)。今やコミュニケーションがコミュニケーションの対象となるのは、その時点でまさに進行中の口頭コミュニケーションとしてだけでなく、書かれたテクストとしてでもある。したがって翻訳が可能になり、コントロールが可能になる。また、一貫性に対する新たな種類の圧力が生じてきもする。テクストというものはくり返し読まれ、比較されうるからである。例えば系図は〈現存の人間と神話上の英雄や神とを繋ぐ血統という〉ひとつの構造の統一性と差異とを象徴化する恰好の手段であったが、[160] そこからは矛盾が除去されねばならなくなる。[161]
しかし文字は、それ自体が単にコミュニケーションに適しているだけでなく、文字によって固定化されたテクストの中で口頭コミュニケーションを模写する可能性を与えてくれもする。この点はきわめて古くからすでに認識されていた。例えば古代エジプトでは墓碑銘とは死者が生者に《語る》ものだとされていた。また特にその後登場してきた、哲学および文学における対話の形式を考えてみればよい。そこでは文字による草稿が、あたかも口頭で話されたかのように記されており、それによってパースペクティヴが複数あるにもかかわらず合意が強制されることはないという利点がもたらされるのである。そして最後には小説という、特別な文学の形式が生じてくる。小説においては、行為する登場人物自身がコミュニケーションを用いて役を演じる。つまりコミュニケーションの中でコミュニケーションがなされる。すなわち、リアルなコミュニケーションは、虚構的なコミュニケーションをコピーしたものであり、リアルなコミュニケーションの中で虚構的なコミュニケーションがなされるのである。それは同時に、虚構的なコミュニケーションはリアルなコミュニケーションによって捏造されたものであるということを忘れさせもする。[162] こうして、〔先に述べたような対話に伴う〕口頭コミュニケーションの長所のみならず、口頭コミュニケーションの失敗をもコミュニケートすることが可能になるのである。[163]
以上のことすべてが生じたとしてもさしあたりはまだ、全体社会全般においては口頭コミュニケーションが優勢であることに疑念が呈されるわけではない。受け手の側に、日常的に苦労なく読むだけの能力が行き渡っていると前提にすることはできなかった。それゆえに、文字によって書かれたテクストを口頭で朗唱することが、ごく普通に行われていたのである。しかしいわゆる文字型文化（literate Kul-

turen）においては、文字によって起草されたテクストを引き合いに出すことによって、口頭コミュニケーションが濃縮されもする。問題となっているテクストが手元にない場合でも、やはり事は同様である。それによって、コミュニケーション・システムの環境に対する境界がより明確に引かれることになる。人ならざるものが互いにコミュニケーションを交わしており、人間に対して要求を課してくる云々とまだ信じることができたとすれば、それらの神々が本を書いたり書き置きを残したりするなどということは、むしろ蓋然性が低くなるはずだからである(164)。

形式的に見れば文字によるテクストは、祝祭における口頭での朗唱というテクストとは、ましてや日常的な話し方とは異なっている。文字によるテクストは、〔朗唱の一定のリズム・パターンのような〕定型性を〔設定しておいて、それを後から満たさなければならないというスタイルを〕放棄できる。またより簡潔に定式化されうる。ただしまさにその分だけ、より慎重に定式化されねばならないのであるが。さらに、冗長性を放棄することもできるが、他方で〔語りがなされるそのつどの〕状況がもたらす自明性を、明示的な表現によって置き換えねばならないのである。ゼマンティクに関しても、文字によるテクストがもたらす効果は、どんなに評価しても足りないほどである。あらゆるものは、文字によって伝達されることで変化する。時間がひとつの次元となるという点については、すでに触れておいた。それによってさまざまな異質な状況を、順次性のかたちでつなぎ合わせることができるようになる。したがって、複数の神話を統一的なものとして叙述しつつ、より大きな複雑性を盛り込むことも可能になる。神の概念を持ち出すことが〔神話に複雑性を持ち込むための〕ありうる解決策のひとつでしかなくなれば、統一性へと立ち帰ることそのものが問題と化してしまう。この点についてここで十分に論じることはできない。しかしおそらく最も豊かな帰結をもたらした革新は、宗教と道徳の連合であろう[165]。

高度文化とは、道徳化された（そして道徳化する）宗教を備えた社会に他ならない。高度文化は世界の統一性をひとつの善なる原理として、ひとつの善なる精神として、ひとつの善なる神として定式化する。そしてそこでは《善》は常に、悪との違いにおいて把握されるのである。秘密のもの、聖なるもの（魅惑的であり、また驚愕をもたらすという二重の意味での）、超自然的なものという、以前には分離されていたゼマンティクと道徳コードとが連携するという事態が直接的に文字へと帰されうるということを証明するのは、困難であろう。しかしとりあえず〔件の連携の成立を〕、分出した宮廷経済的かつ／または軍事的な支配システムが正統化を必要としたことに即して考えてみればよいとは言える。そしてそれが契機となったとしても、宗教的－道徳的宇宙論へと精緻化されていくためには相応のテクストが起草されることが前提となる。したがって、やはり文字が前提とされていたのである。天国そのものにおいてもまた、一種の道徳的簿記が想定されていた。だから善行にしても悪行にしても、なにひとつ失念されることはないのである、と[166]。それを踏まえることによって道徳を含んだ宗教は、支配者を批判しつつ《預言者的》に、というよりも特殊政治的な利害関心とは、帝国の設立と没落とは無関係に、存続し継承されうるものとなったのである。こうして宗教はますます、独自の問題に即して観念進化のかたちで[167]発展していくことになる。とりわけ重要だったのは、後に「神義論」と呼ばれることになる問題だった。善にして全能なる神が、現世において悪徳と義人たちの受難とをどうして許し給うたのか、と。宗教と道徳とを連携せしめたのは、他ならぬこの問題だった。答えはこうだったからである。われわれはそれを理解しえない。それは秘密であって、われわれは受け入れるしかないのである。

すでに述べたように、近東においては文字に対する最初の宗教的な反応として、洗練された占術の文化が発展してきた。この文化は運命を文字によって確定することから出発して、記号の読解へと特化していったのである。それに対して預言者たちは、自らの神に対してまったく異なる関係を取り結んでいた。神が預言者に霊感を与えたのは、具体的に命令と警告によって、要するに意志的行為においてであった。その行為は夢や幻視の中で体験され、口頭で報告されたのである[168]。占術における記号の学は、一種のエリート文化だった。それに対して〔預言における〕夢とトランス状態をめぐっては、古くから慣れ親しまれてきたという自然発生的な基礎の上で、したがってまた口頭文化を踏まえて、神とのコミュニケーションの新たな形式が発展してくることになった。そこでは主導権はもはや問いと答えのうちにではなく、神的なもの自体の意志的行為のうちに存していたのである。しかし明らかにこの種のコミュニケーションも、その後たちまちのうちに文字によって吸収されていく。というのはそのような出来事も（共に体験した人々の反応も含めて）文字によって報告され、その場に居合わせなかった人々にとっても信仰の伝統が形成されていくからである。その伝統の中では、信じられないものを信じるべきだとされてきた。ただしまったく異なる神を、すなわち積極的にコミュニケートし気遣い介入する神を、観察者としての神を伴ってであるが。

テクストが神の言葉を伝えているとしても、神を話者として観念することは次第に困難になっていく。神が突然、テクストの伝承と矛盾することを言い出したらどうするのだろうか。誰が正統性をもって神の言葉を聞き、他の人々に伝達するのか。したがってテクストの伝承そのものが神の発話として、あるいは〔神の発話を〕聞き書きしたものとして、あるいは〔神から〕届けられた文字として正統化されねばならなくなる。そして最後には、そもそもかつて神が話したことなど本当にあるのだろうかと、疑われるに至るのである(169)。

文字という新たな流布メディアが決定的な意義を有しているからといって、「全体社会にとって重要なコミュニケーションはたちまちのうちに、口頭によるものから文字によるものへと転換した」などというように考えてはならない。逆である。コミュニケーションは依然として口頭によるコミュニケーションとして把握されていた。文字を利用する可能性が発見されるまでには、アルファベットが導入されてからなお数百年を要したのである(170)。文字は、新たな思想ないし知識を固定するために役立つとは考えられていなかった。ましてや、書く過程で初めて思いついたことを固定するのに役立つなどとは見なされていなかったのである。中世になると、修道院や大学で明確な文字文化が形成されてはいた。しかしそこでも、文字が創造的に用いられうるとは考えられていなかった。むしろ〔文字の役割として〕想定されていたのは註釈、分析、教育だったのである。

文字によって固定化された種々のテクストが存在することで、逆に口頭コミュニケーションもより大きな意義をもつようになる。タルムード解釈では、シナイ山における啓示は二重の啓示として把握されている。一方で文字によって伝承されるためのテクスト啓示として、他方で口頭による解釈のためのテクストの啓示として、である(171)。テクストに忠実であることも流動的に解釈することも同じ啓示を踏まえているのであり、両者の違いもまた当の啓示によって正統化されるのである。差異の統一性というこの宗教的な神秘化が用いられないなら、文字は多くの批判を招き寄せることになる。いわく文字のために、記憶力を涵養することが蔑ろにされる。ムネモシュネ[45]から、ムーサたちの母としての地位が奪い取られてしまう。[172] 文字は不毛であり、見解が真にして確実でありさえすればそんなものは不必要である。文字は語ることができない。疑問が生じたとしても、テクストに問い合わせることはできないし、テクストが答えてくれることもないではないか。[173] 法（書かれざる法 nomoi agraphoi）や哲学などのより高度な知識は、書かれない状態に留まらざるをえない云々。[174] それゆえに当初は文字を扱う能力が強化されていくとともに、口頭でのコミュニケーションが並行して発達することになった。[175] テクストが公衆に知られていると考えねばならないからこそ、ことさら説得術と修辞学が推奨された。[46] また、口頭で述べられるべきテクストを文字によって固定するために、代筆屋（logográphoi）が雇われてもいたこと［からも、書くこと／弁論の並行関係］は明らかである。かくして、先に述べたような記憶力を訓練する技術が、そしてそれとの関連でトポス（Topik）が発達してくる。「トポス」によって考えられていたのは、必要に応じて用いることのできる語・美辞麗句・慣用句・論証を《見いだし》うる《場所 Orte》のことなのである。[47] 重要なコミュニケーションが、気まぐれな語り口から対話へと、つまりは真理を発見するための社会的モデルへと転換したのも、やはりこの文脈に属している。[176] そしてそれが出発点となって論理的な術語が発展してきたと見なしうるが、そこに至ると、対話という社会的状況は再び度外視されることになるのである。かくしてソフィストと哲学者が競合し、貴族の教育をめぐって雄弁家と事実に定位する思想家とが競合する。この争いが関係していたのは、口頭による教説と、口頭コミュニケーションにおけるその適用とであった。しかし同時にそれはテクストのかたちで記録され、ゼマンティクを残しもした。《哲学者》と称される人々が今日においてもなお取り組んでいるのは、そのゼマンティクなのである。

　活版印刷術によってもやはり修辞学が無用のもととなることはなかった。むしろ十六世紀と十七世紀には、修辞学に対する新たな動機が浮上してくる。いわく、真理がそれ自体として貫徹しうるなどということはなく、貫徹のためにはまともな外見や韜晦（Dissimulation）が必要となるのである云々。[177]十八世紀になってもまだ、貴族の教育においてより重要なのは事細かな専門知と博識ではなく雄弁さのほうであると見なされていた。同様に、「口頭での伝達の管轄下におかれ続ける必要のある重要なコミュニケーションが存在する」との見解も（特に宗教の領域において）維持されていた。[178]文字によるコミュニケーションと口頭によるコミュニケーションは、相互に代替選択肢として用いることができる。この機能的等価性のゆえにこそ、どちらのコミュニケーション様式も自己の特殊な諸可能性を発展させ洗練させることができるのである。

文字という新種のメディアによって、進化上の追加的成果が全体社会へと組み込まれる。その点に関する以上の考察によって、ひとつの閾がマークされたことにもなる。すなわちそれ以降は、テクストの形式で固定化されたゼマンティクと社会的所与性との齟齬を考慮しなければならないのである。文字の発明以後においては、全体社会の構造とゼマンティクとが絶えず同期化され合致しているということからは、もはや出発できなくなる。ゼマンティクは、特にそれ独自の問題と非一貫性とによって刺激されることで〔全体社会の状態よりも〕さらに急速に変化しうる。時には全体社会の発展の可能性を先取りしたり、導き入れたりすらするのである。逆にゼマンティクが、時代遅れになった伝統を保存することもできる。したがって、歴史に対応した、事実に即した記述が成立するのを妨げるかもしれないのである。[179]つまり〔ゼマンティク／状況の〕差異そのものによって、全体社会の状態の観察と記述はどちらの方向にも導かれることもあるわけだ。この不一致は全体社会の進化の中で〔解消されたり止揚されたりするのではなく、むしろ〕再生産されていく。この不一致は、後で《理念の進化》という観点からより詳しく扱う論点をすべて含めて、(180)次の点に帰されるはずである。すなわち文字によって、全体社会のコミュニケーションのオートポイエーシスがもっていた旧来の時間リズムが非同期化されたということに、である。要約しておこう。文字の効果は、以下の観点のもとで確認できる。

1 文字は、全体社会の中でのみ可能なコミュニケーション記号のプロセシングを通して、またそれにより選択の余地を拡大しつつ自己規定的に制限することを通して、全体社会システムの分出を強化する。

2 文字によって、社会的記憶（個々の人間の神経生理学的な、また心的なメカニズムから独立したものとしての）を備える可能性が変化する。とはいえ対象および演出（儀式・祝祭）に即して想起と反復可能性を固定化することがただちに廃棄されるわけではない。しかし今や、何を書き記す〔そして何を書き記さない〕かを常に選択し続けることによって、決定という形式において想起と忘却とが産み出されていく。そして決定のためには基準とコントロールとが必要になるのである。

3 文字は、相互作用によるコントロールを遮断する。したがって、自己および他者を欺くというリスクと、コミュニケーションが拒否されるというリスクが高まることになる。より多くの情報は通常の場合、よりわずかの受容を意味する。しかしこの事態に対応するには全体社会の内部において、独自の矯正装置〔である象徴的に一般化されたコミュニケーション・メディア〕を用いるしかないのである。

4 文字によって、意味の相異なる〔三つの〕次元が、それぞれ独自の区別を用いつつ、より強く分出し彫琢されていくことになる。すなわち時間次元は客観化される。また〔事象次元においては〕コミュニケーションのテーマが、誰がどこで話したのかとは無関係なように即物化される。そして社会次元が分離されて、コミュニケーションへの関与者の意見と態度とを反省することができるようになる。

5 文字は抽象化された記号を用いる。そしてそのことによって記号を記号に適用するのも可能になる。それゆえにコミュニケーションの特別な種類の、二重化された(作動および反省の水準での)閉鎖性が可能になりもする。

6 文字によって、現実理解が《様相化》される。さらにそこからの帰結として、コミュニケーションの中で必然的に、あるいは偶発的に与えられている現実として扱われうるものが膨大に拡張されると同時に、それに対応するかたちで制限されもする。

7 文字はその場に居合わせていない人々を象徴化する。《象徴化する》ということがここで意味しているのは、システムの作動が居合わせている人々と同様にその場に居合わせていない人々にもアプローチできるようになるということである。それを踏まえてセカンド・オーダーの観察という可能性が形成される。セカンド・オーダーの観察は、その場に居合わせている人々による社会的コントロールという制約から解き放たれており、広範にわたる批判を可能にする。その結果、全体社会において生じる社会的構造(Sozialstruktur)とゼマンティクが、根本的な変容を被るに至るのである。

VI　活版印刷術

アルファベットが使用され始めてから二〇〇〇年経って、文字は印刷機によって測り知れないほど拡大されるに至る。印刷機の登場の前後では、全体社会の水準でのコミュニケーション実践に断絶が生じている。しかしその断絶がもつ意義に関しては、いまだに明確なイメージが打ち立てられていないのである。[181] 書籍および読者の数が、量的に増大したのはまちがいない。それはすでに中世盛期から始まっていたことだった。[182] しかし以下で扱う事態については、「量の質への転化」として語ることもまた正当であるように思われる。

まず、われわれはコミュニケーションを、伝達行為からではなく理解のほうから把握しているということをもう一度確認しておこう。したがって文字もまた、記録のためだけでなくコミュニケーションのためにも用いられるはずなのだから、読者を前提としていることになる。[183] そこから、後に「読書する公衆 lesendes Publikum」と呼ばれるようになる人々が爆発的に増加することによって、全体社会の水準でのコミュニケーションに大変革が生じえたということがわかるだろう。

しかもそれはかなり短時間のうちに生じたのだった。活版印刷術がもたらした直接的な効果を認識するには、印刷機が発明された後の最初の一〇〇年間を観察すれば十分である。活版印刷術によって、一冊の書物を複製することが可能になる。そしてそれによって、市場を通しての配布が可能になりもする。かくしてテクストは、需要に定位しつつ製造されることになり、執筆者ないし注文主自身の利害関心から解き放たれることになる。しかしこれは、技術そのものから必然的に生じる効果なのではない。中国および朝鮮では印刷機は支配官僚機構の掌中にあり、したがって中央から発せられた伝達を広めるためだけに用いられていた。(184) これに対してただヨーロッパにおいてのみ、市場と価格を介して、脱中心的なかたちでの流布が行われていたのである。聖書をできるだけ多くの人が読めるようにと翻訳し、印刷して学校に配備することが可能になったのも、このような条件の下でのことだった。しかしそこから問題が生じてきもする。読者が聖書を読める以上、他のテクストを読むこともできるはずである。それゆえに何を優先して読むべきかという枠を決定することが必要になるし、可能になりもする。そしてその決定は区別として現れてくるのであって、もはやただ宗教的な観点からのみ規定することはできない。流布のための技術を、優先された内容によって管理することはもはやできなくなっている。したがって《権威》によって管理することもできないのである。

ヨーロッパでは経済が場を取り仕切った。すなわち、売れるものなら何でも印刷されえたのである。したがって宗教的および政治的な検閲によって市場を完全にコントロールしなければならなかったはずである。しかしそのような方策がほとんど成果をあげえないという点が、たちまち明らかになってしまう。もちろんあらゆる地域においてそのような市場が存在していたわけではない。(185) ロシアでは十八世紀になって初めて印刷本が写本よりも安価になり、競争力を持つようになったのである。しかしこれはあくまで例外であった。全体として目につくのはやはり、革新のテンポのほうである。〔この点を証言している〕同時代の観察者たちがいたことにも注目しておこう。もっとも彼らは自分の存命中に変化を目撃していた分だけ、過大評価へと傾きがちだったのだが。(186)

しかしそれにしても、本当に新しかったのはいったいどの点なのだろうか。そして、他ならぬ全体社会のコミュニケーション様式に根本的な影響を及ぼしたのは、何だったのだろうか。この点を明らかにするのは、実は容易なことではない。書籍生産の合理化は、中世後期の大規模写本工房においてすでに始まっていた。印刷機の発明はそもそもこの文脈の中でしか理解できない（つまり、単独の出来事ではない）のである。印刷機によって労働とコストが節約され、口述筆記の際によく生じる聞きまちがいや書きまちがいが回避される。触覚的な契機が、つまり手を動かすことや自分の身体を用いて苦労し、製版することが、最終生産物が活版印刷によってもたらされるという事態の背後へと退いていく。この点だけからしても、テクストへの関係に変化が生じるように思われる。もちろん準備作業の段階ではなおも手が一定の役割を担い続けていただろう。しかしそれは今や、印刷を目標としてなされるのである。もはや筆跡が読者に示されることはない。書き手が身体的に現前しているとかろうじて言えるのは、印刷見本を作成する段階までになる。

特に〔活字による〕制作技術がもつ利点から、経済的な帰結が生じてくる。〔写本の場合よりも〕ずっと低い価格のもとで、市場が成立する。その市場が今度は需要を産み出していく。入手可能なテクストに接することによって初めて、読み方を学ぶことが、あるいは訓練によって技能を身につけることが、甲斐あるものとなるからである。印刷機の技術が、読書という追加技術を生み出す。読書とはすなわち、知覚という微小運動を用いる技術であり、いちいち決定を下すことで中断されはしない。それゆえに特に吟味せずにこの技術に身を委ねることができるのである。今や、自分の都合のよい時に、他人の手を借りずに学習できるものと期待できるようになる（書物が好まれるのは、この見込みゆえになのである）。今や書物の中で書物を引き合いに出すことが、またテクストの特定の箇所を引用することが容易になる。そしてその結果として、書物を入手できるということから安んじて出発できるようになるのである。[187] したがって頁の余白に添えられた語句註解、巻末の註解、頁ごとの註釈といった込み入った道具立ては、放棄してもかまわない。かくして全体として次のような変化が生じてくる。当初は、常に同じテクストがくり返し集中的に読まれていた。[188] くり返し読むことによって、言わば自然にテクストに権威が付与されていたわけだ。しかし今や拡張的な読みが登場する。情報としての、また娯楽としての価値という点から、読む対象が常に新たに探し求められるようになるのである。くり返し読む代わりに、容易に手に入るさまざまなテクストを比較する機会が生じる。ここに至ってこう定式化されるようになる。すなわち、テクストは《面白い》ものでなければならない、と。

書籍は市場を通して流布される。したがって販売するための理由となるのは、この本には何かしら新奇なものが含まれているという主張だった。当初テクストはパンフレット、物語詩、処刑された者を題材とする犯罪物語といった短く安いものだったがゆえに、特にそうであった。買い手にしてみれば、すでに知っているものが供給されたとしても、もちろんそれを買う気にはならないだろう。これは科学上の、あるいは技術上の革新についてだけでなく、娯楽を担うフィクションについても当てはまる。すでに同じものを一度読んでいるなら、そのフィクションを買おうなどとは考えないはずだ。書籍市場そのものが新奇さを主張することをもてはやすのであって、これは芸術および科学においてもオリジナリティと新奇さに対する肯定的評価が生じてきたこととは無関係なのである。[189] 独特な名前が付された印刷物は、それ自体が宣伝となる。この事態が今述べた《価値変動》を生ぜしめるためになした貢献には、計り知れないものがある。だから早くも十七世紀には、すでに知られている物語がくり返し語られたり演じられたりしている場合、それが気に入ったなどとどうして言えるのかが理解できなくなっていた。つまり再認を好んで享受しうるのはいかにしてなのかがわからなくなっていたのである。[190]

活版印刷術によって、また印刷されたテクストに基づく学校の授業によって、言語の画一化が必要になる。[191]かくして十六世紀以降、国語が成立する。それはたちまち国民国家形成のための政治的道具と化し、知の伝統を形づくる言語としてのラテン語をしだいに駆逐していく。[192]かつて、知は口頭により伝承されてきた。しかし今や活版印刷術により、知を伝達するテクストを固定することが、価値あるものと見なされるようになった。手工業的な技術に関しては特にそうであった。今や技術は印刷されることによって一時的な（現下における）知の状態として、したがって改善を促すものとして、提示されるのである。

だが同様にして、手書きのかたちで存在していた文学上の諸テクストもまた、次第に印刷に付されるようになる。そこからもやはり、広範囲に及ぶ帰結が生じてくる。既存の資料がいかに複雑なものであるかが、初めて可視的になった。例えば法学を考えてみればよい。精査し、分類し、比較し、改訂することが可能になった。下層に典型的に見られるジャーゴンも、印刷に付され知られるようになる。それによって、階層の差異が確証される結果にもなる。[193]それぞれの地方における法慣習は、書き留められ印刷に付されることにより、次第に地域的な（領主がもつ）裁判権による介入を受け付けなくなる。したがって〔法的な問題を〕中央集権的に処理することも可能になるわけだ。ついでに述べておけばここに至って初めて、〔ローカルな法慣習、領主裁判権、継受されたローマ法などからなる、法の〕現状がいかに錯綜しており、矛盾に満ちているかが明らかになった。それゆえにほとんど学習不可能であるように思われたのである。今や概観と単純化が緊急の課題となる。新たな方法が、体系化が、時代遅れになり使用できなくなったものを選り分けて捨て去ることが、必要になるのである。そこからは新たに、法的素材を〔統一的な〕精神によって統制せよとの要求が生じてくるはずなのだが、さしあたって求められたのはペダントリーにすぎなかった。

　娯楽以外の分野においても、新しい知識は古い知識よりもよいという信念が徐々に浸透していった。テクストが筆写されている限り、テクストは書き写されるごとに劣化していく。旧来の誤りが発見されることなく、さらに新たな誤りが付加されていくからである。それに対して〔印刷された〕新版の場合には、旧版の誤りが除去されているものと期待できるではないか。さらに加えて印刷された知識は、手持ちの知識を増大させ改善するように刺激しもする。その他の点でも活版印刷術によって、時間に対する態度は影響を被ることになる。例えば印刷術によって、コミュニケーションの宛先を多数の同時代人たちとすることが、意味をもつようになる。印刷された書籍に「まえがき」が付されていることから、この可能性が新奇なものと感じられていたということが、明確に見て取れるだろう。また、知識を増大させ改善する過程は、認識が獲得された場所に人々が居合わせていたということから独立する。したがってまた、どんな社会的威信をもった人々が居合わせていたかということからも独立するのである[194]。最後に、次のように推測することもできる。活版印刷術が（特に、ビラを安価に印刷できたことが）、宗教上の異説をかなりの広範囲にわたって速やかに広めるのに貢献したのではないか、と[195]。印刷術によって、過激な要求も公共的に確認されるようになる。その種の要求がひとたび周知のものとなると、容易には撤回できなくなるのである[196]。いずれにせよ、政治的影響力が流れていく伝統的な、実質的には排他的な水路は――ツンフト、ギルド、都市といった団体を経てのものであれ、地方の大地主とそのパトロン／クライアント・システムを経るものであれ――掘り崩されてしまう。印刷されたパンフレットは、もはや特定の宛先に向けられたものではないだろう。パンフレットの宛先は公衆なのである。請願そのものは行われ続けるし拡充もされるが、しかしそこにおいてすら十七世紀以降、活版印刷術が用いられるようになった。したがって一般的傾向としては、身元確認に基づいて秘密裡に請願を処理するというわけにはいかなくなるのである。

以上述べてきたことを考え合わせれば活版印刷術は気づかれないうちに、全体社会の水準でのコミュニケーションへの関与者を個人化する傾向を育んできたことがわかる。それは二重の意味においてである。周知のことであるにもかかわらずある人がそれを知らないとすれば、この無知はその人自身へと帰されざるをえない。読む量が十分ではなかったから教養が欠けているのである、と。他方で既知の事柄によって、自身を個人として目立たせるために、逸脱的な意見や新奇な解釈を用いて際だった存在になろうとする態度が刺激されもする。しかし活版印刷術から生じるこれらの帰結が、すなわち教養と批判とが、肯定的なかたちにおいても定式化されて、「啓蒙」および「個人主義」という独自のゼマンティクと化すのは、ようやく十八世紀に至ってのことだった。当時すでに、全体社会の構造的組み替えが不可逆的なかたちで進行しつつあった。肯定的な定式化によって、この経過が確実であるということの《自然な》根拠が得られるだろうとされたわけだ[197]。

先にも述べたように、活版印刷術がもたらす効果のひとつとして、広い地域において用いられうる国語の標準化を挙げることができる。二十世紀の今日においても、地方ごとにきわめて異なる方言が存在しており、口頭によって相互に了解しあうことは、排除されているわけではないにしても、困難である。しかし同じ本を読むことはできるではないか。この時点に至って初めて、《正しい》用語法の規則（および規則に関する意識）が成立する。それはやがて書き言葉を完全に「ドゥーデン化[48]」するという噴飯ものの試みと化していくのだが。そうなれば変更は専門家および権威者の決定によってなされるということになるわけだ。

手書き文字および口頭での伝承に基づく文化の場合にも増して活版印刷術は、伝統の中に潜む非一貫性を可視化する。そしてそうすることで間接的に、ゼマンティクを用いて矛盾を消去する手だてを与えてくれもした。そのために役立ったのは、例えば時間に首尾一貫した日付を打って単線化することである。そうすれば、相異なるものを時間の中に位置づけつつ分離して、《歴史的》に両立可能にすることができた。より長期的に見れば、これによってもまた起源の神話が破壊されることになる。この神話は、起源の現在〔における存続〕から、また過去が〔現在と〕同時的に、順次的な秩序を伴うことなく存在している（あるいは、順次性を想起するには短い時間しか必要でない）ということから、出発しているからである。これは、貴族を血統の起源によって正当化し動機づけるという態度に影響を及ぼしもする。そしてついには、伝統は選択されるイデオロギーへと転化する。今や伝統はいわば、時間の流れに抗して根拠づけられねばならないのである。

活版印刷術がもたらしたこれらの多数に及ぶ顕著な効果は、全体として、いくら高く評価してもしすぎることはない。われわれはいまだに多くの点で、書字化（Verschriftlichung）がもたらす諸帰結に直面し続けている。以前なら〔コミュニケーションを〕十分に〔広範囲へと〕流布する可能性が欠けていたために、それらの帰結が結実することはなかった。〔逆に言えば〕書字化の帰結が生じてこなかったのは、十分な流布の可能性が欠けていたという理由だけによる。今やこの制限はなくなってしまっている。それゆえにいわば残り火から突然発火したかのような様子を見せているのである。記述し説明するテクストの専門化として指し示される事柄すべてに関して、そう言えるだろう。その種のテクストは、理解するために必要なものをすべて、テクスト自身のうちで用意しておかねばならないのである。活版印刷術が登場するまでは、口頭コミュニケーションが優越しているということが出発点となっていた。文字は何よりもまず、これからコミュニケートされるべき内容を書き留め、固定しておくための手段と見なされていたのである。あるいは少なくとも、記録メディアとコミュニケーション・メディアが明確に区別されていたわけではなかったとは言えるだろう[198]。《communicatio》とは共通性を確立し、周知のものとすることだと考えることができたのである。それゆえに印刷機の発明後においてもなお、機械そのものが《コミュニケートする》のだとされていた。しかし結局は活版印刷術によって、著作物を単に書き留められたものとして理解するのは不可能になった。書籍は当初はまだ以前と同様に、自分自身の名において《話して》いた。つまり書籍として読者に語りかけていた。しかし書籍が自己を推奨する〔つまり、印刷に付され製本されるという時間と費用がかけられているがゆえに、話される事柄および印刷されない文書に比べて特別な価値をもつものとして自己呈示する〕ことによって、〔話され忘れ去られていく言葉と、書き留められ印刷され多くの人々の記憶にとどまっていく言葉との〕違いが明確になっていくのである。この問題についてこれ以上に詳細に論究することはできないが、とりあえずこのようにしてコミュニケーションに関する了解が変化してきたのだと仮定しておこう。だとすればこの変化こそが、印刷機がもたらした影響のうちで最も重大なものだと言えるかもしれない。というのはコミュニケーションに関する了解は、全体社会に関する了解だからである。

全体社会の記憶というものを、個人が多かれ少なかれ偶然的に想起する事柄から、またしたがって個人とともに消滅する事柄から切り離して考えてみよう。活版印刷術は、この全体社会の記憶を維持し継続していくためのインフラストラクチャーとしての機能を持つ。しかしその点が明らかになるまでに、印刷機の発明以降優に二〇〇年を要したのである(199)。このような記憶を用意しておくために設けられたのが、誰もが利用可能な《公共》図書館だった。それによって、個人の世代交代からは独立したかたちで〔コミュニケーションの〕安定性が保証される。なおかつその保証は更新可能であり、未来を固定するものではなく、未来に対して開かれているのである。それ以前の社会ではコミュニケーションは口頭でなされており、安定性の保証は共同生活において生じる家族という構造のうちに、また空間的構造のうちに、求められていた。しかしその種の保証は個々の機能システムにより用いられうる形式によって取って代わられていく。何よりもまず科学が用いる形式によって、また文学が、しだいに立法のかたちで活動するようになっていく法システムが、そして印刷された銀行紙幣を介して経済システムが用いる〔いずれも印刷物による〕形式によってである。知を分配し保存するこの形式が〔活版印刷術という〕技術に基づいているからこそ、それを全体社会の分化というあらかじめ構造化されている形式から切断することも可能になる。かくして、前者の形式を利用するか否か、またいかにしてそうするのかは、常に各機能システムに委ねられていることになるのである。

それ以降の発展は、緩やかに生じてくる。読書することのネガティヴな効果が確認されるようになる。女性が恋愛小説を読むこと、騎士が騎士道小説を読むこと（ドン・キホーテ）を考えてみればよい。かくして創作物を、読者を観察することによって方向づけようとする試みが始まる。(200) しかしさしあたってはコミュニケーションとは相互作用であるとの観念が打破されることはなかった。相互作用は、社会的合理性のモデルであり続けた。計算に基づく貨幣経済、国家理性、理論に定位した学術的研究をすでに実行している社会の中で、このモデルが孤立しているとの印象をどれほど与えようとも、この点は変わらなかったのである。啓蒙主義もやはり相互作用モデルに定位し続けていた。つまり結局のところ、口頭コミュニケーションを踏まえていたわけである。しかしそこではすでに、対面する者どうしが相互に規律づけあうことの代わりに、理性の関心が想定されていた。読書階層に属する個人のうちには、そのような関心が存しているものと仮定されるのである。それに対応して、人間の概念も一般化される。〔49〕〔相互作用モデルを克服した〕この議論は、超越論的意識の理論によって、再度克服される。すなわち、「自己言及は〔あらゆる意識における普遍的構造として〕一般化されうるはずだ」という逆説的な仮定によってである。ロマン派において初めて、文字と印刷へと向かうことにより、無限性を、コミュニケート不可能性を、現実への視角の食い違いを、コミュニケーションの中に取り込むことが可能になった。それによって初めて、コミュニケーションの失敗が文学において好まれるテーマとなったのである。

この経過がさらに一歩進展するのは、全住民が完全に識字化されていることを前提としうる（また、しなければならない）場合である。安価な日刊大衆紙が、理解の敷居を計画的に低く設定したかたちで発行されるようになったのは、ようやく十九世紀半ば以降のことであった。日本ではそのためには、誰もが知っていると前提にされうる文字記号への限定が必要とされたのだった（この制限が常に遵守されたわけではなかったが）[201][50]。後ほどマスメディアと世論に関する節において、そこから生じるいくつかの帰結についてさらに論じることにしよう[202]。

最後に、次のような推察を差し挟んでおいてもよいだろう。行為の了解は、そのうちに活版印刷術を見越して本を書くということが含まれるに至ると、変化せざるをえなくなる。対面的相互作用の場合、了解のための暗黙の手がかりが無数に存しているということに依拠できる。しかし〔本を書くという〕この活動を、その種の対面的相互作用の範型に基づいて把握することは、もはや不可能なのである。十八世紀においてすでに、作者が自身のテクストの中にもう一度出現することはできないという点が十分明らかになっていた。作者は物語の結末をすでに知っているか、〔話を〕自分自身へと差し戻すことによって、物語をいつでも中断しうるだろうからである。したがって作者は、《著者》というテクスト外の役割に自身を限定しなければならない（芸術家が自身の芸術作品にサインを入れねばならないのと同様に）。行為概念が今述べた事態を包摂しなければならないとすれば（それを回避することなどできないはずである）、行為概念は脱コンテクスト化されねばならない。とりわけ、語り〔という行為〕に即して境界線を引くことから解き放たれねばならないのである。ではその場合、行為の統一性とはいったい何になるのだろうか。行為はどこで始まり、どこで止むのだろうか。今や実際のところ行為とは、主観的意図を具現化したもの以外ではありえなくなる。その帰結として、行為の正統性について問うことが可能になるのである。

今世紀〔二十世紀〕において電気を技術として利用することができるようになったことにより、従来のコミュニケーション可能性は、多方面において拡張されるに至った。なかでも人間の有機体に依拠した自然なコミュニケーションがもつ制約は、取り払われることになったのである。今や、コミュニケーションに必要なエネルギーは、コミュニケーションを作動として実行することとは完全に無関係に〔例えば、まったく別の場所で〕生産され、必要に応じて自由に用いられうる。エネルギーの流れを技術上どのようにネットワーク化するかは、コミュニケーションに対してはまったくニュートラルである。言い換えるならば情報というものは技術的なネットワーク化の外部において産出されるのであり、《ノイズ》によっては〔有意味なかたちで影響されたり歪められたりするのではなく〕ただ攪乱されるだけなのである。技術のかたちへと整えられた物理学とコミュニケートされた情報との間の因果関係からはあらゆる重なり合いが〔すなわち、一方の要素がそのまま他方の要素として働くという事態が〕取り払われ、〔関係は〕構造的カップリングという形式を取るに至る。これは一方では、全体社会というコミュニケーション・システムが、その環境の所与状態との構造的カップリングに、テクノロジカルに条件づけられたかたちで、ますます依存するようになるということを意味している。それによってより攪乱を受けやすくなるし、また攪乱に抗するための技術的・経済的出費も増大する。他方ではそこから、コミュニケーション可能性の爆発的増大が生じてきもする。この事態は確かに技術によって誘発されたものではあるが、〔一度生じると〕今度は用途によって規定されることになり、固有の動態を持つようになるのである。そしてこの増大は、多方面においてほとんど同時に生じてくる。以上の事態からの帰結に関しては、現在ではまだ評価しがたい。しかし新しく生じてきた事柄の構造を記述することは可能である。

　例えば、コミュニケーションは現在でも空間的に（したがって、時間的に）制限されてはいる。しかし電話からファックス、電子メールに至るまでのテレコミュニケーションによって、その制限はゼロに近づきつつある。技術によってもたらされたこの可能性を〔さらに〕補完するのが、記録装置である。記録装置によってもまた、伝達〔の作動〕と受信とを引き離すことが可能になる。つまり両方の側で、時間をそれぞれ異なるかたちで扱えるようになるのである。かくしてコミュニケーションの成立が容易になるわけだ。この領域に関しては電子〔機器〕によって、口頭コミュニケーションや書字によるコミュニケーションが疑わしくなるわけではない。むしろそれらのコミュニケーションにとっては、追加的な適用可能性が開示されるのである。ただしもちろん、技術によって条件づけられた一定の制限を、甘んじて受けざるをえないことにもなるのだが。

　真に多くの帰結をもたらす変化が生じるのはむしろ、情報処理のための電子機器が発明され、発展していくことによってであるように思われる。〔当初において〕問題は、あたかも長きにわたる人文主義的伝統に魅入られたかのように、次の問いのかたちを取っていた。はたしてコンピュータとその《人工知能》は〔人間の〕意識と同等の価値ある、あるいはそれ以上のことをなすのかどうか。個々の作業領域に関して言えばコンピュータは、どの作業領域において優れておりどの作業領域において劣っているのか。精神科学は人間主体をめざして逃走し、そこに留まろうとしたのである。しかしこれが正しい問題設定なのかどうかは疑わしい。また、全体社会がコンピュータに《機会の平等》を認めるなら、コンピュータのほうが勝者であり続けることにならないかどうかと、問うてみてもよい。〔しかしわれわれが設定する〕まったく異なる問いは、こうである。コンピュータは、全体社会を構成するというコミュニケーションの働きを代替することが、あるいは凌駕することができるのだろうか。できるとすればどの程度までなのか。そうしうるためにはコンピュータは、他ならぬ知を形式として扱わねばならないだろう。つまり、他のコンピュータが何を知らないかを知りえねばならないはずである。一九五〇年代のサイバネティクス会議[51]においてすでに、次のような定式化がなされていた。人間の意識を機械として構築できるのではないか。そのためには、機械がなすべきことを、十分精確に示すことができさえすればいいのだ、と。しかしだとすれば、以後《人工知能》と呼ばれる研究領域において問題なのはただプログラミングだけだという話になる。かくして問題はむしろ、口頭コミュニケーションへと移っていくことになった。口頭コミュニケーションの長所は他でもない、必要に応じてだけ自己修正する作動を用いることができるがゆえに、表現が不明確でも機能するという点に存しているからである。コミュニケーションとは知と非知との差異を継続的にプロセシングすることであるが、その際、コミュニケーションに関与している個人ないし機械の側での知／非知のストックを伝達する必要はないはずである。知／非知のストックは、コミュニケーションの前提であると同時に結果でもある。この点に関しては、少なくとも目下のところは、口頭コミュニケーションおよび文字によるコミュニケーションが不可欠であり優越していると言いうる十分な論拠がある。ただしそれらのコミュニケーションのほうでコンピュータを用いて自身の遂行能力を増大させ、技術に委ねられうる事柄にではなく〔コミュニケーションそのものにとって〕

本質的な事柄に注意を集中するということもありうる話ではある。

しかしおそらくは、コンピュータを意識と、あるいはコミュニケーションと比較するというこの問いは、副次的な問題にすぎないだろう。コンピュータを用いる作業やゲームを、コミュニケーションとして把握できるのだろうか。例えば、ダブル・コンティンジェンシーというメルクマールが両方の側において与えられているのか否か。この問いに関しても、答えは未決のままにしておこう。したがってまた、この事例を取り込もうとすればコミュニケーション概念を変更しなければならないのかどうか、どの点を変更する必要があるのかという問いへの答えも、未決のままとなる。むしろより興味深いのは、「全体社会におけるコミュニケーションがコンピュータによってもたらされた知識に影響される場合、このコミュニケーションに何が生じるのか」というものである。実際に〔生じている事態として〕観察されうるのは、データを収集し利用し再修正することからなる、世界規模で作動するコネクショニズム的なネットワークである。例えば医学の分野を考えてみればよい。そこでの作動はテーマの上では特定化されているが、空間的に制約されることはないのである。そこに、世界社会という事態を示す、さらなる論拠を見いだしうるだろう。世界社会においてはコミュニケーションが強化され加速されているが、それはこの新たな流布メディアがなければ不可能だったはずである。

しかし、宗教や芸術に関して伝統的に固定されていたものと比較してみた場合、コンピュータによって変化したのは何よりもまず、〔到達可能な〕表層と深層との関係である。問題となるのはもはや、予言を可能にする線でも、〔当該の事柄のもつ〕意義を強調する装飾でもない。今や表層的なものとはモニタ画面であるが、こちらにおいては人間の感性はきわめて限定的なかたちで用いられるにすぎない。それに対して深層とは不可視の機械であり、その機械は今日では、一瞬ごとに自分自身を構成し直していくのである（使用への反応などによって）。表層と深層との結びつきは、コマンドによってもたらされる。コマンドによって機械に、何かをモニタ画面に、あるいはプリントアウトのかたちで、可視化せよと命じるわけである。深層そのものは不可視のままである。

とりあえず、こう推測することはできる。このような構造は、コミュニケーションの可能性に対しても制約に対しても、かなりの影響を与えることになるだろう、と。一方で、表層と深層のカップリングに関しては、特殊な能力が必要とされるようになる。不可視の機械を《ヴァーチャル・リアルティ》として指し示しうるのは、ただこの理由のみによる（潜在性 Virtualität が単なる可能性から区別されるのは、この能力（徳 virtus）が前提とされるという点にのみよっている）。他方では、件の構造が用いられうるのは、それが心的システムないし社会システムにおいて変化を（情報を）生ぜしめる場合のみなのである。〔このコミュニケーションでは〕伝達のために、形式が時間化されねばならないように思われる。もはや確固たる形態から出発できはしない。機能システムのコードに従って真ないし非真として、有用ないし無用として判断できるような形態を踏まえるわけにはいかないのである。何かを確定すれば、それによってマークされない空間が、そしてそこにおいて他の側が産出される。そしてそちらの側を規定するためにはまた別の作動によらねばならない（そしてその作動も同じ帰結を伴う）のである。この《超古典的》機械(203)において肝心なのはもはや、性能のよい用具であるという点ではない。むしろ重要なのは、豊かな違いと指し示しとを可能にしてくれるような、また全体社会に対して、その時点では見通しがたい帰結をもたらしてくれるような形式をマークすることなのである。いずれにせよ、能力が増大すれば、(その能力について認識されうる)不能さも増大するように思われる。不可視の機械に手を入れつつ議論を行う可能性は、明らかに減少しつつある。その分だけ、〔故障などによって引き起こされる〕攪乱に対してはますます脆弱になっているのである。

また別の技術上の発明が、すなわち映画とテレビ(こちらはテレコミュニケーションと関連しているわけだが)が、動画のコミュニケーションを可能にした。さらに加えて動画に付随する音声を〔画面の動きと〕同期化させれば、〔われわれの目前に〕登場してくる現実の総体をネガ(Cliché)のかたちで複製することが可能になる。二次体験であってもオリジナルに忠実であるとの保証付きで、現実が再生産されるのである。視覚的再現と聴覚的再現は文字によってきわめて明確に分離されてきた。両者は再び融合する。言語は現実性の保証を放棄せざるをえなかった。言われたことすべてに対して論駁が可能だからである。今やそれに代わって現実性を保証するのは、動きをもつ、視覚的/聴覚的に同期化された画像なのである。(204) もちろんその場合でも、リプレイであることが見抜かれるに違いないし、画像に論駁したり画像を破壊したりしてみても意味がないということを悟るはずである。画像が示すのはアリバイとしての現実であるのはあまりにも明白である。とはいえ〔動画を構成する個々のコマとしての〕写真は、写されたものと画像の中に登場してくる現実とが対応していることを保証しもする。したがってそれにより伝達される総体としての〔すなわち、動画としての〕コミュニケーションは、再び現実の時間に依存しているということになる。撮影がなされうるのは、撮影されるものが実際に生じた瞬間においてだけである。それ以前においても、それ以後においても撮影できはしない。また動画を見ることができるのは、上映されているか放送されている時だけである。ここでは疑似口頭的な時間関係への《退行》が生じていることになるが、それはモンタージュと録画の技法によって、ただちに埋め合わせ可能になる。技術によって生じた問題は、技術によって解決されうるわけだ。しかし今述べた現実の時間への依存からの帰結として、ある種追加的な信憑性が得られる。フィルムを撮る際にも見る際にも、複雑な細工を施したり、それをコントロールしたりする時間はないからだ。細工が施されているのではという嫌疑が完全に排除されるわけではない。しかしその嫌疑は距離を置いた、抽象的なかたちで意識されるだけであり、したがってコミュニケーションと並行して証明するのは困難になるのである。

結果としてこの発明から生じてきたのは、世界の総体がコミュニケート可能になるという事態であった。[205] 存在の現象学の代わりに、コミュニケーションの現象学が登場してくる。世界は、画像コミュニケーションが示唆するように眺められる――もちろん劇的でもないし、コントラストに富んでもいないし、完全無欠でもなく、色彩豊かでもないし、そして何より、精錬されているわけでもないのだが。知覚によって捉えられる世界は、常により強い〔刺激のほうに注意が向くという〕圧力に晒されるために、陳腐化していくことになる。これは通常の知覚の場合でも、テレビの世界を知覚する場合でも同様である。[206] それに加えて知覚過程の中では、言語においてわれわれの耳目をひくものが、すなわち情報と伝達とを区別できるしまたそうしなければならないという点が、背景へと退いてしまう。もちろんテレビの中で人々が語っているのを見ることはできる。視聴者がこのメディアの中に再登場することすらある。例えば、背景で馬鹿笑いをする人たちとして、である。それが、何か笑われるべきことが起こっていたはずだと教えてくれる、というわけだ。[207] しかしこの配置の総体は、〔言語が用いられてきた〕数千年間にわたって情報と伝達との区別を踏まえて発達してきたコントロールを受け付けないのである。したがって言語的コミュニケーションの「イエス／ノー」によるコード化も、うまく働かないことになる。映画によって肯定的な、あるいは否定的な感情を掻き立てられることはあるし、映画を良いとか悪いとか言うこともできる。しかし知覚されたものをすべて組み合わせた全体に関しては、〔判断を〕絞り込むことによって、〔その全体を〕受容するか拒否するかを明確に区別できるようになるというわけにはいかないのである。コミュニケーションが問題なのだという点を〔すなわち、映像の背後に何らかの伝達意図が潜んでいるという点を〕知ることはできる。しかしそれを見ることはできない。だから細工がなされているのではという疑いが生じても、立証されないまま口にするしかない。この事態は知られており、受け入れられている。テレビが生産するのは、〔生《なま》の生活においてすでに〕生産された形式である。その形式は、日常生活において説得力をもつ手段のすべてを身に纏っている。この形式のもう一方の側をなすのが、「細工されているのでは」という疑いに他ならないのである。

視聴覚放送が知覚をまるごと伝達できるがゆえに、個人の想像力は可能でも必要でもなくなる。[208] また、大量の個々人が受信するがゆえに、コミュニケーションによって説得力を持たせるという作業は不要になりもする。感じ方の斉一性は、テレビ画面そのものによってすでに確立されている。ただしだからといって、自然な知覚世界の場合と同様に、意見の相違が排除されるわけではまったくない。したがって、文化と世界観とを均質化する作用が目につくことはほとんどない。おそらく目立つのはむしろ、すでに確立されている一致が速いリズムで交替していくことのほうであろう。

しかしすべてがコミュニケートされうるとしたら、また重要で強い印象を与える領域において、「情報と伝達」というコミュニケーションを構成する差異が、認識できないものへと退いていくというのであれば、まだ何かをコミュニケーションだと言えるのだろうか。ボードリヤールが考えているように、コミュニケーションの全面化はコミュニケーションの消滅へと行き着くことになるのだろうか。あるいはここにおいて初めて、全体社会のコミュニケーションというシステムの盲目的閉鎖性が現実のものとなるのだろうか。だとすればコミュニケーションとは、世界が自己観察を行うに際しての、不可視的な補助装置にすぎないということになるのか。全体社会とは、世界がそれ越しに自身を観察する境界なのだろうか。

だがこういった思弁的な問いは置いておくことにしよう。その代わりに問いたいのは、今述べてきたような条件のもとでは、コミュニケーションの選択性がどんな新たなかたちで整序されることになるのか、その様式についてである。多くの場合技術によって、一方向的なコミュニケーションが強いられることになる（電話は例外である）。それは途中に装置を接続しなければならないからであるが、またひとつには、どうしてもマスコミュニケーションにならざるをえないからでもある。活版印刷術においてすでに、後者の事態と折り合いをつける必要が生じていた[209]。これは、選択の生じ方を変化させる。しかも、装置の両方の側においてである。もはやコミュニケーションの中で選び取るのではなく、コミュニケーションについて選び取るのである。発信者は、自分にとって何がどうするのが好都合なのかを勘案しながら、テーマと形式を、演出を、またとりわけどの時点で送信し、どれくらい送信を続けるかを選択する。受信者は、何を見たいあるいは聴きたいと思っているかを勘案しながら、自分自身〔の行動〕[52]を選び取るのである。かくしてコミュニケーションは、相互的な選択からなるハイパーサイクルのようなかたちで成立する。しかしいったん成立してしまえば、もはや自身を修正することはできないのである。

　以上のことだけからしてすでに、われわれが口頭コミュニケーションからいかに離れたところまで来てしまっているかがわかる（ただし、この点は何度でも強調しておく必要があるだろうが、口頭コミュニケーションが今述べてきたコミュニケーションによって取って代わられたり廃止されたりするというわけではない）。しかし現在のところ最新の発明は、さらに一歩先に進んでいる。すなわち、コンピュータを介してのコミュニケーションが問題となっているのである。そこでは、コンピュータへのデータの打ち込みと情報の呼び出しとを大きく隔てることが可能になっているので、もはやいかなる同一性も成立しない。コミュニケーションに関して言えば[210]これは、伝達と理解の統一性が放棄されているということを意味している。何かを打ち込む者は、反対の〔データを呼び出す〕側で何が引き出されるのかを知らない（それを知っているようなら、コンピュータなど必要ないだろう）。両者の間でデータは《処理＝加工》されてしまっているからである。同様に受け手のほうも、何かが自分に向かって伝達されるはずになっていたのか否か、何がそうだったのかを知る必要などない。典拠（Quelle）の権威は社会構造的な保護（階層、名声）を必要としたのだが、今や権威も保護も無用になってしまったことになる。それらは技術によって失効宣言を受け、出典の未知性によって置き換えられるのである。さらにまた、伝達の意図を認識することによって疑念を膨らませたり、あるいはそこから、コミュニケーションの受け入れないし拒否を生ぜしめる何らかの帰結を引き出したりするといった可能性もなくなってしまう[211]。通用しているのは不確実性の吸収であり、それは限定された範囲内で自分自身をコントロールしていく。人間の身体もまた、（少なくとも、技術の現状においては）接続ポイントに拘束されざるをえない。モバイル機器の場合でもこの点は変わらない。したがって、テレビの〔視聴中の〕場合と同様に、〔機械を使っている限り〕身体があちこち徘徊して〔他人の身体と〕偶然的に接触するということはなくなるかもしれない。[212] 以上のすべてによって、コミュニケーションのメディア基体が、極限に至るまで社会的に脱カップリングされる。これは、われわれの概念構成法に即して言えば、新たなメディアが成立しており、その形式は、コンピュータ・プログラムに依存しているということを意味しているはずである。確かにこの種のプログラムは今のところまだ、どのような道筋でコミュニケーションそのものが当のメディアを形式へと圧縮していくのかを決定するには至っていない。そのような圧縮が生じるためには、情報の打ち込みと呼び出しという出来事が必要だからである。しかしこのプログラムは、かつて言語の文法的規則がそうだったように、形式となっている。すなわちタイトなカップリングの可能性を制限して、そうすることによって、見通しがたいほどに拡張できるのである。

なるほど文字によって、コミュニケーションの構成要素である伝達と理解とを空間的に（したがってまた、時間的に）脱カップリングすることが成し遂げられてはいた。しかしそれはあくまで、「問題となっているのは事象的（＝内容的）に同一の情報である」という厳格な条件のもとでのことであった（内容が《解釈学的》にどれほど修正されようと、この点は変わらなかった）。それに対してコンピュータが行う脱カップリングは、コミュニケーションにおける意味の事象（＝内容）次元までをも含むに至るのである。そこから何が生じてくるのか。現在のところは、どんな大胆な思弁をもってしてもその点を明らかにするまでには至らない。とはいえ、このような事態が認知的に取り扱われるに際して、すでに新たな傾向が生じているのを観察することはできる。その傾向は、知の秩序の形式に影響を及ぼし始めているのである。出発点となるのはリアリティというものを原理上作動的に、またさらには手続的に理解することである(213)——その際、《オートポイエーシス》という言葉が用いられる場合もあれば、そうでない場合もあるわけだが。

そこから生じてきたのは、もはや見通すことのできない複雑性という観念であり、さらには認知構造についての研究であった。そこでは認知構造は時間を度外視する。例えば計算法という形式において、他の時点にも反復適用できるものと仮定されるのである。原理的に時間に依存した(歴史的な)作動の継起という、時間を度外視するモデル。この種のモデルによって、運動という古典的概念は破壊されてしまう。運動は、何かしら固定的なものとの差異においてのみ認識されうると見なされていた。したがってまた、「動く/動かない」「動学/静学」という区別も破壊されることになる。ではそれらの代わりに何が登場してくるのか。というよりも、そもそも知の組み替えというものを、その種の代替過程として把握できるのか否か。認知科学、人工知能、コンピュータ言語、予測不可能なものを扱う新たな数学などの領域におけるあらゆる進歩にもかかわらず、この点については明確な決着はついていない。少なくとも社会学者にとってはそうである。社会学者にできるのは、すでに認識可能となっている社会的な事実に反応することだけだからである。せいぜいのところ、この知の新しい秩序の問題を、全体社会の理論のパースペクティヴにおいて、必要なだけのラディカルさをもって、言い表すことができるぐらいである。

今世紀〔二十世紀〕に登場した新たなメディアによって、世界規模のコミュニケーション可能性は、さらに著しく拡張されることになった。それによって、生じうるコミュニケーションと実際に生じるコミュニケーションの間の齟齬も先鋭化する。したがってまた、選択の問題も先鋭化することになる。全体社会はこの問題に対して一方では選択を組織化することによって、また他方では選択を個人化することによって応えてきた。(214) コミュニケーションの統一性は、洞察をもたらす働きを担っていた。しかし今や統一性は解体される。その解体が生じた道筋は、ほんの数十年前ならそんなことが起こりうるとは考えられなかったようなものである。それによって、メディアと形式の差異は（つまりは、メディア／形式の区別という形式は）さらに大きな意義をもつようになる。またそれと同時に近代社会においては、コミュニケーションの可能性がその限界に達したように思われる。そこではもはや、コミュニケートされないようなものは存在しないのである。もっとも、今なおその限界の一翼を担っている誠実さのコミュニケーションは、例外的に昔からコミュニケート不可能なものであった。「言っているとおりのことを考えているわけではない」などとは言えない。「言っているわけではない」と言われるときに何が考えられているかを相手は知りえないということも知りえなくなってしまうからだ〔相手が「私は知りえない」と言ったとしても、それもまた相手が考えていることとは異なるかもしれないから〕。だから「言っているとおりのことを考えている」とも言えないのである。それは疑念を招く無用の長物であるか、さもなければもともとコミュニケートすることのできない否定を否定することだからである。[53] コミュニケーションのこのパラドックスを回避することはできない。しかし迂回し、分解することはできる。つまり、迂回・分解を狙った区別によって置き換えることはできるのである。それを行う装置をわれわれは、「象徴的に一般化されたコミュニケーション・メディア」と呼ぶことにしよう。

VIII 流布メディア――要約

これまでの議論を次のように要約できるだろう。文字の発明に始まって現代における電子メディアにまで至る流布メディアの進化の中で一貫した傾向というものがあるとすれば、ハイアラーキカルな秩序からヘテラルキカルな秩序へと向かう動向であり、また全体社会の作動を空間的に統合することの放棄である。

全体社会の分化が形成される際には、例えば帝国が創設されるにあたっては、ハイアラーキカルな秩序を踏まえつつ都市の優位性や階層が設定されていた。しかしそれと並行して流布メディアがハイアラーキカルな秩序を非正統化する、あるいはより精確に言えば、代替選択肢を投影する働きをしていたのである。ハイアラーキーの場合、頂点を観察するか、あるいは頂点に影響を及ぼせばそれで十分だった。というのは頂点が〔全体の隅々にまで〕自身を貫徹しうるだろうということから出発できたし、その想定は多かれ少なかれ正統だったからである。それに対してヘテラルキーは直接的な、どんな場所と地位において生じたかでそのつど〔相互に〕弁別しあう〔観察される〕接触をネットワーク化することに依拠している。活版印刷術が発明された段階ではまだ、ハイアラーキーとヘテラルキーとのこの対立は、〔どちらが優位だとも〕決しがたいかたちで現れていた。中国と朝鮮では印刷機は、官僚機構の支配のもとで〔法令等を〕流布する道具として用いられた。それに対してヨーロッパでは当初から印刷物は経済を通して用いられ、市場によって流布されてきた。それゆえに、検閲によってコンフリクトを回避すべく試みられたのである。しかし印刷が行われる場所がさまざまな地域にまたがり多数に及んだがゆえに、また印刷されたコミュニケーションの内容が急速に複雑性を増していったがゆえに、その試みは失敗せざるをえなかった。その結果あらゆるハイアラーキーは、政治と法におけるそれも含めて、原則的にヘテラルキカルなかたちでコミュニケートする全体社会と宥和していかざるをえなくなったのである。十八世紀以降においてはこの状態が、「宗主権をもつのは《世論》である」というかたちで賞賛されてきた。分化形式に関してそれに対応するのが、機能分化への移行なのである。

近年のコンピュータ・テクノロジーはそこからまたさらに重要な一歩を踏み出している。このテクノロジーは、専門家の権威までをも掘り崩すのである。原理上はそう遠くない将来において、医者や法律家などの専門家の発言を誰もが自分のコンピュータで検証してみることが可能になるだろう。専門家が、これこれの薬剤が効力を持つという科学的な証拠は存在しないと主張しているとしよう。それなのにその証拠が見つかったりする。あるいは、これこれの法律問題に関してはまだ司法判断が示されていないと専門家が主張していても、やはりその判断が発見されたりするのである。ある知識がいかにしてコンピュータに取り入れられたのか。その道筋を検証することは困難である。だがいずれにせよ、そういった道筋が権威づけに活用されるわけではない。もちろんだからといって、さまざまな仕方でコミュニケーションに携わっている人々が信頼を必要としているという点までは変わりはしない。ただし、電子的なデータ処理の時代においてはこの信頼はもはや人格化されえないし、社会的地位へと転化させることもできない。今や信頼は、システム信頼でしかないのである。

ヘテラルキーという脱中心化された秩序においても広範囲にわたる出来事が、また特に、多大な帰結をもたらす出来事が存在しないわけではない。あるひとつの選択が他の多くの選択を可能にしたり、阻害したりするということもありうる。世界を変えるようなニュースもあるかもしれない。「原爆が投下された」というニュースを考えてみればよい。この秩序のもとでも、他の場所にも増して観察に値する場所というものがある。例えば証券取引所がそうである。この秩序においても重要な事柄は突出して現れてくる。ただしそれは常に、非知も同時に存在するという文脈においてである。つまり、コントロールされえない文脈においてのみなのである。持続・反復・強化といったことは常に生じている。そして何にも増して、個々の出来事を観察として性格づけてよいならば、システムの機能様式の「観察の観察」という水準への移行が生じているのである(215)。観察者を観察しなければならないということだけからしてすでに、ドラスティックな縮減が生じてくる。しかもその縮減は同時に、あらゆる事例に関して次のような選択肢を開示しもするのである。観察された事柄を、観察者およびその観察者が用いている区別に帰そうとするか、それとも観察されたものに帰そうとするのか。送信された事柄は《そのとおりdas stimmt》なのか、それとも送信を行う際の特定の意識によって選択され、様式化され、変造され、案出されたものなのか。しかしこの点に関しても、頼りになるのは観察の観察(自身の観察の観察を含めて)だけなのである。

　結果としてこのような状況の中では、保存しておくに値する意味を全体社会が再生産するに際して用いられるゼマンティクが、根底的に不安定化する。固定的な形式をとる信頼は解体されてしまった。それを蘇らせようと努めてみても無駄であることがわかる。したがって全体社会は新たな固有値を、ヘテラルキーとセカンド・オーダーの観察という条件のもとで安定性を約束してくれる固有値を、試してみているように思われる。そしてそこではおそらく、流布メディアがもつ選択作用に決定的な役割が割り振られることになるだろう。少なくとも流布メディアは、コミュニケーションのヘテラルキカルな秩序と両立可能だからである。

流布をめぐるテクノロジーの、またそれに対応するメディアの進化から生じる第二の、やはり広範に及ぶ帰結として、全体社会の作動を空間的に統合することとの必然性が後退したという点がある。後ほどより詳しく述べるように[216]、われわれは「統合」を、システムの自由度の制限として理解している。文字だけからしてすでにコミュニケーションの理解を、またコミュニケーションへの反応を伝達する者が対面しているということから切り離す働きをもつ。とはいえゼマンティクの進化は中世においてはまだ、次の点に決定的に依存していた。すなわち、どの図書館にどの写本が所収されていたか。またどんな偶然によってある読者が写本へと引き寄せられ、その写本によって何らかのアイデアをかき立てられることになったのか、にである。そこでは現に個人の身体が、またしたがって個人の身体が一定の場所に留まることが、重要な役割を演じていたのである。印刷された文字が普及していくことによって、この事態は徐々に変化していく。十八世紀においては全体社会の統合が《公共性》へと委ねられた。そこでは統合そのものがではないにしても、空間的な統合が、廃棄されたのである。というのは《公共性》が意味するのは、任意の人によるアプローチを許すということ、つまりはアプローチをコントロールすることの放棄に他ならないからである。これはすなわち、空間的な統合を構造的に無規定にしておくということなのである。

空間的統合とはシステムの自由度が、すなわちシステムが実現しうる可能性の量が、空間内においてシステムがそのつど作動する位置次第であるということ、つまりはそのつどの特殊でローカルな条件に依存しているということである。この条件を変化させるためには、すなわち移動するためには時間を要するし稀少な資源を使用することにもなる。別の場所で、例えばデルフォイ神殿でコミュニケートされた事柄を知るために使者を遣わす、というようにである（古代ギリシアでは理論 theoroi とはこの使者を意味していた）[54]。近代に、また近代の国家からなる世界に至ってもなお、空間的な連関および空間的境界は、構造的革新の実験領域の境界をも意味していた。そうやって区切っておけば、その革新が拡散されうるようになる際に生じるリスクを軽減できる、というわけだ(217)。文字および活版印刷術によってすでに、またその後では旅行活動が活発になっていき、上層に所属する者が外国で研究を行うようになることによって、空間的距離と空間的境界は制限を加えるという性格を失っていく。景観は《主観的》な享受の対象となり、故郷は〈ノスタルジック〉な悲嘆のテーマとなる。空間的統合が消滅するとともに、それに基づいた確実性も抜け落ちていく。特定の場所に留まることは旅行・転居・放浪の結果であり、偶発的なものとして体験されるようになる。もちろんどこへ赴こうとも空間的な特殊条件には出会わざるをえず、その条件に行動を適応させることが求められる。しかし個々の人間にとってみれば、移動することによって条件を別のものへと置き換えることができるのだから、適応しないままでいることも可能なのである。

以上の事態が全体社会の通常的条件になってしまっているのであれば、社会学理論はそれに適応しなければならないはずである。だとすればシステム境界とはシステムの枠のようなものであるとか、外皮や皮膜のようなものであり、言わばシステムはそれを用いて自身を強化する云々などと考えるわけにはもはやいかなくなる。境界はシステムの部分ではない。あるいはこう言ってもいいかもしれない。「境界とはシステムの部分領域であり、その部分の他に《より内側の》部分が存在している。そして後者は環境と接触しないことから利益を得ている」云々というわけではないのである、と。社会システムとはむしろ、システムという形式の一方の側、内側、作動する側に他ならない。システムのあらゆる作動によって、環境との区別においてシステムが際だっていることが、再生産されていくのである。意味システムのオートポイエーシスとは、この差異の再生産に他ならない。

IX 象徴的に一般化されたコミュニケーション・メディア(1)――機能

社会秩序はいかにして可能か。この問いに対して、古典的な社会理論は規範的な条件を引き合いに出しつつ答えてきた。自然法を、社会契約を、コンセンサスに達しうる道徳を、である。このことは社会学に関してもあてはまる。デュルケームやパーソンズがそれにあたる。確かにパーソンズにおいてはすでに代替選択肢が姿を現してはいた。しかしそれは自由に展開されることなく、コードおよび分有された象徴的価値がもつ規範的な意味合いに服属させられていたのである。その代替選択肢は、象徴的に一般化されたメディアの理論のうちに求められる。理論のこの部門の基礎となっている問題設定を定式化し直しさえすれば、そこにおいて扱われているのが代替選択肢であるということがたちどころに認識できるだろう。すなわち、通常のように全体社会のまとまりを規範的に保護することに対する機能的等価物が論じられているのである（ただしこれはもちろん、規範がメディアによって埋め合わされうるということを意味しているわけではありえない)。

象徴的に一般化されたコミュニケーション・メディアは、(特に法の場合がそうであるように)予期外れの事態に対して予期を護ることを第一の任務としているわけではない。このメディアは独自のメディアであり、コミュニケーションの蓋然性の低さという問題に直接関連する。とはいえやはりこのメディアは、言語における「イエス/ノー」のコード化を前提にしている。そのうえで、コミュニケーションが拒否されるほうの蓋然性が高い場合であっても、その受け入れが予期されうるようにするという機能を引き受ける。このメディアが初めて成立するのは、文字が存在しており、それゆえにコミュニケートされた意味を受容せよとの要求が拒否されることのほうがさらに一段と蓋然性の高いものになるときである。すなわちこのメディアは、「通常の場合、情報が増大することは受容の減少を意味する」という問題に応答しようとするのである[218]。

言語コードが、ある意味提起を受け入れるにしても拒否するにしても、言うことを理解させるチャンスを等しく与えている場合でも、やはり次の点から出発できるだろう。すなわち、意味提起が拒否された場合よりも受け入れられた場合のほうが、その提起が反復されるチャンスがより大きくなる、と。コミュニケーションは成功を確認するだろうし、反復される見込みが十分にあるなら、記憶に留めるだろう[219]。さらに加えて、受け入れられた意味提起は、一般化されるより大きなチャンスをもちもする。受け入れを行うコミュニケーションそのものも、またその後に続くあらゆるコミュニケーションも、当の提起を異なる文脈へと移し入れ、その文脈に然るべく適応させなければならないからである。したがって受け入れと拒否とは、相異なる回帰を生ぜしめることになる。この考察によって次の事態が説明できる。

一方で、拒否によって解発される道筋の中では、コンフリクトを克服する制度が成立する必要が生じてくることがある。その制度は、意見が異なったり紛争が起きたりする、予見不可能な個別事例に対処しておかねばならないのである。また他方で別の道筋においては、受け入れられた意味を肯定するゼマンティクが生じてくる。このゼマンティクは反復的に使用され、濃縮され、抽象化される過程の中で、いわば成熟していくことになる。だからといって、この発展の道筋が《理性的》な成果をめざしているなどと述べているわけではまったくない。というのはここでもまた進化は出発点および分岐に左右され続けるからである。ただし当然のことながら全体社会そのもののほうはその帰結を、《自然＝本性》《理性》《リアリティ》などの肯定的な称号を用いて称揚するだろうし、場合によってはそうしておいてから、今度はその帰結に対して《批判的》な態度を取ることもできるだろう。

象徴的に一般化されたコミュニケーション・メディアは、この過程から生じる帰結のひとつである。このメディアは、きわめて抽象的な意味においてであるが、道徳に対する機能的等価物を形成する。このメディアもまた、受け入れないし拒否の蓋然性がどれくらい高いかを条件づけるのである。ただし道徳のほうは、争いを招きがちであり危険を孕んでいるがゆえに、十分な首肯性を備えた領域が準備されていることを前提とする。それに対して象徴的に一般化されたメディアは、首肯性に抗して動機づけを行うために分出するのである。そこから次の点が説明できる。すなわち道徳が統一化へと（そしてやむをえない場合には、コンフリクトへと）向かう傾向があるのに対して、象徴的に一般化されたメディアは最初から複数形であって、特殊な問題が生じている状況に対応するかたちで成立する。蓋然性がきわめて低い意味の選択が、蓋然性の高いものになる――この事態を達成するためには、そのために限定化されたコードが形成されねばならない。生物学の用語法に依拠して、《適応的多態性》について語ることもできるだろう。

《象徴的に一般化された》という表現は、パーソンズとの関連でよく知られている定式化を踏まえたものである。ただし、その定式化はあらゆる点で満足すべきものだとは言えないのだが。パーソンズが《象徴的に》という時に焦点が当てられているのは自我と他者の差異、すなわち社会次元である。一方《一般化された》のほうが狙いを定めているのは状況の違い、つまりそのつどプロセシングされる意味がもつ事象（＝内容）の次元なのである。そこでは（ウィトゲンシュタインにおける規則の概念の場合と同様に）次のように想定されている。社会的な一致が達成されうるためには、踏まえられている共通性がひとつの以上の状況にわたって存続しなければならないはずである、と。ここまではわれわれも同意できる。しかしそれ以上の点では、本書で提示される象徴的に一般化されたコミュニケーション・メディアの理論は、パーソンズ流の相互作用メディア（あるいは、相互交換メディア media of interchange）の理論と接点を持ってはいない。後者は、AGIL図式という理論構成法に拘束されているからである。[220] われわれはそれに代えて、次の仮定から出発することにしよう。コミュニケーションが成功することは低い蓋然性しかもたない。言語のコード化によってはこの一般的問題が構造化されるだけで、解決されるわけではない。むしろこのコード化のもとでは受け入れと拒否とが明確に対置されることになるから、問題はさらに先鋭化するのである、と。コミュニケーション・メディアという一般的概念は、この場合に対しても適用可能である。象徴的に一般化されたメディアも、やはりメディアである。というのは、そこではルースなカップリングとタイトなカップリングとの差異が前提とされており、ルースにカップリングされたメディア基体に基づいて形式形成が可能になるからである。ただし今や問題となっているのは特殊な言語でも流布メディアでもなく、別種のタイプのメディアである。別の形式、別種の区別、別様のコードが登場してくる。したがって細部に立ち入る前に、どこが違うのかを明らかにしておかねばならない。

《象徴、象徴的な》という概念は、特に十九世紀以降、きわめて一般的で焦点の定まらない意味において用いられてきた。《記号》とほとんど同義のものとして扱われることもしばしばだった。しかしそれでは《象徴》概念そのものが余計なものだという話になってしまうだろう。精確な意味を回復するために、ここではそれを、記号が自身の機能を指し示す場合、つまり再帰的になる場合へと限定しておくとしよう。「自身の機能」とはすなわち、指し示すものと指し示されるものとの統一性を描出するということである。それゆえに「象徴化」によって表現され、また表現されることによってコミュニケーションとして取り扱えるようになるのは、以下の事態なのである。差異のうちに統一性が存していること。分かたれたものが同じものに属しているということ。かくして、指し示すものを、指し示されたものの代理として（単に、指し示されたものを示唆することとしてではなく）用いうることになる——大いなる伝統において、聖なるものの代理として用いられてきたように、である。

したがって、《象徴的に一般化されたコミュニケーション・メディア》の概念という文脈において《象徴的》ということで考えられているのは（この点ではパーソンズも同様なのだが）、このメディアが差異を架橋し、コミュニケーションが受け入れられるチャンスをもたらすことなのである。これらのメディアは、言語の場合とは異なって高度に複雑な条件が整えられている中で、そのつど初めて選択されたコミュニケーションであっても十分な理解が保証されるということで満足するわけにはいかない。理解が保証されるという点は、このメディアにとっても前提となる。しかし多くの場合、他ならぬその理解が今度は、コミュニケーションが受け入れられるのをきわめて困難にするのである。例えば蓋然性の低い主張がなされる場合、譲渡を要求する場合、こう行動せよという指令が恣意的に発せられる場合を考えてみればよい。ここにおいて当てにできるのが言語だけだとすれば、失敗するのは目に見えている。したがってそのようなコミュニケーションはなされないという結果になるはずである。言い換えれば言語そのものは、それ自体だけからでは、言語的に可能なもののごく一部しか実現しえないのである。別種の追加装置がなければ、それ以外のすべては失望効果を被ることになるだろう。象徴的に一般化されたメディアは、ノーのほうの蓋然性が高いことを、イエスのほうの蓋然性が高いことへと、驚嘆すべき仕方で変換する。例えば、手元に置いておきたいと考えられている財やサービスに対して、支払いを申し出るのを可能にすることによってである。このメディアは、コミュニケーションを用いて、それ自体としては蓋然性が低いが適切なものを確立するという点ではシンボリック（象徴的）である。しかし同時に、その適切なものを達成する中で新たな差異を産み出すという点ではディアボリック（悪魔的）である。[55]この独特のコミュニケーション問題は、統一性と差異とを新たに配置し直すことで解決される。支払える者は望みのものを得られるが、支払えない者は得られない、というようにである。

別の言葉でもう一度述べておこう。象徴的に一般化されたコミュニケーション・メディアは複数の、ただちには結合されえないはずの選択を整えて並べる。それらの選択は、さしあたりはその点で、ルースにカップリングされた一群の要素として与えられているのである。それら一群の要素とはすなわち、情報の選択、伝達の選択、理解内容の選択である。これらの選択は、それぞれのメディアに対応する特殊な形式によってのみ、タイトなカップリングへと至る。例えば理論、愛の告白、法律、価格などの形式によって、である。またこのメディアは象徴的に機能するのみならず、（今挙げた例からもわかるように）一般化されてもいる。というのは、それぞれに対応する予期が、以後に続くオートポイエーシスを先取りしつつ形成されうるのは、形式が相異なる多数の状況にまたがる場合に限られるからである。愛の告白ですら、通用するのはその直後の瞬間だけだというわけではない——もっとも、常に同じ形式で示されるなら、まったく通用しなくなってしまうだろうが。結局のところ常に問題となるのは、受け入れのチャンスを追加することでコミュニケーションを勇気づけるという点なのであり、さらにはそうすることで、自然のままなら不毛であるがゆえに耕されずに終わっただろう領土を、全体社会のために獲得してやることなのである。

したがってこれらのメディアの働きを、またそこに典型的に見られる形式の働きを、選択と動機づけという蓋然性のきわめて低い組み合わせを継続的に可能にしていくこととして記述できる。ただしここでは、これらの概念が指し示しているのは心的状態ではなく（支払う者が貨幣を手放す時に何を感じるかは、コミュニケーションの成功にとって無関係である）、社会的な構築物である。とはいえ、それは対応する意識状態を想定することと結びつけられはする(221)。しかしそれが実現されるのは、コミュニケーションそのものの回帰の中でのことである。それゆえにコミュニケーションが受け入れられるということが意味するのはただ、受け入れたということがその後に続くコミュニケーションの前提として踏まえられるという点だけである。その際、個人の意識の中で何が生じようとも事態は変わらない。

組み合わせというこの問題は、選択と動機づけとの循環的関係（どちらも他方を条件づける）を解体することによって解決される。すなわち、選択を条件づけることが、動機づけの要因となるというかたちで、である。あるコミュニケーションが受け入れよと要求しているとする。それを受け入れうるのは、そのコミュニケーションが特定の条件に従いつつ選択されたものであるということが知られている場合なのである。逆に要求を伝達する側では、その条件を尊重すれば受け入れられる可能性が高まることになる。かくして〔送り手は〕自分自身を後押ししてコミュニケーションへと踏み出せるわけである。それによって偽計と受け入れというあの二重の問題が同時に解決されもする。あるいは少なくとも、通常化されるのである。例の条件は、それ自体を取ってみれば高度に選択的であり、望まれた布置のすべてをカヴァーするものでは決してない。にもかかわらず、それが尊重されるという確実性は高まるのである。この自己確定が〔生じていると〕示唆されるのは、対応するシンボルが用いられているということによってである。シンボルによって、メディアが用いられているということが立証され、そのようにして、コミュニケーションが受け入れられるという見込みが高まるわけだ。例えば真理に依拠する場合。あるいは、優越しており自己貫徹能力を備えた権力が可視化されるような仕方で、支配のシンボル（今日では主として、権力そのものが法に服属しているということ）を操作する場合のように、である。言語によるコミュニケーションの可能性が膨大に存在することに照らしてみれば、選択と動機づけとを相互にカップリングする条件は、例外としての性格を持っていることがわかる。にもかかわらず、この条件が生じるのがあまりにも稀であるようなことがあってはならない。さもなければ、予期形成も社会化も、またそれらに関連するシステム形成も始まることはないだろうから。したがって象徴的に一般化されたコミュニケーション・メディアが分出するに至るのは、ただ十分に巨大で複雑な全体社会の中においてだけである。このメディアはそれゆえに、自身が関わる〔コミュニケーションの受け入れという〕問題の構造として言語コードを前提とするだけでなく、分出を開始するために文字を前提としていた。さらに後で示すように、自身を完全に展開するためには、活版印刷術が前提とされてもいたのである。

ギリシアの古典時代においては文字のアルファベット化に対して、またアルファベット化によって達成された文字の支配の広がりに対して、ふたつの異なった仕方での反応が生じていた（とはいえ両者の差異がテーマ化されることはなかったのだが）。コミュニケーションの選択性が可視的になり、もはやその点に関しては異を唱えることができなくなった。そこにおいてコミュニケーションの受け入れを動機づけることはいかにして可能なのか。この問いが焦眉のものとなっていったのである。すでに示唆しておいたように、脱出口は口頭コミュニケーションによって説得したり納得させたりする手段を強化することのうちにあった。[56] このような道筋で時間の経過とともに、中世においてはとりわけキケローとクインティリアヌスによって伝えられて、修辞学・トポス論・道徳の同盟関係が成立していった。演説の中で用いられるべき観点（トポス topoi, »Gemein«-Plätze）は、見いだされ、増幅されねばならなかった（ただし、そうすることを教えたり学んだりするのも可能だったのだが[222]）。当初はこれらの概念は、話者が成し遂げる事柄として指し示されていた。それゆえに作為的な取り扱いの方策〔という性格〕を免れることはできなかったのである。しかしこの概念がもつ意味と機能とにより精確に注目するならば、そこにおいて認知と動機づけとの統一性が視野に入ってきているのがわかるだろう[223]。すなわち、[57]〔表現＝伝達の方法の〕選択を通して動機づけの問題を解決しようとされていたのである。そして実行に際しては

（ソフィストたちが説いたのとは逆に）真理と道徳という構造が決定的な役割を演じていた。しかしそれは世界の善き側面においてしかうまくいかない。真理は（美徳と同様に）互いに支え合うが、誤謬は（悪徳と同様に）相争うからである。それゆえに弁士がもつ専門知と美徳のほうが、何らかの手管より[58]も重要だと見なされることになった。他ならぬ〔今日では「手管」の一種と見なされている〕増幅法にとってもそうなのである。

活版印刷術は、修辞学／トポス論／道徳という複合現象に、またそれらが相互に増幅しあうという現象にも、終焉をもたらした。印刷術によって、あまりにも多くの複雑性を同時に目にすることができるようになったからである。[224] しかしこの複合現象は、なおも優に二〇〇年にわたって持続していった。しかし少なくとも印刷された書物は、旧来の形式を新たなかたちで開花させはした。[225] 増幅法は依然として、普遍的なもののほうが個別的なものよりも価値があるとされていることに依拠していた。トポス論においては依然として、事象的・時間的・社会的に整合する一般化による動機づけがめざされていた。〔三次元にわたる整合的一般化がなされていることこそが――すなわち、テーマに関わる事柄すべてに関しても、何時においても、誰にとっても通用するかたちで弁論が組み立てられていることが――聴き手がその弁論を受け入れる動機となる、と〕。依然として重要なコミュニケーションは道徳的に二分化されつつ、つまり、口頭で容易に取り扱うことができる図式のもとで、生じていたのである。そこでは警告し教えを垂れること自体は、美徳を讃え悪徳を非難し、情念を攪乱として取り扱うために有効であるとされ続けていた。コミュニケーションを増幅することは道徳を増幅するために役立つし、逆もまた真である、というわけだ。[59] 十六世紀に生じた、歴史学と詩論の理解をめぐる大々的な論争においてもやはり、ふたつの描出様式が誇示し合うことによって増幅する機能を有しているという点が前提とされていたのである。文学に登場する《ヒーロー》は、トポス（Gemeinplätze）のように〔つまり、定型的で読者がすぐ思い当たることのできる性格類型として〕機能しなければならなかった。ヒーローを個体化すれば、増幅機能が乱されてしまっただろうからである。個々人がトポスの決まり文句に直面すれば辟易して、独自の自分〔の世界〕へと戻っていってしまうだろうなどとは、およそ考えられもしなかったのである。しかし次第に反対の傾向も見受けられるようになる（モンテーニュの『エセー』など）。増幅法は《実際上は誇張であるか、あるいは理屈を〔不必要に〕積み重ねたものであるかのいずれかに他ならない[226]》のであり、二次的な意義をもつものとしてのみ登場するようになる。さらに印刷によって、増幅法の働きが妨げられることにもなる。かつてトポスが大量に存在すること（豊富サ copia）は望ましいものだとされたのだが[60]、今やそれは〔印刷によって〕再生産されるがゆえに、過剰・飽和でしかなくなる。かくして最後には、copia / copie / copy というゼマンティクは今日において見られるような否定的意味合いを帯びるに至るのである[227]。

しかしもはやそうはいかないというのなら、どうしたらよいのだろうか。

われわれがそれに対する代替選択肢と見なしているのが、象徴的に一般化されたコミュニケーション・メディアの発展と分化である。ただしその分化と発展もまた、文字のアルファベット化によって始動したのだった。それゆえにギリシアの起源にまで立ち戻ることにしよう。

言うまでもなく文字文化の普及によって一方では、新たな語を人為的に作り出す可能性が与えられた。他方ではまた、さまざまな問題に応じて当該の用語を分化させることが容易になりもした。そうすることで新たな種類の説得手段を記述できる、というわけである[228]。この連関を明らかにするために、最も重要な革新について、簡単に想起しておくことにしよう。

まず知に関して言えば、ギリシア語ではホメロスの時代においてすでに、人工語である「アレーテイア＝真理 alétheia」が用いられていた。それは覆われているもの、隠されているもの、忘れられているものを否定する言葉だった。(229) それゆえにそこで問題となっていたのは〔あらかじめ存在する一定の〕状態ではなく、〔隠されたものを暴こうとする〕努力の結果であった。したがって口頭伝承においては、真理はリズムと、またリズムによって容易に呼び起こされる想起と結びつけられていた。真理はただそのようにしてのみ忘却から免れることができ、真理たりえたのである。(230)〔この真理概念が〕文字文化へと引き継がれるに際しても、作成可能性とのこの〔技術 téchne／創作 poíesis／知 sophía という〕結びつきは保たれていたし、それは〔ギリシア〕古典時代の《権能意識》(クリスティアン・マイヤー)[61] に至るまで変わらなかった。しかし真／非真に従うコード化が成立するためには、〔真理であるものを〕もう一度否定できねばならないはずである。真理そのものからしてすでに否定であるというのなら、どうやったらそうできるというのだろうか。

当初においては〔真理に対する〕反対概念もやはり相互作用に関連づけられつつ、対話としての性格をもつものとして考えられていた。特に虚偽〔pseûdos〕はそうであった。問題は〔述べられているのは〕真実なのかそれとも嘘なのか、知を正しく再現しているのかそれとも再現が誤っているのかということだった。言い換えるならば、〔真理において〕問題とされていたのはそのように行動に定位することだけであって、言明と真理との関係を行動から独立に考えることではなかったのである。事実を正しく呈示することは行動上の義務であり、それに反する行動は義務違反であった。後者は嘘ではないとしても、思慮を欠いた発言だとされていたのである。[231]

文字の助けを借りることによって初めてテーマを客観化して、テーマをめぐる論争のかたちで議論を行いうるようになった。おそらくセカンド・オーダーの観察が慣れ親しまれたものになっていったのは、その種の対話を基礎とすることによってだったのだろう。セカンド・オーダーの観察においては、真と見なされた知が、正しい仕方で知として受け入れられているか、それとも誤った仕方でそうされているかについて〔すなわち、情報内容とは別に、いかにしてそれがコミュニケートされているかを〕さらに検証する権利を留保しておくのである。[232] かくしてコミュニケーションの問題が分出してくる。この問題においては独自の区別が、例えば厳密な知と見解との区別（真知／憶見 epistéme/dóxa）が用いられるのであり、その区別が他の意味領域において浮上してくることはないのである。[233][62]

やはり新たに造られた語である友愛（philía）をめぐって結実していったゼマンティクは、〔知および真理とは〕まったく異なる問題圏へと進んでいった。[234] 通常の場合この語には「友情 Freundschaft」という訳が当てられるが、より大雑把に言えば「連帯 Solidaität」を考えることもできるだろう。ローマの場合とは異なってアテナイは、貴族階級というアルカイック期に見られた環節的な構造とは、すでに早い段階で決別を遂げていた。[235] アルカイック期のエトスからすれば、自分の近くにあるものには共感を抱き関与すべしということになっていた。それは〔友人に限らず〕武器、動物、女性、神々を含めてであり、philós とはもともとはそのことを意味していたのである。それに対して遠くに位置するものには無関心であってよいし、恣意的に扱ってもかまわないとされていた。さらに都市政治の規則も関わってくる。いわく、友人の友人は友人として、友人の敵は敵として遇すべし。これはローマにおいて、キケローが

「友情ニツイテ de amicitia」〔水谷九郎・呉茂一訳、岩波書店〕を著した時には、まだ現に通用する規則であった[236]。友愛（philia）としての友情は、アルカイック期における同族的なこの構造から分出するとともに一般化されて、「共属性 Zusammengehörigkeit」という全体社会に関連する普遍的な理念となっていった[237]。敵対という反対概念は後退していく（これはすなわち、「友人か否か」というコードが形成されたということである）。代わって前景に出てくるのは、友人を選択するための基準という問題である。今や近くにいるということはもはや友情の条件ではなく、友人を選択したことからの帰結となる。全体社会一般における連帯は前提とされ続けたが、その中に友情という強化された形式が組み込まれたのである。かくしてこの概念はもはや動物には、また神々にも適用できないものとなる。適用領域は制限され、その領域へと特殊化された区別によって構造化される。その区別とはすなわちアリストテレス以降の伝統を規定してきた、「有用さゆえの友情／快楽ゆえの友情／徳ゆえの友情」である[63]。そしてこのコードを見境なしに優先しつつ、方向づけを行うべきだとの要求も浮上してくる。例えば次のような問いにおいてである。法律違反に際しても友人からの助力を期待してよいのかどうか。神殿冒涜やそれに類する悪行の場合ならどうだろうか。

　経済へと特殊化したコミュニケーションは、当初からすでに所有権／所有物（Eigentum）へと関係づけられてきたし、交換という形式において所有権／所有物の転移を実行してきた。紀元前七世紀以降になると、まずリディア[64]で、次いでギリシアにおいて鋳造貨幣の発明と普及によって新たな状況が生じてきた[238]。鋳造されることで貨幣は、容易に認識されうる特殊な形式を纏う[239]。そして「かなり一般的に利用できる商品」という意味からは独立するのである。鋳造貨幣によって初めて遠隔地交易と局所的交易が結びつけられた。また《僭主政治》という形式において一時的にではあれ、政治と経済をひとつの経済的流通圏へと統合することができたのだった[240][65]。その後の二五〇〇年にわたって、金属としての価値による裏書きは不可欠であり続けてきた。しかし貨幣を創出した者〔たる君主〕が〔いざという場合には〕貨幣を引き取ってくれるはずだという保証のほうは、もはや不要になっていたのである。当初〔貨幣の〕通用は宮廷経済によっていたり、大商店に関係づけられていたりした。しかしそこから市場経済による通用が成立してくることができた。かくして貨幣を、財物を譲渡することを動機づけるために、あるいはさもなければ生じなかったようなサービスをもたらすことを動機づけるために用いうるようになるのである。

政治的権力のための特殊なメディアの分出を、そのために特殊化されたゼマンティク〔の出現〕によって判断するのは、〔真理、友愛、貨幣等の場合と比べて〕より困難である。というのは他でもない、〔この領域では〕おびただしい数の術語が存在するからである。ここでは確かに制度上の、役割に即した、法のかたちをとった分出が、最も遠くまで進展している。そうして得られた成果に注目すべき価値があるのはもちろんだが、そこから生じたのは、それらの構造が都市そのものと同一視されるという事態だった。そこには決定能力をもつ公職と会議が存在するではないか、と。〔権力や政治をめぐる〕諸概念はただその同一視に追随していればよかった。もちろんそこから、都市の秩序を導く観点、すなわち政治的平等（isonomía）[66]と和合（homónoia）[67]に関する、さらにまたそれらが法の形成と民主制にとってもつ意義に関する、洗練された考察が登場してきはした。その議論において際だっていたのは、不変の掟（thémis）[68]を制定法（nómos）[69]によって置き換えたという点であった。またそれによって、自然（physis）

と法（nómos）の区別が可能になりもした（ただし当時はまだ〔両者の関係が〕ハイアラーキカルに理解されていたわけではなかった）[241]。政治的な法原理が分出したとしても、さらにまだ、それに対応する秩序を確立する必要があった。しかしともかく法原理はとりわけ、階層および（こう付け足したくなるだろうが）友好関係のネットワークから生じる影響力に抗おうとする変化から認識できるのである。階層とは無関係に、法の前での平等は貫徹されるべきである[242]。以上のすべてが成り立ちうるのはただ政治的権力の行使に関してだけのことであって、知を根拠づけるための、あるいは友人を選択するための格率として通用しはしないのである。また以上のことは都市生活によって得られたものと関係づけられつつ定式化されてきた。それゆえに一方では〔真理や友愛などの〕他の場合よりも用語がはるかに分化していたのだが、他方では全体社会の自己記述とより強固に結びついてもいた。すなわち、ギリシア人たちの《政治的（＝ポリス的）アイデンティティ》に拘束されていたのである[243]。

政治的ゼマンティクが（都市型）全体社会の自己記述に対して分化を遂げた度合いは少なすぎたし、逆に所有と営利の領域〔におけるゼマンティク〕では大きすぎた。この不均衡をもたらした一因は、オイコス（oîkos）とポリス（pólis）の区別であろう。この区別ゆえに、《政治経済学 politische Ökonomie》という語句を用いることはできなかった。少なくともギリシア人の耳にはこの言葉はパラドキシカルに響いたのである[244]。またさらなる理由として、貴族社会では一般に交易が低く評価されていたこと、またとりわけ、貨幣を政治的に調達する可能性（例えば、戦争賠償金のかたちで）が挙げられよう。しかし〔政治が優位に立ち、全体社会と同一視されるという〕この不均衡は、全体社会の構造的分化に対応するものでは決してなかった。特にアテナイにおいては、分化はすでに高度に進展していたからである[245]。〔分化の実態に対応しない不十分な理解について〕さらに言えば、貨幣経済に関連する用語も存在してはいたが、それが全体社会に関する一般に流布していた理解から影響を受けていたと言いうるのは用語の独自性に関してではなく、その用語に対応する活動〔が政治としてなされる場合〕に関してのみであった。

現在から振り返ってみれば、メディアの分化は自明の理である。例えば、真理と愛が区別されねばならないということは容易に理解できる。〔区別されなければ〕愛は真理を攪乱するだろうし、真理も愛を攪乱するだろうから。しかし〔メディアの分化に〕対応するゼマンティクが進化する以前においては、正反対のほうが首肯性をもっていたのである。近くにいる者の発言を、他の誰かの発言よりも信用してはいけないとでもいうのか、と。そうするとひとつの問いが残っていることになるが、それは結局のところ進化論へと委ねられねばならないだろう。その問いとはすなわち、「首肯性のそのような変転は、いかにして生じえたのか」というものである。〔この点に関しては〕いくらかの推察を差し挟んでおくことしかできない。

ゼマンティク上の形式が〔友愛や真理などの〕問題ごとに分岐していくという事態が、広範囲にわたって可能になったこと。そもそもこの事態はアルファベット文字の普及によって引き起こされたのではあろうが、しかしそれだけでは説明できない。さらに加えてギリシアの都市では、他の高度文明における公的生活を支配していたような宗教と道徳との強大な同盟は生じなかったという点も挙げられよう(246)。個々の都市を超えて広がる僧侶の組織（教会のような）は存在しなかった。ギリシアにおける宗教を私事として指し示すというところまで進んでよいかどうかは、未決のままにしておこう(247)。いずれにせよ、文字に適合した宗教が形成されたわけではなかったのである。むしろ文字は、宗教が関わる事柄をあっさりと素通りして発展していった。〔言語化しえない神秘体験に依拠するというかたちで〕文字に対抗しようと試みる〔ことにより文字文化に正面から関わろうとする〕新たな神秘的祭祀がようやく生じてきたのは、後代のヘレニズム諸国においてのことであった。そしてついには、キリスト教という信仰の宗教(Glaubensreligion)〔70〕へと至る。キリスト教は、正典化されたテクストを用いて流布されえたという点で、新種の宗教だったのである。

古代においてすでに象徴的に一般化されたコミュニケーション・メディアが完全に発達していたなどとは、おそらく誰も主張しないだろう。しかしその点に関して〔明確な〕判断を下しうるためには、〔メディアが発達するための〕要件を〔次節において〕改めて素描しておかねばならないだろう。メディアによって機能システムの自己触媒作用が開始されるということは、その要件のひとつに属しているのである。ともかく明確なのは、進化論において登場する概念を先取りすることになるが、(248)〔古代においては〕重要な事前発達が成し遂げられていたという点である。さらに次の点にも注目できよう。その事前発達の中で、重要な問題として真理、愛、権力／法、所有／貨幣が浮き出てきていた。それらは後にメディアが発達するに際して、主導問題となることがわかってくるのである。

当初においてそれらの問題のために選ばれた形式は、明らかな制限を被らざるをえなかった。歴史上の特定の社会のために発達してきたということからも制限が生じるし、またその社会の世界記述および自己記述と調和する必要もあったからである。そこから、政治的なものが〔当時の構造上の実情と比較すれば、明らかに〕過大評価され、全体社会が政治的社会として定義されていた理由が説明できる。また他方で、経済的なものは家政と交易とに切り縮められていたが、その理由に関しても同様である。さらに友愛（philia）の領域においてもまた、同様に〔上記の制限に〕適合する形式が生じていた。友情の《至上の》あり方は徳ゆえの友情であるとされたが、それは都市における政治的共同生活の必要性に合わせられたものだったのである。そして真理として承認されえたものは、二値論理学とそれに対応する存在論によって規定されていた。すなわち、比較的容量の乏しい構造によって規定されていたわけだが、その構造によってこの社会では、観察を観察することがコミュニケーションの上では制限されているという事態と折り合っていけたのである（そもそもこの論理学の中では、その点を知ることも口に出すことも不可能だったのだが）。これらの制限と、それが〔その時々の全体社会の〕構造に依存しているという点に関しては、第五章で再び取り上げることにしよう。

X　象徴的に一般化されたコミュニケーション・メディア(2)——分化

ここで歴史的な論述を中断して、体系的な論述へと立ち帰ることにしよう。象徴的に一般化されたコミュニケーション・メディア相互の相違とそれらの分化に関しては、われわれはまだいかなる根拠づけも行っていないからである。

象徴的に一般化されたコミュニケーション・メディアが分出する形式を分析可能にするために、まずもって想起しておかねばならないことがある。それは、〔このメディアにおいて〕扱われているのは、選択と動機づけの結びつきが蓋然性の低いものになってしまっているという特殊な問題なのだという点である。この観点からすれば、象徴的に一般化されたコミュニケーション・メディアはすべて、機能的に等価である。しかし同時に他ならぬこの観点が呈示する問題こそが、単にコミュニケーションの構成要素（情報・伝達・理解）を名指す以上のことを要求しもするのである。それらに加えて別の形式も必要になるわけだ。そして後者の形式こそが、象徴的に一般化されたコミュニケーション・メディアの特殊化と分化とを生じさせるのである。

ここにおいて用いられるのは、コミュニケーション過程の自己観察の形式である。さしあたり蓋然性の低さの問題に、《ダブル・コンティンジェンシー》という社会形式が与えられねばならない。この形式を「自我 Ego」と「他者 Alter」という、位置を表す概念によって指し示しておくことにしよう。しかし、なぜこの概念によってなのだろうか。通常の場合、次のような答えが返ってくる。いわく、なにしろ自我と他者が現に存在しているではないか。自我と他者は相異なる人間であり、そこかしこで相互にコミュニケートしているではないか云々。考えられているのがそれだけのことであるなら、「自我／他者」という術語は避けたほうがいいだろう。この術語が表そうとしているのは他でもない、「どの人間も、コミュニケーションに関与する場合には（その場合にのみ）常に両方である」という点だからだ。さらに詳細に問うておこう。なぜ二重化が生じるのだろうか。われわれはこう答える。社会システムの自己言及においては、内在的な二元性が前提とされている。それによって循環が生じるわけだが、そうすれば今度はその循環を打破することによって構造を成立させることができるからである。ラヌルフ・グランヴィルはこの原理を、サーモスタットから読み取っている。サーモスタットが〔例えば、部屋の温度の〕コントロールを行いうるのは、自身が〔部屋の温度によって〕コントロールされているという理由のみによっている、というわけだ。そして彼はこの原理は客体一般に関して成り立つと見なしている。(249)

この点についてここで決着をつけることはできない。いずれにせよ社会システムに関しては次の点は明白である。すなわちこのシステムは、構造的に決定されたシステムでありうるためには、自己構成された双性（Zweiheit）を必要とする。[250] そしてそれは外から（人間によって）持ち込まれた、実体としてあらかじめ存在している双性ではありえないのである。今われわれが扱っている、選択を受け入れることの蓋然性が低いという問題に関して言えばこれは、「どの選択においても、〈選択は常に他の〔同調する、あるいは違背する〕選択を睨んでいなければならない〉という点が考慮される必要がある」ということに他ならない。さもなければ、この問題に対する特殊社会的な解決は生じてこないだろう。

さらに加えて、選択の責任がどこに存するのかを明確にしなければならない〔その点を条件づけることが、動機づけへとつながっていくはずである〕。それはすなわち、選択を帰属させねばならない、ということである。〔ただし、ここで言う〕帰属が関わるのは関与する〔心的〕システムの内的な出来事（オートポイエーシス）にではなく、ただ行動にだけである。問題はその行動がある観察者によってどう眺められ、環境へと関係づけられるかなのである。[251] 帰属とは常に人工的な出来事であり、現実のさまざまな特性のうちに〔これこれの仕方で帰属すべきだということを〕示唆する条件を見いだすことはできるが、その条件によって完全に決定されているわけではない。したがって帰属過程それ自体もまた社会的に条件づけられている。かくして帰属させることの帰属についての問いは、無限に続く問いとなる。そのような問いは容認されない。したがってそれは〔事実から考えてこの帰属が正しいはずだという〕《根拠》によって隠蔽され、不可視化されるのである。[252]

象徴的に一般化されたコミュニケーション・メディアは、かくも複雑な構造を前提としている。そこから、ここでわれわれが扱っているのは〔歴史上〕後になってから発達してきたものであるということが明らかになる。また、それを理論的に再構成するに際しては、〔真理はいかにして判別され、根拠づけられるべきかなどといった〕メディア・ゼマンティクそのものにまでは関われないということもわかるだろう。メディア・ゼマンティクは、直接的な説得力をもつ象徴化を必要とする。一方われわれは、メディア・ゼマンティクそのものによっては観察されえないものを観察しようと試みるのである。

メディアの分化はバイナリー化に結びついている。そしてバイナリー化は、帰属の可能性がふたつ考えられるということに依拠している。すなわち、内的帰属と外的帰属である。[253] コミュニケーションが観察されうるのは、情報と伝達とが区別されうる場合のみである。したがって重点を情報（体験）に置くことも可能だし、伝達（行為）に置くこともできる。そしてこれは両方の側について言える。つまり、コミュニケーションを始める側と、それに続いて（コミュニケーションを）受け入れるか拒否するかを決定しなければならない側の両方について、である。ある選択がシステムそのものに帰属させられる（誰によってであろうと）場合には、行為という表現を用いることにしよう。[254] 環境に帰属させられるなら、それは体験だということになる。それに対応して象徴的に一般化されたコミュニケーション・メディアは、自我と他者というふたつの社会的立場を、体験するものとして前提とするかそれとも行為するものとしてかに従って〔相互に〕区別される。〔「体験／行為」および「自我／他者」という〕どちらの区別も、日常知を再現したものではない。現象を完全に分類することが問題なのではない。体験ないし行為への帰属を確定することが、また関与者を自我ないし他者としてマークすることが（これは人との関連でなされるが、人は常に両方なのである）生じるのは、それらの確定・マーキングが用いられる場合のみである。それらは使用の文脈の中で生じる。つまり、コミュニケーション・システムのオートポイエーシスにとってそれらが重要である場合にのみ生じるのである。かくしてメディアの形成が問われているような布置の中ではコミュニケーションの問題が先鋭化してくるのであり、そこから、体験ないし行為として帰属させるに際しての、また自我ないし他者としてマークするに際しての相違が呼び起こされてくる。この相違は〔メディア形成が問題となっているのとは〕異なる場合においては生じなかっただろうし、《事物の本性》から根拠づけることもできないのである。

以上の議論から生じてくる布置を、ひとつの表にまとめることができる。

自我／他者	体験	行為
体験	他体→自体 真理　価値	他体→自行 愛
行為	他行→自体 所有権／貨幣 芸術	他行→自行 権力／法

帰属を用いることによってコミュニケーション過程を捕捉し、ダブル・コンティンジェンシーの問題を非対称化することができる。かくしてダブル・コンティンジェンシーは脱トートロジー化されうるのである。コミュニケーションは、他者から自我のほうへと流れていく[255]。まず他者が何かを伝達しなければならない。その後で初めて自我は理解し、受け入れたり拒否したりできるようになる。ダブル・コンティンジェンシーは常に循環として形成されており[256]、情報・伝達・理解の統一体としてのコミュニケーションは、他のコミュニケーションとの回帰的なネットワークの中で産出される。〔このような循環関係〕にもかかわらず、今述べたような〔他者→自我への流れというかたちで非対称化された〕基底的統一体を抽出してくることはできるのである。

帰属によって因果性が配置されることで初めて、条件づけが設定可能になる。その点では帰属図式は選択の条件づけを、またそれを通して予期されうる動機づけを誘導する（決定するのではない！）と言える。かくして、自我および他者が行為しつつ条件づけられるか体験しつつ条件づけられるかで（もちろん自我も他者も常に両方であるわけだが）、違いが生じてくることになる。したがって原理的には、先の表が示しているように、相異なる四つの布置が考えられるはずである。すなわち、①他者が自身の体験をコミュニケートすることによって、自我の側で対応する体験を生じさせる。②他者の体験から、自我の側での対応する行為が生じる。③他者の行為が自我によってただ体験される。④他者の行為が自我による対応する行為を引き起こす。われわれが《対応する》という時、念頭に置いているのは類似性ではないし、ましてや反復ではない。考えられているのは相補性だけである。というのはコミュニケーションの意味が後続する行動の前提として引き受けられて、この意味でコミュニケーションが別の〔等しくはなくても、前のコミュニケーションを前提とする、相補的な〕コミュニケーションによって継続されるならば、コミュニケーションは成功したということになるからである。

この類型の基礎となっているのが帰属理論であるということからして、現実として生じてくる状況のすべてを分類しようとしているわけではないという点は明らかだろう。帰属について問われるのは、実際には稀なことでしかない。すなわち、別の決定がその帰属に依存するような回帰的な連関の中でしか問われないわけだ[257]。しかし、選択と動機づけとを作動上カップリングするという蓋然性の低い、特別な状況においては、〔帰属問題の〕重要性という前提が成立しているのである。ただし存在するのはそのつど特殊な問題状況なのであり、動機づけという目的のために選択を条件づけることが重要になるのは、その状況にとってのことである。したがって、そのつど帰属のどの布置が活性化されるかは、当の状況次第であるということになる。

長期的に見れば、帰属の布置をこのように詳細化していくことから生じる帰結のうちで最も重要だったのはおそらく、旧来の多機能的なものが解体されたということであった。以前の全体社会においては、通常ならざる願望を実現するだけの権威は役割の集積によって、つまり他の役割へも到達できることによって根拠づけられていた。声望があり、裕福で、友人の多い者は、あるいはそうであるかもしれない者は、資源を駆使するか徒党を組むことによってやっていくこともできるし、そうするのを拒絶してもよい。しかし通常ならざる願望を実現するにあたって問題となるのは選択の条件づけであるという話になると、この種の社会的地位は破砕され、他の役割との結びつきは断たれてしまう。今や問題は、条件づけられるのは他者なのかそれとも自我なのか、また条件づけが生じるのはそれぞれの体験においてなのかそれとも行為においてなのかだから〔そしてそれは各問題状況において登場する役割ごとに異なってくるから〕である。それでもなお他の役割を用いようとすれば、それは場違いなものとして、結局のところ〔権力を貨幣によって入手する場合のように〕明らかに腐敗の一事例として感じられることになるだろう。

したがって象徴的に一般化されたコミュニケーション・メディアが分化するためには、準拠問題〔は何なのか〕と帰属の布置とが〔そして、前者のそれぞれが後者のどこに位置づけられるかを明らかにすることが〕必要になる。(258) 象徴的に一般化されたコミュニケーション・メディアが成立してきた文脈は歴史性を有しており、また全体社会に依存してもいる。今述べた点は、特にこの事態を説明してくれる。また同時に、準拠問題と帰属の布置とのこの種の収斂が（どんな理由からであれ）生じることがなかったとしたら、メディアは成立しえないという点も明らかになる。特殊宗教的なコミュニケーションは法外なほど強く要請されてきたし、また〔実際に〕宗教は（例えば、禁欲と《現世拒否》[71]によって仲立ちされて）分出を遂げてもきた。にもかかわらず宗教のコミュニケーション・メディアが形成されるに至らなかったのは、その理由からであると推察できる[259]。

個々の象徴的に一般化されたコミュニケーション・メディアとして同定可能なものは、先取りするかたちで名指して表のうちに位置づけておいた（本書三七七頁）。以下ではそれらを順番に取り上げていくことにしよう。本来ならば〔個々のメディアに関して〕事象に即した、また歴史的な細部にまで立ち入らねばならないのだが、そうすれば全体社会の理論という枠組みを超えてしまうことになる。したがってその点は個別のモノグラフに委ねなければならない[260]。

あらゆるコミュニケーションは知を前提とし、知を伝達し、知を産出する。しかしそのことだけからしてすでに真理のためのメディアが形成されている、ということにはならない。新奇ではあるが、既知のタイプに収まりもする事柄についてコミュニケートされることもあるだろう。その時、場合によっては、〔新奇に見える事柄が、本当に新たな〕真実らしさをもつのか、〔新しく見えるのは、単なる〕錯誤なのか、あるいは〔伝達を行う者が〕欺こうとする関心を持っているのかという問題が生じてくる。真理メディアというゼマンティクの上で特異な装置を展開し利用しなければならなくなるのは、〔このように〕新たな、耳にしたことのない知〔に接して、それ〕を堅持することが問題となっている場合のみである。あるいは、既存の知識から逸脱しようとしたり、その知識を批判しようとしたりする場合のみであると言ってもいい。セカンド・オーダーの観察の水準への移行が生じるのは、そのためにである。そこでは観察者の知が、真であるかそれとも非真なのかというかたちで分類される。かくして言明は、この〔真理〕メディアへと言及することを通して、様相化されざるをえなくなる。例えば、「〈アスベストは健康にとって有害である〉というのは真である」とか、「証明されうる」とか言わねばならなくなるのである。また、「何が起きているのか」という問いは、「何が起きているかを確実に断定しうるのはいかにしてか」を示すことによって（取って代わられるのではなく！）補完されねばならない。このメディアに言及するということにより〔様相化が生じ、未規定性が増大するが、そのことで同時に〕方法と理論とによる再特殊化が可能であるという点が示唆されてもいる。疑うことなどもはや考えられないという場合には、短縮された言明形式を再び用いることもできる（「アスベストは健康にとって有害である」）。しかしその場合でもセカンド・オーダーの観察の水準へと帰還することは常に可能である。真理メディアが一度分出するに至れば、あらゆる言明がこのメディアを用いることができるようになる。真理メディアが〔実際に〕用いられるか否かは、具体的なきっかけの問題にすぎないのである。真理は（あらゆる象徴的に一般化されたコミュニケーション・メディアと同様に）世界を構成するメディアなのであって、特定の目的にのみ適した手段にすぎないというわけではない。

真理について語られるのは、情報の選択が関与者の誰にも帰属されない場合のみである。真理は外的な選択を前提とする（ここで次の点を想起しておかねばならない。〔真理メディアを用いるコミュニケーションに〕作動として関与するオートポイエティック・システムすべては、作動上閉じられたシステムとして機能する。にもかかわらず今述べたことは成り立つのである）。外的な選択へと縮減されているということから明らかになるのは、真理というこのメディアは多様な意見を許容しないという点である。(261)したがってある言明の真理内容を、関与者のうちの誰か一人の意志ないし利害関心へと還元することはできない。できるとすればその言明は他の関与者たちに対しては拘束力をもたないということになるだろうから。セカンド・オーダーの観察の水準へと帰還する場合でも、生じている事態を行為によって変形することは放棄されているとの条件がつく[72]（ただし当然のことながら、行為を体験の対象として主題化することが排除されるわけではないし、研究へと特殊化された行為が放棄されるわけでもない）。理論的一般化と方法論上の規定という巨大な装置が持つ意味は、研究の結果に対する行為の影響を中和するということにある。さもなければ結果を真理として呈示することはできないだろうからだ。あるいはこう言ってもよい。驚かせる、馴染みのない、とまどわせる知を行為によって導き入れ、それを受け入れるよう圧力をかけるのを容認するとの話になれば、恣意的なことが推し進められてしまうだろう、と。したがって体験そうなれば、〔真理〕メディア特殊的な条件づけは放棄されざるをえなくなるだろう。体験へと縮減するということは、さしあたっては意外に聞こえるかもしれないが、許容される可能性を大幅に制限するという効果をもっている。それによって、きわめて多様な条件づけを行うための出発点が得られるのである。

価値という事例に関しては、そもそも象徴的に一般化されたコミュニケーション・メディアとして存在しているのか否かを疑うこともできる(262)。あるいは存在するとしても、ここでひとつのメディアをその成立過程において観察することができるのか否かも疑われうるだろう。というのは、対応するゼマンティクが存在するようになったのは、たかだかこの二〇〇年ほどのことにすぎないからである(263)。〔価値の〕準拠問題は明白である。心的システムの作動上の閉鎖性のゆえに、またそれと関連することだが、社会的な出会いにおけるダブル・コンティンジェンシー経験のゆえに、共通の基盤が見いだされコンタクトが継続されるということが、そもそもきわめて蓋然性が低いものとなるのである。しかし継続という事態が生じうるのもやはり、今日において多くの論者が考えているような交渉（《ネゴシエーション》）によるのではない。継続はただ、コミュニケーション過程そのものの中で、互いに相応する仮定を回帰的に固定化させていくことにのみよっているのである。共通の価値の仮定というこのメディアから独自の価値ゼマンティクが生じてくる場合にも、同じ問題が登場する。その時こう想定されるわけである。あらゆる偶発的なものを超えたところに、疑う余地のない準拠点が、《不可侵のレヴェル》[264]が存在しているはずである。その準拠点においてもやはり偶発性が存しているということが暴かれたとしても、その時には常に〔より高いところへ〕準拠点が移っているだけの話である云々。これは価値が行為に依存しているのではなく、逆に行為のほうが価値に依存しているものと考えられねばならないということを含意している。それゆえに帰属の布置のもとで〔価値という時に〕考えられるのは、体験への関連だけである。一部で言われているところのプラグマティックな文脈における価値学説は、〔価値を有用性という、行為目的と関連づけられた基準で理解しようとしているから〕この点でミスリーディングである。価値は規範的な意味をもつ、すなわち単なる選好ではなくあるべき選好なのである云々と述べてみても、やはり毒にも薬にもならない。〔そう述べたとしても〕価値は行為を方向づけることのできる状態にある云々と語ることはできないからだ。価値は行為を方向づけるには、あまりにも抽象的すぎる。さらにまた行為状況という観点から見れば、価値は常に価値コンフリクトという形式において与えられているからである[265]。価値の機能はただ、コミュニケーション状況の中で行為を、誰によっても疑問が呈されないようなかたちで保証することのうちにある。したがって価値とは可動性の大きな、一群の視点に他ならない。かつて価値は理念に、恒星に比されていた[73]。しかしむしろ価値はアドバルーンのようなものである。布の袋を保管しておいて、機会に応じて膨らませる——特に祝典に際して、というわけだ。したがってまた、《無条件的選好 unconditional preferences》について語ることもできない[266]。たしかに価値にはその適用条件が明示されているわけではないが、〔価値を適用するにあたって〕比較考量するという条件下に置かれている。だから価値が現実化するにあたって何が生じうるのかは、個々の事例において初めて規定されうるのである。

合意に達しつつコミュニケーションを継続させていくために必要とされるものすべてを、真理メディアによって保証することはできない〔という点は、早くから明らかだった〕。しかし真理と価値の差異は、十九世紀が経過していく中で初めて明白なものとなったのである。そこに至ってようやく妥当のゼマンティクが、存在のゼマンティクと並行するかたちで普遍化されることになった[267]。その理由のひとつはおそらく、学術が分出したということにあったのだろう。学術の場合、再特殊化の形式は理論と方法のうちに求められる。価値の領域においてこの形式を適用する可能性は存在しない。こちらの場合再特殊化は、イデオロギーを介して、また論証法（Argumentation）を介して生じる[268]。ただしその際、理論および方法とは反対に、イデオロギーは〔社会的惨禍という〕大罪を犯すし、論証法はちょっとしたごまかしを行うものである。したがって〔価値と真理の〕両メディアは分化せざるをえなくなる。そしてまた、価値の領域（イデオロギー、論証法）において、真理そのものを基準にすることは排除されもする。もし真理を基準にすれば〔真理と価値が分化している〕現在では、あらゆる価値の価値は、真理であるということのうちにあるとの話になってしまわざるをえないだろうから。

真理とは異なって、価値がコミュニケーション過程の中へと導入されるのは主張によってではない。主張によるとすれば、反論を受け吟味されてしまうことになるだろう。価値が導き入れられるのは、仮定によってなのである。コミュニケーションにおいては、価値を《マーキング＝有徴化 Markierung》[269]することは回避される。有徴化すれば、矛盾の可能性が表出されてしまうかもしれないからだ。健康や平和や正義が価値であるなどと主張して、受け入れか拒否かという「イエス／ノー」分岐をわざわざ招き寄せるような真似は、誰もしようとしないはずである。〔そのように主張して〕挑発するようなことは〔普通は〕なされない。健康・平和・正義は〔単に、疑問に付されることのない〕出発点と見なされるのである。[270]健康が〔有徴化された〕価値であるとすれば、〔例えば、健康を「自然な代謝の維持」と定義し、それを前提として〕定期的に体を洗うのはむしろ有害だと考えることもできるし、その点をめぐって議論することもできるだろう。言い換えるならば、価値が実現されるのは仄めかしによってであり、価値が疑われえないのはその点においてなのである。そのように機能しないのであれば、価値は廃棄されねばならない。価値が説得力をもつのはコミュニケーションの中で異議が生じてこないからであって、根拠づけられうるからではない。価値は、根拠づけを放棄することを可能にするのである。場合によっては価値が《ギャグ・ルール gag rules》[74]に基づいていることもある。それはすなわち、特定の価値どうしがコンフリクトするとしても、それぞれが異なる分離した文脈においてのみ用いられるがゆえに、コンフリクトについて語られ〔る必要が〕ないということが、暗黙裡に了解されている場合である。[271]価値は共通性を仮定するためのメディアである。その仮定によって、何がなされるべきかが決定されるわけではないにしても、何を口に出し、何を要求できるかが制限されるのである。

象徴的に一般化されたコミュニケーション・メディアにおいては常にそうなのだが、〔価値において〕重要なのは社会的な秩序化の働きであって、心的なそれではない。価値が社会的に安定しているのは、心的には不安定だからである[272]。ただし価値の場合、他のメディアを際だたせている重要な属性を欠いている。例えば中枢的コード化（「真／非真」のような）が欠けているし、それと関連するのだが、メディア特殊的な機能システム（学術のような）を形成する能力ももっていないのである。さらに、価値は方向づけの力（Direktionswert）をあまりもってはいない。いかなる価値も、行為を規定できはしないからである。あるいはパスカルとともに、価値は行為のために弁明することしかできないのだと言ってもいいかもしれない[273]。以上で述べてきたようなかたちで価値を指し示すことで、次の点を示す恰好の例を提出した結果になる。すなわちある関連問題が重要性をもっており、なおかつ適切な帰属の布置と組み合わせられているとしても、それだけではまだ、完全に機能するコミュニケーション・メディアを発生させるには十分ではないのである。

価値の拘束する力はあまりにも弱い。それに対して、愛がもつ拘束する力は強すぎる。近代的な理解によれば愛は、友愛－友情（philía-amicitia）の伝統とは異なって[274]、自我が〔ある他者を〕愛しているというのなら、その他者が体験することに自身の行為を合わせるよう要求するからである。自明のことながら特に、他者が自我をどう体験するかに合わせねばならないのである。

さしあたり次の点もまた、相当に自明の事柄に属するだろう。すなわち自身の行為は、他者が体験することに合わせられるものだし、特に自身が〔他者によって〕観察されていることを知っている場合はそうである。熟練した視線によって、他者の予期を先取りすることができる。他者の予期が行為においいて顕在化するまで待っているようなことはしない。むしろ予期に先んじようとするのである。かくして速やかな、ある程度コミュニケーションを飛び越してしまうような調整が可能になる。協働して作業を行う場合や、道路での交通を考えてみればよい。ある人たちが愛し合っているということが何よりもまず認識できるのも、他ならぬこのコミュニケーション抜きの同調が、標準化されていない状況においても機能しているということによってである。ちょっと見交わすだけで十分なのだ。

それは信頼に基づいてのことかもしれない。しかし愛に関わる特殊な問題は、信頼の範囲を大きく超え出てしまう。愛においては、真理および価値という匿名の世界〔では一致を見いだしうるとの想定〕を超えて、自分の世界観に同意と支持とが与えられうるものと仮定されるのである。パーソナルな見解と行為動機とがより強く個人化されるに至り、しかもそれが心的な事態に留まらず〔「心的な事態」が何を指しているかはここでは問わない〕社会的な事態であるということになると、この問題はその分切迫したものとなっていく。今や、コミュニケーションにおいて生じうる〔他者の〕あらゆる特異性を考慮に入れること、それをとりあえず〔他者が実際に〕体験しているものとして引き受けることが求められる。さらに加えて愛は、〔愛されている他者から見て〕少なくとも一人の他人（他ならぬ、〔愛している〕自我）が、〔愛されている他者の体験に〕対応するよう拘束されているということを、その人〔愛している自我〕自身の行為によって可視化するよう要求する。この場合、普遍的な重要性を帯びるに至るのは〔普遍的なものの一事例としての〕特殊なものではなく、特別なもの、個別的なものなのである。そのような事態が生じうるのは、二者関係の中においてのみのことである。それは形式という点でも予期の内容という点でも、きわめて蓋然性の低い構造である。[275] まさにその理由ゆえに強固で特別なメディアが必要になる。

そのようなメディアが文化へと導入されたのは《情熱》〔としての愛〕というタイトルのもとでのことであり、今日では《ロマンティック》〔・ラヴ〕として指し示されているのである[276]。

　この事態と関連するゼマンティクは当初は貴族のために、その後上層市民のために、投企されたものだった[277]。しかし愛が婚姻関係を取り結ぶに当たっての要件だとされていくのに対応して、愛のゼマンティクは万人にとって接近可能なものとならねばならない。それはつまり、トリヴィアルなものになるということである。そして最後に〔愛として〕現れてくるのは産業として産み出された幻想であり、それは程度の差はあれ明らかに人生経験とは齟齬をきたすのである[278]。愛は蓋然性が低い。身体による身振りだけでなく言葉という身振りも含め、あらゆる身振りが、愛の観察のために用いられてしまう。いやそれどころか、愛の観察を観察するためにも、である。この蓋然性の低さは、結婚においては病理状態にまで至るだろう。かくして、〔ある人の〕人格としての特異性を受け入れ可能なものにするというこの問題が解決されることなど蓋然性が低いという点が、白日の下に晒されるのである。今日における定式化に従って、こう述べることもできるかもしれない。重要なのは他者の他者性に関わりを持つことであり、その他者性を《享受する》とは言わないまでも承認することである。ただしその際、〔他者を自己へと〕同化したり、〔自己の観点に沿って〕再教育したり、行いを改めさせるなどということを意図してはならないのである云々。仮にそのように意図できるとしても、その時には問題は別の問いへとずれていくだけのことである。〔今やこう問われねばならなくなる。〕自分自身に満足しておらず、したがって不幸であり、不幸であるという点を承認してもらいたがっている者と、どうやって付き合っていけばいいのだろうか。そう考えるならば、パラドックスがセラピーにおける中枢的問題となったのは、偶然ではないことがわかる。愛は他ならぬこの問題において挫折するからである。

　以上によって、このメディアの分化を説明できる。それは真理とはまったく関わらないし(279)、ましてや貨幣と関わるものではない。実際の動機は常にさまざまだろう。それが〔愛から〕ずれているならば、〔愛と〕呼ぶことはできない。というよりも、そもそも愛とは関係がなかったのだろう。このように分出しているからこそ愛は普遍的メディアとなる。このメディアは、〔自我が愛している〕他者の視線こそがかけがえのないものであるということによって、世界〔の総体〕を構成するのである。

　愛とは、非対称的なかたちで形成されているがゆえに、一方的な愛である。したがってまたしばしば（それとも「通常の場合は」と言うべきだろうか？）不幸な愛である。しかし〔愛において〕より具体的なかたちで要求されるのはどんなゼマンティクなのかを誰もが知っているし、また誰もが言葉というものを知ってもいる。その点では、愛を告白すれば〔それ以後の〕コミュニケーションは拘束を受けることになる。だがその種の告白が誠実であるかそれとも不誠実になされたかは、結局のところコミュニケート不可能である。したがってそこで重要なのは、妥協（modus vivendi）だということになるかもしれない。ただしその場合でも、コンセンサスがあまりしつこくテストされはしないという条件は付くが(280)。〔愛とは〕反対の場合、すなわち他者の行為が自我によって体験される場合、さしあたりそれはやはりトリヴィアルであり、問題を孕んではいない。隣人が自分の家の芝を刈っているのが見える。なぜいけないというのか。前段落までで扱ってきたメディア〔である愛〕とは異なって、ここで問題となっているのは他者の〔体験する〕世界ではなく、他者の〔行為の〕恣意性なのである。しかし〔恣意的だからといって〕、他者が現にそうしているように行為しているということを、〔そのまま〕傍観し受け入れることができて何が悪いというのだろうか。〔自我が〕目にする行為すべてが、それぞれ驚愕をもたらす〔ことになり、したがってそれぞれに対して自我が行為によって応じなければならない〕とすれば、それこそ悪しき事態ではないか。そんなことになったら目を閉じたままでいるしかなくなるだろう。

しかし〔他者の〕行為が稀少な財（傍観者〔である自我〕自身が、それをめぐって利害関係を有しているかもしれない財）に手を伸ばすというかたちでなされるとなると、たちまち事態は一変する。〔自我と他者の〕両者が、それぞれの未来に長期的な関心をもち、稀少性という条件の下にあるがゆえに、場合によっては必要となるかもしれないものを今のうちに確保しておこうと考えるようになれば、その分だけこの問題は先鋭化していく。一人あるいは何人かが手を伸ばす時、そこには常に多数の傍観者がいる。傍観者は、〔数の上では〕優勢であるにもかかわらず、なぜ手を拱いていなければならないのだろうか。傍観者たち自身の間ですら相互に一致には達しえないということは、後々まで懸念材料となるだろう。(281)

全体社会の進化がこの問題のために創り出してきたのは、所有権というメディアであった。その後の経過の中でこのメディアは、よりよい処理と調整とが可能になるよう、貨幣というメディアへと姿を変えていく。したがって所有権からしてすでにコミュニケーション・メディアなのであって、所有権者の欲求を充足するための手段とだけ見なすのでは、所有権を適切に把握したことにはならない。(282) さらに貨幣のメディアが成立した後では、次の点も保証される。他者が自身の貨幣によって望みの物を得たとしても、あるいは貨幣によって貨幣を獲得しているにすぎず何のためにそうしているかは〔他者自身も〕知らないとしても、体験する者〔すなわち、自我〕はそれを受け入れるのである。ルターからマルクスに至るまでの反貨幣感情が、またその感情が社会的に反響を得たことが教えてくれるのは、〔貨幣所有者の行為を〕傍観せよとのこの要求が、いかに蓋然性が低いものであるかという点である。にもかかわらず貨幣は機能するのである。

おそらく貨幣が成立したのは交換を媒介する機能をめぐってではなく、清算されていない給付関係を表す記号としてであった〔本来給付されるべき財がまだ給付されていないことを、貨幣を付与することで示す、というようにである〕。当初それが生じたのは、財政のやりくり（Haushaltswirtschaft）においてのことだったと思われる。十八世紀に至ってもなお、貨幣創造の主たる道具は、国家の負債だった。《銀行》券もまた当初においては、（譲渡可能な）債務証書として構想されたものだったのである。しかしだとすれば〔この意味での貨幣が通用するためには〕誰が債務者であるかが、またその債務者の支払い能力を信頼してよいのかどうかが常に知られていなければならなかったはずである。この制限が廃棄されたのは、ようやくかなり近年にいたってのことなのである。今や〔貨幣の通用を保証する〕債務者とは（そのように指し示してもよいのなら、の話だが）経済そのものである。貨幣という負債を負っているのは経済であり、経済こそが貨幣を循環させるのである。今や支払い能力が保証されるのは、貨幣の使用可能性を保証するという形式において、つまりは経済システムのオートポイエーシスという形式においてに他ならない。そもそも貨幣という象徴的に一般化されたコミュニケーション・メディアは、蓋然性がきわめて低いものである。したがってこのメディアが進化を可能にする要因であったということなど考えられない。むしろそれは、すでに機能している貨幣経済の中で初めて、可視的なものとなったのである。

所有権が利害関心の対象とならないということはまだありうる。「二〇本のリンゴの木がある庭園だって？ そんなものどうしろっていうんだ？」というように、である。それに対して貨幣というメディアは、稀少性をも利害関心をも普遍化する。貨幣というものはいくら多く持っていてもまださらに必要となる。これはアリストテレスにおいてすでに知られていた事柄である。所有権が貨幣化されると、あらゆる所有物について（自身の労働力にすら）それぞれの貨幣価値が定められるようになる。かくしてようやく、所有権／貨幣という稀少性メディアは、今日では馴染みのものとなっている形式へと拡張されるに至る。貨幣は稀少性を観察するメディアとなる。支払いはこのメディアを操作化する形式である。(283) この意味において今日の《豊かな社会》では、以前の社会よりもはるかに稀少性が増大している。(284) そして貨幣は世界構成の形式を担うようになった。つまりケネス・バークの言う「神語（God-term）」となったのである。(285)

したがってわれわれは、通常の経済学の考え方とは異なって、所有権の社会的機能は財物ないしサービスへと直接介入できるということのうちにあると考えているわけではない。また貨幣の社会的機能を、取引を媒介するということのうちに求めているわけでもないのである。今述べたことが事実として生じており、またそれが歴史を生み出す動機となっているという点に関しては、もちろん異論の余地はない。しかしここで問題となっている象徴的に一般化されたコミュニケーション・メディアの機能は、それとは別の所にある。この場合でも、例によってメディアの機能は、蓋然性の低さの閾を乗り越えるという点にある。任意の他者によるきわめて特殊な選択を――他者が自身の居間の家具を整えることや特定のネジを購入することから、国際的コンツェルンの《乗っ取り》までを含めて――誰もが体験として引き受けるよう動機づけられねばならないのである。さもなければ経済は機能しないだろう。以前の時代においてすでにそうだったし、[286] まして今日のような種々の要求が生じている状態においてはいうまでもない。

メディアとしての所有権は、事物の自然的な分割可能性に拘束され続けており、したがって分解可能性には限りがある。それに対して貨幣のメディア基体のほうはそのつど最小の通貨単位であるから、必要に応じて任意に規定されうるのである。それによって、個人の選好を度外視した標準化が可能になる。かくして社会的評価と心的評価との差異が、メディアが機能していくための基礎となるのである。貨幣の社会的評価は量的に標準化されており、変動するのはあくまで固有の条件に従ってのことである。それゆえにこそ貨幣は、個人ごとに異なるかたちで評価されうる。すなわちある状況で何が必要かはさまざまに感じ取られるわけであり、その点に結びつけられつつ評価されるのである。したがってこのメディアは、取引に際して支払われるべき価格を基準として、そのつど特定の形式へとカップリングされうることになる。その際注意すべきは、取引は両方の側で貨幣によって計算されるという点である。貨幣に対して財が引き渡される場合でも、やはり事態は変わらない。これは貨幣が普遍性を有しており、また同時に一義的に特殊化されてもいるということを示している。そして最後に注目しておく価値があるのは、ある取引において固定された形式が、その後ただちに再解体されることである。というのは、貨幣は受取人の手の中で、任意の別の組み合わせへと開かれているのだから。[287] 他のメディアの場合なら解体と再結合とを、ルースなカップリングとタイトなカップリングとを、これほどの範囲とテンポで実現することはできないだろう。[288] その点では、貨幣がしばしば（特に、パーソンズによって）効果的なかたちで象徴的に一般化されたメディアのモデルと見なされているのも、理解できる話ではある。

他者が行為し、自我がそれに対応するかたちで体験する。この布置のための、もうひとつ別のメディアが存在する。このメディアは、おそらくこの点で貨幣の帰属形式に近いがゆえにであろうが、《有用》でないものとして現れてくるということに、ことさらの価値を見いだすのである。そのメディアとはすなわち、芸術である。芸術においては、芸術家が行為し、観客はそれにより特定の体験へと導かれるという布置がはっきりしている。では何が問題なのだろうか。

ヨーロッパ旧来の答えはこうである。芸術作品の目的とは、驚嘆と賛嘆とを呼び起こすことにある。そしてそれは情念という意味においてであり、情念は対象への関係づけの余地を与えないのだ、と。[75] しかしそのためには、全体社会によってひとつの世界が用意されているということが前提となる。その中でこそ驚嘆と賛嘆が存在する、というわけだ。それはとりわけ、宗教と政治の領域内において用意されねばならない。この点に対応することだが、中世の段階ではまだ、なるほど制作物（res artificiales）のための特別な種類の真理が前提とされてはいた（すなわち、制作者／芸術家という観念における形式との関連で）。しかし特別なメディアだとはされていなかったのである。[289] 十七世紀以降、この解答は批判されるようになる。[290] 同時に美学的反省が投入されたが、こちらのほうは説得力をもつ代替案を提示できはしなかった。芸術がコミュニケーションのために、この場合はつまり受け入れの用意が高い蓋然性をもつという事態を生じさせるために、分出したのはなぜなのか。美学内在的な構図（Figur）だけでは、例えば個別的なものの中で普遍的なものを描出するという構図だけでは、まだこの問いに答えたことにはならない。ましてや、「《近代》芸術は全体社会の中の個人と特殊な仕方で関わる」というテーゼに追随するだけでは不十分だろう。たとえこのテーゼが芸術の営為そのものの中で、特に文学において、普通に見受けられるものであるとしても、である[291]。

おそらく、さらに根底的に遡ったところから始めるほうが有益だろう。意味が体験されるたびに、さらなる体験の可能性が過剰に与えられる。そのうちで実現される、あるいは実現されうるものはわずかでしかないのである、と。何かが知覚される時、知覚されているものはすでにそういうものなのであって、他の何かではない。何かがなされる時、背後ではある目的が糸を引いている。しかしなぜ別の目的ではないのか。あるいはなぜ無目的ではいけないのだろうか。それゆえに芸術が追い求めているものを、除外された可能性の再活性化として指し示すこともできるかもしれない[292]。芸術の機能とは、世界の中で世界を出現させること、統一性の中で統一性を描出することである。〔後者は前者よりも〕さらによいものとなる場合もあるだろうし、むしろ悪いものとなる場合もあるだろうが（今日好まれているのはこちらのほうである）。もちろんこの働きは、〔芸術作品に留まらず〕あらゆる物によって、経験されたあらゆる意味によって生じはする。しかしそれは、ある物や意味が別の物・意味を参照するというかたちにおいてであって、世界そのものは不可視に留まるのである。芸術作品は意味がもつ、明るく照らし出しもするし覆い隠しもするというこの機能を要求すると同時に、それを増幅して、不可視なものを可視的にしもする。かくして、このことに成功した場合には、世界の中で世界が描出されることになるのである。だからこそ日常生活に何気なく言い及ぶことが、また目的と有用性とが、遮断されねばならない。われわれの注意力が、それらによって逸らされることなく、別方向に向かいうるようにである。世界の中で世界を描出することによって世界そのものが、《こうである必要はないもの das so nicht Nötige》へと変貌する。芸術作品は、自分自身が必然的であることを証明する。そうすることで、世界から必然性の証明を奪い取るのである。

そのためには、きわめてタイトな形式が必要となる。それゆえに〔芸術においては〕通常以上のもの、通常ならざるものが現れてくる。芸術は、可能性の可動域が使い尽くされてはいないということを示唆する。それゆえに芸術によって現実に対する距離が生じ、その距離は解放する効果を及ぼすのである。この事態を《虚構性》として指し示すこともできる。しかしこの表現では不十分である。芸術は虚構に留まるものではない。芸術はひとつの現実を産み出すのであり、その現実は独自の客観性を主張する権利をもつ。ここにおいてもまた、問題となっているのはひとつの世界の構成である。すなわち限定的な普遍主義が登場してきており、この普遍主義は自身を現実総体に対置するのである。

芸術は、他の象徴的に一般化されたコミュニケーション・メディアの場合とは異なって、知覚メディアを、また物語文学においては直観を用いる。ただし芸術はそれらのメディアの内部において独自の分解技法を用いて、独自の形式を産み出す。より精確に言えば、メディア基体と形式の区別の、独自の形式を産み出すのである[293]。そこから、きわめて多様な芸術ジャンルが形成されてくることになる。音楽・絵画・抒情詩・舞踊・彫刻・建築などというようにである。しかしこれらすべての根底には、ひとつの共通原理が横たわっている。すなわちメディアの中にメディアを組み込むこと、そしてそれと結びついた、タイトなカップリングの新たな可能性を（つまりは、形式の新たな可能性を）獲得することである。だとすれば芸術が、自身が提示する選択を受け入れるよう〔鑑賞者を〕動機づけうるか否かは、次の点次第であるということになる。個々の芸術作品は制作されたものであり、制作のためのモデルなどどこにも存在していない〔したがって、他でもありえたはずである〕。にもかかわらずその作品は（世界とは異なって）今あるようにしかありえない。この点を〔鑑賞者が〕洞察できるようにしうるか否かこそが肝心なのである。十七世紀以来、芸術作品に《オリジナリティ》が求められるようになったのは、この意味においてである[294]。今やオリジナリティ〔の有無〕に関して決定を下すのは、自然との比較や模倣という特質ではなく、他の芸術作品との比較なのである。芸術が自律的で自己関係的なものとして〔すなわち、芸術作品どうしが比較＝参照しあうものとして〕分出するのは、個々の作品に対して〔オリジナリティの〕要求がなされるというこの形式においてである。そこで個々の作品が持ち出されるのは、ただそうすることによってのみ、単に可能なものが必然的であるというパラドックスが展開されうるからなのである。

したがって芸術作品の真理について問うのは、芸術作品の有用性について問うのと同様に不適切である。どちらの問いにおいても、完全に芸術外的な条件づけのほうへと視線が向けられてしまうだろうからである。芸術は何かを模倣したり、何かを成し遂げたり、何かを証明したりするものではない。芸術が呈示するのは、端緒における恣意性が自身を拘束していき、ついには止揚するに至ること、自分自身を必然的なものにしていくことであり、またそれはいかにしてかなのである。制作から始めてもよいし、鑑賞から始めてもよい。しかし一度始めれば、もはや自由に続けるわけにはいかなくなる。それは必要性（＝必然性）の探求（necessità cercata）と化すのである[295]。だからこそ芸術作品は、恣意性の自己条件づけとして構想されなければならないのであり、芸術においては行為がコミュニケートされることによって体験が拘束されるのである。

言うまでもなく芸術もまた、自身を透明化しようとすれば独自の不透明性を抱え込まねばならなくなる。芸術の機能もやはり、ひとつのパラドックスを展開することにある。芸術は何かを可視的にするが、それは他の何かを不可視化することを通してである。「他の何か」とはすなわち、芸術自身が形式として用いる区別の統一性なのである。芸術は、芸術が表現する（artikulieren）ものを分節化する（artikulieren）する。何かを別の何かから区別するのである。明るいものを暗いものから、〔日常的な〕些事から〔悲劇的な〕運命を、協和音から不協和音を区別する、というようにである。しかしそこでは相異なるものの背後にある世界は、差異の統一性へと後退していく。そして不可視のままに留まることになる。芸術がなしうるのも、ただ観察することだけである。すなわち、独自の切れ目によって世界を引き裂くことだけなのである。

帰属の布置の最後は、権力というメディアである。これもまたさしあたりはトリヴィアルなものではある。しかしそこにもまた、蓋然性の低い可能性を展開するための萌芽が潜んでいる。ただしその可能性が実現されるためには、象徴的に一般化されたコミュニケーション・メディアが使用可能になっていなければならないのである。まずは、行為に行為が接続するのはきわめて通常的なことであるという点から始めよう。品物を手渡すこと、協働したりいっしょに遊んだりすること、食卓に出されたものを食べること、道路では他の車の運転に合わせることなどを考えてみればよい。そこでは、すぐ後に続く他者の行為を認識することが有用である場合も多い。通常の場合そこから、リズミカルな調整が生じてくることになる。目下進行中の〔他者の〕運動から外挿を行い〔次に来る運動を推定し〕、自身の行為を適切な時点に位置づける、というようにである。口頭コミュニケーションにおける有名な《話者交替 turn taking》が組織化されるのも、そのようにしてである。場合によっては、閾を超える過度な要求がなされる場合もあるかもしれない。しかしその場合でも、肯定的なかたちであれ否定的なかたちであれ、アドホックな適応が常に可能なのである。〔それに対して〕権力が関わる問題が生じてくるのは、特殊な事例においてのみである。それはすなわち、他者の行為が、自我の行為に関する決定というかたちで生じており、〔自我は〕それに従うよう要求されている場合なのである。その要求は命令によることもあろうし、指示による場合もある。あるいは示唆によるが、発動可能なサンクションが用意されているケースもあるかもしれない(296)。いずれにせよ、両方の側で帰属可能な行為がなされているという点に変わりはない。指示が単に体験されるだけであってはならないし、指示が、指示を受ける者の行為の代替物となってしまっても困る。指示は偶発的な選択として視野に入ってくる。にもかかわらず指示は、自身の行為の前提として引き受けられねばならない。ただしそれが生じるのは、ひとつの付帯条件のもとでのことである。すなわち、恣意が存しているのは他者の決定のうちにだけではない。恣意は特に、自我の行為の規定のうちにも含まれているのである〔つまり、自我が命令・指示に従わない可能性も常に確保されていなければならない〕。

権力がメディアとして生じてくるのは、行為の可能性を二重化することによってである。他者が望んでいる経過に、別の経過が対置される。後者は他者も自我もとうてい望みうるようなものではないが、しかしそれによって他者が不利になる度合いは自我の場合よりも少ないのである。その「別の経過」とは、サンクションを課するということである。権力という形式とはこの差異に他ならない。すなわち、指示を実行することと、回避されるべき代替選択肢との差異なのである。サンクションの手段が十分に一般化されている場合には（物理的強制力の適用や、雇用関係からの離脱など）、このメディアの内部において、多数の可能な権力目標とサンクション手段との間にルースなカップリングが成立していることとになる。したがって権力を用いることにより、形式が固定される。権力のメディアが、一時的に〔特定の目標をめぐって〕タイトにカップリングされるわけである。したがって、自我が回避〔されるべき〕選択肢を優先し始めるとすれば、そこが権力の限界となる。〔その先では〕自我自身が権力を用いることにすらなるだろう。〔今や自我は〕他者に、サンクションを放棄するか、それともサンクションを課するか〔という代替選択肢に直面すること〕を強いるからである。ここでも次の点を認識できる。一方には、諸要素のルースなカップリングがある。潜在的な威嚇としてのこの諸要素は、使用されたとしても使い尽くされるわけではない。むしろ使用の中で更新されていくのである。また他方には、一時的な固定されたカップリングがある。それはすなわち、〔明示的な、あるいは推測された〕指令とその実行との組み合わせという形式なのである。このような配置は蓋然性の低いものである。というのはこの配置は、以下の事情にもかかわらず通常の場合は機能するからである。関与者の利害関心はまったく異なっており、指令するという行為は決定として、したがって偶発的なものとして現れてくる。加えて、この配置が目的とするのは自我の行為を特殊化することだけである。また最後に、権力を行使するに当たっては、特定の種類の指示に関して〔相手が〕従う用意があるかどうかを、個々の場合ごとに確かめねばならないなどということを前提とするには及ばないのである。

権力コミュニケーションは危険を孕んでおり、コンフリクトを招きやすい。真理も貨幣も、自我に対して体験のみを要求するがゆえに、権力コミュニケーションを中和してくれる。(297) だからこそ社会的ユートピアは、「全体社会は真理によってのみ、あるいは市場によってのみ制御されうる」という観念を好んで用いるのである。しかしそれでは、秩序づけの重要な可能性を放棄してしまうことになる。すなわち、条件づけられた恣意を経由する長い行為連鎖によって組織されうるものが放棄されてしまうのである。というのは真理にしても貨幣にしても、受け手が受け取ったものを用いて何をするかを確定することができないからだ。他ならぬそれこそが、権力の機能なのである。

所有権／貨幣の場合と同様に、ここにおいても第二コード化が現れてくる。それはすなわち、権力の法的コード化である。まず重要なのは、私的な事柄に対して、それが法に適っていても、中央官庁による政治的に組織された強制力を駆使できるようにすることである（この構築物からして蓋然性が低いということに注意されたい）。たとえその「適法」の内容が何ら政治的なコントロールを受けておらず、契約という形式において成立したものであったとしても、やはり事は変わらない。しかしまたさらに、政治的権力そのものが法に服するということもありうる。そうなれば政治的権力が自身に固有の強制手段を用いることができるのは、その権力が適法である場合に限られることになる。そして法そのものが変化しうるのは、法システムの内部において立てられた条件に従って法の変化が生じる場合だけである、と。通常の場合この達成物は、《法の支配 rule of law》ないし法治国家として指し示されている。権力がこのように自己言及的に法化されることによって始めて、権力という政治的メディアは、自分自身を包摂する世界構成のメディアとなる。これは、自由主義的なイデオロギーとはまったく無関係に生じる。自由主義イデオロギーはこの構想を当初、自由のための条件として提起した。そしてそれゆえにこそ、悪意に満ちた論評を浴びせられることになったのである。

高度に一般化された、多数の目的のために投入可能な権力手段（威嚇の潜在的可能性）が存在している。にもかかわらず、その適用可能性には明白な限界があることが容易に見て取れる。おそらく最も重要なのは、権力保持者が情報に依存しているという点であろう。たとえ権力保持者が自身の望むことを引き起こしうるとしても、当人が何を望みうるのかまでが決定されているわけではない。例えば政治システムが経済を、生産計画と価格設定を通して制御しようと企てる場合、常に次のような問題に直面しなければならなくなる。この政治システムは、自身の決定とは独立したかたちで採算性に関する情報を入手することができない。したがって内的操作の巨大なネットワークを展開せざるをえない。そしてそのネットワークが経済的に失敗しているとすれば、そこから再び政治的問題が生じてくることになるのである。言い換えるならば権力は、政治の水準においても組織の水準においても、〔各システムが〕分出していることに、また権力とは無関係な情報に依存しているのである。さもなければあらゆる情報が権力に転化する、ということになるだろうから[298]。権力がただ自己言及的にのみ、「自身の計画の成功／失敗」ないし「自身が下した指令が遵守される／されない」という図式だけを踏まえて情報を得るのでは不十分なのである。権力というメディアが、全体社会を支配する普遍的メディアにまで登り詰めることはない。権力は、自身の普遍的権能を限定化することによって成り立っているのである。今述べた点から、このことには権力内在的な根拠があるということがわかる。

以上から明らかなように、象徴的に一般化されたコミュニケーション・メディアはどれも、トリヴィアルで日常的な状況から成立してくる。つまり当初は、比較的要求水準の低い特殊な働きを、アドホックなかたちで提供するにすぎないのである。ただしその限りではまだ、本来の意味でのメディアとは言えないのだが。とはいえこの初発状況は、特に進化論的な考察にとっては重要な意味をもつ。そこにおいて、メディア理論と進化論とが統合されるからである。すなわち初発状況によって、次の点を説明できるのである。選択と動機づけという蓋然性の低い組み合わせへと至る可能性は、有意味なコミュニケーションがもつ普遍的な冗長性の中で、いわば利用されることなく眠っている。しかし必要性が浮上してくるや否や、その可能性が利用されるようになる。これまで述べてきたような関連問題が切迫したものとなるや否や、またいかなる契機によってであれ、両者を組み合わせる可能性が発見されるや否や、である。そうなれば組み合わせの可能性は、メディア特殊的な分解と形式形成によって実現されていくことになる。〔メディア理論／進化論の関連についてさらに述べておくならば、〕象徴的に一般化されたコミュニケーション・メディアがそのように展開され分化していくためには、文字および活版印刷術という流布メディアが発達した状態にあることが、またそのつど優勢であるシステム分化の形式が、解発因として働くはずである。われわれはそう想定しているが、ここではこの点は研究プログラムとして示唆しておくしかないだろう。いずれにせよ、象徴的に一般化されたコミュニケーション・メディアが完全に展開されるに至るのは、全体社会の機能分化という前提の下においてのみである。というのもその場合にのみメディアは、全体社会の機能システムが分出していくための触媒として働きうるからである。その場合にのみ、メディアが用いられる中でゼマンティクとして濃縮されていくものが、かつては全体社会を記述する際に道徳が占めていた地位に就くことになる。そしてだからこそ、そのような事態に対する道徳的批判が生じてくる結果になるのである。

近代の全体社会にとっては、すなわち完全に発達したかたちでの象徴的に一般化されたメディアを伴う全体社会にとっては、あらゆるコミュニケーションをその根底にある統一性へと関係づけうるような超メディアなど存在しない。ここで改めて道徳について考えたくなるかもしれない（あるいは「倫理」[76]を口にする者も多いかもしれない）。しかし全体社会がもつ道徳的弱点のすべてを倫理によって（つまりは、道徳の反省によって）治療しようとする試みなど、ほとんど笑い話に等しい。いずれにせよ適性証明がなされていないのは確かである。さらに加えて、通常の場合考えられているのは道徳的にコード化された行動、つまり善き行動と悪しき行動ではなく、ただ善なるものだけなのである。善なるものが好ましいと見なされるのは自明の理である。しかし残念なことに善なるものは、単独では生じてこないのである。

全体社会の統一性は道徳として、理性的人倫が具体化されたものとして現れてくるわけではない。象徴的に一般化されたコミュニケーション・メディアの機能をオートポイエティック・システムにとっての可能性へと翻訳するためには、構造的な配置を必要とする。全体社会の統一性とは、コミュニケーション・メディアに関する限り、この配置が恣意的には生じえないということのうちに存しているのである。方法論的に言えばこれは、相異なるメディアを比較するための観点を見いだしうるということである。その観点を用いて、近代社会が自身をコミュニケーションの試みとして実現する、その形式を探ってみなければならないのである。とはいってもわれわれは、何らかの論理ないし理論によって、あらゆるメディアにおいてあらゆるメルクマールが等しく実現されるよう強いられている云々という前提を置いているわけではない。この理論は、進化によって生じる相違に関しては未決のままにしておく。しかしまさにそれゆえに、後から問いを追加する余地が与えられる。それは、特定のメディアが特定の構造的メルクマールを実現しなかったということが、あるいは、あまり成功したとは言えないかたちで実現したということが、確認された場合である（その時には、「どうしてそうなったのか」と問うてみればいいわけだ）。すでに何度となく述べてきたように通常の場合、蓋然性がきわめて低いコミュニケーションが、にもかかわらず存在しうるのは、例外的な事例をめぐってだけのことである。しかし蓋然性の低さを蓋然性の高さへと変換するというこの問題は、何らかの仕方で解決されうるはずである。現下の進化段階のもとでは、全体社会総体がその点に掛かっているのである。

1　象徴的に一般化されたコミュニケーション・メディアは、メディア領域総体に関してひとつの統一的コード（中枢コード）を必要とする。(299) コードというものはふたつの値から成っており、この水準では第三の、あるいはそれ以上の値は排除される（もちろん《実際には》そうではないが）[77]。コミュニケートされた意味を拒否する可能性は〔それ自体としては、拒否から何が生じるかがわからないがゆえに〕無規定であり、また〔コミュニケーションが積み重ねられると共に、拒否の対象となる論点も集積されていくために〕増大していく傾向がある。それがコードによって、確固たる「あれか／これか」へと移し入れられる。つまり《アナログ》な状況が《デジタル》な状況へと変換されるのである。かくして明確に決定されうる問いが、自我にとっても他者にとっても同一のかたちで、獲得されるのである。コード化されるのは自我や他者の意見ではなく、コミュニケーションそのものである。そしてそのコード化は、学習可能な仕方で生じる。すなわち、正の値と負の値を正しく帰属させるための基準が特定化されていくのである(それに対してコード化されていない初発状況から帰結しうるのは、失望・硬直化・コンフリクトが増大していくという事態だけだろう)。

他の多くのコード化の場合とは異なって、ここで問題となっているのは選好コードである。言語における普遍的な「イエス／ノー」コードの場合とは異なって、正の値は(反対の値へではなく)当の値への選好として表現される。それはまた、コミュニケーションが高い蓋然性をもつことのほうへと操舵されていくということを表してもいる。出発点においては、コミュニケーションが受け入れられるということは蓋然性が低かった。しかしその点はコミュニケートされず、潜在的なままに留まるのである。

コードが機能するのは、これは他の区別の場合も同様なのだが、ふたつの側から成る形式としてであり、ある観察者はそれを用いてもよいし用いなくてもかまわない。コードにおいてもまた、そのつど指し示されるのは一方の側だけであって、他方の側をも同時に指し示すことはできない。コードがさらなる作動のための接続点および出発点として役立ちうるのは、ただそのようにしてだけである。以上の点においてコードもまた、区別というものが持つ特性を有しているのである。区別されたものを同等なものとして扱うたびに、観察者はパラドックスを生ぜしめることになるだろう。すなわち相異なるものの自同性(Selbigkeit)というパラドックスを、である。場合によってはその観察者自身が、何かがうまくいっていないと気づくこともあるかもしれない。他の区別と比較してみるとコードの特性は、一方の側から他方の側への移行が、つまり境界の横断が容易になっているという点に存している。ある正の値が、例えば「真」が受け入れられているとする。その場合には後続する作動を規定するのは何ら難しいことではなくなる。後続の作動が結果として「非真」であってもかまわない。それは反対の言明にすぎないからだ。言い換えるならば、ある値からその反対値へと移行し、またもとの値に帰ってくるためには、追加の条件づけなど必要とされない。〔コードに基づく〕この論理学によれば、横断してまた帰ってきたならば、それは何も起こらなかったこととして扱われうるのである。(300)

コードの内的境界を横断するのが容易なことであるのはとりわけ、道徳的帰結から免責されているという点によっている。〔横断したからといって〕ただちに善きものから悪しきものへと移行したり、ましてや悪と化したりするという結果になるわけではないのである。(301)もっとも、この点を学ぶためには長期にわたる進化的過程を必要とした。全体社会がまだ階層分化していた間は、その結果として頂点には道徳的特質が帰せられており、またその頂点による統合が前提とされていた。そこではメディア・コードを道徳的に中和することはできなかった。(302)したがってまた、反対値への移行が容易だったわけでもなかった。移行が容易になるためにはそれをコントロールするシステム独自の基準が成立していなければならないからである。

一方の側から他方の側への移行を容易ならしめること。われわれはそこに、メディア・コードがゼマンティクの点で進化していくうえで決定的な意義をもつ変数が存していると考える。ある値から反対値へと移行し、またもとの値へと帰ってくることが（しかもその間に最初の値が変化していた、ということなしに）容易になれば、その分だけコードそのものは不変の構造と化す結果になるからだ。同時にまた、相異なるコードの正の値ないし負の値を重ね合わせることは、より困難に〔すなわち、多くの前提を要するものに〕なっていく。美しい者が真理を述べるかどうか。富める者が権力をも有しており、また善であり健康でもあるのかどうか。この問い〔への答え〕は〔美ないし権力という当該コードの内部に収まらない〕さらなる条件に依存しているのであり、その条件を〔特定の〕システムによって保証しておくわけにはいかないのである。したがって観察者から見ればこの条件は偶然として扱われざるをえない。それゆえにまた、そこにおいて安定性を想定することもできないのである。その限りでは、メディア・コードが移行の図式化（作動が〔コード外在的な〕文脈に依存しなくなるという点で、これを《技術化》と呼ぶこともできる）の方向へと進化することは、ハイアラーキカルに階層化された全体社会において常に重要であった前提を破砕するためにも役立ったことになる。その前提とは、「頂点において（貴族のうちに、支配者のもとで、神のもとで）あらゆる正の値が集積される」という想定だった。

〔コードの〕他の値へと移行することが容易になればその分だけ、〔コードに基づく〕作動が文脈から独立するようになる。したがってあまりにも大きな可動域が生じてくる結果となり、その結果再び制限されねばならなくなる。かくしてコード化の進化の動きの中で、基準に関する追加的ゼマンティクが形成されてくる。その基準という条件下において、正の値ないし負の値が正しく振り分けられる、というわけだ。この条件づけを、《プログラム》と呼ぶことにしよう。(303) プログラムは、大規模なゼマンティク装置の例に漏れず、それぞれのコードに付随するものである。コードが単純さと不変性とを獲得すればその分だけ、いわばその代補として、プログラムは複雑性と変動性を背負い込むことになる。その意味で例えば法における、あるいは科学におけるゼマンティクの《ストック》は、プログラムから成っているのである。

コードはそれぞれの機能領域に該当するメディアを指し示す。すなわち限定された、ただしカップリングという点ではルースな〔それゆえにさまざまに結びつけられうる〕一群の可能性を指し示すのである。あらゆる作動が生じるごとに、コードも働いていることになる。さもなければ作動がメディアに帰属させられはしないだろう。場合によっては、当該の機能システムに帰属させられることすらなくなってしまうかもしれない。したがってコードを忘却する〔つまり、場合によってはなしで済ます〕ことなどできない。それに対してプログラムのほうは、想起することも忘却することも可能である。それはプログラムがどれくらい頻繁に呼び出されるか、呼び出されないまま記憶から抹消されることがどれくらい頻繁に生じるか次第なのである。したがって、強制的に再発生してくるのはコードだけである。メディアの統一性を、場合によっては機能システムの統一性を特殊な差異によって定義するのはただコードのみである。プログラムは交替しうるからだ。

コードが際だつのは、選好ないし非選好を固定化するということにおいてである。この固定化は、心的なリアリティを度外視するかたちで生じうる。言うまでもないことだが例えば貨幣コードの場合なら、有用なものへの利害関心がそもそも成立しているということが前提とされねばならない。愛における自己実現への関心についても事は同様である。しかしコミュニケーションにおいてその種の動機を仮定することなど蓋然性が低いという話にならない限りは、〔いちいちその動機の存在を確認せずとも〕メディアに基づいて定位するコミュニケーションは機能していくのである。他ならぬ〔心的リアリティへの言及なしに成立する〕選好のこの定位のゆえに、象徴的に一般化されたメディアは、操舵メディアとしても適している。象徴的に一般化されたメディアが操舵機能を満たすのは、選好を固定すると同時に、可変的な条件づけのもとに置くことによってである。条件づけを変化させることによって、何らかの特殊な選好に関してあるコミュニケーションが意味をもつか否かを〔すなわち、特定のコミュニケーションがコードの一方の側に（他方の側に、ではなく）属することになるかどうかを〕確定できる。そして必要ならば〔コードに〕対応する追加的操舵を行うことも可能である。愛を証明するためにはもっと〔相手に〕傾倒しなければならない。真理の証明を行うためにはさらなる論証が必要である。望みのものを入手するにはもっと多くの貨幣を提供しなければならない。権力を用いて自身〔の意図〕を貫徹するには、命令の内容を、さもなければ威嚇手段を変化させなければならない、というようにである。これらすべての事例において構造上決定的なのは、固定的な選好コードと可変的な条件づけ（プログラム）との差異なのである。

コードがより抽象的に定式化されるようになれば、その分だけ選好は弱いかたちで組み立てられることになるだろう（例えば科学における反証原理のことを考えてみればよい。そこでは十分な反証がなされた後でなおも残っているものだけが、真理として認められるのである）。しかし〔コードの両側の差異がいかに弱められようと〕次の点は変わらない。すなわち正の値がそのメディアに特有の作動にとっての接続可能性を象徴しているのに対し、負の値のほうが象徴するのは、接続可能性の条件が偶発的である〔つまり、接続がうまくいかないこともある〕という点だけなのである。それゆえに、ゴットハルト・ギュンターに依拠してこう述べることもできる[304]。メディアの選好コードは指示値〔または「接続値」〕と反省値から成っており、第三の可能性は排除されているのである、と。真理・愛・所有・権力〔という正の値〕によって、何かを始めることができる。一方、それぞれに対応する負の値から生じてくるのは〔どんなコミュニケーションなら後続しうるのかに関する〕コントロールを行うことだけであり、正の側に接続する実践が合理的な選択となるための文脈を確立することだけなのである〔しかしそれがなければ正の値も意味をなさない。例えば〕もしどんな価格であっても必ず支払わなければならず、支払わないことは不可能であるなどという話になったら、貨幣があってもそれで何をしろというのだろうか[305]。

コードに関しては常に言えることだが、ここにおいてもまた問題となっているのは二重化規則である。それによって、現にあるものが、あるいは生じるものが、正のヴァージョンと負のヴァージョンへと二重化されるのである。そこで起こっているのが単なる二重化であるという点を反省することはもちろんできない。というのは、コードを適用する者はそのコードを統一性（Einheit）としてではなく双性（Zweiheit）として用いなければならないからだ[306]。ルースにカップリングされた諸要素を伴うメディア基体が創出されるのも、この二重化を通してである（例えば一定の貨幣総量を考えてみればよい。それによって支払うこともできれば支払わないことも可能なのである）――ただしこの省察もまた〔統一性の反省と同様に〕抹消されねばならないのだが。そしてそのメディア基体は、特定のタイトなカップリングのみを容認する（他のカップリングは容認しない）ことになる。例えば貨幣の場合なら、一定の価格での取引は容認される〔が、他の価格でなら取引は生じない〕のである。ここでもコードの統一性は、その形式のうちに存している。すなわちある側が指し示される時、もう一方の側も視野のうちに収められているということにあるわけだ。他ならぬそれゆえにこそ、二値性（Binalität）が必要とされる。というのは三項からなる布置ですでに〔「他の側」が何であるかが〕見通しがたい状態が生じてきてしまうからである。

二値性によって、一方の値のうちに反対の値を、また反対の値のうちに最初のほうの値を組み込んでおくことが可能になる。したがってある値は同一性であると同時に差異でもある。すなわち自分自身であって、反対の値ではないのである（反対の側についても同じことが言える）。かくして、自己を自分自身のうちで反復する、自己言及的関係が成立する。したがってまた、同一性と差異の差異を再び差異へと分解する〔すなわち、異なる種類の「同一性／差異」を相互に区別する〕形式が成立することにもなる。同一性と差異の差異は、他でもない、正の値と負の値という特定の〔コードを形成する〕区別へと分解される。この区別は同種の他の区別から、つまり他のコードから区別されうるのである。この議論そのものもまた、差異を最終的に統一性へと差し戻そうとするあらゆる試みから根本的に区別されることになる。ここでの「統一性」には宗教的な定式化も、自分自身の内で異なっていくものを表す定式としての《精神》も含まれる。したがって、（相互に異なる）メディアから結果として生じてくるゼマンティクを、宗教的にコントロールすることはもはやできないのである。

今述べたように、正の値と負の値は、形式的には対称性をもっている。にもかかわらず言語の一般的な「イエス／ノー」のコードとの間には、重要な（しかし発見困難な）相違も存している。違いとしてさしあたり目につくのは、正の値に対する選好という点だろう。しかしその点によって、より重要な違いが覆い隠されてしまう。後者の違いとはすなわち、論理学者であれば分離しておかねばならないはずのふたつの水準《レヴェル》が融合してしまっているという点である。正の値は選好として、つまり接続可能性を表す象徴として機能する。同時に正の値は、コードそのものを用いることに対する正統化として機能しもするのである。正の値は、反対の値から区別されるものを象徴すると同時に、その区別そのものを正統化するわけだ。選好コードは論理学にとって重要であるはずのタイプの区別を崩壊させるのである[307]。それゆえに選好コードを厳密に論理的に取り扱うことは困難になる。しかしこのような性格づけでは、まだあまりにも表面的すぎる。よりラディカルに定式化するならば選好コードは根本的なパラドックスを、すなわち区別の統一性というパラドックスを、二値図式という形式を定めることによって展開するのである。この図式のうちで一方の値とその反対の値とが同定されうることになり、したがってこのふたつの値を同一の対象に同時に適用することを矛盾として禁止できる。また第三の値は排除されるのである[308]。しかしそのためには、区別の統一性そのものは反省されないということが前提となる。統一性は〔反省される代わりに〕、区別のうちの選好値のほうを用いることによって正統化されるのである。結果として、当の区別を用いる観察者は、自分自身に対して観察不可能なものとなる。観察者は、正の値のみにコミットするしかないのである。根底にあるパラドックスは、展開される（二値化される、デジタル化される）と同時に、隠蔽されもする。しかしその後においてもパラドックスは、反省理論のための主要な契機のひとつであり続ける。〔問題となっている区別に〕対応するかたちで分出した機能システムが、自身のコミュニケーション問題をどのように把握し解決するのかを描出しなければならない場合、特にパラドックスが生じてこざるをえないという点を考えてみればよい〔その場合、単に選好値だけでなく、システム内のコミュニケーションにおいて用いられている区別そのものをひとつの＝統一的な区別として（つまり、二から成る一として）可視化しなければならなくなるからだ〕。近代社会においてはどうしてもそうせざるをえなくなる。近代社会はもはや社会総体にわたって通用する基準（階層、道徳）に依拠することはできず、したがって近代社会の機能システムは、自己正統化、自律性、コードをそれ自身へと適用することといった問題に直面することになるからである[309]。

コードが厳格なかたちで形成されればされるほど、全体社会においては通常的な価値づけから乖離していくことになる。この点を、所有権／貨幣のコードに即して明らかにしてみよう。経済学的に見てこのコードにおいて重要なのは、誰が所有者であり誰がそうでないかということだけである。所有権のそれぞれに関して、他の者はすべて非所有者なのだから、このコードは変動可能性に関して膨大な冗長性をもたらすことになる〔ある非所有者の代わりにどんな別の非所有者が登場してきたとしても、事態は何ら変わらない、というようにである〕。それに対して経済を全体社会の立場から、あるいは政治の立場から判断する際に重要になるのは、何よりもまず貧富の差——これはまったく別の形式である——であるように思われる。現に経済は十八世紀以来もっぱら、貧と富の違いを拡大するという観点から観察されてきた。実際には経済は貧／富とは異なるかたちでコード化されていたにもかかわらず、である。もっとも今日では（階層化された社会の場合とは異なって）、貧富の区別は機能を失ってしまっている。したがってマルクス主義による政治経済学批判は、全体社会総体のパースペクティヴのもとで、分出した経済を批判しているものとしても読めるのである。

この分出が最終段階に至るのは（そこまで行っているのはいまだ少数の事例にすぎないが）、境界を横断するためには、つまり一方の値をその反対の値へと変形するためには、ひとつの否定だけで十分となる場合である[310]。そのようなコードの内部では、反対側への移行が容易となっている——ただしそれは、〔その移行が〕他のコードの値に対して何らかの含意をもつのを放棄するということによっているのだが。コードの値を〔他のコードの値と〕相互に変換することはできない。貨幣を持っていることを愛へと転化できはしないし、権力を真理へと転化することもできない（逆も成り立つ）[311]。一方の値から反対の値へと移行し、また帰ってくるのが容易になること。われわれはこの事態をメディアの技術化として指し示すことにしよう。ここでは技術は情報処理過程を、「そこに含まれる具体的な意味連関をすべて取り上げて併せて考慮しなければならない」という負担から免除することとして理解されている[312]。

ここで真っ先に思い浮かべられるのは、科学的計算の形式としての論理学かもしれない。しかしこれはむしろ技術としてのあり方（Technizität）の特殊事例なのである。別の方法によって、高度の技術化を達成することもできる。それを可能にする構造を、ここでは「第二コード化」と呼んでおくとしよう。その顕著な例として、貨幣による所有権の第二コード化と、法による権力の第二コード化を挙げておこう。どちらの場合においても、正の値が再度二重化される。所有物を貨幣で支払うか支払わないかに従って用いることもできるし、権力を適法的に、あるいは違法なかたちで用いることも可能である、というように。それに対してそもそも所有していなかったり、権力を持っていなかったりする場合には、ふたつの〔選択肢の〕うちのどちらも不可能であるという話になる。第二コード化は、抽象化の働きを伴っている。一度所有権が貨幣化されれば経済が関心を持つのは、特定の物ないし請求権に関する所有／非所有という抽象的な差異に対してだけであるということになる。経済を突き動かすのはこの差異である。最も富める者にしても、たいていの事柄に関しては非所有者だということになるからだ。富める者と貧しい者の差異を問題として扱うことは、政治の手に委ねられるのである（ただし、この差異が労働への動機づけとして働く場合は別である）。《政治経済学批判》の場合、そうする代わりに、《資本主義》の貨幣技術を標的とする。というのも、その貨幣技術は、材料と労働とでは生産過程に対する貢献が重要な点で異なるという事態を無視しながら、材料費と労務費とを企業会計の借方に記入することを許容するものだからである[78]。これらの第二コード化を、技術化可能性の拡張として同時に視野に収めておくことが重要である。というのは第二コード化を、論理学の応用形式として把握することはできないからである。にもかかわらずこのコード化は、近代的な合理性にとって、またそれに対応する〔技術化され合理化された〕メディア・コードが卓越していくためにも、不可欠である。

それとは別に、技術化不可能であろうと努めているメディアもある。そこでは技術化不可能性は欠陥としてではなく、メディアの際だった特性として理解されていることになる。愛の場合が、また芸術の場合がそうである。それゆえにこのふたつの場合において、普遍的なものが個別的なものに宿っているという点が強調されるのは偶然ではない。愛においては個別的な主体に、芸術においては個別的な客体に、というわけである。歴史的に見れば、十八世紀以降において二種類のこのコントラストが強まってきたのは、技術化されたメディアの発展に対する反応としてであった。そこから生じた帰結のひとつとして、愛および芸術という対抗構造のかたちで形成されたメディアにおいては、他のメディアならもっているいくつかのメルクマールが放棄されねばならなかったということが挙げられる。特に、確実なシステム形成能力は放棄されることになったのである。

コードはそれぞれ以上述べてきたような個別的属性を有してはいるが、どの形式においても見られる普遍的特性を実現してもいる。それはすなわち、境界を引くという点である。この境界を横断することは可能だが、ただしそのためには時間を必要とする。それゆえにコード化されたメディアはすべて、時間化されたメディアなのである。出発点は一方の値に、あるいはその反対の値に取られなければならない。例えば、自身がある物件の所有者であるか否かを知っていなければならないのである。そうすれば後続する作動によって反対の値へと移行することも可能になる。売ったり買ったりできるわけだ。またそれを行った後の状況においてもやはり、さらに作動していくために時間を見込めることがわかるだろう。したがってメディアが多様化していくことによって常に、時間の多様性も産み出されていく。かくしてさまざまなメディア領域ごとに、独自の時間が生じてくる。もちろん事実として生じることはすべて同時に生じる。しかしメディア独自の時間は相互に調整される必要はないのである。

2　選好コードが有しているもうひとつの特性については、新たに項目を立てて論じておくことにしよう。この特性は、象徴的に一般化されたメディアを相互に比較するために役立つだけでなく、メディアが分出することの効果を認識させてもくれるからである。その特性を、コードがその一方の値のうちに自己を位置づけることと呼んでおこう。この値は、今述べた機能のゆえに正の値として特徴づけられることになるのである。

コードの統一性は（あらゆる区別の場合と同様に）、ふたつの側を分かつ形式のうちに存している。したがって厳密に考えるならば、コードを一方の側のみによって代表させることは決してできないはずである。にもかかわらず選好はそれを行う。まさにそうすることで、コードの統一性についての問いを、またコード化された作動をそのコード自身に適用するという問題〔が生じてくるの〕を、押し止めるのである。[313] その代わりにこう仮定される。真理をコミュニケートすることは、真なるコミュニケーションである。愛している者は愛の告白を避けることができないし、避けてはならない〔それゆえに、愛を告白することは愛している証拠であって、愛していない証拠ではない」。法＝権利（Recht）を主張する権利がある（berechtigt）。交換可能性（処分可能性）は所有権のメルクマールであり、したがって所有権を譲渡することもやはり所有権によって守られている。同じトリックが、反対の値に関しても用いられる。非真を証明することそのものが、真なる作動である、というようにである。かくしてコードは、いわば自ら自分自身に対して作動を認可する。そのためにはより高次の値＝価値へと遡及する必要などないのである。

　このように、〔コードが〕自己を位置づけることは主題化されず、潜在的なままに留まる。したがって、伝達されることで〔コードそのものに対する〕イエスかノーかを呼び起こすというリスクからは免れているのである。〔「イエス／ノー」を問われることなく通用するという〕他ならぬこの意味において、コードをなす正の側と負の側は、《値＝価値 Werte》なのである。自己を位置づける際には、コードの非対称性が、正の値と負の値との差異が利用され、強化される。[314] 少々ごまかしさえすればよい。そうすればコードは自身が自律的であると主張でき、自身のパラドックスを顧みずにすむし、また結局のところ高度な首肯性をもつことを当てにできるのである。「われわれには合法と不法（Recht und Unrecht）を区別する権利（Recht）がある」ということにまで異議が唱えられるとしたら、途方に暮れるしかないではないか。

　しかしこの形式がわれわれの興味を惹くのは、単にそれが創意に富むからというだけの理由ではない。象徴的に見るならばその働きはとりわけ、この形式によってコードが、全体社会の構造が持つ非対称性に完全に依拠しなくてもよくなるという点にある。都市と地方、貴族と平民、パトロンとクライアント、男と女、親と子どもの区別を、これまで述べてきたようなかたちで選好コード化することはできない。なるほどそれらも、前提となっている全体社会の構造を踏まえることによって、非対称性を形成し一方の側を優越させはする。しかしそのためには全体社会の構造に直接依拠しなければならない。あるいは、十七世紀における貴族の理論ならこう言うところだろうが、想像力に依拠しなければならないのである。[79] 貴婦人がお抱えの御者とコミュニケーションを行うなら（さらには、御者が貴婦人とコミュニケーションを行う場合も）それはすなわち貴族的なコミュニケーションであるなどと述べることは、ほとんど不可能なのである。そのように単純な仕方で自己を位置づける代わりに、口頭〔でコミュニケートする〕形式を洗練することや礼式によって、身分の差異を時々刻々新たにコミュニケーションへと導き入れねばならなくなる。なるほどその種の流儀も通用するという点については、多くの例を挙げることができる。しかしこの解決策は、対面状況のもとでの具体的相互作用に依存したままである。したがって文字へと翻訳して、活版印刷術を通して社会的に重要なコミュニケーションの隅々にまで行き渡らせるというわけにはいかないのである。現在では選好コード化されたコミュニケーション・メディアは進化上の達成物であり、その優位性は明白なものとなっている。そこから次の点も理解できるだろう。すなわち活版印刷術が導入されて以降、選好コード化されたメディアは、全体社会の分化形式を選好コード化された機能システムへと転換させるのに、ますます貢献するようになってきたのである。

しかし選好コードを発達させてきたのは、象徴的に一般化されたコミュニケーション・メディアだけではない。道徳もまたそうしてきたのである。何かを善いこととして、あるいは悪いこととして指し示すコミュニケーションは、善きコミュニケーションである。これは道徳のうちに含まれる、人に関与を強いる技法のうちの重要な要素のひとつである。というのは何かを善ないし悪として指し示す者は、それが善きコミュニケーションだった〔と言いたいの〕なら、自己を点検しようとするはずだからである。

アリストテレス以来この問題は、認知的な迂回路を経由して解かれてきた。人は常に善を欲するが、誤るということもありうるのだ、と。これもまたエレガントな解決策であるが、そこにおいてもやはり次の点を容易に認識できるだろう。すなわちそれによって、全体社会の構造が持つ非対称性から大幅に独立することができるのである。貴族と民衆、都会人と農民、富者と貧者、男と女は、満たすべき予期がどれほど異なっていようとも、〔等しく〕道徳的判断に晒されることになる。

道徳と象徴的に一般化されたコミュニケーション・メディアが競合状況にあるという事実は、両者が今述べたような共通点を持っているということによって説明できる。この競合状況は十八世紀にまで及んだし、その末裔をも重視するなら、今日にまで及んでいるとすら言える。古典期ギリシアの都市文化においてすでに、メディアの分化が始まっていた。しかし少なくともアリストテレスのテクストにおいては、分化したメディアは都市的生活形式という倫理によってひとつに結びつけられていたのである。修辞学の前提においてもやはり事は同様だった。十八世紀における身分への批判もまた、問題となっていたのは〔特定の身分というよりも、身分の違いを支える〕全体社会を批判することだったがゆえに、主として〔身分に囚われない〕道徳に依拠していた。今日における抗議運動に関してもまた、同様のことが言える。にもかかわらず、全体社会システムの機能分化が利用しているのは明らかにメディアのコードであって、道徳のコードではない。その理由は明らかだろう。ここで問題となっているのは、統一性ではなく差異だからである。言い換えるならばメディアは、道徳的要求を中和するべく定められているのである。さもなければメディアの融合が生じてしまうだろうし、そうなれば動機づけの負担は（この点に関しては相当に当てにならない）道徳へと委ねられるだろうからである。[315] にもかかわらず道徳の立場からコミュニケーション・メディアの値に対して賛成するか反対するかを決めようとするコミュニケーションが生じたとしよう。しかしそれによって経験されるのはその値に関してではなく、そうコミュニケートする者の道徳的信念に関しての何事かなのである。懸念の余地がなくもない症候が定着しているように見えるのは、それゆえであろう。すなわち全体社会の再生産という多くの要件を伴う水準においては象徴的に一般化されたコミュニケーション・メディアのコードが用いられる一方で、まさにその事態を批判するために（例えば、貨幣に基づいて定位することを批判するために）道徳が召喚されているのである。この点にはまた何度か立ち返ることにしよう[316]。

3　象徴的に一般化されたコミュニケーション・メディアは、コード化されるということのみによってもすでに自己言及的に構造化されており、作動の閉じられた連関として分出していることになる。そのことと、過程としての再帰性とは区別されねばならない。後者が見いだされうるのは完全に発達したメディアすべてにおいてなのである。通常のコミュニケーションからしてすでに再帰的である。コミュニケーションをそのコミュニケーション自身に、また自身の帰結に適用することができるからだ[317]。言い換えれば通常のコミュニケーションは、自分自身を再生産する自ら産み出したネットワークの中で自己を方向づけていくのである。象徴的に一般化されたコミュニケーション・メディアの領域では、自身を方向づけるための特殊な条件が成立している。そこでは個々のメディアへの限定によって、自己を方向づける可能性により大きな射程が付与されるのである。あるメディアのコミュニケーション領域内においても、過程を自分自身へと適用することは可能である。過程が過程自身の対象となりうるわけだ。真理メディアの内部において研究に関する研究がなされ、言明の真理性（ないし非真理性）に関する真なる（あるいは真でない）言明が生じる。価値関係（Wertbeziehungen）そのものが評価され（bewertet）うる。例えばそれがイデオロギーとしての機能を持つという観点から、である。理念から、誰がその理念を必要としているかを導き出してくるわけだ。(318)愛のために愛を愛すること。自己および愛されている者を、愛している者として（さらには、ただその限りで）愛すること。これは愛のゼマンティクにおいては周知の公準である。貨幣を手に入れるために貨幣を調達することもまた、権力に権力を適用することと同様によく知られた事柄である。後者が現れる形式としては、選挙や、部下による圧力行使という組織内現象を考えてみればよい。

これらの例によって、再帰性のこの種の形式から一種の間接性が生じてくるということが示されてもいる。したがってこの形式が歴史的に貫徹されるのは難しかったのであり、近代社会に至ってようやく完全な成功を収めることができたのである。この事態は、次の点を考えてみれば理解できるだろう。この再帰性は、単に他の多くと並ぶひとつの適用事例だというだけではない。再帰性という形式のうちでこそ、メディアが傑出して自律性を獲得し、家族および階層の秩序が突き付ける要求に抗して自身を貫徹していくのである。方法と理論を用いずに真剣に研究に取り組むことなどできない。しかし方法と理論自体もまた研究の帰結なのである。実際に愛するためには愛することを愛している必要がある、等々。メディアというものは、作動として投入する用意ができる前に、まずもって自分自身へと適用されねばならない。「メディアによって、自己代替的な秩序が生じてくる」というのも、同じ事態を別の言い方で繰り返しているにすぎない。すなわち、あるメディア領域で生じる帰結を変化させることができるのは、ただ同じメディアの作動によってだけである。支払いと引き替えに真理を無効化するというわけにはいかない。真理はただ研究によってだけ無効化できる。この点においてもメディアは自分自身に関して、また自身の帰結に関して管轄権を有しているのである。

メディアが再帰的に取り扱われうるためには、すなわち自身の過程と自身の帰結とに適用されうるためには、区別と指し示しに関する必要な装置を用いることができねばならない。他のメディアの対象と混同されるようなことがあってはならない。愛を愛することができねばならないのであって、愛を思考できるというだけでは不十分である。しかしメディアが独自のコード化を通して分出する場合には、その分出過程の中で、必要とされる特殊なゼマンティクが発生してくるのである(319)。

観察者ならこの種の事例の中に展開されたパラドックスを、つまりは最終的な決定不可能性を発見するだろう。あらゆる権力は、権力に服従することによって成立する。最上位の権力は最下位の権力に服することで成立するのである。これが「民主制」と呼ばれているわけだ。真理のコードそのものが、われわれがこうしてそれについて語っているように、真なる、あるいは場合によっては真ならざる言明の対象なのである。貨幣は、財を過剰に産出できるよう、稀少な状態に保たれねばならない。しかし実際にはその逆なのである。ある価値に従って行動しようと試みるなら、そうできるのは他の価値に背くことによってのみであるという点を確認せざるをえなくなる。かくして価値関係には支えが欠けていることが明らかになるのである。結局のところメディアの根底にはこのようなパラドックスが横たわっている。しかしだからといってメディアの作動が妨げられるに至るわけではない。逆にパラドックスは創造的展開の条件なのである。創造的展開としてはメディア特殊的な区別を用いたり、時間的に順次化したりすることが考えられる。後者においては、同時には可能でないものが順次的なものへと移されることになる。最初はある法律が施行されていたが、今やそれは通用していない。だからといって、「合法が不法であり不法が合法である」ということに躓く者などいないだろう。〔この変化によって〕好機を逃してしまったという点が問題になる場合はあるにしても、である。

4　パラドックスの解決策のうちで最も重要なもののひとつに、ファースト・オーダーの観察とセカンド・オーダーの観察を分化させることがある(320)。そのような分化を可能にするということが、象徴的に一般化されたコミュニケーション・メディアの顕著なメルクマールのひとつなのである。研究者は、他の研究者たちが何を観察しているかを観察する。愛している者が何にも増して関心を抱くのは、愛されている者が（まだ）〔こちらを〕愛しているか否かを判別することに対してである。価格によって、他者たちが市場をいかに観察しているか、特定の価格で買うのか（買わないのか）を観察する可能性が与えられる(321)。近代芸術を理解するためには、芸術家が自身の手段をどのように投入しているかを、つまりは自身が行っていることをいかに観察しているかを観察しなければならない(322)。ましてや権力関係においては、観察を相互に観察しあうことが常に生じている。さもなければ、権力がカヴァーしているのはどのコミュニケーションなのかを明らかにするために、常に威嚇したり威嚇を挑発したりしなければならなくなるだろう。今述べてきた事例すべてにおいて問題になっているのはコミュニケーションに関与している者を、客体をそのメルクマールに即して観察するのと同様に観察することではない。関与者がどう行為するかを予見できればよい、といわけではないのである。上記の事例における関心は、関与者が何を観察しているかにのみ向けられている。多くの場合そこには、関与者が何を観察していないかを観察することが含まれているのである。

セカンド・オーダーの観察が登場するや否や、当該のメディア領域に含まれる観察はすべてセカンド・オーダーの水準《レヴェル》へと関係づけられる。ファースト・オーダーの観察者にしても、自身がセカンド・オーダーの観察者（ファースト・オーダーの観察者自身の場合も含む）によって観察されているということを知っているはずである。(323) 真理メディアに関してはこの必要条件は、《経験的知識 Empirie》〔すなわち、誰がどのようにして経験したかが確認できる＝観察されうる知識〕という表現によって要約されている。それゆえにこのメディアにおけるあらゆる条件づけは、セカンド・オーダーの水準において設定されねばならない。それによってファースト・オーダーの観察が解き放たれて、予想外の出来事に対処できるようにもなるのである。そこからは巨大な帰結が生じてくる。

自己言及的な循環性という条件に服する場合は常に、メディアはコードによって規定された、〔他のメディアと〕交替不可能な統一体となる。要素となる作動、構造形成、構造変動、コードの〔境界の〕横断、水準《レヴェル》の交替。これらは同じメディアの内部において生じるのである。(324) この意味でメディアは、自己の適用領域内で生じるコミュニケーションすべてに対する、普遍的管轄権を要求する。ただしそれがなされるのは、《……の限りで》による抽象という意味においてのことである。真理メディアの問題と帰属の布置とが焦点となっている限り、権限を持つのはこのメディアだけである、というように。したがってパーソンズ流のパターン変数の用語で定式化すれば、(325) メディアは《普遍主義》と《限定性》を組み合わせるのである。したがってパーソンズがこの組み合わせを近代特有の布置であり、近代以前の社会

において は達成されえなかったと見なしたのは、正当だったことになる。[326]〔メディアは〕外的状況によって限定されることのない、世界にまで及ぶ適応領域をもつという点で普遍主義に該当する。また、観察の基礎となっている〔のは、特定の〕区別(ここでは、コード)〔である〕という点で、限定性をもつのである。

5　メディア・コードは、当該領域内で生じるすべての情報および伝達に対して開かれている。偶然的な契機に依拠しており、またそれに対応する用意ができているわけだ。さらにまたこのコードにおいては、当該システム内で両方の値が使用可能であることが保証されねばならない。法=権利を受け取りうるだけでなく、不法を被ることもあるかもしれない。〔コミュニケーションを〕受け入れよとの要求が〔コードによって〕限定化されていく過程の中で、コード値の間の横断が不断に生じるに至ることが保証されねばならないのである。したがってある言明が非真であるということは、真理の探究を進めるうえで最も重要な論拠となる。その言明を拒絶することだけで、メディア機能が満たされるというわけではないにしても、である。またしたがって正の値は、それだけを取り上げてみれば基準(kritérion, kánon, regulaという古典的な意味での)としての機能を持ちうるものではないということになる。当の〔正の〕値を選択することを導くわけにはいかないのである。例えば、今日ではしごく一般的に承認されていることだが、真理は真理の基準ではない。[327]また同様に、所有権を持つということが、経済的な行動のための十分な根拠となってくれるわけではない。今日ではむしろ、所有権を維持しようとすれば資産を失う結果になるのが普通である。資産を維持したり増加させようとするのであれば、所有権〔をどう扱うかという〕問題に関しては、〔その時々の状況に応じて〕常に違った扱いをしていかねばならない。このメディアが通用しているのは〔時々刻々更新されていく〕取引のメディアとしてである。したがって所有権は、さまざまな種類の財の総体を表す概念ではないのである。最後に、権力が優越していることが、あるいは単にある権力行使が適法であるということが、権力を適用することの基準となるわけではない。パーソンズは貨幣とのアナロジーにおいて、権力を《使う=支出する ausgeben》必要性について語っていた。その根拠をコードの正の値のうちだけに求めることも、やはりできないのである。

したがってさらなる条件が必要だということになる。それによって、どんな状況において正の値を帰属させることが、またどんな状況においてなら負の値を帰属させることが正しい（あるいは、誤っている）のかを確定できねばならないのである。そのような条件をプログラムと呼ぶことにしよう。それに対応して、象徴的に一般化されたコミュニケーション・メディアすべてに関して、コード化とプログラム化とを区別しておきたい。両者を区別することによって、より単純な視角では、例えば目的論的な、目標に定位する、あるいは価値を踏まえたプラグマティズム的な視角においては解決されえないような多くの問題が解決されるだろう。またこの区別は、メディアが複雑性を発生させうるための条件でもある。

容易に見て取れるように、ここで問題となっているのは複数の区別を区別すること、つまりは複数の形式を表す形式なのである。コード化によってあるメディアが、他のメディアとの違いにおいて分出し特殊化されることが保証される。したがってプログラム化もコード特殊的にしか生じえないことになる。例えば真理メディアの場合、プログラムは理論と方法という形式を取る。法的にコード化された権力にとっては、法規、仮処分効果を伴う決定、契約という形式がそれに相当する。貨幣というメディアは、投資プログラムないし消費プログラムの形式で再特殊化される。そうすれば今度は貸借対照表ないし予算によってそれらのプログラムをコントロールすることもできるのである。愛のメディアに関して言えば、共通の過去＝物語（Geschichte）を想起することが、可能性を制限するという〔他のメディアにおけるプログラムに〕対応する機能を引き受けているように思われる。以上の論点すべてに関してはさらなる研究が必要だろう。とりあえず重要なのは次の点を証明しておくことだけである。このようなプログラムはそれぞれひとつの、ただひとつだけのコードへと帰属させられねばならない。メディアからメディアへと揺れ動くことなどできない。例えば理論はそれ自体としては法規ではない。恋愛関係に入れ込んでいる＝投資している（investieren）者は、企業人として行為しはしないのである。

すでに述べておいたように、コード化とプログラム化を不変性ないし可変性という観点のもとで区別することもできる。コードを変化させることなどできない。そんなことを試みても、それは結局、別の象徴的に一般化されたコミュニケーション・メディアを踏まえて（あるいは、何も踏まえずに）コミュニケーションを行っていることを示す結果にしかならない。それに対してプログラムの水準では、変異性を組織化することが可能である。上で挙げた例から、その点は明らかだろう。

最後に次の点に注意しておきたい。コードの二値性のゆえにその水準では排除されている値を、プログラム選択の観点として再導入することも可能なのである。芸術作品は「調和している／調和していない」（stimmig/unstimmig）という、あるいは伝統的に言えば「美しい／醜い」というコードに沿わねばならない。しかし題材の選択に際しては、《政治化 politisieren》したり売却可能性を考慮したりすることもできるのである。

6　象徴的に一般化されたメディアは、あらゆるコミュニケーションの場合と同様に、コミュニケーションに関与する心的システムの意識との構造的カップリングの中で作動する。この構造的カップリングは関与者の身体にも関わってくる。例えば相互作用システムでは、コミュニケーションに寄与しうるためには身体がその場になければならない。(328) したがってコミュニケーションは常に人（Person）に言及していることになる。ただしその際、この言及は高度に複雑で不透明なオートポイエティック・システムというリアリティによって覆われているということが前提となる。逆から見れば、同じことが心的システムに関しても成り立つだろう。それゆえに、パーソンズ流の一般行為システムの理論における概念装置に依拠して、相互浸透（Interpenetration）という表現を用いることもできる。

コミュニケーションは必然的に身体性を顧慮しなければならない。この事態を共生として指し示すこともできる。だとすればそれを表現する手段は共生的シンボルだということになる。共生的シンボルは、コミュニケーションが身体性を通じて刺激される様式を整序する。すなわち、構造的カップリングの効果がコミュニケーション・システムの中で処理される様式を整序するのである。ただしその際、システムの閉鎖性が破砕されて、コミュニケーションではない作動様式が必要となるなどということはないのであるが。象徴的に一般化されたメディアが分化することによって、それぞれのメディア領域において用いられている共生的シンボルも、対応するかたちで分化するよう促される。というのも〔特定のメディアが〕身体性へと関連することが、それぞれ高度に特殊化された意味において不可欠のものとなるからであり、また他方でそれ以外の点では、人間が身体的に関与しているということを考慮せずにすむようになるからである。[329]

真理に関して言えば、共生的シンボルが関係するのは身体的に可能な知覚に、より精確に言えば他者の知覚を知覚する可能性にである。もちろん、以前の経験主義的理論において仮定されていたように、それが最終的な決定審級だというわけではない。知覚されたということは確かだとしても、知覚されたのははたして何なのかについて異を唱えることは常に可能だからだ。[330] また科学の成果は、科学的に確かめられた知覚の量と明確さに相関するわけでもない。[331] しかし他者が知覚していることを知覚すればそこから刺激が生じてくるのであって、それをただちに無視することはできないのである。

愛というメディア領域においてこの事態に精確に対応するのは、性への言及を共生的に用いることである。真理の場合と同様に愛の場合でも共生的シンボルは、深層に位置する動機を基礎とすることでコミュニケーションを保証するものではないことがわかる。むしろ共生シンボルは刺激の源泉であり、そのようなものとしてゼマンティクへと組み込まれねばならないのである。だからこそ知覚の場合でもセクシュアリティの場合でも、近代において当のメディアが分出するにつれて、それぞれの共生的シンボルが高く評価されていくことになったわけだ。[332] もはや性も知覚も、ハイアラーキカルな世界組成の文脈において、感性という（動物と共通しているがゆえに）《より低い》領域に帰せられるわけではない。性も知覚も、メディアの条件づけのうちへと組み込まれるのである。今やセクシュアリティにとっての主要区別は、「愛を伴っているか否か」になる。前者ならば結婚へと至るだろうし、後者ならばそこで生じているのは対抗文化としての猥褻だということになる。[333]

共生という点で所有権と貨幣が関係するのは、欲求に対してである。所有権〔に基づく〕秩序のもとでも、他者の身体的欲求が緊急のものである場合には、単にそれを無視してすますわけにはいかない。古代世界においてすでに、この点は承認されていた。生活が実体的〔経済の〕限界内で営まれている状態のもとでは、特殊な権利が存在していた。やむを得ない場合に緊急避難的に窃盗を行っても、罰せられないこともあったのである[334]。貨幣経済への移行によって、このゼマンティクも変化を被る。今や一方で、誰もが欲しさえすれば賃労働によって自身の欲求を充足させることができるという点が前提とされる。他方では、欲求という一般化された概念が創り出される。今やこの概念は、それに関して生産されうるものすべてをカヴァーするに至る。〔誰もがすべてを充足できるというこの前提のゆえに、〕餓死の瀬戸際にある人々との共生〔という問題〕は、経済メディアを条件づける際には考慮されないままとなる。だからこそそれは政治的な問題となるのである。

権力の場合、共生的シンボルは物理的強制力である。どんな社会においても、それ以外に多くのものが権力の源泉となっている。例えば、便宜を定期的に供与することを考えてみればよい。そうしておけば、供与を中止すると脅すことができるではないか。しかし物理的強制力が優越していることに勝る権力源泉は存在しないのである。したがって政治システムは、権力をメディアとして用いる以上、物理的強制力の投入に関する決定に専心しなければならなくなる。今日ではそれは、法の助力を得ることによってなされているのである。パーソンズのように、物理的強制力に関するコントロールを、権力メディアの確実性の基礎（実物資産《リアル・アセット》）と見なすこともできるかもしれない[335]。しかしこのコントロールは〔動態化、不安定化をもたらす〕刺激の源泉ともなる。というのは、物理的強制力を自身の行動形式としてではなく共生的シンボルとして用いようとする〔すなわち、実際に発動するのではなく、あくまで可能性として威嚇しようとする〕者は、自身がコントロールできないような条件の下で強制力が登場してくるのを無視できないからである。近年において示威行動が強制力行使へと傾きがちなことから〔あるいは、多数の身体がその場にいるのを示す〔という手段がよく用いられる〕ことからも〕この問題を読み取ることができる[80]。

さまざまなメディアの共生的シンボルはそれぞれ異なっているが、その間には多くの共通点を見いだせる。どの事例においても、使用可能性と攪乱〔をもたらす〕可能性が密接に関連していることがわかる。この関連は、〔共生的シンボルによって〕構造的カップリングがシステム内的に活性化されることから生じるのである。またどの事例においても共生的シンボルは、シンボルであるがゆえに文化的解釈の対象となっている。だから生意気な目つきが物理的強制力〔発動〕の端緒となることもあるし、煙草とビールが切れた日が緊急事態と見なされるかもしれない。これらは〔文化的に〕訓練された感受性に依存する部分が大きいのである。エジプトの墳墓の闇の中で碑文や壁画を《見る》ことを望むのであれば、なにがしかの経験が必要になる。これはすなわち、そこでのメディアは構造的カップリングの特性により強く依存しているということなのである。しかしなによりもまず〔メディア間の共通性として挙げておかねばならないこととして〕、あらゆる共生的シンボルは自己充足を禁止しているという点がある。このシンボルは、身体が用いられるのは社会的条件づけという基準に従ってであって、意識が身体に示唆することに直接従うわけではないという点を踏まえているのである。以下の事態はそこから説明できる。十八世紀における実証的な性科学が、自慰に対するまさに神経症的な態度を引き起こしもしたこと[81]。またそれに先立つわずか数十年の間に、科学はコントロールされた知覚に〔つまり、再現可能な観察と実験に〕基づくようになり、自己自身で充足する直観（Anschauung）[82]という意味での直感（Intuition）は、《ファナティズム》の一種と見なされ退けられねばならなくなったこと[336][83]。そして言うまでもなく、《主権》国家の政治的強制力は、自身の領域内での実力に基づく専断を許容しないのであって、〔強制力行使として〕認められるのは国家の間の戦争だけであるということ。ここにおいて明らかになるのは、自己充足を禁止するに際しては、メディアがコード化されていることが頼りにされているという点である。パスカルにとって〔自己充足の禁止とコード化の連関という〕この事態は、次のことを意味していた。科学では、宗教の場合なら要求されるように、真理へと直感的・直接的に到達することはできない。だから科学は、対立する仮定を論駁するという労苦を伴う迂回路を通っていかねばならない〔すなわち、真／非真というコードを横断し、また帰ってこなければならない〕のだ、と[337]。また同様に、権力に関しても明らかなことがある。すなわち、優位／劣位の差異が一般的なかたちで安定したままであり続けるためには、誰もが物理的強制力を自身の手段として用いうるという状態であってはならない。権力の問題に関して事を決する必要があるのは、争いが生じた場合に限られねばならないのである。

最後に、少々意外な事態にも目を留めておこう。メディアは共生的シンボルを経由して、組織に依存するに至るのである。物理的強制力をコントロールするために決定が必要とされるという事例においては、この点は明白である。そのためには軍隊ないしは警察の組織が必要となるからだ。のみならず今日では、真理にとって重要となる知覚を用意する場合でも、事を偶然に委ねる気がない以上、組織が必要となる。欲求を市場の媒介によって充足する場合に関しても、やはり同様である。さらに最近ではセクシュアリティですら組織の成果に、つまり製薬産業の成果に依存するに至っている。なるほど、意識と身体の構造的カップリングによって、〔コミュニケーションの〕外部への言及と外部からの刺激がもたらされはする。しかしその〔「外部」の〕背後に、再び〔コミュニケーションの総体としての〕全体社会が立ち現れてくるのである。情念と知性に関する旧来の学説[84]が考えていたのとは異なって、最終的な確実性は身体をコントロールすることのうちにではなく、組織が機能していくということのうちに存しているわけだ。

7　コミュニケーションというものは過大な要求を課すがゆえに、そもそも受け入れられること自体、蓋然性が低い。にもかかわらず〔コミュニケーションを構成する〕選択に条件づけを施すことによって、受け入れられるようにすること。これが、象徴的に一般化されたコミュニケーション・メディアの機能なのである。しかし実際には象徴的メディアが動機づけに過大に成功してしまう場合もあれば、過小にしか成功しない場合もある。前者の場合をインフレーション、後者の場合をデフレーションとして指し示しておこう。

さしあたりこの区別が普通になされてきたのは、貨幣に関してだけのことだった。この論点を一般化すべく努力したのはパーソンズだったが、概念的にはさほどの進展を見せたわけではなかった(338)。行為システムの一般理論という枠組の内部では、行為を可能にする《実体 Realien》[85]に定錨するだけで十分だったし(339)、その他の点では貨幣のインフレーションとデフレーションとのアナロジーで事足りた。それに対してわれわれは理論的により困難な状況にある。動機づけに《過大に成功する》《過小にしか成功しない》とは何を意味するのだろうか。

われわれの見るところ問題は、メディアを《現物》によって《担保する》ことのうちにではなく（貨幣論にとってすら、それでは不十分だろう）、コミュニケーションによって縮減された意味をさらに用い続けていくこと（流通）に関する信頼のうちにある。[340] 信頼も実体による担保に依存してよいが、必ずしもそうする必要はない。またとりわけ、何が実質担保として働きうるのかという問題に関しては、個々のメディアの間に著しい相違が存在するのである。

インフレーションが生じるのは、コミュニケーションが自らの信頼の潜在的可能性を過剰に引き出す場合、つまりコミュニケーションが産出できる以上の信頼が前提とされる場合である。逆の場合にはデフレーションが生じる。それはすなわち、信頼を得る可能性が利用されないままになる場合である。インフレーションの場合、メディアはシンボルの価値を切り下げることによって反応する（経済においてはこれは、物価上昇によって測定できる）。デフレーションの場合のメディアの反応は、強く制限するかたちで条件づけを行うこと、すなわち流通〔量〕を低減させることである。メディア・シンボルをさらに用い続けていく可能性（＝流動性）を計算するためには、他者の計算を計算することが前提となる。[86] その点では、メディアがセカンド・オーダーで観察するよう設定されている場合には、まずもってインフレーションとデフレーションとを考慮しなければならないことになる。インフレーションが極限事例にまで至るのは、インフレーションへの是正策（価値の切り下げ）がもはや効果を発揮せず、シンボルを受容することが拒絶される場合である。デフレーションの極限事例は、〔これこれの前提が満たされる場合にのみメディアが通用するという〕条件づけがあまりにも強烈に働くので、もはやコミュニケーション

〔そのもの〕ができなくなってしまう場合である。こちらにおいても受け入れは拒絶される。このような条件の下では〔受け入れることから〕何かが帰結したとしても、それによって始められることなど何ひとつないのは明らかだからだ。ハイパーインフレーション／ハイパーデフレーションというこの事例においては、「特別な要求内容を伴うコミュニケーションが受け入れられることなど蓋然性が低い」という原初的な問題が再び浮上してくる。ただしこの現象が生じている発展した社会は、もはやそのような蓋然性の低さに〔メディア抜きで〕耐えることができなくなってしまっているのである。われわれは、是正策が失敗するというこの極限事例のみを「不信」として指し示しておくことにしよう。それ以外の場合で生じているのは、信頼を維持するためにはより多くの支出が必要になるということだけである。

真理がインフレ状態になるのは、〔特定の理論や説に関して、実際に〕実現できる以上の適用可能性が見込まれる場合である[341]。価値関係に関しては、それが分出する以前の段階で印象深い例が生じていた。すなわち十七世紀における献身運動（Devotionsbewegung）[342]であり、[87]また同時期に《流行》の概念が発明されたことである。今日の条件の下では、価値はインフレに対して安定した状態で通用しうる。ある価値を採用すれば何もできなくなってしまうということを悟ったとしても、それで価値がダメージを受けるわけでもないし、またその価値を低く見積もる必要もない。流行が示唆するところに従って、別の価値へと移行すればいいだけの話である。愛がインフレ状態を呈するのは、愛ゆえに、〔愛されている〕相手の〔体験する〕世界を、〔愛している自我が〕生活の中で実行に移されうる範囲を超えて顧慮してくれるものと見込まれる場合である。今日では小説、特に通俗小説が、またそれに類する映画が、継続的なインフレーションをもたらしている。しかもデフレーションに向かう対抗的な動向が文学において生じているわけではないのである。さらに、ある値で受け取った貨幣を、同じ値で再度使用することができないとしたら、その時には貨幣メディアのインフレーションが生じていることになる。[343] 芸術においてインフレーションが生じるのは、芸術作品を制作する際の《困難さ》が、また困難さゆえの稀少さが放棄される場合、つまり芸術が技能を断念する＝〔技能から〕抽象化《アブストラクト》される（abstrahiert＝度外視される）場合である。その場合、インフレと同時にデフレが生じることもあるかもしれない。ここでいうデフレとは、流行、名声の高まり、画廊経営〔戦略〕などの理由により、ある芸術家の作品が過大評価され、他の芸術家の作品は過小評価されてしまう〔したがって、特定の芸術家の作品以外は作品として鑑賞されるチャンスを持てなくなる〕という事態を意味している。最後に権力の場合。ここではインフレーションとは、政治が実行できないことまでもが約束されてしまう事態を意味する。[344] 政治的コミュニケーションの近代的技法として、〔具体的展望を示すことなく〕ただ〔自身が〕善意〔をもっていること〕のみを広言するというものがあるが、これからしてすでに継続的なインフレ状況を反映している。政治家の言葉が最初から割り引いて受け取られることによっても、政治的シンボルの価値が切り下げられる結果となっている。だから政治家たる者は折に触れて、言葉によって状況を変えることができるのは神々だけであるということを思い起こしたほうがよいだろう。

　メディアの機能は、蓋然性の低い動機づけを見込めるようにするということだった。前段落での概観からも明らかなように、この機能からしてインフレーションに向かう傾向を孕んでいる。メディアが導入されれば信頼がどうしても必要になる。また他者の信頼をも信頼しなければならなくなる。それゆえにメディアはインフレーションの余地を少なからず含んでいるのである。したがって均衡状態（インフレーションもデフレーションも生じていない、という意味での）を追求したり、均衡状態を最適と見なしたりすることは、あまり有意味とは言えない。さらにまた、インフレーションとデフレーションが同時に存在するということもありうる。この共存の蓋然性が低いのは、例えば貨幣のように高度に集権化されたメディアにおいてだけなのである（しかし〔貨幣についても、両者の共存という〕この観点の下で、《スタグフレーション》について論じられてきたではないか）。デフレーションはむしろ〔それ自体としてというよりも、インフレに対する〕修正運動として生じてくる。アメリカ社会学において《誇大理論《グランド・セオリー》》[88]に対抗しつつ経験的知識への固執が生じたこと、政治における地方分権運動、宗教における原理主義などのようにである。いずれにせよインフレーション／デフレーションにおいて問題となっているのもやはり、ふたつの側とひとつの分割線とをもつ形式である。この分割線はあくまで踏み越えられるべき境界なのであって、〔中間にあるからという理由で、「均衡状態」といった〕完全な状態として理解されてはならないのである。

8　象徴的に一般化されたコミュニケーション・メディアが、自身は普遍的に適用されうるのであり、その意味で作動上閉じられたかたちで働くのだと主張したとする。だとすればそのメディアは次のような可能性を与えねばならないはずである。すなわち、「排除することを包摂する」という点を象徴する可能性である。算術においてゼロ記号（Nullsymbol）[89]が用いられており、それによって数ならざるものが数として象徴されている（symbolisiert）ことを考えてみればよい。貨幣の事例では、ゼロによるこの方法が一貫して用いられていることが特に明瞭である。貨幣が〔どんな〕稀少性を〔も〕観察するために、したがってまた〔どんな〕稀少性を〔も、コミュニケーションという〕作動へと変換することに役立つというのであれば、貨幣制度《システム》の中には稀少でない貨幣が存在していなければならないことにもなる〔にもかかわらず貨幣の総量は一定に制限されている〕。現在ではそれは、外部への言及によって実現されているわけではない。つまり、金などの稀少な商品が、使用可能な貨幣〔の量〕を制限するということによっているわけではないのである。その種の商品貨幣に代わって貨幣総量をシステム内において規制するために用いられているのは、中央銀行の信用である。そこでは、あたかも無から生じるかのように、貨幣が増やされたり減らされたり（切り上げられたり）するのである。そこで決定的なのは、ゼロによるこの方法が恣意性を解き放ったり外的な（貨幣の文脈では、政治的な）影響力の進入を許容したりすることと理解されてはならない、という点である。むしろゼロによるこの方法は、システムが具体的な歴史状況の中で行う自己反省に結びつけられているのである。(345) この方法は自動的に機能するわけではない。それが機能するのは、コミュニケートされる場合のみなのである。

この原理を認識するならば、権力においても同じ事態を発見できるはずである。権力というものは決定的な点で、否定的なサンクションを、とりわけ物理的強制力を投入することに依存している。しかしサンクションを実際に投入すれば権力は失敗してしまうことになる。投入によって、本来達成しようとしていたものを達成できなくなるからである。それゆえに権力を実際に用いるに際しては、権力手段を不使用にしておくよう常に反省しなければならない。強さを示すことと、サンクションの発動を回避することとを常にバランスさせておかねばならないのである。これもまたコミュニケーションの問題である。脅すことなしに脅さなければならない。〔サンクションが背後に控えており、場合によってはそれが発動されるという〕構造と条件を示唆するだけで事が済むように努めねばならず、しかもその際、指示が守られなかった場合には何をするのかを確定しておいてはならないのである〔このように権力も、実際には発動されないゼロ・サンクションに依拠しており、サンクションによってではなくコミュニケーションそれ自体によって有効化されねばならないという点で「ゼロによる方法」を用いていると言える〕。

真理の場合なら、〔何かを〕記憶できるためには〔別のことを〕忘れねばならないという事態のうちに、同様の問題が存している。真理メディアにおいてはこの必然性が、〔何を記憶するかを〕選択するという問題として現れてくる。ある選択を優先し〔て記憶し〕たことの根拠を示せ、というわけだ。しかし忘却に関しては、根拠をあげることなどできない。根拠を示したからといって〔別の事柄を〕忘却することそのものが妨げられるわけではないのである。愛のメディアの歴史を見ると、そのゼマンティクがパラドキシカルな定式化を取ってきたことがわかる。そこではこのメディアの蓋然性の低さが指し示されると同時に、結婚においては愛の蓋然性の低さが病理的な形式を帯びるということが明らかにされてもいる。愛においては、〔口頭および身体による〕あらゆる身振りが〔相手が自分を〕愛〔しているか否か〕を観察するために、さらには愛の観察を観察するために利用されざるをえなくなる。しかし持続的関係は、そのような継続的テストに耐えうるものではない。したがって、回避のための形式が必要になる。すなわち、〔これこれの身振りや行動は〕愛〔しているか否か〕を示すものではないということを可能にする形式が必要なのである。しかしそのことに関する了解をコミュニケートすることも、やはり愛の証として働いてしまう。

9　ゼロによる方法を用いての普遍化と閉鎖化はまた、メディア特殊的な、作動の上で閉じられた機能システムが分出可能となるための、ゼマンティクおよびコミュニケーションの上での先行条件でもある。それゆえに、さまざまなメディアを比較するための最後の観点として、次のような問いを立てておくことにしよう。各メディアは、システム形成の触媒として働く状態にあるのかどうか。あるとしたらどのくらいまでのことなのか。メディアの分化と、近代の全体社会をなす各機能システムの分化とは、明らかに密接に関連している。近代の経済が貨幣による所有権の第二コード化を、また近代政治が法による権力の第二コード化を前提としていることも明らかである。〔両者はこの点で共通しているが、〕他方でこのふたつの例からしてすでに違いを見て取ることができる。そこから、システム形成はそれぞれ独自の法則に従うということが推測できもする。政治システムと法システムはそれぞれ違うコードを伴う、相異なるオートポイエティック・システムとして分出している。[346]所有権と貨幣のほうはそうなってはいないではないか。したがって、メディア形成とシステム形成とが自動的に収斂していく、というわけでは決してない。しかしひとつのシステムがひとつのメディアを用いているということが〔そのシステムの〕特性を形成しているというケースのほうが顕著なのは、明らかだろう。

その種の連関〔が成立するため〕の最も重要な条件はおそらく次の点である。すなわちあるメディアのコードが、当該システムの統一性を、そのシステムの環境に位置する別のシステムとの違いにおいて定義するために適していることである。したがって中枢コードを伴わないメディアは、特に価値関係は〔他から〕区別されうるシステムを形成するチャンスを持たないことになる。ある作動が帰属させられるのは政治になのか経済になのか。法に帰属させられるのかそれとも親密関係にか。それは、その作動が定位するコードに従って決定されるからである。

しかしこれだけではまだ十分ではない。メディアが〔選択と動機づけとが結びつけられることなど蓋然性が低いにもかかわらず〕可能にする作動は、オートポイエティックな再生産の連関を始動させ、閉じさせるために適していなければならない。作動は回帰的に先取りし回顧しつつ組織化されねばならない。したがって、時折孤立したかたちで生じるだけであってはならない。言い換えればメディアは、コミュニケーションを連鎖化できねばならないのである。その際メディアは、コミュニケーションのパートナーとその記憶とが同一であること（Selbigkeit）に依存していてはならない。加えて、連鎖化が厳密に単線的に、ひとつにひとつが続くかたちでなくとも生じうるのであり、分岐と予見不可能な布置〔の形成〕とに開かれているということになれば、事態は〔システムを形成するために〕さらに有利になる。なるほど、あるコミュニケーションの中で生じた結合は、他のコミュニケーションにとっても有意味でなければならない。ただし、「どのコミュニケーションにとって〔有意味〕なのか」については、後になってから決めればよい〔したがって、すぐ後に続くただひとつのコミュニケーションに限定される必要はなくなる〕のである。芸術にとって、以上の要件を満たすのには困難を伴わざるをえない。したがって芸術がもつシステム形成の潜在力は、常にわずかなものでしかないのである。それに対して貨幣のほうは、この前提を最大限にまで満たしている。支払いがなされるごとに、その支払いを動機づけた構造〔価格、取引条件〕に関する記憶は抹消される。にもかかわらず貨幣の価値は維持される(347)し、またにもかかわらず〔最前の支払いとは〕まったく異なる〔金額に〕分割〔されたかたち〕において投入可能であり続ける。しかも、支払いというものが常に経済システムの作動であるという点について、疑いが生じてくる余地などまったくないのである。

さらにこの文脈において重要になってくるのが、先に論じたコードの技術性である。この技術性とはすなわち、正の値と負の値との間を横断することが、無数の具体的な意味布置から独立していること、横断が心理的・道徳的に脱条件づけされていることであった。しかもだからといって、正の値と負の値の間のどちらかが一義的に選択されるという点が変わるわけではない。曖昧で解釈を要する一般化へと変化したりはしないのである。この点に関してもやはり貨幣は最適事例である。支払いがなされたのなら、支払うということに対する、またどれくらい支払うかということに関する疑念など、生じてきようがないではないか。

真なる知と法とは、質的な統一性を伴いつつ現れてくる。しかしそれらにおいてもやはり、高度な分岐可能性と再適用可能性が保証されているのである。ただしこれらの場合〔貨幣とは異なって、どんな素人でも自由に駆使できるというわけにはいかないから〕、一定の審級が必要になる（出版物、組織）。コード値の割り振りが〔すなわち、その場で問題となっている事態に適用されるべきなのは真／非真ないし合法／不法のどちらなのかが〕不明確な場合には、その審級を引き合いに出すことができねばならないのである。心筋梗塞を予防するために定期的にアスピリンを服用している人がいるとする。〔アスピリンを解熱剤だと見なしている〕周囲の人々はその行動に驚くかもしれない。しかしその場合には、当該の研究成果に依拠すればよい[90]。ある会社の株主である（したがって、お望みとあれば「所有者である」と言ってもよい）にもかかわらず、その会社のビルに付属する駐車場から追い出されてしまったとする。この事案を解決できるのは裁判所であって、証券取引所ではないのである。通常の場合素人がこの種の高度に技術化されたコードに、またそれに対応するプログラムに対面する場合、当初考えていたことがまったく重要ではないという事態を経験しなければならなくなる。言うまでもないことだがここからわかるように、道徳的評価もまた後景へと退かざるをえない。正の値と負の値の割り振りを、尊敬と軽蔑の区別によって調整することなどできないからである。(348) メディアが、高度に複雑で作動の上で閉じられた、自分自身を区切り再生産するシステムを形成しうるか否か、またどの程度までそうしうるのか。それは他でもない、今述べてきた技術的効率しだいなのである。

一度達成された選択を、さらに続けて用いていくこと。これはメディアの循環として指し示されてもきた。この表現は、歴史的文脈の中でのみ理解可能になる。〔実際に〕《円環》〔が生じている〕とは言えないからである。(349)〔この表現によって〕問題となっているのは結局のところ、「メディア／形式」という差異がもつ、動態的な側面なのである。メディア基体が形式へとカップリングされれば、その時には常にメディアそのものが再び、新たな形式のために用いられうることになる。それゆえにオートポイエティック・システムにおいては、単にひとつの脈動が生じるだけでは不十分である。現に象徴的に一般化されたメディアにおいて肝心なのは、〔メディアを〕確定することによって何かを始めうるという点なのである。このメディアは、すでに縮減されている複雑性として、不確実性の吸収として、さらに続く作動の前提として役立つことになる。何らかの量の貨幣を保持していれば、後に続く支払いのためにそれを用いることができる。ある真理が確定されていれば、改めて検証せずともそこから出発できる。誰であろうと貫徹能力をもつ権力のもとでは、他者も〔権力を持つ者の〕要求に従うのであって、自分一人がピエロにならずにすむということを当てにできるのである。

〔このようにメディアによって確実性がもたらされるが〕その一方で、後続する作動が予見可能になるというわけではない。その点では循環という概念はミスリーディングである。循環という概念によって、計算やプランニングを見込めるわけではないのである。ある人が支払いをしたとしても、受け取った側がその貨幣で何を始めるかを予見することなどできない。特殊な状況のもとでなら、事実として、あるいは法によってその点をコントロールすることはできるかもしれない。しかしその場合でも、その次の受取人に関してはもう計算不能になってしまう。法における条件プログラムにしても、視線はさほど遠くまで届くわけではない。[350]離婚に関する法律を変えることが、夫婦関係における権力関係にどんな効果を及ぼすかを見積もるのは困難であるという点を考えるだけで十分だろう。確かに、メディア・シンボルの循環がシステム形成に役立ちはする。このシンボルが循環するのはシステム内においてのみだからである。しかしだからといってそこから、システムの操舵可能性を導き出すのは誤りというものだろう。なるほど、コードの構造という点で、また〔作動を〕拘束する効果を発散するという点でメディアは技術的な効率性を伴っている。しかしそれは操舵可能性を意味するどころか、むしろその反対なのである。

このように、さまざまな象徴的に一般化されたコミュニケーション・メディアは、それぞれ異なるシステム形成能力を有している。近代社会の相貌を形作っているのは、この相違なのである。そこから（他の要因も加わってのことであるが）、機能システムが不揃いに成長してくる結果となる。したがってまた、コミュニケーションがどれくらい投入されるか、〔コミュニケーションにおいて、後続状況への〕どれくらいの可視性が生じてくるかという点に関しては、機能ごとに〔メディアの〕役立ち具合はさまざまである。ただしだからといってその根底に、〔それらの相違の基準となる〕秘密裡の合理性や、機能間の位階秩序といったものが横たわっているわけではないのだが。全体社会というものは、パン種のように膨らんでいくわけではない。十九世紀における進歩に関する理論が考えたように、一様により大きな、より分化した、より複雑なものになっていくというわけではないのである（進歩の理論がそう考えることができたのは、全体社会が経済システムとしてのみ把握されていたからだった）。むしろある機能領域が複雑化していく一方で、他の領域は収縮することになる。この不均衡は、常にくり返し文明批判の契機となってきた。復古的な哲学のように宗教に依拠する場合も、あるいはハーバーマスのように理性に依拠する場合も含めて、である。しかしながら近年のサイバネティクスおよびシステム理論の研究が明らかにしてきたように、これはまったく通常的な現象なのであり、この現象を修正できるのはただ進化だけなのである[351]。

進化論的な観点から見ても、象徴的に一般化されたコミュニケーション・メディアと、それによって形成されるシステムとを区別しておくことが重要である。メディアは、対応する機能システムがまだ存在しない段階で成立し分化することができる。システム形成のためにはコード化、コードのための典型的なプログラム、コードのための特別なゼマンティクが必要である。それらは〔システムが形成されていない段階でも〕暫定的な基礎の上で用意されうるのである。すでに述べておいたようにその端緒を求めようとすれば、古代にまで遡りうる。その種の事前発展が特に明確に見られるのは古代における貨幣経済の広がりにおいてであり、その動きは盛期中世以降において再び見いだされうる。しかしまた、特にローマおよび英国に由来する、法学的に洗練された判例法を挙げることもできる。そこには概念的な体系化へと向かう兆しが見られるのである。この種の先行作業がなければ、階層化された全体社会から機能分化したそれへの移行はほとんど不可能だったはずである。そして例によってこの種の《前適応的進歩 preadaptive advances》[352]にとって決定的なのは、〔こうした進化上の前適応的な成果物を利用するための〕一時的な文脈が利用可能だったという点である。それによって、システムがまだ形成されていないにもかかわらず〔進化上の〕成果を安定化することができた。そしてその成果から最後には、対応する機能領域の作動上の閉鎖性とオートポイエティックな自律性が生じてくるに至るのである。というのは〔今述べた条件が存在しているなら、〕システム形成が生じる場合、次の点から出発できるからである。すなわちシステム形成に必要とされるタイプの作動が常にすでに存在しており、それによって旧来の秩序を〔保持するよう〕強いていた制約を次第に解体していくという仕事に着手できる。例えば領主裁判権と教会裁判権の分断を、中世の二重通貨システムを、あるいは農奴の身分や、貴族階級と土地所有との結合を、である。

XII　象徴的に一般化されたコミュニケーション・メディア(4)——自己有効化

象徴的に一般化されたコミュニケーション・メディアは、発展を開始した当初から相異なる問題に相異なるかたちで反応してきた。その点でこのメディアは宗教から区別されるが、同時にメディア相互間で区別されもする。全体社会の進化が進んでいく中で、後者に対応する境界づけがより明確に生じてくることになる。それは特にメディアが、対応する機能システムが分出していくための結晶核を形成する傾向を有するようになる、その程度に応じてのことである。最後にはそのために、メディアの宗教的な

（あるいは宇宙論的な、自然＝本性に関係づけられた）根拠づけは、またそのゼマンティクは、破綻するに至る。そしてメディアのコードをひとつへと凝集して、道徳という全体社会で唯一通用するコードを導くこともはやできなくなる。かくしてついには、次のような問いが浮上してくるのである。メディア・シンボルを受け入れて、それに対応する制限を後に続くコミュニケーションの前提として引き受けること。そうする用意ができているという事態は、いったい何によって生じてくるのか。一般化された受け入れというこの問題が特に論じられてきたのは、貨幣に関してであった[353]。他のすべてのメディアに関しても、同じ問題を立てることができる。

あらゆるコミュニケーションは作動として具体的に、特定の意味志向（Sinnintentionen）の管轄下において生じてくる。問題となるのは特定の言明の真理であり、特定の指令に従うことである。特定の客体を買うことであり、特定の人が示す愛のしるし（あるいは、無関心）である。しかしこの種の単独コミュニケーションは、それ自体としては動機づける力を持たない。同じメディアを続けて用いていくことによる回帰的ネットワークの助力が必要となる。したがってここでもまた、どの個別事例においてもメディアの圧縮と再認という二重の働きが生じなければならないことになる。この働きは、特殊化による一般化という逆向きの作動であるがゆえに、パラドキシカルなのである。だからこそメディア・シンボルは自身の回帰性という固有値を生ぜしめるのだと、述べることもできるかもしれない。メディア・シンボルが反復的に使用される場合には、このメディア特殊的な固有値が形成されるのである、と。例えば、それ自体としては価値のない貨幣シンボルが〔使用され続けることによって〕値＝価値をもつに至る、というようにである。固有値の形成は反復的な使用から、つまり作動を同じメディアの先行する作動の結果へと適用することから、生じる結果である。しかし同時に固有値は、この種の反復的適用が可能となるための条件でもあるのではないか。

もちろん、このような循環的論証だけで満足するのは〔当のメディアを用いている者にとっては〕難しい。個々のメディアに関して展開されてきた理論を見てみればよい。そうすれば通常の場合、〔この問題に関しては〕外的言及を用いつつ事が処理されているのがわかるだろう。権力保持者は、実際に軍を派遣できる状態になければならない〔とされる〕。愛している者は、〔愛に〕ふさわしい感情を喚起できねばならない。真理論に関しては、《構成主義》との間にいくらか論争が起きているとはいえ、外的リアリティによる何らかの保証を放棄できはしないように思われる。ただし貨幣の場合だけは、この種の理論はますます疑わしくなっている。というのは今や貴金属による保証など不要だということが知られており、国際通貨が変動する中で特定の通貨を外貨によって保証するということからしてすでに、自己有効化を意味しているに等しいからである。

さらに、信頼の必要性を引き合いに出すことによって論証を補強することもできる。信頼として指し示されるものには、二重の架橋作用を期待できる。すなわち一方で外的言及と内的使用可能性の架橋、他方で一般化と特殊化の架橋である。外的保証を信頼することによって、まだ特殊化されていない状況についてもメディアを当てにできるようになるわけだ。なるほどこの論証は錯綜したものであり、心理学的な首肯性を頼りにしてはいる。しかし肝心なのは特殊化と一般化の差異を外化によって〔別の差異へと〕解体することであるという点は変わらない。もっとも、ここではそれは他者の信頼を信頼すること、したがって《多元的無知 pluralistic ignorance》の防護壁の下で作動するという形式をとってはいるが。[354]

メディアが独自の作動の未来を、外化のための焦点として用いうる、ということを認めれば、以上の考察は大幅に単純化される。未来は決して現実化せず、そのつど常に彼方へと押しやられていくので、未来は外的であり、外的であり続ける[355]。実現されたリアリティに関する限り、システムは常に自身の歴史の終点に位置する[356]。しかしまたどの瞬間、どの現在においても、「未来には、未来が約束してくれているものがまだ含まれているのか否か」を吟味できるのである。他者には貨幣を受け取る用意があるのかどうかを吟味できるのは現在においてだけであるが、現在においては常に吟味できるとも言える。愛している者は永遠に愛し続けると誓うが、それはある瞬間において、その瞬間に関してだけのことである。しかしこの場合でも〔「永遠」＝無時間について語られているにもかかわらず〕、ある状況に続いて別の状況が登場してくる。それゆえに、かの誓いがまだ有効かどうかを、常に新たに試してみることができるのである（実際にそうすることが自己破壊的に働く〔、つまり試そうなどとしなければ相手の愛は持続していたかもしれない〕にしても）。明日になれば早くも真理は修正されることになるかもしれない。しかし新たな真理が説得力を持ちうるためには、旧来の真理が誤ったかたちで説明してきた（と、現在では明らかになっている）事柄に対する説明をも提供できねばならない。さもなければ代替に至るほどの競合など生じなかっただろうから。

かくしてわれわれは、メディアの自己有効化から安んじて出発できることになる。さらにそこから、特定の〔ゼマンティク上の〕公式が必要になってくるという点を導き出すこともできる。必要とされるのは他でもない時間に関する、十分に精錬された議論である。つまり現在を、過去と未来との境界として規定すればよいわけである。過去と未来の間の非連続性が問題となる場合には（そうであってこそ、未来における受容可能性を問題として取り上げることができるのだが）、現在は常に破断面に他ならず、その場所において予期を吟味し更新することができるのである。そしてまた現在は、リアルかつ世界同時的な取り扱いが可能な〔つまり、吟味・更新の作動が他者による他の作動と同時に生じうる〕時間上唯一の場所なのである。確かに象徴的に一般化されたコミュニケーションは、特殊化と一般化とを（圧縮と再認とを）架橋することができる。しかしあらゆるコミュニケーションの場合と同様に、そのために用いることができるのもただ現在のみなのである。しかもそのためには、当のメディアそのものによって生産され再生産される予期を導きの糸としなければならない。この意味で、「自己有効化（Selbstvalidierung）という表現を用いうるのである。

したがって問題は、〔反復から固有値が生じ、固有値が反復を可能にするという〕トートロジカルでパラドキシカルな定式化が〔まず〕あって、時間次元を介してそれを分解すればよい云々というところにあるのではない。それよりもはるかに重要なのは次の問いである。未来に関する、一般化されていると同時にメディア特殊的なものとなってもいる予期は、どんな状況の下であろうと再生産されうるのかどうか。それとも再生産を妨げる、ないしはそこまで行かないにしても決定的に弱体化させてしまうような、全体社会に関する経験が存在するのだろうか。後者を示唆する事例がなくもない。例えば国家権力に対してマフィアが占めている対抗的地位が安定したものになっていることを、あるいはあらゆる投資対象が取引可能であるということから、投資のテンポが暴走していくという事態を考えてみればよい。確かにメディアの固有値は自己有効化される。しかしこの進化上の達成物は、リスクを孕んでいるものと見なされねばならない。自己有効化されているということからは、いかなるメディア領域においても、いかなる条件の下でも、それが約束してくれるものが確保されるだろうなどということを読み取れはしないからである。

XIII 道徳的コミュニケーション

全体社会においては〔進化の経過とともに〕重要な機能領域は次第に、象徴的に一般化されたコミュニケーション・メディアを介して営まれるようになっていく。それぞれのメディアの管轄権は〔全体社会総体にではなく〕特殊な問題にしか及ばないのである。したがってまたそれに応じて、道徳的コミュニケーションが全体社会にとってもつ意義も変化することになる。この点は容易に洞察できるだろう。しかし現時点までのところ、この事態に関する説得力ある構想が成功裡に展開されるには至っていないのである。ここにおいてもやはりそれが可能になるのは、ただ外的観察者の視角からだけだろう。つまり、道徳的に説得力をもつかたちで、ましてや拘束力をもつかたちで、その種の構想を展開することなどできないのである。したがって著者は以下のテクストによって、自身を尊敬させようと試みたりしているわけではないということをお断りしておく〔つまり以下の議論は、尊敬／軽蔑のコードを用いるコミュニケーションとしての道徳に関するコミュニケーションではあっても、それ自体が道徳的コミュニケーションだというわけではないのである〕。

道徳的コミュニケーションが他のコミュニケーション様式に対して際だっているのは、前者が一定の特質をもつ規則・格率・原理を引き合いに出すという点においてではない。それらの規則などが道徳的な（あるいは、人倫的な）ものとして他の規則などから、例えば法的なそれから、区別されるということによるのではないわけだ。そのような相互排他的な境界づけは、法にとってもやはり貫徹不可能なはずである。言い換えるならば道徳とは、〔規則と原理の体系としての〕倫理学が適用されたものなどではないのである。人間が自分自身を、また他者を、尊敬したり軽蔑したりすること。道徳がメディアを獲得するのはむしろ、この「尊敬／軽蔑」が生じるための条件に関連してのことなのである(357)。

尊敬や軽蔑を必要とする可能性、ないし言葉に表現する可能性。この可能性はきわめて漠然としたかたちで使うことができる。このメディアが境界づけられるのは、ただ次の点においてだけである。すなわち道徳において問題となるのは専門家の特別熟練や業績を賞賛することではなく、人そのものを全体社会の水準での〔つまり、特定の機能システムに限定されない、一般的な〕コミュニケーションへと包摂することなのである。道徳への違反に対して実際に、排除、〔違反者との〕接触の中断、接触の制限を通したサンクションが課せられるか否かにかかわらず、道徳においては〔特定の目的に限定されず、コミュニケーションそれ自体が意味を持つという意味での〕表出的なスタイルが取られていることも、〔拡散性という〕この事態を形成している(358)。さらに、ダブル・コンティンジェンシーも考慮されねばならない。したがって架橋のために、自我に関しても他者に関しても、「尊敬／軽蔑」の条件が同一であることが明示されねばならなくなる（どちらの側からであれ）。以上の必要条件は、次のような二分コード化へと取りまとめられうる。すなわちそのコードは、（〔自我／他者の〕両方の側で同じように）よい行動と悪い行動を区別する。あるいは、自己の行動に対する内面的な態度も併せて考慮される場合には、善なる行動と悪しき行動とを区別するのである。全体社会において、道徳に関しては中立的な行動が大量に見込まれるとしても、道徳そのものの中には第三の値は含まれない。だからこそ、どんな領域を道徳化のテーマとするかという点に関しては大きな変動が可能になるのである。ジーンズを穿いて劇場に行っても、今日ではもはや道徳違反とは見なされない。その一方で、どんな洗剤を使いどんな種類の紙を用いるのかを、エコロジーの観点から道徳化することもできるのである。

一方で活版印刷術によって、また他方では象徴的に一般化されたコミュニケーション・メディアが特殊なかたちでコード化されて分出することによって、道徳的コミュニケーションの領域は、以前とは異なる布置に直面する結果となった。今や道徳はただ道徳でしかない。道徳は宇宙論的な、あるいは魔術的な繋留点を失ってしまった。したがって道徳が否定的判断を下せば、それはほぼ同時に不浄なもの、忌むべきもの、嫌悪すべきものをも意味する、などということもなくなる。〔道徳への〕違反は説明可能になる。したがって、違反に関する評価〔の対象〕を、〔違反行動の主体から〕状況のほうへと逸らせることもできるのである。[359]悪しき力／悪しきものとの闘いという魔術的な形式は消滅する。[360]もはや次のような前提を置くことができないのは明らかである。すなわち、これこれの行動は悪霊によって唆されたものであるとか、どのみち劫罰を受けるに決まっているとか、悪魔や魔女といった世界の暗黒面の所行である云々。〔今や〕行動の動機について問いうるし、問わねばならない。そして〔その動機を理解し説明しようとする〕さらなる考察によって、非難は弱められることになるのである。

十七世紀になると、道徳コードがすでに脱存在論化され統一性と見なされていることを示す兆候が数多く現れてくる。悪徳がなければ美徳も存在しえない。道徳的判断そのものが非難される。[361]『失楽園』における宇宙論的な争いを考えてもよい。そこでは神はまったくの悪から何かしら善なるものを創り出そうと試みる。それにより〔悪を体現する〕原理としての悪魔は危機に晒される。悪魔は対抗策として、善なるもののうちに何かしら悪しきものを見いだすことになるのである。だが本当はこの争いが生じたのは、人間の魂の中でのことだった。そしてそこでは雌雄が決せられないままだったのである。ほぼ同時期に道徳は宗教の庇護から解き放たれる。それによって、外から課せられた制限はなくなったが、同時に確実さを失いもした。この事態は十七世紀における習俗の科学（science de mœurs〔ママ〕）および作法（courtesy）の教説[91]においてすでに示唆されていた。しかしそれが完全なかたちで明らかになったのは十八世紀に、ゼマンティク上の優位性という点で、宗教と道徳との間に「トップの交代」が生じたことにおいてであった。今や、宗教的寛容を貫徹することが問題となっている場合には、道徳に訴求することができる。宗教そのものは、道徳という法廷に召喚されるとまでは言わないにしても、文化比較の手へと委ねられるのである。モンテスキューにおいては、またモンテスキューを賛美していたケイムズ卿[92]においては、〔道徳と〕（良き）作法との旧来の結びつきは維持されていた。しかし十八世紀の道徳概念ではこの結びつきは切断され、道徳概念の意味は変化するに至る。もはや道徳概念が、《社会的》とほとんど同じ意味で用いられるようなことはなくなる（心証に基づく確実性 certitude morale[93]や「法的人格」を意味する法人 personne morale、あるいは「権利トハ道徳ガ定メルトコロヲナス能力デアル ius est facultas moralis agendi」などの定式化ではまだそのような意味が見受けられるが）。今や道徳は、特殊な要求という姿を取る。さらに加えて、政治的な攪乱効果をもつ、一般には《解放的》な機能をも引き受けるのである。(362) それゆえに道徳は再び、根拠づけの必要性に迫られることになる。それを切り抜けるために用いられたのは当初は人間の自然＝本性についての、また人間の社会的＝道徳的感覚についての理論であったが（シャフツベリー[94]、ハチスン[95]、アダム・スミス）、結局のところは新たな種類の倫理学理論が登場してくる。後者においては、道徳的判断を根拠づけるための理性的観点を提出することが課題だと見なされたのである。神学でも古くから外典において、あるいは思弁的な文献の中で、「そもそも善と悪とを原理として区別しうるのか」との疑念が伝えられてきた。今やこの疑念が表に出てくる。マンデヴィルとサドを考えてみればよい。しかし〔彼らにおいて〕そう問われたまさにその時には、〔この問いを徹底して追求することを可能にする〕宗教というセーフティー・ネットは欠落してしまっていた。だからこの種の疑念を道徳に抗して押し通すことは不可能だった。道徳は自らを善と見なしていたからである。

ここではこれらの論点については、概略的に触れておくことしかできない[363]。全体社会というコミュニケーション・システムの変化から、道徳に関してどんな帰結が生じてきたのかを追尾しようとするなら、観念史的な分析に依拠するだけでは不十分である。その種の指標が重要なのはもちろんだが、ここではより形式的な概念構成が必要となる。われわれが論じようとしているのは、流布テクノロジーおよび象徴的に一般化された、しかし〔特定の〕問題へと特殊化されたコミュニケーション・メディアが道徳にどう関係しているかを判別することだからである。それゆえにメディアと形式の区別（本章第I節）にまで立ち帰ることにしよう。道徳は特殊な、しかしまた同時に普遍的なメディアであり、尊敬と軽蔑というコード化された区別によって生じてくる。このメディアの要素はコミュニケーションからなっており、そこでは特定の人が尊敬されるべきか、それとも軽蔑されるべきかが表現されるのである。また、このメディアの要素の形式（つまり、メディアの中で形成される形式とは異なる、メディア基体の形式）が区別されるのはただ、「尊敬／軽蔑」「よい／悪い」という特殊なコード化によってだけである。その点で、技能や業績を単に承認することからも区別される結果になる。〔以上のように、〕問題となるのは〔あくまで〕個々の人である（人類を尊敬したり軽蔑したりすることなどできない）という点によって、またコードの差異が形式性をもつという点によっても、メディアの要素のカップリングがルースであることが保証される。近代社会においては人への言及が高度に個人化されたかたちでなされていることも、この《ルースなカップリング》を強化している。ある家族の一員が服役しているからといって、あるいは未婚の娘が懐妊したからといって一家全員を侮蔑することなど、普通できるものではないはずだ。メディアそのものが安定しているのは、このルースなカップリングのゆえになのである。ただしだからといって、近代社会では道徳の意義は低下していると主張しようとするのは、誤りというものだろう。道徳というメディアを使用することは〔近代社会においても〕可能だし、〔今後も〕可能であり続ける。〔しかも伝統的社会のように〕対面状況の下での相互作用においてのみならず、マスメディアを介したコミュニケーションにおいても使用可能なのである。特にテレビによって、日常生活における道徳的コミュニケーションが、見通しがたいまでにかき立てられるに至っているではないか。

〔近代社会において〕決定的な変化が生じているのは、メディア基体と、メディアを用いて形成され再生産される形式との関係の中でのことである。道徳のメディア〔そのもの〕は安定的であり、可能なコミュニケーションすべてにとって常に使用可能である。それに対して尊敬と軽蔑に関する条件（それが、メディアの中で形成される形式に関する規則となるわけだが）はどちらかというと不安定であり、少なくとも現在ではもはや完全にコンセンサスを取り付けることなどできなくなっている。警官はドラッグ使用者とは異なる考えをもっている。大学生と、大企業の重役会議に臨むお歴々の考えとは異なる。専門職に属する人とその顧客との間にも違いがある。また地域間においても、例えばエスニックな、あるいは宗教的な観点に関して際だった差異が存在する。そして言うまでもなく、あらゆる道徳的判断が帯びる相対性を、またそこから生じる自制と寛容という規格を道徳として〔どの程度〕受け入れるかという点に関しても、違いが存在するのである。〔このように近代社会においては、〕メディア基体（ルースなカップリング）とメディア形式（タイトなカップリング）との差異は、徹底的に利用されるに至っている。その結果道徳的コミュニケーションにおいては、意見の一致と不一致とが、安定性と不安定性とが、必然性と偶発性とが、同時に存在するようになっているのである。

近代以前の社会でなら、今述べたようなかたちでメディア基体と一時的なメディア形式とを区別することはほとんど意味をなさなかっただろうし、理解もされえなかったはずである。その代わりに、ハイアラーキーの観念を用いて問題が定式化されていた。上位の規範は不変であるが、下位の規範は時間と場所に応じて変化しうると考えられていたわけである。規範秩序そのもののうちに問題が組み込まれており、なおかつ法は、後で述べるように、(364)〔究極的には〕自然法として構想されていた。したがって〔低位の可変的な実定法に対する上位にある不変の〕自然法を尊重することは道徳と収斂するとされていたのである。ただしその種の法ハイアラーキーが崩壊したとしても、それを「あらゆることが可変的で偶発的になってしまった」というように理解することはできない。他でもない、至る所で偶発性が観察されるようになったがゆえに、それと両立可能な《価値＝値》が新たに定式化されるに至る。ハイアラーキーにおいて上位と下位の差異が、回路のショートが生じて崩壊するまさにその場合、その状況において持ちこたえうるような外的観点が問われ〔、探し求められ〕ることになる。《超もつれ supertangling によって、新たな不可侵のレヴェルが創造される》と、ダグラス・R・ホフスタッターは述べている。[365] 論理的な決定不能性は《ゲーデル化》されねばならない。つまり、外化によって治癒されねばならないのである。

道徳に関して言えば、現在では価値関係の中での定式化されない（仮定される〔だけの〕）コンセンサス〔のうちに外化の手がかり〕が見いだされるのが普通である。平和に、正義に、誠実さに、健康に反対するなどとは、誰も言おうとしないだろう。しかしそのことをもって、価値コンフリクトに対する備えがなされているということには決してならない。そもそも価値が重要になるのは価値コンフリクトを介してであり、コンフリクト事例においてのみ重要となるのである。それゆえに〔価値に関する〕決定は、状況に依存したアドホックなかたちでのみ、全体社会の〔特定の〕部分システムにおいてのみ、あるいは個々の人によってのみ、下されうるのである。この点で道徳の定式に関しては、つまり尊敬と軽蔑の条件に関しては道徳的不合意が生じるのが普通である。ある者は、（例えば信用供与における）不平等性を正当化する。経済システムの機能論理からしてその種の不平等が生じてくるのだし、さもなければ経済資源を需要を充足（豊かさ）のために最善のかたちで利用することができなくなってしまうから、と。しかし他の者はその不平等に反対する。それでは信用を最も必要としている人が供与を受けられなくなってしまうではないか、というわけだ。

しかしだからといって、「近代社会においてはコミュニケーションの道徳化は恣意の手に委ねられている」云々と述べることはできない。一方で、道徳化が生じるための、構造的に条件づけられた契機が存在している。例えば、〔本来その場において働くはずの〕コミュニケーション・メディアのコード化が危険にさらされている場合がそうである。例えば政府と野党の関係における《フェア・プレイ》〔のルールが脅かされている場合〕や〔ウォーターゲート事件、バルシェル事件[96]〕、スポーツ〔における同様の事例〕〔ドーピング〕を考えてみればよい。しかし何よりもまず注目すべきなのは、「意見の一致／不一致」、「必然性／偶発性」、「安定性／不安定性」という関係そのものである。これらの区別の両方の側が、道徳としての性質をもちえねばならないのは明らかである。したがって、道徳は、これら区別を形成するふたつの側の差異の統一性において実現されるということになる。ただしその統一性そのものは〔それゆえにまた、区別のパラドックスも〕コミュニケートされないままに留まるのである。意見の一致に達しうるような価値が重要性をもってくるのは、意見の一致による解決がもはや役に立たないような価値コンフリクト状況においてのことである。しかしこの事実そのものがまた価値づけられることはない。〔必然的な〕原理というものは制限によってのみ実行可能になるのだが、どんな制限が許されるかを、〔当の原理そのものと〕同じ抽象の水準において特定することはできない〔すなわち、制限はあくまで偶発的である〕。そして〔原理は必然的であり制限は偶発的であるという〕このこと自体を〔必然的な〕原理とするわけにもいかないのである。われわれはこの問題を、「安定的なメディア基体／そのメディアの中で実現される、一時的で不安定な形式」という区別を用いて描き出してきた。しかしこれは問題の〔あくまで〕理論的な描出であって、この描出そのものが道徳となりうるわけではない。しかしまさにそこから近代社会がもつ、〔複雑性についての記述が複数存在する＝記述自体が複雑である、という意味での〕超複雑性が、道徳にどんな影響を及ぼすことになるかを認識できるのである。

蛇足ながら〔「メディアの安定性／形式の不安定性」の差異という〕この点から、道徳と象徴的に一般化されたコミュニケーション・メディアとの共通点を認識することもできる。支払い手段というメディア基体は、すなわち経済システムのオートポイエーシスの中で貨幣が受容される可能性は、このメディアを用いて形成される形式、つまり〔そのつど〕支払われる価格よりも、はるかに持続的なかたちで保証されていなければならないし、保証されうるのである。ただしインフレーションないしデフレーションの場合に限り、この差異が崩壊することも起こりうる。貨幣価値と価格とが、循環の回路がショートすることによって、相互依存してしまうわけである。そしてこう推測してみることもできる。同様に道徳のインフレ化ないしデフレ化によって、強制力へとただちに移行してしまうという危険が生じることもありうるのではないか。その場合には、安定したメディアと不安定な形式とを同時に実現しておくという事態が、もはや維持されえないことになるからだ、と。

以上すべてを踏まえるならば、道徳的コミュニケーションの機能の変化のうちで最も重要なのは、次の点だということになろう。すなわち道徳はもはや全体社会を、その最善の状態をめざしつつ統合するために役立ちはしないのである。象徴的に一般化されたコミュニケーション・メディアは〔それぞれ〕特殊であり、〔それぞれ〕独自の二値コードに従う。したがってその正／負の値を道徳のそれと同一視することはできない。この点からしてすでに、先のような統合の試みは排除されることがわかる。権力を持つ者、財産を有している者、愛を持つ者、成功を収めた研究者が、それぞれのコードを引き合いに出すことで同時に道徳的にもより善いと証明される、というわけではない。ましてや、権力を持たない者、財産を有しない者、愛することができない者などに、その事実をもって道徳的な軽蔑を投げつけることなど、全体社会においては容認されがたいはずである。あらゆるコードは相互に食い違っており、またそれぞれが道徳コードとどんな関係を取り結んでいるかに関しても不一致が見られる。この点が明らかになった以上全体社会は、自分自身を道徳的な公共機関（Anstalt）として把握することを断念しなければならないのである。

しかしだからといって、道徳的コミュニケーションが排除されるわけでは決してない。むしろ多くの点から、今や道徳は警告機能を引き受けるに至っているということが見て取れるのである。全体社会の水準での問題が急を要するかたちで登場しており、しかも象徴的に一般化されたコミュニケーション・メディアという手段を用いて、また当該の機能システムの内部において、どのようにして問題を解決できるのかがわからなくなっている場合。そこにおいてこそ道徳が結晶化してくるのである。全体社会が道徳的コミュニケーションを呼び入れるのは明らかに、自分自身の構造から生じる重要な問題、特に自身の分化形式から生じる問題のためにである。そうすることが中心／周辺の分化を正当化するために、あるいは階層を正当化するために役立っていた間は、「全体社会そのものが中心ないし頂点において道徳的に統合されている」との印象を持つことができたし、その印象を育んでいけた。近代社会においてはもはや、そのような観念を抱くことはできない。今や道徳的コミュニケーションは〔中心や頂点から〕解き放たれており、憂慮すべき現実が視野に入ってくるところへと導かれていくのである。十九世紀における社会問題[97]、今世紀〔二十世紀〕における世界規模での著しい貧富の格差とエコロジー問題を考えてみればよい。それらは明らかに経済的にも政治的にも処理されえないのである。そこからは、道徳的コミュニケーションの（明らかに、高度に選択的な）インフレーションが生じてくる。道徳のコードは、明確な指針がなくとも容易に実現される。しかし道徳の規準（規則、プログラム）のほうはもはや、コンセンサスに達しえないのである。かくして道徳は論争的な性格を帯びる。道徳はコンフリクトから成立するし、コンフリクトを焚き付けもするのである。

今日において、道徳を孕んだ視線を引きつける最も重要な問題のひとつは、〔正負の〕コード値の分離を、したがって象徴的に一般化されたコミュニケーション・メディアをコード化すること〔そのもの〕をなし崩しにしてしまうような策動であろう。腐敗によって合法／不法の区別が掘り崩されてしまうこと、政党政治の領域におけるそれに対応する現象（ウォーターゲート）を考えてみればよい。また株取引においてインサイダー情報が利用されることや、競技スポーツにおいてドーピングが広く行われていることもそうである[366]。これらいずれの場合でも、問題がマスメディアによる報道を通してスキャンダルへと姿を変えれば、道徳的に〔扱われるべき問題として〕さらに大きな意味をもつようになるだろう。しかしその反面、〔スキャンダル化によって道徳的注目を浴びるという〕この現象が蔓延すれば（スキャンダルというものは、他の事例が見つからないということによって生きながらえるものだ）、実践的には困った事態が生じてくるだろう。憤慨を呼び起こすのは容易だが、憤慨だけからでは、何を為せば実践的効果をもちうるのかを導き出すことはできないからだ。コード化の蓋然性が低い分だけ、それに対応して〔コードの働きが〕妨害されるのは蓋然性の高いことになる。〔個々の〕事例の経験を踏まえて倫理的規制の網の目をより狭めていくというやり方も、この種のインサイダー・スキャンダルにはあまり効果をもたないだろう。有効でありうるのは違反に対しては法によって、深刻な帰結を伴うサンクションを課すことだけであろう（サンクションが腐敗抜きに実施されうるならば、の話だが）。

今日において《倫理》について語ってみても、それは幻想を育む結果にしかならない。前段落で述べた諸事例に関しても、理性的に根拠づけることができ実践できるような決定規則が存在するかのように考えられてしまうのである。実際にこの倫理が果たしている機能は、トマス・モアのユートピアさながらの、パラドキシカルな意味でのユートピアのそれである。すなわち、〔どこにも〕見いだされえない場所《トポス》、存在しない所を指し示しているのである。倫理の名の下に全体社会は、システムの否定を当のシステムのうちへと導入する可能性を創出する。しかもそうすることについて誇らしげに語ることすらできるのである。この〔社会はこうであってはならないという〕反対当為倫理（Gegensoll-Ethik）が存在するということは〔システムが他の可能性へと「開かれている」ことを意味するどころかむしろ〕、システムの自律性と作動上の閉鎖性を証明している。このシステムはシステムの内部において、システムの否定をも扱いうるからだ。全体社会システムを外側から否定することなど不可能ではないか。外側からは破壊しかできないのである。

XIV　全体社会システムの進化に対する影響

象徴的に一般化されたコミュニケーション・メディアが近代社会をどの程度まで規定しており、今後の進化をどれくらい条件づけているのか。またそこからいかなる帰結が生じてくるのか。この点を知ろうとするのであれば、それぞれのメディアの成長が不均等であるという点を考慮するだけでは不十分である。その他の点でもこのメディアの働き方は〔それぞれが特殊化されているという〕制限を被っている。

他ならぬその制限によってこそ、メディアは〔幅広く通用するという〕チャンスをもつことができるのである。全体社会はゼロサム・ゲームではない。そこでは複雑性を適切に縮減することを通して、複雑性が発展していくのである。

〔この点をめぐる〕いくつかの最も重要な論点に関しては、すでにここまでの考察の中で論拠を示しておいた。ここではそれらのうちから抜粋して提示しておけば十分だろう。最初に〔述べておかねばならないのは〕、メディアは、確かにその使用法は規格化されてはいるが（貨幣の取り扱いなどを考えてみればよい）、日常行動を完全に秩序化するわけでは決してない〔という点である〕。愛は日常の中で〔常に新たなかたちで〕示されねばならないのであって、〔決まり切ったパターンからなる〕日常として示されてはならない。芸術を享受したいのなら、まずはどこに行けば芸術〔作品〕があるのかを知らねばならない。権力者といえども、部屋と机と電話は必要である。(367) メディアがシステムのオートポイエーシスを組織化する場合でも、そのシステム内には、オートポイエーシスにとって必要な最小限よりもはるかに多くのコミュニケーションが常に存在している（細胞内には、厳密な意味でのオートポイエーシスによって実現されるよりもはるかに多くの化学分子が含まれているのと同様である）。〔過剰な〕日常行動をオートポイエーシス過程へと帰属させることのうちにこそ、システム形成によって達成されうる《付加価値》が存しているのである。経済のオートポイエーシスは、支払いによって支払いを再生産することのうちにある。(368) しかし言うまでもなくそのことだけしか視野にないとすれば、経済システムなど存在しないだろう。

どのメディア・コードにしても、道徳コードと一致するに至ることなどありえない。所有者は非所有者よりもより多くの尊敬を受けるに値する、などというわけではないのである〔誰もが、ほとんどすべての財に関して所有権をもたないということだけからしてもそうならざるをえない。どんなに裕福であろうと同じことである〕。この点はすでに何度も強調してきた。全体社会のシステム分化が象徴的に一般化されたコミュニケーション・メディアに依拠するようになればその分だけ、道徳へのこの距離は機能上必然的なものとなる。しかし同時にそれによって道徳そのものは、自由に浮動しつつ〔特定のコミュニケーションを〕攪乱したり支えたりして方向づけるものとなりもする。ただしだからといって理性的根拠づけの最終原理となるわけではないのだが。

このような状況の下では高度文化由来の、天国／地獄の神学によって道徳と宗教とを一致させるという方策も、もはや維持できなくなる。もちろん伝道師が道徳へと傾くのを阻止できはしないし、阻止する必要もない。善（das Gute）に肩入れするのは常に結構なこと（gut）である。《世俗化》された社会の中では、宗教の窮状を道徳によって切り抜けるという事態もしばしば生じてはいる。しかし「道徳に対して距離を保つべきだ」というのは、宗教自身にとってもよい助言なのではなかろうか。そのためには、矛盾した行動を、つまり罪と悔い改めとを求めるという旧来のメカニズムで十分なのかどうか。また、正しき者にとっても罪人にとっても、最後の審判はいつやってくるかわからない〔から、常に正しくあれ〕と示唆するだけでよいのかどうか。この点については異論の余地があろう。いずれにせよ宗教ははるか以前から、「内在／超越」という二重化規則（Duplikationsregel＝複製規則）を（もちろんそれを二重化規則として反省することはできなかったわけだが）自己のコードとしてきた。それは、〔他の〕メディアの選好コードと同様に、道徳とは直交するのである。[369] しかしこのコードによってもやはり宗教は、

〔他の〕象徴的に一般化されたコミュニケーション・メディアをコントロールするまでには至りえない。言い換えれば宗教は、超コードを提出しえないのである。宗教が提供できるのは、世界を記述する独自の方式だけである。

最後に次の点を確認しておくべきだろう。象徴的に一般化されたコミュニケーション・メディアが適合するのは、〔特定の〕機能領域に関してだけのことである。そのような領域では問題と追求される成果は、コミュニケーションそのもののうちに存している。あるコミュニケーションの選択が、それに続くコミュニケーションにおいて前提として踏まえられるならば〔つまり、領域内部の作動の連続だけで〕、メディアの機能は満たされることになるのである。したがってこのメディアは、環境を変化させることを機能とするようなコミュニケーション領域には適合しないということになる。物理的・化学的・生物学的な状態変化も、人間の身体の変化も、意識構造の変化も含めて、である。だからこそテクノロジーのための、医療（Krankenbehandlung）のための、教育のための象徴的に一般化されたコミュニケーション・メディアは存在しないのである。これらの事例においては、象徴的に一般化されたコミュニケーション・メディアの自己触媒〔過程〕をスタートさせることになる問題が、そもそも登場してこない。その問題とはすなわち〔コミュニケーションが〕拒否されるほうがきわめて蓋然性の高いことである、という点であった。少なくとも全体社会の中で医療と教育のために分出した機能システムは、何よりもまず組織化された相互作用に高度に依存しており、独自のコミュニケーション・メディア抜きでやっていかねばならない。今挙げた三つの問題領域のどれも、単独のコミュニケーション・メディアによって支配されてはいない。真理によっても、貨幣によっても支配されているわけではないのである。もちろん分出した科学と経済抜きには、〔それら領域で〕今日見られるような発展状態は考えられなかっただろうが[370]。それゆえに次の点から出発しなければならない。なるほど象徴的に一般化されたコミュニケーション・メディアは重要ではあるが、全体社会システムの機能分化は単純にメディア図式にしたがうものではありえない。むしろ全体社会システムがその時々の発展水準において解決しなければならない問題次第なのである。

最後の論点として[98]、全体社会において象徴的に一般化されたコミュニケーション・メディアが属する文脈に関するこの考察から、価値メディアの謎を解くヒントを引き出しうるということを挙げておこう。すでに見ておいたように、〔価値メディアということで〕問題となっているのは、完全に発展したかたちでの象徴的に一般化されたコミュニケーション・メディアではない。そこには中枢コードがないし、したがってコードとプログラムの間に明白な差異があるわけでもない。さらに共生的シンボルも欠けているし（ただしだからといって、生命を価値と称することが排除されるわけでもない）、システムを形成する潜在的可能性も備わっていないのである。それでも〔価値について〕メディアという言葉を用いることが正当化されるのは、次の事態による。行為の無数の可能性が、〔この価値を実現するためにはあの行為よりこの行為を優先すべきだとの〕価値観点のもとでルースにカップリングされる。それが次には、個々の事例における〔この場合ならこの価値よりもあの価値を優先すべきだという〕価値衡量によって形式を獲得するのである。このメディアが独自性を有していること、分出していること、限定的な普遍主義を帯びていることに関しても異論の余地はない。真理や豊かさ、愛・美・権力などの、他のメディアの値＝価値はすべて、価値メディアの中では他の価値＝値と並ぶ価値＝値にすぎない。〔価値メディアにおいて〕

それらの値＝価値が〔二値コードの一項という意味での選択肢のひとつではなく、それ自体として追求されるべきものとしての〕価値として扱われる場合、他のメディアにおける〔二値コードのどちらの側を選ぶかに関する〕特殊な偶発性の管理は適用できなくなっているはずである〔かくしてこの場合には価値メディアは特殊な、他から分出した、かつ普遍的な観点として働いていることになる〕。〔このように価値は他のメディアとの共通性を有しているが〕その反面、価値〔メディア〕においては受け入れの動機は〔他のメディアのように〕生み出されるのではなく、前提とされるのである。

この価値関係のうちに、完全な機能能力を有するコミュニケーション・メディアと、それ以外の全体社会とを結びつけるメディアが存していると考えることにしよう。だからこそ、目立たない、自明なかたちで価値を引き合いに出すことで、〔その価値を〕日常的行動へと直接転換することが可能なのである。またださからこそ、特に近年の《市民宗教》についての議論に見られるように[371]、〔価値と〕道徳および宗教とを結びつけることも可能である。さらにだからこそ、〔価値は〕包括的な重要性をもつことにもなる。教育も医療も、近年ではテクノロジーですら、価値衡量に付され判定されるのである。したがって、中枢コード化は必然的に放棄されねばならなくなる。結局のところ価値が特殊近代的であるのは、価値は形式であり、適用に際してもやはり統一性ではなく差異へと至る、という点にある。そして最終的に浮上してくるのは、かの《ストレンジ・ループ》（ホフスタッター）である。最高位の価値は、全体社会のコミュニケーション〔が実際になされる〕という最低位の水準において保護されねばならないからだ。そしてそれは根拠づけによるのではない。マークされない（無徴であるNichtmarkierung）ことに、単に仮定されることによるのである。

あらゆるコミュニケーション・メディア――言語、流布メディア、象徴的に一般化されたメディア――の共作用の中で圧縮されてくるものを総称して、文化と呼ぶこともできるかもしれない。ここでは「圧縮」とはそのつど用いられる意味が、異なる状況下で反復的に使用されることにより、一方で同一に留まりながら（さもなければ反復的使用など生じえないだろうから）、他方では再認され意義を蓄積していくことを意味するものとしよう。そうして蓄積された意義はもはや、ひとつの定式のうちには収まりきれなくなるのである。そこからただちに、次のような推測が生じてくる。意味は過剰な参照を伴っているが、この過剰性自体が意味を圧縮し再認することからの帰結ではないか、と。コミュニケーションとは、そのようにして自身に固有のメディアを創出していく作動なのではないか、と。

以上の考察からすれば、文化の理論の可能性に関しては、ある種の疑義が残ることになる。意味においては常に過剰な参照が実現されているが、それを踏まえた圧縮は具体的に生じざるをえない。まさにそれゆえに、〔意味の〕プロセシングは選択的にしか生じえないのである。何かが口に出されねばならない。それは、他のことを口にしないということに他ならない。〔文化の理論として、〕解釈的ないし《解釈学的》な手続を考えることもできるだろう。そこでは意味を取り扱う中で次第に、この手続自身の帰結によって独自の意味が圧縮されていくのである、と。しかしこれでは、いかに巧緻な手続を踏もうと、〔圧縮は選択的にしか生じえないという〕最初の問題が反復されることにしかならない。

比較しコントロールするという問題を手がかりとして、可能な文化形式を構造的に分析する作業に着手できるかもしれない。文字によって、比較とコントロールの可能性が拡大され始める。そしてそれは活版印刷術を経て、今日の機械による情報処理にまで続いていくのである。そこで常に問題となってきたのは、インプットされたものと記憶とを比較すること〔すなわち、文化において生じてきたものと、記録され保持されるものとを比較すること〕であった（両者ともが内的な〔作動〕単位である）。したがって比較しつつコントロールすることは、因果性を支配することを意味しはしない。この点で英語の《コントロール》概念とは対照的であることを強調しておこう。むしろ比較するコントロールは、その種の支配が欠落しているということを意識させがちなのである。

全体社会が、コントロール可能性の増大に反応するために用いるのは、ゼマンティク上のどんな形式なのか。こう問われる場合、まず最初に目につくのは、目的に定位したゼマンティクである。アルファベットが流布された後で、神学が発案されることになった。神学が、時間の経過とともにますます複雑になっていく〔キリスト教をめぐる伝承やテクストなどの〕素材を統一的な観点の下で整序するための可能性となる、というわけである。そこでは次のような発想が採られる。自然の運動には、自然な目的＝終局（Ende）が備わっている。その目的において自然の運動は完成態に至り、休止する。それゆえにさまざまな情報を、この目的の達成（あるいは、達成し損なうこと）について何を述べているかをめぐって比較することができる云々（したがって、完成態は堕落しうるものとして、また自然は規範的なものとして考えられねばならなくなる）。この理論範型は、「アリストテレス」という名の下で周知のものとなっている。

活版印刷術によって、比較とコントロールの可能性は増幅されていく。それによって、今述べた自然の目的論はうまくいかなくなる。ひとつには、時間上の終局＝目的へと（したがってまた、時間上の端緒へと）定位することそのものが放棄されるからである。自然を認識することは、〔無時間的な〕自然法則、かつ／または均衡の観念を用いて再構成されるのである。(372) またひとつには、神学が主観化されたからである。今や目的（Zweck）ということで問題となるのは自然の（人間を含む）運動がもつ自然で善き終局ではなく、心的な（その点に限っては〔かつてと同様に〕記憶に適合する）予測である。そしてこの予測が今度は人間の行動に、相応の結果を及ぼすことになる。(373) だから近代における、実現可能性という意味での合理性が引き合いに出すのは、「〔心的予測としての目的が、行為を通して相応する帰結を実現するという〕このことに成功しうるか否か、どの程度まで成功しうるのか」という問いなのである。延長を有する存在と精神的存在との分岐が生じたのは、通常はデカルトの名のもとでだとされている。この分岐から生じた帰結のひとつとして、世界〔そのもののうちに客観的に存する〕合理性という観念が放棄されたことが挙げられる。さらにそこから生じてきたのは〔確実性の基準となった主観が世界に〕対峙する、きわめて不安定な文化だった。われわれは、何を予期していたのかを膨大な記憶という形式で〔常に〕記録している。したがって、〔今何が実際に生じているかについての〕新たな情報〔を得れば、それ〕によって、事は予期の通りには行かなかったということを認識せざるをえないのである。その場合システムは、「何を予期してよいか」ということを新たな状況へと適合させるために、〔規範的予期の場合なら〕新たな手段を取り上げるか、あるいは〔認知的予期の場合なら〕記録のほうを修正しなければならない。現状と、自らが設定したあるべき状況とを比較することが持続的な問題となる。継続的に修正を加えていく必要が生じてくるため、義務のかたちで前提とされていたものは次第に朽ち果てていくのである。最後に残るのは、文化の自己確証（Selbstbestätigung）の形式としての価値だけであろう〔めざされているものが絶えず変化し、また各人ごとに多様であるにもかかわらず、それらはすべて共通の価値の実現に向かっているものとされるわけである〕。

コンピュータの発明によってもたらされたのは、さしあたって、情報と記憶とを比較するという意味でのコントロール可能性がさらに一段拡張されたということだけだった。それによって何かが変わるのかどうかは、まだ確実には見通しがたい。したがってまた、その可能性から何が文化として圧縮されてくるかについても未決のままなのである。コンピュータが予期の充足水準を平均的に高めうるなどということは、むしろ蓋然性が低い。というのは、コンピュータは予期を貯蔵しもする〔つまり、多くの予期を記録しておくことによって、それらが満たされなかったという事例を数多く確認できるようにする〕からである。達成可能なのは複雑性をよりよく、より速やかに組織化するということであろう。それによって予期を、保存される前にあらかじめテストしておく〔例えばシミュレーションによって、これこれの目標はそもそも実現不可能であるとして、設定候補から除外しておく〕可能性も広がることになる。ただしそれはあくまで比較するコントロールの技法を用いて、つまり過去を引き合いに出すことによってのみの話である〔シミュレーションで用いられるデータもまた、過去からしか得られないのだから〕。そこから算定〔によってすべてが計画・決定〕された文化が生じるだろうなどと恐れるにはまず及ばない。意味の形式が圧縮されるのは、ただコミュニケーションそのものの中でのみのことだからである。文化が反応しなければならないのは〔計画の全面化よりも〕むしろ、コントロールの作動の加速化という契機のほうであると想定すべきではないか。加速化が生じるとすれば、時間的な安定性という肯定的な評価は放棄されねばならなくなるからである。

しかしこの種の構造分析は、サンプルとしての価値をもつにすぎない。それらはせいぜい、いくつかの個別的パースペクティヴをカヴァーするにすぎない。それらのパースペクティヴでは近代文化の複合体総体が考慮に入れられておらず、したがってその総体をひとつの根本問題へと縮減することなどできないのである。事態がそのようにきわめて複雑なのだから、現象の複雑性を記述することは諦めねばならないとしても、発生論的分析に取り組むという可能性は常にまだ残されている。〔現状が〕なぜそうなのか、どのようになっているのかを説明できはしないとしても、それがいかに成立したのかと問うことはできるわけだ。そのような発生論的分析という目的のためには、〔われわれが踏まえているような〕システム理論を用いるのが有益だろう。この理論は、システムをその境界と共に生産し再生産する作動を規定するうえで、厳密さを要求するものだからである。だからこそ本章では、コミュニケーションの概念を墨守してきたわけだ。もっともその点を踏まえたとしても、やはり現象を説明することはできず、発生論的分析しか示しえないという点は変わらないのだが。今日では、そのような理論には《進化》というタイトルが付されている。次章ではそれを扱うことにしよう。

第三章　進　化

I　創造・計画・進化

全体社会は進化の所産である。《創発》について語られる場合もある。[1] しかしこれは単なるメタファーにすぎず、何ひとつ説明してくれはしない。それどころか論理的にはパラドックスへと至ってしまうのである。この点が了解されるなら進化論を、論理的には解決不可能な問題を発生論的問題へと変換することとして記述できるはずである。[2] なるほど進化論による説明は、因果的な説明と予測に関する論理的・科学論的・方法論的な基準に照らしてみれば満足のいかないものかもしれない。しかし目下のところ他の理論によっては、全体社会という社会システムの構造の形成や再生産を説明できはしないのである。

だがこう述べたところでわれわれは今のところ、ひとつの語を挙げることしかできていない。そしてそれによって引き合いに出そうとしている議論はどちらかというと混乱してもいる。[3] そこでさらに分析を進めていくための導きの糸として役に立つのは、蓋然性の低いものの蓋然性の高さというパラドックスである。[4] 統計学者から見ればこれはトリヴィアルな事柄であろう（あるいは統計学的概念の誤用ですらある）。というのも結局のところいかなるメルクマールの集積も（例えば、ある人間の特性でもよい）、それら複数のメルクマールが連関して現れてくるための条件を考えてみれば、きわめて蓋然性が低いことがわかるからである。つまりそれは偶然の重なり合いの結果にすぎないわけだ。しかしながらこの蓋然性の低さは、いかなる場合にも存在している。つまり、まったく通常的なものなのである。統計学はこの問題を無視してよいし、また無視しなければならない。しかし進化論にとっては、このパラドックスを解決することこそが出発点になるのである。孤立した個人や家族が生き延びる蓋然性は低い。しかしこの低い蓋然性は、構造的に調整する際のやはり低い（しかし前ほど低くない）蓋然性へと変換される。そしてまさにこの変換によって、社会文化的な進化が開始されるのである。進化論は問題を時間へと移し入れる。そして次のことがいかにして可能なのかを説明しようと試みるのである。すなわち、構造はますます多くの前提を要するものとなり、ますます蓋然性の低いものになっていく。にもかかわらず構造が成立して、通常的なものとして機能するのである(5)。進化論の基本命題は「進化とは、成立の蓋然性の低さを、維持の蓋然性の高さへと変換することである」というものである(6)。これは「（エントロピーの法則にもかかわらず）エントロピーからいかにしてネゲントロピーが成立しうるのか」というきわめて有名な問いを定式化し直したものに他ならない。さらに別な言い方をすれば、問題となっているのは複雑性の形態生成《モルフォジェネシス》なのである(7)。

　このように問題設定の中に時間を組み込み、さらに動態に照準を合わせるならば、進化をその構造的帰結だけから読み取ればよいというわけにはいかなくなる。例えばエネルギーと権力の分配や、全体社会における統合の諸水準の調整に対する進化の影響などだけでは話は済まなくなる(8)。もちろんそのような帰結をも把握しておくことは重要である。例えば行為のポテンシャルを《水準《レヴェル》》や《サブシステム》に割り振ることもその種の帰結である。しかしこの帰結は、進化論によって説明されねばならないはずなのである。すでに成立している差異を記述するだけでは、まだ進化論にはならない。素材を歴史的順序に従って配置されたものとして、つまりは継起のかたちで描出したとしても、やはりまだ進化論ではない。だからこそわれわれは、問題は複雑性の形態生成のうちにあると述べておいたわけだ。

　近年の進化論では複雑性の形態生成が、しかるべき法則（経験的に立証されうる）によって説明されるわけではない。また複雑性が合理性の点で有利であるということが理由として挙げられるのでもない。後者を理由として持ち出せば、進化は意図に従って進行するとは言わないまでも目的を追求している云々といった解釈を招き寄せてしまうことになるだろう。進化論で仮定されているのはむしろ、進化は回帰的に生じるということ、すなわち同じ経過が反復的にそれ自身の結果に適用されるということである。しかしだとすればいかなる種類の《経過＝手続き Verfahren》が問題とされているのかを、より精確に定義しなければならなくなる。われわれは以下の議論において、「変異・選択・再安定化」というネオ・ダーウィニズムの図式に依拠しつつ、それを試みるとしよう。

　われわれはまた別の仮説を設けて、そのための経験的証拠を探っていくことになる。その仮説とは、「進化の進行とともに地球上で見いだされる生物量《バイオマス》が増大しているのと同様に、言語が登場して以来、コミュニケーションという出来事の量も増大している」というものである。この仮説はさしあたり純粋に量的なものであり、その点では検証によって容易に確認できるはずである。そしてその調査結果を説明しようとするなら、この種の量的増大はもっぱら分化によってのみ可能であるという仮説へと行き着くことになる。しかし言語的コミュニケーションの領域ではさらに次の点も付け加えられねばならない。可能なコミュニケーションの量が法外に増大するのは、コミュニケーションが否定を用いて行われることに、つまり反論ないし拒否という形式においてもコミュニケーションが可能になることによってもいる、と。(9) このように量的な増大という仮説を立てることによって、構造的分化を前提とせざるをえなくなる。しかもその分化は任意のものでよいというわけにはいかないのである。この論点を、複雑性の増大という慣例的な定式化によって表現することもできる。例えばダーウィンとともに、諸部分が分化し特殊化していくというように定式化してもよい。ただしそのためには、システムがより高度の複雑性をもてば環境によりよく適応できるようになる云々という付加的仮定を放棄しなければならないのだが。今述べてきたことすべては確かに研究の方向性を指し示してはくれている。しかしそれだけではやはりまだ、そもそもなぜ低い蓋然性が高い蓋然性に変換されるのかを、また分化によって支えられた量的増大が何ゆえに生じるのかを説明したことにはならない。確かに進化論によってひとつの問題が提出されてはいる。しかしそれだけでは、当の問題の解決を試みるための枠組が定められたにすぎないのである。

進化論は徹頭徹尾因果仮説を用いて研究を行うが、進化を因果法則的に説明することを放棄しもする。むしろ進化論には、反復不可能性の仮定が含まれている。その意味で進化論は、歴史上ただ一度だけ形成されるシステムについての理論なのである。というのも進化は移ろいゆく、留まることのない諸条件を用いることによって成立するからである。そうすることが可能であるからこそ、時間の経過の中で蓋然性の低い秩序を形成するチャンスが生じてくるわけだ。進化とはいわば、利用可能な偶然を待ちうけることの理論なのである。そしてそのためには何よりもまず、自身を存続させかつ／または再生産する能力をもつシステムが存在しているということが前提となる。そのようなシステムこそが自己を維持しつつ、待つことができるからである。このように時間は、進化の本質的な前提の一部である。そしてそこからまず言えるのは、環境状態とシステム状態との時間の上での緊密な結びつきが打破されねばならないということである。今日の言葉で言えば、両者の関係は《ルースなカップリング loose coupling》でなければならないのである。したがって進化とはさしあたり、ある秩序が拠り所としうる前提の数が増大するということを意味する。一様分布という基本的仮定を採用したとしても、そこからの逸脱の自己増幅プロセスが生じてくる。それによって成立する秩序の中では、さまざまな地位・依存関係・予期などが、他ならぬこの秩序に依存するかたちで、多少とも確実に予期されうるのである。有意味なコミュニケーションがおよそ可能である以上、あらゆる時点においてあらゆる伝達が同程度の蓋然性をもつということ自体が、蓋然性が低いものになる。さらに特殊な蓋然性の高さが濃縮されて、予期可能性を形成するに至る。しかしあらゆる予期が根本的に不確実であるということを考えてみれば、この種の予期可能性もそれ自体また蓋然性が低いものだということがわかるだろう。

この問題と関連する領域においては、さまざまな理論的提案がなされている。進化論はそれらに抗しつつ自身の特色を発揮しなければならないのである。すでにはるか以前から世界が複雑に組み立てられていることへの感嘆の念が表明されてきた。その点への反応として生じてきたのが創造論だったのである(10)。今日から振り返ってみればわかるように、創造論は重要な理論的利点を有していた。すなわち世界を区別することができたのである。まず世界をひとつの作品として、しかも目に見えるものと目に見えないものとの、ありとあらゆる事物総体の、統一体として記述できた。それに加えて区別の他の側があると、つまり他ならぬ神が存在すると考えることもできた。明示的にであれ暗黙裡にであれ、常に神の存在をこの世界とともに想起することができたのである。複雑な秩序の生成は、知性ある原因へと帰されることになる。かくして、把握されえない世界への賛嘆は、把握されえない神への賛嘆に変換される。秩序というものは何らかの計画が実行されたものである。秩序の統一性は思考の上で、原因と結果とに二重化される。この場合原因とは創造主たる神であり、結果とはこの世界である。したがって結果のうちには認識されるべき原因が潜んでいるはずである云々。しかしこの説明が満足すべきものであるのは、それが信仰されている場合に限られる。

　創造論はいっそのこと細部に至るまで十分に彫琢されるべきである。そうすればそこにどんな冗長性が、それと同様にまた変異が含まれているかを読み取ることもできるだろう。まず創造論は《時間ノ相異 diversitas temporum》を受け入れねばならず、否定的なものにも肯定的なものにも同様に開かれていなければならない。そうすることによって初めて、創造論は日常的にさまざまな出来事が衝突する中で情報を生み出すことができる。[1] よい出来事と悪い出来事、自然の完成態と堕落態という伝統的な区別は、この要請に対応したものだった。そしてこの区別は、神意についての神学理論によって補完される。例えば〔悪いことが生じた場合でも〕、何らかの神意に基づいているのだから祈ることには意味があるように思われる、というわけだ。近代初期に至ると、一方では自然科学的な研究が要請する理論的・方法論的な圧力によって、他方では人間行為の範囲拡大によって、このような議論が首肯性をもちうるための条件は解体していく。かくして自然の最終目的に関するアリストテレスの理論は放棄される。神による世界の創造というテーゼもまた、日常的な体験や行為を補足するものとしてかつては有していた反響を、ことごとく失ってしまうのである。それはもはや何の情報も生み出さない。このテーゼがなお役に立つとすれば、言わばただ伝統的な宗教を保護するためだけの、世界の統一性を指し示す最終形式としてにすぎないのである（さもなければ世界の統一性は観察されえないではないか、というわけだ）[11]。宗教はさらに長期にわたって隔離され、次には新たな共生が模索された。その後十九世紀後半になって、神学的にさまざまな不興を買いつつも、進化論が定着していくのである。今や創造論は世界を説明することを放棄して神学のうちに引きこもる。そこにおいてなら特殊な問題を提起できるからである。無カラノ創造（creatio ex nihilo）の《無 Nichts》を、過去のうちにのみ存するものと考えるわけにはいかない。この無は常に必要とされており、存在が存在たりうるのはこの無によってなのである。不断ノ創造（creatio continua）のゆえに、無もまた常に新たに創造されねばならない云々。しかし進化論がこの種の問題に関わる必要はない。

伝統的な存在論の思考前提のうちにも、また別の障害が潜んでいる。それは学術が分解能力をほとんどもっていなかったという点と関連するものである。生物の種や属について論じる場合でも、存在／非存在の図式に従うしかなかった。自然＝本性によって、あるいは創造によって、本質形相と実体が確定されている。したがって変異は、偶発的なものの領域でのみ可能だとされた。突発的なことが出来事として生じた場合、それは《奇跡》として把握されたのである。これは自然にはありそうもない現象であり、神はこの現象によって自身をお示しになられたのだ云々。多かれ少なかれ伝説的要素を含んだ混合形式（Mischformen）が、《怪物《モンスター》》という名前で知られてもいる。しかしそれにはいかなる秩序上の価値も認められなかったのである。この形式はせいぜいのところ、自然が完全な秩序と調和を有していることを証明するための回り道という機能を有しているにすぎなかった。怪物じみたものが見受けられるなら、何かがうまくいっていないはずだ、というようにである。自然の秩序とは、ウサギたちに十分な子孫を授けるとともに、キツネたちに餌になるものを与えるというようなものであり、それは神学的にしか説明されえないではないか、というわけだ。さらに存在論とその二値論理は、動く物と動かない物とを（あるいは、変化する物と変化しない物とを）区別することを強いてもきた。変化についてのあらゆる理論はこの区別から出発せざるをえなかった。この区別は、不動の起動者というパラドックスへと集約されていく。そしてこの点において問題が潜勢力概念（意志、力）へと移されたり、宗教的に（神の全能として）解釈されたりするのである。何もかもを動くものと考えてそれらすべての対立概念を放棄したりすることなど、（この運動概念にとどまる限り）まったくありえないことだった。あるいは速い動きとゆるやかな動きという区別によって、ふたつの側をもつ形式を運動概念の中に導入する必要があると見なされたのである。[2]

あらゆる物と同様に生物も一定の類（Gattung〔＝生物学における「属」〕）のメルクマールによって定義されているうちは、生物のうちにもやはり起源を記録するものが保持されているはずだと見なされていた。進化論への移行によって、というよりもラマルクにおいてすでに、いわば物はその記憶を失っていたのである。ある物がある時点において何であるかは、どんな変異を被っているかによる。変異は他の形式において反復されたり、他の形式へと移行したりしうる。要するに何であるかは歴史次第なのである。進化論が科学的に証明したのはまさにこの点であった。十九世紀において、また当時の考えを受け継ぐその後の人々にとって、進化論が神学と衝突すると見なされたのはそれゆえにだったのである。すでに十八世紀には創造論は、いくつかの点で弱体化していた。今や創造主は《摂理 Vorsehnung》と呼ばれる。それは神学的な教義学に巻き込まれるのを避けるためであった。さらに創造主には時間が付与される。創造主は一度に世界全体を創造したのではない。神は今なおわれわれのもとにとどまっている(12)。しかしそれはもはや御業と奇蹟とによって、すなわち《お導き Fingerzeigen》[3]によってではなく、《見えざる手》によってのことなのである。同時に《歴史》が発見されるに至る。最後に地理学的／生物学的な分解能力の高まりによってもまた(ここにこそダーウィンにとっての問題が存していたのだが)、種と類がもつ類型としての不変性に疑問が呈されることになる。もちろん交配が可能なのは狭い限界内でのみだという点は明らかだし、この点は変わらない。多形的統一(polymorpher Einheit)としての個体群という新しい概念[4]も、やはり種と類の統一性に対応していた。しかしその一方で歴史を辿ることによって、種が変異と多様性を備えていることがますます明らかになっていく。それによってもまた、進化論を歴史理論として設定せざるをえなくなるのである。そしてダーウィンにおいて進化論は、もろもろの種と類が一挙に創造されたとする仮説に対置されるに至る。というのはそこでは進化は漸進的なものとして概念化されているからだ。すなわち種と類は漸次的で継続的な過程の中で成立すると見なされているのである(13)。だとすれば結局のところ調整は、すなわち分化したものどうしが連関しあって生きていけるという事実は、歴史的に説明されるしかない。その種の事態がしかるべき意図の結果であるなどと考えることはもはやできないのである(14)。同時代の社会理論にとって進化論が関心の的となったのは、まさにこの点においてであった。今や《見えざる手》に代わって、不可視のまま働く歴史の力が登場してくる。それはすなわち進化の閾下で生じる変化であり、潜在的な動機と利害関心である。それらは学術的な理論を用いることによって初めて可視的なものとなりうるのである。

しかし、創造論に対する代替案をどこに求めたらよいのだろうか。どのような区別を採用すれば、起源の統一性や、歴史的変動論の主導的差異である「動く／動かない」という区別を捨て去ることができるのだろうか。十七世紀から十九世紀においてはとりあえず、進歩の理論のうちにゼマンティク上の代替選択肢を求めようと試みられてきた。だが今日ではこの議論は時代遅れであると見なされている。しかも他ならぬ進化論において、である。[15] 進化上の成果が現れてくるとしても、それを「進歩」という一貫した評価のライン上に乗せることなどできないからである。しかし進歩の仮説が認められないというのなら、いったいどのようにして進化論を組み立てればよいのだろうか。すでに生物学は一〇〇年近く前から、自然選択《ナチュラル・セレクション》の複雑なデザインを把握するという困難な作業に直面していた。[16] 当初ダーウィンにとって導きの糸となったのは「自然的／人工的」という区別であった。しかし生命活動のシステムがその輪郭を現すにつれて、それに代わって外部と内部という区別が登場してくる。それによれば自然選択の概念には、外的選択としての意味が割り当てられる。そしてこの構想が社会理論に取り入れられる際には、歴史的過程（複数形であれ、単数形であれ）に関する既存の観念と混じりあうことになった。すなわち十九世紀においてはすでに歴史は宿命論的に考えられており、もはや単純に《人間が歴史を作る》ということからは出発できなくなっていたのである。

十八世紀以来、この問題は歴史的発展の段階モデルの形式で論じられてきた。われわれはこれをあえて「発展理論」と呼ぶことにしたい（言葉そのものは完全に適切だとは言いがたいのだが）。この理論の核心は、進歩理論に対してある種の《操作化》を施したという点にある。実際のところ、歴史的なプロセスのさまざまな段階を比較する以外に、進歩を経験的に立証することなどできないではないか[17]。かくして全体社会の歴史の統一性は、時代の区別として再構築される。その区別に適合しないものは、非同時的なものの同時性という概念によって扱われる。そうすれば異常なものも吸収できる、というわけだ。

プロセスとしての歴史というイメージは、この議論に適合している。このイメージが説得力をもつ形式を獲得したのは、ヘーゲルの歴史哲学においてであった。このイメージの基礎となっているのは依然として、低次の活動と高次の活動というハイアラーキーだった（今やそれは時間的なものへと加工されているのだが）。こうして与えられた区別によって、この理論は異なるものの中で同一のものが活動していることを示しうるのである。この理論には否定の契機が組み込まれており、その点では論理学的な形而上学として提示されている。高次のものは自ずから生じてくるが、その際この否定の契機を用いることによって、自己にとっての低次なものを、不十分なもの、欠如、痛みとして、克服されるべきものとして把握するのである。この高次のものは、自身の否定としてのこの否定の中に、自身の《自由》を発見し実現する。かくして自己のうちに矛盾が見いだされることになる。そしてこの矛盾によって崩壊してしまうか、あるいはヘーゲル哲学が進言するように、この矛盾を《止揚》するかという選択に直面するのである。自己がこのようにして自己のうちへと再帰しうる〔すなわち、自己が自身の否定を再び否定することによって、より高次の自己へと立ち帰る〕ためには、生成の原理たる《精神》が必要である。精神は、区別するという自身の能力によって、自己のうちで自己を区別することという《絶対的》な最終形式へと動いていくのである。精神は自己を豊穣にしていくだけで、何ひとつ抹消したりはしない。精神は何ものをも忘却しない。精神はあらゆる可能性を実現する。したがって精神の完成態とは、終局において排除されているのは排除することだけであり、あらゆる可能なものが現実となっているとの事態を意味しているのである。

理論がこのような閉じられた形式にまで到達することは、ヘーゲル以来二度となかった。したがって後世においては誰もが自己をヘーゲルから区別しなければならなかったのである。またそれゆえにヘーゲル以降のあらゆる理論において想定されたのは、排除することを排除するのではなく、排除することを包摂するという論点だった。経験的な科学は精神の趨勢など考えずに、時代に関する帰納的に得られた概念を用いて作業を進める。したがってそこではプロセスの統一性という観念は、数多くの論争を引き起こす契機となった。しかし今日ではその種の論争すら時代遅れになってしまっている。歴史のプロセスを持続的なもの、単線的なもの、法則に従う必然的なもの、必然的に進歩するものとして性格づける議論を考えてみればよい（もちろんそのような性格づけを拒否する議論についても事は同様である[18]）。進化論は自己の対象をそのように規定しているはずだと考えるのであれば、進化論を拒絶するしかなくなる[19]。しかしこれは混同によるものである。この混同は、概念に対する最小限度の注意を払うだけで取り除くことができるはずである。

時代をこのように分割することに対する、あるいは発展理論一般に対する評価は、今日ではますます懐疑的なものになっている[20]。それらから着想を得た、またそれらに依拠する包括的なプロセス理論についても事は同様である。この点に関する評価がどうであれ、そこで問題となっているのが進化論でないのは確かである。

これとはまた別の、やはり進化論と称している試みも存在している。しかしそれが追求しているのはまったく異なる説明目的なのである。そこで論じられているのは相異なる進化の問題である。つまりある社会が発展するのに他の社会が発展しないのはなぜなのかという問題なのである。例えば、一定の社会では《国家》が成立するのに他の社会では成立しないのはなぜかと問われるわけである。この種の議論においてたいていの場合、特定の変数が出発点として選ばれる。とりわけ人口増加から出発する場合が多い。そのうえで、相異なる発展が生じる理由を説明するために、他の変数（例えば、環境条件や社会組織）が付加されるのである。[21] さらにまた、「発明／伝播」の図式を用いて進化論と自称している議論もある。[22] この区別自体はまったく正統なものであり、特に考古学や有史以前の研究においては広く見受けられる研究関心でもある。しかしこの区別を用いた研究もまた進化論と呼ばれているのは、やはりミスリーディングである。それでは、複雑性の形態形成を関心の対象とする理論との違いが判別できなくなってしまうだろう。

社会人類学と社会学においてはこの違いは、今日でもなおほとんど認識されていない。[23] しかしダーウィンの視点から見れば、違いは完全に明白である。[24] 進化論は（現在ではそれがどれくらいダーウィンから離れてしまっているかは、問わないでおこう）、「動く／動かない」の区別に代えて、まったく別の区別を用いている。今や区別されるのは時代ではなく、変異／選択／再安定化である。[25] 古い言葉で表現すれば進化論はこの区別によって、本質形相と実体が偶発的なものから成立することを説明しているのである。したがって進化論は事物の秩序と起源との間の、つまり事物の秩序とその形相を付与する端緒との間の結びつきを切断することになる。進化論は世界を記述する概念的構想を完全に逆転してしまったのである。

変異／選択／再安定化が区別されるということによって、この区別がもっていたある意味が覆い隠されることになってしまう。この区別は、ある布置が一時的なものであり再び消え去っていくにもかかわらず、それが利用されうるということを、またいかにして利用されうるかを説明してくれる。つまりこの区別は、「蓋然性が低いものが蓋然性が高い」というパラドックスを別の区別を用いて展開するために役立つのである。変異と選択の概念によって問題が別の水準へと移され、それによって、「蓋然性が高い／蓋然性が低い」という区別の統一性についての問いが排除される。つまりこのふたつの概念は、出発点となるパラドックスをより扱いやすい形式に変えるのである。もちろんそこには飛躍が含まれており、論理的に跡づけることはできない。要するにこの変換は創造的に生じるのである。このようにしてパラドックスは再認可能性を失う。すなわち、パラドックスは不可視化され、別の区別に取って代わられる。今やこの区別によって、問題を経験的なかたちで設定する余地が生じてくる。次のように問えばよいのである。変異のメカニズムと選択のメカニズムとが分離して、観察者が両者を区別できるようになるのはいかなる条件のもとでのことなのか、と。

例によってここでも、観察のために用いられる区別は盲点を必要とする。区別においてはふたつの側を分かつ境界が引かれねばならない。盲点が位置するのは、境界が引かれるその場所になのである。分離の線は観察されえないものとして引かれねばならない。なぜならば観察者は、この区別の一方の側か、さもなければ他方の側に投錨しなければならないからである。変異と選択との区別や選択と再安定化との区別の場合、境界は偶然として指し示される。つまり、進化のこれらの機能の間に体系的な連関は成り立たないこととして、である。したがって変異が生じたとしても、それにより成立した新たなものが肯定的に選択されるのか否定的に選択されるのかは知りえない（観察できない）ことになる。また同様に肯定的な、あるいは否定的な選択の後に行われるシステムの再安定化が成功するか否かも、知りえない（観察できない）のである。知りえず、計算されえず、計画されえない。ある理論を進化論として特徴づけるのは、他ならぬこの言明なのである。

ダーウィンとともに環境による《自然選択《ナチュラル・セレクション》》から出発している間は、安定性の保証もまたそこにあると見なされていた。(26) それゆえに安定的であるのはすべてのシステムではなく、環境によく適応したシステムのみであるということになるが、しかしそれも環境が変化しない限りでの話であった。再安定化をもたらす特別な機能については、問題とされなかったのである。しかし自然選択の原理が廃棄され、進化論の焦点が、構造的にカップリングされたオートポイエティック・システムの共進化の理論へと移るのであれば、事情は変わってくる。(27) 今やシステム自らが、自己の安定性を調達しなければならない。さもなければ共進化に関与することはできないだろう。かくして進化の三つの機能ないしメカニズムが必要となる。三つのうちで、変異と選択が指し示しているのは出来事である。それに対して再安定化の機能が指し示すのは、変異や選択がそもそも可能となるための前提条件、すなわち進化するシステムの自己組織化である。

われわれはふたつの区別について語っている。すなわち、変異／選択の区別と選択／再安定化の区別について、である。そうすることですでに、《偶然》によってマークされた観察不可能性の問題を解決するために第一歩を踏み出していることになる。それはすなわち、再安定化という後から働く概念の形式において（in der Form des nachgeschalteten Begriffs）、である。再安定化が始動するのは、変異と選択が《偶然に》に共作用した場合のみである。そして始動するとはすなわち、変異と選択との区別の統一性としての偶然に対して、やはり偶然的に（体系的に調整されることなしに）反応することなのである。進化論が「変異／選択」と「選択／再安定化」との区別のうちの一方だけを用いている限り、進化論はいわば偶然に拘束されたままである。その偶然は、システムの環境に由来すると見なさねばならないからである。[5] かくして、選択を中央に置いてふたつの区別を結びつけることによって初めて進化論は、進化を不可逆的な時間の中での終わりのない過程として考えることができるようになる。この過程の中では、安定性が達成されればそこから必ず変異の起動点が生じてくる。しかも安定性が複雑なものになればなるほど、ますますそうなっていくのである。

　何よりもまず明白なのは、肯定的選択からも否定的選択からも安定性の問題が残るという点である。肯定的選択の場合には、新しい構造が、派生効果ともどもシステムに組み込まれねばならない。その派生効果のほうは、また別に確証される必要があるわけだ。否定的選択の場合には、システムは拒否された可能性を《潜在化》〔して保持〕する。このときシステムは、潜在化された可能性を用いることもできたかもしれないにもかかわらず、そして他のシステムならこの可能性を利用したかもしれないし今後利用するかもしれないのに、この拒否を抱えながら生存していかねばならない。そうすることが間違いだったという結果もありうるし、そのまま通用するかもしれない。要するに、必ずしも選択からよい結果が生じると保証されているわけではないのである。[28] 長期的に見れば、選択はさらに、安定化可能性という試験にも耐え抜かねばならない。

以上の論述からは、再安定化は一連のプロセスの終局に位置するかのような印象が生じてくるかもしれない。しかし安定性は端緒として前提されてもいる。つまり安定性は、何かが変異しうるための前提でもある。したがって進化のこの第三の要因は、端緒であるとともに終局でもあり、この両者の統一性を表す概念なのである。この統一性はシステムの構造変動へと至るがゆえに、システムの動態的な安定性として記述されうる。時間を捨象したモデルとして捉えれば、進化論は循環的な関係を記述していることになる。それはまた、時間が非対称化を施す要因として働くことを、またいかにしてそう働くのかを示している。[6] まさにそれゆえに表面的な記述においては、あたかもひとつの過程が問題となっているかのように見えてしまうのである。もちろんそのように記述すれば、出発点となったかのパラドックスは完全に排除されることになる。

以上のように事態を解明した後では、進化論が進歩についての理論ではないという点を強調する必要はもはやほとんどないはずである。進化論はシステムが創発しては破壊されていくということを躊躇なく受け入れるのである。実際のところダーウィンも、《より高等な》とか、《より下等な》などの表現を種の特徴づけに用いることを（終始一貫して、というわけではないにしても）拒否している。進化は環境に対するシステムの適応を改善するという観念にしても、それを進歩として把握することはできない。というのは、環境は不断に変化しているのであり、したがって常に新しい適応を生ぜしめていると考えねばならないからである。[7] 同様にまた次の点も疑わしくなる。はたして今後も特殊化というものを、進化上のある種のアトラクターと見なしていってよいのか。特殊化によってますます特殊な権能・役割・組織・システムが分出していくと考えてよいのだろうか。この点において、分業に関する、また市場が分岐することによる競争の制約に関する経済学理論が登場してくることになった。そしてこの種の経済学理論は、とりわけスペンサーによって、普遍的な歴史法則にまで一般化されることになった。しかし結局のところそれは進化論に、特殊化されていないもの（Unspezifizierten）の進化上の利点を認めるよう促すことにしかならなかったのである。[29] 今述べてきたような発想を十把一絡げに否定してしまう必要はない。しかしより厳密な意味での進化論を用いて、この種の発想は維持されうるのか、またいかにしてなのかを吟味しなければならないだろう。

このように進化論が何であり何でないのかを考察することによって、進化論の説明目的に関する次のような結論を導き出せる。すなわち進化論は未来を予示するものではない。また進化論が予測を可能にしてくれるわけでもない。[30] 進化論は歴史の目的論を前提としない。歴史の目的＝終末が善きものであろうが悪しきものであろうが、同じことである。さらに進化論は操舵の理論でもない。進化をそのまま認めるのか、それとも修正すべきなのか。進化論によってこの問いに答えることなどできないのである。[31] むしろ肝心なのはただ次の問いだけである。世界の中では常に別のものが生じており、またそれが保持されている。そこにおいてより複雑なシステムが成立し、場合によっては滅びてゆく。この事態をいかにして説明することができるのか。きわめて単純に言えば問題は、構造変動をどのように説明するかなのである。

通常の場合この種の議論で想定されているのは、非計画的な構造変動である。しかしそもそも計画理論と進化論とを二者択一で考えるのは誤りである。進化論は、自己を計画するシステムをも取り扱うからだ。計画が、あるいはより一般的に言えば未来を先取りし企図することが、社会文化的進化において一定の役割を演じているという点には、異論の余地がないだろう。また、《帰納法＝前方への誘導 forward induction》について語られることもある。[32] しかしまず第一に企図が形成される際その基礎となるのは、常にというわけではないにしても典型的には、慣れ親しんだルーティンから離反することなのである（したがって企図は、〔ヘーゲルにおける〕精神の自己実現のように、自然に生じてくるわけではない）。つまりこの基礎自体が進化の帰結なのである。第二に、未来は企図に従って進んでいくわけではない。企図によって創り出された事実は、それに続く進化の出発点にすぎないのである。それゆえに進化論の出発点となるのは、「計画の結果としてシステムがどのような状態に陥るのかを、当の計画は規定しえない」ということである。実際にもその通りであることがわかるはずである。その点では、計画が実行される場合、それは進化の契機のひとつとなる。というのも計画者のモデルが、あるいは計画の背後にある善き意図が観察されることによってすでに、システムの進路は予見できない方向へと導かれてしまうからである。進化論ならこの点に関してこう述べるところだろう。そこからどのような構造が生じてくるかは進化次第なのである、と。

　構造変動を進化論的に把握しようとするのであれば、「構造とは、何かしら《流動的な》ものとは異なる《確固とした》何ものかである」云々という発想を放棄しなければならないのは明らかである（ある観察者がそのような見方をすることもありうるだろう。その観察者がそうすることで何を構造と見なしているのかを知るためには、〔構造とは何かをではなく〕この観察者のほうを観察しなければならない）。構造とは、接続可能な作動の領域を制限する条件である。それはつまり、システムのオートポイエーシスの条件だということである。構造は抽象的に存在しているわけではない。時間から独立して存在するものではないのである。構造は作動から作動へと進行する中で適用されたり、あるいは適用されなかったりする。構造は、多様な状況において反復されることを通して、厳密な定義には収まりきらない豊富な意味を圧縮し、再認していく。さもなければ、忘れ去られてしまうだけである。構造が（観察者にとって）《安定的》なものとして立ち現れてくるのは、その構造がくり返し適用されるようにしむける別の構造が存在する程度に応じてのことである[33]。構造が実現されるのは常に、作動から作動への進行を方向づけること（可能性の領域を制限すること）においてのみなのである。そして全体社会の構造が進化に晒されるのは、作動へのこの関連（われわれの事例でいえば、コミュニケーションへの関連）を通してなのである。

構造は内在的な固定性を有しているから、それを変動させるには並はずれた労力が必要である——古典的な理論なら、そう考えざるをえなかったはずだ。しかしそのような労力など不要である。作動の接続が新たな方向へと流れていくようになれば、できあいの構造はたちまち廃れてしまうかもしれない。もちろんその場合でも旧い構造を限定された状況に限って用いたり、新しい状況へと拡張して用いたりすることもできるのではあるが。進化は常に、至る所で生じているのである。

II　システム理論的基礎

ダーウィンによる創設以降、進化論を新たなかたちで展開する必要が特に生じてきたのは、次の事情に基づいてのことであった。進化論はシステム理論の諸前提をどの程度まで必要とするのか、またそうすることによってシステム理論をめぐる論争にどの程度まで関わり合うことになるのか——この点が次第に明らかになっていったのである。[34] システム理論の視点から見れば変異と選択は、《複雑系のサブ・ダイナミクス sub-dynamics of the complex system》に他ならない。[35] 十九世紀に好まれたゼマンティクは人口統計や人口＝個体群（Populationen）、遺伝であった。主体性や自由のゼマンティクが不確かなものになるにつれて、逆にその分だけ生命や身体性に関わるゼマンティクが確実だと見なされるに至ったわけである。このような背景がなければ、ダーウィンに対する関心など、とりわけさまざまなイデオロギーがダーウィンに関心を寄せることなど考えられなかっただろう。周知のように、こうして進化論の変種が多数生じてきたわけだが、そのいずれにおいても、最終的な参照先として用いられていたのは個人であった。行為理論と進化論とを結びつけようとする試みに関しても、やはり事は同様である。[36] したがってこの試みは十九世紀の理論よりも先には進みえない。十九世紀においては、進化過程の自己操舵の担い手として個人が想定されていた。そこでは発展の理論とは歴史理論であると考えられており、進化という名称が明確に拒絶されることもしばしばあったのである。十九世紀における大多数の進化論と歴史理論（ヘーゲル版を除く）の共通点は、宗教の拒絶よりもむしろ、この点のうちにあるように思われる。またその点は、あらゆる論争において異論の余地のない出発点と見なされてもいた。[37] それに比べればシステム理論は、より鋭い抽象を強いる一方で、概念においてさらに高度な精確性を要求しもするのである。

そのためにまずは、一般的な出発点へと立ち帰ることにしよう。その出発点とはこうであった。システム理論は特別な種類の対象を扱うのではなく、むしろある特殊な区別を、すなわちシステムと環境の区別を用いるのである、と。システム論的な観点から言えば進化とは次の事態に他ならない。構造変動は、まさしくそれがシステムの内部でのみ（オートポイエティックに）実行されうるがゆえに、システムの恣意に委ねられるわけにはいかない。むしろ、構造変動は環境の中で敢行されねばならないからであり、またその際システムは環境を探査できはしない。せいぜいのところ、計画のかたちで環境を取り込むことしかできない。進化によってシステムが分岐し多数化すれば、環境もまた分岐し多数化することになる。[38] システムと環境との差異だけが、進化を可能にする。あるいは、それ自体で進化するシステムなどありえないと述べてもよい。環境がシステムとは絶えず別様に変異するのでなければ、進化はたちまち《最適適応 optimal fit》を迎えて終焉してしまうだろう。[39] また次のような帰結も導き出される。進化は確かに進化は環境に対するシステムの適応を引き起こすとは限らない。しかしシステムが環境に適応していることは、一種の最小限度の条件として前提とされるのである、と。しかしこれは「システムが存続しえなくなれば、もはや進化することもできない」というだけのことに他ならない。むしろそこで特に留意されるべきは、システムと環境の差異のゆえに、いかなる変化も多重的効果をもたらすという点である。どんな変化の際にも、あるシステムが変化すると同時に、他の諸システムの環境も（それはおのおののシステムにとって重要なものでもそうでないものでもありうるが）変化しているのである。したがっていかなる変化も高度の蓋然性をもって、多数に及ぶ効果の系列を発生させる。つまりそれぞれの効果が同時に、ということは相互に独立して、さらなる諸効果を発生させる。そしてまたそれら諸効果それぞれについても同じことが言えるのである。[40] かくして世界は、それ自体からして動態的なものになる。しかも他でもない、諸事象が同時に生起するがゆえに、またしたがって調整が不可能であるがゆえにそうなるのである。換言すれば、観察対象となっているシステムがその環境内に存する諸システムとともに進化する（すなわち共進化する）場合、《持続不可能性の共進化 coevolution of unsustainability》(41)が生じる。観察者としては、《偶然》の観察をもってする以外には、この事態に対処しようがない。進化論において《偶然》がいかなる役割を担っているのかを理解できるのは、以上の背景のもとにおいてのみのことである。

この差異理論的な出発点を真剣に受け取るならば、外的な原因と内的な原因とではどちらがより重要か（外因的進化・対・内因的進化）という旧来の論争は時代遅れになるはずである。旧い進化論は、《個体群＝人口》の概念を用いることによって、変異の原因をシステムの内部に位置づけてきた。そこからさらに、進化上のあらゆる高度な発展（農業への移行、分業化、ハイアラーキーの形成など）を解発する要因は人口学的な変数のうちに、主には、人間は自分たちを増やそうとする抗いがたい衝動をもつということのうちにあると見なされるに至ったのである。この種の単独要因による説明は、今日では時代おくれのものと考えられている(42)。とはいえ、本書で提唱されている全体社会概念から見てもやはり、コミュニケーションの密度、情報が発生する頻度や多様性などの諸変数から出発しなければならないとは言えるかもしれない。とりわけ、逸脱の強化という循環的な関係が考慮されねばならないのは確かである。

しかし人口＝個体群概念をこのように人口学的に解釈してしまえば、この概念によって導入された最も重要な革新を見逃すことにもなる。今や人口＝個体群は諸個人＝諸個体からなるものと、すなわち異なる諸個人＝諸個体からなるものと見なされる。そしてこの点で人口＝個体群概念は、旧来からの〔哲学における〕「種と類」＝〔生物学における〕「種と属」の類型学に見られる本質主義から解き放たれているのである。したがって人口＝個体群は、多形的な統一体（polymorphe Einheit）なのである。そこではもはや、後の社会ダーウィニズムのように、特別に創造的で多くの革新をもたらし、しかもそれを貫徹する能力をもつ個人が時折登場してくることが変異の源泉だと見なされはしない。むしろ変異の源泉は、人口＝個体群という集合体に含まれる諸個人の多様性のうちにあるとされるのである。生物学にとってこれは、進化を説明してくれるのは《自然選択《ナチュラル・セレクション》》よりもむしろ、それぞれの個体群に含まれる遺伝的異質性のほうだということを意味する。だからこそある個体群は、現存している諸特性のうちから、そのつど特定の特性を強化することができる。そうすることによって、〔個体群に課せられる〕要求が変化したとしても対応しうるのである。今述べたような人口＝個体群概念を形成してよいなら、個々の個体に重点を置く個体主義＝個人主義ではなく、集合的個体主義＝個人主義について語ることができるはずである。今や変異可能性は、多様性のうちにこそあると見なされる。多数の個体が存在すればそのうちには革新性に特に秀でた個体もいる蓋然性が高くなるということのうちに変異可能性が存しているとは、見なされないのである。

それに対して選択メカニズムのほうは環境の側に位置づけられてきた。《自然選択《ナチュラル・セレクション》》について語られてきたのは、その意味においてであった。だが、システム理論を徹頭徹尾、「システム／環境」の差異の生産と再生産についての理論として定式化すれば、内的要因（変異）と外的要因（選択）へのこの分割を保持していく意味はほとんどなくなってしまう。したがってまた、《自然選択《ナチュラル・セレクション》》の概念を単に批判し、それだけでダーウィンを乗り越えうるかのように考えるのもまた不十分なのである(43)。それとは正反対の方策もある。すなわち社会学理論のそれである。[44] 社会学理論はこれまでのところ明らかに内生的原因のほうを好んできたのだが、[45] 今や《自然選択《ナチュラル・セレクション》》の概念が、その意味で外的な原因に定位することが推奨されるに至っているのである。しかしこれもまた説得力をもつものではない。そもそも因果関係に関する言明は常に選択を前提とする。原因と結果を帰属させることを、したがって観察者を前提としているのである。しかし進化は帰属を行いはしない。したがって自己を観察することもないのである。

システム言及を《社会システム》へと定めることによって、主として人口学的で生態学的な発想をとる進化論と、どちらかというと文化に定位する進化論との間の論争にも決着がつけられるだろう。(蚊やライオン、バクテリアなどと戦いつつ）生命を維持する個体群としての人間に関心を向ける者は、人口学的に定位することを選ぶはずである。それに対して、生命システムではなくコミュニケーション・システムについて考察しようとするのであれば、語りうるのは「全体社会」というコミュニケーション・システムの進化についてだけである。コミュニケーション・システムはその作動において常に意味を再生産し、知を前提とし、自身の記憶から創意を引き出し、文化的な形式を用いるからである。したがって件の論争は学術的に有意味なものとは言えない。むしろ重要なのは、システム言及を選択することである。つまり、進化論的分析の対象に関して決定を下さねばならないのである。[46]

これらの問題を解明するのはさほど難しいことではない。しかし作動の上で閉じられた、オートポイエティックなシステムの理論を研究プログラムとして踏まえることを選択するならば、進化論に対するシステム理論の影響は、内容的により深いところにまで及ぶのがわかる。[47] この理論を用いることによってまず明らかになるのは、システムの内部において進化による構造発展の余地が与えられているという点である。オートポイエーシスそのものによって課されるのは、最低限度の必要条件だけである。全体社会システムの場合ならオートポイエーシスが要求するのは、コミュニケーションがなされる際にはそもそも、後続するコミュニケーションとの関連においてコミュニケーションがなされていなければならないということだけである。しかしそれはきわめて多様な構造のもとで生じうる。[48] もちろん構造は不可欠である。構造によってこそ適切に接続しうる作動の範囲が狭められ、作動から作動への接続が可能になるからである。構造は、こう言ってよければ、複雑性の縮減のために必要なのである。しかし同時に、この構造形成は選択的なかたちで生じる。したがってそこからは、多様な発展の可能性が生じてくるのである。オートポイエーシスと両立しうる構造を選択する必要がある。そしてそれによって多様な方向への進化のチャンスが基礎づけられるのである。両者は同じ事態の両面にすぎないとも言えよう。オートポイエティックな作動のタイプごとに対応するシステムが形成される（生命、意識、コミュニケーションを考えてみればよい）。これはいわば進化による一回限りの発明品であり、それが確立されるのは構造発展の潜在的可能性を踏まえてのことである。しかしそのように確立される際の形式は、きわめて多様な方向へと特殊化されうる。特殊化された形式はオートポイエーシスの必然性というメディアの内部において形成されるし、さらに特殊化されていくことも可能なのである。自己継続と構造形成とがこうして共働することで進化が可能になると同時に強制されもする。そこではもはや《自然選択《ナチュラル・セレクション》》などの何らかの外的な構造決定を想定する必要はなくなっているはずである。したがって、環境に対して最適に近い状態であることが、少なくとも適応という点で競合相手に優越することが、重要となるわけでもない。現に、同じ生態学的条件のもとでも非常に異なる生体機能を備えた生物が生き続けることができるではないか。[49] さらに加えてわれわれの議論によって進化論における古くからの論争が、すなわち特殊化の程度が低い生物が比較的高い進化能力をもちうるか否かをめぐる論争が、解消されることにもなる。[50] 現実には、特殊化を経ない生殖＝再生産など存在しない。存在するのは、オートポイエーシスと構造決定の差異なのである。

かくして、社会生物学の研究プログラムに対しては根本的な異議を唱えねばならなくなる。もちろん、生命が遺伝的に決定されているということが異論の余地のない出発点となる。しかしだからといって、社会秩序もまた遺伝的に決定されているとの結論は決して導き出せないのである（人間に常時足ではなく手で歩行することを求めるような社会秩序が持続しえないだろうということは、当然のことながら認められてよいとしても）。むしろ生命の遺伝的決定は、社会システムの高度な（より高度な、と言ってよいだろうか）自由度を備えた全体社会秩序によって補完される。こちらの秩序もまた、独自の構造決定を展開していくのである。

さらに別の点に関しても、システム理論と進化論とを区別することから、注目すべき洞察を引き出すことができる。そのためには作動の上で閉じられたオートポイエティック・システムという構想を踏まえる必要がある。構造と作動との間の自己言及的で循環的な関係を実践しているのは、そのようなシステムだからである。このシステムは自己の作動を通して構造を産出する。しかし後続する作動を確定する際には構造による操舵がなされるということが前提とされてもいるのである。時間を捨象して考えるなら、このような理論は経験的には無内容である。それに対して進化論は、構造と作動との関係を非対称化してくれる。進化論において問題となるのはもっぱら構造の変動のみであり、オートポイエーシスは〔進化の最も基本的な前提条件を指し示す〕限界概念の役割を果たしているだけだからである。進化論の文脈では、作動に対して影響が及ぶのは、システムが偶然に依拠して突然変異しうる時点に限られる。それに対して進化上の選択とは、構造変動が受容されるか拒否されるかを決定する経過なのである。オートポイエティック・システムを進化の帰結と見なすならば——この点を反証するどのような事例があるだろうか——可能な構造変動の範囲が制限されて、経験的内容をもつ理論を定式化することが可能となる。(51) この点に関しては、進化によって引き起こされた全体社会の分化形式の転換を扱う際にさらに議論を進めることにしよう。

以上の考察によってシステム理論と進化論の関連を明らかにできたとしても、なお問題は残る。作動の上で閉じたオートポイエティック・システムの理論は他の点では、進化論においてこれまで一般的であった思考法と明確に対立するからである。全体社会システムは作動上閉じられており、始めたり終わったりするために自己の作動を用いることはできない。オートポイエティックに作動するか、それともしないかのどちらかしかないのである。はたしてこのようなシステムがいかにして進化しうるというのだろうか。どうやって徐々に成立しうるのだろうか。移行状況を表す《半ば》の生命や《少々の》コミュニケーションなど存在しない。生物は生きているかいないかのいずれかだし、コミュニケーションも生じているかいないかのどちらかである。オートポイエティックに作動するシステムという概念は、このように非妥協的な堅牢さを必要とするのである。(52)

いかなるオートポイエティック・システムに関しても、作動が実行されるのは常にそのつど現時的《アクチュアル》な現在においてのみのことである。まずこの点を想起しておこう。作動の回帰的なネットワーク化が生じるのも、現在において利用可能な諸条件および接続可能性を踏まえて、現在においてのことである。したがって作動には、およそ端緒というものが存在しない。システムが自己の生産物から自分自身の作動を再生産しうるためには、システムは常にすでに始まっていなければならないからである。同様に終局も存在しない。現在の作動に続く作動は、常にその先の作動との関連のもとで生産されるからである（以上の点はコミュニケーションについても言える。コミュニケーションはオートポイエティックな作動でしかありえないのだから）[53]。端緒と終局を確定できるのはただ観察者だけである（ただし、作動するシステム自身が観察者となることも可能である）。そしてそのためには観察者が、対応する〔端緒と終局の〕以前／以後を構成し、踏まえねばならないのである。システムが作動している場合にのみ、また時間次元に関して自分自身を記述できるだけの十分な複雑性が形成されている場合にのみ、システムは自己の端緒を《設定する postizipieren》ことができる。端緒・起源・《源泉》を、《それ以前》を（あるいは、それ以前は存在しないと）措定することは、システム自身の中で作り出された神話であるか、または他の観察者によって物語られた事柄なのである[54]。

したがって進化というものを、少なくともオートポイエティック・システムが関わってくる場合には、個別的なものの単なる集積であると考えるわけにはいかない。現存するものに、それを前提としなければありえなかったものが付け加わってくるというかたちで進化が生じるわけではないのである。その種の生成過程がまったくありえないと考える必要はない。しかしそれだけでは進化のテンポを説明することができない。進化を可能にするのはオートポイエティック・システムである。オートポイエティック・システムが独自の区別に基づきつつ閉じられて、それによって自分自身の前提を整えうるようになることによって（同時に現存している環境がそれを許す場合には、の話だが）、急速な進化が可能になるのだと言ってもよい。もちろん時間次元はシステム／環境図式ではない。システムが時間の中に存在していて、過去と未来がシステムの環境をなすというわけではないのである。[55]「システム／環境」の差異は、事象次元においてのみ観察されうる。観察者がこの差異を、過去ないし未来へと押し広げられたものとして考えることも確かに可能ではある。その場合、端緒と終局が想定されることになる。しかしそれもまたただ現在においてのみ、そのつどの環境と同時的な作動としてのみ生じるのである。

それとともに（《客観的な》時間という発想に関わる）問題設定も変化することになる。回帰的な再生産がなされうる現時点に到達した瞬間に、オートポイエティック・システムが成立する。しかしそれはどんな前史を踏まえてでもよいというわけには、もちろんいかない。そのために前もって何が与えられていなければならないかを知るためには、〔問題となっているシステムの〕オートポイエティックな作動の特徴を、十分精確に示さねばならない。例えばコミュニケーションが（つまりは全体社会が）動いていくのは、観察に際して常に伝達と情報とが区別されうる（それによって観察が《理解》となる）場合である。これは前言語的なかたちにおいてもすでに可能ではある。しかし言語によってこの区別は強制的なものとなる。理解を行った者は、次に自分自身が発話するに際して、自己の理解を可能にした当のメカニズムに依拠しなければならない。かくして回帰的な閉じが成立する。そこでは環境から取り入れられた要素が用いられることはまったくなく、創発的な区別によって事が生じることになる。[56]意識もまたそのような遡及によって自己を再生産しているという点も、容易に確認できるはずである。

言語のこの《排他性》は、他ならぬ環境との関係において重要な利点を有している。システムが、絶えず変動する環境との関係を保つことができるのは、この排他性のゆえにである。持続的な、あるいは反復的に生じる環境状態に対してシステムが一度適応すればそれで終わりというわけではない。それどころか、（有機体の視覚能力がすでにそうであるように）一時的な環境状態に対してシステムが一時的な関わりをもつことが可能になる。それは構造的諸条件を踏まえてのことであり、その条件は環境ではなくシステムの内部でしか与えられないのである。[57]それゆえにこそ全体社会の内部において形成されたすべての部分システムは、特殊な機会因（Oppotunität）へと特化できるわけだ。各システムの構造的条件の進化がいつ《始まった》のかを、客観的かつ一義的に確定することなどできない。その種の区切りはむしろ、システムそのものの中で構築される。あたかも〔「いつ始まったか」というこの問いにおいて〕問われているのは特定の出来事であり、それにこそ閉じられたシステムの存在と基準がかかっているのだとでもいうようにである。システムの閉じが成立する前にどのような発展が生じていたのか。どんな条件が事前に存在することによって、閉じが可能になり促進されたのか。そう問いかけることができるのは、特別な配置を伴う観察者だけである。したがって、この観察者がどんな認識可能性をもつかという問いに答えうるのも当の観察者自身だけなのである。根本的にはこれが〔すなわち、システムが形成された後で端緒について問われるというのが〕事態の経過である。しかしオートポイエティック・システムの形成がどこで生じるかに応じて、事態は多様に変異しうる。貴族階層は同族結婚によって自身を閉じることができたし、また他のメカニズムが用いられることもあった。だが当然のことながらそのためには、考慮されるべき家族をまずもって認識できねばならない。その後で初めて系図が構築される。それを辿っていけば英雄や神々や家族の創立者へと至る、というわけである。[58]法システムが分出するためには、相当数の紛争や紛争解決の事例がすでに存在しているということが前提となる。それらに即してこそ、以後の実務のための規則を認識できるからである。想起される事例が実際には規則の適用として生じたのではなかったとしても、その点は変わらない[59]〔あたかも規則はそれらの事例に由来するかのように見なされるのである〕。学術が独自のオートポイエティック・システムとして成立しうるのは、十分に多量の知識がすでに存在している場合である。その知識によってこそ、問題となっている知が真なのか真でないかを批判的に点検できるからだ[60]。最初の貨幣鋳造は交換を目的としたものではなく、家計の文脈での決済の単位として用いるためのものであった。つまり貨幣は当初、清算されていない給付関係を表す記号として、いわば交換における感謝の代用品として登場したのである[61]。その後、その種の硬貨が十分多量に存在するようになる一方で、交換経済が十分に発達したために、そのつどの交換において何を適切な対価として給付すればいいのかという問題が悩みの種となるに至ると、貨幣経済が分出する。最初は取引の範囲と複雑性がどれほど小さいとしても、そのような状態には至りうるのである。そして鋳造貨幣に依拠した経済が分出すれば、急速な経済的発展が起こることになる。この発展を、先行する状態や鋳造貨幣の《発明》に帰することはできない。帰せられるとしたら、独自の回帰的ネットワークにだけである。そのネットワークによってこそ、貨幣の価値が常に保証されており、したがって受け取ってもらえるものと想定できるようになるからである。最後に、近代初期からの例を引いておこう。主権を要求しつつ分出した国家においても、古いタイプの支配構造が前提とされていた。しかしそれが回顧される際には完全に新たなかたちで理解されていたのである。例えば、過去においても常に法＝権利が集権化されて主権のかたちを取ってはいた、旧来の体制が掘り崩されてしまったのは〔主権が欠落していたためではなく」ひとえに貴族による濫用のせいである云々というようにである。[62] その意味で、歴史を記述する者は主権国家が宣言される時点から仕事を開始していたことになる。とりわけ十六世紀後半のフランスではそうであった。現在は、現在に適する過去を必要とするのである。

以上の分析から明らかなように、基礎にある時間概念が修正されない限り、漸次的な端緒という問題は解かれえない。また同様に、適応概念を適応させるためにも、決定的な変更が必要なのである。《自然選択》を経ることによって、最もよく適応した（あるいは、不適応の程度が最も小さい）システムが選択されて生き延びることになる――進化論がスペンサーとダーウィンを乗り越えた時点ですでに、この仮定に対して重大な疑念が提起されていた。[63] また、適応圧力によって進化する生物がいる一方で、明らかにかなりの種類の生物が何百万年にもわたって変化せずに存在し続けてきたという事実も、進化論への刺激となった。[64] さらにまた、必要性が生じる以前に適応が完了している例がきわめて多いということもある。例えばＤＤＴが発明される以前に、ＤＤＴが使用されても生き延びることができる、適応済みの昆虫が存在していたではないか。[65] この洞察こそ、進化論的な説明にとって本質的な意味をもつはずである。しかし全般的に言って旧来の適応主義に対する生物学からの批判は、生物の表現型のあらゆる変化をよりよい適応として説明できるわけではないという点を確認するだけに終わっている。[66] オートポイエティック・システムの理論によって初めて、適応概念そのものを修正しなければならなくなるのである。この理論から見れば、すでに適応が生じているということは進化の前提条件であって帰結ではない。適応が帰結だと言いうるとすれば、それはせいぜいのところ、進化がもはや適応を保証できない場合には、進化の素材は破壊されてしまうだろうという意味においてである。[67] 今や説明する役割を担っているのは、《構造的カップリング》概念である。構造的カップリングによって、オートポイエーシスが進行していくために十分な適応が、常にあらかじめ保証される。例えば生物の運動能力は、地表での重力と調和している。しかしそれだけでは、その好条件がどのようなかたちで利用されるか（恐竜としてか、あるいは昆虫としてか）について、まだ何も述べたことにはならないのである。同様に全体社会におけるコミュニケーションもまた、多くの点で（例えば、可能なテンポという点で）意識システムへの構造的カップリングに依拠している。しかしそれによって、何がコミュニケートされるのかが、また全体社会というオートポイエティック・システムが環境に対して境界を引くのはいかにしてなのかが、決定されてしまうわけではない。それゆえに進化ということから、生き残ったものは常によりよく適応をしているはずだ云々と期待することはできないのである。現に、現代社会が直面するエコロジー問題を一瞥しさえすれば、その種の仮定は説得力を失ってしまうだろう。オートポイエティック・システムは、作動の上で閉じたシステムであるからこそ、オートポイエーシスと両立可能な構造を発展させる大きな余地を有しているのである。環境にすでに適応していることを基礎として、さらに大胆な非適応性が成立しうることになる。ただしそれはあくまで、オートポイエーシスの進行自体が中断されない限りでのことである。

以上の考察との関連で、進化を理解するうえで複雑性の概念がどんな意義をもつかを新たに規定しなければならなくなるし、また実際に規定しうるのである。進化とは単純な事態から複雑な事態が生じてくる過程であるとの旧来の発想は、「単純な事態など存在しない」という理由だけからしても、維持しがたいものであることがわかる。さらに、明らかにわずかの複雑性しかもたないシステムと、より複雑なシステムとが今日に至るまで同時に存在し続けていることも考えてみればよい。前者が後者によって代替されてしまった（《よりよい》適応能力を備えていたなどの理由で）わけではないのである。進化の方向性に関するこの種の主張が登場する場合、そこでなされているのは、現代社会を単純化しつつ自己記述することである。現代社会にとってこの自己記述が首肯性をもつのは、次の理由にもよっている。すなわち現代社会は確かにただひとつのグローバル・システムであり、自己の内部に、あるいは自己と並んで《単純な》諸社会を許容するものではないのである。しかし進化そのものは、方向性に関することのような主張を必要としない。いずれにせよ進化が目的に定位した過程でないのは確かである。

高度な複雑性をもつシステムが崩壊したり、放棄されたりして無に帰っていく。[68] あるいは、複雑なシステムがあまりにも乏しい進化能力しか備えていないということもしばしば見受けられる。さらに、稀に見るほどに高度に複雑な配置をとるよりも単純化することのほうが優れていて、進化により後者が前者に取って代わることもある。[69] こうした事態が観察されたとしても、それらは進化論と両立可能である。特に言語に注目すれば、「進化が進むにつれて複雑性がますます増大する」というテーゼを保持しえないことが明らかになるだろう。[70] しかしこの種の異論をいくら持ち出してみても、進化が進む中で複雑性がテストされ、より複雑なシステムが形成され林立していくという点には、疑問の余地がない。複雑性はオートポイエティック・システムの作動様式から、後生的に（epigenetisch）産出されるのである。[71] 複雑性によってシステムと環境のさらなる（あるいは、《より緩やかな》）構造的カップリングが可能となる（ただし、そのための条件についてはさらに解明が必要である）。そしてその結果として、より分化したかたちでシステムが刺激されうるようになるのである。しかし複雑性そのものは、いかなる意味でも選択基準ではありえない（そうなるためには複雑すぎるからである）[72]。それゆえに個々の事例に即して常にこう問われねばならない。《複雑性を増大させることに、あるいは低下させることに対して正の選択値を与えるのは、どんな種類の状況なのか》とである[73]。進化が進む中で高度に複雑なシステムが形成されることもあるのは、複雑性の増大と低下の両方が可能であるというこの理由のみによる。進化論とシステム理論の関係をこのように捉え直すことで、次の事態を考慮しうるようになる。すなわち新たな発展は爆発的かつきわめて急速に、しかも特殊な条件下で生じるのであって、巨大システムや人口において一定の構造がすでに実現されていることによるのではないのである[74]。われわれが考えているのは古代世界における周辺文化、すなわちヘブライやギリシアの特殊性である。パーソンズがそれらを《苗床社会 seed-bed societies》と呼んでいたことも想起される[75]。最後に、進化論においておそらく最も重要であり、またある意味で最もスキャンダラスな概念もまた、システム理論へと再統合される必要があるということを付け加えておこう。それはすなわち、偶然の概念である。

進化論において偶然が重要であるということを、進化論が無知の仮定を基礎としているかのように理解する向きもあるかもしれない。何が生じるかを最終的に決定するのはミクロ物理学的・化学的・生化学的・神経生理学的・心理学的な過程であるが、進化論はそれについて知ることができないのだ、と[76]。しかしこの理解によっては問題が認識論的把握へと、そして（知が無知に基づいているという）パラドックスへと切り縮められてしまうことになる。実際のところここで問題となっているのはむしろ、きわめて一般的な法則の一特殊事例にすぎない。すなわち、システムの共鳴能力は常に制限された（縮減され増幅された）ものであり、こう言ってよければ《窓 windows》を介してのみ発揮されうるのである。

別の概念で言えばあらゆるシステムは、情報を生み出しつつそれに基づいて自己を方向づけるために、測定を実行しなければならない。システムは、環境を完全に知る代わりに、あるものに対して身構えることになる。すなわちシステムにとっての偶然に対して、である。進化はそれによってのみ可能となる。

したがって旧来の仮定とは異なって、この概念は因果性を否定しようとするものではない。それが述べているのは、「原因なしの到来」ということではないのである。したがってまた《偶然》は、苦し紛れに因果関係を仕立てあげるためのものでもない。例えば、何も原因を挙げることができないときには（いわば、世界を説明する因果図式を完全なものにするために）この概念を挙げておけばよいというわけにはいかないのである。われわれは偶然概念に、いかなる因果論的な意味も付与しはしない。きわめて抽象的に言えば、偶然とは差異理論的な境界概念なのである。すなわちここでの偶然とは、ある区別の一方の側を規定することが、他方の側の規定に関して何も述べてくれないということなのである。ヘーゲルは偶然の概念をそのように理解しており、したがって彼においてはその反対概念は必然性だということになる。われわれにとっては、システムと環境との区別に関連づけられたより狭い把握で十分である。われわれが《偶然》ということで理解するのは、システムと環境とを連関させるひとつの形式である。そもそも環境は、システムによる同期化を（したがってコントロールや《システム化》を）受け付けない。(77) どんなシステムも、すべての因果関係を顧慮することなどできない。因果関係の複雑性は縮減されねばならないのである。特定の因果連関は観察され、予期され、予防のために導入されたり阻止されたりする。また標準化されることもある。そして、それ以外の因果連関は偶然に委ねられるのである。偶然による《不規則性》は、〔それ自体として存在する〕世界現象（Weltphänomenon）ではないとも言える。したがって偶然を「決定論／非決定論」をめぐる論争に持ち込んでみても、やはり有意義ではないだろう。むしろ偶然は何らかのシステム言及を前提とする。だからこそ観察者は、何かが偶然であるというのは誰にとってのことなのかと、口にできるのである。

以上のどちらかというと否定的な特徴づけを、肯定的な特徴づけによって補完しておくことにしよう。偶然とは、システムの能力に他ならない。すなわち、システム自身によっては（つまりシステム自身のオートポイエーシスのネットワークの中では）生産することも調整することもできない出来事を利用する能力なのである。そのように考えるならば偶然とは危機でもあり、見込みでもあり、好機でもあるということになる。したがって《偶然を利用する》とは、システム自体の作動という手段を用いて、偶然から構造化効果を引き出すことであるはずだ。その効果は、既存の構造を尺度とすれば、建設的な場合もあれば破壊的なこともあるだろう（そもそも偶然を〔偶然でないものから〕区別できるのは、その点を長期的に睨んでのことである）。しかしいずれの場合でも、偶然を観察することによってシステムの情報処理能力が拡大する点は変わりがない。そしてそれによって、もちろん可能なものの範囲内においてではあるが、システムの構造形成がもたらす狭隘さが補正される。しかも構造形成による狭隘化（Engführung）[8]には、それに定位できるという長所があるのだが、この長所を犠牲にする必要もないのである。

もちろん以上の点を確認しただけでは、これまで述べてきたことがいかにして生じるかについて、まだ何も述べたことにはならない。システム理論ではこの点について、いくつかのきわめて一般的な発想が提起されている。《ノイズからの秩序 order from noise》の原理はそのひとつだし、[78]構造的カップリングが刺激を水路づけるという発想もそうである。システム理論はそれらによって、進化論を迎え入れる用意をすでに調えているとは言える。しかしもちろんのことそれだけでは、いかにして進化が可能なのかを説明したことにはならないのである。

III　ネオ・ダーウィニズムの進化論

進化論の独自性は、その区別の独自性のうちにある。ダーウィン以来、変異と選択について語られてきた。しかし選択は両刃の剣として作用する。すなわち現存するものを、変異に対して守ることもあるが変化させるかもしれないのである。したがってもうひとつ別の概念が必要になる。われわれはそれを再安定化と呼ぶことにする。われわれの枠組となっている理論が教えてくれるように〔本章第I節を見よ〕、ここで焦点となるのはパラドックスの解決という問題である。つまり、「蓋然性の低い事柄の蓋然性が高い」というパラドックスを〔区別＝形式を投入することによって〕展開することなのである。したがって変異／選択／再安定化という概念によって示されているのは複数の形式、つまりは同定可能な複数の違いである。この点は、ここでの議論を踏まえれば、たちどころに洞察できるだろう。変異は単なる変化ではない〔両者が等しいとすれば、変異はそれだけで進化だということになってしまう〕。変異とはむしろ変異体（Variante）が作り出されることである。その変異体が選択を呼び込むことを可能にするのである。進化論の文脈で想定されている選択もまた、「あることがこう生じたのであって別様にではない」という単なる純粋な事態ではない。この概念が指し示しているのは、システムにおいて生じた変異を契機とする選択なのである。肝心なのは概念が対になっているという点であり、進化論の外でそれらがこのようなかたちで用いられることはない。進化の概念に形式を付与するのは、そこでは主導区別においてこのような内在的連関が存在しているというまさにその点なのである。

位相（Phasen）[9]モデルを用いれば、変異／選択／再安定化の差異を、単なる継起へと置き換えることができる。そうすれば歴史的過程はこの差異の統一性としてのみ記述できるという話になる。それに対して進化論は、件の差異が発生するのは時間の進行そのものの中でのことだという点を前提とする。そしてそうすることによって、差異原理を再帰的なものにしうるのである。変異は、経験的に作動するたびに常にひとつの差異を発生させる。すなわち、それまで通常的だったものとは異なる、ひとつの逸脱が生じるのである。この差異によって選択が強いられる。選択は革新に抗する場合もあれば与する場合もあるだろう。そして選択はさらに次のどちらかを強いることになる。まず新たに生じたものが選択された場合には、システム内において適応しつつ境界を引き直す運動が多段階的に引き起こされねばならない。逆に古いものを生かしておく場合、それを選ぶことが有効であるのを示さねばならない。それまで自明であったものが、偶発的になってしまったからである。したがって進化論の件の区別が指し示しているのは、差異をプロセシングする差異なのである。そして進化論のこの構造によって、歴史的な運動の最終目的や法則について論じる必要はなくなってしまう。

遺伝的伝達ないし文化的伝播[10]の問題から出発して、きわめて類似した発想に到達することもできる(79)。この方向を採る著者たちは、世代交代から出発する傾向がある。そして進化の問題とは何よりもまず、生命によって定められたこの断絶を架橋することにあると考えるわけである。そこから次のような問いが生じてくる。生物学的な進化における遺伝子の役割に相当する、文化における伝播可能な等価物は存在するのだろうか、と。確かにそこで論じられているのはシステムではなく個体群である。しかしここでもやはり議論の次のステップにおいて、逸脱の伝達を強化しうるのかという問題が生じてくる。欠損型は選別除外されてしまうだけなのか、それとも稀にではあれ構造的な更新に至るのか、というわけである。ここにおいて初めて、生命や社会の単なるオートポイエーシスを越える、本来の意味での進化が登場してくるのである。

「変異／選択／再生産の（オートポイエティックな）再安定化」という区別によって、一般的な進化論の出発点を定式化できる。この段階では、進化上の機能をこのように分化させるのはどんな種類のシステムなのかという点は、完全に度外視しておいてもよい。生命システムでもよいし、全体社会の場合もあるだろう[80]。だからこそ進化論を適用する際には常にまずもって、システム言及を規定しなければならない[81]。全体社会を扱おうとする場合には、あらゆる生命システムはこのシステムの環境に属することになる[81]。それだけですでに、それぞれにおいて、変異／選択／再安定化が相互に引き離され別々に実現される、その様式を区別できるはずである。生物の進化に関しては、相異なる種類のシステムに即して考えることができるだろう。変異の対象となるのは遺伝的にプログラムされた細胞であり、選択の対象は有機体の生き残りであり、再安定化の対象となるのは生態学的に安定した個体群である、というように。全体社会の進化の場合、この種の分離を保証する手がかりは見いだしがたい。意味というメディアは、参照し接続する莫大な可能性を備えている。すでにその点だけからしても、進化上の諸機能がそれぞれ分離され、システムの異なる水準に配置される蓋然性は低くなる[82]。現にネオ・ダーウィニズムの批判者は社会システムという事例に関しても、変異と選択とを分離する可能性を否定している。それは主として、個人は未来を先取りするものだからという理由によってである。[83] しかしだからといって、有意味的に作動するシステムもまた変異／選択／再安定化を分離しうるということが排除されるわけではない。問われるべきは、それはいかにして生じるかである。

これまで社会科学においては（ここではダーウィン図式を採用したものに話を限定しておこう）この問いはほとんど提起されてこなかった。したがってもちろん、満足な答えが与えられることなどなかったのである。[84] われわれは進化の構成要素のそれぞれを、全体社会システムのオートポイエーシスの構成要素に関係づけることを提案したい。以下のようにである。

1　変異によってシステムの要素が、すなわちコミュニケーションが変化する。このシステムでは要素によって要素が再生産されていく。そこに逸脱が生じることによって、変異が成立するのである。変異が成立するのは予期されえぬ、驚きをもたらすコミュニケーションによってであると述べてもよい。

2　選択が関わるのはシステムの構造に、つまりコミュニケーションを操舵する予期にである。選択によって逸脱的なコミュニケーションのうちから、構造を形成するに値すると見込まれる意味連関が選び出される。反復的な使用に適しており、予期を形成して圧縮する効果を発揮しうる意味連関が選ばれるのである。一方で選択によって拒絶が生じることもある。逸脱を状況に帰属させたり、忘却に委ねたりする場合がそうである。あるいは革新が構造として、つまり後続するコミュニケーションの指針として適さないように思われる場合には、明確なかたちで拒否されることもある。

3　再安定化は、進化するシステムが、肯定的にであれ否定的にであれ、ある選択がなされた後で呈する状態に関わる。さしあたり焦点となるのは、環境との関係における全体社会システムそのものである〔しかし全体社会の内部において部分的な再安定化が生じることもある〕。例えば、最初に農場経営が発展してきた場合を考えてみればよい。そこから生じる帰結は、全体社会という社会システムの内部で《システム化可能 systemfähig》なものとなるはずである。逆に（生態学的な、あるいはその他の理由から）農場化が生じないと想定してみよう。その場合には、政治的な発展を遂げた農民社会の周辺部で《遊牧民族》が出現するに至るだろう。全体社会の進化が進んでいくとともに再安定化の機能は、全体社会の部分システムへとますます移っていく。それらの部分システムは、全体社会という環境の内部において自己を確立しなければならないのである。したがって結局のところ〔再安定化にとって〕重要なのは、全体社会のシステム分化を維持しうるかどうかという問題なのである。

要素、構造、再生産連関の統一性は、オートポイエティック・システムの不可欠な構成要素である。システムがなければ要素もないし、要素がなければシステムもない、というようにである。この条件のもとで問われるべきはこうである。進化においては、変異／選択／再安定化がこれら構成要素のそれぞれに分化したかたちで影響を及ぼすということが前提となる。にもかかわらずそもそも進化はいかにして可能なのか。このように問うとき、同時にわれわれは、あらゆる進化の蓋然性が低いというテーゼを、また進化によって生み出されるシステム形式においては蓋然性が低い事柄が高い蓋然性をもつようになっているのだとのテーゼを、再構成しているにすぎない。

オートポイエティック・システムの概念そのものからして、システム形成の構成要素と進化の構成要素とは相互に循環的な関係をなしているという結論を導き出せる。変異／選択／再安定化の区別は確かに時間的な順序を示唆しているし、実際のところそのように考案されてもいる。しかしその一方で、変異がすでに安定性を前提としているのもまちがいないし、さらにまた、そうしたいのであれば、通常化された再生産を前提としていると述べることもできるのである。したがって進化とは常に、すでに成立している状態の変容に他ならないのである。進化を革新や創発などの概念で捉えようとする時、その記述はすでに絞り込まれたものになってしまっている。それゆえにこう問いかけうるのである。あなたが連続性にではなく非連続性に注意を向けているのはどうしてなのか、と。

変異に始まり、再安定化という帰結を示すエピソードを組み立てることもできる。しかしそうすることもまた常に人工的な性格を有している。選択概念だけでは、進化エピソードの始まりや終わりを示すことはできない。他ならぬその点において、進化を構想するうえで選択の概念が枢要な位置を占めていることが明らかになる。オートポイエティック・システムが選択によって構造変動を開始することもないし、終結させることもありえない。それゆえに非常に単純化して言えば、進化を構造選択として指し示すこともできる。また構造が作動の選択を操舵するという点を考え合わせるならば、選択の選択として指し示すことも可能なのである(85)。

IV 要素の変異

今日に至るまでの社会学の文献では、進化的な変異について満足のいく説明がなされてこなかった。

もっとも生物学においてもやはり、突然変異は当初、「遺伝子の変化が突発的で説明不可能なかたちで生じてくること」としてしか把握されていなかったのだが。旧来の社会学では、個人の行動が実際上無限の変異可能性をもつということを示唆するだけで十分だとされていた。[86] 今日においても行為理論家は、システム理論に反対するためであれ、あるいはシステム理論を補完しようとの意図に基づいてであれ、次のように論じている。全体社会規模の変動を説明するためには、強力な動機を伴う個人の行為にまで遡らねばならない。それゆえ個人の行為は（行為する個人とともに？）社会システムの中で一定の地位を占めているはずである、と。[87] しかしより詳細な分析を加えてみれば、特に有機体的・心理的システムの個体性をより適切に理解するならば、この議論は維持しがたくなる。同様にこの考え方は、進化上うまくいく変異はたまたま起こるものでしかないということに反している。一方で最近の生物学的研究が示唆するところでは、遺伝子的変異の条件に対してもきわめて複雑微妙な規制が加えられているのである。むしろそのような条件に対してこそ、と言ってもいいだろう。[88] しかしこの規制が成功しうるのは、進化しつつあるシステムそのものの中でだけのことである。他方で作動的に閉じたシステムの理論にとっては、「変異メカニズムが位置するのは全体社会の有機体的・心理的環境のうちにである」などという発想を受け入れるわけにはいかない。人間の有機体および心的システムはそれぞれ独自に高度な複雑性を有しており、またそれぞれのオートポイエーシスは全体社会の外部で生じる。それゆえに有機体および心的システムは確かに全体社会の進化に関与しはするが、それはあくまで偶然としてのことであると見なしうる。いや、むしろそう見なさねばならないのである。社会化という現象が常に生じており、また個人は常に全体社会に依存しているとしても、やはりこの点は変わらない。したがって進化上の変異をあくまで説明しようとするのであれば、全体社会システムそのものへと向かわねばならない。変異が可能となるための条件は、このシステムの基礎的作動のうちに、すなわちコミュニケーションのうちに求められねばならないのである。

今述べたものとは別の提案も存在する。どちらかといえばこのほうが二十世紀の社会学には適合するだろう。それはすなわち十八世紀に形成された範型に倣って、知識人を攪乱要因として把握するというものである。つまり知識人を変異機能の担い手と見なすわけである。しかしこれもやはり受け入れがたい(89)。確かにこの発想は、個人から役割へと一歩を踏み出してはいる。逸脱的な観念を産出することは、ある程度の規則性をもつに至る。ほとんど事務的業務とすら化すのである。だから知識人から見れば《批判》こそが肯定的な態度に感じられるわけだ。しかしかえってその分だけ知識人にとっては、「変異へと特化するためには、選択に関する責任を放棄しなければならない」という点を洞察するのが困難になるだろう(90)。だがさらに重要なのは、次の疑念のほうである。進化的な変異はきわめて一般的で広範囲の、大量に及ぶ現象であるために、特殊な役割に委ねたままにはしておけないのである。なるほど知識人は、〔変異の〕増幅器（Verstärker）としてふるまいうるのかもしれない。しかしその一方で知識人は流行や論争によって、また自己の観念をゼマンティクに関して一貫させなければならないという点で、あまりに規定されすぎている。したがって、十分に開かれた変異を試験的に創り出すことができないのである。すでに戦前においてプラハ構造主義[11]は、偉大な人物たる作家や芸術家が、文学と芸術の進化の上で決定的な役割を果たすものと見なすことを放棄していたが、これは正当な議論であった(91)。偉大な人物は偶然的要因として不可欠ではあるが、しかしこの要因は、〔天才の〕《星団》が特定の時期に累積的に登場してくることを説明してくれない。またそれぞれの人物の立場の差異も、論争の性格も説明できないだろう。むしろ立場の差異や論争の性格こそが、進化において最終的に決定的な影響をもたらす変異だと言える。歴史上の《偉人》は、変異を説明するために作り上げられた記述であり、社会的な構築物なのである。

コミュニケーションが言語のかたちを取っていることのうちにすでに、基礎的な変異メカニズムが潜んでいる（この点においても、遺伝的な突然変異は化学的安定性を必要とするという事態との並行性を見いだせる）。言語によって変異は、それが変異であるということだけからしても、複雑で精妙な規制に服するものとなる。コミュニケーションは言語としておおむね正しいものでなければならないし、少なくとも理解可能でなければならない。したがって変異は、言いまちがいや誤記・誤植が時折生じるということによるのではない。それらはきわめてまれな、また些細な出来事であるから、全体社会にとって十分なほどの選択のチャンスを開示してはくれないだろう。言語的コミュニケーションが生じる前に、どんな語や構文が受け入れられうるかということによって、あらかじめ意味濃縮がなされているはずである。それゆえに些細な技術的欠陥は無視されるのである。したがって進化的な変異が生じてくるのは、ただ次のことのみによる。すなわち、言語の上ですでに確立されている意味要求（Sinnzumutungen）が、コミュニケーション過程の中で疑問に付されたり、明確に否定されたりすることによってである。このような変異が、通常ならざる伝達において生じるということもあるかもしれない。しかし〔通常的な〕伝達が予期に反して受容されなかったというかたちでも起こりうるし、おそらくそのほうがより頻繁に生じるだろう。受容しないことも可能であると、あるいは受容しないほうが展望が開けそうだと、動機づけるような状況に直面している場合を考えてみればよい。しかしいずれにせよ変異は、言語的に理解可能なものでなければならない。否定の対象となる意味そのものについてはもちろん、なぜ、何のために否定されるのか、じかに否定される意味の代わりに何が持ち出されるのかについても、である。

変異メカニズムをより精確に把握し、またこのメカニズムがどのようにコミュニケーションに適用されるのかを考察してみよう。そうすれば、変異メカニズムが否定を創案することのうちに、また否定の創案によって可能になる言語的コミュニケーションの肯定／否定というコード化のうちにあることがわかるだろう(92)。さらに、進化上のこの成果の蓋然性は低いという点も明らかになるはずである。さしあたりあらゆる言語的コミュニケーションは、現実の世界における肯定的＝実定的な、事実として体験可能な出来事である。同時にそれは区別をなす出来事であり、何か特定のものを指し示してもいる。しかしわれわれが観察しうるものはまずもって、区別することという作動そのものだけである。この段階では、件の作動がそもそも何かに言及しているのか否か、何に言及しているのか、肯定的に言及しているのかそれとも否定的にかという問題は無関係である。指し示されないものは、世界という《マークされない状態》（unmarked state）にとどまるのであって、まさしくそれゆえに否定されないのである（否定されるためには、指し示される必要があるはずだから(93)）。コミュニケーションを否定として把握する可能性は、ましてやそのような可能性をあらかじめ考慮しておく可能性は、コミュニケーション独自の進化によって生じた、きわめて多くの前提条件を必要とする帰結なのである（この議論が循環的であることに注意されたい）。

周知のように、環境の側には否定に相当するものは存在しない。否定が成立したのはただ、〔コミュニケーション〕内的な使用のためにである。言語コードに関しても同じことが妥当するのは言うまでもない。言語コードによって、あらゆるコミュニケーションはコミュニケーションとして（外界への関連によってなどではなく）提示された意味を受容するか拒否するかという分岐へと尖鋭化される。徹頭徹尾言語として生じる以上、それは不可避である。〔純粋に言語内的な配置によって受容可能性を高めようとする〕修辞学という試みが生じてくるのも、この理由による。環境に関連する否定の場合（例えば、《彼には会わなかったよ》）とは異なって、言語によるコード化が狙いを定めるのは、コミュニケーションそのものにである。問題はあくまで、コミュニケーションにおいて開陳された意味を受容するか拒否するかであって、そもそもコミュニケーションが生じているか否かといったことではない[12]。したがってこのコード化によって、コミュニケーション自体が再帰的になる。そしてこの形式において、環境に関連する否定をも扱うことが可能になるのである。当該の主張が適切であるかどうかについて議論する場合を考えてみればよい。言語コード化は、一度導入されるや否や、言語的コミュニケーションのオートポイエーシスの契機となり、もはや取り消し不可能になる。それどころか、言語的コミュニケーションの可能性とともに、すなわち全体社会とともに増大していく。複雑なゼマンティクが発達して表現や理解の可能性が用意されればされるほど、その分だけ拒否への刺激も産出されるからである。

だからといって、イエスとノーが本来は同等の蓋然性をもって分布している、ということになるわけではない。コード化は過剰を創出する。それゆえに全体社会は、〔変異を生ぜしめる〕ノーを抑制することで、なんとかその過剰と折り合っていかねばならない。もちろん、言語によって表現でき理解できることが、それだけでただちに適切であるというわけではない。しかし変異メカニズムが働く余地が生じるのは、ノーの抑制が用いられなかったり、（この後すぐに述べるように）制度的な脱抑制化によって拒否の可能性が再確立されたりする限りでのことである。変異メカニズムが全体社会の進化のその時々の状態に適応するためには、過剰の産出・抑制・脱抑制化という複雑な迂回路を経由しなければならないのである。

要するに変異は、コミュニケーションの内容を拒否するコミュニケーションによって生じるのである。そこで産出されるのは逸脱する要素であり、それ以上でもそれ以下でもない〔既存のものから逸脱しているという点では新しいが、まったく新たな種類の要素（コミュニケーション以外のもの）を産み出すわけではない〕。逸脱が生じる過程において注意の焦点となるのは、コミュニケーションの中ですでに表明されたり、示唆されたり、予期されたりしている受容予期である。つまりこの過程が視線を向けるのは過去のほうへであり、未来には背を向けている――イスラエルの預言者と同様に。かくして変異と選択は分離される。さもなければ、選択の提案自体がすでに肯定的な意味の開陳であり、それもまた受容と拒否という分岐に直面するという〔循環的な〕話になってしまうだろうからである。したがって変異とは、新たなものが自然発生してくることではない（《新たなもの》というカテゴリーは、長期にわたって疑わしいと見なされていた。偏奇 Devianz とほとんど同等視されてすらいたのである）[94]。変異とはシステムの要素を逸脱的に再生産することなのである。そして逸脱は回帰的な概念である。逸脱は、そこから逸脱できる何ものかを前提としているからである。

拒否に際しては、受容されるだろうとの予期に対して異が唱え（widersprechen）られる。単に《いつものように》というかたちで連続性が想定されていることに対して、であってもよい。したがってあらゆる変異は、異議＝抵抗＝矛盾（Widerspruch）として生じてくる（ただしここではこの言葉を、論理学的にではなく、まったく本来の意味で対話的に受け取っておこう）。つまり変異は、システムが自分自身に抵抗すること＝異議を唱えること（Selbstwiderspruch）としてしか生じえないのである。したがって変異は、それもまたコミュニケーションである以上、システムのオートポイエーシスの要件に服している。またしたがってコミュニケーションの継続に配慮することにもなる。変異の場合、接続可能性がより自由になり、コンフリクトへの傾向を孕んでいるにしても、やはりこの点は変わらない。[13][14][95]

この種の変異は日々生じてくるが、その大半は〔個々のコミュニケーションを〕訂正するだけに終わってしまう。表明された意見を修正するぐらいがせいぜいのところである。コンフリクトは少々示唆されるだけで、多くの場合回避されてしまう。したがって、進化上の変異が些細な性格をもつという点を念頭に置いておくことが重要となる。動的なシステムのあらゆる作動的要素と同様にコミュニケーションは、もちろん逸脱的コミュニケーションも含めてであるが、状況に結びついた事象である。したがってそれは通常の場合、〔状況が変化することで〕たちまちのうちに意義を失ってしまうのである。それゆえに変異の概念だけによっては、「偉大な、画期的な思想や発明がいかにして成立するのか」と問題に対して答えを与えることはできない——そもそもこの問題自体、あまりに詰め込みすぎであるのも事実なのだが。進化は、突然の大飛躍をもたらしたりはしない（時として、進化の結果を回顧的に観察することによって、大飛躍が生じたとの解釈がなされることがありうるとしても）。むしろ進化は、進化の可能性を孕んでいる素材が大量に作り出されるが、通常の場合使用されることなく再び消滅してしまうということを前提とする。そのような条件下でのみ選択のための十分なチャンスが成立するのであり、また小さな偶然が互いに拠り所となったり、ある変異が同時に進行している他の変異と支え合ったりするということが十分な頻度でおこりうるのである。

さらに注意しておかねばならないことがある。変異は選択とは異なって、それ自体としてはコミュニケートされないのである。変異は、選択を考慮しつつ伝達されるわけではない(96)。変異をどうにかして根拠づけることはできるだろう。変異は、選択を考慮しつつ伝達されるわけではない。実際上の理由からしてもその点は明らかだろう。しかし進化上の機能によって根拠づけるわけにはいかない。もしも変異が選択のチャンスを顧慮するかたちでのみ生じるとしたら、あるいは大半の場合がそうであるとしたら、変異に伴う期待外れのリスクがあまりに大きくなってしまうはずである。社会的現実というものはきわめて保守的に組み立てられている。その一方で、何か未知のものについては、それがコンセンサスを得るチャンスがあるか否かがまだ吟味されていないし、所与の状況の中でテストすることもできない。それゆえに、未知のもののために現存するもの・確証されたものをそう簡単に否定することはできないのである。拒否する根拠はどこか別の所に求められなければならない。教会は利子を禁止したが、禁止は守られはしなかった。しかしその理由は、守らないことが経済システムの進化に役立つからではなく、法にも教会にも背かない抜け道を発見できたからだった。あるいはただ境界を引いて、内外を区切るだけでもよい。「我が家の裏庭には嫌」(nimby = not in my backyard)というわけである[15]。だからといって、従来の実践からの逸脱を選択されるべきものとして提案するということが排除されるわけではもちろんない(その点で、社会文化的な進化を《盲目的》なものと呼ぶことは、実際にはミスリーディングである)。だが提案そのものはまだ選択ではない。さらにまた、進化にとって重要な変異の出現のうちで、このような意図的な形式を取るのはごく一部だけだということも付け加えておこう(97)。変異と選択が調整されないことによって、つまり両者の関係についてのコミュニケーションを回避することによって初めて、進化は十分に蓋然性の高いものとなりうる。そして、それ自体としては蓋然性が低い秩序を、十分素早く構築するに至るのである。以上のような精確な意味においてなら、変異と選択の関係をも偶然として指し示すことができる。変異が規定されているからといって、それだけでは選択されるチャンスについては何も述べたことにはならないのである、と。

進化によってより複雑な全体社会が成立しているとしても、それは「今やより多くの《使用可能な》変異が生じてきているはずだ」ということを意味するものではありえない。むしろ複雑性が高まっていけばその分だけ蓋然性が低くなるのは何よりもまず、「ある種の革新が〔その内容だけからして〕構造的な適合性をもつ」ということそのものであろう。変異と選択が偶然によって調整されていかねばならないのは、この理由による。「偶然による調整」の反対物は、〔何が適合するかを見越した〕計画化へと移行することに他ならないではないか。しかし同時に、変異が機能する領域においては、過剰の産出・抑制・脱抑制化の弁証法が、より高度な複雑性を用いて、より高度な複雑性をもつ諸条件に適応させられねばならない。言い換えるならば、変異の頻度を高め加速するための追加装置が必要になるのである(生命の進化において、生化学的な突然変異が両性生殖によって補完されてきたように)。全体社会の進化の場合、それは二様のかたちで生じてきた。すなわち、文字という流布メディアによって、また全体社会内部でのコンフリクト能力とコンフリクト許容閾とを強化することによって(換言すれば、環節社会の特徴であったようなあらゆるコンフリクトを外部化するのを放棄することによって)である。

文字が流布メディアとして(したがって、記録するという目的のためにだけではなく)採用されると、そこから二重の効果が生じてくる。コミュニケーションは、空間的にも時間的にもより大きな射程をもちうるようになる。同時に、相互作用の桎梏から解放されもする。すなわち、制作（書くこと）においても、受容（読むこと）においてもより自由になるのである。より広範囲への流布によって、ひとつの変化が多くのものを変化させうる可能性が生じてくる。見通せないほど多くのものを、である。それとともに、「言葉が直接何かを変えうるはずだ」との発想は消滅する。あるいはその手の発想はせいぜいのところ、ある種魔術的・宗教的な手管にすぎなくなるのである。さらに、コミュニケーションからどんな効果が生じるかはますます観察不可能になっていくから、その点に対する制度的予防策が必要になるということも付け加えておこう。かくしてコミュニケーションの流布は、これはあらゆる技術において常にそうなのだが、宗教的問題を投げかけることになる。プロメテウスの神話が物語るのは、まさにこの問題である。文字という火がもたらされるとともに、例えばそれ以前から通用していた聖なる法の確かさは失われる。[16] 今や立法を可能にするのは《妥当＝通用している geltend》法である。しかしそれは〔すなわち、今現在、単に事実として通用しているだけのものが、新たに妥当するものを産出するのは〕いかにしてなのだろうか。(98) あるいは貴族のエートスが書き記されたり、さらに近代初期のように印刷されたりさえする状況を考えてみればよい。その時貴族の目の前に現れてくるのは、不特定多数の次のような人々だろう。彼らはその種の本をすでに読んでおり、それゆえに（！）より多くを知っており、《より巧みに virtuoser》[17] ふるまうことができ、批判的に判断する能力をもつのである。その種の態度は以前なら単なる知ったかぶりにすぎなかった〔今や貴族は彼らの反応を気にしなければならないが、それを事前に知ることは不可能なのである〕。

文字による、したがって相互作用から解き放たれたコミュニケーションは、その場に居合わせている者を顧慮する必要がないし、顧慮できもしない。しかしその分だけ、了解の助力となるものを探さねばならなくもなる。かつてなら状況の統一性が助力となってくれたのだが、今やその代替物が必要とされるのである。したがってより明確に説明しなければならない。しかもただテクストのみによってそうしなければならないのである。かくして、新たなタイプの口頭形式が生じてくることにもなった。また特に、概念というものが形成され、そこからさらに、無数の派生的効果が生じる結果にもなったのである。例えば神がひとつの名前（神に呼びかけるためにはこの名前を知っておく必要があった）によって指し示されているうちは、その名前を秘密にしておきさえすればいかなる問題も生じなかった。文字によって神を表すひとつの概念が固定されるようになると、この概念によって体験を圧縮できることになる。したがって精確化が求められ、一貫性の問題に突き当たりもするのである。かくして、中世神学が取り組むことになるありとあらゆる問題が浮上してきたのだった。

変異能力を高めるにはもうひとつ別の可能性もあるが、その点にはすでに触れておいた。すなわち全体社会内部においてコンフリクトを産み出し、許容することである。しかしこの可能性もまた、構造的に固定された疑念に抗しつつ実現されねばならない。現に今日においてもまだ、少数の社会学者を例外として、コンフリクトは好まれていないではないか。しかし実際にはコンフリクトは、拒否がどれくらいのポテンシャルをもつかをテストしてくれる。コンフリクトによってむしろ、参加者の行動が多方面にわたって統合される。観察の観察が継続的に生じたり、またそれによって集中的な情報交換が引き起こされたりもするのである。コンフリクトの結果として「否」が得られたなら、われわれは次の点から出発してよいことになる。すなわち「否」は最初のテストをパスしたのであり、貫徹能力をもつことが立証されたのである、と(99)。とはいえコンフリクトが制御不能に陥りやすく、また全体社会内環境を攪乱するのも確かである。古い社会においては、対面状況において暴力が行使される機会が今日以上に多かった。その分だけ、コンフリクトへ向かう傾向に対しては厳重な抑圧が加えられていたのである(100)。そこから、否を口にする覚悟がどの程度できているかということに対しても、遡及的な影響が生じてこざるをえなかった。他の人々がコミュニケーションの中で何かを確言した後でそれをあえて拒否するなら、そのことだけでコンフリクト寸前になってしまうだろうから。他の人々は固執するだろうし、論拠と同調者を捜して見つけることになるだろう。かくして意図されないうちにシステムの中にシステムが形成される。これはすなわちコンフリクトに他ならない。それゆえに全体社会が小規模で相互作用に近いかたちで形成されている場合には、コンフリクトを抑圧することが社会の存続のために重要なのである。規模と複雑さが増大するにつれて、この条件は緩和されていく。すでに古代後期社会において、この点に関する数多くの証拠を見いだしうる。いずれにせよこの緩和が生じうるのはやはり複雑な条件のもとでのみのことである。その条件によって、より多くのコンフリクトとより多くの平和とを同時に実現することが可能になるわけだ。

当時においてそのために広く用いられた試みとして、逸脱の問題を〔英雄とその敵対者といった〕社会的な役割の水準へと移すというものがあった。成功者の役割と失敗者の、あるいは不遇者の役割を分化させることによって解決しようというわけである。重要な役割となるのは前者のほうであり[18]、それはコンフリクトの調整のために必要とされもする(101)。それに対して後者のほうは、邪眼や妖術といったものの介在を仮定することによって中和されるのである[102]。この状態から抜け出るには、政治的な決定能力の発展を待たなければならなかった。しかしそこから込み入った帰結が生じてくることにもなった。今や、宗教と政治の関係に関してバランスを取る必要が出てくるからである[103]。

貫徹能力をもつ政治的支配が発達することによって、コミュニケーションにおいて開陳された意味を拒否する可能性を強化しつつ、同時に拒否から、コンフリクトが帰結するという重荷を取り除く可能性がもたらされる。正当ならざる暴力に対して闘争する正当な暴力が成立する[104]。そのための形式として見いだされたのが、構造的に確立された非対称性なのである。所有に基づく非対称性の場合もあれば、〔多くの〕従者がいることに裏づけられた力を踏まえたものもあった。いずれの場合にせよ、資源を自由に用いうる者なら「否」と言いうる。労力の提供や財の譲渡が要求されたとしても、それから逃れることができる。しかもそうすることでコンフリクトが生じるだろうなどと考えなくてもよい[105]。自身の資源にだけ注意を向けていればいいからである。そしてこのような成果は、全体社会システムの階層化によって再安定化されることになる[106]。

もうひとつの可能性として、コンフリクトを許容しつつ、社会的な規制によって、あるいは紛争の出発点に〔すなわち、どんな形式でなら紛争が許容されるかに〕第三者が影響力を行使することによって、コンフリクトが尖鋭化しないようにするということが考えられる。そのために投入されたのが紛争調停の手続きであり、また最終的には規則に定位しつつ紛争に決着をつけることであった。そこから、いわば後生説的にゼマンティク上の素材が産出されて、それが最終的には《法》として意識されるに至る。そしてまたそれは、法システムのオートポイエーシスにとって必要なものとして用いられうるようにもなるのである。[107]富める者は、自分に向けられたコミュニケーションに対していつでも異を唱えることができた。しかし今や貧者でも自分が正しい＝法の下にある（*im Recht*）場合には、そうすることができるのである。[108]それゆえに、デュルケームの《道徳的機能主義》や多くの法哲学者が仮定しているのとは逆に、法は何よりもまず全体社会の道徳的統合のために役立つというわけではない。むしろ法は、社会構造を危険に晒すことのない形式においてコンフリクト可能性を増大させることに寄与するのである。そうなればコンフリクト能力の増大を、差異をもたらすかたちで活用することもできる。例えば古代社会においては、それは主として階層分化を形成するのに貢献したのである。[109]〔19〕

以上のふたつの可能性と匹敵するものとは言いにくいが、高度に複雑な全体社会がもつ第三の可能性がある。すなわち、コンフリクトの根拠とコンフリクトのテーマとを分化させることである。[110]コンフリクトが常に新たに発生してくるのには、深い構造的根拠があるのかもしれない。しかし〔発生してきた〕コンフリクトそのものは、別の契機とテーマを探し求めることになる。というのは、構造的解発因そのものは《解決可能な問題》ではないからである。多くの社会学者は、コンフリクトの《本来の》根拠をやっきになって探し続けている。それはマルクスを別の言葉を用いつつ継承するのを意味している。しかしそうすることで隠蔽されてしまう点もある。それは、「システムがコンフリクトに耐えられるほど十分大きい場合には、根拠とテーマの差異こそが〔進化による〕成果となる」という点なのである。[111]

以上に対応するかたちでゼマンティクが変貌を遂げるし、またそこからも帰結が生じてくることになる。この変貌と帰結もまた、変異可能性が拡大することによって引き起こされた、予測不可能なものの一部なのである。拒否の可能性が許容されればされるほど、逆に否定できないものの必要性が大きくなってくる。ところが、必然的なものを探求すること自体が、他ならぬ探求として観察されうるなら（文字が保証するのはそのことである）、新たな偶発性を産出してしまう。宗教は、神学によって担われる限り、この危険な道を歩まざるをえない。[112] かつて現実性は、否定できないものとして素朴に通用していた。それは今や疑念に晒される。〔神による、別様にもなされえた〕創造にすぎない、単なる《仮象》である、意識の相関物にすぎない、あるいは現在ならば「単なる《構成＝構築物》にすぎない」云々というところだろうか。もっとも逆に、特殊な機能システムが分出するとともに、それぞれに相関する偶発性定式が生じてきはする。偶発性定式によって、それぞれのシステムに特有なかたちで、異論を受け付けない事柄を主張できるようになる。経済システムにとっては稀少性の存在が、政治システムにとっては正統性が、法システムにとっては正義が、学術システムでは制限性[113]が、前提とされうるのである。しかしこの種の定式がおのおの特定の機能システムに繋ぎ止められるのは確かだが、それぞれの定式が全体社会にとって何を意味しているのかは未決のままである。十九世紀半ば以降、この事態を救済するためにしばしば持ち出されてきたのが、価値という定式であった。だが価値もまた腐食過程に晒される。価値が世界の中に持ち込まれるや否や、〔ニーチェの言う〕《価値転倒》や、《価値変動》について語ることができるようになるからである。

変異の形式に関する以上の考察全体は、逸脱がそもそも知覚されうるということを前提としている。したがってあらゆる変異は既存のゼマンティクに、つまりはシステムの記憶に依存していることになる。何が周知のことであり、何が通常の事柄なのか。何が予期されえ、何が予期されえないのか。あらゆるコミュニケーションがこの点に関する情報を得るのは、システムの記憶によってだからである。つまり、何かが目立つということそのものが、すでに確立されている構造によって制御されていることになる。この前提が気づかれないまま作用することもあるが、むしろその場合こそ重要なのである。「予期された／予期されない」「通常的／逸脱的」という区別の統一性そのものがテーマとなることはない。なるほど微細に分岐したゼマンティク（宗教的・法学的な教義学・解釈学 Dogmatik を考えてみればよい）において、自身の内部で浮上してきた問題をより重要な、あるいはより根本的な区別へと差し戻すといったことはなされている。しかしその場合でも、区別の図式自体が問われることはない。そうしてこそ「伝統か変異か」「古いものか新しいものか」に決着をつけうるようになる。ある変異が好機に恵まれて普及するということもありうるだろう。しかし〔その変異が生じてきた文脈である〕当の問題が何ゆえにそのように設定され、別のかたちでは設定されなかったのかを問題にすることはほとんど不可能なのである。

既存のゼマンティクに依存することによって初めて逸脱を認識することが、つまりは進化が、可能になる。しかし根本的な転換に直面している場合には、そこから困難が生じることも考えられる。順応（konform）と逸脱とをいかにして区別できるのか。この点が伝統の見えざる手によって（多くの領域にとって、これはすなわち宗教によってということである）規定されている場合に関しては、次の点を考慮しておく必要がある。すなわち変異は、〔既存のゼマンティクに依存せざるをえないがゆえに、自分が直面する〕問題を誤てるかたちでカテゴライズしてしまうのである。規則に例外を設けようとするが、実はその規則はすでに意義を失ってしまっている、というようにである（利子取得の禁止に例外を設けたりすり抜けたりしようとしたことを考えてみればよい）。これはすなわち転換期においては、構造変動がいかに根本的なかたちで生じているかを観察できないということでもある。後の時代から見れば当時の人々は、もはや適切ではなくなっていた区別を用いてコミュニケートしていたことがわかるだろう。〔もうひとつ例を挙げておこう。〕近代初期においては、ほとんどすべての機能領域においてさまざまな変革が登場してきた。当時において問題だと見なされていたのは、それらの変革と、いまだ根底となっていた宗教的世界設定とをいかにして調和させるか、あるいは宗教的世界設定からいかにして距離を取るかということだった。しかし今日からすれば、近代的な、機能的に分化した全体社会への移行を決定づけたのははたしてそのような問題だったのだろうかと問わねばならないのである。

問題がこのような〔正しく認識されないという〕状態を呈していることを踏まえたうえで、全体社会は〔転換によって〕結局のところ常によりよい世界記述と自己記述を行うに至るのだと、なおも期待してもよいのだろうか。何が古いものとして、何が新しいものとして経験されるかはカテゴリー形成次第で決まってくるのは確かだが、われわれは最後にはそのカテゴリー形成をもコントロールする術を学ぶだろう、と。ある意味ではこの問いそのものが、自身に対する回答となっている。もちろんこの問いを立てうるということだけでは、問題はただ抽象の異なる水準に移されるにすぎず、それによって決定的な解決が与えられるわけではない。しかしそこに〔「カテゴリー形成をコントロールすることによる解決」とは〕別種の反応が生じているのを観察することはできる。それはすなわち、変異／選択／再安定化の分化を尖鋭化させることである。根本的な構造転換が生じるとともに、〔変異／選択の、また選択／再安定化の分化が〕同時に尖鋭化していくのは、偶然のことではない。そのような構造転換としては、扱いやすい文字が普及することを、あるいは全体社会の分化形式の変化を考えてみればよい。確かに〔それらの転換が生じた当時において、新たな事態に対処するためには〕図式の変更が行われる時期が来たという点が意識されていたわけではない。しかしそこでは進化そのものが進化を遂げている。今や変異に対して、選択と再安定化が自立するに至る。それによって、理解されていない問題に、あるいは満足のいくかたちで位置づけられていない問題に取り組む場合でも、より高度の自由が得られるのである。

　前近代社会においても、変異の可能性が高まって圧力となることはあった。しかしその圧力を感じた場合でも、選択に際しては一なるもの、真なるもの、善きものに定位しなければならないということから出発できたのである。人は、本質の宇宙の内部にいると信じることができた。手段を見いだせなかったり、手段が役にたたなかったりすることはありえたが、目的が疑われはしなかったのである。〔目的は〕明ラカニソレ自体トシテ好マシイトイウ理由ニヨッテ（Quia ex se patet quod optatur）[20]。しかし、唯一正しいこの選択への、最終的には完成態を、平穏を、安定性をもたらすこの選択への信頼は実のところ、全体社会の階層化や「中心／周辺」の分化によって密かに支えられていたのである。この支えは今日では失われてしまっている。そしてその替わりとして、新たなものがそれ自体として評価され始めている。[114]《批評＝批判 Kritik》の概念には、批判されたものを拒否するという意味合いが付与される。また《オルターナティヴ》はもはや、単なる選択肢としては理解されなくなる。むしろそれは、詳しく検証するまでもなく現存のものより優れたヴァージョンであると見なされるのである。要するに、変異のゼマンティクが肥大化するに至っているわけである。そしてその結果、全体社会には自分自身に対する失望が組み込まれることになった。というのは変異だけでは進化を引き起こせないからである。

　しかし結果として生じているのは、古いものと新しいものの関係における単なる価値転倒などとはまったく異なる事柄である。実際のところ、今日の全体社会が踏まえている選択様式においては、もはや〔新しさを理由に選択がなされたからといって〕ただちに再安定化を見込むことなどできなくなっている。全体社会は、選択と再安定化とを分化させているのである。革新の圧力が増大し、速やかに処理されねばならなくなっているという理由だけからしても、そうせざるをえないはずだ。しかしこの経過を把握するためにはまずもって、選択機能を担うために、また再安定化機能を担うために発展してきたものを、〔両者の関係＝分化においてではなく〕それ自体として研究しなければならないだろう。

V　メディアによる選択

変異と選択の区別は、進化概念の形式である。《形式》が意味しているのは必然的に《別の側》が存在するということであり、この場合なら、変異が生じれば選択が必然的となるということである。十九世紀の進化に対する関心はすなわち選択への関心だった（自然的選択であれ、非自然的選択であれ[115]）。さらに言えば選択に対するこの関心は、単数ないし複数の統一体が〔選択によって〕作られることに対する関心だった。もはや統一体を、所与のものとして前提とすることはできなくなっていたからである。

変異と選択とのカップリングは《偶然的》にのみ生じるがゆえに、進化的選択に関する理論を〔変異とは〕切り離して彫琢することができる[116]。《原因はどうあれ whatever its causes》[117]、至る所で構造的革新が生じている。相異なる出発状況からの等結果性について語られることもあるが、これはむしろミスリーディングである。というのは、進化の過程の中で確証された形式の収斂が生じてくるはずだなどとは言えないからだ。確かなのはただ、選択の機能が依存しているのは変異〔が現に生じている〕という事実にだけだという点である。その事実が世界の中へと生じてきたのはいかなる具体的な解発因によるのかは無関係なのである。

変異と同様に選択もまた、システムが存立している場合に、その場合に限って可能になる。これはすなわち、システムの適応性が確保されうる限りで、ということである。進化的な選択においては〔適応していなければならないという〕この周辺条件は〔それは〔あくまで周辺条件にすぎず〕選択基準としては用いられえない！〕、ある選択の観点が反復的に用いられる〔のは、その観点が適応している証拠である〕という形式において表現される。その選択視点〔が反復されること〕によって、システムの確証された経験が記憶され圧縮されて、内的に利用可能になるのである。[118] そのためには当の選択視点は具体的な諸状況から抽象されていなければならない。しかしさらにまた多数の、具体的な点では異なる諸状況に《適している》ものとして把握される必要もある。以前の適用や確証が記憶されているか否かに関わりなく、そう見なされねばならないのである。また加えて、〔選択が生じる時点で〕目の前にある問題を理解〔しっつ選択視点を適用〕できねばならないということだけからしてすでに、既存の構造に高度に同調的である必要も生じてくる。〔選択の視点を〕改める場合でも、両立可能性による検証がなされることになる。ただし、一貫性を検証するのは〔実際には〕困難なのであり、この点は進化にとって好都合である。また一般的に言って一貫性が認識されるのは、改められたものが導入されて実際に問題を引き起こした後でのことである。この点もやはり進化にとって有利となる。とはいえやはり近代社会が直面している事態は、すなわち革新が、〔既存のものから〕逸脱しているからという理由で優遇されるという事態は、稀な例外と見なされねばならない。[119]
どの変異も、結果として選択へと至らざるをえない。肯定的な（正の）選択が生じない場合でも選択は生じている。そこでは作動と結びついた変異は、構造を変化させることなく消え去っていく。すべては従来および現在のままに留まる。これはすなわち、選ばれたのは従来の状態のほうであって革新のほうではないということである。このように選択そのものが、ふたつの側からなる形式である。正の選択が生じていないなら、負の選択が生じていることになる。選択は、形式であるということによって、変異から区別されることにもなる。変異もまた形式である。変異は生じるか、さもなければ生じないかのどちらかでしかありえないのだから。それゆえに進化という形式（変異／選択）は二層からなる形式、形式によって形成された形式なのである。

したがってすべての進化の基本条件は、変異の機構と選択の機構が重なり合うことなく分離されていることである。サイバネティクスの用語で定式化するならばこれは、作動とシステムとが、フィードバックの形式で結びつけられているということである。ネガティヴ・フィードバックでも、ポジティヴ・フィードバックでもよい。システム状態の所与の変動域が維持される場合も、逸脱が強化される場合もありうる。後者はすなわち複雑性が構築されるということであり、その複雑性はまた独自の問題を伴いつつ、自身を有効化していく結果になる。

負の選択（＝選択しないことを選択する）がなされたからといって、あるいはネガティヴ・フィードバックが生じたからといって、歴史が〔選択されなかった、ないしは打ち消された変異が生じる以前へと〕後戻りするわけではない。システムが過去の状態に立ち戻ることなど決してない。システムにできるのは、記憶し比較することだけである。変異が生じたとしても、システムがそれを状況に帰属させるということもありうる。また変化のチャンスに手を出さないでおいて、その理由を挙げたりすることもあるかもしれない。しかしそれらの場合でも、保守的な路線を選んだことを後になって悔やんだり、問題を新たに把握し直したりすることが妨げられるわけではない。むしろ、そうしやすくなるのである。どんな場合でも反復によって、新たな状況が作り出されることになる。

進化的な選択が、ある方向に向かうのかそれとも別の方向に向かうのかを決定するのは、選択自身のメカニズムである。したがって、ある変異が自身の規定性からしてすでに選択にとって重要であるとしても、それは偶然に他ならない(120)。そもそも〔変異の中に〕目的関係が組み込まれていてはならないのである。組み込まれているとすれば、変異はただ選択のためにだけ生じてくるということになってしまうからだ。変異がそのように〔目的をもつかのように〕動機づけされて生じることもあるだろう。コミュニケーションが有益な帰結を睨みつつなされるということも、もちろんないわけではない(121)。しかしその種の事態を介して進化上の構造変動が生じる場合でも、それは目的が達成されることによるのではない。目的のための努力に対して、システムが構造変動によって反応するというかたちで生じるのである。確かに進化は目的〔が達成されることで好ましい変化が生じるだろうとの〕楽観主義を、変異を引き起こすために利用しはする。しかし何が構造として選ばれるかが、目的だけから決定されているわけではないのである(122)。

この進化上の機能の分離は、全体社会のそれぞれ別の構成要素に関係づけられているということだけからしてすでに保証されている。変異は要素に、つまり個々のコミュニケーションに。それに対して選択は構造に、すなわち予期の形成と使用にである。これが意味するのは何よりもまず、変異の出来事と選択との間に一対一の関係を仮定してはならないという点である（有機体の進化において、表現型の特徴の突然変異と淘汰との間にそのような関係が仮定できないのと同様に）。コミュニケーションはあまりに拡散的であるから、その種の仮定には馴染まない。コミュニケーションが〔他のさまざまなコミュニケーションによって、拡散的に〕観察される場合には、ことにそうである。個々のノーだけでは構造は変化しない。そのようにして変化が生じたとしてもそれはきわめて稀な例外であって、進化のテンポを説明できるものではない。前提とされている予期に矛盾すれば目立つかもしれないし、それによって社会的な声望が与えられるかもしれない。あるいは反復を、また並行する行為を誘発できるかもしれない。それら総体の効果が相まって、もともと拒絶の対象となっていたのとはまったく別の諸構造を、〔拒絶において意図されていたのとは〕まったく別の条件を伴いつつ変化させる（あるいは、強固にする）ということもありうるだろう。コミュニケーションの拒絶から構造的効果が生じる場合には、現存する社会秩序も常に同時に作用していることになる。生命の進化においても全体社会の進化においても、〔状況に対して、進化の〕結果がまったく適合的である（「調和のもとで生じる」とまでは言わないにしても）のはなぜなのかを説明してくれるのは、ただこの事態だけなのである。

われわれが本章の考察を開始するにあたって最初に取り上げたのは、蓋然性が低い事柄が高い蓋然性をもつという問題だった。今やこの問題に立ち帰りつつ、今述べた総体的効果がいかにして生じてくるのかをより明確に見ておくこともできる。受容の要求が拒絶されることは、また〔常識的に考えれば〕拒絶が予想されるにもかかわらず、あえて押し通そうとしてその予想を否定してみることも、日常生活においてきわめて蓋然性の高い出来事に属する。その意味で、変異は継続的に生じている。しかしこれらの出来事を利用し、確認し、圧縮する構造が選択されて初めて、何かしら蓋然性の低い事柄が、つまり発端の状況からの明白な逸脱が、生じてくる。単線的な因果性に基づく古典的な理論が、この種の現象を説明できないのは明らかである。しかるべき原因が、必要な付随条件が存在する状態のもとでなら必然的な結果を産出する、というように事が進むわけではない。常にくり返し生じている出来事が、時折（ただし、全体としてみれば十分な頻度で）回帰的な逸脱強化の過程によって利用されて、以前には存在していなかった構造が形成されてくるのである。[123]《ノー》は、その種の起爆が生じるために必要なだけの注目に値するのである。コミュニケーションと構造形成の間には、いかに複雑に媒介されているにせよ、常に連関が存在する。少なくともコミュニケートされないものが構造形成に影響を与えることは決してない。しかしともかく既存の構造のもとでコミュニケーションがなされ、それによって逸脱的な変種が実現されたとしよう。その時この変種は構造へと凝固するかもしれない。さもなければ凝固しないか、である。変異それ自体からして、常に両方の可能性を生み出している。変異が規定性をもつということからしてそうなのである。変異が選択を呼び込む。さもなければ変異とはいえないだろう。かくして全体社会は、〔いかなる選択もなされずに〕あるがままに留まるのではなく、一方の可能性か他方の可能性かに、そのつど固定され続けていくのである。しかしこの事態をもたらすのはいかなるメカニズムなのだろうか。この問題設定を手がかりとして、選択という事象に関しても、歴史的な特定化を加えていく可能性を入手できる。すなわち進化が、進化自体によって創出された社会構成体に依存していることを認識する可能性を、である。

ダーウィニズムの理論がこの点に関して用意した答えは単純なものだった。変異はシステムの中で生じるが、選択《セレクション》のほうは《自然選択《ナチュラル・セレクション》》として、環境を通して生じるのだ、と。しかしこの単純な対置は、今日ではほとんど支持できない。生物学者たちはそれを、例えばゲーム理論的な仮定によって解体してしまっている。またこの対置は特に、発展したシステム理論の概念構成法のもとで維持されうるものではないのである。作動の上で閉じた、構造的に決定されたシステムの理論を受け入れるのであれば、次の点から出発しなければならない。すなわちシステムが自身の構造を変化させることができるのは、ただ自身の作動によってのみである。システムが攪乱・刺激・予期外れ・瑕疵などの形式において環境の事象に反応しようとも、この点は何ら変わらない。それゆえに全体社会そのものを、その選択メカニズムに応じて区別しなければならないことになる。

最も原始的な社会をも含めたあらゆる社会にとって、第一次的な選択メカニズムは相互作用システムと全体社会システムとの分化のうちにある(124)。そのためには基準など必要とされない。また〔基準に〕対応するかたちで〔選択の〕吟味を行いうるような審級も存在しない。問題はただ次の点にのみ存している。個々の相互作用システムにおいて、その〔個別的〕状況のゆえに説得力をもつ事柄が、全体社会総体においても通用するのか否か。通用するとすれば、それはいかなる形式においてなのか。

対面状況での相互作用においては、逸脱的な見解が発話された場合、それを無視することはほとんどできない（細やかな配慮やユーモアなどは〔無視を可能にする方策に〕該当する。しかしそれらは文明化によって、後になってから発明されたものである）。対面状況ではコミュニケーションはある人の行為として帰属される。そのために当該の〔相互作用〕システムの内部や外部で〔同じ人により〕逸脱的なコミュニケーションが反復されたり、それに対応するかたちで続く行動がなされたりすることを考慮に入れておかねばならない。その場合ひとつの可能性として、コンフリクトが生じてきて、資源が〔つまり、逸脱を可能にする、通常的なコミュニケーションの枠組そのものが〕枯渇するということが考えられる。システムが、自身の内部で〔自身の統一性を保ちつつ〕コンフリクトを許容できないほど小規模な場合には、〔その意味での〕コンフリクトが生じるのである。もうひとつの可能性として、システムが機会を捉えて、それが促すコースのほうへ向かうかもしれない。それゆえ相互作用システムの内部では、コミュニカティヴな出来事による構造形成は、きわめて蓋然性が高いのである。実際のところ、あまりにも蓋然性が高いのでそこでは進化が生じえない。選択を独立したかたちで備えることができず、実際上あらゆる変異が選択を左右することになるからである。相互作用は、ありとあらゆる突飛なものを試すことができる。それでも全体社会が存続していくだろうと、確信していられるからである。

しかし全体社会は、相互作用を実行しているだけでなく、また同時に常に相互作用の全体社会的環境でもある[125]。全体社会内部におけるこの差異のゆえに、相互作用の中で思いつかれたり（einfallen）、気に入られたり（gefallen）、気に入られなかったり（mißfallen）することのすべてが全体社会システムの構造に影響を及ぼすなどということはなくなるのである。すべての意味は、特に人格や役割でありうるものは相互作用横断的に、その時点で進行中の相互作用の外側でも用いられることを睨みつつ構築される。相互作用においてすでに、その点が考慮されているはずである。相互作用において生じうる事柄と比べるならば、全体社会規模へと拡散していくためにくぐらなければならないフィルターを通過できるのは、わずかの革新でしかないのである。

以前の環節的全体社会においては、全体社会内の他の場所で何が通用しうるのか、何が受容されうるのかは、まだかなり明白だった。全体社会がより複雑になると、そのように簡単に自己評価を行う可能性は失われてしまう。しかし今や単純な社会とは異なって《サブカルチャー》が存在しており、そこにおいて逸脱を保存しておける。さらにまた〔全体社会内部において〕サブシステムを形成することも可能となっている。ただしサブシステムもまた境界を形成するのであって、革新が全体社会規模で共鳴を引き起こす場合には境界を飛び越えねばならないのであるが。(126) 通常の伝播理論には異を唱えることになるが、ここにおいて重要なのは、当初は一時的で、限られた拡張〔的使用の〕可能性しかもっていなかった〔革新の〕提起が、境界〔を越えて用いられること〕を通して、別様に適用されるようになるということなのである（例えば、すでに十分に発達していた石材加工技術が、宗教的目的のために壮大な規模で用いられる場合のように）。しかし進化状況が根底的に変化したのは、文字の発明と普及が生じるに至ってのことだった。今や、あらゆるコミュニケーションが相互作用システムにおいて生じるわけではなくなる。また文字によって、否定に新たなチャンスが与えられることにもなる。したがって進化が可能であり続けるためには、選択の領域においてもそれに対応する増幅器が備え付けられねばならないのである。

宗教は当初、印刷に対処しえていた。変異に手を出せば彼岸の力との間にトラブルが生じるか否かについての判断基準を示すことができたのである。世俗の領域が（例えば、新しい生産技術による）実験に開かれているのは、聖なる領域が尊重されている限りにおいてであると考える、というようにである。だがそうすると当然のことながら、何が神々や聖霊たちに気に入られるのか、また気に入られないかを知ることができねばならなくなる。ここにおいて、重要な宗教的革新が生じてくる。太古においては聖なる力は恣意的にふるまっていた。今やこの力は制限され、規律に服するに至る。それは、農耕や都市の建造が全体社会を規律化したのと同様である。メソポタミアの神々は取り決められたプランにしたがって行動しており、自分自身に関しても〔俗世の〕支配構造と家族秩序を受け入れていた。宗教を介して全体社会は自己に対して、適応圧力を加えたわけである。また同様にして、粗放な変異を阻止し選別できるための聖なる選択基準が発展してくることにもなった。この機能を満たすためには単一の神で十分な場合もある。その場合には神に、あらゆるものを観察して判断する能力が帰せられることになる。だからこの神の基準に定位さえしていれば誤ることなどありえない、というわけだ。

選択の新たな秩序が必要となったのは、今日においてもなお活動を続けている世界宗教のゆえにである。世界宗教は、いずれも〔特定の地域・時代で生じたにもかかわらず〕それ自体として見れば万人のための、すべての人間のための宗教なのである。世界宗教によって、神および人間に対する道徳的な要求は増大する。あたかも、ある文化における選択連関の統一性が今やますます強固なものとなり、《聖典の》テクストを用いてそれを固定することができるようになったとでもいうかのように、である。(127) 道徳からは、解釈と決疑論に関して一定の自由の余地が生じてくる。〔それに対して〕宗教そのものの形式は、徹底性という点で際だっている。したがって支配官僚制に対する関係においても、また社会階層に対する関係においても距離を取ることになるのである。カースト制度に対する仏教の関係を、あるいは〔神の国／地の国という〕ふたつの国についてのアウグスティヌスの説を考えてみればよい。どんな意味に関しても、明証性と持続性とを組み合わせようとすれば問題が生じてくる。[21] しかしこの問題は超越のほうへと逸らされるのである。〔このように超越によって社会から距離を取る一方で、〕宗教はテクストを用いることによって（広く口頭で実行される）伝統へと転化する。そして儀礼化によって（特にインドの場合）、あるいは大衆的なヴァージョンによって、多くの階層にとってアクセス可能になる。しかし文字で書きとめられたものが口頭で伝承されるからこそ、テクストは口頭での再現によっては変化しえない（あるいは、気づかれないかたちでしか変化しない）固定性を証すのである〔ここにおいても内在／超越の二重性が現れてくる〕。そしてその固定性ゆえの明白さが、他の可能性もありうることを隠してしまう結果になる。

〔超越的なものによって内在的なものの領域での選択を規制するという〕この脱出策は支配的であったし、また説得力をもってもいた。しかしそれ以外にも、選択手段を強化するための別種の、機能的に等価な糸口が存在している。それは機能に特化した、象徴的に一般化されたコミュニケーション・メディアを発展させることである。こちらの場合なら選択は、次の点を吟味する〔ことによってなされる〕のである。実行可能性や成功の見込みに関して、真理に依拠できるか否か。革新に対して資金が与えられうるか否か。権力が、場合によっては起こりうる抵抗に逆らってでも貫徹できるほど強力かどうか。

象徴的に一般化されたコミュニケーション・メディアについては、すでに必要なことは述べておいた（第二章IX—XII節）。だからここではわずかな点について論じるだけでよいだろう。象徴的に一般化されたコミュニケーション・メディアによって、高度な要求内容を伴なうコミュニケーションが受け入れられることが、蓋然性の低い諸条件のもとでもなお保証される。それは受け入れの動機を条件づけることに、また条件づけに関して予期可能にすることによる。その根底にあるのは、分解と再結合の経過である。すなわち組み合わせの可能性が膨大になれば、にもかかわらず〔タイトに〕結合された形式を探すことが可能になるのである。貨幣はその好例である。程度の差はあれ優勢な物理的強制力による威嚇に裏づけられた権力もまた、〔再結合＝制限と可能性の増大とが相関して生じるという〕この構造を有している。同様に学術もテーマの〔選択という〕点で、ほとんど恣意性との境界に近づくまでの開放性を有している。しかしそれは学術的真理を方法論化することによって作り出されるのである。芸術に関しても、イメージという《やわらかく単純な素材》の中で、雛形であるはずの自然には見られない何ものかを造形しうるという点が賞賛されているではないか(128)。

このメディアの基本構造としてあるのは、ルースにカップリングされた、膨大な量の諸要素である。それによって伝統を掘り崩すことが可能になる。完成態・平静・安定性を引き合いに出さずに済む、新しい選択基準を定式化するチャンスが与えられるのである。かくして《利益》が、貨幣を使用するための選択観点となる。利益自体もまた不安定であり、他でもない不安定で絶えず変化する市場状況を利用することに依存しているのだが。そこでは何らかの完成態を〔選択基準として〕用いることは放棄されている――労働や商品の質であろうが、商人たちの生活様式や身分相応の収入であろうが、あるいは人間の自然的衝動（本来なら理性がそれを飼い慣らし、利用しなければならなかったはずなのだが）であろうが。もっとも、それらの形式のそれぞれとの関連で収益性を計算することなら、まだ可能だろう。しかし例えばそのためには限定可能な資産単位が前提となる。この単位それ自体からは、経済システムの安定性を視野に収めることすらできないのである。これと並行して情熱的な愛も、自身の領域に対する主権を宣言する。対象や特質に関連づけられた愛の概念は、〔例えば〕神への愛や徳ゆえの愛は、排除される。それに代わって、長くは続きえないという経験が踏まえられることになるのである。[129] 十七世紀の政治理論において関心の中心に位置していたのは、〔権力を行使すべき〕機会（当時は《クーデター coup d'état》と呼ばれていた）[130] を〔正しく〕捉えることだった。[22] 国家において権力を集中する必要があると見なされたのは、〔国家の本質等からではなく〕主としてこの観点からだったのである。最後に学術もまた、対象や認識の本性そのもののうちに確実性が存しているとの主張をさほど強くは持ち出さなくなる（それは当初、宗教に抗して自身を貫徹するためには不可欠だったのだが）。真理はもっぱら、帰納的に推論し、反証を試み、〔真理を〕構築しようとする自由市場において見いだされるようになるのである。

ゼマンティク上のこれらの革新は、明らかに並行して発展してきた。そこから、機能分化との関連を見て取ることができる。しかし目下の文脈では、次の点にのみ関心を向けておくとしよう。すなわちこのようにして、選択は安定化装置から切り離されていく。選択機能と安定化機能の間にも境界が引かれ、切り離しがなされていくのである。

選択可能性の可動域をこのように社会的に（後で示すように、宗教的にも）遠慮会釈なく開示しておいて閉じること。明らかにそこに、増幅された膨大な変異可能性が世界にもたらした問題に対する回答を見て取れる。この種のメディアの関連領域において逸脱が生じる場合、その逸脱が自己の足跡を残し自己を貫徹するためには、〔伝統に逆らうという〕特別な困難に直面する必要はない。ただ当該メディアに関して成り立つ特殊な諸条件を満たしさえすればよいのである。新たな発明がなされたとする。印刷機を例に取ろう。その時点ですでに貨幣が、コストと収益に基づいて事業プログラムを評価する用意を整えていた。したがってこの発明が実現されるのは、そうすることが経済的に引き合う限りにおいてのことだったである。貨幣が〔この発明の普及を〕妨げるのは量においてのみであって、貨幣が例えば印刷過程を左右するわけではないということにもなる。学術の領域では、新たな研究を導く問題が成立してくるが、その時点においてすでに確証された検証技法が用意されていた。ただしこの技法が決定するのはただ、研究結果のどの範囲に真なる命題、あるいは真ならざる命題という形式が与えられうるのかだけなのである。さらにまた小説を読むことで、愛とは何かを知る結果にもなる。だとすれば後は問題なのは、〔愛の〕感情を結晶化させうる核となる相手を見いだすことだけなのである。

宗教は選択の諸基準の統一への希望を保持し続け、時にはその代償として停滞することすら厭わなかった。それに対して象徴的に一般化されたコミュニケーション・メディアの体制のもとにおいて全体社会の複雑性がどれくらい構築されるかは、どのメディアが他のメディアよりもそのために適しているかに左右されることになる。それゆえに、かなりのバランス喪失を覚悟しなければならない。少なくとも全体社会のシステムがあらゆる領域において同じ程度に発展するとか、あらゆる可能な意味が遅かれ早かれ展開されるとか、あらゆる諸欲求と利害関心が次第により高い水準で満たされるようになるなどということから出発するわけにはいかないのである。

《人間性》の全体的向上についてのその種の幻想は十八世紀において、あるいは《共産主義》を考えれば「十九世紀においても」と言っていいだろうが、形成されたものだった。しかしやがてそのような観念は、後継者が現れることのないまま消滅していった。むしろ一定の機能領域のほうが他の機能領域よりも選択の問題を成功裡に解決したり、近代社会のテンポにより素早く適応したり、成果をよりよく蓄積するということのほうを考えておかねばならない(131)。結果として優位に立つのは、技術であり貨幣であり、〔機能システムごとに〕特殊な合理性（それが完全に満たされることはないのだが）であるように見える。

一方に宗教があり、他方に象徴的に一般化されたコミュニケーション・メディアがある。両者のゼマンティクのあらゆる相違にもかかわらず、共通点も存しているように思われる。いずれの領域においても、選択はセカンド・オーダーの観察の水準で確立される。宗教は神を人間の観察者として観察する。象徴的に一般化されたコミュニケーション・メディアにおいては他の観察者の観察が執り行われる。例えば経済システムの市場において、あるいは知を主張する領域においてである。ある観察者が、他の観察者が何を観察しているのかを観察しようとすれば、距離を取ることになる。同様に〔セカンド・オーダーの観察の水準において〕不可欠となっている選択装置は、変異という事象の直接性から距離を取るのである。しかしこの距離化が、増大する複雑性に対応するための技法であるとすれば、それが成功裡に実践されればされるほど、リアリティへの直接的な信頼が解体されてしまうことになるはずである。だとすれば選択の成果に安定した形式を与えるためにはどうすればよいのだろうか。

VI　システムの再安定化

選択現象が定位しているのは確固とした状態にであり、その状態が攪乱されるのはただ一時的にだけであるというなら、進化上の第三の機能について論じることにはあまり意味がない。〔その場合には〕選択自体が安定性をもたらすからである。それがうまくいかない場合には（堕落と原罪によって規定された世界においてはそう予期されるのだが）、そのつど新たに、可能な限りうまく選別を行わねばならないということになる。近代初期の国家もなお、この課題との関連で記述されていた。《平和》とは、この課題を推進する概念だった。(132) 平和が確保されているところでは、自己の魂の救済と現世での暮らし向きとに関しては自分自身で配慮するよう、各人に委ねることができるからである。進化論の文献でも、選択と安定化はしばしばひとつの概念へと統合されてしまっている。《選択的保持 selective retention》[23]や《安定化する選択》について語られているのである。(133) それが説得力をもっていたのは、生物学において、また経済学の理論などにおいても、選択が環境による自然選択として、また選択の結果が《最適適応 optimal fit》として理解されていたからだった。安定性は《均衡》として記述されていた。そこでは、攪乱を打ち消して均衡状態へと立ち帰るためにホメオスタシスのメカニズムが利用されるのである、と。そのためには明らかに、均衡点が固定されており、例えば逸脱が生じたとしても均衡点のほうがずれたりすることはないという点が前提となる。したがって環境そのもののほうで変化が生じないという前提を採れば、構造変動の後での安定化に関してはそれ以上考えるには及ばないということになる。しかし今日ではこの見解が支持されることはほとんどなくなっている。(134) 進化能力を有しているのは、均衡からは遠いところに位置しつつ自己を再生産していけるダイナミックなシステムに他ならないからである。ましてや〔われわれのように〕選択を純粋に〔システム〕内的な経過として捉えるなら、〔環境による淘汰＝選択という〕かの前提は放棄されざるをえなくなる。安定性へのチャンスだけをうまく選別しうるという前提を、〔システム以外の〕何が保証してくれるというのだろうか。特に〔今日の〕全体社会は、過去の状態と未来の状態の差異を睨みながら自分自身を記述するのであり、きわめて急速な構造変動の経験を日々処理していかねばならなくなっている。そこにおいてこの前提を何が保証してくれるというのか。他ならぬ今日の全体社会が選択を行うにあたって定位するのは、そのつどの瞬間において、あるいは一時的に、利用可能なものとして立ち現れてくるものにではないか[135]。

生物にとって、再安定化の機能は個体群の形成によって充足される。ここでは「個体群」を、ある遺伝子プールが生殖（＝再生産 Reproduktion）の点で隔離されていることとして把握しておこう。それゆえに遺伝子プールが変異を受け取って生殖へと組み入れることができるのは、限られた範囲においてのことになるのである。どの個体群も、その個体群の内部でのみ後続の世代を生み出すことができる。ヘビ（Schlangen）とネコ（Katzen）がヘビコ（Schlatzen）を生むことなどありえないではないか。また、獲得された形質が遺伝可能であるというラマルクの名のもとで継承されてきたテーゼは反駁済みと見なされている。個体群の閉鎖性（厳密にシステム理論的な意味での）はまさにこの点に依拠している。そして閉鎖性のゆえにこそ、高度の生態学的独立性（＝安定性）がもたらされるのである。生態学的諸要因のうちで〔個体群に〕干渉してくるのは、ごくわずかでしかない。それはすなわち、個体群の再生産を妨げうるような要因のみなのである。

全体社会の進化に関する今日の理論の内部において、再生産機能のより精確な把握のための手がかりを求めてみても、大した成果はあげられないだろう。一部では、通常の場合これこれの事実があってそれは存続していくものだと見なされているだけで、それ以上深い問題意識は欠落したままである[136]。また一部では依然として十九世紀流の「精神／物質」という区別に定位しつつ、安定性が文化の伝播と伝承によって説明されている[137]。ここにおいてあらためて目につくのもやはり、十分に彫琢されたシステム理論的な概念構成が欠落しているという点である。安定性を規定する最上の方法は、システムを引き合いに出すことだからである。

われわれは、「選択プロセスだけからしてすでに構造形成へと至る」という点から出発することにしよう。したがって次にまず問題となるのは、構造のシステムへの関係だということになる。システムのオートポイエティックな作動は、構造に依存しつつ進行していくはずだからである。しかしさらに、次の点に関しても熟考する必要がある。再安定化問題は肯定的な選択によっても、また否定的な選択によっても引き起こされうる。すなわちこの問題は、選択一般に対して反応するのである。肯定的な、構造を変化させる選択に関してはこの点は明白だろう。革新された構造は、システムに適合しなければならないし、システムが環境と取り結ぶ関係と両立可能でなければならない。ただし、それがうまくいくか否かを、またどうすればうまくいくのかを事前に〔選択の際に〕確定しておくわけにはいかないのである。一七八九年のパリでの騒乱は、《革命》として観察された。そしてこの事例のために独自のかたちで概念を修正しつつ、記述されてきたのである。[24] しかしこの出来事からの帰結を押し止めることも、コントロールすることもできなかった。したがってそれに続く経過はせいぜいのところ、その後に起こった革命が一〇〇年にわたって失敗し続けてきたというように記述されうるだけなのである。しかしその結果として、フランスの政治システムは代議制民主主義へと転換を遂げた。法が法典のかたちを取るに至ったこと。経済が、それ自身のうちに秘められた貫徹力によって〔既存の慣習や制度の枠組から〕解放されたこと。宗教の領域における世俗化。〔かつては政治的・文化的などの機能を担っていた〕有力な家族もやはり〔他の家族と同様に〕私化していくこと。これらもまた〔革命の帰結を〕埋め合わせるかたちで発展してきた。したがってそれらは、革命による革新の再安定化として把握されうるのである。

しかし革命が否定的な選択を受けた場所においても、つまりプロイセンのように革命が拒絶された場所においてもやはり、再安定化が必要とされたのである。例えば、学校や大学に関する文化国家プログラムがそれに相当する。より一般的に定式化しておこう。変異のほうは、気づかれないまま消滅することもありうる。それに対して選択は通常の場合、システムの記憶のうちに留められる。したがって〔記憶が形成された〕その後においては、何かしら可能だったものが現実化されなかったという知識と折り合っていかねばならなくなる。だからこそ保守的な傾向を保守的イデオロギーとして記述し批判することもできるわけだ(138)。したがってこちらのケースでもやはり、(否定的な)選択によってはまだ、その選択によってシステムが自分自身に、また環境(例えば、個人についての予期)に適合するか否かが、またいかにしてそうなるのかが、確定されているわけではない。長期的に見れば、拒絶された革新がもつ革新作用のほうが貫徹された革新のそれよりもはるかに強く、システムを益したり不利益をもたらしたりするということも、まったくありうる話なのである。

いずれの場合においても再安定化の概念は、構造的に決定されて作動するシステムの中に構造変動が組み込まれていく経緯を指し示している。またこの概念は今述べた経緯が、変異と選択を経由することによって、ただし〔どちらにおいても〕常にシステム固有の作動によって生じるのだという洞察を含んでもいる。肯定的と否定的のどちらの場合でも選択によって、システムの複雑性が増大する結果になる。システムはそれに対して、再安定化によって応じねばならないのである。

構造的両立性(あるいは《構造的矛盾》)というこの種の問題は、今日では社会学者の日常的なメニユーに属している。それだけに、進化論の文脈においてこの問題に対しては相応の注意が払われていないという点には、驚かざるをえない。[139] 構造的両立性の問題を削減することに寄与するのは何よりもまず、システム形成そのものである。システム形成によって形式が、つまりは境界が産出される。境界の内側では複雑性が縮減されるとともに、外側に対する高度な無関連性が獲得されうるのである。そうすれば両立不可能性を外化することができる。それは人々のせいであるとされたり、神に属していることと見なされて神のみぞ知る秘密へと高められる、というようにである。〔システム形成による再安定化という〕この機能を担う場所においてしばしば、きわめて特殊なかたちの制度的な、あるいは場合によっては組織上の発明物が見いだされる。例えば貨幣経済は古来の互酬性という格率を解体してしまった。そこにおいて進化上の再安定化に寄与しているのは、銀行なのである。また近代的な《国家》は、すでに以前から準備されていた政治的な中央集権化を再安定化するために役立ってきたわけだ。分化について論じる次章で詳しく示すつもりだが、分化のこの妙技をすでに分出したシステムの中でくり返すことも可能である。かくして進化からは、常により多くの前提を要する（したがって、蓋然性の低い）システム形成が生じてくる。構造的両立不可能性の負荷を低く抑えつつ、さまざまなシステムへと分散させることができるのである。ただし言うまでもなくそれによって進化は、システム相互の関係における構造的両立不可能性を背負い込むことにもなる。この事態は当初、「都市／地方」の分化や〔上／下の〕階層化という比較的明快で、同時に正統化する作用をも発揮する形式のもとで生じていた。しかし機能分化という今日の体制のもとではこの問題は、ドラスティックな形式を取るに至っている。全体社会という総体的システムは事態がそのようであることをただ確認することしかできないのである。

このように進化上の再安定化の機能も、生物の個体群形成の場合と同様に、歴史的な特殊化を被るのである。この機能のためにはシステム分化が役に立つ（それはまた、相当な余剰問題を抱え込むことを意味しもするが）。したがってそのつどどんな分化形式が主流となっているのかに応じて、さまざまな解決策が発展してくることになる。常に新たな構造が集積され沈殿していき、またシステム内においてシステム形成が反復されていく。そこから生じるのは、形式がもつ拘束力が増大していくという事態である。(140) それに対してシステム分化の形式の交替によって、すなわち環節分化から「中心／周辺」分化、階層化、そして最終的には機能分化へと進化的に移行することによって、そのような〔分化において用いられる〕諸形式を分解し再結合するための新たな可動域が成立してくる。またそれによって、複雑性により適合した新たな諸構造が生じるチャンスも得られるのである。宗教（religio＝拘束 Bindung）においても、並行するかたちで形式が変化を遂げているのがわかる。そこにおいて、今述べた点を跡づけることもできるだろう。

言うまでもなく外部化は、最終的な問題解決では決してありえない。〔外部化してみても〕問題が、変化した形式において、システムと環境の関係の中へと回帰してくるだけだからである。この点を、近代社会が直面せざるをえなくなっているエコロジー問題に即して探求してみることもできる。しかしまた、全体社会内部の問題に即してそうすることも可能である。例えば、貨幣経済による《コストの外部化》は疑わしくなってしまったという点に関する議論を考えてみればよい。したがって、既存の構造構成の中に新たな構造を組み込む際に生じる再安定化のプロセスがどのように進行していくのかを、さらにいくらか精確に跡づけてみるのは、価値ある作業である。

そこでもやはりシステムは、すでに縮減されている複雑性から利益を得ることになる。構造的な矛盾が可視的になるのは、〔あらかじめ縮減された複雑性によって規定された〕特定の場所においてのことである。例えば中世後期においては、貴族がますます貨幣に依存するようになっているという点において。福祉国家の時代に関しては、次の事態を考えてみればよい。そこでは政治は、成功裡に作動している経済に依存するようになっている。ところが同時に、政治自身が成果をあげるためには、ますます多くの天然資源を経済的計算の埒外で用いねばならなくなっている。したがって《インフレーション》は、政治的なコンフリクトを外部化したことの結果なのである。(141) しかし同時にその問題に対しては、それを不断に監視し恒常的に取り扱うための特殊な手腕と用具とが開発されてもきた。だから革新を、いわばインフレーションというディスプレイに移しつつコントロールすればよい。そうすれば革新がうまくいくか否かを、かなり速やかに見て取ることができるのである。高度に一般化された問題分配メカニズム——貨幣経済はその点で名高いわけだが——に関しても対処のための、さらに特殊化されたテクニックが発見されている。例えば、文明病に対処するきわめて多様な種類のテクニックが、である。しかし〔それらのテクニックによる対処がなされたとしても〕状況は見通しがたいままである。新しい構造を導入する時点で、〔そこから〕何が生じるかを見越しておくことはできない（ますます広範囲にわたる社会領域に、自動データ処理が導入されつつあることを考えてみるだけで十分だろう）。そして何かが起こった時にはたいていの場合、当の改革を撤回するにはもう遅くなってしまっている。もちろん、派生的諸問題を考慮して新たな投資を行うことはできる。自動車交通によって、賠償責任法や賠償保険、救助隊、交通事故専門病院、より走りやすい道路とより走りにくい（《スピードを緩和する》）道路が必要となるのである。総体としてみれば全体社会は自身を安定化する試みを、〔あらかじめ生じそうな問題に備えようとするのではなく、実際に生じてきた事態に〕対処する手続きへと切り替えつつある。安定性を達成されるべき目的と捉えてそれに定位するには、全体社会はあまりに複雑で不透明なものになってしまっているからである。

全体社会の機能分化への移行と手を携えるようにして、選択基準が分出してきたが、それはもはや安定性を約束してくれるようなものではなかった。これは決して偶然のことではないのである。かくして以前にも増して明確に、選択と再安定化とが分離されるに至る。家政や道徳による多機能的な問題解決が解体され、機能的に特化したものに取って代わられる。機能システムの安定性は、またその内部において分業のかたちで分出した組織・専門職・役割の安定性は、多様な種類の変異および選択と両立可能である。ただしこの両立可能性は、「機能というものは一度分出した後になると、今度はその機能を充足するものと見越された装置でのみ充足されうる」という点を踏まえて生じてくるのである。〔すなわちあくまで機能を満たすという前提のもとでさまざまな代替選択肢を、またそれらの間の両立可能性を考えうるのである〕。機能そのものは、機能的等価物を限定するための準拠視点に他ならない。したがって機能そのものに対する機能的等価物は存在しないのである（より一般的な問題との関連においてなら話は別かもしれない。しかしその場合にはその問題に関して〔機能的等価物を考えることができないという〕同じことが成り立つはずである）。例えば研究は、《科学的》にのみ営まれうる。アマチュアが入る余地などない。政治や経済の組織が研究機関を設立する場合でも、そこで実行される作動は科学システムの中で進行する。さもなければそこで問題となっているのは研究機構などではなく、秘密裡の広告である、あるいは功績のある政治家に与えられるポストであるという話になる。したがってこの種のシステムの秩序は自己代替的に組み立てられている。つまり、自身の構造を置き換えうるのは、同じ機能をもつ、同じタイプの構造によってのみなのである。理論は他の理論によって、法律は他の法律によって、政治的プログラムは他の政治的プログラムによってのみ代替されうる、というようにである。そこで働いている安定化原理は、代替解決策を要求するという形式をとることになる。原子力発電所を廃止しようとするなら結果として、「他のどのような方法で電気を作り出せばよいのか」との問いに直面するのである。

再安定化機能が機能システムに移転するとともに、安定性自体が動態的な原理となる。またそれによって安定性は、間接的に変異の主たる刺激因ともなるのである。(142) 機能システムが変化に備えつつ自身を維持していくのは、〔変化によってもたらされる〕新しい形式が機能的に等価であるとともに、〔古い形式よりも〕全体として優越しているはずだという条件のもとでのことである。機能システムそのものによって、世界に革新がもたらされるわけではない。しかし機能システムは、革新に対して革新をもって応じる高度のポテンシャルを有してはいるのである。機能システムの内部に組織が形成される度合いに応じて、ますますそう言えることになる。というのは、組織は自分自身を、また自身の決定実践を、決定によって変化させることができるからである。(143) 中世における階層によって形作られた秩序ではすでに、教会・修道院・騎士団・都市・ツンフト・大学などの団体（Korporation）が革新的な機能を引き受けていた。その理由は何よりもまず、それらの団体が団体として安定していたがゆえに、身分秩序の外部において、構成員の生活共同体として自己を維持していくことができたからだった。この段階ですでに全体社会は、動態的安定性という形式を試していたわけだ。しかし〔階層的身分秩序という〕全体社会の分化形式〔そのもの〕には、この形式は組み入れられていなかったのである。[144] また団体がそのように〔階層分化秩序から〕距離をとっていたことから、その革新ポテンシャルがそれ自身に限定されたままだったこと、したがって近代への移行においてはむしろ硬直した、動きの取れないものとして現れてきたこともわかる。身分と団体からなる秩序は次第に、機能システム内部での組織からなる秩序によって置き換えられていく。そしてそれによって初めて、全体社会の主要なサブシステムそのものに、条件づけられた動態的安定性を形成する可能性が与えられたのである。

進化のステップがそのように進んでいくとともに、機能システムの選択様式は原理的に不安定な基準へと転換していく。もはや選択が、選ばれたものがもつ特質によって根拠づけられることはなくなる。今や根拠づけはただ、選択の基準のみによるのである。かくして国家理性について語られるようになる。政治は状況の圧力に対応できねばならないし、そのためには安定した道徳的、自然法的な規範を無視してよいのである、と。また経済が利益に定位することによって、生産を市場条件に継続的に適応させていくことが可能になる。〔個々の生産者はただ利益を追求するだけであって、全体としての〕釣り合いは、数学的な均衡理論に任せておけばよいのである。愛とは情熱であるはずだとの理念によって親密関係は、〔それぞれの事例ごとに〕独自の、しかしいずれにせよ有限で儚いなりゆきを辿るものと見なされることになる。「愛は結婚へと至るはずだ」との仮定は、その儚さを埋め合わせるものである。しかし残念なことにそれは、すでに結婚している者にとっては実用的ではないのだが。〔さらに芸術の領域では〕十八世紀後半以来、様式について語られるようになる。「様式」が指し示しているのは、事象的で形式的な〔つまりさまざまな作品内容に共通する〕、また時間的な〔すなわちある時代に制作された諸作品における、表現様式の〕統一性である。しかもその統一性そのもののうちにすでに、可能な逸脱への出発点が含まれているとされるのである。芸術作品として成功しさえするなら〔当の様式から〕逸脱してもよい、というわけだ。法においてもまた、法の妥当原理は法制定の実定性のうちにあると見なされるようになる。その結果、別の〔法を制定するとの〕決定が下されれば〔現在とは〕異なる法が妥当するはずだとの話になる。そして最後に近代初期の宗教においても、同様に諸基準の脱安定化が生じてきた。したがって宗教は、他のシステムの安定化を支援する可能性などもたなくなる。宗教のメディアは、神と〔諸個人の〕魂との境界が揺るがない〔＝踏み越えられない〕という事情のうちにある。〔両者はあくまで異なっているがゆえに関係が不確定である＝ルースであるという前提のうえで、さまざまな教義〔両者の関係のタイトな確定〕が生じてくるのである〕。キリスト教圏では両者の関係を、聖書を手がかりとしつつ、啓示された真理に対する信仰としてまとめ上げることができた。そしてそれを補足するのが教会の機構上の秩序であり、懺悔であり道徳決疑論などである、というわけだ。しかし中世後期の神学上の論争以降、また魂の個体化〔個体性＝自己言及性〕がますます進展するようになって以降、このメディアにおいて形式を構築する可能性に関しては、問題含みとなっている。具体的には、魂の救済の条件が問題と化すのである。最後には、伝統的なテクストでは〔どうすれば救われるのかという問いに対して〕もはや十分な回答が与えられないという事態にまで至る。教会および教会の恩寵管理によって媒介された確信も、イエズス会の生活相談活動も十分ではなかった。また、信心を参照してみたところで〔信仰ノミ sola fides〕、さらに魂の救済を自分自身で〔善行を行うことにより〕手配するということのうちになら確実性を見いだせるだろうと考えることでも、やはり不十分だった。このように〔どのシステムにおいても〕選択基準は一貫して、不安定性に備えているのである。この事態が、コード化された諸機能システムをプログラム化するためのプログラムとなる。つまり、〔不安定さが安定した基準となるという意味で〕新たな《不可侵のレヴェル inviolate levels》が導入されなければならないわけだ。それはゼマンティクの上では十九世紀流の、価値をめぐる概念構成の形式で、また構造的には機能システムのオートポイエティックな自律性という形式において生じたのである。

今や安定性は〔各システムに〕内在しつつ、しかし同時に代替選択肢に対して開かれたかたちで、確保されている。しかも世界の確実さに依拠することなしに、である。さらにその確保のためには、全体社会の記述に依拠する必要もない。〔機能システムとともに〕分出するのは、〔当の〕機能に関連した代替選択肢の束だけである。ただしだからといって〔代替選択肢を考える際に準拠点となる〕問題をあまりにも抽象的に定式化すれば効果がなくなることがわかっている。というのも、そのように定式化してしまえば〔何が生じてもそれは代替選択肢のひとつだということになるから〕、継続的な再安定化プロセスにおける変動の程度を評価するために十分な情報を得られなくなってしまうからである。進化論の観点から見て注目されるのは、機能システムが変異を経由して安定化されていること、つまり安定化メカニズムが同時に進化上の変異の原動力として機能していることである(145)。こうして全体社会の進化は、それまでには知られていなかったほど加速されることになる。安定化と変異は、あたかも回路がショートしているかのように、重なり合って生じるのである。全体社会にわたって義務を課す道徳の拘束を放棄するような、また安定性を顧慮することを完全に放棄するような選択基準を選択できたのは、ただこの理由のみによる。新奇さ・批判・交替のゼマンティクを真剣に提起することができたのも、つまりは変異をそれ自体として、逸脱扱いすることなしに構想し歓迎することができたのも、まったくこの理由によっている。こうして全体社会は歴史上かつて見られなかったような道筋で、自らを鼓舞するのである。全体社会の敵対者でさえ、むしろ敵対者こそが、この事態によって利益を得ることになる。以上からの帰結として、全体社会システムの構造において変動が生じる頻度が異例なほど高くなって、個々の人間の生涯の間に目にすることができるようになるのである。エドワード・A・ロス[25]は、《われわれは十戒を毎年補足していく必要がある》と嘆いている。(146)「変異／選択／再安定化の分化の程度は、進化的変動のテンポと相関する」という進化論の仮説に対応しているのは、他ならぬこの事態なのである。

以上すべてに従うならばシステムの安定性という概念は、新たなかたちで把握されねばならなくなる。構造的矛盾や動態的安定性という概念を承認することによって、すでにこの方向への歩みが進められていた。しかしさらに、こう疑ってみなければならない。安定性はそもそも二値論理学によって記述されうるのだろうか。つまり「安定性／不安定性」相互の関係を、「A／非A」のように〔相互排他的なものとして〕扱いうるのだろうか、と。むしろ自己言及的なシステムが形成されている仕方を見れば常に、そこでは複数の代替選択肢が同時に存在しているというかたちでオプションが開示されていることがわかる。それゆえに両者の統一性はパラドキシカルに記述されねばならない。そして変動が外部から引き起こされうるのは、ただ〔システムは内的にパラドキシカルであるという〕この理由のみによる。流水は、それ自身のうちに、氷へと凝固する、あるいは気化する可能性を含んでいる。外的な気温の変化が凝固ないし気化を引き起こしうるのは、だからこそなのである。コミュニケーションという形式によって、提示された意味に対してそれを受け入れたり拒否したりして反応する可能性が与えられる。ただそれゆえにこそ、心的システムの意識状態を経由する外的な変化が、全体社会に影響を及ぼすことができるのである。だからといってそこから弁証法的理論が帰結するわけではない。弁証法なら、システムは、自身が産出した内的な対立そのものが論理的な不安定性を孕んでいるがゆえに、綜合を試みるはずだ云々と仮定することになるだろう。むしろ進化から生じてくるシステムにおいては、システム内部のどの作動も特定のものを、他のものを犠牲にしつつ実現する。それによって、そのつど用いられている区別の内的な境界を《横断する》ことが可能になる。そのためには、契機や機会が与えられさえすればよいのである〔つまりパラドックスの解決は、内的な「矛盾」ではなく、外的・偶然的な契機によるのである〕。

近代の機能的に分化した全体社会を記述する際には、もはやこの事態を考慮せずに済ますわけにはいかなくなる。というのもこの事態は全体社会システムの外的関係のみならず、内的関係に関してもあてはまるからである。それゆえに丸山孫郎がまったく新たな非定常状態を想定したのは、おそらく正しかったことになる。それまでにも目立たない変動はあったし、時には突然の大変革も生じていた。しかしそれらは常に、ある定常状態から別の定常状態への変化・変革だと考えられたのである。したがって全体社会を、常に定常的なものとして記述しておけばそれでよかった。またそれに対応して、恒常的な秩序の〔想定に基づく〕エピステモロジーを受け入れることもできた。近代社会へ移行することによって初めて《メタ転換 metatransition》が、すなわち定常状態から非定常状態への移行が生じたのである。そしてその時初めて、この事態に適したエピステモロジーもまた成立してくることになった。(147) システム分化の相異なる形式の区別を、〔変異／選択／安定という〕進化上の機能が進化によって分化するという理論と結びつけることによって、以上の事態を説明できるのではないだろうか。

ここまでで得られたのは、まだきわめて一面的な記述にすぎない。他の側面をも、すなわち〔近代社会という〕この全体社会がもつ保守性をも考慮しておかねばならないのである。変動を反応のかたちで計画するという方法では〔非定常的な社会に〕ついていけはしない（自由に選択された、目的へと定位した計画については論じる必要すらないだろう）。しかし決定理論の場合なら、《限定合理性 bounded rationality》[26]だけを要求すればよい。そこでは方法が、非知に対するブレーキ、非知の展開〔すなわち、区別による処理可能化〕となる。また複雑性が情報の欠落であると定義されて、〔本来ならば処理不可能であるはずの「欠落」が、あたかも取り扱い可能であるかのように〕実践されるのである。再安定化の水路づけが組織によってなされている以上、つまり決定を介して進行する（したがって、《決定後の後悔 postdecisional regret》の対象とならないよう守られる必要がある）(148)以上、〔そこでは合理性の限界や非知が所与として前提とされているから〕改革に対しては抵抗が生じることになる。まず〔所与の非知に基づいて〕行為と決定がなされ、その後で回顧的に〔その行為や決定がもっていたとされる〕意味が伝達されるのである。(149)しかし全体社会は幸か不幸か、組織の水準で進化するのではない。

〔近代社会として結実している〕この結果は、進化論から見れば異例とも言うべき、一回限りの事例である。もちろん進化が、自身が踏まえている基体のうちに含まれる可能性を汲み尽くしてしまったことなどかつて一度もなかった。タンパク質・光合成・意味・言語、いずれの場合でも同様である。だからこそ、構造的に決定されたシステムが常に分岐していくという事態が生じてきたわけだ。存在の充溢は、実現された可能性が多数あることのうちに存しているのである。全体社会の進化によって、無数の部族的な全体社会が生み出されてきた。高度文化は、数え方にもよるが、二〇例から三〇例に及んでいるではないか。それに対して機能的に分化した全体社会は、ただひとつの事例しか存在しない。これはただひとつの事例における進化だという話になるのだろうか。だとすればそこからの帰結として、冗長性と回避策の備えをすべて放棄しなければならないように思われる。〔今現にある〕この全体社会がもはや存在しなくなる場合には、それ以上いかなる全体社会もない、と〔現在の全体社会そのものから新しい形式が成立してくるというのなら話は別であるが〕。われわれは後ほど、全体社会内部での進化の可能性について検討してみることになる。(150) しかしそれだけでは明らかに、〔ひとつの全体社会の中で、多様なものの分岐がいかにして生じてくるかという〕今提起された問いに対する適切な答えとはならないだろう。答えを見いだしうるのはただ、全体社会そのものの中にだけである。例えば〔変化の〕テンポについていく能力、欠損が生じた場合には代替物を見いだす能力、予測しがたいことに対する備えを蓄積していく能力のうちに、である。とりわけ、これらの必要性が社会化する効果を及ぼすこと、人間の意識システムを〔それらが必要であるという〕事態に適合させることを挙げておこう。長期にわたって〔近代社会とは〕別の文化の中で暮らしてきた人間がそのような条件のもとに置かれれば、落ち着かなくなってしまうのは自明の理ではないか。

VII　変異、選択、再安定化の分化

ここまででわれわれが示そうと試みてきたように、全体社会の進化のためには進化上の機能の分化が必要となる。また進化によってこの分化が実現されもするのである。進化上の機能の分化とはすなわち、

各機能の分化が相異なる事態を通して実現されるということである。その際、進化が進展し、進化上の機能がますます分化していくようになるにつれて、〔三つの機能のうちのどれとどれの〕分離が〔当面の〕問題となるかは、変化していく。文字をもたない環節的全体社会では、変異と選択を分離するのは困難だったはずである。そこではコミュニケーションのためのシステム形式として利用できたのは、対面状況での相互作用だけだったからである。またシステム分化の環節的な形式によって、全体社会内環境のどこにおいても類似した状況を前提できるよう整えられることが可能でもあった。〔西欧中世のように〕高度に洗練された社会では文字によって、また〔階層間の、あるいは中心／周辺の〕不等性に基づく分化によって、〔変異と選択の〕初歩的分離は容易に進展していく。ところがまさにそれゆえに、選択と再安定化を区別することが困難になる。選択は攪乱への応答として、平穏な状況を、全体社会の安定した状態を再確立することとして把握されるからである。さらに選択と再安定化の間にも分離線が引かれれば、主として機能的に分化した状態への移行が可能になる。その時、問題はまた移動する。そこでは、すでに見ておいたように、再安定化と変異とを区別をすることが困難になってしまっている。このように全体社会的な分化の形式は明らかに、進化上の機能の分離に関してどこが重点的な問題となるかに相関しているのである。

それゆえに一面では、全体社会内部においてシステム分化の示差的な〔環節／階層／機能という、相互に区別されうる〕形式が成立してくるのは、進化の結果としてである。全体社会の分化形式自体が、進化の成果なのである。しかし他面では逆に分化形式が進化そのものに影響を及ぼすことにもなる。どの形式も、進化上のメカニズムの分離を行うにあたって、それぞれ特殊な困難に直面するからである。後ほど改めて詳細に論じることになるが〔三つの〕分化形式は、どれくらいの構造的複雑性を可能にするかという点でも、またどんなゼマンティクを用いて〔分化に〕関連する問題に対処しようとするかという点でも、相互に異なっている。この違いが、進化上のメカニズムを制度的に分離する可能性を左右することになるのである。例えば高度に洗練された社会は「中心／周辺」の分化に依拠していたが、そこではすでに基準を定式化し、適用する〔つまり、基準への適合性という点で機能的に等価な事態を考える〕可能性が存在していた。しかし社会のうちに組み込まれた不等性を守る必要もあった。騒乱を防がねばならなかったのである。それゆえに安定性に結びついたゼマンティクが必要だった。選択はこのゼマンティクに定位しつつなされていたのである。機能分化の体制の下で初めて、脱安定化作用を発揮する選択基準が生じてくる。だがその結果、安定化と変異の差異が腐食してしまうことにもなる。そこでは安定性は主として柔軟性・変化可能性・決定〔による変更〕可能性を踏まえねばならなくなっているからである。このように〔ある〕分化形式から〔別の〕分化形式への移行とともに、〔分離問題の焦点の〕変遷が生じる。同時に構造変動の頻度が、またしたがって進化のテンポが変化することにもなる。あたかも時間そのものが加速していくかのように、である。

以上の考察によってすでに明らかなように、進化上の機能が分離し、また（偶然に依存しつつ）再結合されるのは、自然法則に基づくものではありえない。またそれは、弁証法的プロセスの必然性に依拠しているわけでもないのである(151)。分離と再結合がそのように生じることを予見しうるような、永遠の世界秩序など存在しない。進化は進化の賜物である(152)。進化は、進化メカニズムが分化するための条件を構築することを通して、自分自身を可能にする。すべてはいかにして始まったのか。この点は《ビッグバン》やそれに類した神話に委ねられねばならない。それ以降の進化の開始点すべてについては、「システム／環境」の差異を〔すでに成立していることとして〕前提にしてもよい。したがってまた、〔区別によって世界を二重化するという〕多重化メカニズムを前提とすることもできる。このメカニズムによって成立するシステムの作動は常に、諸現象の混在状態に対処できる。〔何らかの区別によって現象を、例えば〕無秩序ないし秩序として、偶然ないし必然として、予期可能なものないし〔不意打ちによる〕刺激をもたらすものとして構成すればよい。そうすることでそれらを〔完全な、何ものからも区別されえないカオスとしてではなく〕変異として構成することもできる。その変異こそが選択圧力を生ぜしめる、というわけだ。[27]それゆえに自己言及的な進化の理論は、事象の《根拠》をもはやその端緒（arché, principium）のうちに追い求めはしないのである。この理論は伝統的な説明様式を、差異理論的説明様式によって置き換える。後者において肝心なのは進化上の〔三つの〕機能の差異を特定することであり、進化するシステムの経験的なリアリティにおいてそれらの機能が分離していくための特別な条件を、可能な限り厳密に位置づけることなのである。このようにして進化論からは歴史的研究のための、事実上終わりのない研究プログラムが生じてくるのである。

進化がプロセスではなく、また進化においてはその機能が〔進化によって分離可能になるが、同時に進化はこの分離によって進展するという〕循環的な関係を取り結んでいることが前提とされるというのであれば、進化の理論はさしあたり時間を度外視することになる。しかしまた進化が時間の中で起こっているという点に関しては、疑念の余地がない。こう述べることでわれわれが考えているのは、構造転換が生じた日時を特定しうる〔といっても、実際には〕多少とも長期にわたる時間枠を指示することになるのだろうが）ということだけではない。構造転換は単に時間の中で生じるというだけでなく、〔その時点で〕進化そのものによってすでに成立している歴史的な状況をも利用する。その状況はあるいは一回限りのものであるかもしれないし、また〔場合によっては〕ある種の類型を示しているかもしれない。後者の場合なら、〔それが個体的な出来事ではなく類型であるということによって〕進化上の成果が多数回にわたって成立すること（眼〔という身体的メカニズムが種々の系統を異にする生物において登場すること〕や聖約Testament〔が旧約／新約聖書のかたちで、複数回取り結ばれたこと〕などを考えてみればよい）の蓋然性が高くなるだろう。その種の状況は一方で〔構造転換の〕機会を与えるが、他方で制約を課しもする。なるほど選択の可能性が与えられはするのだが、それを再生産することが可能になるのは、特定の条件のもとでのみなのである。前適応的進歩（preadaptive advances）、進化上の成果、歴史などの概念を扱う際に、またこの点に立ち戻ることにしよう。さしあたり確認しておきたいのは、進化論において日時を特定するために時間計測が用いられる場合でも、線形的な時間概念が踏まえられているわけではないという点である。むしろ、構造的な革新が時間の中で生じる場合、その時間は歴史上一度限りの現在という形式を取るのである。その現在のうちで、機会と制限の組み合わせが使用可能になるわけだ。他ならぬ組み合わせとして、である。というのは安定性なしには変異と選択が存在しないのと同様に、制限なしの機会など存在しないからだ。換言するならば、進化が可能になるのはただ経験的な具体物布置の中でしかない。つまり進化論は、進化が生じることによって変化したものとして、したがって新たなものとして何が登場してくるのかを、因果的に説明することなどできないのである。

同じ洞察を、システム理論によって獲得することもできる。あらゆる進化の基礎にはシステムがある。

要素となる作動が分解不能なかたちで連関していること、構造形成、外に対して境界づけられたシステムの作動上の閉鎖性を考えてみればよい。進化上の機能の分化は、因果的な分離が生じるということを意味しないのがわかる。分化という以上、変異／選択／再安定化の機能が進化するシステムによって調整されているわけではないし、互いに適合しうるものでもないということが想定されてはいる。調整と適合が可能だというなら、はじめから《システム維持》に貢献するものとして選別しうる分だけの変異しか生じないという話になるだろうから。目的に即したこの種の調整が放棄されているということはすなわち、変異が肯定的に選択されるか否定的に選択されるかは、システムから見れば偶然に他ならないということである。さらにまた、独自の基準を踏まえたこの選択がシステムの中で安定化されうるか否か、またそれはいかにしてか。この点もやはり偶然による。ここでは《偶然》ということで、進化するシステムの環境に対する感受性を〔三つのメカニズム間の〕内的な境界によってコントロールすることはできないという点が示されてもいる。したがってそこでは偶然に存在している、場合によっては一時的な環境条件が〔システムに〕影響を及ぼしうることになる。またシステムはそのようにして、計画を立てることなしに〔偶然の〕機会を利用する。それによって、他の歴史的条件においてなら不可能だったはずの構造変動を、首肯性のあるコミュニケーションとして貫徹することができるのである。聖物を扱う権限のある役割と権限のない役割という差異がすでに存在していたところに文字が導入されることによって、新たな可能性と同時に新たな問題が浮上してくる。例えば、犯すべからざるものと見なされてきた伝統を確定するという問題を考えてみればよい。タルムードに基づくユダヤ教の発展および聖典解釈の問題の扱いにおいて、イスラム教やキリスト教の場合とは違いが見られるのも、その点によるものかもしれない。ユダヤ民族の政治的な統一が破壊されたために、政治が神学論争の一陣営を選別して支援し、安定化するといったことは期待できなかったのである。[28] また、ヨーロッパが地域的・政治的に環節化することによって（つまり、十一／十二世紀において〔神聖ローマ〕帝国の理念が教会の抵抗によって挫折したことにより）[29]、地域ごとにきわめて多様な進展が生じてきた。それぞれの地域は、実験を行うかのように進展に対処したのである。実験〔的な試み〕を用いて、あるいは他の地域に対抗しつつ、機能分化へと向かう道筋を〔独自のかたちで〕定められたわけだ。例えばフランスでは、すでに非常に早くから国民国家が存在していた。しかし芸術理論の文献が登場してくるのは、ようやく王立絵画彫刻アカデミー（Académie Royale de Peinture et Sculpture）の設立（一六四八年）以後になってのことだった。そして文献もアカデミーも、ともにイタリアを手本としていたのである。[30] 以上の考察によって、内生的に／外生的に引き起こされた進化という、理論上の古典的な区別もまた廃棄されることになる（システム理論から見れば、もともとこの区別は維持できないのだが）。この区別はより複雑な理論によって、すなわち次のような仮説によって置き換えられねばならない。進化するシステムは、進化上の機能が分化していくにつれて、より多くの影響を外部から受け入れ、歴史的な諸状況により強く反応するようになる。そしてそれゆえにこそより速やかに（ただし常に、純粋に内的に）進化していくのである。

進化の機能が相互に分離すること（形式〔すなわち、相互排他的な区別〕として実現されること）によって進化が成立するのだとすれば、そこからの帰結として次の点が導き出されてくる。偶然は進化の営みにとって必要不可欠であるが、進化が経過していくにつれて偶然は、こう言ってよければ、より高度に組織化されるに至るのである。蓋然性の低い事柄が、すなわち偶然が生じる事柄が、ますます高い蓋然性をもつようになっていく。進化したシステムが高度に複雑な構造をもつに至れば、逸脱するものにより大きな可能性が与えられ、逸脱を処理するより大きな可能性が生じてくるからである。[153] さらにそこから、進化の経過とともに進化はより速く進行し始めることにもなる。もちろんだからといって、進化の経過とともにすべてのシステムが、あるいはすべての種類のシステムが、さらに急速に変化していくようになるというわけではない。反証としてすぐに思い浮かぶのはトカゲである。[31] したがって〔加速化ということで〕問題となっているのは次の点だけである。進化が進めば、形態形成的な変化も生じるようになる。この変化はより急速に進行するとともに、〔特定の形態＝構造という、相対的に安定した〕形式を産出しもする。この形式が、環境における、あるいはシステムそのものにおける、変化の高度なテンポを維持することを可能にするのである。

少なくともこの点において、進化論はシステム理論と研究上密接に関わってくる。システム理論ならこう述べるところだろう。（進化によって達成された）システム複雑性が大きくなればなるほど、その分だけ革新が生じる蓋然性が高くなる。変異／選択／再安定化という形式の必然性は、システム／環境という形式の必然性に対応しているのである。このふたつの必然性によって偶然は、「変異が規定されたからといって選択が規定されるわけではない。環境が規定されたからといってシステムが規定されるわけでもない」というかたちで位置づけられる。言い換えるならば進化するシステムは、構造的に決定されたシステムなのである。このシステムがより高度な組織化形式を備えれば、外的に誘発された偶然を内的に表象＝再現することもできるようになる。われわれは〔この事態を〕《刺激》として論じておいた。進化のテンポがより速くなればそれに対応してシステム境界が重なり合い、もつれ合い、融合

(Entdifferenzierung) していくというわけではない。むしろ逆である。生じてくるのは、刺激される可能性がより高まりつつも、作動の上で閉じられ、自己組織化されているという事態なのである。

「システムの安定化が変異の前提である」というテーゼ、要するに進化の進化というテーゼによって、ラマルキズムとダーウィニズムとの間の有名な論争は調停されることになる。いずれの場合でも進化は、そのつど自身が作り出した初発状況に依拠している。現在として集約された過去に依存している、と言ってもよいかもしれない。この現在としての過去が、そのつど何が可能かを限定するのである。これは有機体の進化において個体群が存続するケースに関しても妥当する。ラマルクの業績は、種と属 (Art und Gattung) という本質メルクマールは固定的であるとの旧来の観念に抗して、構造メルクマールが環境の変化に触発されて変化するという構想を広めたことにあった[154]。固定的な類型メルクマールに取って代わる、あらゆる生物がもつもっとも重要な構造的メルクマールとしてラマルクが挙げているのが《被刺激可能性 irritabilité》である[155]。このメルクマールは同時に、システムの環境関係を指し示してもいる。〔これまで登場してきたどんな生物においても〕この点は何も変わっていないのである。例の論争において論じられてきたのはラマルクがほとんど注意を向けてこなかった副次的論点、すなわち獲得された形質の遺伝可能性〔の問題〕だけであった。この点に関しては後の遺伝学によって、ラマルク説に反する判定が下されたようである[156]。いずれにせよ社会文化的進化の理論では、《ラマルキズム》を放棄することは常に不可能であった。というのもそこでは、記憶と学習が協働することで構造変動が生じる可能性については、まったく異論の余地がないからである[157]。すでに指摘しておいたように有機体的進化と社会文化的進化では、変異/選択/再安定化という諸機能をどのように配置するかという点で異なっているのは確かだろう。しかし進化の一般理論にとって決定的に重要な観点となるのは、それらの機能が継続的に循環的なネットワークを取り結んでいることであり、したがって進化そのもののオートポイエーシスなのである。個々の有機体の遺伝的配置がその生命活動によってはそれ以上変化しないということから〔すなわち、ラマルク説を否定する立場から〕出発する場合でも、やはりこの観点は有効である。

以上の中間決算によってわれわれが行おうとしたのは、ここまでの考察の成果を取りまとめて、一般的な進化理論の水準へと送り返すことだった。しかしながらこの概観は同時に、これから取り組まねばならない新たな問題群を生み出すことにもなる。そのうちのひとつは、連続性と非連続性の関係に関わるものである。言い換えればそれは、進化上の変化の漸進性と突発性の関係の問題なのである。その時々でどちらも存在するのは明らかである。この点に関して学術的な論争を行うのはどう見てもあまり意味のあることではない。一方の側に立つかそれとも他方の側に立つかを、大学教授たちに委ねることなど、およそナンセンスである。肝心なのはむしろ、さらなる区別を投入することである。その区別によって、「蓋然性の低い事柄の蓋然性が高くなる」という、出発点となるパラドックスを分解して、研究プログラムへと移行させればよいわけだ。われわれはこのテーマを、進化上の成果という概念で指示することにしたい。次節はこのテーマに当てられることになる。

以下で扱われることになるもうひとつの問題は、全体社会の進化が単一的なものか、それとも多数的なものかという点に関するものである。全体社会がただひとつのシステムである以上、全体社会の進化もただひとつでしかありえない。しかしだからといって、全体社会システムの内部においてまた別の進化が存在することが排除されるわけではない。こちらの進化は全体社会を、すでに秩序づけられている全体社会内的環境として利用できる。つまりこの進化は、全体社会そのものの進化から生じてくるのである。われわれは〔全体社会内部での進化の存在という〕この問題に対して、細部においては相当な疑念を呈しつつも、イエスと答えることになるだろう。

VIII　進化上の成果

進化の成果を一般的に記述するためには、「より高度な複雑性を可能にすること」などの定式化で十分である。しかしそれでは概括的な定式化にしかならず、ほとんど使用不可能である。それゆえに、そもそも何が高度な複雑性を可能にするのか、またそれはいかにしてかと、より精確に問い求めねばならないのである。かくして問題設定は、システムが統一体として記述される〔システムは複雑《である》というように〕水準から、システム構造〔が具体的にどのように配備されているか〕という水準へと移動することになる。この水準においても、進化の帰結を指し示しうる概念が必要となる。その概念によって、ある構造的配置が〔その〕機能的等価物に対して明白な優越性をもっているという点が示されねばならないのである。眼、貨幣、可動的な親指[32]、あるいはテレコミュニケーションのことを考えてみればよい。この種の定着した獲得物が、他のものに比べて複雑な事態とのより大きな両立可能性をもつ場合には、それを進化上の成果と呼ぶことにしよう[158]。

問題解決の中には、よりよいものもあればそうでないものもある。この事態は複雑性の問題と関連している。〔それに対して〕純粋に機能的に考えるならば、解決策は〔よりよいものであろうがそうでなかろうが〕《等価》である。したがって進化上の成果という概念は、ふたつの異なる評価水準に関わっていることになる。どちらの水準も、絶対的に妥当する価値をもたらすものではないのである。[159]〔一方で〕問題解決は適合的なものでなければならない。例えば文字は、記録という目的にだけでなく、コミュニケーションにも適合していなければならない。この意味での適合性は、問題設定がどう特定化されるか次第で（例えば文字の場合なら、あらゆるコミュニケーションに適していること、容易に読めること、音韻上独立していること、さほど解釈を行わなくとも読みうること、というように）、存在していると〔評価〕されたりされなかったりすることになる。〔他方で〕この評価水準と並ぶ第二の水準として、進化上の有利性が登場してくる。こちらにおいて問題となるのは、進化上の成果を取り上げて実行するシステムの複雑性に対する関係なのである。この観点から見れば〔進化上の〕成果がもたらすのは、複雑性を縮減することに他ならない。それによって、〔縮減という〕制限を踏まえつつより高度な複雑性を組織化できるようになるのである。道路網は〔道路以外の場所を〕移動する可能性を縮減するが、そのことによってより容易な、より速やかな移動が可能となる。かくして移動のチャンスが拡大され、そこから〔どこへどう移動するかを〕具体的に選択することができるようになるのである。複雑性の縮減による〔複雑性の〕増幅。進化上の成果は、より高度の複雑性と両立可能な縮減を選択する。それどころか高度な複雑性はしばしば、〔成果によって選ばれた〕縮減によって初めて（またしばしば、きわめて漸次的にのみ）可能になるのである。この定式化は非常に一般的であるがゆえに、多方面に適用可能である。〔複雑性の増幅ということで〕例えば、システムが把握可能な環境の複雑性がより高度になる場合を考えてもよいし、システム自身の複雑性がより高度になる場合でもよい。さらには独立性がより高度である（統合の度合いが低い）場合や、影響を及ぼす可能性がより多重的である場合も考えられる。[160] しかし複雑性の増幅が意味するのは何よりもまず、組み合わせ可能性の増幅である。しかもその組み合わせは通常の場合、全体社会の相異なる機能が結合されつつ生じるのである。この事態のゆえに、進化上の成果がひとたび可視的となり利用可能になれば、その種の成果は急速に安定化されるに至るのである。[33] いずれの場合でも複雑性ということで考えられているのは、歴史上〔の条件に依存した〕相対的な複雑性の状況である。先ほどの例で言えば、道路網がより多くの複雑性をもたらすことができるのは、移動可能性も改良され、遠距離交通が全体社会の一般的な複雑性ネットに組み入れられる程度に応じてのことなのである。この観点から見れば、進化上の成果のうちで、戦略上の中枢を形成するものがあることがわかる。それによって、全体社会のきわめて多くの領域において、より高度な複雑性が可能になったわけである。農業・文字・印刷機・テレコミュニケーションなどを考えてみればよい。

進化上の成果物に関しては一義的な原因は存在しない。農業の成立などに関してすら、事情は変わらない。きわめて多様な初発状況が《等結果的 äquifinal》に作用しうるのであり、〔同じ〕形式の発見を促しうるのである。この〔結果が収斂するという事態の〕前提となっているのは、進化において実際に複雑性を獲得しうる可能性は限られているということである。[161] それが生じるのは明らかに、放棄と獲得とが独特のかたちで組み合わせられているからである。つまり複雑性を構築するために複雑性が縮減されるわけである。かくして進化には「複雑性が増大していく」という意味でひとつの方向性が与えられる。しかし他方で同時に、特定の進化上の成果を知らない全体社会が存続するということもまったくありうる話なのである（未解決の問題に躓くことはない、というわけだ）。

われわれが進化上の成果という概念をこのように複雑化するのは、進化を純粋に機能主義的に構想することに対してなされてきた批判を顧慮してのことである。〔成果が〕適していさえすればそれが、次第によりよい問題解決が発見され貫徹していくという事態を、いわば〔単一原因として〕《引き起こす》というわけではない。機能関連から見れば常に、多数の可能な解決策が存在する。周辺状況の複雑性によって、それらのうちのどれが他のものよりも有利なのかが、さらに詳細に絞り込まれていくのである。これは、達成済みの複雑性に関わる問題でもある。〔複雑性が達成された後で、副次的な〕問題がどんな形式で生じてくるのか。それによって解決策の代替選択肢が視野に入ってくることになるのである。〔かくして〕進化上の成果という形式において、適切な諸構造が固定される。それに依拠するかたちで複雑性の獲得物が現実化されればされるほど、その成果は不可逆的なものとして組み込まれていく。もはやカタストロフィックな効果を及ぼすことなしに、成果を放棄することはできなくなるのである。

つまり進化上の成果が成立するのは、特定の問題解決に適しているからではない。むしろ成果によって、さまざまな問題が生じてくることになる。魔術が存在して初めて、それを何に使うことができるかが見えてくる。君主を放逐するために都市官職を設ける。その結果官職への就任が政治の問題となり、そのための条件が創出されていくことになる。これが後に《民主主義》として称揚されるわけである。このように進化上の成果という概念は、常によりよい問題解決を探求していくという観念を含んでいるわけでもない。むしろこの概念は次の点を説明してもくれる。全体社会の進化が、限られた適切性しかもたない、あるいはまったく適切ではない成果に留まることもありうる。それらの成果がそこから派生した要求水準を満たしている場合には、あるいは魔術の場合のように、まったく見抜かれることなく機能を満たしている場合には、そうなりうるのである[162]。

一連の周知の事態を説明するには、目的論的な（あるいは、それに続いて生じてきた機能主義的な）理論よりも、この道筋のほうがより適している。目的に定位しつつ問題を解決しようとする試みが存在することまでをも、否定するには及ばない。しかし広範囲にわたる進化上の成果はたいていの場合、今述べたようにして成立するのである[163]。誤った、あるいは異例の（状況ごとの、わずかな複雑性しかもたらさない）視点のもとで進化上の成果が発見され、発展していくこともしばしばある[164]。これはすでに触れておいた例だが[165]、漢字は占術の実践における複雑な解釈範型から成立してきたのである。あるいは、鋳造貨幣を考えてもよい。鋳造貨幣は、別の形式の貨幣（例えば帳簿貨幣 Buchgeld〔＝信用貨幣〕）が存在するようになった後もなお長期にわたって、家政の文脈において、例えば大商店や宮廷経済において発展していったのである。そこでは〔貨幣として〕特定の金属が用いられているということは、当初はただ〔その貨幣がどの家政で用いられているかという〕所有権を示すだけだと考えられていた。その金属によって〔貨幣の〕価値が公式に政治的に、あるいは宗教的に保証されるなどと見なされていたわけではなかったのである。しかしこの原硬貨は〔やがて〕、所属する家政の外部でも流通し始める。それは確かに家政において用いられえたのだが、そこではわずかの貨幣需要しか生じなかったからである。そうするとその後わずか数十年のうちに新たな鋳造形式が生じてくることになった。今やこの形式は他の機能をも、とりわけ価値を保証するという機能をも引き受けねばならなくなっていたのである。ここでも印象に残るのは、このブレークスルーが突然生じたという点である[166]。そこからさらに、経済のあり方総体が、さらにまた政治形態すらもが（《僭主政治》への移行[34]）革命的に変化することにもなった。さらにもうひとつ、双務契約の発明を例に取ろう。なるほどこの発明においても、互酬的関係を伴う信頼が前提とされて〔いる点で、発明以前の状態と連続して〕はいる。しかし今や感謝する義務を制度化する代わりに、債務の成立根拠としての双務性という法制度が生じてくる。履行がなされない場合には告訴がなされるのであり、〔信頼の対象外である〕外国人に対してさえ履行が求められるのである。この契約は、より広い地域を管轄する流通法規に適していた。これによって〔ローマ民法の中で、またその後の十一／十二世紀のヨーロッパにおける法の発展の中で〕刑法による法的保護と民法による権利保護を分離することが可能となった。そこでは当初、契約に基づく訴訟はもっぱら限られた、厳密に類型化された事例に関してだけ認められていた。しかしその後この発明が法学において、一定範囲で使用可能になり、さらに中世後期以降において急速に拡大していく結果になるのである。

やはりしばしば観察しうる事柄だが、定式化が、またそれによる正当化が見いだされるのは、対応する実践が貫徹され、通常のものとなった後でのことなのである。革新は、当初は無名のものとして導入されることで容易になるわけだ。例えば《世論》という政治的概念について語りうるのは、十八世紀後半以降に関してのことである。またそれがヨーロッパに広く普及したのは、ようやくフランス革命以後になってのことだとされている。しかし本当の意味での革新は、政治的パンフレットのために、あるいは十七世紀のイングランドにおいて議会に対する請願書を配布するために、印刷機が用いられたことのうちにある。印刷機が用いられていることだけからしてすでに、〔パンフレットや請願が〕向けられているのは〔直接の〕宛先人にだけではない〔世論一般に対してもである〕ということが、また内密に処理してしまうことなどできなくなっている点が、明白になるからである。

進化上の成果によって、進化の帰結が固定化する傾向がある。成果を手放そうとする者などいないだろう。複雑性を扱う新しい可能性が獲得され、全体社会におけるその他の装置は、それに合わせられる。〔成果を〕廃止しようとすれば、広範囲にわたる破壊的な影響を伴わざるをえないだろう。したがって、廃止はほとんど排除されるのである。この水準での更新は、機能的等価物として代役を務めることができねばならない。したがって通常の場合、更新は完全な交替という形式ではなく、補完や特殊化という形式で生じてくる。例えば、金貨と並んで銀行券が使われるようになり、さらに銀行券に代わって国家によって保証された通貨と銀行口座が使われるに至る、というようにである。

システム内での複雑性の配置に関する重要な改善はしばしば、変化した環境の中でうまくやっていく必要性から生じてくる。アルファベットの場合なら〔その必要性とは〕、経済的な弁済のために記憶術を求め改善することだったように思われる。しかしその後口承テクストのためにもやはり記憶術が求められるようになる。それはおそらく、多数の歌い手や詩人たちが競合するという圧力を受けてのことであり、その圧力こそが文化財全体を文字化する方向へと導いていったのだろう。他でもない、〔これまで述べてきたように〕制限によって複雑性のチャンスがもたらされる場合、この種の経緯〔が生じているということ〕を考えねばならない。というのも更新が生じる時点では、それによって始まりうるものすべてを読み取ることなどまったく不可能だからだ。したがって〔更新を導入するためには、この更新はこれこれのものをもたらしたのだから有益だった云々という事後的な正当化とは〕別の根拠がなければならないが、それは〔更新が普及した〕後になれば忘れられてしまうのである。それゆえにこの種の事例では通常の場合、創発してくる構造は複数の機能に適合していることになる。ただしそれらの機能〔のすべて〕が同時に実現される必要はないのである[167]。つまり進化は、多機能性を順次実現するということの可能性から利益を引き出しうる。そのようにして機能的な特殊化を〔順次に実現しておいて、そのうちのどれかを選択して〕利用できるのである。より後で生じてくる文脈内では、すでに周知のものとなっている構造をもう一度《選任し cooptiert》[35]さえすればよいわけだ[168]。

〔ある成果ないし構造が〕メルクマールを同一に保ちつつ、ひとつの適応の文脈から別の適応の文脈へと転換を遂げること。これは生命システムの進化においてさえも稀な事例ではなく、むしろ典型的な事象なのである。同じことが全体社会の進化に関しても成り立つ。ここでもまた、進化上の成果の創発が事前発展によって、すなわち《前適応的進歩 preadaptive advances》[169]によって促進される、むしろそもそも可能となるということが、通常の事例として現れてくる。その例となるのは、コミュニケーション・メディアの総体という巨大な成果である。しかし、仔細に見てみると、これと同じことが多くの事例に見いだされる。家政経済が都市政治ないし領邦国家の政治に適応するためには、ギルドやツンフトがきわめて重要だった。しかしそれらが成立したのは宗教団体としてであり、件の仲介機能を引き受けたのはようやく後になってのことだったのである[170]。熱情的な愛のゼマンティクが発展してきたのは当初、もっぱら婚姻外関係をめぐってであった。家族の形成が階層システムの中でなされている限りはそうであり続けた。配偶者を選択することが解禁されて初めて、性に基づく愛という観念は、結婚の根拠となるという最終的な機能を担うに至るのである。そしてヨーロッパにおいて件の選択を解禁することを促進したのは明らかに、〔結婚とは〕各世代内で家族を新設することであるという、すでにかなり以前から生じていた観念であり、経済的な自立が求められたこと（主人が承認〔し、その帰結として経済的援助を付与〕することによって代替可能だったが〕、〔上層において〕結婚年齢が平均以上に高くなったことなどだった。複雑性という点で有利な配置が成立しえたのはこのようにして〔後に回顧的に想定されるのとは別の理由から〕であり、それが何に適しているのかが発見されるのはようやく後になってから、より複雑な機能の文脈のためにそれを利用することが問題となる場合に際してのことなのである。《時には進化上の利点が、数の著しい増大というかたちで報われることもある》[171]というやや曖昧な定式化を、この理論を手がかりにして具体化することもできるだろう。伝統を多様なかたちで解釈することや、あるいは伝統を発見することとさえ、更新が〔更新として〕認識されないまま導入されるにあたって役立つのである。[172]おそらく最も有名な事例は、プロテスタントの宗教改革だろう。[36]別の例として、フランスにおける領主裁判権への批判とその撤廃を挙げておこう。この権利そのものは君主の《主権》に属しているのだが、問題はそれが《濫用》されることである、というわけだ。こう論じることによって、更新を更新として正統化し、貫徹していく必要はなくなる。更新は、過去〔＝伝統〕は自分自身の一部であるとの装いで登場してくることができるからだ。

進化上の成果はいわば試行として、たいていの場合はどんな射程をもつかが見通されることなしに、導入されうる。これは、「変異・選択・安定化の調整は偶然的要因に委ねられ続けざるをえない」との進化論の仮説と対応しているのである。進化上の成果が創発してくる文脈を十分明確に認識すれば、さらにいくつかの条件があることが明らかになる。《限定的な可能性の法則》は、この条件のひとつである。[173]よりよい解決策をあまり役に立たない解決策から区別しうるのは、顧慮されるべき適性の範囲が〔つまり、その解決策が何に適合していればよいのかが〕明確に限定されている場合に限られる。理論的に言えばこれは、進化上の成果の発展〔が生じるか否か〕は、構造上そこからどんな問題が派生してくるかという文脈においてのみ予期可能になるということである。単によりよい了解可能性が、あるいは複雑性のよりよい縮減自体がもたらされるか否かという観点のもとで予期可能になるわけではないのである。

かくして〔進化上の成果が生じるためには〕制約が必要だということになるわけだが、この事態はある範囲では《等結果的な》発展の可能性によって埋め合わされる。(174) 同一の成果が相異なる初発状況から発展してくることもありうる。というのも、ある問題解決策に対する代替選択肢があまり存在しておらず、またその策が多くの相異なる諸状況と両立可能であるなら、すなわちその解決策が一般化された装置として適用可能であるならば、それがくり返し発見されることの蓋然性が低くはないからである。その場合当の解決策は、それを担っていた〔つまり、その解決策を発見・採用した〕システムが脱落しても存続し〔て、他のシステムによってくり返し発見・採用され〕うることになる。

全体社会の進化の領域において成果が拡散していく力をもつのは、今述べたように可能な問題解決が限られていることと、等結果性とが重なり合って現れてくるからである。進化上の成果はもともとの文脈を踏み越えて、別のところでコピーされうる。この拡散現象は、不当にも進化論と対置させられてきた。〔実際には〕拡散は進化を前提とするのであり、進化上の成果にのみ関わっているのである。そしてもちろんのことその成果が今度は、進化上の機能が分化するうえで重要になりうるのである（文字を考えてみればよい）。むしろここでは、進化上の成果はしばしば、拡散によって初めて最終的な形式を獲得し傑出するのだという点に注意しておかねばならない。拡散の過程で成果が経験的にテストされ、彫琢され、一般化されるからである。例えばギリシアの重要な政治的観念が形成されて《和合 homónoia》

や民主制へと至ったのは明らかに植民地の建設過程において、つまり都市範型がコピーされることによってであった(175)。表音文字の成立にあたって、常にコピーされ他の言語に適用される際に、こうした事態が存在したのは、なおのこと明らかである。したがって起源となる形式を発見しようとしてみても、純粋に歴史的な基盤（Lineatur）〔37〕を、例えば〔あらゆる国家の〕起源となる土着的な国家形成を探求してみてもほとんど無益であるのは明白である。成果は拡散過程において初めて形式を獲得するのであり、その後の進化の基礎となるのはその形式だからである。

以上のすべての前提となるのは、全体社会システムがすでに十分に複雑であるという点である。そうすれば、相異なる問題解決策の間の相互依存が打破されることを見込みうるようになる。〔ある解決策を〕時間的に遅延させることが〔したがって、異なる策を順次に試してみることが〕できるようになるわけだ。かくして歴史の中で偶然に生じた条件を利用することもできるし、後になってから不必要なものとして切り離すこともできる。このような事象においては進化上の成果の定着は相対的なものである。すなわち、定常的なものであると前提される構造依存的な問題との関連の中で、〔進化上の成果の相対的な定着が〕確保されるのである。

進化上の成果という概念自体は、それに対応する装置の相対的な重要性については何も述べていない。農業はその種の装置のひとつだし、万年筆もそうである。後者によって、インク壺をそばに置かずに済むようになったではないか。ろくろ台の発明、祖父たちを発見することによる家族意識の拡大、コンピュータ、最後の審判までの時間的隔たりを架橋する煉獄の炎を考えてもよい。さらに印刷機を、あるいはまた（すでに〔活版印刷術〕以前から導入されていた）丁付けを挙げることもできる。丁付けによって索引が可能になり、また書物における参照指示が容易になったのである。進化上の成果という概念だけによっては〔このように成果を列挙することしかできず〕、展望は得られない。とはいえ次のように問うことはできる。《エポックメイキング》な成果と呼べるようなものが存在するのか否か。存在するとすれば、それを際だたせるのは何なのか。

ここで前章のコミュニケーション・メディアに関する議論と、次章の全体社会の分化についての議論とを考え合わせてみよう。そうすれば実際にある種の構造に関しては、それを変えようとすれば全体社会の複雑性に対して、きわめて広範囲にわたる《カタストロフィック》な影響を及ぼしてしまうということが明らかになる。コミュニケーションの流布メディア（コミュニケーションはまず文字によって拡張され、次に印刷機が、今日ではテレコミュニケーションと電子的データ処理が登場してきた）とシステム分化の形式（環節化・「中心／周辺」分化・階層化・機能分化）がそれに相当する。これらの区別をそれ自体として取り上げてみても、世界史上の時期〔を区分する〕構造となるわけではない。順序を逆転できないのは明らかだが（文字が発明される以前に印刷機は登場しえなかったし、環節化から機能分化へと直接移行することはできない）、こうした区別だけによって特定のプロセスが進行するよう強いられるわけではない。しかし劇的な形式変動を引き起こすような進化上の成果は、常に存在しうるのである。例えばすでに地位の違いが知られている社会に、家族の価値は同等であるとの観念が導入されれば、貴族階級は終焉に向かうことになるだろう。もちろん同時に〔貴族を中心とする〕中央集権化された相互依存関係がもつ長所もすべて失われることになるわけだが。それも含めて、あえてパラドキシカルに定式化しておきたいのだが、〔階層を撤廃するという〕それまでは不可能だった可能性が成立する。

その可能性を利用することによって全体社会は、次第に複雑性のより高度な段階へと進んでいくのである。

したがってコミュニケーションの流布メディアやシステム分化のような基礎的構造に進化上の成果が介入してくることによって、ある状態から別の状態への移行が可能になる場合には、観察者から見れば、相互に明確に区別されうる特定の社会構成体が成立したという印象が生じるのである。かくして、きわめて大胆に単純化して言えば、無文字文化と識字文化とを区別できるし、明確に階層化された全体社会を環節的な全体社会から、あるいは機能システムの作動上の閉じに基づく近代社会から区別もできるわけだ。しかしコミュニケーション・メディアと分化形式という区別のふたつの領域が存在するがゆえに、時代を一義的に区切ることはやはりできない。近代社会が始まったのは十五世紀において、中世後期の徹底的に組織化された大工房での文書生産から、印刷機を用いたテクスト製作への移行が生じたことをもってであると、述べることもできる。しかしまた近代社会の始まりは十八世紀であるとも言える。そこでは階層化が崩壊し、作動上閉じられた機能システムが新たに形成されていくのを観察できるからである。事態そのものによって、一義的な区切りが与えられるわけではない。したがって近代社会が歴史のうえで自分自身をどのように境界づけているかを知ろうとするなら、セカンド・オーダーの水準から観察を行わねばならない。近代社会が自分自身をどのように記述しているかを、記述しなければならないのである。

IX　技　術

「進化上の成果」の概念を、複雑性が増大していくという条件のもとでも保持し続けようとするならば、通常「技術」として指し示されている事態が視野に入ってくる。進化上の成果においては、既定の条件という文脈から何らかのかたちで切断されているということが前提とされている。例えば《情熱恋愛 amour passion》の場合なら、家族の利害から切断されていることが、である。技術に関しても事は同様である。それゆえにさらに一歩を進めて、技術（テクノロジー、技術化可能性など）を、進化上の成果の増幅形式として、特に重要な事柄を切り離して形成することとして把握することもできるのである。この点でロマンティック・ラヴは技術と比較可能であり、特別なメルクマールという点では同じ水準に属している。こう言えば最初は驚かれるかもしれない。むろん両者の相違は否定されえない。しかしその違いを考慮するためには、さらにいくつかの区別を追加しなければならない。特に、相異なるコミュニケーション・メディアの区別を、である。

技術を進化上の成果として性格づけることによって、《世界》、《社会》、《文明》自体が技術的なものになった云々と述べるような観念は退けられることになる。(176) それが意味しているのが「技術によって媒介された連関以外には何も生じようがない」ということだとすれば、そのようなことを考えるのは困難である。技術の発展によって、何が世界・社会・文明として体験されるかが影響を被るということは、もちろん否定されえない。しかし〔技術を、直接全体社会へと〕全体化しようとするような構想は、概念的にも経験的にも実現不可能である。われわれは、進化上の成果という概念によって架橋を試みることになる。

技術的な成果の進化を、単なる知識の応用として説明することはできない。この点に関しては現在では見解が一致している。[177] 一方では他にも多くの、とりわけ経済的な要因が関与してくるし、また科学のほうもしばしば、というよりもたいていの場合、特殊技術的な問題がどのように解決されうるのかを述べることができるような状態にはないのである。むしろ逆の事例のほうが頻繁に生じている。つまり科学研究の専門領域が、技術発展によって初めて登場してくるのである（鉄の生産から冶金学が、コンピュータによってコンピュータ科学が、というように）。こう述べたからといって、科学的に錬磨された知識の貢献を過小評価しているわけではない。その貢献は、《機会と制約との特異な結合 unique combination of opportunities and constraints》のうちにある。[178] さらにまた、問題と代替選択肢とに鋭敏な眼差しを向ける、専門的能力を用意するという点でも貢献できるだろう。しかしそれによって技術発展のための処方箋を入手できるわけではない。得られるのは進化上のチャンスだけ、すなわち蓋然性の高さの増幅のみなのである。

全体社会の進化においては技術的な配置が選好される。この事態は特に次の点と関連しているように思われる。すなわち、〔技術的配置では〕人為的な客体が問題となっているにもかかわらず、コンセンサスが節約されるのである。機能するものが機能する。すでに確証されたものが確証されていく。その点についてそれ以上見解の一致を求める必要などない。人間の行為を調整することは常に困難であり、コンフリクトを伴う。しかし技術によって経過が調整されている限り、行為の調整を省略することもできるのである。技術的な発明をもたらす原因がいかに偶然的なものであろうと、そこに進化が介入してくる。そして発明によって切り開かれた方向へと全体社会の構造を発展させていくのである。なるほど、そこにはリスクが潜んでいるかもしれない。またそのリスクに対しては相異なる評価が可能である。しかしその点が洞察されるのは〔技術が導入された〕後になってのことである。あまりにも遅すぎる洞察だと、言いたくなる者も多いだろう。その点を洞察してみたところで、さらに技術を追加することによってしか対処できないのだから、と[179]。〔特定の原因と結果との〕技術的なカップリングによってコンセンサスの問題は、目的の問題と手段ないしコストの問題とに分解される。かくして〔両者の〕関係づけのかたちで合理化戦略を展開できるようになる。ある目的は支出に値するのかを検証すればよいわけだ。技術が進化すれば、合理性もそれに合うかたちで構造化されるようになる。合理化することは、コンセンサスという未決のままに留まる、いわば周辺的な問題を解決する形式のひとつにすぎなくなるのである。

しかし技術とは何なのだろうか。概念史を通観して[180]さしあたり明らかになるのは、技術という問題は（したがって技術概念は）常に反対概念によって規定されてきたという点である。反対概念には、技術の行使が分出するのは何に対してなのかを把握するという課題が割り当てられてきたわけだ。そしてそこから、指し示しが反対概念によって規定される場合は常にそうなのだが、観察者の存在を見て取ることができる。したがってその利害関心について問うこともできるのである。例えば技術が器官の代用物として定義される場合（カップに依拠したゲーレン）[181][38]、この点は特に明らかだろう。いまだ宗教的、宇宙論的に理解されていた世界では、技術は自然から区別されていた。ギリシア人の理解によれば技術は、自然的秩序そのものを損なうという性格を有していた。それ自体としてそれ自体から生成する自然に対抗して、人間の力に固執することになるのだから、と。この問題を宗教的に解消しえたのは、進歩の概念によってだった。その時以降、技術は《人為的な》何ものかとして理解されるようになったのである。(182) 〔それに対して〕キリスト教思想では、自然概念は別の対立概念の上へと移されている。自然は恩寵から区別される。しかもそこでは、この区別の統一性を神であると考える可能性が付与されていた。その結果として技術概念は〔自然との対立から〕解き放たれる。今や技術は、自然法則がよりよく認識されていくにつれて、他ならぬその法則を模倣して発展していく可能性をもつと見なされるのである。

それに対応して中世後期以来次第に、「何が」を問うことから「いかにして」を問うことへの転換が生じてくる。これは活版印刷術（こちらもまた技術として整備された成果なのだが）によって一般に普及していったのである。美しきこの世界は単に宗教的に賛美されればよいのであって、実際上問題となるのは〔世界を改変することではなく〕世界に慣れることだけである云々というわけには、もはやいかなくなる。世界が〔現にあるように〕現れているという形式によって、いかにして成立してきたのか、いかにしたら人間自身の手でそれに対応する効果を生じさせることができるのかという問いが引き起こされる。初期ルネッサンスにおいてはこの転換は当初、古代の知識と古代の熟練とを再獲得することへの関心というかたちで構想されていた。しかしあるものを作り出すにはどうすればよいかが一度知られると、それを踏まえて目標を変更することも可能になる。新奇な、それまで考えられてこなかった現象を生じさせることができるのである。近代的な科学においては自然に関する理解は、〔常に新たになされる〕方法と実験という観点から定式化される。統治術についての学説の出発点もやはり、いかにすれば支配を達成し、権力の地位を保持しうるのかという問いなのである。観念すること＝前方に「立てる」こと

(Vorstellen) および、制作すること＝確「立する」こと (Herstellen) (ハイデッガー) という技術に関するゼマンティクも、外部に「立つ stehend」主体という仮定を徹頭徹尾助長するものである。その主体は外部から技術的な可能性を利用するのであって、主体自身が技術構造の種別に従うのではない、と。近代初期においては、技術はこのように、自然に関する知識を人間の目的へと適用することとして把握されていた。技術とは他でもない、神の創造と並行する行いであり、創造において見越されていた原型をコピーすることである、と。かくして《テクノロジー》という名称のもとで、その種の行いに関連する科学が求められるようになる[183]。今日では技術と人間性を対照させることがごく普通に行われている。しかしそれは、今述べたような自然＝本性と技術との密接な連関によって初めて浮上してきたのである。主観主義的哲学にとって、ロマン派にとって、フッサールの現象学にとって、ハーバーマスにとってすらも、両者を対照させることが決定的に重要だったのである。そしてそこから生じてきたのは技術への嫌悪であり、技術を必要悪として性格づけることだった。それゆえにこう警告されることになる。いわく、人間の自己理解が技術によって規定されるようなことがあってはならない。人間は、支配一般に対してと同様に、技術によって生じる依存性に対しても反抗しなければならない。人間が自身の人間性と自己規定を救い出したいと欲するのであれば、技術と支配によって条件づけられた疎外から身をもぎ放し、自身を《解放》しなければならない云々。今日でもさまざまなところで、技術が十分にコントロールされていないという嘆きの声が上げられている(そこで注目に値するのは、コントロールとしての市場が考慮に入れられていないか、市場ではコントロールとして不十分であると見なされているという点である[184])。だが右からの嘆きの声にしても左からのそれにしても、問題に関する明確な観念を踏まえているわけではない。しばらく前から、技術が何をもたらすかを評価しようとする努力が続けられているが、それによってこの問題が解決されたわけではない。未来へと委ねられているだけなのである。

これまで古典的な精神科学と社会科学も《技術》という対象をめぐる探求を続けてきた[185]。しかしそれらもまた、今述べた先行状態から自由になっていたわけではない[186]。その出発点は文化の概念か、さもなければ行為の概念であった。それゆえに技術という現象は、モノとしての基体へと限定ないし外化されることになる。なるほど技術の概念をエネルギーの使用という方向へ尖鋭化させることによって（そこではエネルギーは、仕事量（Arbeit）という新たな意味で理解されている[187]）、概念の分解能力が増幅されはした。しかし〔技術が〕人間的な関心事に対する反対概念であるという点については何も変わらなかったのである。現代の電子的コミュニケーション技術においてもやはり、というよりもそこにおいてこそ、技術的なネットワークを情報から、したがって文化的なゼマンティクから、明確に区別することが前提とされている。後者は技術的ネットワークを用いて伝達されるにすぎない、と。《人工知能》についての研究が取り組んでいるのは、《記号《シンボル》》を操作することであって、意味を形成することではないのである。

しかしやがて、技術と自然、あるいは技術と人間性（技術と理性、技術と《生活世界》など）という対照も使い古されてしまったということを示す徴候が増加してくる。自然科学そのものが、（観察者から独立した）自然概念を解体するに至っている。エコロジカルな文脈では技術と自然とは分離されえない。両者は不可分なかたちで混交しているのである。そうである以上、諸現象を「技術／自然」という区別によって秩序づけることは、もはや意味をなさないはずである[188]。技術は再び自然、第二の自然と化す。技術がどのように機能するかを理解している者などほとんどいないではないか。また〔理解しているという〕その点に関する了解を、日常のコミュニケーションの中で前提とすることも、もはやできないのである。遺伝子工学によって生産された有機体をそうでない有機体からいかにして区別すればよいのか（そもそもなぜ区別しなければならないのか）。遺伝子工学に反対しているということをコミュニケートできるようにという、それだけの理由ではないのか。ヘンリー・アダムズによれば、十九世紀のアメリカにおいて生じた驚異に数えられるのは《ナイアガラの滝、イエローストーンの間欠泉、鉄道システムの全体》なのである(189)。

別な観点から見ても技術的な人工物はなるほど一方で、近代社会をことさらに際だたせる、何かしら特別なものではある。しかし同時に人工物は成果物でもあり、それ自身から説明されうるものではない。十九世紀と二十世紀における技術発展に関する数多くの詳細な研究が示しているように、最終的に貫徹していく形式は、技術内在的な改善の論理に従って発見されるわけでは決してない。むしろそのような形式は、〔技術を〕取り巻く社会的な領野からの応答（Responsivität）によって、技術を使用し利用することによって説明されるのである(190)。これはすなわち、技術は匿名の権力のように全体社会を支配するわけではない、ということでもある。なるほど全体社会は、技術に関わることによって技術に依存するようにはなる。しかしその依存の仕方を、事前に合理的に計画しておくことなどできないのである。ただし〔技術がこのように「不自然な」成果であるのは確かだとしても〕、人類の生活と存続とがきわめて明白に技術に依存している以上（これは肯定的な意味においても、否定的で破壊的な意味においても言えることである）、本来的な人間性を、技術概念を定義する区別の向こう側に置こうとしても、〔そのような議論は〕

首肯性をもたないだろう。特に多大なリスクを孕んだ高度技術によって、さらにまた、技術的には確実に実行されるものと見なされる事柄に関しても予測可能性には限界があるという点によっても、問題意識の変化が生じつつある。その種の高度技術や実行のためには〔確実な実行を〕保全するテクノロジーが必要となる。しかしそれを機械によって実現できる範囲は限られた、不十分なものでしかない。したがって技術の概念をより広く捉えておくことが必要になる。技術概念は、今述べたような狭い意味での予測可能性と合理性にだけ焦点を当てておけばよいというわけにはいかない。より一般的な行為の形式化を、統制技術、条件プログラム化、計算技術などを考慮に入れようとするなら、なおのことそうである。貨幣に定位した計算技術こそが経済を発展させることになる。そしてこの技術によってごく近い将来ですら、予見不可能になるのである。新たな知をめざす研究は、〔新たな知を〕技術として実現しようとするまさにその場合において、効果という点で予測不可能になる。問題はますますもって次の点にあると思われる。技術の需要が増大していく中で、技術の類型的なメルクマールを確認することがまだ可能なのか。今後も可能であり続けるのか。それはいかにしてか。それとも進化上の成果の形式としての技術は、乗り越え不可能な境界に突き当たっているのだろうか(191)。

　今述べた状況と問題関心に適合する概念を求めるのであれば、技術を機能する単純化として概念化することが考えられるだろう。因果技術に関しても情報処理技術に関しても、そう概念化できる。因果技術において問題となるのは単に、何らかの理由で生じてくる原因がもたらす結果を認識すること、場合によっては予見しうることだけではない。原因自体が《脱ランダム化》されなければならない。つまり原因が偶然から引き離されて、ほとんどすべての世界状態において産出可能になる必要があるわけだ(192)。

情報処理技術に関しては、限界事例としては計算を、一般には条件プログラムを考えてみればよい。このプログラムは、予見された情報から、続いて何が生じてくるかを知ることができるという点で、冗長性をもつ〔つまり、個別状況を超えて反復的に機能しうる〕のである。どちらの場合においても肝心なのは、効果的な隔離という手続きである。世界のその他の部分を切除すること、異論の余地のない現実については（他の原因と結果であれ、他の情報であれ）考慮しないことである。これはすなわち、〔技術において登場してくるのは〕世界のリアリティから導き出しえない制約であるということに他ならない[193]。括弧に入れられ除外された世界が、目的とされた結果に対して影響を及ぼすのが防止されている場合には、〔今述べた隔離が〕機能していることを確認できる。したがって《技術》という形式を規定する決定的な区別は、コントロール可能な事態とコントロール不可能な事態との区別なのである。きわめて抽象的に定式化すれば、重要なのは複雑性の縮減に成功するという点であると言ってもよい。通常の場合は望まれたことが生じるだろう。技術によって、意図された成果がもたらされる、というわけだ。しかし、すでに述べておいたことだが[194]、われわれは複雑性それ自体を縮減したかたちで捉えることはできないという点をも知っている。複雑性をモデルのうちで再現＝表象することなどできない。モデルが機能している場合でも、残余のものが存在し続けているという点を、常に考慮に入れねばならない。したがって《成功する》縮減とは結局のところ、無害な無知なのである。しかし技術のこの概念によって、技術の投入が多くの社会的・文化的条件に服しているということまでもが否定されるわけではない。この点は、近年の技術社会学によってさまざまな形で証明されている。

いくらか異なる、ただし〔上記の概念規定と〕両立可能なかたちで技術を記述するために、タイトなカップリングとルースなカップリングという区別を用いてみよう。今日では《自然法則》に関する旧来の観念とは異なって）有機体の安定性のためには、生態学的な《均衡》の場合と同様に、タイトなカップリングを回避することが前提となると見なされている。攪乱を吸収できるだけの〔柔軟性をもつ〕頑強さが前提となる、と言ってもよい(195)。それに対して技術において成立する条件とは、タイトなカップリングである。したがってわれわれは〔ここにおいて〕、自然と技術との関係という旧来の問題が新たに定式化されているのを観察することになる。新たなこの把握法の利点として、自然界のシステムやシステム連関に技術的に介入することがもつ問題が明らかになるという点が挙げられる（それはまた、〔新たな定式化を行う〕動機でもある）。詳細に定式化していけば、「自然に関する知識が増大してもそれは、技術的な介入から生じる影響についての非知を増大させることにしかならない」と推測できるはずである。これは明らかに、近代医学がもたらした影響についても言えることである。

（ルースなカップリングと区別される）タイトなカップリングに焦点を当てるならば、技術が単に機能している限り、技術が機能しているのはどんな物質的な基盤によっているのかは、さしあたり些細な問題である。そこで関わってくるのは物理的・化学的・生物学的・神経生理学的な、あるいは意識の過程かもしれない。いずれにせよ、継続的に中間決定を下す必要から免れていさえすればよいのである。印刷機および読書技術という文脈を考えてみればよい。そこでは知覚と微細な眼球運動とがきわめて急速に連動するのだが、それは気づかれることなく進行していくのである。「読む」ということこそが、「物質／精神」や「技術／人間」という区別がいかにミスリーディングであるかを示す、好例となってくれるわけだ。問題はむしろ自動化されたプロセスの中に、いかにして代替選択肢が、したがって決定の必要性が再導入されるのかという点である。例えば、読んでいるものをまったく理解していないことを読み手に気づかせるには、どうすればよいのだろうか。技術は可能な限り撹乱とは無縁なものとなるよう設計され、作られている。まさにそれゆえに「いかにして再び撹乱されるのか」という問題を孕むことになる。撹乱こそが、〔技術が〕機能していく文脈にとって重要な問題に対して注意を促してくれるからだ。技術化された経過の中に決定の必要性を挿入する場合には、タイトなカップリングをルースなカップリングによって打破していることになるのである。

このように技術によって（常に「機能している限り」という留保が付くのだが）、まったく異質な要素をカップリングすることが可能になる。物理的に引き起こされた信号がコミュニケーションを生じさせるかもしれない。そしてコミュニケーションが脳をして、変速レバーの操作を誘発するよう促せしめるだろう。これらすべてが、（ほとんど）確実に反復可能なかたちで生じるのである。したがって技術は、オートポイエティック・システムの作動上の閉鎖性に対して、垂直に〔つまり、複数のシステムを縦断するかたちで〕作用する。全体社会の進化において、全体社会システムと環境とのカップリングを確実なものとするためには技術が召喚されるが、この事態も今述べた点から説明できるだろう。カップリングが確実になれば、全体社会システムの内部での情報処理プロセスと社会的技術化とをそれに結びつけることもできる。これは、オートポイエティック・システムの理論の定理と矛盾するものではない。無数の要素のうちのどれがカップリングされるべきかを規定するのはシステムであり、その際技術はやはり観察され配備されうるにすぎないからである。(196) 以上を考え合わせるならば技術は、われわれの出発点となったテーゼに対するよき証拠であることがわかる。そのテーゼとはこうであった。作動上の閉鎖性は因果的孤立を意味するものではまったくない。むしろ閉鎖性によって、システムが内的に自身の要素を処理することを通して環境とのカップリングを実現するという可能性が保証されるのである。同時にそこには、環境に由来する攪乱源泉に対する自己の感受性を整えるという可能性が存してもいる。ただしそのためには、重要なものを無視し続けるというリスクを冒さねばならないのだが。

能力・行為・決定に定位してきた伝統的な技術概念とは異なってわれわれは、新しい可能性が獲得できるという点をさほど強調しているわけではない。また技術的合理性という構想によって代替選択肢からの選択という点を強調しているのでもない。むしろ重要なのは、そのような選択領域を孤立させることである。世界は単なる代替選択肢から成っているのではない。そのどれかを採用したり、拒否したりすればよいというわけにはいかないのである。世界とは何よりもまず、同時に生じる〔すでにその点だけからして、コントロール不可能な〕事柄からなる無秩序である。つまりこの世界では、別の原因と結果が同時に実現されていたり、別の情報源が存在していたりするのである。同時性はカオスである。それゆえ、このカオスを〔取り扱い可能な諸領域へと〕分離するためには常に、〔それら領域相互を〕時間的・空間的に引き離す必要がある。(197) 技術的な形式を組み込むことができるのは、この時間的・空間的に構築された〔脱カオス化された〕世界になのである。したがっていかなる技術的形式を作るよりも前に、まずはシステムを形成することが肝要となる。システムが他のリアリティから距離をとり、他のリアリティを環境として扱いえねばならないのである。

一見したところこの技術概念はあまりに広すぎるように思われるかもしれない。例えば〔この概念によれば〕情熱的な愛をも、〔カオスに晒されてはいるが〕機能する単純化として把握することも、さほど難しくないではないか、と。しかしまさにその点が、ある種〔技術に〕随伴するテーマとして、常に論じられてきたのである。ドン・ファンというテーマを考えてみればよい。必要なのはただ、技術概念をあらゆる人間主義的な対立概念から切り離すことだけである。技術概念をそのように変化させることによって初めて、新たな連関を視野に収める可能性がもたらされるだろうからである(198)。技術という形式には、さまざまな利点が結びついている。可能な選択肢の領域が拡大されること、同一のものを異なる状況において比較し反復できることは、その一部である。それと関連することだが、経験を集積し、学習し、洗練を身につける可能性も得られる。つまり最初に発見されたことに、それ以上改善しえない形式を付与するに至ることも可能となるのである。さらに誤りを確定する可能性も与えられる。デザインに関してであれ作動の点であれ、事は同様である。さらにまた、インプットを必要とされるものに制限すること、すなわち、資源の配分を計画したり、合理化したりできるようにすることも挙げられる。最後に、次の点を特に指摘しておこう。システムが分出のリスクを技術のリスクに変換することによって外部関係を可視化でき、その関係をある程度独自にコントロールできるようになるのである。このように技術化によって、一般化と特殊化とが特殊な仕方で結合される。すなわち技術においては機能条件・修復可能性・代替の必要性がきわめて詳細に特殊化されていると同時に、まったく異なる状況で、しばしばまったく異なる目的連関のもとで〔同じ〕技術が用いられもする。ある技術の発展がもつ射程は、特殊化されており確実に機能し〔ていくという条件が満たされ〕続けるもとで、どれくらい一般化され多様性を身につけうるかによって規定されるのである（コンピュータやレーザー技術などを考えてみればよい）。

われわれは、技術の進化について語ろうとしているわけではない。技術の発展は、〔どんな点で〕改善が〔可能だと〕見込まれるかによって方向づけられるのであり、通常の進化がとるであろう速度よりもきわめて急速に生じていく。遺伝子工学によって手を加えられた有機体が、現在どのように利用されているかを考えてみればよい。厳密な意味での進化は、技術的な成果が自然環境や全体社会環境に取り込まれることによって初めて成立する。しかしそこから何が生じてくるかは、予見できないのである。

全体社会の進化にとって技術がもつ意義は、冗長性と変異性とのきわめて特殊な関係に帰せられうる。そしてその関係のほうもまた、全体社会のコミュニケーションに影響を及ぼすのである。(199) 人為的な冗長性が創出され（それは機能するかもしれないし、しないかもしれないが）、またそれと結びつく変異性も創出される。新たな目的・新たな価値・新たな計算・新たな誤謬が可能になるわけだ。コミュニケーションは、冗長性と変異性とがこのように特殊なかたちで増幅しあうという点を手がかりにしていくことによりインスピレーションを得て、相応の成果をあげうるだろう。しかし合理性についての判断は、他ならぬこの増幅形式に結びつけられたままであるがゆえに、全体社会的な合理性にまでは高められえないのである。そこから常に、技術批判への動機づけが生じてくるかもしれない。しかし全体社会の側に、技術的な可能性の探求を優先する（例えば軍事的ないし経済的な）根拠があるなら、そのように批判してみたところで無益というものだろう。

この二世紀において、技術の発展は急激に加速してきた。なかでも画期的だったのは、コンピュータが使用されるようになったことである。十九世紀においては機械が構想されるに際して目標とされたのは、エネルギーを節約し時間を獲得するということだった。この概念の基礎となっていたのは、拡張された行為図式である。この図式は、人間の身体が労働のエネルギーとなるとの観念に、また物と身体の輸送を加速するという可能性に、依拠している。しばしば論じられているように、十九世紀の後半にはそこから、機械に基づく巨大工業の発展が生じてきたのである。しかしようやくごく最近になって明らかになったことだが、コンピュータによってこの構想は根底から変化してしまった。コンピュータは技術〔の対象領域〕を、身体と物から記号へと移動させた。記号の意味は、他の記号へとアプローチしうるということにある。(200) 時間〔という次元において〕問題となるのはもはや、輸送が必要であるという点ではない。むしろ問題は、コンピュータ内部の不可視の機構を作動させるためには、またその結果を可視化するためには、指令を〔一度にすべて同時にではなく〕連続するかたちで下さねばならないという点にある。したがって機構そのものは普遍的な結合可能性という水準では同時的なのだが、その同時性はどこで、どの時点で使用を始めるかによって分解されねばならなくなる。機械的な処理過程は一義的だが、それは使用される文脈の多義性(有意味性)へと逆変換されることになるのである。だからといって、エネルギーの節約と時間の獲得という旧来の問題がいかなる意義ももたなくなる、というわけではない。しかしそれらの問題は、今後の技術発展にとっても、そこから生じる全体社会への影響にとっても、決定的なものではなくなっているのである。

さらに加えて、技術による単純化を用いて高度に複雑な技術的システムを形成しようとする傾向も存在している(大半はコンピュータに依拠してであるが、そうでない場合もある)。そのようなシステムは、確かに構築することはできるだろうが、攪乱が生じた場合には、事故を分析し解釈するうえで困難な問題を生じさせることになる。技術は持続的に機能するがゆえに、ある攪乱の結果がシステムのまったく異なる位置に現れてくることもしばしばある。したがってカスケードのかたちで攪乱が増幅されていくこともありうるのである。それゆえに技術化された経過をコントロールするためには、誤った行動を修正することや欠陥のある産物を除去するだけでは済まないのである。またしたがって、ハイアラーキカルな監視という形式でコントロールを組織化することもさらに困難になってゆく(201)。さらなる知性が必要になる。特に予期されていなかった事故が生じた場合には、損害を防ぐために速やかに知性を用いることが必要となるだろう。きわめて稀にしか用いられないような複雑な規則の体系〔をあらかじめ用意しておくこと〕によっても、また上層部に問い合わせることによっても、この問題を解決することはできない。したがってシステムのうちにはあらかじめ過誤に対する許容性が、あるいは危険に関して言えば冗長な防護措置が、組み込まれていなければならないのである。

今日では《革新》についてさかんに論じられているが、その理由をもっともよく説明してくれるのは、テクノロジーが遍く普及し、具体的に目に見えるかたちで存在しているという事実である(202)。機能している技術を観察することが、何を、どのようにして別様になしえたはずかを考えるための、重要な源泉となる。そこから例えば、しばしば確認されているように、実務家と顧客が技術的発展に影響を及ぼすという事態も説明できる。革新という点に関して言えば組織ですら、機能するテクノロジーであるかのように扱われるのである。確定した過去は透明な現在として現前する。それが、どのように変更すればよりよい結果に到達しえたはずだったかを考察するよう促すことになる。革新という概念を経由することでこの改善可能性は、全体社会一般に対する示唆へと高められるのである。そこでは現存する経過が回顧的に、テクノロジーが実現されたものであるかのように扱われる。そこにはまだこれこれの欠陥が、あるいは改善可能性が含まれているではないか、と。革新の概念がテクノロジーの実現〔という側面〕から抽象化されれば、支えを失ってイデオロギーの形式を取ることになる。新しいものは〔内容の如何にかかわらず〕旧いものよりもよいとされてしまうのである。

そうこうしている間にも、全体社会は技術に慣れ親しむに至っている。ただしこれは、全体社会そのものが一種のテクノロジーとなってしまったということを意味しているわけではない（そのように述べている文献が時折見受けられるが[203]）。その種のテーゼを経験的に論駁するのは容易なことである。それはまた、日々の日常経験に反してもいる。機能する技術への依存度が高まっているのは確かだが、そこから帰結するのはただ、技術が（特に、エネルギー供給技術が）崩壊すれば、われわれが慣れ親しんだ全体社会もまた崩壊するだろうということだけである。言い換えるならば技術の発展からは、無数の非自然的な自明性が生じてくるのである。われわれは、水洗トイレを操作すれば水が流れることから出発する。その点からもまた、独自の依存性が生じてくる。《われわれにより多くの選択肢が開示されるほど、われわれがその選択肢を開示するために用いる制度的な（特に、「技術的な」と付け加えておくべきだろう）枠組そのものは選択の対象とはならなくなる[204]》。構造的カップリング概念を用いれば、この事態をより精確に記述できる。全体社会のコミュニケーションは、あらゆる現在の作動において、技術を前提とし技術に依拠しえねばならない。作動〔が生じる現在〕の問題地平内では、他の可能性はもはや利用できなくなっているからである。技術以前の発展段階を〔復活させて〕導入することによって置き換えようとすれば、あまりにも多くの時間が必要となる。また事象面に関して言えば、そこから生じる帰結はあまりに重大であり、個別的には評価しがたい。それゆえに、全体社会を支える〔技術以外の〕

他の外的支柱へと転換することは、実際には排除されるのである。

技術へのこの依存の結果として、物理的な世界と全体社会との構造的カップリングを自然＝本性の概念によって捉えることは、もはやできなくなる。あたかも、自然＝本性のうちで根拠づけられた存在ノ類比（analogia entis）が存しているかのように考えるわけにはいかなくなるのである。この文脈では、自然＝本性の概念に代わって、エネルギー／仕事量、エネルギー／節約（Ökonomie）という二重概念が登場してくる。技術はエネルギーを消費し仕事量をなす。かくして物理的な所与性が全体社会と結びつけられることになる。この構造的カップリングもまた例によって、刺激を水路づけるために役立つのである。技術そのものによって、エネルギーから仕事量への変換の限界が定義され、変化する。それに伴って、われわれが直面しなければならないリスクも増大していく。未来は〔どんな〕技術〔が登場してくるか〕次第なのだが、その技術は現時点ではまだ利用できないのである。

技術によってリスクへのこの変換が生じてくるし、またそれは組織化された決定によって強化されもする。そこから生じる社会的帰結に関しては、どれほど重視してもしすぎることはない。技術という進化上の成果が全体社会に導入される。しかし全体社会のほうは構造的にもゼマンティクのうえでも、この成果に対してあらかじめ備えをなしているわけではない。もちろんどんな全体社会においても、そのつどの現在にあっては、未来はまだ知られていない。しかし以前の全体社会ではこの未知性を、外部から来る危険として現在化することができた。そしてそこから、社会的な連帯の有利さが浮かび上がってくる。(205) 連帯はいわば、万が一の危険に対処するためのセーフティ・ネットを提供してくれるから、と。他方である決定が、機会を活用したり事態が悪化することを防いだりするために必要だからという理由で合理的と見なされる場合には、全体社会は〔その決定から生じる〕リスクに直面することになる。[206] こちらの場合には〔連帯とは〕正反対の帰結が生じてくる。つまり決定者と被影響者の間にコンフリクトが生じるのである。それはすなわち、たいていの場合〔決定を下す〕組織の中で算定されるリスク計算と、そこから除外された者、にもかかわらず〔その決定の〕帰結によって影響を被るかもしれない者との間のコンフリクトなのである。というのも決定者にとってリスクであるものが、影響を被るかもしれない者にとっては外部から来る危険となるからである。ただし〔「外部から来る」とはいっても〕危険の起源はあくまで全体社会自身のうちに、決定のうちに存するのであって、そこへと帰属されうるのであるが。

連帯が必要とされ、問われている限り、絶対的基準への定位がなされ続けていることになる。したがってその基準が社会的に制約されているという点がテーマとなることはない。しかし〔実際には〕その基準は宗教的・道徳的・あるいは部族的（民族的）な内容を伴っていた。この基準も〔他の社会的制度と〕同様に、社会的な弁別効果を発揮する。ただしこちらでは同調的か逸脱的かに従って区別がなされる。逸脱する者は不信心である、野蛮人である、異教徒である、《サラセン人 saraceni》[39] であると、さらに後には非理性的であると見なされ排除されたり、追放されたりする。それらの人々に対しては連帯も道徳的な義務も存在しなかったのである。リスク・パースペクティヴへの転換によって弁別のこの形式は根底的に変化する。今やパースペクティヴの食い違いは、〔あくまで〕全体社会内部において生じるのである。この食い違いのゆえに全体社会は、未来をめぐって分裂するに至る。しかも誰が決定者の立場を占め誰が被影響者の立場となるかは、そのつど変化していくのである。ある者にとっては合理的である事柄が、他の者にとっては抗議と抵抗の理由としての説得力をもっていたりすることになる。

現在においても連帯は成立しているが、それはむしろ新たに形成されたものである。しかもそこでは原理主義的な相貌が浮上するに至っている。すなわち、〔それぞれの連帯が、自身が〕独自の宗教的・民族的他者性を〔帯びているという点を〕意識しつつ生じているのである。しかしそれはあくまで世界社会の内部においてのことである。われわれはコミュニケーション、〔エネルギーや情報の〕供給については、また技術に関してさえ、この世界社会に依存していることを知っているではないか。さらに加えて、大量生産、交通、エネルギーや情報の供給が技術的に繋ぎ合わされることによって、伝統的な地域社会の境界は破壊されてしまっている。機能分化によって空間的境界は解体される。技術の発展は機能分化と並んで、またそれと協働しつつ、《グローバル・システム global system》に不可避的に世界社会という形式を取らせる、もっとも重要な条件のひとつとなってきた(207)。これはわれわれの文脈で言えば、技術から帰結する問題を克服する際には民族的、あるいは国民的な連帯や利害関心上の結束に依拠するわけにはますますもっていかなくなるということである。政治的に見れば、まったく新たな威嚇とサンクションのポテンシャルが存在するに至っている。それは、ある地域を〔エネルギーなどの〕技術的な供給の恩恵から閉め出したり、あるいは逆に、エコロジカルにコントロールされた、あるいはよりリスクの少ない技術の発展に〔その地域が〕参加するのを拒否したりすることによるのである。

〔この現状に対する〕好意的な記述なら、多元主義について、あるいはポストモダン流に言説の多数性について語るところだろう。しかしそうすることでテーマ化されるのはただ社会的次元だけである。しかし問題の根源がむしろ時間次元のうちに位置していることは明白だろう。特に問題となるのは、未来の不確実性を現在化するためには、相異なる形式が存在するということである。技術によって、決定を通して不確かな未来を処理することが可能になるし、強いられもする。しかしそのために連帯を確立できるだろうなどと期待することはできない。共通の価値への定位すら期待できないのである。

進化論の文脈においては以上の技術理解に対応して、適応という構想が放棄されることになる。技術によって全体社会が、環境を変化させることなくただそれによりよく適応するなどということが可能になるわけではない。むしろ技術は、選択の可能性を増大させることによって、全体社会システムの固有の動態を展開するために役立つのである。それゆえにこの概念は、今後全体社会システムがどうなっていくのかという問題については、完全に未決のままにしておかざるをえない。リスクを伴う高度テクノロジーの領域において警告信号が現れていることは、現在では見逃しようがなくなっている。技術全体が徹頭徹尾エネルギーに依存していることを考えてみれば、十分なエネルギー供給を保証する技術が今後常に発見され続けていくかどうかは、なおのこと疑わしくなる。(208) しかも技術が今後進化していく中で、カオスが技術を凌いでしまうことも排除できないのである。

したがって、自然・精神・人間などに対置される概念としての技術概念は、今日ではもはや立ちゆかなくなっている。より緊要な問題となっているのはむしろ、技術という成果は進化の論理に従えば不可逆的なものだと言えるのかどうかという点である。だとすれば、技術の欠落はすべてただ新たな技術によってのみ補塡されうるということになるのか。あるいは技術を、必要に応じていつでもくり返し立ち戻ることができる、可能性のストックのごときものとして捉えてよいのかという点である。現在与えられている経済的諸条件のもとでは、多くの事態がこの不可逆性を支持しているようだ。資源の稀少性を、また退行がもたらす見通しがたいほど大きなコストのことを考えてみればよい（後者については、新たな発展がもたらすチャンスとコストが容易に計算可能であることと比べてみよ)。しかしこれはあくまで経済的な論拠にすぎない。はたしてこの議論が全体社会システムの将来の進化に耐えうるのか否かについては、現在のところ何とも言えない。もしかしたら、技術を供給するためのエネルギーが不足する状況になれば、その種の議論は不可避的に中止させられてしまうかもしれないのである[209]。

蒸気機関の時代において問題だったのは、蒸気ではなく機械であった。次第に技術というものが営まれていく条件が、またそれとともにエネルギーの生産が問題となっていくにつれて、事態は変化してきたように思われる。エントロピーの法則によってすでに、現在必要とされるコスモロジーが示唆されていた。全体社会の理論にとって、また全体社会の進化という概念にとってそれと対応する問題は、蓋然性が低い構造を再生産していくということのうちに存しているのである。

X 理念の進化

われわれはこれまで、全体社会の進化を単数形で論じてきた。つまり次の点は無視してきたわけだ。以前の時代においては多数の全体社会が存在しており、それらは種族や人口に応じてともに進化を遂げてきた。それらはいわば、全体社会の進化のためのヴァラエティ・プールをなしていたのである。この点と、あるひとつの全体社会システムの内部においてさらなる進化が生じうるのか否か、すなわち変異・選択・再安定化の差異を用いての非計画的な構造変動という概念を適用できる事例がありうるか否かという問題とは区別されねばならない。その種の進化が存在するとすれば、それが生じるのはただ

〔それぞれの〕全体社会の内部において、その全体社会との関係においてのみなのだから、共進化の関係を想定しなければならなくなるはずである。だとすれば全体社会の進化に関する理論も、より錯綜したこの事態に適合させられねばならないだろう[210]。

コミュニケーションの流布メディアとシステム分化の形式とを区別すれば、この問題はふたつの異なる下位問題へと分割されることになる。本節のテーマとなるのは、文字によるコミュニケーションが分離することが、文字によって書きとめられ、伝承され、まさにそうされることで変化していくゼマンティクが固有のかたちで進化していく契機となったのか否かという問題である[211]。われわれはそれを《理念の進化 Ideenevolutionen》と呼ぶことにしたい[212]。次節では、全体社会の部分システムの水準においても固有の進化が生じうるのかという問題を追求することになるだろう。どちらの問題に関しても現在の知識状況は、貧弱と言うのも憚られるほどのものである。

特に理念の進化を切り離す理由は、この進化が可能になる具体的な歴史的諸条件を無視すれば、結局のところ作動と観察の違いに帰せられる。あらゆる観察が実現されるのはただ、事実的な作動（ここでは、コミュニケーション）という形式においてのみである。それゆえに全体社会の作動上の閉じが生じるのも、やはりこの水準においてのことである。そしてそこにおいて、進化によって多様な構造が形成される可能性が生じてくるのである。その多様性は、作動の上で閉じられた全体社会システムの内部において、さらに作動上の閉じが生じることによってもたらされる。この点は、システム分化という観点のもとで次章において詳しく扱うことにする。他方でコミュニケーションが可能になるのは、観察の作動としてだけのことである。コミュニケーションは、伝達と情報の差異の意味が理解され、それによって後続のコミュニケーションが選別されるということに依拠している。観察もまた徹頭徹尾現実的な出来事である。つまり、作動なのである。観察は、作動の上で閉じたシステムの内部において接続能力をもつかたちでのみ、現実化される。そうでなければ、観察は行われないだろう。したがって観察が現実値（Realitätswert）をもつのは、認識を関心の対象としていた伝統総体において想定されていたように、対象が現実性をもつからではない。その対象の観察と記述が真であったり非真であったり、適切であったり不適切であったりすることによるわけではないのである。現実としての値はむしろ、観察の作動そのものの現実性のうちにのみ存している。それはすなわち抵抗に晒されることのうちに、ということである。ただしその抵抗が位置するのは対象としての外界の中ではなく、システムの作動そのものの回帰的なネットワークの内部だけである。あるいはこう言ってもよいかもしれない。〔観察の現実値は〕刺激を成功裡に処理することのうちに存するのだが、刺激それ自体のうちには、環境に関する情報は何ら含まれていないのだ、と。

　観察は特別な種類の作動であり、現実性を有しているのはその点においてである。同様にゼマンティクとは特別な種類の構造である。したがって作動と観察の区別に接続するかたちで、それぞれに対応する構造を区別しなければならない。すなわち、システム分化の構造とゼマンティク上の構造が区別されねばならないのである。後者が行うのは保持する価値のある意味を同定し、保存し、記憶し、あるいは忘却へと委ねることである。ゼマンティクによって作動が圧縮され、再認される。しかしその作動は観察としては、自分自身の作動に関して盲目的である。自分自身を観察することはできないし、観察しようとすれば異なるものの統一性というパラドックスに行き着いてしまうだろう[213]。他方で、作動が差異を産出するという事態は、観察者によって観察・記述されうる。他の観察の作動によって生み出される差異に関しても、事は同様である[214]。したがって作動と観察の関係は、二重の意味で循環的である。そのふたつの循環は、潜在的なものによって分離された状態にある。一方で観察は作動であり、作動するシステムをオートポイエティックに再生産する。しかしこの作動は自分自身を観察できないのである。他方で観察は、どんな作動にも狙いを定めて観察できる。さもなければわれわれは、作動について何も知らないはずだからである。

形態生成《モルフォジェネシス》の際にも、つまり進化によって構造が形成され、分岐し、解体されるに際しても、この二重の循環が効果を発揮することになる。作動の水準ではシステム分化が成立する。この分化は全体社会システムの分化を内部において継続〔して反復〕することによって、豊かな複雑性をもたらすのである。ゼマンティクの水準では構造が成立する。それが、進化のこの帰結を観察し記述することを操舵する(ここでの「操舵する」とは、区別を提供するという意味である)。ゼマンティクは潜在的なものを必要とする。ゼマンティク自身の自己記述においては、そのゼマンティクが記述しているものを区別しなければならない。しかしそこで区別されたものの統一性をもその記述のうちに含み込むことはできないのである。その結果、システム分化の進化と、その帰結の記述との間に分岐(Divergenzen)が生じることになる。システム分化の新たな形式が進化してくることによって、構造的断絶が生じる。しかしその断絶が、根本的変化そのものにおいて観察され記述されることはない。新たなものがどのように区別されるかという点をも同時に把握することはできないからである。ゼマンティクは構造的な革新が、固有の権利をもつ秩序として主張されうるほど安定するまで、ある種の禁漁期間を設けるわけだ。そうでなくともやはりシステム構造の進化とゼマンティクの進化の間には、多数の時間的な不一致が存在する。分出という構造的文脈に動員される前に、理念の発案がゼマンティクにおいて学ばれ、テストされるといった類の不一致をとりあえず考えてみればよい(215)。

以上の考察から、次のような問いが生じてくる。ゼマンティク構造の領域においても進化について語りうるのだろうか。また理念の進化独自の動態を生じさせた全体社会的条件は、何だったのだろうか。

全体社会というオートポイエティックな社会システムの文脈ではコミュニケーションは、コミュニケーションを再生産するために役立つ。この点から出発するならば、次のような状況を考慮に入れる必要がある。すなわち、その再生産がなされてきた従来の仕方では、もはや十分ではなくなる状況である。そこでは構造は伝統として再生産されていくが、その時点での条件のゆえに、伝統によって規定された構造記述ではもはや不適切であることが認識される。こうして齟齬が経験される。〔その時点での〕現在における再生産の可能性が、再生産されるべきものをもはや担っていないからである(216)。時間的な断絶から事象のうえでの分化が生じてくるわけだ。それを契機として、社会構造とゼマンティクの相違が可視的になる。かくしてゼマンティクは適応圧力に晒されるが、同時にゼマンティクによって、ある種の理念を先取りして固定しておくことも可能になる。その理念に社会的機能が割り当てられるのは、ようやく後になってからのことなのである(217)。

ただしこの事態が生じるのは、十分な記憶容量が与えられている場合に限られる。つまり、社会が十分に文字を活用している場合だけなのである。理念の進化において、独自の進化のための出発点を画しているのは文字の発明と普及であり、また活版印刷術も画期的であった。後者は、ゼマンティクを根本的に転換させることになったのである。文字の導入前には、意味はきわめて具体的に伝えられていたがゆえに、安定性の特別な形式は存在しなかった（そもそも文字によって固定されることすらなかったのだから）。したがってまた、安定性の形式に変異の特別な形式を接続することもできなかった。そこにおいてゼマンティク構造の変化が生じるのは、用法を状況に適応させることによって、そして忘却されることによってだった。文字によって固定された理念がすでに存在している場合にはその種の理念は、無文字コミュニケーションとして用意された制度・儀式・状況解釈に対して攪乱的な影響だけを及ぼすようになる。[218] 文字の発明後に至ってもなお、口頭での伝承は何世紀にもわたって優位であり続けた（特に教授がなされる際には）。だが文字そのものによって、（テクストだけから理解されるべき）思考財に註釈を加えるに際して、新たな要求が立てられることになった。すなわち註釈においては、どれが新しい言葉であり、どれが新しい概念であり、どれが理念についての理念（つまり《哲学》）であるかを分離しておくように、ということである。口頭での伝承方法が優勢であったにもかかわらず、また書くことも読むこともコミュニケーションであるという点が実際には理解されてはいなかったにもかかわらず（とりわけ、概念的には！）、文字の発明によって、口頭で語ることとの独裁は打破されることになった。文字がもたらした影響は、とりわけ宗教的な理念の世界においては多大なものがあった。[219] とはいえ当初は、文字の使用に対してはなお重大な制限が課せられていた。その点は上層階層においても都市においても同様であった。それは一部では特殊な役割へと制限することに、[220] また別の部分では、当該領域外ではもはや使用されていない学識言語（サンスクリット語や、中世におけるラテン語）へと制限することによっていた。適切な表現法のためには学識言語こそが必要不可欠だと見なされていた。したがって学識言語は、理念の形式そのものと一体化していくことになった。かくしていくつかの全体社会において成立していた文化的エリートは、支配的な帰属主義的身分秩序との関係という点では問題を孕むことになったのである（多くの場合その関係は宗教によって保護されていた）[221]。文字使用に対するこれらの社会文化的な制限が解体される度合いに応じて初めて、理念がもつ首肯性に対する要求が増大していくという事態が生じうる。かくして、書字財（Schriftgut）とシステム分化とが、より密接に共進化していけるようにもなる。

しかしこうして開示された可能性は、今述べたような制限によって抑止されてもいた。それが爆発的に解放されたのは、印刷機によってであった。そこで獲得されたのは何よりもまず、付加的なコントロールと貯蔵の能力だった。今や、どれだけ多くの知識が現存しているのかを、きわめて広範囲にわたって認識できる。わずか数十年のうちに、記憶のための旧来の補助手段のすべてが、常套句・成句・慣用句などが、つまりはトポス（Topik）として伝承されてきたものが、印刷へと委ねられるようになる[222]。結果としては、活版印刷術によってそれらは無意味で余計なものとなってしまったという点がただちに認識されるようになっただけだったのだが。しかしそれは同時に、道徳もまた原理の水準から新たに定式化されねばならないということをも意味している。道徳はまさにこのトポスに繋留され、そのうちにレトリカルな用法の可能性の条件を有していたからである。神学においては、書物が刊行されればされるほど、旧来の教理問答技術に対する疑念が増大していく。すなわち、ある意見とそれに反対する意見が対立している場合には、常に権威によって支持されうる解決策を提示できるはずだという可能性に対する疑念が、膨れあがっていくのである[223]。さらに、比較する可能性も増大していく。さまざまな本を並べて、ほとんど同時に読むことができるのである。こうして「新たなる不透明性 eine neue Unüber-sichtlichkeit」が生じ、そして方法論の介在が必要になりもする。[224] 一六〇〇年頃には《システム》という語も用いられ始める。もっとも当初は書物のタイトルとしてであった。それは、当の書物が主題を秩序だった仕方で配列しつつ著されたものであるという点をあらかじめ表明しておくことを意図したものだったのである。[225] 例によってここでも、コントロールの容量が増大する場合にまずもって生じるのは、過去が現在に及ぼす力が強化されることである。「巻物ニ照ラセバ contrarotulare」が意味するのは、過去において確定されたテクストを現在の情報と比較するということなのだから。しかしその場合でもやはり、新しいものを認識し、優先することが可能になる。古いものに対する新たなもの（近代人／古代人）という区別は、もともとは賛辞という文脈に由来するものであった。[226] 今やこの区別はそこから切り離されて、歴史へと関連づけられる。つまり、時間化されるのである。[227]

思考財が文字によって、また活版印刷術を用いて不特定の読者が手にできるかたちで固定されるまさにそのことによって、一方では伝統が重みをもつようになり、知られている（ものと仮定される）ことそれ自体が力をもつようにもなる。しかし他方でこの固定化によって、同じ事柄に対して、あるいは同じ問題に対して別の態度を表明する契機がもたらされもするのである。印刷されたものの中に異なる意見の潜在的な可能性を見いだして、実現することができる。尖鋭化された（特に、政治的に尖鋭化された）状況が、その種の革新を道具として用いるよう促す場合には、特にそうである。[228] 例えばロンドン議会によって、立法に関する主権の濫用が政治的に批判されたのが、《違憲の unconstitutional》という語を議論の中に持ち込むための十分な契機となった。そしてそこからは、次のような点に関する見通しがたい帰結が生じてきたのである。すなわち、違法と違憲との区別が必要になること・権力分立・公民権・憲法裁判（違憲立法審査 judicial review）などに関してである。[229] ただしその際、他の理由によってすでに導入されていた《憲法 constitution》という語についての了解が前提とされねばならなかったのだが、その理解はローマ法の用語法からは逸脱していたのである。[41]

われわれがここでこの点を示唆する目的は何よりもまず、文字と印刷機の導入によってもたらされた画期がもつ意義について、改めて注意を促すことにある。[230] 理念の進化の理論（思想史的な問題に関する詳細に及ぶ研究とは異なるものとしての）にとってはこの画期は、進化上の諸機能の分離可能性に関わる意義を有しているからである。したがってまたこの画期は、独自の理念的進化の可能性の条件に関わる意義をもつことになる。だとすればまずもって次の点をさらに明らかにしておく必要があるだろう。変異・選択・再安定化のそのような分離が、理念の進化特有のかたちで現実化されるということがそもそもありうるのか。この事例においては、個々の進化上のメカニズムはどのような形式を取ることになるのか。

変異の端緒は、文字によって素材を固定化することのうちに、また書くに際しても読むに際しても、見いだされる。「相互作用システムによって濃密な監視を受けるわけではない」という意味での自由のうちに、見いだされる。文字によって、批判を行っても、それがあくまで事柄に即しているがゆえに他人の感情を害する恐れがほとんどないという可能性が生じてくる。さらに加えて、読む場合でも書く場合でも、相互作用の行為圧力を受ける場合よりもさらに多くの時間を使うことができる。テクストが引き合いに出される場合、過剰な能動性が生じてくるのが普通である。それが噴出するのは単に受け入れるだけのコミュニケーションよりもむしろ、批判的なコミュニケーションにおいてである。したがって逸脱の蓋然性がきわめて高くなるわけだが、それはただちに干上がってしまう。文字によって、ましてや印刷物によって反応しようとするのは、読んでいる者のうちのわずかな部分でしかないからである(231)。その分だけ、批判的にふるまうことを仕事とする者に対して批判的に接するべきだとの予期が高まっていくことにもなる。啓蒙を担ったのは文筆家たち(gens de lettres)[42]であった。

さらに注目すべきことだが、文字によるコミュニケーションに際しては、意識の経過とコミュニケーションの経過との構造的カップリングの条件も変化することになる。環境がコミュニケーションを刺激できるのは、ただ意識を経由することによってだけである。それゆえにその種の変化は多大な意義を有しているのである。環境は選択的に作用する。というのは意識システムは大半の場合、書いたり読んだりしていけば、自ら注意力を失ってしまうからである。意識システムは、もうそれ以上は知識を仕入れられなくなり、疲労し、中断するに至る。〔どこで中断されるかは、テクストの内容とは無関係に決定されるのである。〕テクストからテクストへと巧みに泳ぎ渡っていく専門家は、コミュニケーション過程において、言わば付属物に留まっている。しかし専門家もまた疲労を感じるのであり、自身を個人として認識可能にするためには文体に関しても内容についても努力を払わねばならない〔したがって疲労による中断＝選択が生じる〕のである(232)。

この問題に関しては、《テクストと解釈》という図式で論じられるのが普通である。特に、十八世紀に成立した文献学はもはや旧来の意味での《文法的》なものではなくなっているが、特にそれ以降、テクストと解釈の関係は、綿密な二次的反省の対象となる。この反省に関連する主張を行う学術は《解釈学》と名付けられる。ここでは、この問題によって提起された議論の詳細に立ち入ることはできない。しかし理念の進化という領域における変異の問題にとって、「テクストと解釈が相互に安定化しあう」という了解が成立している点は重要である。遅くともガダマー以降においては、この点で決定的要因となるのは外的な主体ではなく、内在的な循環性であると想定されるようにもなる。したがって進化上の変異に関しては常に言えることだが、ここにおいてもやはり逸脱する変種＝異文（Variante）にはかなりの程度、あらかじめ安定化が加えられているのである。異文がそもそも問題として取り上げられるためには、テクストと解釈の統一性という要請を満たさねばならない。つまり、当のテクストの解釈であることが示されえねばならないのである。しかし同時に解釈学的循環という構図（Figur）からは、ある理念が通用するか否か、どの理念が通用するのかが最終的に決定されているわけではないということが見て取れもする。これは、ここにおいてもまた変異／選択／再安定化という進化上の機能の分化が成立しているという証拠となっている。

思考財の変異は、テクストからテクストを生産することを通して、広範囲にわたって内生的に生じる。それに対して進化上の選択のほうは首肯性、あるいはさらに強く言えば明証性という基準に依拠している。(233) 理念の進化という文脈で問題になるのは首肯性と明証性である——この点はさしあたり首肯性をもっているように見える。それどころか明証的だとすら思われるだろう。にもかかわらずわれわれはまずもって、なぜそうなのかと問わねばならない。それは他でもない、この注目すべきオートロジーに促されてのことでもある。

首肯性が獲得されるのは、今日の認知心理学で言う、周知のスキーマやスクリプトを使用することによってである。(234) そこにおいて生じるのは、何かを何かとして記述することであり、また因果帰属である。後者では特定の結果が特定の原因へと関係づけられ、それによって道徳的判断、行為の要請、評価が誘発されることになる。スキーマとは、コミュニケーションが判断を凝固させ、記憶を圧縮する形式なのである。しかしスキーマによって、それがコミュニケーションの中でどのように使用されるかが決定されるわけではない。少なくとも、スキーマに従って用いられるわけではない。したがってこの概念だけではまだ、特定の歴史的状況の中でいかにして首肯性が獲得され、場合によっては作り変えられるのかを説明することにはならないのである。

今日はマスメディアの時代であり、この問題を引き受けているのもマスメディアである。しかしそれ以前においてもすでに懐疑論と修辞学という思考形式のうちで、オートロジーをめぐる概念的上の提案が展開されていた。またそれは同時に、存在論的な世界記述の明証性の論拠ともなっていたのである。懐疑論は、自分自身のオートロジーにおいて失敗するがゆえに、出口がないものと見なされていた。修辞学は、自己反省を許容する唯一のコミュニケーション記述だった。(235) 修辞学は自身をも修辞として観念できた。自分自身を所与の全体社会における実践的な実証に晒すことが可能だったのである。これらすべてを考えるならば、活版印刷術が導入されたのに続いて、パラドックスとの戯れ、懐疑論、修辞学が新たに開花期を迎えたのも偶然ではないことがわかる。この開花期は十六世紀から十七世紀にまで及んでいる。それらが声望を失ったのはようやく十八世紀に至って、近代社会の自己経験が始まった時のことだったのである。では代わって何が登場してきたのだろうか。

ゼマンティクの上では直接の後継者は見当たらない（この点もまた、この構造的断絶がラディカルなものであることを示している）。その代わりに、さまざまなかたちで不確実性が示されている。偶発性の哲学、相対主義、歴史主義、イデオロギー的な区別の使用といったものを考えてみればよい。近年における《ポストモダン》や《脱構築主義》のような絶望的な提案も同様である。それらが示しているのは、もはや従来のようにはやっていけないが、他にやりようもないという点であるように思われる。しかしこういった方策は、パラドックスとパラドックスの展開とを区別することによって、首肯性と明証性の歴史的（＝全体社会的）条件を分析することによって、代替可能なのである。

認知的スキーマは、全体社会の内的環境と外的環境がもつ、書かれざる所与性と一致している必要がある。例えば貴族社会においては、高貴な人々は農民よりも《よりよく生きて》おり、したがって《よりよい》ということは、ほとんど否定できなかった。どんな子どもでもそう思っていたのである。技術的・専門職的な技量が限られていること、物の種類に違いがあること、上方に天空があり足下には地があること。これらすべてが、首肯性がテストされ奇矯なものが切り捨てられるための枠組として働いていた。理念が首肯性をもつのは、直接納得できるものであって、コミュニケーション過程の中でそれ以上根拠づけられる必要がない場合である。例えば今日に関して言えば、そのつど通用している《価値》がそうである。明証性について語りうるのは、代替選択肢が排除されているがゆえに何かが納得のゆくものである場合である。重要なのは、そのようにして個々の点が確認されたからといって、より複雑なコミュニケーションを受容するよう強いられるわけではないという点である。十九世紀初めには新たな、産業によって引き起こされた社会的貧困が登場してきた。それは事実としては異論の余地のないものだった。この事態を進歩によって条件づけられた自然法則として受け入れることもできたが、しかし恣意的な支配から生じた帰結と見なしてそれと戦うことも可能だったのである。今日におけるエコロジー問題に関する議論についても、事は同様である。

時間がより速く流れるようになり構造的変化が累積していくにつれて、状況ごとの明証性だけで十分になる。ガリレイに対する裁判[43]、アメリカ独立戦争のきっかけ、リスボンの地震（それはヴォルテールにとって、弁神論の問題を取り上げるために歓迎すべき機会だった）。選択は、ある瞬間において明白な事態に依拠すれば十分に自身を支えることができる。ただしその場合には当然のことながら選択が、その事態を踏まえることによって再安定化の機能をも引き受けるというわけにはいかなくなるのだが。

このような首肯性のテストの結果として、理念の進化における選択は明らかに環境に左右されることになる。その点では選択は、文字によっても論証によってもコントロールできないような諸条件に服するのである。同じ理由によって、理念の進化から生じてくるのは常に歴史的なゼマンティクだということになる。本書第五章の随所で示すように理念の進化は常に、システム分化が取るそのつど支配的な形式によって与えられる社会構造に依存しているのである。首肯性はある種のリアリティ指標によって媒介されている。それを用いなければわずかなチャンスしか得られないのである。革新が導入される際には首肯性を伴っていなければならないのであって、首肯性に抗ってはならない。いずれにせよ活版印刷術によって、可能なものの複雑性は、きわめて急速にかつ広範囲にわたって増幅されていく。それゆえに革新のほうで首肯性を管理できるようになるのである。さらに加えて大幅に自己充足が生じてくる。引用することによって、別の者がすでに首肯性をもたらしてくれているとの印象をかき立てればよいのである。

十七世紀と十八世紀には文学はなお、新奇なものを提供するべきだとされていた。しかしまた文学は特にこの時代において、今述べた問題を視野に収めつつ動き始めるのである。新たな道徳はアフォリズム的、断片的に定式化される。それは明らかに、サロンで好まれることを狙ったものである。《肖像portraits》と《カラクテール caractères》[44]をめぐる熱狂に関しても、事は同様である。[236]《共通感覚＝常識common sense》[45]はしばらくの間、知の基準となっていた。[237]《明証性》が、とりわけ重農主義者たちの間で流行語となる。さらにそれに対応するかたちで、首肯性のあるコミュニケーションと首肯性のないコミュニケーションを選別するために、馬鹿げているかどうかを基準とせよとの提案がなされる。[238]容易に見て取れるようにこれらすべてにおいては依然として、口頭でコミュニケーションがなされるということの中に秘密裡の再保証を求めようとしていたのである。この種の議論がようやく終焉を迎えるのは、新たな科学性とロマン派が並行して発展するようになってのことだった。ロマン主義者にとって《断片Fragment》はまったく新しい原理的な意味を、つまり全体化を施すかたちで世界を眺めることに対する抵抗という意味を、有していたのである。そして首肯性のないものの首肯性を育んだのも、他ならぬロマン派であった。[46]かくして首肯性をもつものを扱うのは文字であり、活版印刷術であり、結局はマスメディアだということになる。口頭コミュニケーションは上流階層と同様に、コントロール審級としての機能を失うのである。

ゼマンティク上の構造変化において首肯性が（さらには、明証性が）得られるのは、概念構成上のある変化がどのような変化への反応として生じているのかが十分に明確である場合に限られる。革新のためには時間に関してのみならず、事柄の内容に関する（sachlich）差異意識も必要になる。[239]非連続性がマークされるのは、この前提が満たされる場合のみである。急速で根底的な構造変動が進行している間は（例えば階層分化から機能分化への移行の際に生じたように）、そのために十分なだけの自己観察や自己描写は、不可能とは言わないまでも困難になる。したがって非連続性が十分にマークされることもなくなる。その代わりに旧来の名称が使用され続けることもある。例えば《国家》という概念が、時として《立憲国家》《近代国家》などの付加を伴って、しかし実質には手を加えることなく使用され続けるのである。このようにして意味が蓄積されていけば、最後には当の概念が定義不可能なものになってしまうだろう。理念の進化は、構造の進化を十分に速やかに追尾できるわけではない。代わりの処置としてむしろ、あえて非一貫性を持ち出したり、またそれと関連するかたちで概念の言及先を曖昧にしておいたりするのである。

理念の安定性はまずもって、コミュニケーションと行動に関する〔その理念に〕対応する予期を規範化することによって表現される。規範化を用いることによって、ある事柄が個々の場面において当たっていなかったり背かれたりした場合でも、〔あくまで〕それが正しいと主張できる。神も悪魔も、人間はそうしなければやっていけないという点に関しては、明らかに同意見だった。(240)〔事物の〕自然＝本性からして何が求められているかという点に関してすら、規範的な主張がなされていた。つまり、逸脱する事例が生じたとしてもその種の主張は揺るがなかったのである。統計学は同じことを別の道筋で成し遂げる結果になった。それによって、規範的な自然＝本性の概念を放棄することが可能になったのである。その統計学が始まったのはようやく十七世紀において、人為的に作り出された首肯性を用いる必要性がますます高まっていく社会の中でのことだった。

社会の進化一般の場合と同様に理念の進化においても、当初は選択の観点と安定性の観念はほとんど分離していなかった。文字の普及によってすでに、発話の一貫性に対する関心が生じてきた。しかしそこから帰結したのは、ふたつの〔相反する〕方向での効果だった。〔この関心は、発話を〕安定化すると同時に、非一貫性が生じた場合には不安定化することにもなるからである。[241]懐疑論の動向も、この事態への反応であった（その場合にはすでに文字が前提とされていることになるが）[242]。しかしそのようにして首を横に振ってみても、何かが変わるわけではない。事態が動き出すのは活版印刷術を待って、十七世紀に至って初めてのことだった。すでに触れておいたように、統計学が発明されもする。それによって明らかになったのは、不確実なものの中に確実性の形式が存在しうるという点であった。「教義と懐疑論」という旧来の対置は、かくして掘り崩されてしまうことになる。[243]さらにドグマ（Dogma）、教義学（Dogmatik）、独断論（Dogatismus）、教条主義（Dogmatizismus）などの概念が否定的な含意を帯びるようにもなるのである（順を追って拒否される度合いが強まっている点に注目されたい）[244]。それと並行して、他でもない「システム」という、新たに見いだされた秩序概念は相対化されていく。つまり、純粋に主観的な設定物という意味をもつものと見なされるのである。[245]だからシャフツベリーのように、こう言ってもいいわけだ。《愚かになるためのもっとも巧みな方法は、システムに依拠することである》[246]。特に理念がもっぱら状況的に与えられている首肯性のみによって選択されている場合には、動いていくシステムの中での安定性という、新たな形式に頼らざるをえなくなる。そうすれば好機の後も持続できる――できないかもしれないが。いずれにせよこの選択は、もはや安定した世界秩序を基盤とするわけにはいかない。その分だけ、そのつど通用しているものを、革新の契機として把握し続けていくという発想が生じてくるだろう。一般的な全体社会の進化の場合と同様に、変異／選択／安定化が分離されてはいるものの、まさにそれゆえに安定化と変異の差異が消滅し始める場合には、理念の進化もまた崩壊へと向かっていくのである。

十八世紀の終わりに至るまで理念の進化の形式は、文字との関連で変異が生じ、首肯性ないし明証性によって選択がなされ、安定性はドグマティックで疑いえないことによるというものであった。この時点でこの形式は終焉を迎えていたように思われる。フランス革命によって、至る所で目につくシグナルがばらまかれた。全体社会の構造という点ではこの革命によって変化したところはほとんどない。しかし続く時代における理念の世界に与えた影響という点ではいくら高く評価しても足りないほどなのである。(247) ケーニヒスベルクとベルリンでは、理念の世界を哲学的な学術概念によって改めて守ろうとする試みが、なおしばらくの間続けられていく。しかし実際に主導権を握るのは、機能システムにおける反省の試みのほうなのである。(248) 今や経済と政治、学術と法とに関しては、歴史的な回顧においても、それぞれに固有の理念史が記述されることになる。それらがそれぞれの機能システム内部においてこれまた独自のかたちで理念の進化を示すのは、どの程度までのことなのか。この点に関しては特別の研究が必要となるだろう。いずれにしても、全体社会の水準においては、その水準に対応する一般的な理念の進化について語ることはできないのである。

とはいえ一般的な傾向について語ることは可能である。おそらくバーナード・バーバー[47]とともに、理念の複合体がより抽象的になり、より強く体系化され、そしてより大きな包括性をもつようになる傾向があるとは述べうるだろう。(249) さらに加えて明らかに認識できることがある。今現在のところ首肯性をもっている理念と概念といえども、全体社会システムの環境の中には、また全体社会システムの機能システムが直面する社会内環境においては、より大きな無秩序が存在しているという点を考慮しなければならないのである。堅固なものと必然的なものを求める途上で、常に新たな偶発性が明るみに出されていく。自然法則そのものの偶発性を含めて、である。数多くの領域において、特に芸術と文学において、個人主義が自分自身を疑うまでに至っている。これは近代の本質とまでは言えないにしても、その兆候とは見なしうるだろう。それに対応して理念には、個人に親和的な（なかでも、非独断的な、合意を追求する、学ぶ姿勢をもつ）かたちで定式化せよという要求が課せられるのである。言及の問題とコードの問題は、つまり「自己言及／他者言及」の区別と、「真／非真」「よい／悪い」「合法／不法」などの区別は、もはや一致しなくなっている。この点が明らかになったのは、論理実証主義の挫折によって、またそれに続く分析哲学の挫折によってであった。そこでは、言及・意味・真理という概念群を統合しようと試みられていたからである。この事態は、「全体社会がより複雑になっていけば、諸理念が収斂する地点は、ますます彼方へと退いていく[250]」という、あるいは「さもなければ諸理念は、全体社会の分化と軌を一にしなければならない、つまり同様に分化していかねばならない」という仮説と一致しているように思われる。このふたつの道を同時に進むなら〔すなわち、分化と一般化が同時に進行していくならば〕、旧来の文献と比較してより高度の普遍性（特に、歴史を包摂しつつ）とより高度の厳密性とを、同時に実現できるはずである。

　近年において理念の進化が自分自身に反応する傾向が見られるが、そこでは「ポストモダン」という無内容なタイトルが掲げられている（トインビー、後にはリオタール）。もっともそれが意味しているのは、包括的な統一性を要求するのを放棄して、ラディカルに差異主義的な構想へ移行しつつあるということなのかもしれない。そこから次の点を確認することはできるだろう。否定的弁証法は、進歩の終焉こそが進歩の原理であると広言する。しかしそうしてみたところで、弁証法の終焉を押し止めることはできないのである。(251) 進歩が示す〔古いもの＝劣ったものを、新しいもの＝優れたものによって置き換えていくという〕「乗り越え（値上げ）の論理」と、それを反省し掘り崩そうとするアヴァンギャルドに続いて生じてくるのはさしあたり、「値下げの論理」である。過去からは歴史的な位置が奪われる。したがってまた乗り越えられたものである点も忘れられると同時に、時代を形づくる力を有していたことも忘却される。かくして、過去を遊戯的に用いることが可能になる。音楽におけるストラヴィンスキーやシュニトケを、社会哲学の場合なら擬古的な反リベラル派（カール・シュミット、レオ・シュトラウス、アラスディア・マッキンタイア）を考えてみればよい。(252) あるいは最近では、女性に特別な配慮を示す市民社会（civil society）の中で生じていることでもよい。哲学者たちは、あらゆる近代的な倫理（カント、ベンサム、シェーラー）がもたらした惨状に反応してはいる。しかしそれはアリストテレスを持ち出すことによってなのである。そうすることが流行なのかもしれないが、おそらくその頂点はすでに過ぎ去ってしまっているのである。もっとも、形式を継続的に脱構築し再構築していく中で、組み合わせ可能性の限界に対する感覚を、連関を徹底的に構築していくための感覚を、発達させていくということはあるかもしれない。それこそが新たな進化を示しているのではなかろうか。〔進化は予測不可能である。〕現に今述べた発達がいかにして生じ、そこから何が現れてくるはずなのかを述べることなど、誰にもできないではないか。

人口＝個体群の進化（動物にも人間にも適用可能）と文化的進化（人工物にすぎない）という旧来の区別の場合とは異なって、われわれは、理念の進化の内部においてさらに局面や時代を区別しようという試みに耽るつもりはない。少なくとも、文化的な時期や歴史的な類型が自然発生的な歴史上の継起をなすという意味で〔進化を〕考えることはしない。その種の歴史上の分割を後から再構成しうるのは、社会構造的な進化に関する限りでのことである。より精確には、特定の分化類型の優越に関してのことなのである。われわれは後で、(253)ゼマンティクの一定の形式は、この分化類型に帰せられるという点を示すことになるだろう。しかしだからといって独自の文化的進化が生み出す類型の連なりは、社会構造の進化と並行するものであるはずだという推論までもが正当化されるわけではない。理念の進化が選択メカニズムに関しては《首肯性》に依拠しているのは確かであり、その首肯性を引き出すことができるのは、全体社会を観察することからだけである。しかしこの進化が確定されるに際しては、独自の論理が働く。そこから批判的な、あるいは革新的なポテンシャルを獲得し、それによって《前適応的利点》が得られるのである。また理念の進化においては、自身の伝統がはるか以前に時代遅れのものとなっているにもかかわらず、それが墨守されることもありうる。例えば《ブルジョア社会》において持続的に育成されてきた、上昇志向と関連する観念を考えてみればよい。われわれは階層化された社会で暮らしており、《下層》と《上層》との間を単線的に移行していくのだ云々。十分にリアリスティックな《社会文化的》進化の理論にとって重要なのは、他ならぬこの遅延なのである。しかしだからといってゼマンティクというものがそれ自体として、いわば《精神史的》ないし観念因果的な意味で、時代の分割を生み出すほど強力であるという話にはならない。ゼマンティクはただ、全体社会のオートポイエーシスにおいて産出されているものを観察するだけである。ただしそれは独自の区別を用いてなされるのであり、構築的な、また脱構築的な効果を及ぼすことになる。《近代》などの時間に関連する概念が用いられる場合も、また「古代／中世／近代」という分割が用いられる場合も含めて、である。

XI　部分システムの進化

全体社会の内部においては、変異・選択・再安定化の分化を伴う独自の進化が成立している。ではその進化は、全体社会の部分システムという水準においても可能なのだろうか。こう問うことによって、われわれはまったく別の問題に直面することになる。ここでもまた、考察の結果は歴史的に分化したかたちで示されることになる。ただし同時に、理念の進化に関する判断とは逆行する結果にもなる。すなわち部分システムの進化は、社会の機能分化によって初めて開始されるのである。というのもこの分化形式によって初めて、部分システムの水準において作動上の閉鎖性と固有の高度な複雑性との組み合わせが生じてくるからである。進化上の機能の分化のために十分な基盤を与えてくれるのは、この組み合わせなのである。(254)

進化論の概念構成を近代社会の機能システムに適用しようとする試みは数少ないが、それでもいくつかの事例を挙げることはできる。科学史的に見ればその種の試みが生じてきたのは、理論に関する旧来の諸観念が同時に崩壊したことによって、特に「対象領域に合理性が内在している」という点に対する疑念によってだった。科学という機能システムにおいて進化的な認識論が登場してきたのは、その最も顕著な例である。十九世紀の終わりにはすでに、同時代のプラグマティズムと相まって、新カント主義に対する、また論理学的・方法論的な、演繹の可能性に焦点を当てる理論に対する代替選択肢が登場してきていた。[255]とりわけ魅力的に思われたのは、《偶然》を正統化することによって、革新を導入し方法論の拘束から逃れる機会がもたらされるという点だった。方法論の焦点はコントロールであって、発見ではないからである。その結果、注意が向けられたのはもっぱら変異機能に対してのみであった。また、循環する根拠づけはあらゆる認識論にとって脅威となるが、進化論は変異と選択の図式によって、この循環を打破する可能性を与えてくれもする。しかもその際、疑問の余地なく自ずから確かである審級を、つまりは理性を召喚する必要などないのである。

進化的な認識論は数十年にわたって《ダーウィニズム》と栄枯盛衰を共にしてきた。また生存のために自ら戦わなければならなかったのである。そして今日では、この領域においてわずかに生き残っている理論提案のひとつとなっている。われわれは、生物学によってインスパイアされた認識論は考慮の対象から外しておく。しかしその種の理論は、ポパーやクーンのような変異／選択の図式を用いずに進められる理論から、一般的な進化論を応用しようとする、あまり洗練されているとは言いがたい事例に至るまで、広く生じている。[256]目下のところネックとなっていることとして、一般的な進化論の洗練が不十分であることや、《構成主義》に関する諸問題が解決されていないことがある。さらに、社会学者としてはこう言いたくなるところだが、科学と全体社会との関係が明らかにされていないことも挙げられる。[257]

経済システムに関しても四〇年ほど前から、進化論を用いて作業を進めようとする試みが生じている。[258]ここにおいても旧来の理論が、この場合なら（準）完全競争を伴う市場による価格決定の理論が、崩壊したことが刺激となったという点を明瞭に見て取れる(259)。この試みがなされたのは経済システムそのものに関してではなく個々の企業ないしその決定に関してであり、したがって個体群の理論をめぐる観念を用いてのことだったが、この事態は今述べた出発点によって説明できる。経済をめぐる決定がもはや市場での結果によって確定されるのではなく、情報の欠落および不確実性という条件のもとにある企業によってなさるというのであれば、自然に次のような発想が生じてくるはずである。すなわち決定を偶然的変異であるかのように扱い(260)、企業の成功が選択的に生じることが（それが生き延びる個体群に相当するわけだが）市場による《自然選択《ナチュラル・セレクション》》に起因すると考えればよい(261)。しかしやがて、企業内部での適応戦略と市場による選択とは、理論的に意味をもつ代替選択肢をなすものではないという点が、認識されるようになっていく。むしろ両者は常に協働していくのである。この洞察は、《組織生態学 population ecology》[48]に関しても、また経済の進化に関するより狭義の（後期ダーウィニズム的な）理解に関しても、同様に成り立つ(262)。しかしそれによって、《構造的ドリフト》の問題に直面することにもなる。この問題は従来の研究パースペクティヴでは十分に扱うことができなかった。従来取り組まれてきたのは、組織群の中への企業の参入と脱落についてだったからである。

経済学においては近年の理論をめぐる議論の中で、進化論的な考察がさかんに持ち出されるようになっている。その結果として、新古典派的な《正統派》への批判が登場するに至っているのである(263)。そこでは、支配的な見解が均衡モデルと最適化戦略との連関に固執している点が非難されている。それでは経済的決定は革新ではなく単なる反作用としてだけしか把握されえなくなる、と。そこから、進化論とテクノロジーの変化に関する研究とが密接に関連していくことになった。後者は、伝統的な新古典派においては満足のいくかたちで扱われえなかったのである。この連関のもとで、合理的行動という通例の前提に対する旧来の批判が、新たなかたちで把握されるようになる。また、歴史的な次元が失われていることに対する嘆きの声もあげられるのである。しかし一方で現在のところ、〔新古典派に対する〕統一的な対抗ポジションが形成されているわけではない。その理由はなんといっても、生物学におけるネオ・ダーウィニズム的な理論的観念に依拠することが、大勢としては拒絶されているからであろう。[264] もっとも、〔決定や行動について〕反応的（reaktive）にのみ考えるか、主に先行的（proaktive）（創造的）に考えるかという〔ふたつの〕理論的関心の間で議論を行ってみても、おそらくほとんど得るところはないだろう。結局のところどちらにおいても、進化の予測不可能性が確認されることになるからだ。とはいえ次の点に関しては特に説得的である。すなわち、利害関心状態の分岐が商取引の、つまりは経済の作動形式にとっての前提であり、まさにそれこそが進化の帰結として予期されうるのだ、と。

それ以外の機能システムに関しては、進化論的な研究の兆しはほとんど見いだしえない。せいぜいのところ、法システムを挙げうるくらいだろうか。[265] そこにおいてもやはり契機となったのは、自然法的なものであれ、分析的なものであれ、《概念法学的な》ものであれ、先行する演繹的な理論の失敗であった。近代社会の政治システムを進化論的に扱う試みは存在していない。[266] 福祉国家へと至る、また福祉国家内部での展開は、そのための十分な可能性を与えてくれているはずなのだが。

このような研究状況のもとでは、〔進化論を採用することの〕収支決算を出すのは困難である。それゆえにわれわれは、いくつかの問いを提出することで満足しなければならない。それらは、全体社会システムと、その内部で分出した諸機能システムの共進化に関して真剣に探求しようとするのであれば生じてくるはずの問いである。またその際には、システム分化に関する分析を先取りしておかねばならなくなる。この分析を詳細に行うのは次章まで待たねばならない。

おそらく理論的な出発点は、作動の上で閉じられたオートポイエティック・システムが、全体社会において入れ子状になっているという問題のうちに求められるべきだろう。つまりこう問わねばならないのである。ある社会システムが別の社会システムの内部において、作動上の閉鎖性を踏まえつつ独自のオートポイエティックな再生産をなしうるのはいかにしてなのか、と。変異／選択／再安定化が分化するための手がかりが与えられるのは、それが可能であり、またそれを踏まえて部分システム内部で十分な独自の複雑性が成立する限りにおいてのことである。次のように想定してもよいだろう。ここにおいても変異メカニズムは何よりもまず、コミュニケーションを（挑発的な）否定として観察することのうちに見いだされる。そしてそれは、バイナリー・コード化による機能分化が進展する中で初めて体系化されるのである。そこでは機能的に分化した作動が、真理／非真理、所有権をもつ／もたない、合法／不法、支配者／被支配者、美的に適合した／適合しない（美しい／美しくない）などの区別を用いてコード化されることになる。

これらの特殊コードによって分出が促進されると同時に、一方の側から他方の側へと、コード特殊的なかたちで移行することが容易になりもする。まさにそれゆえに、反対の事態をも視野に収めておくことが日常茶飯事となる。しかしまたまさにそれゆえに、システムが自身の作動を指し示すために一方か他方かどちらのコード値が選ばれるのかは、例えば真と非真のどちらが選ばれるのかは、予測不可能になる。それはシステム独自のプログラム次第なのである。

形式的に言えばバイナリー・コード化によって外部を顧慮することが排除されるわけでは決してない。コード値のバイナリー構造は、「自己言及／他者言及」の区別と直交する。したがってバイナリー構造によって、〔法システム内のコミュニケーションは合法であり、その外で生じるコミュニケーションは不法である、というように〕コード値を帰属させる基準があらかじめ定められているわけではないのである。さもなければ全体社会が、特定の問題状況にバイナリー・コード化で対応するというリスクに手を出すようなことはなくなるはずである。しかしバイナリー・コードが基準を必要とするようになるにつれて、その種の基準がまずもって見いだされねばならないという点が示されうるようになるし、また〔実際に〕示されもする。〔独立した芸術作品ではなく〕単に日常的な客体の装飾だけが問題となっている場合においてすら、何が美しく何が美しくないかをあらかじめ徹底的に試してみなければならない。ある状況で優越した権力が生じているのは部族的な、あるいは宗教的な文脈のもとでのことであり、さらにその全体社会的な条件をなす文脈を考慮に入れねばならないとしても、それだけではまだ、その権力がいかに行使されるのかが確定されるわけではない。あるいはまた〔これまで常にこうだったのだからこれからもそうすべきだ、というように〕通常的なものに依拠して規範の投企がなされる場合でも、相争う見解が登場すれば、決定の余地が成立することになる。第三の値を排除しつつ厳密にコード化することによって、開かれた偶発性が生み出される。そこから意味付与の必要性が生じてくる。そしてまさにこの点において、偶発性は進化に対して鋭敏になるのである。ここに変異が介入してくれば、変異が選択を睨んで考慮されるということもまた、蓋然性の高い事柄になる。したがって外的な選択基準を採用することは、方法的に見てますます不適切なものとして経験されるようになる。この転換は、一部は持続的に、また一部は突発的に生じる。どちらになるかは基準が全体社会においてもつ射程に、また特別な進化の領域において すでに確証されている固有値に依存するのであり、それによって遅滞させられたり促進されたりもする。

それゆえにバイナリー・コードに対して、促進する状況が加わってくる場合、このコードは、全体社会内部で部分システム進化のドアを開く蝶番を形成するように思われる。すでに詳しく論じたように、[267] 文字はこの点で重要な役割を担ってきたのである。バイナリー構造は、テンポの点で有利である。複雑性を最も素早く形成する可能性を与えてくれるし、記憶作用を秩序づける最も単純な形式をもたらしてくれるからだ。言語からしてすでにバイナリーにコード化されている。したがってバイナリー構造は容易に活性化されるのである。一方でバイナリーな決定状況は十分に頻繁に生じており、十分な生活実践上の重要性を有している。したがって、〔個々の決定に〕対応する機能システムがオートポイエティックに閉じた形式を取ってすでに存在している必要はないのである。他方でバイナリー構造からは、十分に特殊化された基準の必要性が派生してくる。それゆえに同種の基準どうしが回帰的に関係しあうことによって、特殊な進化が浮上してくるのである。芸術の基準は、文芸の場合も含めて、真理に関する問いに決定を下すために役立つものではない。この点は遅くとも近代初期において明らかになっていた。法に関する問いを、壺絵の形式によって決することはできない。裁判の場面を芸術として模写してみても法的な論証とはならない。これらの点はすでに近代以前において意識されていたのである。[268] 所有権はさらに以前から権力手段として扱われてきた。しかしその一方で、領域国家として整理統合された政治的官職権力は中世後期に至るとすでに、経済市場において何が生じるかを支配できるような状態にはなくなっていたのである。一二〇〇年頃にイングランドで生じたインフレーションはすでに、法の発展に

影響を及ぼすに至っていた。そこから特に、明確で信用と保証に適した所有関係への利害関心のもとで、

土地所有をめぐる複雑な封建的構造の崩壊が生じてくることになった(269)。しかしインフレーションそのも

のは、判決を下しうるような問題ではなかったのである。経済の革命と法の革命は、コードとそれを補

佐するプログラムとが相互に異なっているがゆえに、別々の道を歩むことになった。

コードというこの水準では、つまり自己変異のメカニズムにおいては、システムは固有値によって規定される。というのは当のシステムが他のシステムとの関係においてどう違うのかを定義するのは、コードだからである。それに対してシステムが適応能力をもつのは、プログラムの水準においてである。理論、法制定ないし契約、投資と消費のプログラム、政治的アジェンダは、全体社会という環境との関係の中で、多少なりとも感受性を有している。ただしここでもまたシステムは構造的に決定されており、閉じられたままである。システムのプログラムを確定し適用することができるのは、ただシステム自身だけだからである。しかし作動を選択するために役立つのはプログラムであるが、そのプログラムを選択するに際しては、システムが環境によって刺激され、影響を受けるということはありうる。しばしば《利害関心》について語られるのは、この点を表現するためにである。ここでも例によって安定性は、最終的にはオートポイエーシスそのもののうちに存している。したがってその安定性は静態的なものではなく、動態的なものである。構造（とりわけ、プログラム）を変動させる能力は、しばしばそのシステム自身の組織による抵抗を押し切るかたちで発揮される。ここでは革新の再安定化を導き入れるのはこの能力のほうなのである。かくしてこの水準においても、われわれが機能分化した全体社会システムに関してすでに確認しておいたあの回路のショートが反復されることになる。すなわち安定化の装置が

しないのだから)。

動態化されて、進化上の変異という機能のためにも役立つようになるわけだ。これこそが全体社会の進化と部分システムの進化との共進化の帰結であるように思われる。つまり全体社会は、機能システムによって課されるテンポに逆らうことはできないのである(逆らえるような機関は全体社会内部には存在しないのだから)。

機能システム独自のコード化とプログラム化は、機能システムの進化の帰結であると同時にその条件でもある。この種の循環的関係は、進化論的な描出においては典型的であり、また不可避的でもあるが、歴史的な説明としては満足のゆくものではない。それゆえにさらに加えて、次の洞察へと立ち帰らねばならない。進化は暫定的な状況に依拠している。すなわちその状況は、離陸《テイク・オフ》するために利用されうるが、後になってみれば脱落するか、担い手としての意義を失うことになるのである。

個々の点について明らかにするためには、詳細な歴史的研究が必要になる。ここではいくつかの事例で満足しておかねばならない。十六世紀後半における近代的な演劇への移行にとって重要な意義を持ちえたのは活版印刷術であり、またそれによって読書する公衆がもつ情報が拡大されたことであった。さらに宗教的・政治的・人文主義的なプロパガンダも重要だった。すなわち今や個人が関与するのは宮廷だけではなくなっていたがゆえに、個人と領域国家の政治との関係も不可逆的な変化を被ることになったのである。いずれにせよ、いまや演劇においては舞台と客席とが建築として強固に分離されており、舞台の上で演じられていたのは政治的なテーマと登場人物だった。運命の手に委ねられていたのはこれらの人物だったのである。これは〔公衆が印刷物を通して、宮廷政治を外から観察するという〕当時の状況をシミュレートするものであった。ルネッサンスとともに始まった造形芸術独自の動態にとって重要な解発因として挙げられるのは、宮廷との接触によって芸術家の社会的な価値が上昇したことである。[270] アメリカのマスメディア・システムがその歴史を歩み始めたのは、広告ビラに付加された、したがってイデオロギーという点では中立的な《ニュース》によってだった。[271] それゆえにまずもって、社会全体に及ぶ広範囲な政治的利害関心を欠いた市場が存在していなければならなかったのである。ヨーロッパの大学においては近代初期の段階で、〔大学で産出された知の〕受け取り手のシステムを規定するものが、宗教から政治および領域国家へと転換した。この転換は大学を益するところとなった。新たなシステムは専門的な訓練に関して、より大きな自由度を許容できたからである。[272] さらに十九世紀には《研究と教育の統一》への、つまりは〔近代の大学を前提とした〕学術への転換が生じたが、これもまた大学を益するものだった。法システムは注目すべきことに、すでに十一／十二世紀において、政治をなおも支配していた封建制から独立するに至っていた。さらにまた、宗教的教義という前提からも独立していた。というのはこのシステムは、宗教（カノン法）と政治（ラント法・都市法・封建法）が分化するための手段として投入されていたからである。また宗教においても、新たに形成された領邦国家においても広範な領域に及ぶ支配組織の構築のために用いられもした。したがってそこから生じてくる精密さと変更可能性という要求を、満たさねばならなかったのである。[273]

進化が〔以上述べてきたような〕機会を利用しうるということによって（それらの機会は、後になってオートポイエーシスと自己組織化という新たなフォーマットが確立されてしまえば、再び脱落してもかまわないのであるが）、進化論的説明の循環性は打破されることになる。かくして、歴史的な分析が導き入れられるのである。もちろんだからといって、あらゆる機会を利用する自動装置（Automatismus）

が成立しているなどという話にはならない。また、〔歴史は常にある方向へと発展していくといった〕まったくのストーリーをなす継起へと立ち帰りうるというわけでもない。この問題を定式化するためだけからしてすでに、自己言及的システムと自己進化する進化の理論が必要となるのである。

部分システムの進化が特別な機能とコード化を踏まえて進行するようになれば、そのシステムの内部において進化上の構造変動が用意されることになる。そしてその変動をシステム相互の関係の中で調整することはできないのである。その分だけまた、全体社会システムの進化の反応を引き起こす条件も変化することになる。全体社会の進化がますます部分システム進化の結果となるという事態が成立すれば、そこからは著しい影響が生じてこざるをえないはずである。これが「もはや全体社会の進化については語りえない」ということを意味するものではないのは確かである。部分システムが全体社会を〔逸脱的に〕再生産することもあるではないか。システム言及を全体社会に取って見れば、肝心なのは依然として言語であり、象徴的に一般化されたメディアであり、システムと環境との関係である。しかし観察されうるのは、ゼマンティクによる全体社会の自己記述の変化なのである[274]。十九世紀末以降になるともはや、進歩の仮定が信頼するに足るなどとは考えられなくなる。進化そのものが記述される場合には、《社会ダーウィニズム》をめぐるあらゆる論争にもかかわらず、なお肯定的な含意をもつ構造メルクマールが付随している（例えば「適者生存」）。だがまさにその点を主張しようと思えば、どうしてもイデオロギー的に、論争的にならざるをえない。さらに未来に関する不確実性が高まっていくという背景のもとで、進化そのものが進化していけば予見しえない状態が生じてくるだろうとの予感が顕著になってきているのである。

だとすれば二十世紀後半に至っても全体社会を特徴づけているのはやはり、このシステムの水準において、社会外的環境に関して生じる特殊な問題であるということになる。社会外環境としては、継続的な再安定化のためのエコロジカルな条件や、疎外されてますます頑なになっていく個人を考えてもらえばよい。進化によって次第によりよい適応が生じてくるだろうなどとは、もはや予期されはしない。事実を見ればその反対であることがわかる。したがって問われるべきはこうでしかありえない。全体社会が高度の複雑性と蓋然性の低さという条件のもとで自身のオートポイエーシスを継続していくためには「適応していること」という状態が前提とされねばならない。全体社会はこの状態を、いかにして維持しうるのか。その答えは、部分システムの進化によっては与えられない。その水準ではむしろ、以下の事態のほうが蓋然性が高い。科学は常により多くの知を生ぜしめるが、そこからはさらに多くの不確実性が派生してくる。経済は常により多くの資本を投資可能にするが、それらは投資されはしないのである。政治においては民主化が進展しテーマが普遍化されていく中で、決定しないという決定が占める割合が増加していく。法は一定の枠の中にはめ込まれている。その枠の中で、法はどのように規定されるべきか、そもそも法が適用されるべきか否かが改めて交渉されたり《衡量》されたりするのである。これらすべての事例において、加速化と遅滞化が同時に増幅されていることがわかる。両者は相互に摩擦を生じさせており、かくして同期化はますます困難になっていくのである。若い世代ほど生涯についての長期にわたる予期を抱いているわけだから、視野は不透明になる。

いずれにせよ、第二次世界大戦後において近代化研究を当初支配していた次のような観念は放棄されねばならない。個々の機能システムにおける近代化傾向が、例えば政治における民主制、市場に定位した貨幣経済、法治国家、ドグマによって妨げられることのない学術研究、検閲を受けないマスメディア、誰もが各人の能力に応じて就学することなどが発展の波を形成するだろう、そこでは個々の機能システムの成果が相互に支え合い、確証しあうはずである云々。むしろ逆のほうが蓋然性が高い。われわれは先にノルガード[49]に依拠しつつ(275)、《持続不可能性の共進化 coevolution of unsustainability》について論じておいた。あるいはこう言ってもよい。進化を確証できるのは進化自身だけなのである、と。

以上すべてによって、事がさらに進んで行きうるのはただ進化によってだけであるとの印象が強められるだろう。しかし問題はいかにして、どこへ向かってということである。この問いには回答不可能であるというのなら、しかも「よりよい／より悪い」というきわめて単純な図式によっても答えられないというのなら、そこから生じる不確実性もひとつの要因として、やはり予見しえない仕方で進化に影響を与え返すということになるだろう。さらに言うならばそれはおそらく、どの部分システムの進化が問題になっているかに応じて、まったく異なるかたちでのことなのである。

XII　進化と歴史

進化論が記述するシステムは、多数の個別的作動の中で一瞬ごとに自身を再生産する。そこでは構造は、利用されることもあればされないこともあり、また変化したりしなかったりする。これらすべてが生じるのは現在において、同時に現存している（その点では影響を及ぼしえない）世界の中でのことである。このようなシステムは、自身を作動によって再生産していくために、さしあたってはいかなる歴史も必要としない。私は本書を書き進めてきてこの箇所に至っている。私に必要なのはただ、次に続くはずの文を発見することだけである。これがそうである。

したがって進化論はシステム理論と同様に、次の点から出発する。無数の作動が〔作動の数を〕数えることもまたもうひとつの作動となるはずだ）同時に進行しているのであり、それらがさらなる作動を生産し、システムを再生産していく。進化論が特に関心を向けるのは、構造変動の条件としての逸脱的な再生産に対してである。さしあたりこれは歴史記述とは何の関係もない。科学史において進化主義と歴史主義が争ってきたのも、この点を考えれば理解できるはずである[276]。しかし両者のパースペクティヴの相違は認められて然るべきだが、論争は不必要である。歴史家の作業様式の特性は何よりもまず、過去のうちに新たな知識を求めることにある（単に儀式によって人間関係を保持することで記憶を保存するだけではない）。そこでは、入手可能な資料に適合しなければならないという条件のもとで、物語ることと因果的説明とが結びつけられるのである。その点に関しては全体社会の進化の理論としても争うことはできないし、争うつもりもないはずである。社会学的な思考様式から、特にシステム理論的な分析から見れば因果的な説明はきわめて困難であり、一般的な理論的陳述の水準では適切なものではない。また社会学者には、物語るために必要な即興の才が欠けてもいる。全体社会システムが自己言及的システムとして（ハインツ・フォン゠フェルスターがいうノントリヴィアル・マシーンとして[277]）把握されねばならない以上、なおのことそう言える。そこでは変換（Transformation）は単に生じるだけではなく、観察されもする。つまり変換が生じているということについてのコミュニケーションがなされるのである。そしてその結果として、変化を阻止したり促進したりしようと試みる意図が（どんなに不適切なものであろうと）形成されることになるが、それに対応することだが、全体社会進化の理論は、歴史の経過を因果的に説明しようとする理論ではありえない（単なる特定の出来事に関しても事は同様である）。〔進化論が〕目標としてイメージするのはただ、歴史研究のための理論的図式を用意することだけである。もちろんこの図式によって、事情が許しさえすれば、因果的に重要な原因を絞り込むことがおそらくできるだろう。しかしその種の歴史的経緯についての仮説が展開されうるのは、あくまで特定の歴史的状況との関連のもとでのことなのである。そのような仮説を進化論から引き出すことはできない。したがってまた、さらに一般的に言えば、進化論を《検証する》こともできないのである。《変異／選択／再安定化》という進化論の区別図式は確かに循環的に構成されている。しかしあらゆる歴史的な分析は特定の諸状況から出発しなければならない。進化論的な説明という目的のためには、その状況において機会と制約とがどのように絡みあっているかを明らかにしなければならないのである。

この点を例示してみよう。中世以来のヨーロッパが歩んできた特異な〔歴史の〕歩み（Sonderweg）を、つまりは近代社会の成立を扱っている歴史学および社会科学の文献では、種々の要因〔を近代社会成立の原因と見なす〕理論が相争っている。ある理論は宗教を強調し、また別の理論は経済を、政治的な国家形成を、法を、というようにである。中世を振り返って〔比較して〕見れば、〔近代社会においては〕機能システムの分化という図式が定着していることがわかる。〔機能分化したシステムの〕どれかひとつが主要な要因であると主張される場合、他の諸要因の意義も認められはするが、それらは主要要因から導かれるのだということになる。例えばウォーラーステインは、ヨーロッパにおける国家世界の分節化を、経済における国際的な分業の帰結であると見なしている。[279] ヴェーバーは、宗教に定位することが主要〔要因〕であるとの主張を、経済的動機が解き放たれたことから正統化の必要性が生じたという点から導き出す。[280]近年では再び政治が主要因であるとする著作が登場してきている。決定的要因となったのは帝国の形成が阻害されたことであり、政治による権力（Gewalt）コントロールが環節的な領域国家という秩序を形成したことである、と。[281]さらに、体系化された法文化（Rechtskultur）が早い段階で分出したことこそが特殊ヨーロッパ的な特性であり、それが〔近代社会の形成に至る〕逸脱を生み出す効果を発揮したのだと見なすのにも、同じくらい十分な根拠がある。[282]この種の主要因理論が提起され続ける限り、この論争も続いていくことになるだろう。方法論的に見て注目すべきなのは、〔これこれが主要因であるとの前提で歴史を眺めれば〕史料から多数の十分な論拠を引き出すことはできるが、特別に重要な要因についての仮説を史料から導き出すことはできないという点である。理論的に見れば問われるべきはむしろ次の点である。〔「近代社会」ということで〕問題なのは機能分化であると仮定しよう。その場合、歴史的に見ればあるひとつの機能システムが相対的にいかに優位しているからといって、機能分化への移行をその優位性に帰することに、そもそも意味があるのだろうか。

全体社会の進化の理論は、因果的な説明を放棄する（あるいは、因果的説明は全体社会の進化の極小部分にのみ限定されると見なす）。この理論は因果図式に代わって、進化の諸条件が循環的なかたちをとっているとの仮定を提起するのである。[283]どんな歴史的状況においても全体社会そのものはノントリヴィアル・マシーンとして、〔作動を積み重ねるごとに自己を変容させる〕歴史的マシーンとして存在している。変異・選択・再安定化をそのつど与えられた状況に応じて投入するのは、このマシーンなのである。そのためには進化のこのメカニズムが〔相互に〕分離可能でさえあればよい。しかし分離のためにはシステムが最小限度の複雑性を有していなければならないのである。以上の結果として、逸脱を強化する傾向が生じてくる。先の事例に即して言えば、初期の領域国家組織（イングランドとシチリアのノルマン人国家やイタリアの諸共和国など）が法的用具を駆使しうるようになったのは、その傾向の中でのことであった。しかしこの用具は同時に教会によって、〔神聖ローマ〕帝国皇帝の神権政治的野心に対して戦うために用いられもしたのである。そして法的手段を使用する契機となったのは、ローマのテクストとその学習用註釈が偶然に発見されたことだった。貨幣経済（金融制度など）の発展においても同じ法的用具が用いられたが、同時にイングランドにおける最初の貨幣インフレーション（一二〇〇年頃）が発生した際には、この用具を用いることから、所有権概念が封建法の基礎から切り離されるという結果が生じることになった。(284) そこでは多くの場合（例えば、土地の占有によって保証された信用が問題となっている場合）において事の成り行きは、都市内部で機能するのみならず領域国家〔全域〕に及ぶ裁判権に依存していた。またしたがって、ひとつの領土〔全域〕に及ぶ（しかし交易を規制しうるほど十分に広範囲にわたって働くのではない）コントロールを確立することに依存してもいたのである。それゆえに機能分化のこの初期的形式にとっては、次の事態が典型的であるように思われる。すなわち、個々の機能〔のうちのあるひとつ〕が牽引領域となり、そこにおいて発達した進化上のきわめて特殊な成果が、他の〔機能領域における〕進化可能性に対して、あたかも偶然であるかのような影響を及ぼす。歴史的状況の中では、その偶然を〔他の機能領域における進化のために〕利用できるのである。[50]

換言すれば進化論が強調するのは、機会を利用しつつ構造変動へと向かう、むしろ蓋然性の低い傾向なのである。全体としてみればこの変動は蓋然性の低い契機をシステムに組み込むことによって、その契機を維持していくことが、またその契機の可能性を拡充していくことの蓋然性が高いという事態へと変換するのである。いずれにしても構造変動の観念なしには、いかなる歴史記述も生じてこないはずである。それゆえに歴史記述は進化論を参照しなければならない。問われるべきはただこうである。進化論がもつ分解能力のゆえに歴史研究は、ますます史料を必要とするようになるとともに、経験的に回答不可能な問いを立てる傾向がさらに推し進められることになるのではないか。そのような道筋を辿ることによっては、有意味で首尾一貫した、後のものを先立つものによって説明する歴史を描き出すことなどできはしないのではないか。しかしどのみち歴史家自身もまた、《普遍史》の観念からは手を引いているのである。

歴史が成立するのは全体社会にとって重要な出来事が、「以前と以後」という差異の観点から（つまりは〔ある時点において生じると同時に消え去る〕出来事として、より明確に言えば、区切りとして）観察される場合である。さらに歴史においては、出来事によって可視的となる差異は、それ以前の全体社会はその後の全体社会とは異なっているという意味での非同一視によって論じ尽くされるものではないということも前提とされる。例えばペルシア戦争はギリシア人たちに、以前と以後における自身のアイデンティティについて意識させることになった。他ならぬ、多数の都市国家を連合させるアイデンティティを、である。この事態が示しているのは、〔多数の国からなる統一体としての〕西洋の歴史が記述され始めたということなのである。かくしてそれ以後、歴史を作り出す出来事はますます、システムにおける構造変動でもありうるという可能性をもつことになる。初期ギリシアにおける、またローマにおける大規模な政治的・経済的改革を考えてみればよい。あるいは宗教改革の告知は、その後の抵抗において歴史的に回顧される中で、ひとつの新たな宗教の啓示であったと見なされることになる。以前と以後の差異が生じるたびに、差異の統一性を称揚することが可能になる。こうして近代における《革命》ですら、歴史を作り出しえたのである――人類にとっての成功としてであれ、理念にとっての成功としてであれ。

旧い世界においては「以前と以後」という差異の統一性を、時間地平そのものの中で確認する可能性が存在していた。他でもない、「流れゆく時間／永遠」という区別を用いることによって、である。[285] 永遠によって、あらゆる時間にとって同時的であるような位置を指し示すことができた。神が人間を、また人間の歴史を観察するのはこの位置からである。そして〔時 tempus／永遠 aeternitas という〕この差異の成立は（したがって、この差異の一方の側である時間の成立は）神からの離反によって、つまり原罪によって説明される。[286] だから歴史の本来の意味が存しているのはこの無時間的な時間、永遠のうちになのであり、そこでは確実に、すべてが神が望むように進行していく、ということになる。

出来事の意味は、無時間的な永遠において保存されている。近代社会へと移行する中で、この発想は崩壊していく。十七世紀にはそれに代わって、《保存 conservatio》は自然的な過程の自然的な帰結であるとの観念が登場してくる。また別の目から見れば（ミルトンの『失楽園』）、次のような仮定が生じてくる。歴史の意味は歴史のただ中で、人間（アダム、読者）に対して説明されねばならない。アダムは端緒を観察できなかったし、終局をまだ観察できていない。しかし彼は今すぐ自分を方向づけねばならないではないか。この問題に対応するかたちで十八世紀には、歴史的時間および歴史に関する新たな思想が登場してくる。歴史は歴史そのものの中に入れ込まれる。つまり歴史はどの時代においても新たに書かれねばならない、というわけである。[287] 人間が未来においても存続していけるように現在においてしようとしていること、いや、しなければならないことに対して、今や歴史の枠組はあまりにも小さくなってしまった。十九世紀が直面したのはこれと同じ問題であった。この問題を解決したのは一部には一回限りの歴史的過程ないし歴史の《個体的法則(288)》という観念であり、また一部には進化論であった。この〔二十〕世紀末においても、事はそれ以上に進んでいるわけではない。

この問題に関しては、近代社会の自己記述に関する議論との関連で再度より詳しく論じることにしよう（第五章）。目下のところは、進化論が全体社会の理論として用いられる際にどんな問題が生じてくるかを示唆することで満足しなければならない。〔そもそも〕進化論には過大な要求が寄せられている。進化論なら差異の統一性を、意味を付与しつつ明らかにできるだろうと期待されているわけだ。しかし進化論の本来の働きは、構造変動の問題を理論的に特定化することにある。進化論は歴史的過程の理論を与えてはくれないし、一定の内容を伴う方向性を——例えば、進歩や没落の構図という意味での——を与えてくれるわけでもない。安心させるものであろうとなかろうと、未来に関する消息など示してはくれないのである。にもかかわらず進化論が近代社会の自己記述に貢献できるとすれば（本書第五章の分析はそう結論するに至るだろうが）、それはただ理論として、システム理論およびコミュニケーション理論と緊密に結びつくことによってのみであろう。理論をそのように組み合わせることによって初めて、歴史的に実り多い問題設定を展開できる。そうしてこそ、十分に複雑な分析用具に関する、また概念的な精確さに関する要求に応えることができる。またそうしてこそ、近代社会の自己記述に対する特殊学術的な貢献をなしうるのである。同時にこの貢献は学術そのものにおいて、すなわち研究というかたちにおいても、テストされうることになる。

進化論であろうがなかろうがあらゆる歴史の理論においては、データの必要性が新たに組織されるに至っている。この必要性はさしあたり、史料の状況とは無関係である。というのもそれは理論から生じているのだから。そこから歴史家が絶望に陥ったり、理論を放棄するに至ったりするということもあるかもしれない。全体社会の歴史を扱う社会学にとっては、問題は別のところにある。この社会学は歴史を記述しようと企図しているわけではない。出来事の連関のうちにある十分な整合性（Kohärenz）を復元しようとしているわけでもない。むしろ問題は、全体社会システムの時間次元を全体社会の理論から除外することはできないし、無視することもできないという点にある。社会学は次の点を知っている。すなわち、システムと環境の区別をシステムに《再参入》させるあらゆるシステムは《メモリー機能》を必要とする。システムに対して、現在とはもはや修正できない歴史の帰結なのだということを知らしめるのは、この機能なのである。したがって社会学にとって重要なのは出来事の整合性ではなく、全体社会の理論における理論的装置の一貫性（Konsistenz）なのである。われわれは進化論とシステム理論の関連を検討する中で、この問題設定の一例を示してきた。結論として明らかになったのは、データが著しく不足しており、したがって検証は困難だという点である。しかしそれはまた、史料を新たに解釈する可能性が相当な範囲において作り出されているということでもある。

XIII 記憶

これまで用いてきた進化論では、あたかも全体社会を外から観察できるかのように話を進めてきた。

それは、進化論が成立したのが生物学の研究領域においてだったことによるのかもしれない。しかし〔それだけでなく〕社会学者もまたしばしば、自身のディシプリンを学術として提起する際に、あたかも全体社会を外から観察できるかのように述べている。だから必要な場合には〔社会学者の観察と、当事者の観察との〕《間主観的》な一致〔が成立しているか否か〕に、また社会学者の観察が〔全体社会の外からやって来る〕コミュニケーションとして、全体社会の中でどんな影響を引き起こすかに注目しなければならない云々とである。歴史家は原理的に、あらゆる歴史記述が生じるのは進行中の、またその後も進行していく歴史の中でのことであるという点を認識している。しかしそこでは自己言及を表す概念はあくまで歴史であって、全体社会ではない。だからこそ歴史家は、歴史を暫定的なかたちで描写するという作業で満足できるのである。描出に際しては、歴史の終わりからではないにしても、現下の知識状況から出発すればよいわけだ。全体社会の理論としての社会学は、この仮定を訂正することになる。すなわち、〔歴史家によるこの観察を〕再度観察しなければならないのである。本書第五章では、全体社会が自分自身を観察し記述しているという事態について、またそれはいかにしてなのかについて、さらに詳しく論じることになる。目下のところ重要なのはただ、「全体社会がその進化を進化の中に再導入するのはいかにしてか」という問いだけである。あるいは「進化上の転換において、その転換が観察され、コメントされるということがいかなる役割を果たすのか」と問うてもよい。

進化論は因果的な継起を証明するものではない（ただしだからといって、原因と結果の間の連関を確定しうると考える観察者が登場してくることまでが排除されるわけではないが）。われわれはすでにこの点を何度も強調してきた。今やこう付け加えねばならない。進化論は、通常なされている歴史記述のもうひとつ別の形式を、つまり連続性を裏書きするものでもない、と。革新は既存の構造に明確に抗するかたちで貫徹されるのであり、歴史的過程が動いていくのはそれによってである云々というわけにはいかないのである。〔連続性がまず存在し、革新によってそれが断絶するという〕この点もまた、特定の区別を他の区別に対して際だたせる観察者が存在することを前提とするはずではないか。例えばある社会階層の地位上昇について語られる場合なら、その階層は自分自身を上に向かって、また下に向かって区別しているのである。時間に関連する区別が、例えば「旧い／新しい」「以前／以後」の区別が〔歴史記述に際して常に〕登場してくるという点に関しては、およそ異論の余地がないはずである。しかしまずもって説明されるべきは、そもそもなぜ特定の区別が優先される（他の区別がそうされない）のかという点であろう。われわれはそのために、ひとつの理論を必要とする。その理論は連続性と非連続性を、持続的な影響作用を、あるいはマークされた大変革を単に観察し説明するのみならず、こう問うことができるのである。すなわち、すでに進化しつつあるシステムの中で、その種の区別を行うことがいかにして可能なのか。区別が特定の仕方でなされ、他の仕方でなされなかったのは何によっているのか。

そのためには何よりもまず、システムが自分自身を区別しうるということが前提となる。全体社会システムが〔十分に〕複雑であるがゆえに、システムが用いている区別が、それによって区別されるものの中に再登場することが許されるなら、(289) システムは自分自身にとって不透明なものとなる。システムはもはや、自分自身の状態を生み出し変化させる作動によって、自分自身を適切に観察することはできなくなる。これは時間次元において特に劇的なかたちで成り立つ。他でもない、複雑性がますます《時間化》されていくがゆえに、である。時間化されるとはすなわち、複雑性が連続的に形成され、縮減されねばならないということである。これはわれわれにとってすでに周知のものとなっているテーゼを別様に定式化したものに他ならない。すなわち、システムは自分自身の進化をコントロールできないのである、と。その代わりにシステムは、自身のそのつど現時的な（そのつどの現在における）作動においてひとつの追加装置を利用する。それをわれわれは（スペンサー＝ブラウンに倣って）[290]記憶と呼んでおこう。システムが自身の現在の状態の歴史的原因を確定しようとしたり、自己を以前の状態とは異なるものとして、例えば《近代的》なものとして性格づけようとする場合には常に、記憶が必要になる。そこで区別をプロセシングできるのは、記憶によってだからである。[291] しかし記憶とは何なのだろうか。

われわれが記憶について語っているのは、「過去へと遡りうること」という意味においてではない。あるいはまたデータと情報を貯蔵しておいて、必要に応じて引き出せるという意味においてでもない[292]。問題となっているのはむしろ、絶えず（ただし、常に現在においてのみ）利用される機能なのである。この機能によって、生じようとする作動はすべて、当のシステムがリアリティとして構築しているものとの一貫性という点に関してテストされることになる。われわれのテーマ領域に関して言えば、「作動」ということで扱われているのはコミュニケーションであって、脳の状態の神経生理学的変化や、個々の意識が自己を意識させることではない。したがって記憶の機能を成り立たせるのは、一貫性テストの可能性の境界を保証すると同時に、情報処理能力を〔特定の状態へと固定された現状から〕ふたたび解放することで、システムが新たな刺激に対して開かれることによってなのである。つまり記憶の主要な機能は忘却のうちに、先行する観察の結果の凝固によるシステムの自己阻害を防止することのうちに、あるわけだ[293]。

忘却を、「過去のものへのアクセスが何らかのかたちで失われていること」というように捉えるべきではないだろう。そう捉えるためには、時間が原理上可逆的であることを前提としなければならないはずだからである。忘却の正の機能は、時間が不可逆的であると同時に累積的にも作用するということから生じてくる。(294) 時間がもつこのふたつの特性の連関は、保持されると同時に打破されねばならない。他ならぬそれこそが記憶の機能である。あるいはより精確に言えば、想起と忘却という二重の機能なのである。忘却がなければ学習も進化も存在しないだろう。継続的な再充塡（心理学者はしばしば《強化 reinforcement》と呼ぶ）のうちには、この二重の機能が常にすでに組み込まれている。一方でコミュニケーションが、そこでの言葉遣いが、言及が反復されることによって、「……を知っている、馴染みである」という緊密な印象が形成される。他方でまさにそうした印象が形成されることで、それ以前に特定の印象、要求、刺激が、新しく、驚きをもたらす、馴染みのないものとして生じたときの様子が忘却へと委ねられるのである。反復そのものによって、想起と忘却が生み出される。しかしそこにおいて肝心なのは常に、そのつどの現在における作動という前提なのであって、時間を〔現在から過去、過去から現在へと〕行ったり来たりすることではない。例えばチェスの場合なら、現時点でのチェス盤上の駒の配置から出発すればよいのであって、駒がどのようにしてその位置まで来たのかを想起する必要はないのである。だから新聞の詰め将棋欄では、〔課題となる駒の配置が生じるまでの〕ゲームの来歴を示す必要などないわけだ。ゲームを〔示された配置図から先へと〕進めていくためにはそれまでの経過を想起しなければならないとすれば、ゲームはあまりに複雑なものになってしまうだろう。相手のこれまでの指し手を順序通りに想起すれば、相手の戦略をよりよく察知できるという点で有益かもしれないとしても、である。この例が示しているのは、「現在」はかなりの程度にわたって、十分に「過去」の代理表象たりうるという点である。確かに今取り上げたのは、高度に様式化された限界事例ではある。しかしそこから、忘却することによってどれほどの複雑性を達成できるかを認識しうるはずである。〔とはいえやはりそれは限界事例なのであり、〕最も単純な言語ゲームにおいてすでに話は違ってくる。会話が進行している場合、そこに参加して共に事を為していこうとするなら、その相互作用の来歴に通じているか、あるいは来歴を察知できねばならないのである。談話は、自分自身を常に忘却してしまうわけにはいかないのである。しかしそこから複雑性に関する帰結が生じてくる〔つまり談話は、あまり複雑になるわけにはいかない〕。そしておそらく、システムの相対的な無規則性（Regellosigkeit）をめぐる帰結も生じてくるのである。

現在を過去が凝固したものとして受け入れねばならない。一般にはそれで十分である。ただしその際には、十分な同一性が（先ほどの例で言えば、相異なる駒が〔それぞれ異なる〕移動可能性をもっていることが、また語を駆使しうることが）保証されているという点が前提となる。それによって、忘れられ、ただ現在としてだけ現前する過去を、未来と結びつけることができねばならないのである。同一性とは、記憶の負担を軽減する特別な働きに他ならない。同一性が圧縮されて反復的使用に耐えうるようになるのは、例外的な事例においてのみである。システムの回帰的な作動の中で《客体》がシステム特有の《固有値》として成立するのも例外的なことである。〔しかし形成された場合には〕その固有値に即して、システムは安定性と変化とを観察できるようになるのだが[295]。つまり忘却が禁止されるのは、例外的なことなのである。さらにまた、想起に時間のインデックスが付与されるのも例外的である。客体の安定した特性としてあまりにも多くの異質な素材が〔想起されて〕、あまりにも多くの非一貫性を生み出してしまわないように、である。したがってシステムの固有値が、「過去の／未来の」のように時間をマーキングすることで、あるいは日付をつけることで分解されるのは、例外的事例だということになる。そのように分解されれば、時間的な客体、時間の上で区切られた統一性、エピソードなどが成立することになる。そうなれば、それらが現在においてどれくらい重要であるかを、改めて選別することが可能になるわけだ〔逆に言えば、固有値が時間的に分解されるのは、そのような選別が必要な場合に限られるのである〕。

しかし現在とは、過去と未来の区別に他ならない。現在は〔何時から何時までという〕独自の時間的間隔ではなく、過去と未来という時間地平の中で違いを観察する（どんな事柄に関してであろうと）ために必要なだけの作動時間なのである。記憶が機能を果たしうるのはただ現時的に作動することにおいてのみ、つまり現在においてのみであるというなら、それはすなわち、記憶において問題となっているのは過去と未来の差異であるということに他ならない。したがって記憶はこの違いを司っているのであって、過去との関連だけにおいて作動したりするわけではない[296]。したがってこう言ってもいいだろう。記憶は、システムの作動に対する当のシステムの抵抗をコントロールする。記憶は一貫性を検証することによって、システム内部で自己組織化された抵抗が処理された後にシステムにとって何が（《もの res》という意味での）《リアリティ》として現れてくるかを確定する、と。さらにまた記憶は、システムが未来へと目を向けるのはどのリアリティからなのかをコントロールするのだ、と。

この事態をいくらかでもより精確にイメージするにはどうすればよいのだろうか。

さらに歩を進めるために、次のテーゼを掲げよう。記憶という伝達関数（Transfer-funktion）が関わっているのは区別である。より精確に言えば、あるものを別のものとの違いにおいて指し示すことに関わるのである。記憶は、成功の見込みのあるものを指し示すことによって作動する。そして区別の他の側については忘却しがちなのである。もちろん記憶が区別を形式として、例えば「善い／悪い」という区別としてマークすることはできる。しかしその場合、この区別が何から区別されていたのかは、忘却されてしまいかねない。言うまでもないことだが忘却／想起という図式の中で弁別することがもつこの特性は言語的に条件づけられており、その点では社会システムに特徴的なものなのである。われわれの言語がもつ主語／述語構造からすればある文の構成要素すべてに関して、それらが何から区別されているかを常に同時に示しておこうとすれば、不可能ではないにしてもかなり煩わしいことになってしまうだろう。意識が知覚する場合に関しても想起されるのは選好された物ないし出来事であって、それらが知覚された際に埋め込まれていた周辺状況に関してはあまり明確には想起されないのである。そうしようとすれば複雑な配置を〔全体として〕想起してしまうことになり、それ以上続けていくことはできなくなるだろう。この点は、とりわけ次の理由から確かである。意識によって想起される物は、あるいはコミュニケーションが立ち帰りうるテーマは、同定することによって文脈から抽象され、それ自体として反復に値するものとして再認されうる。それに対して具体的な状況を反復することは決してできないのである。区別がなければ指し示すことも強調することも観察することもできない。にもかかわらず今述べた点には何ら変わりがない。

システムは区別を用いて観察する。区別というこの背景を明らかにすることによって、観察とともに生じている記憶が、いかにして過去と未来を区別し、結びつけているのかを理解できるはずである。過去の領域においてはこの区別そのものがマークされないままである（すでに述べておいたように、これは区別の区別に関しても妥当する）。それに対して未来として働く領域では区別が振動を、つまり内的な境界の横断を可能にするために用いられるのである。[297] 例えば、これまでは家庭外の（《政治的な》）事案に関しては明示的であれ暗示的にであれ、常に男性だけが議論の対象とされてきたとしても、〔それとは別の〕未来を投企することもできる。その未来においては、男性は〔人間一般ではないのであり〕女性から区別されねばならないということが、またこの区別の内部で境界を一方から他方へと、またその逆へと横断することが、つまり振動が可能であるということが想起されるはずである、というわけだ。この事例では現在において記憶は、〔投企された未来のほうから〕区別を想起することとして働いている。「男性／マークされていない」という区別を「男性／女性」の区別によって置き換えることとして、この区別をポリス／オイコスの区別という文脈（プラトンにおける《女性の共有》を考えてみればよい）から切り離すこととして、である。そうすれば〔投企された未来にとっての〕過去〔に相当する現在〕においても将来のための振動の余地が用意されているはずだと見なすことができるのである。

記憶はシステムではない。何かを想起できるためには、すでにシステムが進行していなければならないからである。したがって想起された過去は、そのシステムの過去〔そのもの〕ではないことにもなる。外部からの観察者は常に別の過去を構成して付加できる。あるいは、システムの中で想起された過去をフィクションとして扱うこともできるのである。論理学者や言語学者が（外部からの観察者として）《水準《レヴェル》》を区別し、その混同禁則を打ち立てようと試みてきたのは、おそらくこの点に関してのことであった。このやり方は他の場合はいざ知らず〔記憶という〕この領域では一定の首肯性を有している。なにしろ記憶そのものが忘却の働きによって、システムの作動という水準から際だっているからである。

全体社会の、またその部分システムの記憶はいかにして機能するのか。われわれはそう問うために一般的な、数学的・神経生理学的・心理学的な目的にも適う記憶の理論を必要としている。問題なのはいわゆる《集合的記憶》ではない。集合的記憶は、複数の意識システムが同一の社会的条件に晒される場合に全体として同じ事態を想起するという点にのみ存するものとされている(298)。しかし社会的な記憶は、コミュニケーションが個人の意識システムに痕跡として残したものでは決してない(299)。問題なのはコミュニカティヴな作動独自の働きであり、それ独自の不可欠な回帰性である。どのコミュニケーションも〔それぞれ〕特定の意味を現時化する。そのことだけからしてすでに社会的記憶が再生産されるのである。そこでは次の点が前提とされているからだ。コミュニケーションは意味によって何事かを始めうる。そしてその意味をある程度、すでに知っているはずである。また同時に同一の言及を繰り返し用いることによって、将来の事例においても〔その言及は〕そのままであるという効果が生じてくるのである(300)。コミュニカティヴに用いられうる意味がこうして絶えず再充塡されていき、それに応じて忘却も生じていく。そのためには意識システムが共作用することが前提となるが、個々の個人が何を想起するか、またそれら個人がコミュニケーションに関与することを契機としつついかにして自身の記憶を補充していくかとは無関係なのである。言い換えるならば個人には、同一のテーマをきわめて異なる想起と結びつける、またそれによってあたかも偶然のように社会的コミュニケーションに影響を及ぼす余地が与えられているのである。なるほど記憶を伴う意識システムが存在しなければ社会的な記憶は機能しないだろう(意識システムのほうも、神経生理学的に再生産される記憶の働きに依拠しているのと同様に)。しかし社会的な記憶は、意識システムの記憶の働きを踏まえて形成されているわけではない。後者はあまりに多様であり、コミュニケーションの中で通分することなどできないからである。個人が明確なかたちで刻印された集合記憶を用いることができ、コミュニケーションにおいてあらゆる関与者が十分に類似した想起を行うものと前提されうるなら、社会進化における変異の可動域は制限されることになる――なるほどそう仮定することはできる。しかしそう述べたからといって肝心の点が、すなわち進化上の変異がそもそもいかにして可能になるのか、社会的なコミュニケーションが想起（過去）と振動（未来）をいかにして分離するのかという点が、説明されるわけではないのである。

どの全体社会も独自の、自己産出された、あらゆる作動とともに作用する記憶に依拠している。全体社会が自身の作動を継続していくためにはまずもって神経生理学的ないし心理的な水準において、何が知られており、何が慣れ親しまれているか、あるいは過去に生じた事実として何が与えられているのかを明らかにしなければならないなどということはありえないからだ（そもそもそれらはコミュニケーションを通してしか明らかにならないではないか）。無文字社会は《対象》あるいは《準－対象物 Quasi-Objekte》によって自身を支えている。[301] われわれがそう述べることによって考えているのはその時々に明確に表明されているコミュニケーションのテーマでもないし、外界の事態がもつ単なる物質性でもない。問題としているのはむしろ対象の（家・道具・広場・道・自然物の、そしてもちろん人の名称の）意味を、あるいはその正しい形式を確定することである。そうすればコミュニケーションは、「何が考えられているのか」「どう扱えばいいのか」などという疑念を抱くことなしに、それらに関係することができるわけだ。記憶機能〔の重要性〕は、《正しい》形や《正しい》名前が存在するのであり、名前を知ればその客体に対する力が得られるはずだ云々という仮定によって強調される。装飾を用いてこの強調をさらに強めることもできる。それによって、心理的な注意を方向づける可能性が開けてくるのである。さらに《準－対象物》も加わってくる。儀式、祝祭、語られうる神話が、要するに演出することがそうである。その機能は特にシステムの作動に対して、個々の作動の中では予見できないような仕方で記憶を付与することにある。無文字社会における語りの伝統に関しては、今日では徹底的な研究がなされている。この伝統が役立つのは、知識を伝達することにおいてではなく、すでに知られており想起により再現時化されることへと、話し手と聞き手とが一致して向かうという点においてなのである。もちろんそのためには歌い手の側で記憶の働きが必要とされる。しかしその働きもまたコミュニケーションの形式に、リズム・音楽・形式を優先することや、リズムに合わせてあらかじめ作り上げられた句・演出などに結びつけられているのである。したがってコミュニケーションから独立したかたちでは意識することすらできないのである。

それゆえにこの種の記憶は、文字が発明されるはるか以前から存在していたことになる。[302] 以前の全体社会における記憶は、何よりもまず地誌学的（topographisch）な記憶だった。[303] 問題が反復可能な行為のための舞台を〔例えば聖なる場所や礼拝堂を〕用意することである限り、地誌学的記憶で十分である。この記憶が留めておくのは場所、特に建造物である。それらが相互作用を可能にするとともに〔他の相互作用から〕分離しもするわけだ。[304] そこでは、〔その場所に集う者が〕知り合いであることを前提とする構造が成立している。それによって、〔誰と〕出会うかが（および出会わないかが）規制されるのである。かくして自身の領域が境界づけられることにもなる。未知のままであり、それゆえに《野蛮な》環境に対して、人の住まう《文明》が対置されるのである。客体とならない出来事は忘却すればよい。知り合いであるというこの点は（記憶一般がそうであるように）気づかれることなく機能する。したがって特別に問題となるのは、忘れられたくないというあくまで個人的な願望だけである。メソポタミアでは当初それは神々に、後になると子孫たちに向けられることになった[305]。文字は、客体に結びつけられた記憶を、絶えず新たに生み出される、より可動的な記憶によって補完するにすぎない。ただしこの記憶を書き込む際には、記憶と忘却の間で決定を下さねばならない。したがって事後的に基準とコントロールとを発達させねばならなくなるのである。

無文字社会においてもものを書く社会においても、社会が自己産出された記憶に依存しているという点は完全には把握されえなかった。それらの社会では記憶を賛美する態度が高度に発達しており、それに対応して想起の仕方を学ぶ技術も成立していたにもかかわらず、である。近代社会に至って初めて、文化という十分に一般的な概念が登場してくる。文化こそが、記憶を他の社会的機能から区別するために適している、というわけだ[306]。タルコット・パーソンズは、記憶に関する十分な理論を駆使できたわけではなかったが、この点に関して先駆的な直観を示していた。パーソンズ流の行為システムの一般理論においては、《潜在的パターン維持》という機能が想定されていた。「潜在的」というのは、秩序範型が、ある時点で現時化されていないとしても、やはり維持され伝承されていかねばならないという意味である。パーソンズによればそれをなすのは、行為システムの文化サブシステムの課題なのである。したがって人間が社会を形成し始めて以来、文化は存在してきたはずだということになる。そうすると問題はただ、進化が進む中で文化システムと社会システムとが分化し、行為を可能にするうえで両者が相異なる貢献をなすに至るということであり、またいかにしてそうなるかという点だけである、と[307]。しかし文化という概念では、この架橋機能がいかにして満たされるのかを十分精確に説明できない。そのためには記憶の理論へと立ち戻らねばならない。そこで問われるべきは、社会的な記憶を文化として指し示すことによって、さらに何が得られるのかという点である。

われわれは問題設定を変更して、こう問うことにしよう。全体社会が自身の記憶を指し示すために文化という概念を発明したのは何のためなのか、と。つまり文化の概念は歴史的な概念なのである[308]。近代社会は、この概念が導入されたのはいつのことであり、またなぜだったのかを明瞭に自覚する＝現在化する（vergegenwärtigen）必要があるはずだ。やはりそれ〔文化概念の発明〕は、自らの記憶の構造を組み替えて、近代的で高度に複雑な、固有のダイナミズムを有する全体社会という要件に適応させるためではないだろうか。

《自然》とは異なる独自の対象領域としての《文化》について語られるようになったのは、十八世紀後半以降のことだった[309]。しかもそれは比較がますます普遍主義的に、歴史と地域に関してなされるようになったことへの反応としてだったのである。今や比較は極端な事例（《野生のもの》、前聖書時代）をも含みつつ、〔あらゆる〕素材を「人間にとって必要な《文化》」という観点のもとで処理するに至っていたのである。しかし今日に至るまで、それによって考えられている現象領域を明確に境界づけることはできていない。例えば《記号》一般との関係において記号論的に、また行為との関係において社会学的に境界づけようとする試みを考えてみればよい[310]。そこから次のような示唆を引き出すこともできるのではないか。文化とは実際のところ、全体社会の記憶に他ならない。つまりは忘却／想起のフィルターであり、未来における変異の枠組を規定するために過去を用いることなのである。そこから次の点も説明できるだろう。文化は自身を、あらゆる可能性の中の最善のものと見なすわけではない。むしろ文化は比較の可能性を司るのであり、それは同時に、他の可能性へと視線を向けることを阻止する結果にもなる。言い換えるならば文化は、馴染みのものの代わりに別のものを置くことができるとの発想を妨げるのである。したがって文化という特別な概念が発明されたのは、ある状況によっていたということにもなる。すなわちそこでは全体社会があまりに複雑になったがゆえに、より多くのことを忘却すると同時により多くのことを想起しなければならず、またその点を反省しなければならなかったのである。したがってその要求のために育成された選別メカニズムが必要となったわけだ。

ブルデューによって導入された《文化資本》という概念からこの点を読みとることもできる(311)。現に資本とは集積された過去に他ならないではないか。それは利用可能な資源として扱われうるのであり、しかもその際、学習・習得の過程そのものまでもが想起される必要はないのである。だが文化資本という この概念は、文化概念がもともと扱っていた比較の可能性を覆い隠してしまっている。その代わりに象徴財がもつ威信としての価値を社会的に比較しようとするわけだ。その点では文化資本の概念は、文化的に形成された記憶が全体社会にとってもつ意味のごく一部だけを取り上げているにすぎないのである。

構造の発展に対して記憶が与える影響については、広範囲にわたって気づかれないままになっている。記憶が構造発展の原因としてあげられることはない。なるほど初期メソポタミアにおいて政治的集権主義が始まった原因を、主として歴代の王の事績が記録され、その記録が伝承されたという点に帰することもできるかもしれない(312)。しかし当然のことながら、その記録の選択性が王制の原因として通用するわけではない。記憶の問題はむしろ主として、想起の喪失のうちにあると見なされる。人はまずもって、自分が忘却されるのを防ぎたいと考えるだろう。後になって初めて、現存する事柄に関する知識と技能とを忘却したくないということが加わってくる。古い記憶論（memoria-Lehre）においてすでに、いかにして忘却を（少なくとも、真理を忘却することを）防ぎうるかが中心的問題となっていた。いわゆるルネッサンスが、またその時代に育まれた記憶術（Gedächtnislehre）が見いだしたのは、かつてこの世界に（！）より優れた芸術と学術とがすでに存在していたことであった。だから、かつて達成されていた水準に再び到達しなければならないと考えたのである。[313] しかし伝統に依拠するこの構想は、過去のうちに存しているのである。〔あることが可能であるという〕可能性の証拠は、過大な要求のゆえに挫折する。ヴィーコによって、この問題は新たに定式化され始める。[314] そしてそこから十八世紀の終わりには、文化概念が新たに構想されるに至るのである。

そこで想定されているのは、学術的に（それが《精神科学》だけを意味するとしても）把握可能である、ひとつの特別な対象領域である。その点に関する議論は現在進行中である。しかし《興味ある interessant》比較に対する関心（Interesse）が解発因であったという点から出発することにしよう。そうすれば、そこで役割を担っているのが新たな種類の区別の技法であるということが明らかになるはずである。この技法のためには、三値論理学とは言わないにしても、三項間の関係づけが必要になる。すなわち大きな、しばしば極端に大きな相違の中に、にもかかわらず相等性を認識できる比較の観点が必要なのである。しかもそれはもはや、種と類の自然的な類似性という図式においてではなく、機能的等価性の図式の中でのことなのである。今や例えば、宗教の機能はきわめて多様な仕方で満たされうるものとされる。また文化現象を他の何かの徴候として読み解こうとする文化的症状診断も登場してきている。[315]

比較範囲が広大となれば、そこから懐疑の文化が生じてくる。社会学はこの文化に根を張ることができる(316)。そして今や伝統とは記憶が提示するものの自明性ではなく、文化の観察の形式なのである(317)。

《文化》に関するこの新たなゼマンティクとともに、差異の思考が新たに定式化されつつ登場してくる。新たな定式化は、比較という形式を取る。古代社会においても制度は「等しい／等しくない」に関する判断によって根拠づけられていた。その点で、認知的に保護されていたのである(318)。これはそれぞれの全体社会における慣習に応じてきわめて多様なかたちで生じえたのであり、文化の概念は特に存在しなかった。文化の概念によって相等性ではなく比較可能性へと定位されるようになり、またそれによって定位は動態化される。かくして（少なくとも当初は[51]）全体社会が多数存在するという点から出発することが許されるようになる。地域的な、および／または歴史的な多様性に関してそれらを比較できる、というわけだ。この比較からは広範に及ぶ影響が生じてくる。時代が下るにつれて、「等しい／等しくない」に関する判断一般には、事物の本質に基づく自然な基礎が存在しうる云々という仮定は腐食していく。民族学の経験的な研究を、あるいはまた分類に関するデュルケーム派の研究を考えてみればよい。形式的に言えば比較に対するこの関心においては、比較の観点を事前に規定しておかねばならず、またその決定が社会的に拘束されているかを問わねばならないという点が重荷となる。当初は明らかに、比較〔の元になる観点〕を地域的に（ひとつの国から出発するわけではないにしても、ヨーロッパ中心的に）、あるいは歴史的に位置づけうるだけの自信が存在していた。もっともそのためには「時代精神」ないし「近代」などの特別な概念が必要ではあったのだが。あるいは〔比較の観点を事前に規定する代わりに〕大量の素材を厳密に《学術的》（民族学的・歴史学的・精神科学的）に取り扱ってもよい。しかしその場合、その試みの学術的地位は、すでに確立されている自然科学から区別されねばならないという代償を支払わざるをえなくなる。これらの議論すべては根拠づけの問題〔という隘路〕に陥っている。システム理論の立場を取り、全体社会そのものを差異として把握すれば、この問題は提起されない（あるいは、別のかたちで提起される）はずである。

　文化を区別する技法は比較と関連しつつ比較から発達してきたものである。この技法は、全体社会が自分自身の進化に反応する仕方に、著しい影響を及ぼすことになる。文化比較によって、忘却が禁じられる範囲は従来見られなかったほど広がる。今や、忘却の渦から救い出されるのは真理だけでなく、ほとんどこう言っていいだろうが、可能なもののすべてなのである。以前にも増して多くのものが、等しいものとして認識されうるようになる。しかしだからといって確かな方向づけがもたらされるわけではほとんどない。むしろそれにより記憶は、手がかりを提供するという機能を失ってしまう。全体社会の継続的な作動（コミュニケーション）の一貫性を検証する機能を失うわけである。この課題は、機能システムの特殊な記憶に委ねられたままにならざるをえない。それらの記憶を相互に統合することは、もはや不可能なのである[319]。したがってまた全体社会総体に及ぶ現実構成もまた、未規定なものに留まらざるをえない。後でまた論じるように[320]〔52〕、この構成自体がひとつの機能システムに、マスメディアのシステムに委ねられているのである。今や現実構成の総体的形式として与えられうるのは、その種の総体的形式などもはや存在しないということだけだろう[321]。周知のように、ヘーゲルには後継者などいないのである。

　しかしだからといって、過去と未来の間のあらゆる関連は引き裂かれてしまっている云々ということになるわけでは決してない。だとすれば、ふたつの時間地平は相互に対して《マークされない状態 unmarked states》であるがゆえに、もはや区別されえないという話になってしまうはずだからである。[322] かくして《歴史の終わり》の伝説が浮上してきたりする。しかしそれは全体社会が日常的にそのコミュニケーションにおいて前提とし、再生産している事柄とまったく食い違っているのである。本書で素描してきた全体社会の記憶に関する理論は、この点からさらに進んでいくために役に立ちうるかもしれない。

　われわれの文化は、過去の中に区別を読みとり、この区別によって未来が振動しうるための枠組が提供されるというかたちで作動しているように思われる。この区別によって、規定されたあるものから見れば何が《他の可能性》であるはずなのかを規定する形式が与えられるのである。そのつど適用される区別の具体的な姿は絶えず変化する。しかしそれを変えうるためには、区別を区別しなければならない。区別を形式としてマークしなければならないが、そうすると当の区別は、暗黙的にあるいは明示的に前提とされた区別の内部での振動という、同一の条件に委ねられることになる。拘束力をもつ《原初的区別 primary distinction》など、もはや存在しないように思われる。[323]「存在と非存在」であろうが、論理的な真理値の区別であろうが、学術の、あるいは道徳の区別であろうが、同じことである。[324] しかしだからといって、区別などなくてもよいというわけにはいかない。結論はただこうである。誰がどんな区別を用いて、自身の未来にとっての過去を〔未来の枠組として〕設定しようとしているのかを、観察していかねばならない。

　われわれはこう仮定した。進化は生じるように生じる。そしてそこでは過去と未来のカップリングが、変異／選択／再安定化という形式の中で偶然へと委ねられるのである、と。ところがシステムの作動上の記憶が関わるのは、他でもないその過去と未来のカップリングなのである。しかし両者をカップリングするためには、まずこのふたつの時間地平を区別しなければならないのである〔その区別の選択は必然的ではありえず、偶然が介入してくる〕。進化は端緒というものを知らない。記憶は（時として、システムの記憶として働いている進化論も）、端緒（例えば、〔西洋文学の起源としての〕ホメロス〔という一人の人物〕）を構成することで秩序と平和を見いだすかもしれない。そこでは〔端緒の以前／以後の〕区切りは、それ以前のものは考慮しなくてよいと考えるのを可能にする区別として働くことになる。しかし記憶もまた進化の産物である。ただ記憶はその点を想起できはしないのである。記憶は生じた事柄に、自らが構成した時間の差異を組み込む。記憶はこの差異を用いて事を進めていくのである。この事態が生じる形式は、つまり記憶の作業が用いる区別は、進化とともに進化し、進化の中で共作用していく。しかしその形式が進化を模倣するわけではないし、進化を再現しもしない。したがってまた、進化をコントロールすることもできないのである。進化においては、未来は常に未規定であり予見不可能なままである。しかし記憶によって未来を、可能な振動の領域として設定することは一応可能である。それによってシステムの作動は、区別に左右されることになる。すなわち、一方の（他方のではなく）側を指し示すためにそのつど用いられている区別次第になるのである。そしてまさにその点で、そのつどどの境界が横断可能なのかが示されることにもなる。

進化は予測不可能であり、そうであり続ける。この点に関しては、記憶は何も変ええない。記憶にできるのは、自身を進化に合わせることだけである。ただしそれは、進化から生じる刺激率および加速率に応じて、多様な形式で生じうるのである。もはや文化を存在論的に捉えることはできない。今や文化は、自身の場所を自分自身で定めているのである。この文化こそが、全体社会の記憶を発明し採用した形式であるように思われる。そうすることで全体社会の歴史構成と未来へのパースペクティヴを、第一次的な分化が機能へと定位するようになったことから、また安定性と変異の区別が崩壊しつつあることから生じた条件に適応させようとしてきたのである。したがって、すでに導入されている語法を保持しつつ、全体社会の進化を《社会文化的進化》としても指し示すことは正当であるし、根拠づけられうるのである。

原註

第一章

（1） ラルス・レフグレン〔1〕は同様の意味で《オートリングイスティック autoliguistisch》という言葉を用いている。これは、ひとつの形式であるが、諸水準を区別することによって論理的に《展開 entfalten》されねばならないものを指している。Life as an Autolinguistic Phenomenon, in: Milan Zeleny（Hrsg.）, Autopoiesis: A Theory of Living Organization, New York, 1981, S. 236–249 を見よ。

（2） 例えば、ゴットハルト・ギュンター〔2〕に依拠した次の文献を見よ。Fred Pusch, Entfaltung der sozialwissenschaftlichen Rationalität durch eine transklassische Logik, Dortmund 1992.

（3） 今日に至っても事は同様である。Friedrich H. Tenbruck, Emile Durkheim oder die Geburt der Gesellschaft aus dem Geist der Soziologie, Zeitschrift für Soziologie 10（1981）, S. 333–350 を見よ。ジンメルは、諸関係とそのダイナミズムを強調するためにであろうが、〔全体社会 Gesellschaft についてではなく〕《社会化 Vergesellschaftung》についてだけ論じている。マックス・ヴェーバーにとっては社会の諸価値領域やもろもろの生活の秩序等のあいだの相違が、あまりにも大きな（そしてあまりにも《悲劇的》な）意義を有していた。それゆえに彼は、包括的な統一性を構想することを完全に放棄してしまったのである。この点については Hartmann Tyrell, Max Webers Soziologie – eine Soziologie ohne »Gesellschaft«, in: Gerhard Wagner/ H. Zipprian（Hrsg.）, Max Webers Wissenschaftslehre, Frankfurt 1994 を参照。

（4） Helmut Schelsky, Ortsbestimmung der deutschen Soziologie（1959）, 3. Aufl. Düsseldorf 1967, S. 93 ff. を見よ。また、Horst Baier, Soziologie als Aufklärung – oder die Vertreibung der Transzendenz aus der Gesellschaft, Konstanz 1989 も参照。

(5) この点に関しては、Friedrich H. Tenbruck, Geschichte und Gesellschaft, Berlin 1986 を参照。

(6) Peter Bürger, Prosa der Moderne, Frankfurt 1988 を参照。

(7) これらにおいて肝心なのは〔論争それ自体よりも〕パラドックスを展開することのほうなのである。今日では、少なくとも組織理論においてはこの点はよく認識されている。Robert E. Quinn/ Kim S. Cameron (Hrsg.), Paradox and Transformation: Toward a Theory of Change in Organization and Management, Cambridge Mass. 1988. 特に Andrew H. Van de Ven と Marshall Scott Poole の論文を見よ。

(8) この点が特に明確になっている文献として、以下をあげておこう。Michael Mulkay, The Word and the World: Explorations in the Form of Sociological Analysis, London 1985; John Law (Hrsg.), Power, Action and Belief: A New Sociology of Knowledge?, London 1986.

(9) この点については、Niklas Luhmann, Warum AGIL? Kölner Zeitschrift für Soziologie und Sozialpsychologie 40 (1988), S. 127–139 で詳しく論じておいた。

(10) Moralische Diskurse: Das unvollendete Projekt der Moderne, in: Richard Münch, Dynamik der Kommunikationsgesellschaft, Frankfurt 1995, S. 13–36 を見よ。

(11) Warren Weaver, Science and Complexity, American Scientist 36 (1948), S. 536–544 を見よ。

(12) Gaston Bachelard, La formation de l'esprit scientifique: Contribution à une Psychanalyse de la conaissance objective, Paris 1947, S. 13ff.〔及川馥・小井戸光彦訳『科学的精神の形成——客観的認識の精神分析のために』国文社、一九七五年、一八頁以下〕を見よ。あわせて、Anthony Wilden, System and Structure: Essays in Communication and Exchange, 2. Aufl. London 1980, S. 205 ff. も参照。

(13) 十九世紀以来受け継がれているこの種の諸前提に対して、Charles Tilly, Big Structures, Large Processes, Huge Comparisons, New York 1984 では厳しい批判がなされている。しかしこの批判は理論的な収穫をあげていない。そこでは伝統と同時に全体社会概念そのものまでもが拒絶されているからである。

(14) 本来なら、この仮定が問題を孕んでいることは、社会学にとって当初から明らかだったはずである。例えばデュルケームは述べている。「……社会は、単なる諸個人の合計なのではない。諸個人のアソシエーションのために形成されたシステムは、固有の諸特性を有する特有のリアリティを現している」（Les règles de la méthode sociologique, zit. nach der 8. Aufl. Paris 1927, S. 127〔宮島喬訳『社会学的方法の規準』岩波書店、一九七八年、二〇七—二〇八頁〕）。ただしこの議論には不明確な点も残されている。すなわち、そのアソシエーションの特別さをいかに規定するかという点である。さもなければ、「アソシエートされるもの〔個人〕なしにアソシエーションを考えうるのだろうか」という問いが生じてくるからである。この理論上の空白が埋められないかぎり、何度でもそう問い返されてしまうことになる。自己言及の概念を導入している新しいシステム理論でさえ、依然として「社会システムは人間から成り立っている」との仮定を用いていることがしばしばある。哲学者、物理学者、生物学者、社会学者の文献を挙げておこう。Pablo Navarro, El holograma social: Una ontlogía de la socialidad humana, Madrid 1994; Mario Bunge, A Systems Concept of Society: Beyond Individualism and Holism, Theory and Decision 10（1979）, S. 13–30; Humberto R. Maturana, Man and Society, in: Frank Benseler/ Peter M. Hejl / Wolfram K. Köck（Hrsg.）, Autopoiesis, Communication, and Society: The Theory of Autopoietic System in the Social Sciences, Frankfurt 1980, S. 11–13; Peter M. Hejl, Sozialwissenschaft als Theorie selbstreferentieller Systeme, Frankfurt 1982. こうした混乱によって、有機体的／神経生理学的／心的／社会的システムのそれぞれの場合においてオートポイエーシスを遂行する作動を精確に示すことができなくなってしまう。しかし実際には妥協がなされているのが普通である。社会の部分であるのは全体としての人間ではなく、相互作用に関わっていたり、他の人間たちとともに同じ（並行的な）体験を実現したりしているかぎりにおいての人間だけである、というようにである。以下を参照。Peter M. Hejl, Zum Begriff des Individuums–Bemerkungen zum ungeklärten Verhältnis von Psychologie und Soziologie, in: Günter Schiepek（Hrsg.）, Systeme erkennen Systeme: Individuelle, soziale und methodische Bedingungen systemischer Diagnostik, München 1987, S. 115–154（128）. だがこの妥協は事態を改善するどころか、さらに悪くするだけである。というのはこれではもはや、肝心の《かぎりにおいて》の区別を実行するのはどの作動なのかを示しえなくなるからだ。もちろん細胞内の化学的過程ではないし、脳でもない。また意識でもなければコミュニケーションでもない。せいぜいのところ、「当該の区別を行う観察者である」と述べるしかないだろう。典型的な打開策は、システムを構成する作動にはまったく立ち入らずに、《変数》の水準において一定の理論的布置を追加するというものである。しかしそうなると、その変数の選択に関してはもはやまったく理論的にコントロールできなくなってしまう。一例として、B. Abbott Segraves, Ecological Generalization and Structural Transformation of Sociocultural Systems, American Anthropologist 76 (1974), S. 530-552.

(15) 今日の知識状況に照らせば、おそらく次のように言わねばならないだろう。すなわち「理性」「意志」「感情」などとして経験され指し示されるものは、神経生理学的な作動のすでに存在する帰結を事後的に解釈したものである、と。それゆえに「理性」「意志」「感情」などを再評価することは、人間の行動について自覚的に論じていくためには役立つにしても、それらを人間の行動の決定的な原因だと考えるわけにはいかないのである。例えば、Brian Massumi, The Autonomy of Affect, Cultural Critique 31 (1995), S. 83-109を見よ。

(16) James L. Clifford (Hrsg.), Man versus Society in Eighteenth Century Britain, Cambridge 1968を参照。

(17) Über soziale Differenzierung (1890), zit. nach: Georg Simmel, Gesamtausgabe Bd. 2, Frankfurt 1989, S. 109-295 (126)〔居安正訳「社会的分化論」『現代社会学大系1』青木書店、一九七〇年、三―一五九頁(一三頁)〕.

(18) 現今の議論については、A. Carbonaro/ C. Catarsi (Hrsg.), Contrattualismo e scienze sociali, Milano 1992参照。

(19) 次のドイツ語訳を見よ。John Rawls, Eine Theorie der Gerechtigkeit, Frankfurt 1975, S. 27 ff.〔矢島鈞次監訳『正義論』紀伊國屋書店、一九七九年、一三頁以下〕

(20) Emile Durkheim, Le suicide: Etude de sociologie, Paris 1897〔宮島喬訳『自殺論』中央公論社、一九八五年〕を見よ。

(21) この見解へと至る決定的なヒントを与えてくれるのは、ジョージ・ハーバート・ミードの《社会行動主義》である。ただしミードの議論は多くの場合明らかに、ありきたりの合意理論《コンセンサス・セオリー》に属するものと受け取られており、決定的な点において誤解されてしまっているのだが。ミードが何よりもまず重視しているのは永続的な対象の創出である。その対象こそが、出来事から出来事へと流れてゆく行動を安定させる装置として働くからである。そのような対象が視角が一致していることを表すシンボルとしても働きうるというのは、二次的な論点にすぎない。そもそもその種のシンボルが働きうるのは、体験と行為が同時的な出来事としての性格を持つ〔すなわち、ある瞬間において生じては即消えていく〕という条件下では同意をコントロールすることなど誰にもできないという理由によっている。つまり第一に重要なのは時間の理論なのであり、二次的にのみ社会的なものの理論（Sozialtheorie）が登場してくる。社会の理論はフィクションの上に（ただし、必要なフィクションの上に）構築されているからである。問われているのは、同時性（＝コントロール不可能性）という条件の下でそもそもいかにして社会性が可能であるかということなのである。その答えはこうである——時間の中を流れていく行為の固有値として、対象を構成することによって。特に次の論文を見よ。Eine behavioristische Erklärung des signifikanten Symbols, および（ホワイトヘッドに依拠した）Die Genesis der Identität und die soziale Kontrolle, いずれの論文も次のドイツ語訳から引用。George Herbert Mead, Gesammelte Aufsätze Bd. 1, Frankfurt 1980, S. 290–298 und 299–328.《準対象物 quasi-objets》という概念を用いた社会契約説批判に関しては、Michel Serres, Genèse, Paris 1982, S. 146 ff.〔及川馥訳『生成』法政大学出版局、一九八三年、一四五頁以下〕も参照。ただしセールが考えているのは特殊事例にすぎない。すなわち、社会的な調整を行うために特に構成された、一定のシンボリックな対象だけを扱っているのである。今まで述べてきた議論は、その範囲を大きく越え出ている〔3〕。

(22) 有名な例を挙げれば、Martin Heidegger, Sein und Zeit § 10, 6. Aufl. Tübingen 1949, S. 45 ff.〔寺島実仁訳『存在と時間』三笠書房、一九三九—一九四〇年、桑木務訳『存在と時間』岩波書店、一九六〇—一九六三年、松尾啓吉訳『存在と時間』勁草書房、一九六〇—一九六六年、細谷貞雄・亀井裕・船橋弘訳『存在と時間』理想社、一九六三—一九六四年、原佑・渡辺二郎訳「存在と時間」『世界の名著　ハイデッガー』中央公論社、一九七一年〕がある。

(23) 今日において特に明確な（しかしその分だけ、あまり典型的とは言えないのだが）例としてGünter Dux, Geschlecht und Gesellschaft: Warum wir lieben: Die romantische Liebe nach dem Verlust der Welt, Frankfurt 1994 を参照。

(24) この種の異論はきわめてよく知られたものであり、またそれを提起しているのは他ならぬ個人／人格から出発する論者たちなのである。例えば、Tim Ingold, Evolution and Social Life, Cambridge England 1986, S. 119 ff. を見よ。しかし多くの場合こういった議論は、全体社会をシステム理論的に概念化することに対する異論として提示されている。あたかもシステム理論というものは、システムの境界を空間と時間において示さねばならないはずだとでもいうようにである。したがってわれわれは二重の問題に直面していることになる。すなわち、①社会学者が領域主義的な構想に対する明白な異議に注意を向けないのはなぜなのかを説明しなければならず、また②全体社会の〔適切な把握のための〕基礎としてのシステム理論を、空間と時間に依拠せずに全体社会の境界を規定できるようなかたちで定式化しなければならないのである。

(25) 国家社会（Staatsgesellschaft）という構想を鋭く批判する論者はこう指摘している。そうすると今世紀〔二十世紀〕において、ドイツ連邦共和国・ドイツ民主共和国・オーストリアからなる言語空間は、ひとつの全体社会ないし多数の全体社会が多重的に折り重なって形成されていたとの話になってしまうではないか、と。Immanuel Wallerstein, Societal Development, or Development of the World-System, International Sociology 1 (1986), S. 2-17, neu gedruckt in: Martin Albrow/ Elisabeth King (Hrsg.), Globalization, Knowledge and Society, London 1990, S. 157-171. 一方で他ならぬそのウォーラーステインこそが、全体社会を地域的に把握することに固執してもいる。彼が世界システムについて論じるのは、付加的なかたちでだけなのである。

(26) Wilbert E. Moore, Global Sociology: The World as a Singular System, American Journal of Sociology 71 (1966), S. 475-482; Roland Robertson, Globalization: Social Theory and Global Culture, London 1992〔[部分訳] 阿部美哉訳『グローバリゼーション――地球文化の社会理論』東京大学出版会、一九九七年〕を参照すれば十分だろう。

(27) The Consequences of Modernity, Stanford Cal. 1990, S. 12 ff. (16)〔松尾精文・小幡正敏訳『近代とはいかなる時代か?――モダニティの帰結』而立書房、一九九三年、二六頁以下（三〇頁）〕. さらに、《グローバル化》について詳しく論じられているS. 63 ff.〔八四頁以下〕も参照。

(28) この点については、N. Katherine Hayles, Boundary Disputes: Homeostasis, Reflexivity, and the Foundation of Cybernetics, Configurations 3(?), (1994), S. 441-467 において、考古学的人類学に由来するスケウオモルフ (skeuo-

morph）の概念が、サイバネティクス的なシステム理論の発展史に適用されているのが参考になる。《スケウオモルフとは、ある種のデザイン上の特色である。それ自体はもはや機能的ではないが、より以前の時代にあっては機能的だった現身（avata）に懐古的に言及するものをそう呼ぶのである》(S. 446)〔4〕。

（29）Italo Calvino, Lezioni Americane: Sei proposte per il prossimo millenio, Milano 1988, S. 6 f.〔米川良夫訳『カルヴィーノの文学講義――新たな千年紀のための六つのメモ』朝日新聞社、一九九九年、一三頁以下〕, Niklas Luhmann, Sthenographie, Delfin X（1988）, S. 4–12; auch in: Niklas Luhmann et al., Beobachter: Konvergenz der Erkenntnistheorien?, München 1990, S. 119–137.

（30）Kenneth Burke, Permanence and Change, New York 1935による。

（31）このことを「言語とテクスト」という概念構成で言い表しているPaul de Man, The Resistance to Theory, Minneapolis 1986〔大河内昌・富山太佳夫訳『理論への抵抗』国文社、一九九二年〕を見よ。

（32）こういう道筋で、全体社会の理論に寄せられた期待に応えられるか否かという点に関しては、当然のことながら異論を唱えることもできる。Thomas Schwinn, Funktion und Gesellschaft: Konstante Probleme trotz Paradigmawechsel in der Systemtheorie Niklas Luhmanns, Zeitschrift für Soziologie 24（1995）, S. 196–214のようにである。しかしながらその場合は、全体社会の理論として何が期待されているのかをより詳細に示し、また根拠づけねばならないはずである。

（33）詳しくは、Niklas Luhmann, Was ist der Fall, was steckt dahinter? Die zwei Soziologien und die Gesellschaftstheorie, Zeitschrift für Soziologie 22（1993）, S. 245–260〔「なにが扱われているのか？　その背後には何が隠されているのか？――二つの社会学と社会理論」土方透・松戸行雄編訳『ルーマン、学問と自身を語る』新泉社、一九九六年、一七三―二二一頁〕を見よ。

（34）Karl E. Weick, Organizational Communication: Toward a Research Agenda, in: Linda L. Putnam/ Michael E. Pacanowski（Hrsg.）, Communication and Organizations: An Interpretive Approach, Beverly Hills 1983, S. 13–29における見取り図からは、〔「経験的」という〕方法上のこの観念がもつ限界について、多くを学ぶことができる。

（35） 変数の概念を懐疑的に記述する態度もまた、一定の伝統を有している。一例としてHerbert Blumer, Sociological Analysis and the »Variable«, American Sociological Review 21 (1956), S. 683-690〔「社会学的分析と『変数』」、後藤将之訳『シンボリック相互作用論――パースペクティヴと方法』勁草書房、一九九一年、一六五―一八一頁〕を挙げておこう。しかしながら変数へのこの限定を放棄すると、研究結果はある種重層的に決定されること（Überdetermination）になってしまう[5]。かくして、一般化されうる結論へと到達するのは、不可能とまでは言えないにしても困難になる。複数の学派の間でのこの問題に対応する論争は、すでに何十年も続いているのである。

（36） 近年新たに生じている、この問いへの関心を概観するためには、Michael Smithson, Ignorance and Uncertainty: Emerging Paradigms, New York 1989 がよいだろう。ついでながら述べておくと、社会学者よりはむしろ言語学者のほうが、言語の使用において常に選択領域が、またしたがって語られなかったことが、同時に現実化されているという点をよく理解している。一例としてM.A.K. Halliday, Language as Social Semiotic: The Social Interpretation of Language and Meaning, London 1978, esp. S. 52 を見よ。

（37） 社会学が行為からコミュニケーションへと転換するのがかくも困難なのは、この点にひとつの理由があるのだろう。

（38） この点については本章註（35）ですでに触れておいた。《人工知能 artificial intelligence》に関する研究が進展する中でも多くの場合、同様の修正が提案されている。Revue internationale de systémique, Bd. 8, Heft 1 (1994) を見よ。

（39） この種の仮定を理論としてまとめようとすれば、ただちに反論にぶつかることになるだろう。誰もが特定の点に関して、自分がこれこれのことを知らないということを確かめうるのはまちがいないとしても、である。しかしこれはむしろ記憶の問題である。何を忘れたのかを確かめようとしている場合や、もともと何かを知らなかったのだということを思い出せると信じている場合を考えてみればよい。

（40） 特にHenri Poincaré, La Science et l'Hypothèse〔河野伊三郎訳『科学と仮説』岩波書店、一九五九年〕. 引用はParis 1929 の版による。

（41） この点については、Kenneth J. Gergen, Toward a Transformation in Social Knowledge, New York 1982, S. 103 f.〔杉万俊夫・矢守克也・渥美公秀監訳『もう一つの社会心理学――社会行動学の転換に向けて』ナカニシヤ出版、一九九八年、一二二頁〕も参照せよ。そこでは通常の経験的な社会心理学の手順とその結果に対して、破壊的な批判がなされている。「理論家は単に、『みんなが知っていること』を蓄積した倉庫の中から、選択的に引き出すことによって、観察言語との必要な結びつきを仕立て上げることに成功できた」。もちろん、方法論上の問題は《選択的に》という言葉の中にある。

(42) 《プラグマティズム》では、そうは考えられていないようだ。プラグマティズムは理論相対主義〔パラダイムの放棄や、多元主義などのすべて〕を、方法の意味は認識を保証することにあるという点に固執することで埋め合わせようと試みているのである。Nicholas Rescher, Methodological Pragmatism: A Systems-theoretic Approach to the Theory of Knowledge, Oxford 1977 などを見よ。

(43) Sinn als Grundbegriff der Soziologie, in: Jürgen Habermas/ Niklas Luhmann, Theorie der Gesellschaft oder Sozialtechnologie – Was leistet die Systemforschung?, Frankfurt 1971, S. 25-100〔佐藤嘉一訳「社会学の基礎概念としての意味」、『批判理論と社会システム理論』木鐸社、一九八七年、二九—一二四頁〕; Soziale Systeme: Grundriß einer allgemeinen Theorie, Frankfurt 1984, S. 92-147〔佐藤勉監訳『社会システム理論　上』恒星社厚生閣、一九九三年、九二—一五七頁〕; Complexity and Meaning, in: Niklas Luhmann, Essays on Self-Reference, New York 1990, S. 80-85〔土方透・大澤善信訳「複雑性と意味」、『自己言及性について』国文社、一九九六年、四一—四九頁〕.

(44) Gilles Deleuze, Logique du sens, Paris 1969〔岡田弘・宇波彰訳『意味の論理学』法政大学出版局、一九八七年〕も参照。例えばS. 87 ff. では、《意味はつねに結果である》〔訳九一頁〕、《意味はけっして原理でも起源でもなく、生産されるものである》〔九四頁〕と述べられている。ドゥルーズ[6]の場合この論点は、「意味はパラドックスの解決によってのみ獲得されうる」というテーゼ〔訳九六—一〇六頁〕と密接に関連するのである。

(45) Laws of Form, Neudruck New York 1979, insb. S. 56 ff.〔大澤真幸・宮台真司訳『形式の法則』朝日出版社、一九八七年、特に六二頁以下〕を見よ。

(46) サイバネティクス学者ならここで、「アウトプットを、当のシステムへのインプットとして再使用すること」と言うところだろう。

（47）後者の区別を付加することによって、われわれはスペンサー＝ブラウンを超えていくことになる。こう述べうるのは、システム理論のうちに内在する根拠からである。

（48）生命システムは意味とは無関係に作動するが、弁別の能力はもつ。ではこのシステムに関しても、今述べたことが妥当するだろうか。この点に関する議論の一例として、Madeleine Bastide/ Agnès Lagache/ Catherine Lemaire-Misonne, Le paradigme des signifiants: Schème d'information applicable en Immunologie et en Homeopathie, Revue internationale de systémique 9（1995）, S. 237-249 を挙げておこう。次の定式化を参照。《生命体も意味的な対象を、自身に作用する物質的対象としてではなくそのような対象に関する情報として、受容することができる。そうすることで、システム全体による処理とアクティブな規制が呼び起こされるのである》（S. 241）。情報の概念を生命システムへと適用することが根拠づけられるのは、このような定式化を通してだけであろう。

（49）フッサールの超越論的現象学においても、〔今述べた議論に〕対応する方法上の論点が存在している。それはすなわち、意識における存在の先入見を解体する現象学的還元と、変異の中で同一性として示されるものを確定する形相的還元との区別である。Edmund Husserl, Ideen zu einer reinen Phänomenologie und phänomenologischen Philosophie Bd. I, Husserliana Bd. III, Den Haag 1950, insb. S. 136 ff.〔渡辺二郎訳『イデーン　I－I』みすず書房、一九七九年、特に二四二頁以下〕を見よ。

（50）だとすれば哲学における《言語論的転回 linguistic turn》も、全体社会の進展に対応したものとして理解できる。その進展によって実体的存在論が首肯性を失い、またそれを超越論的に擁護することもできなくなったのである。この事態は、「何が」を問うことから「いかにして」を問うことへの移行を、複数の言語間の翻訳可能性が問題視されることを、そして一般的に言えばソシュール以来、同一性は差異によって置き換えられざるをえないと見なされるようになったことを、含意してもいる。

（51）これをただちに《アラユル規定ハ否定デアル omnis determinatio est negatio》〔7〕という意味に解する必要はない。否定もまたひとつの特殊な作動である。そこでは、否定されるべきものの（確証もされえたはずの）同一性が前提とされているのである。われわれは現時点では、正の意味処理と負の意味処理という、それ自体すでに特殊化されている区別にまでは到達していない。しかし区別自体が、指し示されていないものも〔すなわち、「肯定／否定」以前のところにあるここでの議論も〕また構成的な意義を有するということを含意しているのである。

（52） 伝統においては例外があると見なされてきた。それはすなわち、神のことである。神学以外でこの想定が受け入れられている例としては、Thomas Browne, Religio Medici（1643）, zit. nach der Ausgabe der Everyman's Library London 1965, S. 40, 79〔生田省悟訳「医師の信仰」、『医師の信仰　壷葬論』松柏社、一九九八年、八七頁、一六一―一六二頁〕などがある。まさにこの点ゆえに、《神》において論じられているのは通常ならざる概念だということになるのである。

（53） Bernard Willms, Politik als Erste Philosophie oder: Was heißt radikales politisches Philosophieren?, in: Volker Gerhard（Hrsg.）, Der Begriff der Politik: Bedingungen und Gründe politischen Handelns, Stuttgart 1990, S. 251–267（260, 265 f.）ではこの定式化が政治へと繋げられている。

（54） Deleuze a.a.O. S. 83 ff.〔岡田弘・宇波彰訳『意味の論理学』前掲、八六頁以下〕においてもそう主張されている。無意味（non-sens）が反映しているのは、ドゥルーズの言う《意味の付与 donation du sens》（訳九三頁）だけなのである。

（55） この概念についてはYves Barel, Le paradoxe et le système: Essai sur le fantastique social, 2. Aufl. Grenoble 1989, S. 71 f., 185 f., 302 f. を参照。

（56） ついでに言えばこのことは、そう述べている当の言明にも当てはまる。《無限の》あるいは《規定されえない》との発話も、特定の仕方においてしかなされえない。すなわち、「無限の／有限の」「未規定の／規定された」といった特定の（他ではない）文脈が必要なのである。

（57） Louis H. Kauffman, Self-reference and Recursive Forms, Journal of Social and Biological Structures 10（1987）, S. 53–72（58 f.）を参照。

（58） Winfried Menninghaus, Lob des Unsinns: Über Kant, Tieck und Blaubart, Frankfurt 1995 を見よ。

（59） この点に関してはAlois Hahn, Sinn und Sinnlosigkeit, in: Hans Haferkamp/ Michael Schmid（Hrsg.）, Sinn, Kommunikation und soziale Differenzierung: Beiträge zu Luhmanns Theorie sozialer Systeme, Frankfurt 1987, S. 155–164 も参照。

（60） こう述べることによってわれわれは、古くからの問題に答えていることにもなる。いわく、意味あるものと意味のないものとを区別することを可能にするような基準は存在するのか。また存在するとしたら、その基準そのものには意味があるのかないのか。

（61） Heinz von Foerster, Observing Systems, Seaside Cal. 1981, S. 273 ff. の言う意味において〔8〕。

（62） この点に関してより詳しくは、Niklas Luhmann, Gleichzeitigkeit und Synchronisation, in ders., Soziologische Anfklärung Bd. 5, Opladen 1990, S. 95–130 を見よ。

（63） この可能性は、時間計測とは無関係に成立する。ただし追加的に時間計測を導入することもできる。そうすれば現在に対する距離を規定して、時間的に隔たった出来事がどのような意義をもはやもたない／まだもたないかをより精確に評価することも可能になる。

（64） ここであらかじめ次の点に注意を促しておこう。近代においては、冗長性と変異性とを時間によって媒介するというこの形式が、きわめて大きな意義を獲得するに至っている。というのは、必然性と不可能性とを経由することによって冗長性を自然なかたちで保護する〔すなわち、「これ以外にはありえなかった」「そんなことは不可能だった」という理由で、現在生じていることを自明視する〕という方策は、しだいに放棄されざるをえなくなるからである。そしてまた社会的コミュニケーションの未調整の被刺激可能性が、つまりは変異性が、増大していくからである。

（65） George Spencer Brown, Laws of Form, Neudruck New York 1979, S. 5〔大澤真幸・宮台真司訳『形式の法則』前掲〔9〕〕.

（66） これ〔充当されていること＝満ち足りていること〕こそが《securus》という語の意味なのであり〔10〕、それは古代ヨーロッパにおいても、またさらに後になって用いられるようになる主観的な意味においても同様である。この点に関しては特に、Emil Winkler, Sécurité, Berlin 1939 を参照。

（67） Niklas Luhmann, The Paradoxy of Observing Systems, Cultural Critique 31（1995）*, S. 37–55 も参照。

(68) この点との関連で、科学が（通常ならざる）比較へと特殊化していることについて考察してみてもよいだろう。量的比較や機能的比較を考えてみればよい。そこで核心となるのは、なおも比較可能なものの領域の内部において違いをマークする〔すなわち、比較対象となるものを同定し、それ以外の事例は無視する〕ことなのである。

(69) 他の存在はすべて《区別による何ものか》であると、Thomas Browne, Religio medici (1643), zit. nach der Ausgabe der Everyman's Library, London 1965, S. 40〔生田省悟訳「医師の信仰」、『医師の信仰　壷葬論』前掲、三一頁〕は述べている。

(70) A.a.O. S. 1〔訳一頁〕.

(71) Ranulph Glanville/ Francisco Varela, »Your Inside is Out and Your Outside is In« (Beatles 1968), in: George E. Lasker (Hrsg.), Applied Systems and Cybernetics Bd. II, New York 1981, S. 638-641 が示しているように、普遍的なもの（何ものをも排除しないもの）と原基的なもの（何ものをも包摂しないもの）の絶対性というパラドックスや、世界の端緒と終局の絶対性というパラドックスなど、同様に拡張されたあらゆるパラドックスに関して、同じことが成り立つ。この議論が、ニコラウス・クザーヌス[11]が神学的反省のために提起した議論と近いところにあるのがわかるだろう。

(72) あらかじめ注意しておこう。当然のことながら、このように同じ形式の中で前提を前提とすることがパラドキシカルであるのは、そのことが生じるのはあくまで当の形式のうちでのことであり、なおかつその形式が世界に関する閉じられた描出として把握されている場合に限られる。そうでない場合には、無限後退が生じてくるだろう。

(73) この点に関しては、第二章第I節で論じる。

(74) Laws of Form, zit. nach der Ausgabe New York 1979〔大澤真幸・宮台真司訳『形式の法則』前掲〕.

(75) Spencer Brown a.a.O. S. 1f.〔訳二頁〕ではそれに対応して、ふたつの公理が区別されている（公理が区別されるのはこの一回だけである）。①《二度の呼び出しcallのもつ値は、一度の呼び出しのもつ値である》。②《二度の横断crossingは、横断の値をもたない》。

(76) このような反対概念を提唱しているのは、Christopher Alexander, Notes on the Synthesis of Form, Cambridge

Mass. 1964〔稲葉武司訳『形の合成に関するノート』鹿島出版会、一九七八年〕である。

（77）この点には、メディアと形式の区別について論じる際に再度論じることにしよう。第二章第I節を見よ。

（78）この点は Fritz B. Simon, Unterschiede, die Unterschiede machen: Klinische Epistemologie: Grundlage einer systemischen Psychiatrie und Psychosomatik, Berlin 1988, insb. S. 47 ff. で明確かつ詳細に論じられている。

（79）そこからの帰結として、「システム／環境」の区別が重要性の位階をも示していると見なすことはできない、つまり《ハイアラーキー化》はされえないということになる。

あるいはハイアラーキー化されうるとしても、ホフスタッター[12]が言う意味での《もつれたハイアラーキー tangled hierarchy》を生じさせてしまうことになる。Olivier Godard, L'environment, du champs de recherche au concept: Une hiérarchie enchevétrée dans la formation du sens, Revue internationale de systémique 9（1995), S. 405–428 を参照。

（80）以下を参照。Heinz von Foerster, On Self-organizing Systems and Their Environments, in: Marshall C. Yovits/ Scott Cameron（Hrsg.), Self-organizing Systems: Proceedings of an Interdisciplinary Conference; Oxford 1960, S. 31–50, dt. Übers. in ders., Sicht und Einsicht: Versuche zu einer operativen Erkenntnistheorie, Braunschweig 1985, S. 115–130; Henri Atlan*, Entre le cristal et la fumée, Paris 1979〔阪上脩訳『結晶と煙のあいだ』法政大学出版局、一九九二年〕.

（81）しかしアンリ・アトラン[13]が、それゆえにシステムの組織変化は外生的にのみ説明されうる云々と述べているのは、行き過ぎというものだろう。L'emergence du nouveau et du sense, in: Paul Dumouchel/ Jean-Pierre Dupuy（Hrsg.), L'auto-organisation: De la physique au politique, Paris 1983, S. 115–130. 以下も参照。Ders., Disorder, Complexity and Meaning, in: Paisley Livingston（Hrsg.), Disorder and Order: Proceedings of the Stanford International Symposium, Saratoga Cal. 1984, S. 109–128.

（82）要約的な論述としては Humberto Maturana, Erkennen: Die Organisation und Verkörperung von Wirklichkeit, Braunschweig 1982 がある。新たな議論を概観するためには John Mingers, Self-Producing Systems: Implications and Applications of Autopoiesis, New York 1995 がよいだろう。

（83）ドイツ語でならここで《分出 Ausdifferenzierung》について語るところだろう。英語にはそれに対応する単語は存在していない。そこから明らかになるのはおそらく、オートポイエーシスのこの側面が十分には注目されてこなかったということである。少なくともマトゥラナは、オートポイエーシスとオートポイエティックな組織（構造形成）とを明確に区別してはいるのだが。

（84）今日では、脳においてもこれと並行する現象が発見されている。簡潔な入門編として、Jürgen R. Schwarz, Die neuronalen Grundlagen der Wahrnehmung, in: Schiepek a.a.O. S. 75–93 を挙げておこう。

（85）この点は今日では広く受け入れられている。ただしばしば、ゲーデルの証明様式の特性が看過されてしまってもいるのだが。したがって補完のために、システム理論による議論を参照するのがよい。W. Ross Ashby, Principles of the Self-Organizing System, in: Heinz von Foerster / George W. Zopf (Hrsg.), Principles of Self-Organization, New York 1962, S. 255–278; neu gedruckt in Walter Buckley (Hrsg.), Modern Systems Research for the Behavioral Scientist: A Sourcebook, Chicago 1968, S. 108–118〔山田坂仁他訳「附録　自己組織系の原理」、アシュビー『頭脳への設計』宇野書店、一九六七年、三四一―三七二頁〕.

（86）Der Parasit, dt. Übers. Frankfurt 1981, S. 365〔及川馥・米山親能訳『パラジット』法政大学出版局、一九八七年、三九六頁〕.

（87）われわれはこのように社会システムを作動の点から理解しているが、これは他のアプローチとは根本的に異なっている。まったく異なる他のアプローチとしては、社会システムを内的に結合された多数の諸要素として定義し、それらの要素のいくつかが脱落したとしてもネットワークは維持されると考える立場などがある。Milan Zeleny, Ecosocieties: Societal Aspects of Biological Self-Production, Soziale Systeme 1 (1995), S. 179–202 はその一例である。しかしだとすれば有機体も、それどころか細胞すらも社会システムとして把握されねばならないとの結論になる。このような拡張は回避したほうがいいだろう。

（88）Niklas Luhmann, Soziale Systeme: Grundriß einer allgemeinen Theorie, Frankfurt 1984, S. 191 ff.〔佐藤勉監訳『社会システム理論　上』前掲、二一四頁以下〕ではこの点について詳しい概念的説明を与えておいた。

(89) 文学研究の立場からこの点について論じている Henk de Berg, Kontext und Kontingenz: Kommunikationstheoretische Überlegungen zur Literaturhistoriographie, Opladen 1995; ders., A Systems Theoretical Perspective on Communication, Poetics Today 16 (1995), S. 709–736 を参照。

(90) Gotthard Günther, Cognition and Volition: A Contribution to a Cybernetic Theory of Subjectivity, in ders., Beiträge zur Grundlegung einer operationsfähigen Dialektik Bd. 2, Hamburg 1979, S. 203–240 を見よ。そこでは重要な洞察が示されている。閉じられたシステムは、環境に関する能動的な役割を決して放棄できないのである、と（S. 212）。

(91) この、あるいはその他のメタファーがコミュニケーション概念に及ぼしている影響については、Klaus Krippendorff, Der verschwundene Bote: Metaphern und Modelle der Kommunikation, in: Klaus Merten / Siegfried J. Schmidt / Siegfried Weischenberg（Hrsg.）, Die Wirklichkeit der Medien: Eine Einführung in die Kommunikationswissenschaft, Opladen 1994, S. 79–113 を参照。

(92) これについては Michael Hutter, Communication in Economic Evolution: The Case of Money, in: Richard W. England（Hrsg.）, Evolutionary Concepts in Contemporary Economics, Ann Arbor 1994, S. 111–136（115）を見よ。《過程が自己言及的性質を有するということは、それが論理的に閉じられているということを含意している。理解は常に完全なものとして現れてくる。というのは、理解はそれ自身の基礎を含んでいるからである。理解は盲目的に作動するし、またそうでなければならない。完全性の感覚は、きわめて有益な資産である。この感覚がなければわれわれはおそらく、恐怖と不安のうちに死んでいくことになるだろう》。

(93) 理論比較の作業のために、次の点に注意しておきたい。われわれはこう述べることによって、過程と構造という古典的な区別を放棄できる。この区別はふたつの水準を区別しなければならず、それゆえにシステムの統一性（の生産）を指し示す可能性をもたないのである。構造と過程の間の《と》によってなら指し示せるのかもしれないが、それは純粋に言葉の上だけでのことである。

(94) そこからどんな帰結が生じるかを、回帰関数という数学的概念によって示すことができるだろう。現代数学においては予期不可能なものが扱われており、また固有値をシステマティックに生産することによって算出不可能性を補償すべく試みられている。それはこの概念を踏まえてのことなのである。この点については Heinz von Foerster, Für Niklas Luhmann: Wie rekursiv ist Kommunikation?, Teoria Sociologica 1/2（1993）, S. 61–85 を参照。そこでの結論はこうである。コミュニケーションとは回帰である。

(95) システム・モデルを記述することが問題となっている場合には、これらの概念を保持しておく十分な理由がいまだにあると言ってよい。しかしそうしてみてもモデル形成より先に進むことはできない。システムというものは、ひとつのモデルによって示すにはあまりにも複雑である。実際の作動においても、流動性という点でも、またとりわけ、過去の可能性の豊穣さ〔すなわち、過去のある時点においては、現在実現されている状態とは異なる多くの可能性が保持されていた〕という点でも。それゆえに私は Pierpaolo Donati, Teoria relazionale della società, Milano 1991 による、システム理論は関係理論によって取って代わられるべきだとの提案に従うことはできない。また、Karl-Heinz Ladeur, Postmoderne Rechtstheorie: Selbstreferenz – Selbstorganisation – Prozeduralisierung, Berlin 1992（Vgl. z.B. S. 165）が考えているような、システム理論は関係理論によって補完されるべきだとの議論にも、やはり賛成できない。

(96) A.a.O. S. 10, 12〔訳一一頁〕.

(97) 本書第二章、三五五頁以下を参照。

(98) Marges de la philosophie, Paris 1972, insb. S. 1 ff., 365 ff. を参照。〔デリダと本書の議論との〕比較分析については、Niklas Luhmann, Deconstruction as Second-Order Observing, New Literary History 24（1993）, S. 763–782 をも参照のこと。

(99) 《すなわちシニフィアンの単位は反復可能性によってのみ構成される。そしてそれはシニフィアンが述べている〈言及対象〉の不在のみならず、確定的なシニフィエないし現実の意味作用の意図、例えば現在のコミュニケーションの本来の意図の不在において生じるのである》（a.a.O. S. 378）。

(100) この事態を精確にはどう理解すべきかについては、ここでは未決のままにしておかざるをえない。いずれにせよ神経システムは生体によって、また生体の中で生きているわけだが、このシステムが観察できるのはその生体だけなのである。神経システムは生体の状態を弁別するが、それはいかなる意味でも環境へと到達しえないという事態のもとでのことなのである。意識が成立してくるのは、そこで生じる情報加工のコンフリクトを解決するためであるように思われる。すなわち意識によって外的空間が、また現在の瞬間を越えて広がる時間が見いだされる。あるいは意識によって不在のものが想像され、そのことを通して、さもなければ（例えば両眼視の結果として、あるいは記憶の一貫性を吟味することから）生じたかもしれない矛盾が除去されることになる。しかしこれらの解決策が機能しうるのは、意識がその空間のどこかに限定されることなく活動する場合に限られるのである（動物においてもやはり同様である）。

(101) Gregory Bateson, Geist und Natur: Eine notwendige Einheit, dt. Übers. Frankfurt 1982, S. 163 ff.〔佐藤良明訳『精神と自然』新思索社、二〇〇一年、一七九頁以下〕での「自己」に対応する。

(102) われわれはここであえて、神経生理学的ないし心理的な働きについてではなく、コミュニケーション・システムそのものの記憶について語っている。コミュニケーション・システムもまた、コミュニケーションという独自の手段を用いることを通して、個々の心的システムの記憶の働きを代替することができる。そしてついには文字を用いて独自の記憶を創り出すに至るのである。

(103) Heinz von Foerster, Observing Systems, Seaside Cal. 1981, S. 304 ff. が言う意味において。

(104) Pol. 1252 a 5-6〔牛田徳子訳『アリストテレス　政治学』京都大学学術出版会、二〇〇一年、四頁〕.

(105) Mary Hesse, Models and Analogies in Science, Notre Dame 1966, S. 157 ff.〔高田紀代志訳『科学・モデル・アナロジー』培風館、一九八六年、一五九頁以下〕などが言う意味での。

(106) 以前にも Niklas Luhmann, Soziale Systeme: Grundriß einer allgemeinen Theorie, Frankfurt 1984〔佐藤勉監訳『社会システム理論　上』前掲〕で、このまとめ上げのための準備作業を行っておいた。

(107) 言うまでもなく、意識システムの複雑性と作動のテンポを考えてみればそんなことはもともと不可能なはずだと論じることもできる。だからこそ進化の道筋でコミュニケーションという解決策が生じてきたのであり、また逆にそれによって意識システムに、独自の複雑性を発達させる可能性が与えられもしたのだ、と。これもまた当たっていよう。本文の議論がさらに付け加えているのは、コミュニケーションが生じているからといって、関与者の意識状態を認識できるようになるわけではやはりないということである。できるのはただ意識状態を広範にわたって推測し仮定して、コミュニケーションを継続しうるようにすることだけである、と。さらに述べておくならばこの議論によって、人間の間の関係に関しても物への関係に関しても、冗長性が成立するということまでが排除されるわけではない。われわれは自分の足音を、自分の帽子を知っている。どうすれば他人を立腹させることができるかもわかっているではないか。

(108) Alois Hahn, Verstehen bei Dilthey und Luhmann, Annali di Sociologia 8 (1992), S. 421–430 をも参照のこと。

(109) アロイス・ハーン〔14〕は了解(Verständigung)の概念によってこの事態を論じている。了解のうちにはコンセンサスのフィクションも含まれるが、他の手段を用いて、相異なる心理状態のもとでコミュニケーションを継続することも了解によって可能になる。Alois Hahn, Verständigung als Strategie, in: Max Haller/ Hans-Joachim Hoffmann-Nowotny/ Wolfgang Zapf (Hrsg.), Kultur und Gesellschaft: Soziologentag Zürich 1988, Frankfurt 1989, S. 346–359 を見よ。

(110) 〔コミュニケーションを〕個々の語へと、あるいは語を構成する音響的部分(音素 phoneme)へとさらに分解することももちろん可能であるし、場合によっては言語学にとって重要な意味をもつこともあろう。しかしその場合論じられているのはもはやコミュニケーションについてではなく、言語についてだということになる。言語がコミュニケーションの客体となっているのである。コミュニケーションから見れば音声単位ないし語は、コミュニケーションの(ルースにカップリングされた)メディアにすぎない。このメディアがコミュニケーションの中で機能するのは、そのつど特定の意味をもつ言明(形式)へとカップリングされることによってのみなのである。この点については第二章I節で詳しく論じる。

(111) Heinz von Foerster, Für Niklas Luhmann: Wie rekursiv ist Kommunikation?, Teoria Sociologica 1/2 (1993), S. 61–88 を参照。

(112) より詳しくは Niklas Luhmann, Gleichzeitigkeit und Synchronisation, in: ders., Soziologische Aufklärung Bd. 5, Opladen 1990, S. 95–130 を見よ。

(113) 特に George Herbert Mead, Mind, Self, and Society From the Standpoint of a Social Behaviorist, Chicago 1934〔河村望訳『精神・自我・社会』人間の科学社、一九九五年〕において。

(114) Maturana a.a.O.（1982）, insb. S. 258 ff. を見よ。S. 155 も参照。そこでは言語とは《神経システムの、それ自身の構造との回帰的な構造的カップリング》（強調はルーマンによる）であると記述されている。

(115) Peter M. Hejl, Sozialwissenschaft als Theorie selbstreferentieller Systeme, Frankfurt 1982 もこの点を認め、受け入れている。

(116) Philip Lieberman, Uniquely Human: The Evolution of Speech, Thought, and Selfless Behavior, Cambridge Mass. 1991, insb. S. 36 ff. を参照。

(117) この点についてより詳しくは Luhmann, Soziale Systeme a.a.O. S. 91 ff.〔佐藤勉監訳『社会システム理論 上』前掲、一二四頁以下〕を、また本書二一七頁以下における言語についての議論を参照。

(118) その理由はこうである。行為の概念は、一般的な理解に従えば行為者を前提とする。それゆえにこの概念は、システムと環境の境界を抹消してしまうのである。しかしだからといって行為概念を、観察するシステムによる構築物として再導入することまでもが排除されるわけではない。再導入された場合システムは行為を、環境ではなくシステムの側に属する帰属点として位置づけることができるだろう。

(119) Pierre Livet, La fascination de l'auto-organisation, in: Paul Dumouchel/ Jean-Pierre Dupuy (Hrsg.), L'auto-organisation: De la physique au politique, Paris 1983, S. 165–171 ではこのような事例を「認識論的封鎖 clôture épistémologique」と呼んでいる。しかし同時にこう注意してもいる。すなわちこのことだけで、唯一正しい統一的な自己記述が保証されるわけではない、と。

(120) リオタールの討議理論（Diskurstheorie）においても同様に、意識状態・主観的意図・感情などが完全に括弧に入れられているのがわかるだろう。そこでは基礎となる単位は文（phrase）であり、文は他の文と連鎖化される（enchaînement）のである。Jean-François Lyotard, Le différend, Paris 1983〔陸井四郎他訳『文の抗争』法政大学出版局、一九八九年〕を参照。しかしリオタールはシステム理論的な発想を明確に排除している。この発想によれば、連鎖化自体からすでにシステム／環境の差異が発生してこざるをえなくなる。そしてその差異がシステムの（討議の？）中で反省されうるはずなのである。

(121) この点についてはNiklas Luhmann/ Peter Fuchs, Reden und Schweigen, Frankfurt 1989で論じられている事例を参照のこと。

(122) Yves Barel, Le paradoxe et le système: Essai sur le fantastique social, 2. Aufl. Grenoble 1989, insb. S. 19 ff. が論理的パラドックスと実存的パラドックスの区別によって言おうとしていることも、これに対応しているように思われる。後者は自己言及的な作動の可能性を用いるあらゆるシステムにおいて不可避だとされている。

(123) Wil Martens, Die Autopoiesis sozialer Systeme, Kölner Zeitschrift für Soziologie und Sozialpsychologie 43 (1991), S. 625-646では、環境の側のシステムは少なくとも社会システムの基礎的な構成要素に（つまり、情報／伝達／理解としてのコミュニケーションに）寄与しうるものとされている。しかしそれすらも不可能である。もちろん因果的に見れば、その種の外的起源が存在することになる。だがその由来をも同時にコミュニケートすることはできないのである。その由来がコミュニケーションに参与することはなく、社会システム発生の経過の中ではあくまで環境のうちに留まる。これは、「オートポイエティックな過程によって強制的にシステム境界が引かれることになる」という原理を、別のかたちで定式化したものにすぎない。

(124) 今確認した点は、すぐ後で述べるように、構造的カップリングの概念によって修正されねばならなくなる。ただしそれはあくまで、〔作動上の閉鎖性という〕この事態の射程内での話である。

(125) こう述べることでわれわれは、言語学および文学理論において《言語が言語に対して示す抵抗 resistance of language to language》として指し示されてきたものを拡張することになる。この定式化はヴラド・ゴジッチ[15]の、Paul de Man, The Resistance to Theory, Minneapolis 1986への序文（S. XVII）〔大河内昌・富山太佳夫訳『理論への抵抗』前掲、一七頁〕による。

(126) 「通常の場合」と述べたのは、十分な複雑性のもとでなら、システムが自分自身についての情報を入手する（これは、自分自身に驚かされるということを意味する）こともありえないわけではないからだ。それゆえに自己言及／他者言及の差異が関係するのはさしあたって個々の作動のみであって、直接システムに関係するわけではない。したがって伝達のほうはまったくシステム内的にしか把握されえないのに対して、もうひとつの構成要素たる情報のほうは、ふたつの外界への突出部（Externa〔16〕）をもつことになる。すなわち作動の外部と、システムの外部である。

（127）この再参入の機能について、またそれに対応する「想像的」空間（これを統一性として描出できるのは、ただ現在においてのみである）の成立については、George Spencer Brown, Laws of Form, Neudruck New York 1979, S. 56 f., 69 ff.〔大澤真幸・宮台真司訳『形式の法則』前掲、六五―六七頁、七九頁以下〕を見よ。以下も参照のこと。Louis H. Kauffman, Self-Reference and Recursive Forms, Journal of Social and Biological Structures 10（1987）, S. 53-72（56 f.）; Jacques Miermont, Les conditions formelles de l'état autonome, Revue internationale de systémique 3（1989）, S. 295-314.

（128）このように考えるならば、作動上閉じられたシステムの理論と同時に、認知に関してもその理論に適合した、きわめて一般的な《構成主義的》概念が成立したのは、偶然ではないことになる。この概念に関しては、それでは現実を伴わない観念論になるはずだという旧来の非難は、もはや通用しないのである。

（129）ここで強調されているのは、単なる作動上の単位（出来事）とは区別される、構造的な単位という点である。つまり客体は、コミュニケーションからコミュニケーションへの継続が生じていく中で、同一であり続けることができるのである。ただしそれは、外界の自然的条件が存続を保証するからではない。客体が、システムが言及することを通して（コミュニケーションの《テーマ》として）システムの構造的な単位として算出されるからなのである。

（130）Maturana a.a.O.（1982）, S. 143 ff., 150 ff., 243 f., 251 ff.; ders. und Francisco J. Varela, Der Baum der Erkenntnis: Die biologischen Wurzeln des menschlichen Erkennens, München 1987, insb. S. 85 ff., 252 ff.〔管啓次郎訳『知恵の樹』朝日出版社、一九八七年、四九―五三頁、一一五―一一八頁〕; Mingers a.a.O.（1995）, S. 34 ff. 構造的カップリングを介してシステムに影響を及ぼす因果性に対して、システム固有の作動を確定するのは困難である。この点はくり返し示唆されてきた。一例としてStein Bråten, Simulation and Self-Organization of Mind, Contemporary Philosophy 2（1982）, S. 189–218（204）を見よ。われわれはこの問題を、コミュニケーションの概念を可能な限り精確に規

定することによって解こうと試みる。

（131）例えば Humberto R. Maturana, Reflexionen: Lernen oder ontogenetische Drift, Delfin II（1983）, S. 60–72（64）を見よ。

（132）以下を参照。Gregory Bateson, Ökologie des Geistes: Anthropologische, psychologische, biologische und epistemologische Perspektiven, dt. Übers., Frankfurt 1981, S. 376 f.〔佐藤良明訳『精神の生態学』新思索社、二〇〇〇年、三九六頁以下〕; Anthony Wilden, System and Structure: Essays in Communication and Exchange, 2. Aufl. London 1980, S. 155 ff. und passim.

（133）〔オートポイエーシス理論への〕批判者ならここで、「そらみたことか」と思うところかもしれない。その点は甘受しなければならない。しかし今本文で提起した言明は構成主義の根本テーゼを何ら制限するものではないし、存在論的な世界概念へと立ち戻るものでもない。ここで論じようとしているのはただ、オートポイエーシスの概念に従う理論的観察様式がもつ含意についてだけである。出発点となるのはやはり、差異理論的な立場である。「システム／環境」の区別が世界の内へと導入されねばならない。いかなる区別もなければ、世界は観察されえないままだからである。そしてわれわれが《リアリティ》という時想定されているのは、〔システム内部でなされる〕一貫性テストの結果なのである。

（134）だからといってコミュニケーションによって知覚を操舵することが排除されるわけではない。しかしここではこの点については示唆しておくに留めよう。というのはそのためにはやはり意識の働きが不可欠だからである。意識のオートポイエーシスはコミュニケーションへと（知覚しつつ）参与することで、継続的に刺激されることになる。

（135）この点に関しては Jurgen Ruesch / Gregory Bateson, Communication: The Social Matrix of Psychiatry, New York 1951, 2. Aufl. 1968, S. 23 f., 208 ff.〔佐藤悦子他訳『精神のコミュニケーション』新思索社、一九九五年、二六―二七頁、二一九頁以下〕を参照。

（136）Klaus Merten, Kommunikation: Eine Begriffs und Prozeßanalyse, Opladen 1977, S. 43 ff. においてすでに、このメタファーを批判する議論がなされている。今日では移送という発想に対しては、認知心理学の陣営からもその前提に関する多くの疑念が寄せられている。例えば「コミュニケーションにおいては、あらかじめ存在していた思考が言葉によって表現される」、「言葉は移送過程の中で、特定のゼマンティク上の内容の担い手として機能する」、「理解とは言葉から思考への逆変換過程である」などの前提に対して、そしてまたそれらとともに、「心的システムにおいても社会システムにおいても、ゼマンティクが指し示しているのは、表出＝再現（Repräsentation）の経過である」との前提に対して、である。Benny Shanon, Metaphors for Language and Communication, Revue internationale de systémique 3（1989）, S. 43–59 におけるこれらの論点を参照。結論はこうである。ゼマンティク＝意味論は語用論（つまり、コミュニケーションのオートポイエーシス）のほうから理解されねばならないのであって、通常なされているように逆にではない。

（137） より詳しくは Niklas Luhmann, Die Form "Person", Soziale Welt 42（1991）, S. 166–175.

（138） A.a.O. S. 10〔前掲訳書、一一頁〕.

（139） この点についてより詳しくは、Niklas Luhmann, Individuum, Individualität, Individualismus, in ders., Gesellschaftsstruktur und Semantik Bd. 3, Frankfurt 1989, S. 149–258 を、また本書第五章第XIII節をも参照のこと。

（140） W. Ross Ashby, An Introduction to Cybernetics, London 1956, S. 206 ff.〔篠崎武他訳『サイバネティクス入門』宇野書店、一九六七年、二五〇頁以下〕; ders., Requisite Variety and its Implications for the Control of Complex Systems, Cybernetica 1（1958）, S. 83–99.

（141） この点に関してより詳しくは、Niklas Luhmann, Soziale Systeme a.a.O. S. 286 ff.〔佐藤勉監訳『社会システム理論上』前掲、三三一頁以下〕を参照。

（142） われわれはマトゥラナが提起したオートポイエーシスおよび構造的カップリングの概念を採用している。それゆえにここで〔言語に関しての、われわれとマトゥラナとの〕違いについて注意を促しておいたほうがいいだろう。われわれは言語の概念を外延的に〔つまり、個々の語が何を意味しているかで〕捉えることも、また構造主義的に捉えることも拒否し、作動の概念のほうを重視する。ここまではマトゥラナと共通である。しかしマトゥラナとは異なって、前註のテクストで「言語による構造的カップリング」ということで扱われているのは、生物と生物との関係ではなく、意識とコミュニケーションとの関係なのである。相異なる生物の神経システムは、言語なしでも構造的にカップリングされうる。こう考えることによってわれわれにとっては、マトゥラナがいう言語の《超観察者 Super-Beobachters》は無用のものとなる。マトゥラナにとってこの観察者は、言語のリアリティへの関係を記述するために必要とされていたのだった（a.a.O.（1982), S. 264 ff.）。さらにわれわれにとっては、この観察者の構造的カップリングについて問う必要もなくなる。そのかわりにわれわれが出発点に取るのは、コミュニケーションというオートポイエティック・システムである。このシステムは意識システムとの構造的カップリングに依存しているが、その意識システムのほうも言語を介しても他種の知覚を介しても、相互にカップリングされうるのである。だからといって、「どの意識も自身の神経システムとの構造的カップリングに依拠している」という点について異論の余地がないのは自明の理である。超観察者が無用になるのは、きわめて単純な仮定によってである。コミュニケーション・システムにおいては、他の事柄と並んで言語についてもコミュニケートされうるのだ、と。

（143） 例えばC・ライト・ミルズは、特にそのために独自の専門領域が必要だと見なしていた。彼はそれを《ソシオティクス sociotics》と呼んでいた。しかし〔その専門領域の内実に関しては〕示唆と多数の細目研究以上のものは与えられていない。C. Wright Mills, The Language and Ideas of Ancient China, in ders., Power, Politics and People, New York 1963, S. 469–520（Sociotics S. 492 f.）〔青井和夫・本間康平監訳『権力・政治・民衆』みすず書房、一九七一年、三六八―四〇四頁、ソシオティクスについては三八四頁以下〕を見よ。また ders., Language, Logic, and Culture, American Sociological Review 4（1939), S. 670–680 も参照。それに対してシステム理論によるアプローチは、《文化》という曖昧な概念を用いずにすむようになるという利点を有している。また心的システムと社会システムの間の距離を極大にしておけるのである。ただしそうすると、「どんな概念ならそれを保持しておけるのか」という問題が生じてくることになるわけだが。

（144） Wilhelm von Humboldt, Ueber die Verschiedenheit des menschlichen Sprachbaues und ihren Einfluß auf die geistige Entwicklung des Menschengeschlechts, Werke Bd. III, Darmstadt 1963, S. 368–756（425 ff., Zitat 438).

（145） 広範囲に及ぶ影響を与えたのは、Frederic C. Bartlett, Remembering: A Study in Experimental and Social Psychology, Cambridge Engl. 1932〔宇津木保・辻正三訳『想起の心理学』誠信書房、一九八三年〕である。

(146) Roger C. Schank/ Robert P. Abelson, Scripts, Plans, Goals and Understanding, An Inquiry into Human Knowledge Structures, Hillsdale N. J. 1977; Robert P. Abelson, Psychological Status of the Script Concept, American Psychologist 36 (1981), S. 715–729 などを見よ。

(147) Arthur C. Graesser et al., Memory for Typical and Atypical Actions in Scripted Activities, Journal of Experimental Psychology, Learning, Memory and Cognition 6 (1980), S. 503–515 を参照。

(148) Joseph W. Alba/ Lynn Hasher, Is Memory Schematic?, Psychological Bulletin 93 (1983), S. 203–231 を参照。

(149) 特に Talcott Parsons/ Robert F. Bales/ Edward A. Shils, Working Papers in the Theory of Action, Glencoe Ill. 1953 を参照のこと。

(150) これについては、次章で再度、より詳細に論じることにしよう。

(151) カント『純粋理性批判』の「純粋悟性概念の図式論について」の章（B 176 ff.）〔篠田英雄訳、岩波書店、一九六一年、（上）二二四頁以下〕では、概念と表象（Vorstellung）の関係に関して同様の発想が見受けられる。ただしカントはまだ同質性について語っている。カントが扱っている問題は〔あくまで〕主観的意識の内部に存しているからである。

(152) 特にこの点に関しては、Brian Massumi, The Autonomy of Affect, Cultural Critique 31 (1995), S. 83–109 を参照。

(153) これはヘーゲルの『精神現象学』における感覚的確信についての節（Phänomenologie des Geistes, zit. nach der Ausgabe von Johannes Hoffmeister, 4. Aufl., Leipzig 1937, S. 79 ff.〔樫山欽四郎訳『精神現象学　上』平凡社、一九九七年、一二二頁以下／長谷川宏訳『精神現象学』作品社、一九九八年、六六―七七頁〕）に基づく定式化である。というのはヘーゲルによればそれゆえに、意識が「ここは木である」と言えば、自分自身と矛盾せざるをえなくなる。次の瞬間には〔別のほうを向いて〕「ここは家である」と言うことになる（そしてそのことを知っている）からである。思念されたこと〔そのつど異なるものが思念されていること〕と思念する様式〔私にとっては常に同じ「ここ」である〕との間のこの緊張については、Paul de Man, Resistance to Theory, Minneapolis 1986, S. 61 f. および、翻訳に関するベンヤミンのエッセイが引き合いに出されているS. 86 f. も参照のこと〔大河内昌・富山太佳夫訳『理論への抵抗』前掲、六五頁以下、一一七頁以下〕。

(154) とはいえ経済学においても、別の方向をめざしている研究も存在する。Ronald H. Coase, The Firm, the Market, and the Law, Chicago 1988, S. 4 などを見よ。

(155) 近代的美学は Alexander Gottlieb Baumgarten, Aesthetica Bd. 1, Frankfurt/ Oder 1750, Nachdruck Hildesheim 1970〔松尾大訳『美学』玉川大学出版部、一九八七年〕によって始まり、自立的な芸術システムが分出していく過程に付き従っていくことになる。そこでは感性的知覚が高く評価されたのだが、それでも今述べた点に関しては変わらなかった。この点についてより詳しくは、Niklas Luhmann, Die Kunst der Gesellschaft, Frankfurt 1995, S. 13 ff.〔馬場靖雄訳『社会の芸術』法政大学出版局、二〇〇四年、一頁以下〕を参照。

(156) この点に関してはSteve Woolgar, Reconstructing Man and Machine: A Note on Sociological Critiques of Cognitivism, in: Wiebe E. Bijker/ Thomas P. Hughes/ Trevor J. Pinch (Hrsg.), The Social Construction of Technological Systems: New Directions in the Sociology and History of Technology, Cambridge Mass. 1987, S. 311-328 を参照。

(157) この定式化は、Woolgar a.a.O. S. 327, Anm. 5 による。

(158) 本章第III節を見よ。

(159) この点に関してはA. Moreno/ J. Fernandez/ A. Etxeberria, Computational Darwinism as a Basis for Cognition, Revue internationale de systémique 6 (1992), S. 205-221 を見よ。

(160) 以下を参照。W. Ross Ashby, Design for a Brain: The Origin of Adaptive Behaviour, 2. Aufl. London 1954〔山田坂仁他訳『頭脳への設計』前掲〕; ders., An Introduction to Cybernetics, London 1956〔篠崎武他訳『サイバネティクス入門』前掲〕; ders., Requisite Variety and its Implications for the Control of Complex Systems, Cybernetica 1 (1958), S. 83-99; ders., Systems and Their Informational Measures, in: George J. Klir (Hrsg.), Trends in General Systems Theory, New York 1972, S. 78-97.

(161) 「認知以前」というからにはもちろん、認知の概念をさらに特定化しておくことが前提となる。マトゥラナはこの問題を、認知の概念を過度に一般化することによって回避している。しかしシステム内部における認知へと特化したメカニズムの進化という問題を、答えが与えられなくても立てておくのは、意味があるはずである。

（162） むろん知がどのように理解されるかは、全体社会の歴史の中で制約される。しかしここでは一般的な枠となる概念を獲得するほうを重視して、この点はとりあえず無視しておくとしよう。《名称を知ること》が知として扱われるような社会もまた存在する。われわれの概念は意見としての知（憶見 doxa、心証に基づく確実性 certitude morale〔17〕）も、確実で異論の余地のない知も含んでいる。それによって情報を扱うことが可能になり、容易になりさえすればよいのである。

（163） 意識に関してこの議論をくり返すこともできる。意識もまた、神経生理学的な条件をコントロールできはしない。それどころか、記録に留めることすらできないのである。ニューロン上のプロセスは、それが生じる場所に厳格に拘束されている。しかし意識はその種の場所に関する情報すべてをカットしなければならない。何か《外に》あるものを知覚しうるかのような印象を生じさせることができるためには、認知を脱局所化しなければならないのである。

（164） 条件づけの条件づけを含めて、である。W. Ross Ashby, Principles of the Self-Organizing System, in: Heinz von Foerster/ George W. Zopf（Hrsg.）, Principles of Self-Organization, New York 1962, S. 255–278〔山田坂仁他訳「附録　自己組織系の原理」、アシュビー『頭脳への設計』前掲、三四一―三七二頁〕を見よ。

（165） この変更によってわれわれは、伝統においては提起されすらしなかった問題に答えることができるようにもなる。それはすなわち、認識ないし意志の作動が抵抗に晒されていることが明らかになった場合、その作動はどんなリアリティを有しているのかという問題である。この点については Jacques Miermont, Réalité et construction des connaissances, Revue internationale de systémique 9（1995）, S. 251–268（262 f.）を見よ。

（166） アンリ・ポアンカレはこう断言することで、二十世紀初頭においてもまだ科学コミュニティに衝撃を与えることができたのだった。La Science et l'Hypothèse, zitiert nach der Ausgabe Paris 1929, S. 133〔河野伊三郎訳『科学と仮説』前掲、一六五頁〕などを参照。

（167） 合衆国に関する証拠として Timothy W. Luke, On Environmentality: Geo-Power and Eco-Knowledge in the Discourses of Contemporary Environmentalism, Cultural Critique 31（1995）, S. 57–81 を見よ。

（168）この点については本書第二章以降で再度論じる。

（169）この点に関しては Niklas Luhmann, Ökologische Kommunikation: Kann die moderne Gesellschaft sich auf ökologische Gefährdungen einstellen?, Opladen 1986〔庄司信訳『エコロジーのコミュニケーション』新泉社、二〇〇七年〕でより詳細に論じておいた。

（170）これに関しては Wolfgang Krohn/ Johannes Weyer, Die Gesellschaft als Labor: Risikotransformation und Risikokonstitution durch moderne Forschung, in: Jost Halfmann/ Klaus Peter Japp（Hrsg.）, Riskante Entscheidungen und Katastrophenpotentiale: Elemente einer soziologischen Risikoforschung, Opladen 1990, S. 89–122 を見よ。

（171）旧来の社会構成体に関しては、Roy A. Rappaport, Ecology, Meaning, and Religion, Richmond Cal. 1979, insb. S. 145–173 をも参照。

（172）改めて指摘しておきたいが、ここでは「組織化 Organisieren」の概念は、マトゥラナとは違う意味で用いられている。すなわち、秩序づけられた（接続可能な）選択という意味でなのである。Karl E. Weick, Der Prozeß des Organisierens, dt. Übers. Frankfurt 1985 も参照。そこでもやはり、挙げられている基準は十分に明確とは言いがたいのだが（S. 11）。

（173）精緻化の試みを概観したものとして、Eric Bonabeau/ Jean-Louis Dessalles/ Alain Grumbach, Characterizing Emergent Phenomena 1, 2 in: Revue internationale de systémique 9（1995）, S. 327–346 und 347–371 の両論文を挙げておこう。

（174）Thomas J. Fararo, The Meaning of General Theoretical Sociology: Tradition and Formalization, Cambridge Engl. 1989, insb. S. 139 ff.〔高坂健次訳『一般理論社会学の意味——伝統とフォーマライゼーション』ハーベスト社、一九九六年、特に一四八頁以下〕などを見よ。

（175）Helmut Willke, Systemtheorie entwickelter Gesellschaften: Dynamik und Riskanz moderner gesellschaftlicher Selbstorganisation, Weinheim 1989, S. 10.

(176) 〔複雑性に関する〕きわめて膨大な文献において扱われているのはさらに一歩進んだ問い、すなわち「いかにすれば複雑性を形式的にモデル化し測定できるか」という問いである。観察者がシステムを完全に記述するために必要とされているはずの情報が不足していることとして〔モデル化・計測すればよい〕というのは、その一例である。われわれはこの種の考察には手を出さないでおこう。社会システムの理論にとってそれが有益なのかどうかは、まだ十分に明らかになってはいないからである。

(177) この点については、Niklas Luhmann, Haltlose Komplexität, in ders. Soziologische Aufklärung Bd. 5, Opladen 1990, S. 59–76 でより詳細に論じておいた。

(178) 〔社会システムの〕要素は《人間》であると見なすなら、問題はあまりドラスティックなものではなくなる。人間は他の多くの人間と接触しうるからである。しかし時間を考慮に入れるならば、本文で指し示したような先鋭さが再登場してくることになる。「各人は一度にどれくらい多くの他人と接触できるのか」と問われねばならなくなるからだ。

(179) この問題に関してはW. Ross Ashby, Design for a Brain, 2. Aufl. London 1960, Neudruck 1978〔山田坂仁他訳『頭脳への設計』前掲〕を、特にS. 80 ff.〔訳九五頁以下〕の超安定的システムに関する議論を参照。

(180) Lars Löfgren, Complexity of Descriptions of Systems: A Foundational Study, International Journal of General Systems 3 (1977), S. 197–214 などを参照のこと。

(181) 作動の概念によって、古典的な複雑性概念は根本から掘り崩されてしまう。というのは要素と関係の区別がひとつの概念のうちで止揚されるからだ（作動＝要素単位としての選択的関係づけ）。今日では複雑性についてあまり語られなくなっているのは、おそらくその理由によるのだろう。にもかかわらずシステム理論にとっては現在でも、この概念が不要になったというわけではない。システムと環境の関係を描出するためには、複雑性概念が必要だからである。

(182) 広範囲にわたる精緻化作業として、なによりもまずEdgar Morin, La Méthode, 4 Bde., Paris 1977–1991〔大津真作訳『方法　1–4』法政大学出版局、一九八四―二〇〇一年〕を見よ。Ders., Complexity, International Social Sci-

ence Journal 26（1974）, S. 555–582 も参照。

（183） Jean-Louis Le Moigne/ Magali Orillard, L'intelligenee stratégique de la complexité, »En attente de bricolage et de bricoleur«, Revue internationale de systémique 9（1995）, S. 101–104 による記述はその一例である。しかしこの導入編に続いて公刊された論文では、その要求がほとんど満たされていない。

（184） ちなみに近年においては反復可能性の条件に対する関心が新たに生じているが、それは間接的にではあるが今述べた点から説明されるだろう。Gilles Deleuze, Différence et Répétition, Paris 1968〔財津理訳『差異と反復』河出書房新社、一九九二年〕を挙げておくだけにしよう。

（185） この点についてはHenri Atlan, Entre le cristal et la fumée: Essai sur l'organisation du vivant, Paris 1979〔阪上脩訳『結晶と煙のあいだ』前掲〕をも見よ。

（186） これに関してはKarl E. Weick, Der Prozeß des Organisierens, dt. Übers. Frankfurt 1985; ders., Sensemaking in Organizations, Thousand Oaks Cal. 1995〔遠田雄志・西本直人訳『センスメーキングインオーガニゼーションズ』文眞堂、二〇〇一年〕も参照のこと。

（187） ついでに述べておけば、これは全体社会に関する機械的な（機械理論的な）描出も、数学的・解析的描出も不十分であるということの、数多くの理由のひとつである。

（188） したがって複雑性をシャノンの情報理論の関数H[18]によって、つまりシステムを完全に記述するためにはまだ欠けている情報を表す尺度として記述しようとのアンリ・アトランの提案は、ある程度正当だということになる。以下を参照。Henri Atlan, Entre le cristal et la fumée: Essai sur l'organisation du vivant, Paris 1979〔阪上脩訳『結晶と煙のあいだ』前掲〕; ders., Hierarchical Self-Organization in Living Systems: Noise and Meaning, in: Milan Zeleny (Hrsg.), Autopoiesis: A Theory of Living Organization, New York 1981, S. 185–208.

（189） この表現法はYves Barel, a.a.O. S. 71 でも見られる。《あるシステムが現時化されれば、その事実によって、他のシステムは潜在化される》。フッサールの現象学では同じ事態が、超越論的な意識の側から定式化されている。意識の志向的活動においてある対象が同定されるのは、体験のさらなる可能性への参照としてのみ、他の諸可能性という

《地平》の内部においてのみなのである云々。

(190) スペンサー＝ブラウンはこの二重の意味を、《圧縮 condensation》と《再認 confirmation》の区別によって、エレガントに表現している。ある表現を反復することによって何か新しいものがもたらされるわけではないが、その表現が圧縮されはする（「「↓「）。この方程式を逆に読めば（「↓「「）トートロジーの展開として、スペンサー＝ブラウンに言わせれば再認として、理解できる。a. a. O. S. 10〔前掲訳書一一頁〕を参照。われわれがより強調しておきたいのは、反復状況が〔システムごとに〕相違していることのほうである。この事態は、相互に回帰的に結びついた作動がシステムを分出させることによって生じてくるのである。

(191) Kenneth Burke, A Grammar of Motives (1945)〔森常治訳『動機の文法』晶文社、一九八二年〕の「視野と還元 Scope and Reduction」に関する章（zit. nach der Ausgabe Cleveland 1962, S. 59 ff.〔訳八三頁以下〕およびJerome S. Bruner et al., A Study of Thinking, New York 1956, insb. S. 12〔岸本弘他訳『思考の研究』明治図書、一九六七年、特に二七頁〕を見よ。

(192) われわれがここで〔消滅という〕生成（Schöpfung）の反対概念を選んだのは意識的にである[19]。というのは、われわれは複雑性が否定されて、否定性というこの形式において潜在化されること、つまりは後になって現時化されるために保存されることまでをも排除するつもりはないからだ。もちろん、何か複雑なものが〔例えば、水泳時の身体運動が〕〔実は〕きわめて単純なのだと述べることもできる。しかしまさにそうすることによって他の人々に、反論する〔ことによって複雑性を再び現時化する〕可能性を与える結果になるのである。

(193) Aegidius Columnae Romanus (Egidio Colonna), De regimine principum, zit. nach der Ausgabe Rom 1607, S. 403, 411 f. を参照。

(194) Platon, Timaios 92 C〔種山恭子訳「ティマイオス」、『プラトン全集12』岩波書店、一九七五年、一七八頁〕.

(195) このプロセスを模倣ないし伝播の概念によって描出するのではきわめて不十分だし、またそうすれば「論じられているのは一方向へのプロセスである」との観念を助長しかねない。実際には送付することによって、送付するシステムのほうもまた変化を被るのである。そして言うまでもなくそこから次の点を認識できるだろう。コミュニケーションが及ぶ限り、その流通によって常に世界社会が生産されていくのである、と。

(196) Jan Assmann, Der Einbruch der Geschichte: Die Wandlungen des Gottes- und Weltbegriffs im alten Ägypten, Frankfurter Allgemeine Zeitung vom 14. November 1987 は、ヒクソス戦争〔20〕後のエジプトに関して、そう述べている。

(197) Shmuel N. Eisenstadt, The Political Systems of Empires, New York 1963 を参照。

(198) 《ソレユエニ主ヨ、アナタヲ離レテハ何モノモ存在スルコトガデキマセン extra te igitur, Dominus, nihil esse potest》と、Nikolaus von Kues, De visione Dei IX, zit. nach: Philosophisch-Theologische Schriften Bd. 3, Wien 1967, S. 130〔八巻和彦訳『神を観ることについて』岩波書店、二〇〇一年、五五頁、訳文はひらがな使用〕で述べられている。

(199) Ludwig Wittgenstein, Tractatus logico-philosophicus 6.45 zit. nach Schriften Bd. 1, Frankfurt 1969, S. 82:《世界を境界づけられた全体として感ずること、この感じこそ、神秘的なるものである》〔山元一郎訳『論理哲学論』中央公論新社、二〇〇一年、一二〇頁〕。

(200) フリードリヒ・シュレーゲルとともにこう定式化してもよい。《われわれの外にある物》という仮定を放棄したからといって、世界の概念をも放棄する必要はないのだ、と。Die Jenaer Vorlesung Transzendentalphilosophie (1800–1801), zit. nach Kritische Friedrich – Schlegel – Ausgabe Bd. XII, München 1964, S. 37. ついでに述べておくならばシュレーゲルはすでに、この論点を根拠づけるために「意識の中に入って来られるのは、区別によって規定されうるものだけである」とのテーゼを持ち出している。

(201) この世界概念を、伝統的な二値論理学によって把握することはできない。二値論理学では、肯定的かつ否定的に指し示すことはできない。そうすれば矛盾の排除〔という規則〕に抵触することになるだろうから。かといって世界を指し示すために第三の値を用いるわけにもいかないのである。したがって振り返ってみればわかるように伝統においてはどうしても、世界を物ノ集マリ(aggregatio corporum, universitas rerum)として把握せざるをえなかったのである。

（202）この種の定義の伝統および十八世紀におけるその末路については以下を参照。Reinhart Koselleck, Zur historisch-politischen Semantik asymmetrischer Gegenbegriffe, zit. nach dem Abdruck in ders., Vergangene Zukunft: Zur Semantik geschichtlicher Zeiten, Frankfurt 1979, S. 211-259; Rudolf Stichweh, Fremde, Barbaren und Menschen: Vorüberlegungen zu einer Soziologie der ›Menschheit‹, in: Peter Fuchs / Andreas Göbel（Hrsg.）, Der Mensch – das Medium der Gesellschaft?, Frankfurt 1994, S. 72-91.

（203）この点については本書第五章第XII節で詳しく論じる。

（204）Roland Robertson, Globalization: Social Theory and Global Culture, London 1992, S. 60〔21〕はこの点に対して異を唱えている。この〔全体社会はコミュニカティヴな作動よりなるという〕概念ではグローバル・システムが《基本的にシステム内的起源をもつプロセスの帰結》として扱われることになるではないか、と。そのとおりであるが、そこから明らかになるのは、肝心なのは全体社会概念をめぐる論争なのだという点である。だとすれば〔この点に関して、われわれと〕対立する陣営は、全体社会の外でのコミュニケーションを見越すような全体社会概念が可能であることを示さねばならないはずである。しかしそうすると、グローバル化を完全に承認するにもかかわらず全体社会の複数性に固執することから生じる、あの困難に逆戻りしてしまう結果になる。

（205）Rudolf Stichweh, Zur Theorie der Weltgesellschaft, Soziale Systeme 1（1995）, S. 29-45でも同様の議論がなされている。

（206）Franco Cassano, Pensare la frontiera, Rassegna Italiana di Sociologia 36（1995）, S. 27-39を参照。

（207）この方向へ向かう重要な一歩となったのは、世界空間の無限性、天地創造の終結不可能性、《完成へと到達した世界組成はすべて、次第に没落へと向かうという不可避的な傾向》についてのカントのテーゼだった。Allgemeine Naturgeschichte und Theorie des Himmels（1975）, 7. Hauptstück, Zitat S. 109 der Ausgabe J. H. von Kirchmann, Leipzig 1872〔宮武昭訳「天界の一般自然史と理論」、『カント全集2』岩波書店、二〇〇〇年、七章（一〇六―一二四頁）〕.

（208）理念史的な文献は多数存在するが、一例としてPierre Duhem, Le système du monde: Histoire des doctrines cosmologiques de Platon à Copernic, 2. Aufl. Paris ab 1954を見よ。さらに以下なども挙げておこう。R. Mondolfo, L'infinito nel pensiero dei Greci, Firenze 1934; Charles Mugler, Deux thèmes de la cosmologie Grecque: Devenir cyclique et pluralité des mondes, Paris 1953; A.P. Orbán, Les dénominations du monde chez les premiers chrétiens, Nijmegen 1970; James F. Anderson, Time and Possibility of an Eternal World, Thomist 15 (1952), S. 136-161; Anneliese Maier, Diskussionen über das aktuell Unendliche in der ersten Hälfte des 14. Jahrhunderts, Divus Thomas 25 (1947), S. 147-166, 317-337.

(209) この理解に対する異論は周知のところである。そのような立場は《相対主義》であるとの非難がなされるわけだ。多数に及ぶ意識システムのひとつ〔の視点は相対的なものにすぎないという点〕を考えているのであれば、それは正しい。しかしわれわれがここで考えているのは意識の相関物ではなく、コミュニケーションの相関物である。また物のリアリティを疑っているわけではなく、統一性の問題を提起しているのである。情報を獲得するために区別を投入するならば、常にこの問題が生じてくるはずである。

(210) Spencer Brown a.a.O. S. 5〔前掲訳書四頁〕.

(211) 言い換えるならば、世界規模で蔓延しつつある原理主義に多元主義の倫理で対抗しようとするのは、論理的に見て素朴なのである。原理主義は感染性の病気であり、とりわけ反対者までをも感染させてしまう。この点に関してはPeter M. Blau, Il paradosso del multiculturalismo, Rassegna Italiana di Sociologia 36 (1995), S. 53-63を参照。

(212) ついでながら、Henri Bergson, L'évolution créatrice (1907), zit. nach der 52. Aufl. Paris 1940, insb. Kap. 1〔真方敬道訳『創造的進化』岩波書店、一九七九年〕ではすでに、機械論的な、また終末論的な世界記述との関連において、類似した見解が述べられている。

(213) それゆえにヘーゲルはきわめて特定化された意味において《世界史》について語っているのである。この点に関しては何よりもまずJoachim Ritter, Hegel und die französische Revolution, zit. nach der Ausgabe in: Joachim Ritter, Metaphysik und Politik: Studien zu Aristoteles und Hegel, Frankfurt 1969, S. 183-255〔出口純夫訳『ヘーゲルとフランス革命』理想社、一九六六年〕を見よ。そこでは(植民地化の問題に関する考察との関連で)こう述べられている。

《だからヘーゲルの眼から見れば、近代工業を基盤とする市民的階級社会は、結局この社会自身の内包する法則によって、当然世界社会となる運命にある。つまり政治革命が世界史に対して持つ関係に決定的に重要な意味を持った、自由の人類および類としての人間への関係は、市民社会に潜在するこの全体性に基盤があるのである》（S. 222. 訳六七頁）。人間の個人性から世界社会が導き出せるはずだとの考察には、John Locke, Two Treatises of Civil Government II § 128, zit. nach der Ausgabe der Everyman's Library, London 1953, S. 181〔鵜飼信成訳『市民政府論』岩波書店、一九六八年、一三〇頁〕においてすでに見いだされる。《……彼と他の人類全部とは一の協同体をなし、他のあらゆる生物から区別された一社会を作るのである。堕落した人間の腐敗悪徳さえなければ、これ以外の別の社会をつくる必要はなかったのである。すなわち人々がこの大きい自然の協同体から分離して、定立された協定により、より小さいいくつかに分かれた部分社会に結合する何の必要もなかったのだ》。

（214） Talcott Parsons, The System of Modern Societies, Englewood Cliffs N.J. 1971〔井門富二夫訳『近代社会の体系』至誠堂、一九七七年〕.

（215） したがって近代世界システムにおいて特徴的なのはただ、資本の無制限な集積可能性だけであるとの話になる。Immanuel Wallerstein, The Modern World-System Bd. III: The Second Era of Great Expansion of the Capitalist World-Economy, 1730-1840, San Diego 1989〔川北稔訳『近代世界システム（1730～1840s）』名古屋大学出版会、一九九七年〕; ders., The Evolution of the Modern World-System, Protosoziologie 7（1995）, S. 4-10 を参照。Christopher Chase-Dunn, Global Formation: Structures of the World-economy, Oxford 1989 もまたこの伝統の枠内で、世界システムを《間社会的、超社会的な諸関係》と定義している。ところが索引には社会の概念に相当するものがないのである。Christopher Chase-Dunn/ Thomas D. Hall, The Historical Evolution of World-Systems: Iterations and Transformations, Protosoziologie 7（1995）, S. 23-34（S. 23）も参照。

（216） Anthony Giddens, The Nation-State and Violence, Cambridge Engl. 1985〔松尾精文・小幡正敏訳『国民国家と暴力』而立書房、一九九九年〕; ders., The Consequences of Modernity, Stanford Cal. 1990, S. 12 ff.〔松尾精文・小幡正敏訳『近代とはいかなる時代か』前掲、二六頁以下〕はその一例である。

（217）これはRoland Robertson a.a.O.（1992）による定式化であり、また彼の研究テーマでもある。Roland Robertson/Frank Lechner, Modernization, Globalization and the Problem of Culture in World-Systems Theory, Theory, Culture and Society 11（1985）, S. 105–118 も見よ。Mike Featherstone（Hrsg.）, Global Culture: Nationalism, Globalization and Modernity, London 1990 でも、全体社会の理論という基礎を欠いたまま《グローバリゼーション》について語られている。さらにGiddens a.a.O.（1990）, insb. S. 63 ff. では《グローバリゼーション》は、空間／時間の関連を抽象化し分離することとして把握されている。その他に《グローバリゼーション》について語られる場合もあるが、そこでは常にプロセスが想定されているように思われる。ということは、世界社会がまだ成立してはいないということが前提とされているわけだ。Margaret S. Archer, Forewood, in: Martin Albrow/ Elisabeth King（Hrsg.）, Globalization, Knowledge and Society, London 1990, S. 1 では明確にそう述べられている。

（218）例えばKurt Tudyka, »Weltgesellschaft« – Unbegriff und Phantom, Politische Vierteljahresschrift 30（1989）, S. 503–508 は、流布しつつある《世界社会》の概念に抗して、《国際システム》の概念を力を込めて擁護している。しかしその理由は説得力あるものとは言いがたい。世界社会の概念が不明確だという点は認めてもよい。全体社会に関する十分な理論がそもそも欠けているからである。しかし国際システムの概念はさらに不明確である。「国」（Nation）とは何なのかが精確に分かっているわけではないし、「際」（inter）がひとつのシステムたりうるのか否かが示されてもいないからだ。したがって、《国家システム》について語るほうがまだしも有益だろう（Klaus Faupel, Ein analytischer Begriff der Entspannung: Große Politik, Machtpolitik und das Ende des Ost – West – Konflikts, Zeitschrift für Politik 38（1991）, S. 140–165 のように）。そうすれば問題となっているのはただ、世界社会の政治システムだけであるという点が明確になるからだ。実際の話、《緊張緩和 Entspannung》が生じているのは（そもそも生じているとして、の話だが）世界社会の状態としてではなく、世界社会の政治システムの状態としてではないか。最後に、Gerhart Niemeyer, Law Without Force: The Function of Politics in International Law, Princeton 1941 における《超国家社会 transnational society》の概念にも注目しておこう。それはただ私的利害のネットワークとしてのみ把握されている。

(219) 例えばJohn W. Burton, World Society, Cambridge Engl. 1972の、とりあえずはS. 19を見よ。《だが世界社会の研究は、国家ないし国家的権威の間の関係に限定されるものではない。世界規模の形式的な、しかし非政府的な多様な制度に加えて、宗教的、言語的、科学的、商業的な、またその他の関係も重要となる》。しかしこの著者は国家に結びついた分化概念に定位しており、また世界社会のまとまりを《関係》という曖昧な概念によって定式化しているため、この洞察を十分に追求できなくなっている。

(220) この点に関してはGeorge M. Thomas et al., Institutional Structure: Constituting State, Society, and the Individual, Newbury Park Cal. 1987を、特に同書中のJohn W. Meyer, The World Polity and the Authority of the Nation-State を参照のこと（やはり全体社会概念はあいまいなままであるが）。

(221) これに関してはNicolas Hayoz, étreinte soviétique: Aspects sociologique du naufrage programmé de l'URSS, Genf 1997を参照。

(222) かなり早くから、ヨーロッパを起点として、世界社会への希望は生活条件と文明化の状態が等しくなることへの希望として理解されていた。ジャン・パウルの『ヘスペルス』では、こう述べられている。《自らの諸力の均衡が乱されると個々人は惨めになり、市民の不均衡、民族の不均衡は地球を惨めにする》。さらには《ヨーロッパの永遠の均衡は他の四大陸の均衡を前提としている、これは、わずかな秤動《ひょうどう》を除いて、我々の地球に約束しうるものである。将来は一人の未開人も一つの島も発見できないだろう。ある民族は他の民族をその生意気盛りから引き上げなければならない。より等しい文化は商業協定をより等しい条件で結ぶだろう》とも書かれている。Zitate nach Jean Paul, Werke（Hrsg. Norbert Miller）Bd. 1, Müünchen 1960, S. 871, 872〔恒吉法海訳『ヘスペルス――あるいは四十五の犬の郵便日』九州大学出版会、一九九七年、いずれも三四七頁〕.

(223) この点についてはFrancisco O. Ramirez/ John Boli, Global Patterns of Educational Institutionalization, in: George W. Thomas et al. a.a.O.（1987）, S. 150–171; John W. Meyer et al., School Knowledge for the Masses: World Models and National Primary Curricular Categories in the Twentieth Century, Washington 1992を参照。学校および高等教育システムに関する発展途上国の教科書（たとえばVicente Sarubbi Zaldivar, Una sistema de educación para el Para-

guay democrático, o.O., o.J.（Asunción）1995（?））を調べてみても、この事態を確認できる。

(224) これに関しては、比較教育研究の観点から書かれた Jürgen K. Schriewer, Welt-System und Interrelations-Gefüge: Die Internationalisierung der Pädagogik als Problem vergleichender Erziehungswissenschaft, Berlin 1994 を見よ。

(225) Edgar Morin, La Méthode Bd. 1, Paris 1977, S. 269 f. und passim〔大津真作訳『方法 1』前掲、三九八頁以下など〕.

(226) この点に関しては、Rudolf Stichweh, Science in the System of World Society, Social Science Information 35（1996）, S. 327-340 を参照。シュティッヒヴェーの結論によればそれは何よりもまず研究の専門領域であり、またそれぞれの分野で活動している研究者が、国内の組織によってはあまり促進されることのない外部接触をもつことによるのである。

(227) これは現在さかんに論じられているテーマである。Hans-Christoph Froehling / Andreas Martin Rauch, Die Rolle Multinationaler Konzerne in der Weltwirtschaft, Zeitschrift für Politik 42（1995）, S. 297-315 を挙げておくだけにしよう。

(228) 特にこの点に関しては Edward Tiryakian, The Changing Centers of Modernity, in: Erik Cohen et al.（Hrsg.）, Comparative Social Dynamics: Essays in Honor of S.N. Eisenstadt, Boulder Col. 1985, S. 121-147 を参照。

(229) Eric Hobsbawm/ Terence Ranger（Hrsg.）, The Invention of Tradition, Cambridge 1983〔前川啓治他訳『創られた伝統』紀伊國屋書店、一九九二年〕を参照。

(230) この点に関する議論は六〇年代以降広範にわたってなされてきた。そこで最も好まれる例のひとつとなったのは日本だった。Reinhard Bendix, Tradition and Modernity Reconsidered, Comparative Studies in Society and History 9（1967）, S. 292-346; Joseph R. Gusfield, Tradition and Modernity: Misplaced Polarities in the Study of Social Change, The American Journal of Sociology 72（1967）, S. 351-362; S.N. Eisenstadt, Tradition, Change and Modernity, New York 1973 などを見よ。

(231) 詳しくは本書第四章第XII節で。

(232) 以下などを参照。Volkmar Gessner, Recht und Konflikt: Eine soziologische Untersuchung privatrechtlicher Konflikte in Mexico, Tübingen 1976; Marcelo Da Costa Pinto Neves, Verfassung und positives Recht in der peripheren Moderne: Eine theoretische Betrachtung und eine Darstellung des Falles Brasiliens, Berlin 1992; ders., A Constitucionalização Symbólica, São Paulo 1994.

(233) Horst Reimann (Hrsg.), Transkulturelle Kommunikation und Weltgesellschaft: Theorie und Pragmatik globaler Interaktion, Opladen 1992 の主張とは異なって、である。同書所収の論文には世界社会の概念が欠落している。したがってまた、コミュニケーションのグローバル化によって何が変化しえたのかを検証する可能性も欠落しているのである。

(234) The Modern World-System: Capitalist Agriculture and the Origins of the European World-Economy in the Sixteenth Century, New York 1974〔川北稔訳『近代世界システムI・II』岩波書店、一九八一年〕; The Capitalist World-Economy, Cambridge Engl. 1979〔藤瀬浩司他訳『資本主義世界経済1』名古屋大学出版会、一九八七年〕; The Politics of the World-Economy, Cambridge Engl. 1984〔田中治男他訳『世界経済の政治学』同文舘出版、一九九一年〕を見よ。

(235) Mike Featherstone (Hrsg.), Global Culture, Nationalism, Globalization and Modernity, London 1991; Roland Robertson, Globalization, Social Theory and Global Culture, London 1992〔〔部分訳〕阿部美哉訳『グローバリゼーション』前掲〕を参照。この議論の概観としては、Gianfranco Bottazzi, Prospective della globalizzazione: sistema-mondo e cultura globale, Rassegna Italiana di Sociologica 35 (1994), S. 425-440 も挙げておこう。

(236) Annibale Romei, Discorsi, Ferrara 1586, S. 58 ff. を挙げておくだけにしよう。

(237) すでに推定されているように、カントにおいてすらそうであった。Hartmut Böhme/ Gernot Böhme, Das Andere der Vernunft: Zur Entwicklung von Rationalitätsstrukturen am Beispiel Kants, Frankfurt 1983 を参照。

(238) ただしこの探求は、その種のコミュニケーション様式を個人化することと結びつけられていた。その結果、パラドックスの問題に対するこの解決策は拘束力をもたず、また予見しがたいものとなった。また長きにわたって、フモールを湛えた発話のメルクマールとして、途方もなさと勝手気ままさが保持され続けたのである。当初ドイツで英語の《ユーモア humour》が《移り気 Laune》に翻訳されていたのはこの理由による。Johann Gottfried Herder, Viertes Kritisches Wäldchen, zit. nach Sämmtliche Werke（Hrsg. Suphan）Bd. 4, Berlin 1878, S. 182 ff. を参照。

（239）Jürgen Habermas, Theorie des kommunikativen Handelns, 2 Bde., Frankfurt 1981〔河上倫逸他訳『コミュニケイション的行為の理論　上中下』未來社、一九八五―一九八七年〕では〔議論が〕そう要約されている。

（240）A.a.O. Bd. 1, S. 23〔邦訳（上）二八頁〕、強調は原著による。

（241）Herbert A. Simon, From Substantive to Procedural Rationality, in: Spiro J. Latsis（Hrsg.）, Method and Appraisal in Economics, Cambridge Engl. 1976, S. 129-148 を挙げておくだけにしよう。

（242）合理性は、リスクの普遍化に直面することによっても崩壊してしまう。この点に関してはKlaus Peter Japp, Soziologische Risikotheorie: Funktionale Differenzierung, Politisierung und Reflexion, Weinheim 1996, insb. S. 67 ff. を見よ。確実性の消失から合理性要求にとって何が帰結するかについてはIlya Prigogine, A New Rationality?, in: Ilya Prigogine/ Michèle Sanglier（Hrsg.）, Laws of Nature and Human Conduct, Brüssel 1987, S. 19-39 も参照。ただし、〔同書で呈示されている、確実性の〕代わりに蓋然性から出発すべきだという解決策は、あまり役に立たないだろう。蓋然性を見積もろうにも、社会的な日常においてはその可能性そのものが存在しないからだ。なるほど、馴染みの事物とプロセスとが、ミクロ物理学的には安定的なままである蓋然性が高いという知見を踏まえることはできる。しかしそこから、合理性の決定的概念を引き出すことはできないのである。

（243）Elena Esposito, Die Orientierung an Differenzen: Systemrationalität und kybernetische Rationalität, Selbstorganisation 6（1995）, S. 161-176 を参照。

（244）Heinz von Foerster, Wahrnehmung, in: Ars Electronica（Hrsg.）, Philosophien der neuen Technologie, Berlin 1989, S. 27-40（30）.

（245）Spencer Brown a.a.O. S. 56 ff., 69 ff.〔前掲訳書六五頁以下、七九頁以下〕が言う《再参入》である。

（246）この種の振動に関しては以下を参照。Stein Bråten, The Third Position: Beyond Artificial and Autopoietic Reduction, in: Felix Geyer/ Johannes van der Zouwen, Sociocybernetic Paradoxes: Observation, Control and Evolution of Self-steering Systems, London 1986, S. 193–205; François Ost / Michel van de Kerchove, Jalons pour une théorie critique du droit, Bruxelles 1987, insb. S. 30 ff.; Michael Hutter, Die Produktion von Recht: Eine selbstreferentielle Theorie der Wirtschaft, angewandt auf den Fall des Arzneimittelpatentrechts, Tübingen 1989, insb. S. 37 ff.

(247) Niklas Luhmann, Observing Re-entries, Graduate Faculty Philosophy Journal 16 (1993), S. 485–498; auch in Protosoziologie 6 (1994), S. 4–13 でより詳しく論じておいた。

(248) スペンサー＝ブラウンによって提案されたヴァージョンでは形式の算法は、端緒における隠された再参入と終点におけるあからさまな再参入の間を動いていく。どちらの再参入も、いわば枠条件として、計算可能性を受け付けないのである。端緒では演算子が、指し示しと区別との統一性として導入される。すなわち、この区別の中では区別もまた区別されるべきものとして〔つまり、区別の一方の側を構成するものとして〕登場してくる。これが《自己完結 perfect continence》〔次註参照〕ということである。そして終点においてはこの事態が、再参入の構図を暴露することによって根拠づけられるのである。したがってこの算法を、自分自身を閉じるシステムのモデルとして把握できる。その種のシステムは何かを表す (repräsentieren) わけではない。ただ自分自身をプロセシングするだけなのである。

(249) スペンサー＝ブラウンの区別の定義に倣って言えば、《自己完結》(a.a.O. S. 1〔前掲訳書一頁〕) として、である。

(250) Spencer Brown a.a.O. S. 57〔前掲訳書、六六頁〕.

(251) ソシュールとの関連でこの点を論じている Ranulph Glanville, Distinguished and Exact Lies (Lies im Doppelsinne von Lüge und Lage, N.L.), in: Robert Trappl (Hrsg.), Cybernetics and Systems Research 2, Amsterdam 1984, S. 655–662; dt. Übers. in Glanville, Objekte, Berlin 1988, S. 175–194 und 195 を見よ。

(252) A.a.O. S. 657.

(253) この問題については本章第Ⅷ節を参照。

(254) das Heft 4–5 (1994) der Revue internationale de systémique を見よ。さらに、Richard N. Norgaard, Environmental Economics: An Evolutionary Critique and a Plea for Pluralism, Journal of Environmental Economics Manage-

ment 12（1985）, S. 382–394 なども参照のこと。しかし《多元主義への訴えかけ》から最終的に帰結するのは、政治的決定の必然性である。それはすなわち、システム言及をずらすということなのである。

（255） この議論は Georg Kneer, Bestandserhaltung und Reflexion: Zur kritischen Reformulierung gesellschaftlicher Rationalität, in: Michael Welker/ Werner Krawietz（Hrsg.）, Kritik der Theorie sozialer Systeme, Frankfurt 1992, S. 86–112 に向けられたものである。

第二章

（1） 本書第一章第V節を見よ。

（2） ドナルド・キャンベルの長年にわたる研究の基礎となってきたのは、このことに焦点を合わせた進化論であった。エゴン・ブランズウィック〔22〕の心理学をも視野に収めている、Donald T. Campbell, Pattern Matching as an Essential in Distal Knowing, in: Kenneth R. Hammond（Hrsg.）, The Psychology of Egon Brunswik, New York 1966, S. 81–106 を、また ders., Natural Selection as an Epistemological Model, in: Raoul Naroll/ Ronald Cohen（Hrsg.）, A Handbook of Method in Cultural Anthropology, Garden City N. Y. 1970, S. 51–85; ders., On the Conflicts Between Biological and Social Evolution and Between Psychological and Moral Tradition, American Psychologist 30（1975）, S. 1103–1126 を参照。

（3） 以下を参照。Alfred A. Lindesmith/ Anselm L Strauss, Social Psychology, 3. Aufl. New York 1968, S. 284 ff.〔船津衛訳『社会心理学――シンボリック相互作用論の展開』恒星社厚生閣、一九八一年〕; Albert Bandura, Vicarious Processes: No Trial Learning, in: Leonard Berkowitz（Hrsg.）, Advances in Experimental Social Psychology, New York 1968, S. 76 ff.; Justin Aronfreed, Conduct and Conscience: The Socialization of Internalized Control over Behavior, New York 1968, S. 76 ff. なお、はるか以前においても同様の試みが「模倣」という見出し語のもとでなされていた。

（4） Donald T. Campbell, Ethnocentric and Other Altruistic Motives, in: Nebraska Symposium on Motivation 1965, S. 283–311（298 f.）.

（5） この点に関してはEve-Marie Engels, Erkenntnis als Anpassung? Eine Studie zur evolutionaren Erkenntnistheorie, Frankfurt 1989, S. 183 ff. を参照。広範な文献指示が付されている。

（6） したがってここで述べられているのは、集権化された依存性（ホッブズが言う意味での政治的支配）からなるシステムのことだけではなく、あるいはまた、解体され選択が可能な依存性（交換経済から貨幣経済への移行期のことを考えてみればよい）からなるシステムのことだけでもない。それらが、われわれの問題設定領域〔すなわち、全体社会〕において成功した進化上の成果の例であるのは間違いない。しかしそれらの例に即して全体社会の理論を導き出すことはできない。できたとしてもそれは、政治の優越によって、あるいは経済の優越によって規定される〔特殊な〕全体社会についての理論になってしまうだろう。

（7） 今日でも広く理解されているとは言いがたいこの見解については、Benny Shanon, Metaphors for Language and Communication, Revue internationale de systémique 3（1989）, S. 43–59を見よ。Humberto R. Maturana, Erkennen: Die Organisation und Verkörperung von Wirklichkeit: Ausgewählte Arbeiten zur biologischen Epistemologie, Braunschweig 1982, S. 57 f. も参照のこと。あるいはKlaus Kornwachs/ Walter von Lucadou, Komplexe Systeme, in: Klaus Kornwachs（Hrsg.）, Offenheit – Zeitlichkeit – Komplexität: Zur Theorie offener Systeme, Frankfurt 1984, S. 110–165（120）でもよい。《このように私は情報を、次のような過程として描出する。すなわちその現実性が熱力学的な周辺条件によって、またすでに手元にある情報によって条件づけられつつ確立されるような過程としてである。シャノンの情報理論において厳密なかたちで定式化されていたような送り手と受け手との区別は、止揚されていることになる》。

（8） この区別については、Niklas Luhmann, Die Wissenschaft der Gesellschaft, Frankfurt 1990, S. 53 ff., 181 ff.; ders., Die Kunst der Gesellschaft, Frankfurt 1995, S. 165 ff.〔馬場靖雄訳『社会の芸術』前掲、一六七頁以下（第三章）〕で、それぞれの機能システムに関連させつつさらに論じておいた。

（9） この区別はまた、ソシュール流の《ラング》と《パロール》との区別をも代替することになる。あるいは代替とまでは行かなくとも、補完する役割を果たすのは確かである。ソシュールの区別を一般化すれば、構造と出来事との区別に到達できるだろう。しかしそれだけではまだ欠けているものがあることに気づくはずである。それはすなわち、出来事が構造を産出するのはいかにしてか、構造はいかにして出来事を左右するのかについての説明である。そしてその説明を与えてくれるのが、システム理論なのである。メディア／形式の区別は、この中間領域に位置する。この区別はカップリングされうる要素としての出来事（パロール）を、また同時に構造化された言語が存在しなければならないということを、前提としている。そうであってこそこのカップリングを実現し、一瞬ごとに変異させることができるのである。

（10）われわれが《コミュニケーション・メディア》という表現を用いる場合、一般に普及している語の用法に従っている。より厳密に述べる必要がある場合には、つまり〔メディア／形式という〕区別の一方の側を、他方の側との違いにおいて（統一性において、ではなく）指し示さなければならない場合には、今本文でそうしたように、《メディア基体》と言うことにしよう。

（11）こう述べることによってわれわれは、自然科学における平衡状態と非平衡状態の区別に接近していく。こちらの区別は特にイリヤ・プリゴジンによって用いられ、エントロピーとネゲントロピーの、ないしは無秩序と秩序の区別と同一視されてきた。この区別からは、問題となっているのは相異なる、両立不可能な二つの状態であるかのような印象を受ける。しかしカオス研究などを考えてみればわかるように、自然科学の進展そのものによって、その種の印象は克服されるに至っている。今や問題は、時間の理論へと移されている。特に焦点となるのは、《同時性》は《時間》との関係においていかに理解されるべきかという点なのである。いずれにせよ「メディア／形式」の区別は、ルースなカップリングの状態とタイトなカップリングな状態とが同時に与えられているということから出発する。したがって両者は、〔時間次元ではなく〕事象次元に即して区別されねばならない。つまりこの区別のもとで論じられているのは、秩序の成立をメディアから形式への発展として考えるような理論ではないのである。

（12）実のところ、本書で用いている〔メディア／形式の〕区別が最初に展開されたのは、知覚メディアの事例に即してだったのである。Fritz Heider, Ding und Medium, Symposion 1（1926）, S. 109-157〔http://thought.ne.jp/luhmann/project.html に、メーリングリスト「ルーマン・フォーラム」メンバーによる邦訳「ものとメディア」があるが、現在は閲覧不可〕を見よ。

(13) 本書第一章第Ⅲ節および第Ⅵ節を参照。

(14) そう述べている古い意見もある。《文体を完璧にするにはふたつのものが必要である。素材としての言葉と、それが形づくる思想である。両者が卓越していれば、君の文体は完璧になるだろう》(Baltasar Gracián, Agudeza y arte de ingenio, Huesca 1649, Discurso LX, zit. nach der Ausgabe Madrid 1969, Bd. II, S. 228)。

(15) Mancur Olson, The Logic of Collective Action, Cambridge Mass. 1965〔依田博・森脇俊雅訳『集合行為論』ミネルヴァ書房、一九八三年〕で、その理由が示されている。

(16) したがってハーバーマスの場合、合理性要求に適さない、しかし許容はされる行為形式は低い価値しかもたないということにならざるをえない（さもなければこの理論はもはや役立たなくなってしまうだろう）。それは例えば《戦略的行為》にすぎない、というわけである。この議論はJürgen Habermas, Theorie des kommunikativen Handelns, Frankfurt, 1981〔河上倫逸他訳『コミュニケイション的行為の理論　上中下』前掲〕において全面展開されている。二次文献も数多く存在している。

(17) 以前の光学においては、反対の立場が採用されていた。そこでは光粒子は入力として、外から入ってくる感覚（sensations）として理解されていたのである。それに対して現在では、「刺激が知覚されうる」という論点は排除されている。この理論的転換については、James J. Gibson, The Ecological Approach to Visual Perception, Boston 1979, S. 54 f.〔古崎敬他訳『生態学的視覚論』サイエンス社、一九八五年、六〇—六二頁〕を見よ。

(18) もちろん、一語文や叫び声などが存在することに異を唱えるつもりはない。《危ない！》との呼びかけに、《何が？》と答えるだけで十分なケースなど。

(19) これはほとんどヘーゲルの引用である。ヘーゲルが《意識という内部の闇》について語っているのは、Vorlesungen über die Ästhetik Bd. 1, Frankfurt 1970, S. 18〔長谷川宏訳『ヘーゲル美学講義　上巻』作品社、一九九五年、八頁[23]〕においてである。もちろん、そこからわれわれが考えているような帰結を導き出しているわけではないが。

(20) Gregory Bateson, Ökologie des Geistes: Anthropologische, psychologische, biologische und epistemologische Un-

tersuchungen, dt. Übers. Frankfurt 1981, S. 524 f.〔佐藤良明訳『精神の生態学』前掲、五四九頁以下〕を参照のこと。

(21) より詳しくは、Niklas Luhmann, Die Realität der Massenmedien, 2. Aufl. Opladen 1996〔林香里訳『マスメディアのリアリティ』木鐸社、二〇〇五年〕を見よ。

(22) この点に関しては、Floyd H. Allport, Institutional Behavior: Essays Toward a Re-interpretation of Contemporary Social Organization, Chapel Hill N.C. 1933 を見よ。

(23) Odd Ramsöy, Social Groups as System and Subsystem, New York 1963 ではこの点が論じられている。

(24) ミードは、われわれがここで回帰性として指し示しているものを《ジェスチャーによる会話 conversation in gestures》と呼んでいる。George H. Mead, Mind, Self & Society From the Standpoint of a Social Behaviorist, Chicago 1934, 9. Druck 1952, S. 14〔河村望訳『精神・自我・社会』前掲、二五頁〕(S. 63〔訳七一頁〕には、より明確に「ジェスチャーの会話 conversation of gestures」とある)。

(25) この概念は〔次に何が生じるかを〕見越すことを前提としているわけではない。Robert Rosen, Anticipatory Systems: Philosophical, Mathematical and Methodological Formulations, Oxford 1985 を見よ。すでにそれより前にゲルト・ゾンマーホフ[24]が《指向的相関 directive correlation》という表現を用いている。Analytical Biology, London 1950, S. 54 ff. および Logic of the Living Brain, London 1974, S. 73 ff. を見よ。いまだ見通すことのできない未来に対してそのようにあらかじめ適応しておくこと（木々は雪が降る前にその葉を散らす）がうまく機能するためには、環境の側での事象の経過の中に存している規則性に基づかねばならないのは言うまでもない。したがってそれは、一時的な状況に一時的に適応するにためには適していないのである。

(26) Bernard Thierry, Emergence of Social Organizations in Non-Human Primates, Revue internationale de systémique 8 (1994), S. 65–77 を参照。この分野の研究の現状に関する示唆もなされている。

(27) これについては、Jurgen Ruesch/ Gregory Bateson, Communication: The Social Matrix of Psychiatry, New York 1951, 2. Aufl. 1968, S. 208 ff.〔佐藤悦子他訳『精神のコミュニケーション』前掲、二一九頁以下〕を見よ。

(28) 蛇足ながらマトゥラナが生体間の回帰的相互作用を《言語》として記述する場合、そこでは観察者が前提とされていることになる。問題となっている行動が調整に適合するよう選択されているということを確認しうるのは、この観察者なのである。Humberto R. Maturana, The Biological Foundations of Self-Consciousness and the Physical Domain of Existence, in: Niklas Luhmann et al., Beobachter: Konvergenz der Erkenntnistheorien?, München 1990, S. 47–117 (92 ff.) などを参照。この論文での言語の概念は、社会心理学および社会学でいうダブル・コンティンジェンシーの概念に近い。

(29) そこから〔言語学という〕専門領域の歴史に関して、次の論点を導き出せるだろう。言語学の可能性は、言語構造を焦点とする研究プログラムのみに留まるものではない。自己の理論的基礎を、機能分析のための準拠点を求める方向へと、あるいは一般的な記号論（言語はそこに含まれる特殊事例だということになる）を求める方向へと拡張しなければならないだろう。

(30) この点については本章二五七―二五八頁、第三章六四〇頁以下でより詳しく論じる。

(31) ドイツ語では語の美観からして、このような呼称法を貫徹するのは困難である。それゆえに当該分野の文献においては常に、指示するもの（das Bezeichnende）と記号（Zeichen）が混同されることになるのである。それによって、フランスの記号論者たち（ロラン・バルト、ジュリア・クリステヴァ）の錯誤が助長されることにもなる。この論者たちは、言及を欠いた記号の単なるレトリックへと後退してしまうのである[25]。本文での議論によって、記号学はより複雑な深層構造を必要としているのであり、それは二つの側からなる形式という概念を用いることによって獲得できるという点が明らかになるはずである。Niklas Luhmann, Zeichen als Form, in: Dirk Baecker (Hrsg.), Probleme der Form, Frankfurt 1993, S. 45–69 も参照のこと。

(32) ソシュール（記号の恣意性 l'arbitaire du signe）に倣って、記号確定の任意性という表現が用いられることが多い。しかしそれでは誤解を招くことになる。この点については、Roman Jakobson, Zeichen und System der Sprache (1962), zit. nach dem Abdruck in ders., Semiotik: Ausgewählte Texte 1919–1982, Frankfurt 1988, S. 427–436 による批判を見よ。任意性が存在するのはただ、指し示すものと指し示されるものとの関係においてのみである。そこでの任意性は、記号使用を〔外界による制約から〕隔離するための条件なのである。しかし（この区別の形式としての）記号そのものは伝統に依存しているし、また記号の接続能力という点で高度の冗長性を〔つまり、特定の記号の結びつきが反復的に生じるということを〕必要とするのである。記号が瞬間ごとに新たに創造されねばならないとすれば、記号を学習することも利用することもできなくなってしまうだろう。任意性と伝統とは互いに排除しあうものではない。逆である。両者は相互に条件づけあっている。メディアと形式の場合と同様に、である。

（33） Kenneth E. Boulding, Ecodynamics: A New Theory of Societal Evolution, Beverly Hills Cal. 1978, S. 128 f.〔長尾史郎訳『地球社会はどこへ行く 上』講談社、一九八〇年、二五四頁以下〕もそう主張している。

（34） チャールズ・S・パースの記号学では、この箇所において《解釈項 interpretant》の概念が登場するが、それは〔われわれの議論よりも〕さらに形式的であり、解釈が困難である。

（35） これはまた、次のことをも意味している。意味を解明し解釈するために、システムの別の《特質》や《意味水準》が必要になるわけではない。意味解明も解釈も、コミュニケートされるもの一般と同様にプロセシングされる。つまりコミュニケーションという作動の連続としてプロセシングされるのである。もちろんだからといって、その際に心的システムのほうが一時的にコミュニケーションでないかたちで、沈思黙考しつつ行動しうるということまでもが排除されるわけではない。

（36） われわれはここで、「生得的な構造こそが重要であるはずだ、さもなければ言語獲得のテンポを説明できないから」というチョムスキーのテーゼ（Noam Chomsky, Aspekte der Syntax-Theorie, dt. Übers. Frankfurt 1969, insb. S. 68 ff.〔Aspects of the Theory of Syntax, 1965＝安井稔訳『文法理論の諸相』研究社、一九七〇年、特に六九頁以下〕を見よ）にまで関わるつもりはない。生得性ということによってチョムスキーが説明しようとしているものは、ここではむしろ構造的カップリングによって、また（出所の明確な）刺激をカップリングを通して増幅しつつ処理することによって説明されるべきである。

（37） 言語があまり特殊化されていないことが会話の可能性の条件であるという点については、Gordon Pask, The Meaning of Cybernetics in the Behavioural Sciences（The Cybernetics of Behaviour and Cognition; Extending the Meaning of »Goal«）, in: John Rose（Hrsg.）, Progress in Cybernetics, London 1970, Bd. 1, S. 15-44（31）を見よ。

(38) この点を明らかにするためには、芸術において《新たな》芸術作品を創造し、その独創性を人々に理解させるためにはどんな困難を克服しなければならなかったかを考えてみればよい。独創的な芸術作品だけが芸術作品と見なされる。芸術作品を評価できるためには、それがどの点で過去の芸術から、また知覚されうる自然からも逸脱しているのかを認識できねばならない。この点を学んだ観察に対しては、きわめて高度な要求が課せられるのである。そのひとつとして、忘却を阻止しなければならないということが挙げられる。過去の芸術を知る者だけが、新しさの価値を認識できるからである。一方、言語的コミュニケーションの中には最初から忘却の可能性が組み込まれているのである。

(39) この点については、Klaus Krippendorff, Some Principles of Information Storage and Retrieval in Society, General Systems 20 (1975), S. 15–35を見よ。

(40) この変化を越えて生じる《集合的記憶》が存在するとしたら、それはどのような意味においてなのか。しばらく以前からこの点について問われてきた。そしてそれに関しては疑念が浮上してきている。Rosalind Thomas, Oral Tradition and Written Record in Classical Athens, Cambridge Engl. 1989, S. 4 ff. を参照のこと。そこでは次の問いも一役買っている。すなわち記憶へのアクセスは、自由に選択できるかたちで生じるのだろうか(文字の場合のように)。それとも記憶の個人的再生産は、固定化された連鎖のかたちで可能になるだけなのか(語り手や歌い手の場合のように)。

(41) プラトンの「クラテュロス」(292–297)[26]〔水地宗明訳、田中美知太郎・藤沢令夫編『プラトン全集2』岩波書店、一九八六年/戸塚七郎訳、山本光雄編『プラトン全集1』角川書店、一九七三年〕における議論を見よ。

(42) Heinz von Foerster, Objects: Token for (Eigen-) Behaviors, in ders., Observing Systems, Seaside Cal. 1981, S. 274–285を見よ(ダヴィット・ヒルベルト[27]が引き合いに出されている)。そこで扱われているのはむろん言語ではなく、すでになされた計算の諸帰結を再適用することにより対象の同一性を算出することである。〔このアイデアを〕言語に適用できるのではという考えが当然浮かんでくるはずだが、私はそのような適用例を寡聞にして知らない。

(43) 経験的なシステムの理論においてこの概念を採用する場合には、もはや回帰性をそれだけ取り出して理解することはできなくなるという点を考慮しなければならない。システムの作動的閉鎖性を合わせて論じる必要が生じるのである。

(44) 「記号論的現実」の代わりに、想像的現実、想像する現実、構想する現実、構成的現実などの表現を用いることもできるだろう。

(45) マックス・アドラー[28]においてすでにその種のプログラムが素描されているのがわかる。ただし、十分に精緻化された社会理論になっているわけではないが。Max Adler, Das Soziologische in Kants Erkenntnistheorie: Ein Beitrag zur Auseindersetzung zwischen Naturalismus und Kritizismus, Wien 1924; ders., Kant und der Marxismus: Gesammelte Aufsätze zur Erkenntniskritik und Theorie des Sozialen, Berlin 1925; ders., Das Rätsel der Gesellschaft: Zur erkenntniskritischen Grundlegung der Sozialwissenschaften, Wien 1925を見よ。系譜学を問題にするのであれば、ウィトゲンシュタインの『論理哲学論考』も挙げておかねばならないだろう。

(46) この点に関してはDaya Krishna, »The Self-fulfilling Prophecy« and the Nature of Society, American Sociological Review 36 (1971), S. 1104–1107を見よ。この論文は、もっと注目されてもよいはずである。

(47) 言語のこの構造のほうもまた進化的に変動する(古代ギリシア語の非限定過去(aorist)が、音響的に目立つ《s》を温存したままラテン語の完了形の形式のひとつへと融合していったのはその一例である)。しかしこの点についてここで詳しく論じることはできない。

(48) 周知のようにチョムスキーはこの種の深層構造に関する理論を、言語の習得をもたらす生得的素質という観点から展開した。それによって言語習得のテンポを説明しようとしたわけである。本文での〔深層構造に関する〕手短な性格づけにおいては、逆の仮定が出発点となっている。すなわち、世代が交代する中で速やかに学習可能でなければならないという要件が言語の進化における《制約条件 constraint》となっているはずであるということ、またしたがって速やかな学習を可能にする構造しか保持されえないということである(神経生理学的な与件がどうであろうと、この点は変わらない)。言い換えるならば、言語が存在しうるためには、その自己組織化において十分な冗長性を有していなければならない。そうであってこそ速やかなコミュニケーションと速やかな言語学習が可能になるからである。

(49) 社会学者は言語学におけるコードの概念を採用するほうに傾きがちである。この概念は最終的にはおそらく、歴史的な象徴構造に関するヴィーコの分析にまで遡るだろう。現代における用法は Roman Jakobson/ Morris Halle, Fundamentals of Language, Den Haag 1956 によって影響を受けている。例えば Bernhard Giesen, Die Entdinglichung des Sozialen: Eine evolutionstheoretische Perspektive auf Postmoderne, Frankfurt 1991 および ders., Code und Situation: Das selektionstheoretische Programm einer Analyse sozialen Wandels – illustriert an der Genese des deutschen Nationalbewußtseins, in: Hans-Peter Müller/ Michael Schmid (Hrsg.), Sozialer Wandel: Modellbildung und theoretische Ansätze, Frankfurt 1995, S. 228-266 などを見よ。以下では、記号ないし象徴が使用される際の一般的な文脈を指し示そうとする場合には、「ゼマンティク」という語を用いるとしよう。コードの概念のほうは厳密なバイナリー構造のために使うこととする。そうすることによってわれわれが用いているコード概念は言語学的なものではなく、サイバネティクスのものであるという点が明確になりもするはずである。Georg Klaus/ Heinz Liebscher (Hrsg.), Wörterbuch der Kybernetik, 4. Aufl. Berlin 1976 の見出し語「Kode」の項などを参照。

(50) だからといって予期が外れた場合に、つまり一貫性のテストが失敗した場合に、それが心的システムにとって前言語的な刺激となって現れてくるということまでもが否定されるわけではない。動物についてすら同じことが言える。

(51) George Spencer Brown, Laws of Form, Neudruck New York 1979〔大澤真幸・宮台真司訳『形式の法則』前掲〕が言う形式の算法の意味において。

(52) 神の概念は例外であると論じられてきた（神にとっては、例外という地位こそが決定的なのである）。神の存在証明に関する教説の中で主張されたように、神の存在は神の理念に含まれる必然的な述語でなければならない、〔それを否定すれば論理矛盾に陥る〕というわけである。

(53) この点に関しては Philip G. Herbst, Alternatives to Hierarchies, Leiden 1976, S. 88 を見よ。そこでは、「存在／非存在」「内／外」「規定された／未規定の」という、それ以上何かへと差し戻すことのできない三つの区別の間に、根本的な〔相互〕包含関係が存していると推定されている。

(54) 《条件法 if conditionality》が自己組織化の条件となる、と言ってもよい。この点については W. Ross Ashby, Principles of the Self-Organizing System, in: Heinz von Foerster/ George W. Zopf (Hrsg.), Principles of Self-Organization,

New York 1962, S. 255–278〔山田坂仁他訳「附録　自己組織系の原理」、アシュビー『頭脳への設計』前掲、三四一—三七二頁〕を参照のこと。

(55) この点については George Spencer Brown, Selfreference, Distinctions and Time, Teoria Sociologica 1/2 (1993), S. 47–53 を参照。

(56) 本書第五章第XII節を参照のこと。

(57) Roy A. Rappaport, Ecology, Meaning, and Religion, Richmond Cal. 1979, S. 229 では次のように定式化されている。《虚言 falsehood が問題なのは、虚言それ自体が問題であるからだけではない。また虚言が引き起こす直接の効果（それがいかに衝撃的なものであろうと）だけの問題でもない。単に虚言が可能であるということだけで、強烈な不信感が生じてくることが問題なのである》。

(58) 例えば Campbell a.a.O. (1965), S. 298 f.〔本章原註4〕ではそう論じられている。

(59)『親和力』（オッティーリエの日記）、Goethes Werke (Hrsg. Ludwig Geiger), 6. Aufl. Berlin 1893, Bd. 5, S. 500〔柴田翔訳、講談社、一九九七年、二五一頁〕より引用。

(60) 日常的な経験からもわかるように、この規律が遵守されないこともしばしばである。しかしその場合には苛立ちが生じて、そこから次の点が明らかになるだろう。すなわち秩序づけられたコミュニケーションのための要件が守られていないのだから、もはや話を続けてみてもあまり意味がない、と。

(61) この点に関しては G.A. Miller, Language and Psychology, in: Eric H. Lenneberg (Hrsg.), New Directions in the Study of Language, Cambridge Mass. 1964, S. 89–107 (102 ff.)〔「言語と心理学」、有馬道子訳『言語と人間科学』南雲堂、一九八五年、九七—一一五頁（一一〇頁以下）〕を見よ。

(62) このようにして（外へと手を伸ばすことなく）未規定性を除去するための条件については、Bernard Harrison, An Introduction to the Philosophy of Language, New York 1979, S. 113 ff. を参照のこと。

(63)《有徴性 markedness》については、John Lyons, Semantics Bd. 1, Cambridge England 1977, S. 305 ff. を見よ。

(64) この点については、本書三八五頁で再び論じることにしよう。

(65) 理解できない仕方で言い表そうとする表出的関心が存在しうるということは認めてもよいだろう。例えば宗教的にインスパイアされたコミュニケーションを考えてみればよい。あるいは「他者が何を言っているのか理解できない」と言いたがる性癖が存在するということについても同様である。後者の例としては、批判的合理主義を挙げておこう。この流派にとってこれ〔理解できないという事実〕は相手の議論が《形而上学》〔非難を意味する概念としての〕であるということと同義なのである[29]。しかしこれらの場合においてもやはり話者は、少なくとも〔非難の対象となっている当の相手に〕「理解してもらうつもりはない」という点は、あるいは「理解できないが、それには理由があると考えている」という点だけは理解してもらいたいと欲しているはずである。

(66) 周知のことではあるが、改めてユルゲン・ハーバーマスの名を挙げておこう。彼はそう主張しているが、その一方で受け手が「イエス／ノー」の態度を取るということを強調してもいるのである。例えば、Nachmetaphysisches Denken: Philosophische Aufsätze, Frankfurt 1988, S. 146〔藤澤賢一郎・忽那敬三訳『ポスト形而上学の思想』未來社、一九九〇年、一八二頁〕では《イエス／ノーの態度決定の可能性がないとすれば、コミュニケーションの進行は不完全なままであろう》と述べられている。

(67) したがってわれわれは目下進行中の論争に関しては[30]、ハーバーマスとアーペルに反対しリオタールに与することになる。ただしそれは〔リオタールとは〕異なる論拠による。

(68) 特に W. Ross Ashby, Principles of the Self-Organizing System a.a.O.〔山田坂仁他訳「附録　自己組織系の原理」、アシュビー『頭脳への設計』前掲、三四一—三七二頁〕を参照のこと。

(69) 非常に広い意味での「安全を確保する行動」としての秘匿については Klaus E. Müller, Das magische Universum der Identität: Elementarformen sozialen Verhaltens: ein ethnologischer Grundriß, Frankfurt 1987, S. 310 ff.; ders., Die Apokryphen der Öffentlichkeit geschlossener Gesellschaften, Sociologia Internationalis 29 (1991), S. 189–205 を参照。

(70) あるいはメソポタミアでは、彫像を寺院に持参するという形式が取られた。死せる者たちの名を忘れぬよう神々に注意を喚起するためにである。Gerdien Jonker, The Topography of Remembrance: The Dead, Tradition and Collective Memory in Mesopotamia, Leiden 1995, insb. S. 71 ff. を見よ。

(71) この〔初期〕条件からやがて、機能的に分出した宗教システムにおける「内在的／超越的」というコード化が生じてくる。これについてはNiklas Luhmann, Die Ausdifferenzierung der Religion, in ders., Gesellschaftsstruktur und Semantik Bd. 3, Frankfurt 1989, S. 259-357を見よ。

(72) 一例としてJohn S. Mbiti, Concepts of God in Africa, London 1970, S. 8を挙げておこう。《神は雷の中に存在するかもしれないが、雷ではない》。

(73) Fredrik Barth, Ritual and Knowledge Among the Baktaman of New Guinea, Oslo 1975を参照のこと。この部族の人口は一八三名、相互に顔見知りだった。調査期間は一九六七—六八年。一九二七年には移動中のヨーロッパ人たちとの最初の接触が生じているが、これはごく短期間のものだった。現地の探索がなされたのは一九六四年で、以後三度くり返されている。近隣の部族との《和解》について語られるようになり、〔調査の〕数年前からそれら部族といくらか多くの、また安定した接触が保たれるようになった。これが〔周囲からの影響の〕すべてである。調査方法の上では、質問による影響を回避しつつ、コミュニケーション様式そのもの観察するよう試みられた。この点で、この調査の結果はわれわれにとって大きな価値を有しているのである。

(74) 難解で重要な知識は、女性に対して秘匿されねばならない。これは発展をとげた社会においても、きわめて広範囲において強調されている事柄である。Thomas Fuller, The Holy State and The Profane State, Cambridge 1642, S. 9では、こう述べられている。《神は〔知る〕必要のない秘密に関しては、女性を健やかなる無知のうちに留めておく》。というのは《責任の重い弁護士がもつような知識》など《か弱き性が担うには重すぎる》からである云々。

(75) Barth a.a.O. S. 264 f.

(76) 例えば中世に関してM.-M. Davy, Essai sur la symbolique romane, Paris 1955, S. 39は《聖なるものは何よりもまず、言葉によっては限定できないものである。そこから、聖なるものと秘密との間の、不断の絆が生じてくる》と述べている。ここでは構成関係が逆になっている。いわば結果のほうから構成関係が読み取られているのである。

(77) もっとも中世においては通常の場合、象徴は記号（signum）として定義されていた。ただしそこでは常に、この記号そのものによって、他の道筋では到達しえないものへの接近が引き起こされると見なされていたのである。現在では逆に、記号が《象徴》と呼ばれることもしばしばである。しかしこの事態が示しているのはただ、《象徴》が本来意味していたものが忘れられてしまった（あるいは、非合理的なものと見なされるに至った）ということだけである。

（78）以下などを参照。Anthony F.C. Wallace, Religion: An Anthropological View, New York 1966, S. 233 ff.; Mary Douglas, Natural Symbols: Explorations in Cosmology, London 1970, insb., S. 50 ff.〔江河徹他訳『象徴としての身体』紀伊國屋書店、一九八三年、特に五二頁以下〕; Roy A. Rappaport, Ecology, Meaning, Religion, Richmond Cal. 1979, insb. S. 173 ff.

（79）Michel Serres, Genèse, Paris 1982, S. 146 ff.〔及川馥訳『生成』前掲、一四五頁以下〕を見よ。

（80）Jean-Pierre Vernant, Les origines de la pensée grecque, Paris 1962〔吉田敦彦訳『ギリシャ思想の起原』みすず書房、一九七〇年〕を参照のこと。

（81）初期近代の《ヘルメス主義[31]》運動は、にもかかわらずそれを行おうとした試みとして把握できる。そうすることによって、当時すでに明確なものとなっていた構造的不安定性を除去しようとしたわけだ。しかしそれはしょせん時代錯誤の運動であった。したがって《古の叡智》として登場してこざるをえず、史料研究が錬金術の由来〔とされる文書〕に及ぶと、たちまち解体してしまったのである。

（82）Jean-Pierre Vernant et al., Divination et rationalité, Paris 1974; Jean Bottéro, Mésopotamie: L'écriture, la raison et les dieux, Paris 1987, insb. S. 133 ff., 157 ff.〔松島英子訳『メソポタミア――文字・理性・神々』法政大学出版局、一九九八年、特に一五九頁以下および一九〇頁以下〕を見よ。

（83）これもまた、進化がいかに一時的な布置に依存しているのかを示す恰好の証拠である。

（84）Omar K. Moore, Divination – A New Perspective, American Anthropologist 59（1957）, S. 69–74; Vilhelm Aubert, Change in Social Affairs（1959）, zit. nach ders., The Hidden Society, Totowa N.J. 1965 をも参照のこと。

（85）Jean Bottéro, Symptômes, signes, écritures en Mésopotamie ancienne, in Vernant et al., a.a.O. S. 70–197 の S. 157 では、《予言が事物を見通すのは、別の事物を通してである》と述べられている。

（86） Alois Hahn, Zur Soziologie der Weisheit, in: Aleida Assmann（Hrsg.）, Weisheit: Archäologie der literarischen Kommunikation III, München 1991, S. 47–57でもこの言明の前半部が扱われており、さらにその含意が精緻に論じられている。

（87） Madeleine David, Les dieux et le destin en Babylonie, Paris 1949; Bottéro a.a.O.（1987）, S. 241 ff. などを見よ。

（88） 特にこの点について、またそのオリエント版とキリスト教版との違いについてはLeo Koep, Das himmlische Buch in Antike und Christentum: Eine religionsgeschichtliche Untersuchung zur altchristlichen Bildersprache, Bonn 1952を参照。

（89） 記号（名称）を知悉するには、ある種の《浄化 katharein》が必要になる。Platon, Kratylos 396 E-397〔水地宗明訳「クラテュロス」、『プラトン全集2』前掲、四四―四五頁〕を見よ。

（90） これら文化的《エリート》は、支配的な社会組成をなす帰属的単位に支えられてはいなかったため、「現世的／超越的」という差異を先鋭化させることができた。このエリートの成立については〔マックス・ヴェーバーに依拠する〕Talcott Parsons, Societies: Evolutionary and Comparative Perspectives, Englewood Cliffs N.J. 1966, S. 98 f.〔矢沢修次郎訳『社会類型――進化と比較』至誠堂、一九七一年、一〇三頁以下〕を、さらにShmuel N. Eisenstadt, Social Division of Labor, Construction of Centers and Institutional Dynamics: A Reassessment of the Structural-Evolutionary Perspective, Protosoziologie 7（1995）, S. 11–22（16 f.）を参照のこと。ヴェーバー自身はエリートの分出という問題を、《カリスマ》概念によって押さえてきた。「カリスマ」が指し示しているのは権威が、出自や階層や社会的地位に条件づけられることなく自生的に生じてくるということであった。しかしこの概念は理論的には不毛なままだったのである。ヴェーバーの議論に続くかたちで広範にわたる論争が生じたが、それは註釈と批評という方法によるものであった。この点についてはWolfgang Schluchter（Hrsg.）, Max Webers Studie über das antike Judentum: Interpretation und Kritik, Frankfurt 1981を見よ。

（91） やはりEdmund Burke, A Philosophical Enquiry into our Ideas of the Sublime and the Beautiful（1756）, Neuausgabe London 1958〔中野好之訳『崇高と美の観念の起原』みすず書房、一九九九年〕を参照しないわけにはいかない

だろう。Samuel H. Monk, The Sublime: A Study of Critical Theories in XVIIIth-Century England（1935）, 2. Aufl. Ann Arbor 1960 も参照のこと。当時においては〔崇高の概念を持ち出すことによって〕攻撃の目標とされていたのは規則に定位する美学であり、また（もはや存在しない）社会秩序の力を単に賛美するだけの大仰な様式であった。真正さが失われことに対する嘆きの声は、副次的なものにすぎなかったのである。それに対して今日においてポストモダンが、崇高なものへと手を伸ばす身振りによって自身を修正しようと試みる場合、この嘆きのほうが主たるモチーフになっているのである。

（92） 例えば Léon Vandermeersch, De la tortue à l'achillée: Chine, in Vernant a.a.O. S. 29-51 は、中国では占術の記号が突然変異することによって、十分に複雑な文字が突如として成立したことを示している。

（93） Mbiti a.a.O.（1970）, S. 16 f. u. ö. を参照のこと。

（94）「これは二十世紀になって生じてきたものである」という脚註を付けておくべきかもしれない。

（95）『ヨハネ福音書』第八章。

（96） この経過を認識するには、エデンの園と原罪に関する神話を手がかりにするのがよいだろう。神が道徳的な区別を行なう能力を禁じようとしたのはなぜなのかは、秘密のままである。しかしその禁止は公然たるものであった。これは道徳としては容認しがたいパラドックスである。なにしろただ破られるためにだけ禁じられているということになるのだから。

（97） 統計学的に見れば、人間の道徳的ないざこざを気にかけたり、またその際自ら善に与して悪と戦ったりする神々は、明らかに少数派である。人間を道徳的に評価するような至高神は、George P. Murdock, Ethnographic Atlas, Pittsburgh 1967 で扱われている数々の全体社会システムのうち、二五％にしかいない。道徳に関する評決を下す至高神への関心が生じてくるのは経済の発展に伴って、所有権や商取引をめぐる諸関係において信頼が必要になることに関連してであろう。これについては、Ralph Underhill, Economic and Political Antecedents of Monotheism: A Cross-cultural Study, American Journal of Sociology 80（1975）, S. 841-861 を見よ。

（98）《モノ res》の原義を視野のうちに置いておくのであれば〔32〕、《物象化 Reifikation》という表現を用いることもできるかもしれない。われわれがここで論じているのは、外的言及を構成することである。〔「モノ」として構成された〕この外的言及はもはや、それについてどのように語られるかとは独立することになるわけだ。《もの Ding》それ自体もまた秘密に満ちていることを再びわれわれに意識させたのは、マルティン・ハイデッガーである。このテーマについては Das Ding, in: Vorträge und Aufsätze, Pfullingen 1954, S. 163-181 で直接論じられている。しかしものとしての性格（Dinghaftigkeit）がもつ利点は、その秘密をコミュニケーションのうえでも、またそれ以外の方法によっても顧慮する＝引き受ける（respektieren）必要がないということにある。

(99) Sighard Neckel/ Jürgen Wolf, The Fascination of Amorality: Luhmann's Theory of Morality and its Resonances among German Intellectuals, Theory, Culture & Society 11 (1994), S. 69-99 では違う判断が下されているが、そのための十分な経験的証拠は挙げられていない。この著者らの誤りは、道徳と全体社会の分化との関係という問題をめぐって生じてきたように思われる。インドのカーストや、環節的な全体社会における部族の間に人格的な尊敬と軽蔑を表現する余地が存在しないとしても、それだけではまだ、当該の部分システムの内部にもそのような余地は存在しないとの結論を導くことはできない。むしろ逆のほうがきわめて蓋然性の高いことであるから、存在するものと仮定しておいてよいだろう。

(100) その結果として原理が抽出されてくるか、それとも道徳の決疑論として定式化されることになるのか。これはその次に登場してくる問題であり、いずれにせよ一定の道徳的複雑性が構造生成していることを前提とする。

(101) さらに加えて、道徳に適った予期がなされるものと予期される場合には、この可動域は膨大なものとなる。というのはその場合、自我も他者も、相手に対してあるいは自分自身に対して道徳を正しく適用するのか誤って適用するのかということだけで、尊敬も受ければ軽蔑も受けるからである。

(102) 今リストアップしたような進歩した形式が獲得されうるのは、文字を用いることができる場合に限られるのは言うまでもない。

(103) ゼマンティクのうえではこの点を、人（魂 anima との違いにおける人格 persona）概念の変遷から認識できるだろう。この概念が自己言及的な構成諸要素（悔恨の場合とは異なる、自分自身との一致）を取り入れるに至ったのはようやく中世においてのことであった。その後さらに、個人の概念と融合する傾向が生じてきたのである[33]。何よりもまず Hans Rheinfelder, Das Wort »Persona«: Geschichte seiner Bedeutungen mit besonderer Berücksichtigung des französischen und italienischen Mittelalters, Halle 1928 を見よ。

(104) 例えばアベラール[34]の倫理学では、この点が明確にされている。Peter Abelard, Ethics, Oxford 1971, insb. S. 4〔大道敏子訳「倫理学」、上智大学中世思想研究所編『中世思想原典集成　第七巻　前期スコラ学』平凡社、一九九六年、五二五―五八六頁〕を見よ。それに対する神学的な根拠づけはこうである。人は神を傷つけることはできない。しかし罪に対して内面的に同意することによって神を蔑むことはできる云々。

(105) 「近／遠」という空間形式における相違（それが、至酬関係という形式を分化させるのだが）については、Marshall D. Sahlins, On the Sociology of Primitive Exchange, in: The Relevance of Models for Social Anthropology, London 1965, S. 139–236 を見よ。そこから道徳にとって生じる帰結については、F.G. Bailey, The Peasant View of Bad Life, Advancement of Science 23（1966）, S. 399–409 も参照のこと。

(106) Werner Müller, Raum und Zeit in Sprachen und Kalendern Nordamerikas und Alteuropas, Anthropos 57（1963）, S. 568–590; John Mbiti, Les Africains et la notion du temps, Africa 8, 2（1967）, S. 33–41; Robert J. Thornton, Space, Time and Culture among the Iraqw of Tanzania, New York 1980 などを参照。高度文化に関しても、特に中国とインドに関しては、同様のことが言える。

(107) Rüdiger Schott, Das Geschichtsbewußtsein schriftloser Völker, Archiv für Begriffsgeschichte 12（1968）, S. 166–205 を参照のこと。しかし、文字の発明以前にすでに、政治的・経済的な大世帯が分出するとともに、時間関係をより精緻化しその焦点深度を増大させることへの関心が成立していたものと想定してもよいだろう。また、文字による記録の技術が導入された理由もそこにあったはずである。以下などを参照。Burr C. Brundage, The Birth of Clio: A Résumé and Interpretation of Ancient Near Eastern Historiography, in: H. Stuart Hughes（Hrsg.）, Teachers of History: Essays in Honor of Laurence Bradford Packard, Ithaca N.Y. 1954, S. 199–230; François Châtelet, La naissance de l'histoire: La formation de la pensée historienne en Grèce, Paris 1962. 後期メソポタミアにおいて考古学的な関心が生じ

たことからも、その点を読み取ることができる。これについては、Gerdien Jonker, The Topography of Remembrance: The Dead, Tradition and Collective Memory in Mesopotamia, Leiden 1995, insb. S. 153 ff. を見よ。

(108) エクスタシーやトランスが進化論的に見て注目に値するのは、それが太古に起源を有しており、世界のあらゆる部分において、あらゆる時代に登場してくるという点である（それは最終的には神経生理学的な現象だから）。トランスに基づく宗派が二十世紀において何度にもわたって新たに登場してきたことも含めて、である。それによって問題に直面するのは書かれた教典をもつ宗教（Buchreligionen）だけであるように思われる。そのような宗教では、祭祀のかたちでエクスタシー／トランスをくり返し掻き立てることを〔別のものによって〕置き換えうる。ただし何に置き換えねばならないかと言えば、それはその種の出来事の目撃報告によってなのである。旧約聖書における預言者たちの物語を、新約聖書の聖霊降臨の奇跡（Pfingstwunder[35]）のことを考えてみればよい。今や〔エクスタシー／トランスの〕掻き立ては、文字を読むことによるのである。

(109) これは、すでに文字を駆使するようになってはいるが、重要案件の場合コミュニケーションそのものはなおも口頭で進められていくような文化に関しても言えることである。この点については、Werner Glinga, Mündlichkeit in Afrika und Schriftlichkeit in Europa: Zur Theorie eines gesellschaftlichen Organisationsmodus, Zeitschrift für Soziologie 18（1989）, S. 89-99 を見よ。

(110) Rosalind Thomas, Oral Tradition and Written Record in Classical Athens, Cambridge Engl. 1989, S. 197.

(111) この点については、Dennis Tedlock, The Spoken Word and the Work of Interpretation, Philadelphia 1983 でより詳細に論じられている。

(112) ギリシアについてはMarcel Detienne, Les maîtres de vérité dans la grèce archaïque, 3. Aufl. Paris 1979, S. 53 ff. でそう示唆されている。

(113) 神はその際ひとつのテクストを、すなわちトーラーを念頭に置いていたはずである云々という仮定は、ユダヤ的伝統の特徴のひとつである[36]。しかしそれは文字というものにある種の（言うまでもなく事後的な）実体化を施していることになる。天地創造へと到るまえに、文字の形で固定化された違いが（ある種の原テクストが）が存在する、というわけだから。

(114) マルセル・ドゥティエンヌ[37]は、Marcel Detienne (Hrsg.), Les saviors de l'écriture. En Grèce ancienne, Lille 1988, Introduction S. 18において、ギリシアの都市において政治的―法的テクストが記念碑に文字として刻まれるようになったことを手がかりにして、《オートレファレンス autoréférence すなわち著作はそれ固有の文字を参照させる。著作は現代のあるいは最も古くから存在する法則を呼び起こす。著作は書かれているものに従うように、石碑が語りかけてくるものに服するようにと忠告する》と述べている。自己引用（autocitation）、自己防衛（autodéfence）について論じている ders., L'espace de la publicité: Ses opérateurs intellectuals dans la cité, a.a.O. S. 29-81（49 ff.）をも見よ。

(115) 『ドン・キホーテ』はこの点に関する範例的なテクストである。この作品は第二部において自分自身を、印刷され万人に知られている書物として取り扱っている。今日の文学において〔この点についての〕反省がなされる場合、《間テクスト性》という語が用いられたりする。文字が使用されるなら否応なく間テクスト性が生じてくる。ただしそれを洗練し高めていくことはできる云々。

(116) この種の前適応的進歩については、また進化の過程で機能が転換していくことについては、本書第三章第Ⅷ節を参照のこと。

(117) Harald Haarmann, Universalgechichte der Schrift, Frankfurt 1990, S. 70 ff. を参照。蛇足ながらメソポタミアにおいてもやはり、神殿において彫像に文字を刻むことは当初、神々への報告として、神々の記憶に刻み込むこととして理解されていた。それが後続する世代への報告と見なされるようになったのは、ようやく後になってのことである。Jonker a.a.O. S. 178 f. を見よ。版刻することの前史に関しては、Alexander Marshack, The Roots of Civilization: The Cognitive Beginnings of Man's First Art, Symbol and Notation, London 1972を参照のこと。本来の意味での文字が発明される数千年前から、すでに交易の記録が残されていた。その初期の形式については、Denis Schmandt-Besserat, An Archaic Recording System and the Origin of Writing, Syro-Mesopotamian Studies 1/2（1977）, S. 1-32も見よ。

(118) 概説としてはJack Goody, Die Logik der Schrift und die Organisation von Gesellschaft, dt. Übers. Frankfurt 1990,

insb. S. 89 ff. を参照。さらなる参照文献が示されている。

（119）シュメールの初期段階については、Jean Bottéro, De l'aide-mémoire à l'écriture, in ders., Mésopotamie: L'écriture, la raison et les dieux, Paris 1987, S. 89–112〔「備忘手段から文字へ」、前掲訳書、一〇四―一三三頁〕を参照のこと。

（120）Léon Vandermeersch, De la tortue à l'achillée: Chine, in: Jean-Pierre Vernant et al., Divination et Rationalité, Paris 1974, S. 29–51 を見よ。Haarmann, a.a.O. S. 126 ff. も参照のこと。

（121）Jean Bottéro, Symptômes, signes, écritures en Mesopotamie ancienne, in Vernant et. al. a.a.O. S. 70–197 を見よ。

（122）以下などを参照。Margaret R. Nieke, Literacy and Power: The Introduction and Use of Writing in Early Historic Scotland, in: John Gledhill/ Barbara Bender/ Mogens Trolle Larsen（Hrsg.）, State and Society: The Emergence and Development of Social Hierarchy and Political Centralization, London 1988, S. 237–252.

（123）Alfred Heubeck, Schrift, Göttingen 1979; ders., Zum Erwachen der Schriftlichkeit im archaischen Griechentum, in ders., Kleine Schriften zur griechischen Sprache und Literatur, Erlangen 1984, S. 537–554; Walter Burkert, Die orientalisierende Epoche in der griechischen Religion und Literatur, Heidelberg 1984; Joachim Latacz, Homer: Der erste Dichter des Abendlandes, 2. Aufl. München-Zürich 1989, S. 24 ff., 70 f. を参照。とはいえ出発点となった状況においては〔アルファベット化が成功を収めうるか否かは〕不確実だった。この点についてはWilliam V. Harris, Ancient Literacy, Cambridge Mass. 1989, S. 45 ff. も見よ。〔アルファベットと〕同様に記号の数を著しく削減することができた文字は他にも存在した。アルファベット成立時の〔他文字との〕競合状態を見ればただちにアルファベットの優位性が読み取れるというわけでは、必ずしもない。現に、例えばキプロスではアルファベットは定着しえなかったのである。この点については、Anna Morpurgo Davies, Forms of Writing in the Ancient Mediterranian World, in: Gerd Baumann（Hrsg.）, The Written World: Literacy in Transition, Oxford 1986, S. 51–77 を参照のこと。

（124）Martin L. West, Archaische Heldendichtung: Singen und Schreiben, in: Wolfgang Kullmann/ Michael Reichel（Hrsg.）, Der Übergang von der Mündlichkeit zur Literatur bei den Griechen, Tübingen 1990, S. 33–50（38 f., 47 f.）を参照。Walther Heissig, Oralität und Schriftlichkeit mongolischer Spielmanns-Dichtung, Vorträge der Rheinisch-

Westfälischen Akademie der Wissenschaften G 317, Opladen 1992 も、〔朗唱されていた詩を〕文字によって記録するよう促したのは詩人自身ではなく、モンゴルの貴族であったことを示している。その際貴族の関心は、収集・保管・保存という（二十世紀の！）アーカイヴ的な方向に向かっていたのである。他方で〔文字化されたモンゴルでは〕今や、文字を知っていること（Schriftkenntnis）が、〔その人が述べていることが〕伝統に忠実であり、その内容が真理であるとの保証として持ち出されもした。これは特に、〔伝統の〕出所が中国である場合、つまり別の文化から借用された場合に関して言える。

（125） Albert B. Lord, The Singer of Tales, Cambridge Mass. 1960; Eric A. Havelock, Preface to Plato, Cambridge Mass. 1963〔村岡晋一訳『プラトン序説』新書館、一九九七年〕; Walter J. Ong, The Presence of the World: Some Prolegomena for Cultural and Religious History, New Haven Conn. 1967 では、重要な問題提起がなされている。専門家たちのあいだでの現在生じている論争の一例として、Walther Heissig (Hrsg.), Formen und Funktionen mündlicher Tradition, Opladen 1995 も参照のこと。

（126） この種の時間のずれは、特に『オデュッセイア』において明瞭であり、その点については大いに議論されてもきた[38]。しかしそのずれが、この叙事詩が文字によって記録されたことにどれくらい起因しているのか、口頭版において後から挿入がなされた（だとすればそもそも歴史的時間の統一性に則して組織されたのではほとんどないということになろうが）ことにどれくらいよっているのかを、実際に判別することはできないのである。

（127） 文字がもたらしたこの変容を、ひとつのテクストに註釈を加えるかたちでもう一度スケッチしておこう。そのテクストとは、アリストテレスの『自然学』において時間が扱われている箇所（第Ⅳ巻、十章〔出隆・岩崎允胤訳「自然学」、『アリストテレス全集3』岩波書店、一九八七年、一六四頁以下〕）である。

このテクストでは時間の存在ないし非存在について問われてはいる。しかしなぜ他ならぬ（存在論的な）この区別であって他の区別ではないのかと、問われはしない。そしてこの区別は文字に依存しており、それが記述を意味あるものにしているのである（『哲学体系』§258〔加藤尚武訳『ヘーゲル全集2b』岩波書店、一九九九年、五六―六〇頁〕におけるヘーゲルもやはり同様である）。さらに文字によって、副詞の nŷn（今）を名詞化することも可能になる

（218a 6 やその他の箇所における tò dè nŷn）。独訳ではそれに対して副詞の《今》ではなく、《現時点》などの表現が当てられている。それによってさらに、「現時点」は時間の一部分（mèros）なのかと問うこともできるようになる。そこからまた論争が生じもするが、同時にパラドックスが導かれることにもなる。「現時点」は〔時間の一部分であろうとなかろうと〕「いまだ～ない」（Noch-nicht-sein）と「もはや～ない」（Nicht-mehr-sein）から成り立っている。ということは時間そのものが存在と非存在との統一体として現れてこざるをえず、それはすなわち、存在論の図式の中ではパラドックスとして現れてこざるをえないということなのである。このパラドックスは、アリストテレスからヘーゲルまでの伝統においては、運動の概念によって展開されえた。しかしなぜ〔出発点となったのが〕「存在／非存在」という静態的な観察図式なのだろうか。そしてなぜ〔それに続いて登場してくるのが〕「部分／全体」なのだろうか。そして何よりもまず〔こう問われねばならない。〕〔「今」という〕副詞は口頭で、《指標的表現 indexical expression[39]》として用いられてきた。つまり特定の状況にいる観察者の観察者が前提とされていたのである。意味を客観化しようとする場合にはその副詞が名詞化されるわけだが、それは〔文字による以外に〕いかにしてなされるというのだろうか。この二つの変容は文字の帰結である。そして両方ともが、少なくとも当初においては、存在論的形而上学を利することによって、セカンド・オーダーの観察による反省を阻んできたのである。

（128）この点は、今日で言う《口承文学》をテクスト化しようとする試みを辿ることによって、容易に跡づけうるはずである。これについては Lauri Honko, Problems of Oral and Semiliterary Epics, in Heissig a.a.O.（1995）, S. 26–40を見よ。

（129）文字を用いることによって、口承されてきた血統神話を《はめ込んで telescoping》再構成しようとする試みについては Thomas a.a.O.（1989）, S. 95 ff., 155 ff. を見よ。メソポタミアに関しては Jonker a.a.O. S. 213 ff. も参照のこと。さらに論点を付け加えておこう。系統図はひとつには、家族内部における宗派的な目的のために用いられた。しかし何よりもまず系統図が示しているのは、傑出した家族が分出したということだろう。全体社会に対しても、また家族の相互関係においても分出が生じたのである。

（130）Walter J. Ong, Writing is a Technology that Restructures Thought, in: Gerd Baumann（Hrsg.）, The Written Word:

Literacy in Transition, Oxford 1986, S. 23-50（36 ff.）. そこでは以下のような例が挙げられている。知っている人を、その人が知っていることから区別する。テクストをコミュニケーションから区別する。語を、それがいかに発音されるかから区別する。語を、存在の集積（世界）から区別する。過去と未来とを区別する。論理と修辞とを区別する。厳密な知識と技能（Können）（賢さ、sophía）とを区別する。存在と時間とを区別する、など。

（131） もちろんスタンレイ・フィッシュ〔40〕とともに、「口頭コミュニケーションもまた、意味および真正さという点で不確実である」と示唆することもできる。セカンド・オーダーの観察者は原理的に言って、「ファースト・オーダーの観察者は不確かであり、解釈を行わねばならない」という点を否定できないのである。Stanley Fish, With the Compliments of the Author: Reflections on Austin and Derrida, in ders., Doing What Comes Naturally: Change, Rhetoric, and the Practice of Theory in Literary and Legal Studies, Oxford 1989, S. 37-67を見よ。

（132） Dean MacCannell / Juliet F. MacCannell, The Time of the Sign: A Semiotic Interpretation of Modern Culture, Bloomington Ind. 1982, S. 119ではそう論じられている。

（133） 問題は社会的な記憶の変容であって、社会的記憶はそれ以前においては不可能だったが、今や〔文字により〕創出される云々ということではない。この点はJan Assmann, Lesende und nichtlesende Gesellschaften, in Almanach (des Deutschen Hochschulverbandes) Bd. VII（1994）, S. 7-12でも強調されている。Jonker a.a.O.（1995）も参照のこと。

（134） この点については本書第三章第XIII節で再度詳しく論じることにする。

（135） 以下を参照。Heinz von Foerster, Das Gedächtnis, Wien 1948; Heinz von Foerster, Quantum Mechanical Theory of Memory, in: ders.（Hrsg.）, Cybernetics: Circular Causal, and Feedback Mechanisms in Biological and Social Systems. Transactions of the Sixth Conference 1949, New York 1950, S. 112-134. ハインツ・フォン＝フェルスターは、想起と忘却というこの差異への転換を通して、記憶の神経生理学の高分子的・量子力学的分析の必要性へと注意を向けるに至ったのだった。

（136） この点についてはHeinz von Foerster, Was ist Gedächtnis, daß es Rückschau *und* Vorschau ermöglicht, in ders.,

Wissen und Gewissen: Versuch einer Brücke, Frankfurt 1993, S. 299–336 を参照。

(137) 記録係やアーカイヴなどにとっては、もちろん話は別であるが。

(138) この抽象が〔自然に受け入れられたのではなく〕改めて学習されねばならなかったのは、当然のことだろう。財物貨幣から離脱することが、つまり貨幣の価値と特定の財物の（例えば、金の）価値を混同しないことが、学習されねばならなかったのと同様に、である。

(139) これに関してはMartin L. West a.a.O. insb. S. 43 f. を見よ。

(140) 先に（註125で）挙げた文献の他、Benjamin A. Stolz/ Richard S. Shannon (Hrsg.), Oral Literature and the Formula, Ann Arbor Mich. 1976; Heissig a.a.O. (1992) を参照。

(141) これは長い時間を要する過程だった。そのさまざまな側面に関しては以下などを参照。J. L. Myres, Folkmemory, Folk-Lore 37 (1926), S. 12–34; James A. Notopoulos, Mnemosyne in Oral Literature, Transactions of the American Philological Association 69 (1968), S. 465–493; Jean-Pierre Vernant, Mythe et pensée chez les grecs: Etude de psychologie historique, Paris 1965, S. 51 ff.; P.A.H. de Boor, Gedenken und Gedächtnis in der Welt des Alten Testaments, Stuttgart 1962; Brevard S. Childs, Memory and Tradition in Israel, London 1962; Willy Schottroff, »Gedenken« alten Orient und im Alten Testament, Neukirchen-Vluyn 1964. Frances Yates, The Art of Memory, Chicago 1966〔青木信義他訳『記憶術』水声社、一九九三年〕; Herwig Blum, Die antike Mnemotechnik, Hildesheim 1969; Stefan Goldmann, Statt Totenklage Gedächtnis: Zur Erfindung der Mnemotechnik durch Simonides von Keos, Poetica 21 (1989), S. 43–66; Renate Lachmann, Gedächtnis und Literatur: Intertextualität in der russischen Moderne, Frankfurt 1990.

(142) La vie quotidienne en Chine à la veille de l'invasion mongole 1250–1276, Paris 1959, Neudruck 1978, S. 247〔栗本一男訳『中国近世の百万都市——モンゴル襲来前夜の杭州』平凡社、一九九〇年、二六三—二六四頁〕。ここでそれが生じたのは、活版印刷術の適用の結果としてであった〔41〕。

(143) Jonker a.a.O. insb. S. 109 ff. を参照。

(144) この点について、またそれと関連して、言葉と物との旧来の不可分性が解体されていくという点については、

David Palumbo-Liu, Schrift und kulturelles Potential in China, in: Hans Ulrich Gumbrecht/ K. Ludwig Pfeiffer（Hrsg.）, Schrift, München 1993, S. 159-167 を参照。

(145) すでに文字を用いており、社会構造を（特に、指導者役割を）発達させるために押しの強さを必要とするといったことがもはや生じなくなっていた文化においては、逆の常識が発展してくることになった。こちらの観点からすれば節度こそがよき作法の一部であり、話者交替が推奨され、《お喋り野郎 grands parleurs》には警告が発せられた。これは教育に関する文献において、プルタルコス〔42〕以来周知のものとなっている養育上のテーマである。さらに述べておくならばこれは、社会的コミュニケーションに関する理解が、依然として口頭的なものへと集中していたことを示す、多くの証拠のうちのひとつでもある。

(146) この概念と定式化は、Carl J. Friedrich, Authority, Reason, and Discretion, in ders.（Hrsg.）, Authority（Nomos I.）, Cambridge Mass. 1958, S. 28-48 に由来する。

(147) この点に関してはDavid Ganz, Temptabat et scribere: Vom Schreiben in der Karolingerzeit, in: Rudolf Schieffer（Hrsg.）, Schriftkultur und Reichsverwaltung unter den Karolingern, Opladen 1996, S. 13-33 を参照。

(148) コミュニケーションへと特化していくに際してこのように社会性が脱落していくこともやはり、進化の帰結のひとつである。この点は、儀礼の文化から文字の文化への移行において残留し続ける慣行から認識できるだろう。例えば、シナゴーグにおいて聖なるテクストを唱和し論じることを考えてみればよい。

(149) これについてはLorna Marshall, Sharing, Talking and Giving: Relief of Social Tensions Among !Kung Bushmen, Africa 31（1961）, S. 231-249. またBronislaw Malinowski, The Problem of Meaning in Primitive Language, in: C.K. Ogden/ I.A. Richards（Hrsg.）, The Meaning of Meaning, 10. Aufl., 5. Druck, London 1960, S. 296-336（314）〔「原始言語における意味の問題」、石橋幸太郎訳『意味の意味』新泉社、一九八二年、三八五―四三〇頁（四〇五頁）〕も参照。《……自然人にとって、他の人間の沈黙は安心をもたらすものではなく、むしろ反対に何かしら警告的であり危険である。未開民族に属する者すべてにとって、自分が使っている言語を話せないよそ者は、自ずから敵なのである》。話すことは必然的でもあり、また習慣でもある。これは、よく知っている他人が常に側にいる、あるいは再会するということから直接導かれてくる結論である。

（150） 文字からの派生物としての意識および他の認知概念については Havelock, The Literate Revolution in Greece and its Culrural Consequences, Princeton 1982, S. 290 f. を参照。

（151） Yves Barel, Le paradoxe et le système: Essai sur le fantastique social, 2. Aufl. Grenoble 1989, S. 71 f., 185 f., 302 f. を見よ。この点を特に考慮している伝統のひとつとして、タルムードの教えを挙げることができる。それはシナイ山で、文字のためにおよび口頭での伝承のために定められた啓示に関するものである。その教えから導かれる結論はこうであった。他ならぬ意見の相違と少数意見もまた、伝統として扱われるべきである。それらは見通しえぬ未来において意義をもつことになるかもしれないのだから、と。Jeffrey I. Roth, The Justification for Controversy Under Jewish Law, California Law Review 76（1988）, S. 338-387 などを見よ。Ders., Responding to Dissent in Jewish Law: Suppression Versus Self-Restraint, Rutgers Law Review 40（1987）, S. 31-99 も参照のこと。

（152） 可能なもの／不可能なものが在りうるということに異を唱えるというかたちにおいてではあれ（ディオドロス・クロノス〔43〕）。

（153） この観点を貫徹し、虚構的なものが現実的価値をもつことを承認させるのがいかに困難であったかについては、小説を例とした Lennard J. Davis, Factual Fictions: The Origin of the English Novel, New York 1983 などを見よ。Niklas Luhmann, Literatur als fiktionale Realität, Ms. 1995 も参照のこと。

（154） Jackie Pigeaud, Le style d'Hippocrate ou l'écriture fondatrice de la médecine, in: Marcel Detienne（Hrsg.）, Les savoirs de l'écriture. En Grèce ancienne, Lille 1988, S. 305-329 を見よ。ヒポクラテス医学文書（Corpus Hippocraticum）〔44〕からのテクストをまとめたものとして、Knut Usener, »Schreiben« im Corpus Hippocraticum, in: Wolfgang Kullmann/ Michael Reichel（Hrsg.）, Der Übergang von der Mündlichkeit zur Literatur bei den Griechen, Tübingen 1990, S. 291-299 がある。それに続く古代へレニズム期の科学および方法論の理解については G.E.R Lloyd, Magic, Reason and Experience: Studies in the Origin and Development of Greek Science, Cambridge 1979 も参照。

（155） これについては Niklas Luhmann, The Form of Writing, Stanford Literature Review 9（1992）, S. 25-42; dt. Übers.

in: Hans Ulrich Gumbrecht/ K. Ludwig Pfeiffer（Hrsg.）, Schrift, Müünchen 1993, S. 349-366〔大黒岳彦訳「『書くこと』という形式」、『思想』第九七〇号、二〇〇五年〕を参照のこと。

（156）歴史的に見れば、それ以前に用いられていた文字からアルファベットへの進化に関しては、およそ明瞭とは言いがたいところがある。ただ次のように推測できるだけである。すなわち、ミケーネ文明の崩壊によって文字の使用も中断されざるをえなかった。そしてその後〔どのような文字を用いるかについての〕選択が強いられるとともに、別種の言語において用いられていた文字にも適応しなければならなかったことが、〔アルファベット成立のために〕ある種の役割を担ったのだろう、と。「口承されていた詩を文字化する必要性が決定的な契機となった」という説に対しては、今日では異が唱えられている。いずれにせよアルファベット化は、内容的にも社会的にも普遍的に文字を使用可能にするという点で意義を有していた。この点についてはEric A. Havelock, Origins of Western Literacy, Toronto 1976; ders., The Literate Revolution in Greece and Its Cultural Consequences, Princeton N.J. 1982; Egert Pöhlmann, Zur Überlieferung griechischer Literatur vom 8. bis zum 4. Jahrhundert, in: Wolfgang Kullmann/ Michael Reichel（Hrsg.）, Der Übergang von der Mündlichkeit zur Literatur bei den Griechen, Tübingen 1990, S. 11-30を参照（文字が普遍的に使用されるようになった時期を、八世紀にまで遡らせている）。言うまでもないことだが、次の点を見逃してはならない。アルファベット以外の文字、例えば漢字も、異なる言語的（また、音韻的）先行条件の下で、それぞれ異なる長所と短所を伴いながら、機能的等価物を形成していたのである。

（157）この点については、Marcel Detienne, in: ders.（Hrsg.）a.a.O.（1988）, S. 7 ff., 29 ff. を参照のこと。

（158）F. D. Harvey, Literacy in Athenian Democracy, Revue des Etudes Grecques 76（1966）, S. 585-635では、その範囲に関する推定が行われている。Havelock a.a.O.（1982）, S. 27 ff. も参照。そのうえで何よりもまずHarris a.a.O.（1989）における概観を参照しなければならない。そこでは読み書き能力の普及に関しては懐疑的な評価が下されており、これは古代ギリシアに関しても古代ローマに関しても同様である。しかし全人口を念頭に置きつつ読み書き能力がどれくらい普及していたかを考察してみても、それは大して興味ある話にはならない。というのはここで問題となっているのは階層分化した社会であり、上層においてリテラシーが広く普及していたのは確かだからである。

(159) それに対応してコミュニケーション概念が拡張され始めたのはいつのことだったのか。この点に関しては根本的な研究が必要になるだろう。いずれにせよガリレオ・ガリレイにおいては拡張が生じているのを見て取れる。活版印刷術を前提としつつ、科学的な知識の獲得というコンテクストにおいて、神がもつ到達不可能な能力を横目で睨みつつ、である。神はすべてを同時に知ることができるのであって、順次に認識していく必要などないからである。『世界二大体系についての対話』の第一日終わりの部分では、次のように述べられている。《しかしあらゆる驚くべき発明の中でも特に、どんなに遠く距離が離れていても、どんなに永く時がたっていても、自分のもっとも深奥にある思想をどのような人にも伝える方法を思いついた人の精神はなんと優れているではありませんか。インドにいる人と話すこと、まだ生まれておらず、千年も万年もたたなければ生まれてこない人と話すこと、しかも〔一枚の紙に二〇の文字をさまざまに組み合わせることで〕なんと容易になされることでしょう》〔青木靖三訳『天文対話　上』岩波書店、一九五九年、一六二頁、［　］内はルーマンの引用では省略されている〕。

(160) この点についてはWauthier de Mahieu, A l'intersection de temps et de l'espace du mythe et de l'histoire, les généalogies: L'example Komo, Cultures et Développement 11 (1979), S. 415-457を参照。

(161) Rosalind Thomas, Oral Tradition and Written Record in Classical Athens, Cambridge England 1989, S. 175 ff. を見よ。

(162) Hans-Georg Pott, Literarische Bildung: Zur Geschichte der Individualität, München 1995では多くの素材が挙げられている。

(163) ジャン・パウルの『ジーベンケース』〔恒吉法海・嶋崎順子訳、九州大学出版会、二〇〇〇年〕や『生意気盛り』〔恒吉法海訳、九州大学出版会、一九九九年〕を、またバンジャマン・コンスタンの『アドルフ』〔大塚幸男訳、岩波書店、改版、一九六五年〕を考えてみればよい[45]。

(164) 口述されることはある。コーランの場合がそうである。そこでは、件の出来事は一回限りであるというかたちで、蓋然性の低さが称揚されているのである。いうまでもなくこの妥協は、受肉というより蓋然性の低い解決策に対抗しようとするものだった。すでに文字が発明されているにもかかわらず、神自身が〔人間に、自身の言葉を〕伝達できるように肉と化したのである云々。こちらの場合、蓋然性の低さは原罪と救済の神話によって隠蔽されることになる。

（165） 少なくともそれと同じくらい重要な発展が存在しており、それは後になるとさらに重要になっていく。この点については本章第Ⅸ節から第Ⅻ節でまた論じることにする。その発展が始まったのは、象徴的に一般化されたコミュニケーション・メディアによってであった。

（166） 特にメソポタミアの思想においてはそう考えられていたし、この発想はまた古代キリスト教においても登場してくる。多くの素材を扱っている Leo Koep, Das himmlische Buch in Antike und Christentum: Eine religionsgeschichtliche Untersuchung zur altchristlichen Bildersprache, Bonn 1952 を見よ。

（167） これについては本書第三章第Ⅹ節で一般的なかたちで論じる。

（168） 占術と預言のコミュニケーションとのこの差異については、Cristiano Grotanelli, Profezia e scrittura nel Vicino Oriente, La Ricerca Folkloria: La scrittura: Funzioni e ideologie 5（1982）, S. 57–62 を参照。

（169） 十八世紀終わりには次のように書かれていた。《予言者イザヤとエゼキエルが私と食事を共にしたとき、私は彼等に問うた。どうして卿等は神我に語れりとかくも大胆に断言したのであるか。またそう断言したとき、聞く者の誤解を招いて、欺瞞の原因となるであろうことを卿等は考えなかったのであるかと。／イザヤが答えた。「私は有限な肉体的感覚を以て神を見たのでも、また神の声を聞いたのでもない。しかし私の五官は、あらゆる個々物々の中に無限なるものを発見した。そうしてその当時、義憤の声は神の声であると思い、今に至るもその確信はゆるがないゆえに、結果を顧慮することなく、書き記したのである」》（William Blake, The Marriage of Heaven and Hell, 1790–93, zit. nach Complete Writings, London 1969, S. 148–158（153）〔寿岳文章訳「天国と地獄の結婚」、『無心の歌、有心の歌』角川書店、一九九九年、一九〇頁〕）。

（170） これは今日では一般的な見解となっている。特に Rosalind Thomas a.a.O.（1989）を見よ。

（171） George Horowitz, The Spirit of Jewish Law（1953）, Neudruck New York 1973 を見よ。当初は荒削りであった立法の伝統が洗練されていったのはそれゆえにであると主張されている。以下も参照のこと。Geza Vermes, Scripture and Tradition in Judaism – Haggadic Studies, Leiden 1973; ders., Scripture and Tradition in Judaism: Written and Oral

Torah, in: Gerd Baumann (Hrsg.), The Written Word: Literacy in Transition, Oxford 1986, S. 79–95; Susan A. Handelman, The Slayers of Moses: The Emergence of Rabbinic Interpretation in Modern Literary Theory, Albany N.Y. 1982, insb. S. 37 ff.〔山形和美訳『誰がモーセを殺したか――現代文学理論におけるラビ的解釈の出現』法政大学出版局、一九八七年、特に五九頁以下〕; José Faur, Golden Doves and Silver Dots: Semiotics and Textuality in Rabbinic Tradition, Bloomington Ind. 1986, insb. S. 84 ff. ただしここでの「文字による／口頭による」の区別は、コミュニケーションの様式よりもむしろテクストの種類に関わるものである。したがって、文字によるテクストを一語一句〔口頭で〕引用したり、口頭によるその解釈を文字によって確定したりすることが排除されるわけではまったくない。

(172) Notopoulos a.a.O.（1938）ではそう示唆されている。

(173) Platon, Phaedrus 274 B ff.〔藤沢令夫訳「パイドロス」、田中美知太郎・藤沢令夫編『プラトン全集5』岩波書店、一九八六年、二五三頁以下／副島民雄訳「パイドロス」、山本光雄編『プラトン全集3』角川書店、一九七三年、三二八頁以下〕を見よ。第七書簡では、文字によって固定化することに対する、どちらかというと政治的な疑義も表明されている〔長坂公一訳「第七書簡」、田中美知太郎編『世界の名著7 プラトンII』中央公論社、一九六九年、四二九―四七八頁／長坂公一訳「第七書簡」、田中美知太郎・藤沢令夫編『プラトン全集14』岩波書店、一九八七年、一〇六―一七一頁／山本光雄訳「第七書簡」、山本光雄編『プラトン全集8』角川書店、一九七四年、一九一―二三三頁〕。この論点と関連する広範にわたる議論については、Wolfgang Kullmann, Hintergründe und Motive der platonischen Schriftkritik, in ders. und Michael Reichel (Hrsg.), Der Übergang von der Mündlichkeit zur Literatur bei den Griechen, Tübingen 1990, S. 317-334 などを参照。同書ではさらなる参考文献が示されている。

(174) 言うまでもなく、文字の特性への批判は、文字による批判である。《書かれざる》法が存在しうるはずだとの理念が成立するのは、文字文化においてのみなのである。この点についてはMichael Gagarin, Early Greek Law, Berkeley Cal. 1986, insb. S. 121 ff. を見よ。

(175) Walter J. Ong, Interface of the Word: Studies in the Evolution of Consciousness and Culture, Ithaca N.Y. 1977, S. 82 ff. も参照のこと。

(176) Marcel Detienne, Les maîtres de vérité dans la Grèce archaïque. 3. Aufl. Paris 1979, S. 81 ff. はそれを《世俗化の過程》として記述している。

(177) どんな文献にもまして、バルタサル・グラシアン[46]を参照。グラシアンは、「世界を観察しうるのはただ、可視的なものと不可視的なものと差異を経由することによってである」という点を、かつてほとんど見られなかったほど強調しており、そこに彼の近代性が現れてもいる。したがって修辞学の仕事は、この差異を美学的・政治的・認知的に操作する〔ことにより、可視的なものを通して不可視の本質を顕現させる〕ことにある、と。

(178) この点については Walter J. Ong, Communications Media and the State of Theology. Cross Currents 19 (1969), S. 462-480 を見よ。

(179) 本書第一章では、全体社会の理論の今日的状況との関連で、バシュラールに依拠しつつ《認識論的障害》について語っておいた。現下の例をもうひとつ挙げるならば、《市民的なもの》の理念と理論が引き続き重要性を持ち続けていることである。それが定式化されたのは一七六〇年から一八二〇年の間であるが、今日においてもまだ価値的イデオロギーとして存続している。そしてそれは必然的に失望を生じさせてもいる。全体社会はいつになってもまだ理性的に整えられてはいない。いつになってもまだ、友愛はともかくとして、自由と平等が欠けているではないか、と。

(180) 本書第三章第X節を見よ。

(181) このテーマに関する二つの重要なモノグラフでは、この時期に画期的な転換が生じたと見なされている。Elizabeth L. Eisenstein*, The Printing Press as an Agent of Social Change: Communications and Cultural Transformations in Early-modern Europe, 2 Bde., Cambridge Engl. 1979; Michael Giesecke, Der Buchdruck in der frühen Neuzeit: Eine historische Fallstudie über die Durchsetzung neuer Informations- und Kommunikationstechnologien, Frankfurt 1991. Ders., Sinnenwandel, Sprachwandel, Kulturwandel: Studien zur Vorgeschichte der Informationsgesellschaft, Frankfurt 1992 も参照のこと。それに対して懐疑的な見解のほうは、リテラシーが普及していったのは緩やかにであるということを、またすでに存在していた〔読み書き〕能力がどれくらいの範囲で活用されたのかが不確かであるという点を、引き合いに出している。Keith Thomas, The Meaning of Literacy in Early Modern England, in: Gerd Bau-

mann（Hrsg.), The Written Word: Literacy in Transition, Oxford 1986, S. 97–131 などを参照。

（182）五世紀にまで遡る概観を含む Gugliemo Cavallo（Hrsg.), Libri e lettori nel medioevo: Guida storica e critica, Bari 1983 を参照。

（183）コミュニケーション研究は、特に歴史的な研究は逆の見解に傾きがちであるが、方法論および典拠という点から考えれば、その理由は理解できる。読者が何を見ていたかよりも、テクストのほうが容易に発見でき、分析できるからである。この問題について、また《書くことに対する読むことの優位性 priority of reading over writing》については Havelock a.a.O.（1982), S. 56 ff. を見よ。

（184）ヨーロッパにおいても同じことがまったくなかったわけではないという点は、教会の、また領邦支配者の行いを見ればわかる。〔活版印刷術の〕発明が周知のものとなってからわずか数年のうちに、その種の行いがなされるに至ったのである。

（185）Hans Rothe, Religion und Kultur in den Regionen des russischen Reiches im 18. Jahrhundert, Opladen 1984, S. 34 f. を見よ。Gary Marker, Publishing, Printing and the Origins of Intellectual Life in Russia 1700–1800. Princeton N.J. 1985, insb. S. 5 f., 39 f. も参照のこと。

（186）Giesecke a.a.O.（1991）がこの点を証明している。もっとも同時代人たちは革新を、もっぱら技術的な観点から眺めていた。活版印刷術の発明に対する賛嘆の声は、しばしば大砲の発明と結びつけられつつ挙げられていたのである。この点について多くを述べている、Estienne Pasquier, Les recherches de la France, Neuauflage Paris 1965, S. 369 を見よ。

（187）もちろん中世後期において手工業的な書籍生産が合理化されていく中ですでに、丁付け・〔引用や参照の際の〕頁の指示・索引の作成が導入されてはいた。Bernhard Bischoff, Paläographie des römischen Altertums und des abendländischen Mittelalters, Berlin 1979, S. 281 f. を参照（さらなる参照文献が示されている）。他の場合と同様にここでもまた、活版印刷術によってこそ既存の発明から完全な成果を引き出しえたのである。にもかかわらず、文学をめぐる論争において引用を行うことが、通常の形式として浸透するまでにいかに長い時間を要したかを考えてみれば、驚嘆の念に襲われざるをえないだろう。

(188) 明らかにこの態度は古代においてすでに、手に入るテクストがわずかしかないがゆえの苦し紛れの解決策ではなかった。むしろそれは、何を読むかという可能性があまりにも多すぎるという事態に直面した場合の方法として推奨されていたのである。Marcus Fabius Quintilianus, Institutionis Oratoriae Libri XII (X. 1, 20), zit. nach der Ausgabe Darmstadt 1975, Bd. 2, S. 438〔森谷宇一他訳『弁論家の教育1』京都大学学術出版会、二〇〇五年、一二九頁以下〕. テクストが満ちあふれていた十八世紀については言うまでもない。

(189) この点を、特に《バラード（物語詩）》に関して証明しているのは、Lennard J. Davis, Factual Fictions: a.a.O. S. 42 ff. である。

(190) 例えばJohn Dryden, Of Dramatick Poesie: An Essay, 2. Aufl. London 1684, Neudruck London 1964, S. 53 f.〔小津次郎訳『劇詩論』研究社出版、一九七三年、三九頁〕は、新奇なテクストが優越しているという印象を、次のように定式化している。オイディプスの物語は常に同一である。その上演に接する観客は《オイディプスの目玉がえぐりとられ、悲劇的調子で百行かそれ以上、自らの不運を嘆く台詞を吐くまで、あくびをかみ殺しながらつき合わされるはめに陥る》。

(191) 以下を参照。Michael Giesecke, Schriftspracherwerb und Erstlesedidaktik in der Zeit des »gemein teutsch« – eine sprachhistorische Interpretation der Lehrbücher Valentin Ickelsamers, Osnabrücker Beiträge zur Sprachtheorie 11 (1979), S. 48–72; ders., »Natürliche« und »künstliche« Sprachen? Grundzüge einer informations- und medientheoretischen Betrachtung des Sprachwandels, Deutsche Sprache 17 (1989), S. 317–340, neu gedruckt in: Giesecke a.a.O. (1992), S. 36–72.

(192) 活版印刷術が登場する以前から、中世流の粗野なラテン語に対する批判と、エレガントな書式を求める努力が存在してはいた。しかし活版印刷術によって初めて国語が明確になったのであり、またそれとは対照的に、俗語が多様に形づくられており変異性をもつという点が意識されもしたのである。例えばFrancois Loryot, Les Fleurs des Secretz Moraux, sur les passions du cœur humain, Paris 1614, S. 70 ff. などを見よ。

(193) この可能性は、新たに登場してきた舞台付き劇場においてもまちがいなく利用されていた。Jean-Christophe Agnew, Worlds Apart: The Market and the Theatre in Anglo-American Thought, 1550–1750, Cambridge Engl. 1986, S. 66 f.〔中里壽明訳『市場と劇場』平凡社、一九九五年、八五頁以下〕を参照。

(194) Meryn James, Family, Lineage, and Civil Society: A Study of Society, Politics, and Mentality in the Durham Region 1500–1640, Oxford 1974 を参照。Peter S. Bearman, Relations into Rhetorics: Local Elite Social Structure in Norfolk, England, 1540–1640, New Brunswick N.J. 1993 において観察されている、血縁に依拠した政治から、より抽象的な（特に、宗教に定位した）レトリックへの移行も、同じ線上に位置している。この移行はまちがいなく、印刷機によって可能になったのである（今挙げた文献では、この側面は扱われていないが）。ロンドン王立協会[47]ですら創設時においてはこの問題に関して、十八世紀のように確信を持っていたわけではなかった。〔意見の相違はあったにしても〕いずれにせよ、威信ある（例えば、王家出身の）人物の立ち会いが引き合いに出されていた。あたかも立ち会いが実験の、また実験によって得られた知識の質に貢献するのだとでもいうように、である。Charles Bazerman, Shaping Written Knowledge: The Genre and Activity of the Experimental Article in Science, Madison Wisc. 1988, S. 73 ff., 140 ff. を参照。

(195) この点に関しては、Robert Mandrou, La transmission de l'hérésie à l'époche moderne, in: Jacques LeGoff (Hrsg.), Hérésie et société dans l'Europe pré-industrielle, 11e–18e siècles, Paris – Den Haag 1968, S. 281–287 を見よ。

(196) 活版印刷術が発明される直前の時期において、新たに強化された教皇の教会による庇護の下で公会議に参加した、多くの聖職者が取ったソフト・ランディングの態度と比較してみればよい[48]。

(197) この点については本書第五章第XIII節で再度論じる。

(198) それに相当する例としては、The School of Salernum: Regimen sanitatis Salerni: The English Version of Sir John Harington, Salerno, Ente Provinciale per il Turismo, o.J. を見よ。中世における有名なこの医学校において用いられていた研究素材は、口頭による伝承と記憶とに完全に適合していたのである[49]。

(199) 文学に関しては Davis a.a.O. S. 138 ff. を参照。

(200) シャフツベリーの考えるところでは、かつてギリシアにおいては詩人が世界を変える力を持っていた。《今日では読者が詩人を造る。そして著者を造るのは書籍販売商なのである》(Characteristicks of Men, Manners, Opinions, Times, Bd. 1, London 1714, Nachdruck Farnborough 1968, S. 264)。しかしシャフツベリーも自分の本を印刷に付している。したがって書籍市場を〔印刷機を、というわけでは必ずしもない〕感情的に拒絶してみても、それが意味するのはせいぜいのところ、彼は私的で内省的な信念という水準で、読者と密かに共謀することを狙っているのだということだけである。蛇足ながらシャフツベリー〔のこの議論〕は、特殊英国的な伝統への反応として生じたものでもあった。そこでは詩人が一種の法則定立者として称揚される一方で、活版印刷術による公刊がもたらす効果には懐疑の目が向けられていたのである。この点についてはDavid Norbrook, Poetry and Politics in the English Renaissance, London 1984を見よ。

(201) この点を、非音声文字の長所と短所との関連で論じることもできるだろう。

(202) 本書第五章第XX節を参照。

(203) Gotthard Günther, Das Bewußtsein der Maschinen: Eine Metaphysik der Kybernetik, Krefeld 1963 が言う意味において。

(204) この点に関しては、Wlad Godzich, Vom Paradox der Sprache zur Dissonanz des Bildes, in: Hans Ulrich Gumbrecht/ K. Ludwig Pfeiffer (Hrsg.), Paradoxien, Dissonanzen, Zusammenbrüche: Situationen offener Epistemologie, Frankfurt 1991, S. 747–758 を見よ。

(205) 〔動画の発明がコミュニケーションを全面化した、と〕こう述べるとき、当然のことながら、人間のどの知覚器官も知覚野の中に登場する定常的なものよりも、運動のほうにより強く反応するということが前提とされている。

(206) だとすれば〔世界を正しく捉える手段として〕人間に残されているのは思考だけなのだが、思考というのは容易に躓いてしまうものなのだ——そう考えることもできるかもしれない。いずれにせよ、〔画像の知覚においては〕意識の主要な働きは、すなわち知覚世界を外化し〔知覚されたものがどこそこにあると〕位置づけることは、意義を失っていくのはまちがいない。それは他者言及の文脈においても、自己言及の文脈においても同様である。すなわち、世界経験が内的な首肯性をもつためにも、またその世界の中に個人を確実なかたちで位置づけることにとっても、意義をもたなくなるのである。

(207) この点との関連で Peter Klier, Im Dreieck von Demokratie, Öffentlichkeit und Massenmedien, Berlin 1990, S. 106 ff. は再洗練化（Reästhetisierung）について、Wolfgang Welsch, Anästhetik – Focus einer erweiterten Ästhetik, in: Wolfgang Zacharias (Hrsg.), Schöne Aussichten?: Ästhetische Bildung in einer technisch-medialen Welt, Essen 1991, S. 79-106 は洗練化と反洗練化の〔相互〕増幅関係について語っている。

(208) 重要な例外は、芸術作品の知覚と、それをめぐる芸術的手段の批評であろう。しかし〔娯楽と報道が主要であるという〕放送というものの特質を考えれば、それが重要になるのは稀なことでしかないのがわかる。

(209) もっとも、独特の逡巡を伴いつつではあったが。十六世紀に至ってもまだ書物は読者に対して、読者の経験を、他ならぬ印刷によって知らせてくれるよう求めていたのである。

(210) 〔議論をコミュニケーションとの関わりに限定するという〕この点を強調しておきたい。というのはコンピュータを、利用者自身のためのデータ処理を目的として、一人で用いるということもあるからだ。

(211) 芸術作品をめぐってなされるコミュニケーションとの並行性に思い至らざるをえない。こちらの場合もやはり、いずれにせよ近代の諸条件のもとでは、〔コミュニケーションが〕あまりにも広範囲に散乱しているので、芸術家はもはや鑑賞者の観察を予見できなくなっている。あるいは鑑賞者の観察を〔あらかじめ規定されたあり方から〕解放することをこそもくろむようになっている。また鑑賞者のほうも、芸術家が《考えていた》ことを理解したと信じた瞬間に、芸術作品を理解できたはずだなどとは信じられなくなっているのである。この点については、Umberto Eco, Opera aperta (1962), zit. nach der 6. Aufl. Milano 1988〔篠原資明・和田忠彦訳『開かれた作品』青土社、一九九〇年〕を参照。

(212) 注意してほしい。ここで問題にしているのは偶然的な接触である。計画された出会いは、つまりは対面状況での相互作用は可能であり続けるし、制限される必用もない。この点については異論の余地がないはずである。しかし〔こう問われなければならない、〕全体社会は偶然に何を負っているのだろうか。

(213) 多大な影響を及ぼしたのは Herbert A. Simon, From Substantive to Procedural Rationality, in: Spiro J. Latsis (Hrsg.), Method and Appraisal in Economics, Cambridge, England 1976, S. 129–148 である。

(214) この点との関連で目につくのは、完全に個人化された道徳が宗教と法から切り離されて、内面における受容に焦点を当てるかたちで発達してきたことである。この道徳は、自身の原理ないし価値を《倫理》として宣明しはするが、倫理的パースペクティヴの社会的調整という問題に関しては、もはや何も述べはしないのである。おそらくその問題については、アメリカ映画が道徳に関しては高度に定型化されていることからもわかるように、すでに内密裡に、テレビと道徳との共生関係が当てにされているのだろう。

(215) 近代的全体社会の部分システムのひとつ〔である経済〕に関しては、Dirk Baecker, Information und Risiko in der Marktwirtschaft, Frankfurt 1988 を見よ。

(216) 本書第四章八九四頁以下。

(217) この点に関しては、Alois Hahn, Identität und Nation in Europa, Berliner Journal für Sozialforschung 3 (1993), S. 193–203 を参照。

(218) コミュニケーションが反民主的であるというこの問題に特化した研究としては、Austin Sarat, Knowledge, Attitudes and Behavior, American Politics Quarterly 3 (1975), S. 3–24 がある。

(219) 進化ゲーム理論における成功をもたらす指し手に関しても、同様の考察がなされている。以下を参照。D. Friedman, Evolutionary Games in Economics, Econometrica 59 (1991), S. 637–666; P. H. Young, The Evolution of Conventions, Econometrica 61 (1993), S. 57–84; Gisèle Umbhauer, Evolution and Forward Induction in Game Theory, Revue internationale de systémique 7 (1993), S. 613–626.

(220) 社会システムの領域に関しては、シュテファン・イェンゼン[50]の手になるアンソロジーがある。Talcott Parsons, Zur Theorie der sozialen Interaktionsmedien, Opladen 1980. ただしこれには、一般行為システムのメディア〔に関する論文〕は含まれていない。パーソンズ記念論文集である Explorations in General Theory in Social Science, New York 1976 の第四部では、応用の試みを含む詳細な議論が展開されている。パーソンズの発想を引き継いだ議論としては、Richard Münch, Theorie des Handelns: Zur Rekonstruktion der Beiträge von Talcott Parsons, Emile Durkheim und Max Weber, Frankfurt 1982, S. 123 ff. und passim; Bernhard Giesen, Die Entdinglichung des Sozialen: Eine evolutionstheoretische Perspektive auf die Postmoderne, Frankfurt 1991, S. 223 ff. などがある。〔パーソンズ理論と他の理論との〕比較のためには、Jan Künzler, Medien und Gesellschaft: Die Medienkonzepte von Talcott Parsons, Jürgen Habermas und Niklas Luhmann, Stuttgart 1989 を参照されたい。〔パーソンズの構想と〕比較可能な（しかし、精錬の度合いではるかに劣る）理論的構想を追求しているのは、ピエール・ブルデューの《象徴資本 capital symbolique》の概念である。Pierre Bourdieu, Ce que parler veut dire, Paris 1982, S. 68 ff.〔稲賀繁美訳『話すということ』藤原書店、一九九三年、八一頁以下〕などを参照。ただしそこでは経済と関係するはずの資本の概念は、パーソンズの場合とは異なって、ただ比喩的に用いられているだけである。《象徴資本》が《市場》に従って分化していくという観念に関しても、もちろん事は同様である。

(221) ここで先に（本書第一章第VI節）構造的カップリングに関して述べたことが想起されるだろう。

(222) この点は、近代においては増幅法（amplificatio）の基礎となっている問題が理解されてこなかったこと、哲学による〔修辞学の〕取り扱いが一面的であったことと関連してくるのかもしれない。近代においてもトポスと修辞学への関心が再び蘇ってはきたが、そこでは常に発想法（inventio）のほうが増幅法よりもはるかに強調されていたのである。一例として Lothar Bornscheuer, Topik: Zur Struktur der gesellschaftlichen Einbildungskraft, Frankfurt 1976 を参照。古典文学においてすでに（例えば Marcus Fabius Quintilianus, Institutionis oratoriae VIII, 4 を見よ）増幅法からは、本来与えられるべき地位が奪われてしまっていた。『歴史的哲学辞典』（Das Historische Wörterbuch der Philosophie）[51]には、発想法に関する詳細な記事が掲載されているが増幅法についてのものはなく、（論理的）拡張（ampliatio）に関するものがあるだけである。おそらく増幅することから生じる真理問題[52]を恐れたのだろう。しかしコミュニケーションの機能のほうに注目すれば、逆の評価に行き着くはずである。

(223) 少なくともこの点に関しては、練り上げられた伝統の中で以前から、ふたつの概念が用いられるようになっていた。すなわち見解（opinio）と感嘆（admiratio）である。まるで、両者を分離するようあらかじめプログラミングされていたかのように、である。John Hoskins, Directions for Speech and Style（1599）, zit. nach der Ausgabe Princeton N.J. 1935, S. 17では、こう述べられている。《増幅することと例証すること。両者は弁論術における装飾法のうちでも最高位に位置する。そして両者は人間の精神に、最高の利得をもたらしてくれる。すなわち感嘆と信念を、である》。ここでは《感嘆 admiratio》とは一種の情念である（そして、その点では動機づけ要因である）。それは〔「最高位」であるという点で〕全体社会のハイアラーキカルな構造に対応しており、しかもその情念は、デカルトにおいてもまだ強調されていたように（Les passions de l'ame, Art. 53, zit. nach: Œuvres et Lettres, éd. de la Pléiade, Paris 1952, S. 723 f.〔野田又夫訳『省察／情念論』中央公論新社、二〇〇二年、一八七頁〕）、他のあらゆる情念とは異なって、反対へと向かう動きを自身のうちに含んでいない。それゆえにこの情念は、いかなるバイナリー・コード化もまだ生じていないところにおいて呼び起こされうるのである。したがって感嘆を喚起するコミュニケーションは、〔反対項を持ち出して否定することができないから〕理解と受容とを不可分なかたちで生ぜしめることになる。

(224) これが唯一の原因であると主張するつもりはない。〔原因となる〕さらなる経験も加わってきたはずである。例えば宗教的コンフリクトはもはや政治的にしか解決されえないということ（またそれに伴い、宗派分裂を固定化すること）、ラテン語学校における教授法への批判[53]、機能システムがますます分出して、動機づける独自の働きを備えるに至ったことなどである。

(225) この点に関しては、内容豊かなJoan Marie Lechner, Renaissance Concepts of the Common Places, New York 1962, Nachdruck Westport Conn. 1974を参照。

(226) Thomas Wright, The Passions of the Minde in Generall, London 1630, Nachdruck Urbana Ill. 1971, S. 191など。

(227) この点についてはWalter J. Ong, The Presence of the Word a.a.O. S. 79 ff. を参照。

(228) Jack Goody/ Ian Watt, The Consequences of Literacy, Comparative Studies in Society and History 5（1963）, S. 304–345では類似した議論がなされている。以下も参照。Jack Goody, Literacy in Traditional Society, British Journal of Sociology 24（1973）, S. 1–12; ders., Literacy, Criticism, and the Growth of Knowledge, in: Joseph Ben-David/ Terry N. Clark（Hrsg.）, Culture and its Creators: Essays in Honor of Edward Shils, Chicago 1977, S. 226–243.

(229) 言語比較という観点から見れば、これはきわめて異例な言葉づかいである。この点に関してはJean-Pierre Levet, Le vrai et le faux dans la pensée grecque archaïque: Etude de vocabulaire, Bd. 1, Paris 1976, insb. S. 80 ff. を参照。

(230) Berkley Peabody, The Winged Word: A Study in the Technique of Ancient Greek Oral Composition as Seen Principally through Hesiod's Works and Days, Albany N.Y. 1975 を見よ。

(231) 性質上のこの違いから、インド＝ヨーロッパ語族において真理を表す場合と嘘を表す場合とで異なる語幹が用いられているのはなぜなのかも、説明できるかもしれない。嘘とは、真ならざる言明以上のものである。真理を指し示すために否定のアルファ〔alétheia の a〕を用いることができたのも、ただこの理由のみによる[54]。

(232) 《存在連関 Seinsbezug》はこうして間接的なものとなり、その点が以後の時代において決定的な役割を演じたという、ハイデッガーのこの議論は容認できるだろう。しかし彼の有罪宣告――プラトンに対する！――はほとんど維持しがたいはずである。特にこの点に関してはPaul Friedländer, Platon, Bd. 1: Seinswahrheit und Lebenswirklichkeit, 3. Aufl. Berlin 1964, S. 233 ff. を参照。

(233) 〔この区別が及ぼす影響は〕貨幣と文字に精通した詩人であるケオスのシモニデス[55]へとフィードバックしていった。Marcel Detienne, Les maîtres de vérité dans la grèce archaïque, 3. Aufl. Paris 1979, S. 105 f. を参照。この区別がそれ以降辿る歴史にとって重要な一節が、プラトンの Republik VI, XX–XXI〔藤沢令夫訳「国家」、『プラトン全集11』岩波書店、一九八七年、四八三―四九〇頁〕にある。

(234) この語の歴史に関しては、Franz Dirlmeier, ΦΙΠΟΣ und ΦΙΠΙΑ im vorhellenistischen Griechentum, Diss. München 1931; Manfred Landfester, Das griechische Nomen »philos« und seine Ableitungen, Hildesheim 1966 を参照。ラテン語 amicitia についてはJ. Hellegouarc'h, Le vocabulaire latin des relations et des partis politiques sous la république, Paris 1963, insb. S. 42 ff., 142 ff. も参照のこと。

(235) さらに言えば今日では、ギリシアの都市ではこの構造は常に比較的小さな意義しか有していなかったと見なされている。したがってローマとの違いははるか以前から用意されていたのだ、と。Denis Roussel, Tribu et Cité: Etudes sur les groupes sociaux dans les cités grecques aux époques archaïques et classiques, Paris 1976; Felix Bourriot, Re-

cherches sur la nature du genos, Lille 1976を見よ。

(236) 当時のローマではラエリウス[56]は、〔先に述べた規則とは〕反対の立場を象徴する人物と見なされていた。自身の（政治上の）友人と（政治上）敵対している者との間に友情を取り結ぶことも可能であると考える。それはすなわち、友情を政治に対して分出させ、私化するということであった。この点に関しては、Fritz-Arthur Steinmetz, Die Freundschaftslehre des Panaitios, Wiesbaden 1967を見よ。Horst Hutter, Politics as Friendship: The Origins of Classical Notions of Politics in the Theory and Practice of Friendship, Waterloo, Ont., Canada 1978も参照のこと。

(237) 友愛（philía）は自由を発見したことからの帰結であり、またそれによって与えられた、血統とは無関係に都市内で分化が生じる可能性からの帰結でもあった。この点についてはJean-Claude Fraisse, Philia, La notion d'amitié dans la Philosophie antique: Essai sur un problème perdu et retrouvé, Paris 1974をも参照せよ。

(238) 以下を参照。Fritz Heichelheim, Die Ausbreitung der Münzwirtschaft und der Wirtschaftsstil im archaischen Griechenland, Schmollers Jahrbuch 55（1931）, S. 229–254; Michael Hutter, Communication in Economic Evolution: The Case of Money, in: Richard W. England（Hrsg.）, Evolutionary Concepts in Contemporary Economics, Ann Arbor Mich. 1994, S. 111–136.

(239) Michael Hutter, Die frühe Form der Münze, in: Dirk Baecker,（Hrsg.）, Probleme der Form, Frankfurt 1993, S. 159–180を参照。

(240) 特にこの点に関しては、Peter N. Ure, The Origin of Tyranny, Cambridge Engl. 1922を見よ。

(241) 〔thémis / nómosから phýsis / nómosへの〕この呼称変更から、法が政治的に条件づけられつつ偶発化していったことを見て取れる。この事態は、真理の理解が行動に結びつけられていったのと類比可能である。法の正式の呼称（thesmós, nómos）については、Martin Ostwald, Nomos and the Beginning of Athenian Democracy, Oxford 1969; Jacqueline de Romilly, La loi dans la pensée Grecque des origines à Aristote, Paris 1971, S. 9 ff. を見よ。さらに、Christian Meier, Die Entstehung des Politischen bei den Griechen, Frankfurt 1980, S. 305 ff. も参照。

(242) この点についてはde Romilly a.a.O. S. 11 f., 20 f. を見よ。エウリピデス[57]の「救いを求める女たち Hiketides」432

が参照されている。その一節を引いておく。

> これに対して、成文化された法のもとでは、貧乏人も金持ちも権利は平等。たとえ無力な者といえども、羽振りのよい者を向こうにまわして、同等に渡り合うことがゆるされる。卑しい身分の者も、正当ないわれがあれば有力者に勝つ。
>
> Deutsche Fassung nach Dietrich Ebener, Euripides, Tragödien Bd. III, Berlin 1976, S. 219〔藤沢令夫訳『ギリシア悲劇全集Ⅳ』人文書院、一九六〇年、七四頁〕

(243) この点については、Geschichtliche Grundbegriffe: Historisches Lexikon zur politisch-sozialen Sprache in Deutschland Bd. 3, Stuttgart 1982, S. 817–935（820 ff.）の、クリスティアン・マイヤーによる「権力 Macht」「暴力 Gewalt」の項を参照。

(244) Peter Spahn, Die Anfänge der antiken Ökonomie, Chiron 14（1984）, S. 301-323 を見よ。

(245) この点に関して、特に政治・経済・宗教の関係については、S.C. Humphreys, Evolution and History: Approaches to the Study of Structural Differentiation, in: J. Friedman/ M.J. Rowlands（Hrsg.）, The Evolution of Social Systems, Pittsburgh 1978, S. 341-371 を参照。

(246)〔ギリシアにおいては〕体系的な正統信仰が欠けていたし、一般に信じられていた魔術的・宗教的観念を批判する自由も存していた。この点に関しては G.E.R. Lloyd, Magic, Reason and Experience in the Origin and Development of Greek Science, Cambridge 1979, S. 10 ff. を参照。

(247) Humphreys a.a.O. S. 353 はそうしているが。

(248) 本書第三章、五八四頁以下を参照。

(249) Ranulph Glanville, Objekte, Berlin 1988 を見よ。Dirk Baecker, Ranulph Glanville und der Thermostat: Zum Verständnis von Kybernetik und Konfusion, Merkur 43（1989）, S. 513–524 も参照のこと。

(250)「相互性」や「対話」といった疑わしい含意を伴う概念を用いてはいるが、Stein Bråten, Systems Research and Social Sciences, in: George Klir（Hrsg.）, Applied General Systems Research: Recent Developments and Trends, New

York 1978, S. 655–685; ders., Time and Dualities in Self-Reflective Dialogical Systems, in: George E. Lasker (Hrsg.), Applied Systems and Cybernetics: Proceedings of the International Congress on Applied Systems Research and Cybernetics, New York 1981, Bd. III, S. 1339–1348 も参照のこと。

(251) ここでは行動とは単に内的な状態の変動のみでなく、システムの環境への関係の変動を意味している。Humberto R. Maturana, Reflexion, Lernen oder ontogenetische Drift, Delfin II (1983), S. 60–71 を参照。《あらゆる、ないしはいくつかの状態変化の特質という意味での行動は、有機体ないし生物に帰属させられるものではない。むしろ行動とは有機体ないし生物とその環境との関係なのであって、観察者はこの関係の中で有機体ないし生物を境界づけて考慮するのである。この意味で、有機体ないし生物の永続的部分としての神経システムが行動を産み出すわけではない。神経システムは、それが統合するシステムの状態変化の動態に関与するだけなのである。いずれにせよ観察者から見れば神経システムは、有機体ないし生物の状態変化に関与する程度に応じて、行動の発生に関与しているということになる。そして観察者は、有機体・生物の形態変化ないし状態変化を、環境との関わりにおいて考慮し記述するのである》(S. 62)。

(252) 因果帰属の場合に関しては〔この点は〕明白だろう。結果を原因へと帰属させることは、それ自体が原因、すなわち〔帰属によって確定された因果関係という〕ひとつの結果の原因ではないとされるのである。

(253) ここで、自己帰属／他者帰属について語っているわけではないということに注意されたい。帰属者そのものへの言及は、〔この段階では〕回避されねばならないからである。内的／外的という差異は、帰属者自身にも、他のシステムにも〔帰属者によって〕適用されうる。言い換えるならば〔内的帰属／外的帰属図式という〕この成果は、〔自他に等しく適用されうるという意味で〕客観化可能なのである。ただしだからといって、事物上の根拠によって帰属に関するコンセンサスが強いられるということを前提としてよいというわけではない。

(254) したがって《行為理論》とは異なってわれわれは、《客観的》な行為概念を用いているわけではない。ただし当然のことながら、ファースト・オーダーの観察の水準では行為が客体として体験され取り扱われるということを前提としてはいる。これはいわゆる《主観的》行為概念とは矛盾しない。こちらが述べているのは、行為は自由に選択されねばならない（われわれに言わせれば「内的に帰属されなければならない」）ということだけである。これをわれわれ流に言い直せばこうなるだろう。ある人がいかに行為するかを理解しようとするなら、その人を行為する者として（その人を取り巻く状況を観察する者として）観察しなければならない、と。この点に注意を促すのはただ、行為理論家によって広められている疑念に抗して、次のことを示しておきたいがためである。ファースト・オーダーの水準からセカンド・オーダーの水準へと移行したとしても、何かが失われるわけではない。すべては再構成されうる——より複雑な、豊かな構造をもつ言語によってではあるにせよ。

(255) われわれが「自我—他者」という通常の順序を逆転させているのは、次の点を想起しておくためである。われわれがコミュニケーション過程を構成しているのは観察者のほうから、つまり理解のほうからなのであって、行為理論の立場からではないのである。

(256) 《君が私が望んでいることをしてくれるなら、私も君が望むことをしてあげよう》。

(257) 特に法学および国民経済における帰属問題に関する議論では（つまり事実上、旧来の研究すべてにとって）、この点は常に明らかであった。〔それに対して、〕六〇年代になって初めて登場してきた社会心理学的な帰属研究では、この問題の重要性が当初過大評価されていたのである。とはいえこの研究は、認知と動機づけの関連に注意を集中するという功績をあげもしたのだが。文献を挙げるのはやめておこう。研究は膨大に広がっており、議論は多くの特殊な道筋に入り込んでいるので、概観することはもはやほとんど不可能になっているからである。

(258) この点に、タルコット・パーソンズによるメディア理論との重大な違いが存している。パーソンズのメディア理論は一般行為システムの構造的分化の理論に結びつけられており、それゆえにどんなメディアが可能なのかの理由を、また可能なメディアの数を、クロス表の形式で最終的に定義してしまっている。しかしこの議論にしても、いかなる全体社会においても可能なメディアのすべてが実際に実現されている云々というように理解してはならないだろう。この点についてはStefan Jensen, Aspekte der Medien-Theorie: Welche Funktion haben die Medien in Handlungssystemen? Zeitschrift für Soziologie 13 (1984), S. 145–164を参照。

(259) 〔宗教におけるメディアに対する〕ゼマンティク上の、また組織上の等価物は、何よりもまず《教会論 Ekklesiolo-

gie[58]》のうちに求められるべきだろう。

(260) その一例として、Niklas Luhmann, Liebe als Passion: Zur Codierung von Intimität, Frankfurt 1982〔佐藤勉・村中知子訳『情熱としての愛』木鐸社、二〇〇五年〕を参照。

(261) 再度確認しておこう。心的システムにおいては意見はどうしても異なったものとならざるをえない。本文で述べたことは、この点にまで関わるものではない。

(262) パーソンズの相互交換メディアにおいては、存在していると断言されている。Talcott Parsons, On the Concept of Value-commitments, Sociological Inquiry 38 (1968), S. 135–160〔「価値―コミットメントの概念について」、新明正道監訳『政治と社会構造　下』誠信書房、一九七四年、一八九―二三九頁〕. 以下の議論についてはNiklas Luhmann, Complexity, Structural Contingencies and Value Conflicts, in: Paul Heelas/ Scott Lash/ Paul Morris (Hrsg.), Detraditionalization: Critical Reflections on Authority and Identity, Oxford 1996, S. 59–71も参照のこと。

(263) この語ないし概念へと特化した研究で、近似的な意味においてすら十分といいうるものは存在していない。現存するのは例外なく、経済学的な価値概念の前史を扱ったものばかりである。何よりもまず以下を参照。Rudolf Kaulla, Die geschichtliche Entwicklung der modernen Werttheorien, Tübingen 1906; Lujo Brentano, Die Entwicklung der Wertlehre, München 1908; Fritz Bamberger, Untersuchungen zur Entstehung des Wertproblems in der Philosophie des 19. Jahrhunderts I: Lotze, Halle 1924. 概念史の初期においては、価値valeur（＝force, vigeur, Lebenskraft etc.）から効用（utilité）への、またそれに伴い比較可能な合理性への転換が生じたが、Abbé Morellet, Prospectus d'un Nouveau Dictionnaire de Commerce, Paris 1769, Nachdruck Müchen 1980, S. 98 ff. ではその点が跡づけられている。いずれにせよ、すでに十八世紀後半には価値概念をまったく一般的なかたちで用いるのが普通になっていた。例えば目的の価値について語られていたのである。

(264) これはDouglas R. Hofstadter, Gödel, Escher, Bach: An Eternal Golden Braid, Hassocks, Sussex, England 1979, S. 686 ff.〔野崎昭弘他訳『ゲーデル、エッシャー、バッハ――あるいは不思議の環』白揚社、一九八五年、六七五頁以下。同書では「不可壊なレベル」と訳されている〕の表現である。

(265) 価値問題は通常の場合、「主観的／客観的」という区別を用いて描き出されている。しかしそれでは今述べた問題が隠蔽されてしまうことになる。〔価値という時に〕問題となっているのは常にまた、疑問に付されることのない複数の仮定であり、したがって規制を受け付けないコンフリクトでもある。

(266) それについて論じている（ただし、問題含みであることを意識しつつだが）のは、Georg Henrik von Wright, The Logic of Preference, Edinburgh 1963, S. 31 ff. である。

(267) これ〔すなわち、「真理／価値」という区別に基づくここでの議論〕に反して次のように主張されるとすれば、それは不適切というものだろう。ここに至ってようやく価値（Werte, valeur など）は経済の文脈を超えて一般化されるようになった。かくしてこの概念は道徳的、美学的観点にも適用されることになる云々（一例として、Robert, La Langue Française, Paris 1976）。すでに十八世紀において、あるいはおそらくもっと早くから、〔価値が〕義務・気晴らし・名誉・生活・健康などに適用されていたという証拠を多数見いだすことができる。本当に新しいのは、価値言及が普遍化された〔すなわち、あらゆることに、ただし多くのうちのひとつである選択的な観点としてのみ適用されうるようになった〕ということだけなのである。

(268) ここではイデオロギー概念は十九世紀的な意味で、論証法概念のほうは近年になって通用するようになった語の用法において、受け取られている。特に Chaim Perelman/ L. Olbrechts-Tyteca, Traité de l'argumentation: La nouvelle Rhetorique, Paris 1958 を参照。

(269) 《有徴化》という表現は、本書二五五頁以下で触れたような、言語学におけるゼマンティクに従っている。

(270) 〔疑問に付さずに出発点とするという〕価値コミュニケーションのこの実践に方法論の上で対応するのが、複数の価値の調整に関して問うことによって（それがどんなに周到に計画されたものであっても）確かな基礎へと至るのは困難であるという点である。問いに答えることはできる。しかし別の〔者による、別方向からの〕問いには別の答えが返ってくるだけの話である。

(271) この点について、またアメリカにおける奴隷制をめぐるコンフリクトではこの種の了解が崩壊したという点については、Stephen Holmes, Gag Rules or the Politics of Omission, in: Jon Elster/ Rune Slagstadt (Hrsg.), Constitutional-

ism and Democracy, Cambridge Engl. 1988, S. 19–58 を参照。

(272) 何よりもまず Baruch Fischhoff/ Paul Slovic/ Sarah Lichtenstein, Labile Values: A Challenge for Risk Assessment, in: Jobst Conrad (Hrsg.), Society, Technology, and Risk Assessment, London 1980, S. 57–66 を参照。予期外れに対して脆弱であることを基盤とした安定性に関するいくらか旧い研究として、Ralph M. Stogdill, Individual Behavior and Group Achievement, New York 1959, S. 72 ff. も挙げておこう。旧いヨーロッパの伝統においてはこの事態を主題化するために用いられてきた形式は、「無力 Akrasie」（自身の衝動に対する無力さ）であった。

(273) Lettres provinciales, zit. nach Œuvres, éd. de la Pléiade, Paris 1950, S. 427–678〔田辺保訳「プロヴァンシアル」『パスカル著作集　第三巻・第四巻』教文館、一九八〇年〕.

(274) もっとも、先行するものを求めていけば、はるかに部族社会にまで至りうる。例外として許容され、それゆえに儀礼化された、家族構造を超越する二者関係の形式を考えてみればよい。有名なオジ－オイ関係や、男どうしの友情の特定の形式などである。Shmuel N. Eisenstadt, Ritualized Personal Relations. Man 96（1956）, S. 90–95; Kenelm O.L. Burridge, Friendship in Tangu, Oceania 27（1957）, S. 177–189; Julian Pitt-Rivers, Pseudo-Kinship, International Encyclopedia of the Social Sciences Bd. 8, New York 1968, S. 408–413 を参照。ギリシアにおいて同性愛という形式は受け入れられていると同時に、受け入れられていなかった。この形式が表現していたのは、性行為に関する特殊な感性よりもむしろ今われわれが論じている問題、すなわち社会性を二者関係へと退行させるのを社会的に許容するという問題だったのである。

(275) 二者関係という形式において社会性を集約化していくということは一種の退行であり、特別な社会的認可を必要とする。近代的文化にとってこれは馴染みのない発想なのかもしれないが、社会学から見れば周知の事態である。特に Philip E. Slater, On Social Regression, American Sociological Review 28（1963）, S. 339–364 を、さらに Vilhelm Aubert/ Oddvar Arner, On the Social Structure of the Ship, Acta Sociologica 3（1959）, S. 200–219; Michael Rustin, Structural and Unconscious Implications of the Dyad and Triad: An Essay in Theoretical Integration: Durkheim, Simmel, Freud, The Sociological Review 19（1971）, S. 179–201 を見よ。前註も参照のこと。

(276) ただし今日では、ロマン派の知見は欠落してしまっている。ロマン派におけるイロニーの概念はコミュニケーション不可能な主観性を留保することによって、この蓋然性の低さを反省しようとしたものだった。おそらく大半の人が(特にアメリカ人たちが)《ロマンティック》ということで考えているのは、ロマン派が〔アイロニカルに〕演じた行為モデルのことであろう。

(277) Niklas Luhmann, Liebe als Passion: Zur Codierung von Intimität, Frankfurt 1982〔佐藤勉・村中知子訳『情熱としての愛』前掲〕を参照。

(278) この齟齬が存在するからといって、その種の幻想を大量に消費することが妨げられるわけではないのは明らかである。Bruno Péquignot, La relation amoureause: Analyse sociologique du roman sentimental moderne, Paris 1991を見よ。

(279) Robert Musil, Der Mann ohne Eigenschaften, Hamburg 1952, S. 558 f.〔高橋義孝・伊藤利男訳『特性のない男第三巻』新潮社、一九六五年、六〇―六一頁/加藤二郎訳『ムージル著作集 第三巻 特性のない男III』松籟社、一九九三年、六三頁〕でウルリッヒはこう述べている。《愛しあう人々はたがいに初耳のことを話すことはできない。彼らにとっては認識も存在しない。というのは、人を愛している者は自分が愛している人間について、自分はその人を言葉ではなんとも説明できないようなやりかたで、ともかくも内面的な活動につかせているということ以外に、なにも認識しないからなのだ。……だから愛する人々にとっては真理も存在しない。存在したところで、それは袋小路であり、終末であり、思想の死であろう》〔訳文は新潮社版より〕。

(280) 以下を参照。Alois Hahn, Konsensfiktionen in Kleingruppen: Dargestellt am Beispiel von jungen Ehen, in: Friedhelm Neidhardt (Hrsg.), Gruppensoziologie: Perspektiven und Materialien, Sonderheft 25 der Kölner Zeitschrift für Soziologie und Sozialpsychologie, Opladen 1983, S. 210–232; Roland Eckert/ Alois Hahn/ Marianne Wolf, Die ersten Jahre junger Ehen, Frankfurt 1989.

(281) ここにおいてすでに、次の点を見て取れるだろう。この問題を〔次節で述べるように〕所有権を通して規制したとしても、そこからさらに別種の規制が必要になってくる。すなわち、権力による政治的規制が、である。メディアが分離しているがゆえに、二つの規制は相互に依存しあうのである。

(282) 実のところこの点は自明の事柄であると言うべきだろう。結局のところ、所有権を食べることなどできないのだから。人類学的な説明はここでもやはり短絡的であり、所有権の発達の帰結として濃縮されたゼマンティクに属している。これはことさら新たな洞察というわけではない。いくらか長い引用によってそれを示しておこう。《所有権は所有の好みなどに根ざすものではない。人はすべてある特定のものを好み欲しがる。もしも自然が人間に武器を与えるならば、人間は欲しいものを獲得し保持するために武器を使用しがちである。ここで明らかにしておくべきことは、個々人がもつ特定のものに対する欲求なり願望なのではなくて、類似の欲求なり願望をもった別の個々人が、ものを所有する人々を妨げないように、その人たちにわけ前を与えねばならないという事実なのだ。したがってそれは共同社会が処理することであって個々人の傾向性ではない》(T.E. Cliffe Leslie, Introduction to Emile de Laveleye, Primitive Property, London 1878, S. XI, zit. nach Elman R. Service, The Hunters, Englewood Cliffs N.J. 1966, S. 21〔蒲生正男訳『狩猟民』鹿島研究所出版会、一九七二年、三六―三七頁〕)。

(283) Michael Hutter, Signum non olet: Grundzüge einer Zeichentheorie des Geldes, in: Waltraut Schelkle/ Manfred Nitsch (Hrsg.), Rätsel Geld: Annäherungen aus ökonomischer, soziologischer und historischer Sicht, Marburg 1995, S. 325–352 を参照。

(284) この点に関してはNiklas Luhmann, Die Wirtschaft der Gesellschaft, Frankfurt 1988〔春日淳一訳『社会の経済』文眞堂、一九九一年〕でより詳しく論じておいた。

(285) Kenneth Burke, A Grammar of Motives, zit. nach der Ausgabe Cleveland 1962, S. 355 f.〔森常治訳『動機の文法』前掲、三六九頁以下〕

(286) この点をめぐっては、もともとの財産共有制が〔個人ごとに〕分化した所有権へと転換していったことに関する、古代以来の広範な議論を参照されたい。この転換は利点を有してはいるが、にもかかわらず不法ではないか云々。十七世紀と十八世紀におけるこの議論の成り行きについては、Niklas Luhmann, Am Anfang war kein Unrecht, in: ders., Gesellschaftsstruktur und Semantik Bd. 3, Frankfurt 1989, S. 11–64 を見よ。

(287) だからといってもちろん、売買の決定が後悔の対象となるということが排除されるわけではない。経済的計算の問題が関わってくるのは、〔後悔するか、今ある資金で次のチャンスを求めるかという〕この問題になのである。しかし結局のところ、〔まだ合理的に行為するチャンスがあるにもかかわらず〕なお事後的に後悔する姿勢をとるのを妨げることはできない。チャンスの条件は時々刻々変化するからである。

(288) 心的システムがいかにしてそれを成し遂げるか。またとりわけ、心的システムは対応する計算をいかにして行うのか。この点に関しては、より精確な説明が必要だろう。とりあえず研究によって明らかになっているのは、学校以外でのほうがうまく行くという点である。以下を参照。Terzinha Nunes Carraher/ David William Carraher/ Analúcia Dias Schliemann, Mathematics in the Streets and in Schools, British Journal of Developmental Psychology 3 (1985), S. 21–29; Terzinha Nunes Carraher/ Analúcia Dias Schliemann, Computation Routines Prescribed by Schools: Help or Hindrance? Journal for Research in Mathematical Education 16 (1985), S. 17–44; Jean Lave, The Values of Quantification, in: John Law (Hrsg.), Power, Action and Belief: A New Sociology of Knowledge? London 1986, S. 88–111.

(289) 例えば Thomas von Aquino, Summa Theologiae I, q. 16 a.1, zit. nach der Ausgabe Turin 1952, S. 93〔高田三郎訳『神学大全第二冊』創文社、一九六三年、八二—八七頁〕（制作されたもの全般に関して）を参照。

(290) 《粗野で経験を積んでいない人間の場合、あらゆる情念のうちで最も容易にかき立てられるのは驚嘆である》と、Anthony, Earl of Shaftesbury, Characteristicks of Men, Manners, Opinions, Times, 2. Aufl. London 1714, Nachdruck Farnborough, England 1968, Bd. 1, S. 242 で述べられている。この一節は同時に、そこでの芸術はハイアラーキカルな世界組成を、またそれに対応する全体社会を前提として構想されているという点を暴露してもいる。そこでは下は上に対して無批判に畏敬の念を表するものとされていたのである。

(291) Peter Bürger, Prosa der Moderne, Frankfurt 1988 などを参照。

(292) Yves Barel, Le paradoxe et le système: Essai sur le fantastique social, 2. Aufl. Grenoble 1989, S. 71 f., 185 f., 302 f. の表現法にならって、こう述べてもよい。芸術は、ある社会が行う潜在化を発見し露わにする。すなわち、特定のものを実現することによって、何が単なる可能性という地位へと抑圧されるかを示すのである、と。

（293）Niklas Luhmann, Das Medium der Kunst, Delfin 4（1986）, S. 6–15; nachgedruckt in: Frederick D. Bunsen（Hrsg.）, »ohne Titel«: Neue Orientierungen in der Kunst, Würzburg 1988, S. 61–71; ders., Die Kunst der Gesellschaft, Frankfurt 1995〔馬場靖雄訳『社会の芸術』前掲〕を見よ。

（294）この語には相反する意味合いが含まれていることに注目すべきだろう。この語は今日ではもはや、過去の起源（origo）に言い及ぶものではない。むしろ、〔オリジナリティを〕芸術家へと帰属させるための条件として、《新奇さ》が必要とされるのである。一例として、Lodovico A. Muratori, Della perfetta poesia italiana（1706）, zit. nach der Ausgabe Milano 1971, Bd. 1, S. 104 ff. を見よ。

（295）この定式化は、宮廷での奉仕に関して Matteo Peregrini, Difesa del Savio in Corte, Macerata 1634, insb. S. 250 ff. が提起したものである。

（296）Niklas Luhmann, Macht, Stuttgart 1975〔長岡克行訳『権力』勁草書房、一九八六年〕を参照。

（297）この点に関しては、Geoffrey Vickers, The Art of Judgement: A Study of Policy Making, London 1965, S. 122 ff. における市場選択と政治的選択（market choice and political choice）の区別を参照。

（298）この点については、Niklas Luhmann, Selbstorganisation und Information im politischen System, Selbstorganisation 2（1991）, S. 11–26 も参照のこと。

（299）われわれはすでに前節において、価値関係というメディアの場合、この前提が満たされはしないということに注意を促しておいた。それゆえにこのメディアが分出に成功することはありえないのである。現にわれわれは、至る所で価値に関わらねばならないではないか。

（300）スペンサー゠ブラウンの《横断の法則》（a.a.O. S. 2）を見よ。《二度の横断 crossing は、横断の値をもたない》〔前掲訳書、二頁〕。

（301）この点は、後でまた手短に論じることにする。本書一〇三九—一〇四〇頁を見よ。

（302）この点に対応することだが十八世紀にはまだ、道徳的に正の立場を取る〔つまり、道徳に即した〕文学への予期が存在していた。この問題に関しては、Niels Werber, Literatur als System: Zur Ausdifferenzierung literarischer Kommunikation, Opladen 1992 を見よ。

(303) この点については本書四二七―四二九頁で再度論じる。

(304) Strukturelle Minimalbedingungen einer Theorie des objektiven Geistes als Einheit der Geschichte, in ders., Beiträge zur Grundlegung einer operationsfähigen Dialektik Bd. III, Hamburg 1980, S. 136-182（140 ff.）を見よ。

(305) この論点によって、以下で扱われるべき〔メディアの〕インフレーションという問題を先取りしておくことができる。インフレーションは、〔正の値と負の値とを区別できねばならないという〕他ならぬこの条件を（ひいては、コードそのものを）危うくしてしまうのである。

(306) 先に（本書二〇三頁）触れた用語法で言えばこれは、コードの統一性は盲点として働く、ということである。そもそもその盲点によってこそ、観察する作動が可能になるのである、と。さらに、「コード化された作動からそのコード自身の統一性へと遡ろうとすれば、その試みはパラドックスとして現れてくることになる」という点を確認するのも、同じ事態を別の言い方でのべているにすぎない。

(307) 多くの論者は――例えば《ダブル・バインド》の理論家や、Yves Barel, Le paradoxe et le système: Essai sur le fantastique social, 2. Aufl. Grenoble 1989, insb. S. 53 ff. は――すでにこの点からして、社会システムの基礎づけがパラドキシカルなものとなることの十分な根拠があると見なしている。なるほど論理的には複数のタイプを、複数の水準《レヴェル》を、言語とメタ言語とを、区別しなければならないのだろう。しかしそれは論理学の必然性でしかない。論理学そのものがこの必然性を維持できないというのなら、ましてやリアルなシステムそのもののパラドキシカルな基礎づけに関しては、そのような必然性を持ち出してみても明らかになることはほとんどないはずである。

(308) こうして導入された論理学は、同一律、矛盾律、排中律を含んではいる。しかしそこには根拠律は含まれないのである。根拠律が（あるいは、その地位を占める何かが）欠けているのは困ると考えるとしても、その時に役に立つのは論理的公理ではなく形而上学だけだろう。

(309) この点については、本書第五章第IX節で再度論じる。

(310) この条件が人工的なものであるということは、次の点を考えてみれば明らかになるだろう。快と不快という心理的図式化機能（Schematismus）では、ましてやこの図式化の神経生理学的基盤においては、この条件が満たされているわけではないのである。そこにおいて存しているのは、量的な違いだけである。不快が消滅しただけで快が引き起こされるというわけではない。

(311) だからといって作動およびプログラムの水準での相互依存までもが排除されるわけではないのは、自明の理だろう。言うまでもなく貨幣がないよりはあったほうが、よりよく研究できる。非依存性と依存性とが同時に実現されうるという点に関しては、コード化とプログラム化とを区別することで説明できる。これについては後でまた論じる。

(312) Edmund Husserl, Die Krisis der europäischen Wissenschaften und die transzendentale Phänomenologie, Husserliana Bd. VI, Den Haag 1954〔細谷恒夫・木田元訳『ヨーロッパ諸学の危機と超越論的現象学』中央公論社、一九七四年〕も同様に理解しているが、ただしこちらは超越論的なアプローチからの議論である。

(313) それと結びついた論理学上の問題については、すでに本節「1」で注意しておいた。

(314) より深く分析してみれば、ここにおいて重畳（Überlagerung）現象が、Yves Barel, a.a.O. S. 103 ff. の言う《重ね合わせ superposition》が発見できるはずである。何らかの〔コードの〕かたちで与えられている接続可能性への選好が、パラドックスを不可視化するために二度にわたって用いられる。正の値と負の値の差異を統一性として、同じものとして指し示さねばならないということになると、そのパラドックスが浮上してくるはずなのである。

(315) これに関して詳しくは、以下を参照のこと。Niklas Luhmann, Wirtschaftsethik - als Ethik?, in: Josef Wieland (Hrsg.), Wirtschaftsethik und Theorie der Gesellschaft, Frankfurt 1993, S. 134-147; ders., Die Ehrlichkeit der Politiker und die höhere Amoralität der Politik, in: Peter Kemper (Hrsg.), Opfer der Macht: Müssen Politiker ehrlich sein?, Frankfurt 1993, S. 27-41.

(316) 本書一〇三九―一〇四〇頁および第五章第XIV節。

(317) いわゆる《エスノメソドロジー》は特に、この点に関心を抱いてきた。そしてこの関心に導かれた研究によって明らかにされたのは、そのような再帰性はそれほどしばしば用いられえないという点、また特に、最終的な根拠を見いだすために再帰性を用いることはできないという点だった。《自明視すること taking for granted》は不可欠なのである。これに関してはChua Berg-Huat, On the Commitments of Ethnomethodology, Sociological Inquiry 44（1974）, S. 241–256を見よ。それに対してわれわれが明らかにしようとしているのは、象徴的に一般化されたコミュニケーション・メディアが分出することによって何が獲得されるかということなのである。

（318）真理と価値関係とを（あるいは十九世紀の用語で言えば、存在の問題と妥当の問題とを）分離しておくよう強いられてきた理由は、今述べたように再帰性がそれぞれ異なる形式で生じてくるということのうちに存していたのである。Niklas Luhmann, Wahrheit und Ideologie, in ders., Soziologische Aufklärung Bd. 1, Opladen 1970, S. 54–65も参照。

（319）これらのメディアは文字による記録に依存しているし、またメディアが完全に発達するには活版印刷術が必要だった。その理由もまた今述べた点に存しているのである。

（320）本書第五章第XXI節でこの点について詳しく論じる。

（321）この点に関してはDirk Baecker, Information und Risiko in der Marktwirtschaft, Frankfurt 1988を参照。

（322）だからこそ芸術批評というものが特別な専業職として成立したわけだ。そこでは芸術作品を賞賛すればその賞賛の一部が、なぜ賞賛されるべきなのかを発見した者のほうへとはね返っていくことになる。さらに加えて、この職業は確実なものでもある。芸術作品の欠点〔を指摘すること〕もまた批評家の栄誉となるからである。

（323）Steve Shapin, Pump and Circumstances: Robert Boyle's Literary Technology, Social Studies of Science 14（1984）, S. 481–520では近代科学の創設期を題材として、活版印刷術との関連においてそう論じられている。

（324）ノイマン型機械、つまりコンピュータもこの着想に基づいているという点は注目に値しよう。

（325）特にTalcott Parsons, Pattern Variables Revisited, American Sociological Review 25（1960）, S. 467–483を参照。

（326）システム理論の普遍性要求に対して多くの疑念が寄せられていることからもわかるように、今日のわれわれにとってすら、この組み合わせ〔から生じる〕問題はしばしば耐えがたいものであり続けている。しかしカントはすでに模範的なかたちで、《……である限り》の抽象を用いて仕事を進めていたのである。

（327）とりあえずKarl R. Popper, Objective Knowledge: An Evolutionary Approach, Oxford 1972, S. 317 ff.〔森博訳『客観的知識』木鐸社、一九七四年、三五五頁以下〕だけを挙げておこう。しかし真理論に関する水準になると、この洞察が再び視野から失われてしまうこともしばしばである。そうすると真理概念の中に根拠づけの契機が（整合性、コンセンサスなどが）組み込まれる結果になる。そこから、この洞察がいかに新奇で蓋然性の低いものであるかが明らかになりもする。

（328）この点に関しては本書第四章第XIII節で再度論じる。

（329）Niklas Luhmann, Symbiotische Mechanismen, in ders., Soziologische Aufklärung Bd. 3, Opladen 1981, S. 228-244; ders., Macht a.a.O. S. 60 ff.〔長岡克行訳『権力』前掲、九一頁以下〕; ders., Liebe als Passion a.a.O. insb. S. 137 ff.〔佐藤勉・村中知子訳『情熱としての愛』前掲、特に一六五頁以下〕; ders., Soziale Systeme a.a.O. S. 337 ff.〔佐藤勉監訳『社会システム理論　上』前掲、三九四頁以下〕を見よ。

（330）この点についての注目に値する事例研究に、Harold Garfinkel/ Michael Lynch/ Eric Livingston, The Work of Discovering Science, Constructed with Materials from the Optically Discovered Pulsar, Philosophy of Social Sciences 11 (1981), S. 131-158 がある。

（331）この点については、Alfred North Whitehead, Modes of Thought（1939）, Neudruck New York 1968, S. 111 ff.〔藤川吉美・伊藤重行訳『思考の諸様態　ホワイトヘッド著作集第一三巻』松籟社、一九八〇年、一六一頁以下〕を見よ。

（332）十八世紀半ば以降においてセクシュアリティがより高く評価されるようになったという点については、Edward Shorter, Illegitimacy, Sexual Revolution and Social Change in Modern Europe, Journal of Interdisciplinary History 2 (1971), S. 237-272; Aram Vartanian, La Mettrie, Diderot and Sexology in the Enlightenment, in: Essays on the Age of Enlightenment in Honor of Ira O. Wade, Genf 1977, S. 347-367 を参照。

（333）その端緒について、またその基礎となったのは印刷であるという点については David Foxon, Libertine Literature in England 1660-1745, The Book Collector 12（1963）, S. 21-36, 159-177, 294-307 を参照のこと。

（334）P. J. Montes, Precedents doctrinales del »estado de necessidad« en las obras de nuestras antiguos teologos y jurisconsultos, La Ciudad de Dios 142（1925）, S. 260-274, 352-361 などを見よ。

（335）Talcott Parsons, Some Reflections on the Place of Force in Social Process, in: Harry Eckstein（Hrsg.）, Internal

War: Problems and Approaches, New York 1964, neu gedruckt in ders., Sociological Theory and Modern Society, New York 1967, S. 264–296 を参照のこと。

（336）「ファナティズム」という表現が当時において一般的であったことからもわかるように、これは宗教にとっては古くから存在した問題だった。この問題が特に先鋭化したのは中世後期において、〔カトリック教会により〕認定されない（しかし教会および修道院に関わる政策の上では有用で、身体的リアリティとしてかき立てられた）幻視が急速に増大して以降のことである。

（337）De l'esprit géométrique et de l'art de persuader, zit. nach Œuvres (éd. de la Pléiade), Paris 1950, S. 358–386（369）〔田辺保訳「幾何学の精神について」『パスカル著作集第一巻』教文館、一九八〇年、一九七—二三七頁〕を見よ。

（338）Talcott Parsons, Zur Theorie der sozialen Interaktionsmedien, Opladen 1980, insb. S. 211 ff.; Talcott Parsons/ Gerald M. Platt, The American University, Cambridge Mass. 1973, S. 304 ff. を参照。さらに Rainer Baum, On Societal Media Dynamics, in: Jan J. Loubser et al.（Hrsg.）, Explorations in General Theory in Social Science, New York 1976, Bd. 2, S. 579–608 も挙げておこう。また David A. Baldwin, Money and Power, The Journal of Politics 33（1971）, S. 578–614（608 ff.）も、〔インフレ／デフレという論点以外の〕その他の点ではメディア概念に対して相当に批判的な態度を取っているものの、この問題設定は有望であると見なしている。

（339）インフレーションに関する〔その種の議論の〕例としては、Stefan Jensen, Systemtheorie, Stuttgart 1983, S. 57 がある。《〈実体〉が少なすぎるのに対して、あまりにも多くの言葉（シンボル）が流通している〔ことがインフレーションである〕。例えば愛について多すぎるほど語られているが、愛が実践されるのは少なすぎる、というように》。

（340）この点についてはNiklas Luhmann, Vertrauen: Ein Mechanismus der Reduktion sozialer Komplexität, 3. Aufl. Stuttgart 1989〔大庭健・正村俊之訳『信頼』勁草書房、一九九〇年〕でより詳細に論じておいた。Diego Gambetta（Hrsg.）, Trust: Making and Breaking Cooperative Relations, Oxford 1988 も参照のこと。

（341）Niklas Luhmann, Theoriesubstitution in der Erziehungswissenschaft: Von der Philanthropie zum Neuhumanismus, in ders., Gesellschaftsstruktur und Semantik Bd. 2, Frankfurt 1981, S. 105–194 ではこの点に関する事例研究として、

十八世紀最後の一〇年におけるカント哲学のインフレーションを扱っておいた。個人への関心が〔特定の階層や領域においてではなく〕社会全体にわたって引き起こされたことから生じた例が Wolfgang Walter, Vererbung und Gesellschaft: Zur Wissenssoziologie des hereditären Diskurses, Dissertation Bielefeld 1989 で扱われている。

(342) Alban J. Krailsheimer, Studies in Self-Interest: From Descartes to La Bruyère, Oxford 1962, S. 113 は、その〔献身運動から生じた〕効果に関して、《宗教的通貨の減価 debasement of spiritual currency》という表現を用いている。そしてその後〔この傾向への〕原理主義的な対抗運動として生じてきたのが、ジャンセニズムや敬虔主義などだった[59]。パーソンズは今日のアメリカに関して、宗教におけるインフレーション傾向〔社会的能動主義 social activism〕とデフレーション傾向〔《原理主義》〕とを区別している。a.a.O.（1980）, S. 212 を参照。リヒャルト・ミュンヒにも〔近代的な〕道徳の領域に関する同様の考察がある。Moralische Achtung als Medium der Kommunikation, in: Richard Münch, Dynamik der Kommunikationsgesellschaft, Frankfurt 1995, S. 241 ff.

(343) この理由により、インフレーションの指標として有効なのは、全般的な物価の高騰しかありえないことがわかる。というのは貨幣を受け取る時点では、それを何に支出するのかがまだ確定していないからである。

(344) パーソンズ流の理論用具を使った歴史的事例研究の領域から Mark Gould, Revolution in the Development of Capitalism: The Coming of the English Revolution, Berkeley Cal. 1987, insb. S. 54 ff. und 230 ff. を挙げておこう。イギリス国王は十分な行政的基盤を欠いていたにもかかわらず、権力手段を過剰に利用し、それによって革命を誘発したのだ云々。

(345) コミュニケーション理論の立場からこの問題を扱ったものとして Michael Hutter, Signum non olet: Grundzüge einer Zeichentheorie des Geldes, in: Waltraud Schelkle/ Manfred Nitsch（Hrsg.）, Rätsel Geld: Annäherungen aus ökonomischer, soziologischer und historischer Sicht, Marburug 1995, S. 325–352 を挙げておこう。

(346) もちろん次のように問うてみることはできる。〔法と政治とが異なるシステムとして分出したという〕この事態の基礎となったのは歴史的な偶然、つまり次のような事実ではないのか。ヨーロッパにおいてはすでに十一世紀において法システムが分出するに至っていたこと（言うまでもなくカトリック教会のカノン法という形式において、またローマ市民法の原典が発見されたことを踏まえて)。またそれによって領域国家の成立が可能になっていったこと。Harold J. Berman, Recht und Revolution: Die Bildung der westlichen Rechtstradition, dt. Übers. Frankfurt 1991を見よ。もっとも、現在までにこの特殊性が〔法と政治を分化させたという仮説に関して〕世界規模でテストされるに至ったとまでは言えないが。

(347) それに対する反応として抽象化が生じる。この点についてはDirk Baecker, Das Gedächtnis der Wirtschaft, in: ders. et al. (Hrsg.), Theorie als Passion, Frankfurt 1987, S. 519-546を見よ。

(348) これは、先に定式化して確認しておいたことを別のかたちで述べているにすぎない。象徴的に一般化されたコミュニケーション・メディアが分化した後では、全体社会が超コードを押し通すことなどもはやできないのである、と。しかしだからといって、道徳が何を望み、またいかに望むのかを道徳の側で自由に評価するということが排除されるわけではない。それどころか、まさにそうできるようになるのである。

(349) もともとは円環というメタファーには、宇宙論的な意味合いが含まれていた。それは運動と不変性との統一性を象徴していたのである。十七世紀に至ると、このシンボルを天上から地上へと引き下ろそうと試みられるようになる。しかし血液の円環運動や貨幣の円環運動は厳密な意味での循環のかたちを取っているわけではなかったのである。

(350) 〔判決の〕効果に定位しつつ決定(判決)を下そうと試みている法律家たちは(今日ではほとんどすべての法律家がそうなのだが)、この点においてある種信じられないような幻想に惑わされてしまうことになる。〔効果に定位していると称する〕判決においても問題となっているのは実際の効果ではなく、法律家が一定の情報に基づく判断によって引き起こそうと、あるいは阻止しようとしている効果だけだからである。もっとも、穏当な意見もまた存在している。効果への定位を、法システム内部における決定可能性〔の余地〕を広げたり狭めたりすることへと(つまり、《法の妥当》というシンボルの循環を規制することへと)制限しよう、というようにである。この点については、Bernard Rudden, Consequences, Juridical Review 24 (1979), S. 193-201を見よ。Neil MacCormick, Legal Decisions and Their Consequences: From Dewey to Dworkin, New York University Law Review 58 (1983), S. 253-258をも参照のこと。

(351) 〔この議論に関する〕重要な出発点のひとつとなったのは Magoroh Maruyama, The Second Cybernetics: Deviation-Amplifying Mutual Causal Processes, General Systems 8 (1963), S. 233–241〔佐藤敬三訳「セカンド・サイバネティックス」、『現代思想』十二巻十四号〕と、それに続くポジティヴ・フィードバックについての研究だった。以下も参照。Alfred Gierer, Generation of Biological Patterns and Form: Some Physical, Mathematical, and Logical Aspects, Progress of Biophysics and Molecular Biology 37 (1981), S. 1–47; ders., Socioeconomic Inequalities: Effects of Self-enhancement, Depletion and Redistribution, Jahrbücher für Nationalökonomie und Statistik 196 (1981), S. 309–331; ders., Die Physik, das Leben und die Seele: Anspruch und Grenzen der Naturwissenschaft, 4. Aufl. München 1988, insb. S. 121 ff.

(352) この点に関しては本書第三章第Ⅷ節で再度詳しく論じる。

(353) André Orléan, La monnaie et les paradoxes de l'individualisme, Stanford French Review 15 (1992), S. 271–295を参照。

(354) この点については Floyd H. Allport, Institutional Behavior: Essays Toward a Re-interpreting of Contemporary Social Organization, Chapel Hill 1933を見よ。後になってオルポートがそれをふまえて、《構造》と《出来事》との区別から出発する独特の社会心理学理論を築き上げたのは、偶然のことではない。

(355) この点に関しては Niklas Luhmann, The Future Cannot Begin: Temporal Structures in Modern Society, Social Research 43 (1976), S. 130–152を参照。

(356) Bernard Anconi, Apprentissage, temps historique et évolution économique, Revue internationale de systémique 7 (1993), S. 593–612 (597 f.) ではさらに厳格に、《システムは常に時間の終わりに位置する》と定式化されている。ただしすぐその後で、これは未来が開かれていることと矛盾するものではない、と付け加えられているのだが。

(357) この点については本書二七一頁以下ですでに触れておいた。より詳しくは Niklas Luhmann, Soziologie der Moral, in: Niklas Luhmann/ Stephan H. Pfürtner (Hrsg.), Theorietechnik und Moral, Frankfurt 1978, S. 8–116を参照。

(358) 道徳を批判する今日の議論においてはさらに、偽善 (hypocrisy) であるとの非難が加わってくる。この非難はもちろん正当である。しかしだからといって、道徳が〔特定の領域に関わる〕メディアとの関連でコミュニケートされるということまでもが疑念の対象となるわけではない。根本的に言ってその種の非難において考えられているのは、「人は口にする通りのことを考えていなければならないはずだ」というユートピア的な観念でしかないのである。

(359) 〔主体と状況のどちらに重きを置くかというこの点に関しては〕地域ごとに、あるいは高度文化〔に達している〕か民族文化〔に留まっている〕かに応じて、実に多様な相貌が生じている。概観として、David Parkin (Hrsg.), The Anthropology of Evil, Oxford 1985 を挙げておこう。

(360) したがって《悪しき böse》や《邪悪な evil》という言葉もまたあまり用いられなくなったのだと言ってよいかどうか。この点についてはいまだ異論の余地があるし、証明するのは困難だろう。この点に関してはAlan MacFarlane, The Culture of Capitalism, Oxford 1987, S. 98 ff. を見よ。

(361) Thomas Browne, Religio Medici and Other Writings (1643), zit. nach der Ausgabe der Everyman's Library, London 1965, S. 72〔生田省悟・宮本正秀訳『医師の信仰　壺葬論』前掲〕曰く、《実際、人を真に知りえない以上、人を正しく譴責したり断罪したりなど、誰にもできはしない》〔一五七頁〕。そして《さらに言えば、自らを知る者は誰一人としていない以上、他人を裁いたりなどできるはずもない》〔一五八頁〕。

(362) 《道徳》の意味のこの変化についてはMarcel Thomann, Historie de l'idéologie juridique au XVIIIe siècle, ou: »Le droit prisonnier des mots«, Archives de philosophie du droit 19 (1974), S. 127–149 を参照。関連する研究がきわめて広範囲に及ぶことが示されてもいる。

(363) Niklas Luhmann, Ethik als Reflexionstheorie der Moral, in: ders., Gesellschaftsstruktur und Semantik Bd. 3, Frankfurt 1989, S. 259–357 を、さらには本書第五章の道徳の普遍化を扱った〔第XIV〕節をも参照。

(364) 本書一二八六—一二八七頁を参照のこと。

(365) Gödel, Escher, Bach: An Eternal Golden Braid, Hassocks, Sussex, Engl. 1979, S. 688〔野崎昭弘他訳『ゲーデル、エッシャー、バッハ』前掲、六七七頁〕.

(366) 現在ではこの点に関する詳細な研究が登場している。Karl-Heinrich Bette/ Uwe Schimank, Doping im Hochleis-

tungssport, Frankfurt 1995.

(367) 一九一七年、サンクトペテルブルクのスモルニー学院でのレーニンのように〔60〕。

(368) この点についてはNiklas Luhmann, Die Wirtschaft der Gesellschaft, Frankfurt 1988〔春日淳一訳『社会の経済』前掲〕を参照。

(369) この点に関してはNiklas Luhmann, Die Ausdifferenzierung der Religion, in ders., Gesellschaftsstruktur und Semantik Bd. 3, Frankfurt 1989, S. 259-357でより詳細に論じておいた。

(370) われわれは、外部へと向けられた（ただしもちろんのこと、コミュニケーションによる）この努力が、テクノロジーにおいても明白に認められると主張したい。したがってわれわれは、他でもない今日のテクノロジーを、単なる応用科学以上のものであると見なすことにもなる。本書第三章第IX節を参照。テクノロジーに関する無数の問題——鉄道建設から、近代の安全工学にまで及ぶ——は、《読むこと》によっては解決できない。建設しようとしている施設そのものを組み立ててテストしてみなければならないのである。もちろんそのためには科学のトレーニングを受けた人員が必要となるのは、自明の理である。しかしそのトレーニングにしても、研究ではなく教育ではないか。

(371) Niklas Luhmann, Grundwerte als Zivilreligion: Zur wissenschaftlichen Karriere eines Themas, Archivio di Filosofia 46, No. 2-3 (1978), S. 51-71を見よ。

(372) 時期としては、十七世紀初頭を考えればよい。Edgar Zilsel, The Genesis of the Concept of Physical Law, Philosophical Review 51 (1942), S. 245-279を参照。

(373) この観念が発展の過程でいかに分岐していったかについてはNiklas Luhmann, Selbstreferenz und Teleologie in gesellschaftstheoretischer Perspektive, in ders., Gesellschaftsstruktur und Semantik Bd. 2, Frankfurt 1981, S. 9-44を参照のこと。

第三章

(1) とりあえずColwyn L. Morgan, Emergent Evolution, New York 1923を挙げておこう。創発における多様な次元や

変数についてはAnthony Wilden, System and Structure: Essays in Communication and Exchange, 2. Aufl. London 1980, S. 351 ff.（375）を参照。このテーマについて概観したさらに新しい文献としては、Eric Bonabeau/ Jean-Louis Dessalles/ Alain Grumbach, Characterizing Emergent Phenomena, Revue internationale de systémique 9（1995）, S. 327-346, 347-371がある。

（2） E. Bernard-Weil, Réévaluation des concepts d'auto-organisation et d'émergence à la lumière de la systémique agoantagoniste, Revue internationale de systémique 8（1994）, S. 315-335（316）では自己組織化の《創発》を事例として、そのような定式化がなされている。言うまでもなく、弁証法的な解決を持ち出してみても議論がそれ以上先に進むわけではない。弁証法的解決の論理は、なおのこと不透明のままだからである。むしろ、数学的な算法を時間化しようとする試みを考えたほうがいいだろう〔61〕。

（3） アングロサクソン圏における議論の流れを概観するためにはTim Ingold, Evolution and Social Life, Cambridge 1986を、あるいはStephen K. Sanderson, Social Evolutionism: A Critical History, Oxford 1990を見よ。

（4） 《高い蓋然性をもつ、蓋然性の低い事柄 l'improbable probable》について述べているEdgar Morin, La Méthode Bd. 1, Paris 1977, S. 294 ff.〔大津真作訳『方法1』前掲、四五八頁以下〕を参照。この点に関して今日ではすでに古典的となっている《パラダイム》として、DNA分子の化学的な蓋然性の低さを挙げることができる。

（5） これに対応する蓋然性の低いものが高い蓋然性をもつことの理論を、構造主義の流儀に従って、暴力概念を用いて構築することもできるだろう。普遍的に分有された潜在的な暴力は二重化されて、正当な暴力と非正当な暴力とに区別される。しかしそれが生じるのは、社会契約（ホッブズ）によってではなく進化によってなのである。そして正統な形式を纏った暴力は（今日では国家暴力として）非正統的な暴力を放逐するために用いられることになる。かくして暴力は、このような分化を遂げることによって、排除されたものの包摂〔すなわち、暴力を排除するために暴力を用いる〕という特徴を帯びるに至る。この点から見れば正統性とは価値概念ではなく、この排除されたものの包摂に他ならない。これもまたひとつのパラドックスであり、国家暴力は（あるいは、その機能的等価物は）その解決策として構成されるのである。この点についてはDirk Baecker, Gewalt im System, Soziale Welt 47（1996）, S. 92-109も参照。

（6）Magoroh Maruyama, Postscript to the Second Cybernetics, American Scientist 51（1963）, S. 250–256.

（7）この議論は完全に周知のものであり、最終的にはハーバート・スペンサーまで遡る。《漠然として、整合性をもたない均質性の状態から、明確で整合性のある異質性の状態への変化》という有名な定式を考えてみればよい。What is Social Evolution, The Nineteenth Century 44（1898）, S. 348–358（353）より引用。この点についての詳細な議論はFirst Principles, zit. nach der 5 Aufl. London 1887, S. 307 ff. の進化の法則に関するいくつかの章においてなされている。新しい態度表明を示すものとしてはJ.W.S. Pringle, On the Parallel between Learning and Evolution, Behaviour 3（1951）, S. 174–215; Walter Buckley, Sociology and Modern Systems Theory, Englewood Cliffs N.J. 1967, S. 50 f., 62 ff.〔新睦人・中野秀一郎訳『一般社会システム論』誠信書房、一九八〇年、五七頁以下、七八頁以下〕; Gerd Pawelzig, Dialektik der Entwicklung objektiver Systeme, Berlin 1970, S. 135 ff.; Gerhard Lenski, Social Structure in Evolutionary Perspective, in: Peter Blau（Hrsg.）, Approaches to the Study of Social Structure, London 1976, S. 135–153〔斉藤正二監訳『社会構造へのアプローチ』八千代出版、一九八二年、二〇五―二三一頁〕などがある。

（8）例えばRichard Newbold Adams, Energy and Structure: A Theory of Social Power, Austin 1975のように、である。

（9）かくして議論は、本書第二章二四六頁以下で詳細に論じておいた、言語の「イエス／ノー」のコード化という論点へと帰っていくことになる。

（10）われわれが「創造論」ということで考えているのは、世界の成立に関するある種の理論である。すなわち特定の作者が世界総体を創造したこと、〔別様にも造りえたはずだという意味での〕偶発性、〔世界が作者に〕依存していることをメルクマールとする理論なのである。聖書のテクストが与えてくれるイメージは、はるかに複雑なものである。Michael Welker, Schöpfung und Wirklichkeit, Neukirchen-Vluyn 1995を参照。さらに次のように考えることもできよう。創造とは差異の生起（ないし書き込み）である。この差異が生じた後で初めて、創造の活動が始まりうるのである、と[62]。

（11）ヘーゲルの議論はこれと正反対である。Vorlesung über die Philosophie der Religion I, zit. nach Werke Bd. 16,

Frankfurt 1969, S. 20 ff.〔木場深定訳『改訳　宗教哲学　上巻　ヘーゲル全集15』岩波書店、一九八二年、二五頁以下〕を見よ。ヘーゲルによれば、世界の細目までもが目的をもっているとの観念を放棄することは、敬虔さにとってむしろ有益なのである。《甲の利益になるものは乙にとって不利であるとすれば、それは非目的的だということになる。生活の維持や生存に連関する諸利益の維持がそうであって、これらの利益は或る時は促進せられ、他の時は同じ程度に阻害せられ拒否せられる。かようにして、神の永遠の働き方に抗して有限の事物が本質的目的へ高められるという点に一つの自己自身の内における分裂がある》(S. 21 f.〔訳二七頁〕)。しかし精神の世界史においてはこの分裂は、せいぜいのところ一時的な瑕疵となりうるだけなのである。

(12) Johann George Sulzer, Versuch über die Glückseligkeit veständiger Wesen (1754), zit. nach: Vermischte Philosophische Schriften Bd. 1, Leipzig 1773, Nachdruck Hildesheim 1974, S. 323-347 ではそう論じられている。また、カントの『天界の一般自然史と理論』(1755)〔宮武昭訳『カント全集2』前掲〕の、特に第7部も参照。蛇足ながら十六世紀にはすでに進歩の意識が現れはじめていたのだが、そこでは次のような主張がなされてもいた。すなわち神は世界を少しずつ創り出したわけではないが、少しずつ認識されるようにしておいたのだ、と。そしてついには活版印刷術が発明され、両アメリカ大陸が発見され、大砲までも発明されるに至る云々というわけである。François de La Noue, Discours politiques et militaires, Basel 1587, Neudruck Genf 1967, S. 520 ff. を参照。しかし今日支配的な見解では、この変革は十八世紀の半ばに至って初めて生じたのだとされている。Arthur O. Lovejoy, The Great Chain of Being: A Study of the History of an Idea, Cambridge Mass. 1936, S. 242 ff.〔内藤健二訳『存在の大いなる連鎖』晶文社、一九七五年、二八五頁以下〕; Wolf Lepenies, Das Ende der Naturgeschichte: Wandel kultureller Selbstverständlichkeiten in den Wissenschaften des 18. und 19. Jahrhunderts, München 1976〔山村直資訳『自然誌の終焉』法政大学出版局、一九九二年〕を参照のこと。

(13) この議論は今日では放棄されて、「構造変動は時折生じるだけだが、ひとたび生じると爆発的な結果を引き起こす」という変動概念に取って代わられている。もちろん今日では、そのように主張すれば創造の奇跡と類似した議論に陥ってしまうなどと危惧する必要はないのである。この点については本書五一一頁であらためて論じる。

(14) 《歴史方法論者》としてのダーウィンについては、Stephen Jay Gould, Evolution and the Triumph of Homology, or Why History Matters, American Scientist 74 (1986), S. 60–69 を参照。

(15) 例えば Ingold a.a.O. (1986), S. 12 ff. を見よ。

(16) 生物学の観点から見た進化論の歴史については、Peter J. Bowler, Evolution: The History of an Idea, 2. Aufl. Berkley Cal. 1989〔鈴木善次他訳『進化思想の歴史　上・下』朝日新聞社、一九八七年〕を参照。今日の科学の水準に則した体系的な記述としては、Stuart A. Kauffman, The Origins of Order: Self-Organization and Selection in Evolution, New York 1993 がある。

(17) 今日なら、進歩を立証するための方法論的な基礎となるのはガットマン尺度であろう。しかしそれが適用されるのは全体社会総体ではなく、分業・宗教・政治的秩序・法などの特殊領域にだけである。この点に関する概観としては、Robert L. Carneiro, Scale Analysis, Evolutionary Sequences, and the Rating of Cultures, in: Raoul Naroll/ Roland Cohen (Hrsg.), Handbook of Method in Cultural Anthropology, Garden City N.Y. 1970, S. 834–871 がある。

(18) この論争の中心に位置していたのはハーバート・スペンサーだった。彼はこの点について、慎重な態度を取ると同時に、その反対でもあった。例えば Principles of Sociology Bd. 1, 3. Aufl., London 1885, S. 93 ff. におけるその種の仮定に対する批判を見よ。また First Principles, 5. Aufl., London 1887, S. 517 では次のように述べている。《進化は、最高度の完成と最も完全な幸福を達成することによってのみ終わりうるのである》。一〇〇年後の今日でもこの点は受け入れられるだろう。ただし、「進化はそれでも終わりはしない」という留保は付けねばならないが。

(19) この点をめぐって進化論に関する論争が生じてきたが、今日から見ればそれらは無益なものであった。L.T. Hobhouse/ G.C. Wheeler/ M. Ginsberg, The Material Culture and Social Institutions of Simpler People: An Essay in Correlation, London 1915, Neudruck 1965, S. 1 ff. などを見よ。この論争のスタイルに対するこの種の批判もまた、すでに半世紀以上も前からなされている。例えば Leonhard Adam, Functionalism and Neo-Functionalism, Oceania 17 (1946), S. 1–25 を参照。

(20) Hans Ulrich Gumbrecht/ Ursula Link-Heer (Hrsg.), Epochenschwellen und Epochenstrukturen im Diskurs der

Literatur- und Sprachhistorie, Frankfurt 1985を、あるいはReinhart Herzog/ Reinhart Koselleck (Hrsg.), Epochenschwelle und Epochenbewußtsein (Poetik und Hermeneutik Bd. XII), Münchenにおける議論を参照。

(21) 一例としてWilliam T. Sanders/ David Webster, Unilinealism and Multilinealism, and the Evolution of Complex Societies, in: Charles L. Redman et al. (Hrsg.), Social Archeology: Beyond Subsistence and Dating, New York 1978, S. 249–302を挙げておこう。

(22) Ernst Heuss, Evolution und Stagnation of Economic Systems, in: Kurt Dopfer/ Karl-F. Raible (Hrsg.), The Evolution of Economic Systems: Essays in Honour of Ota Sik, London 1990, S. 91–99 (93) がそうである。

(23) 例えばIngold a.a.O. (1986), S. 102は、概念的伝統という点から見れば進化概念は《連続的で、方向をもち目的を有する運動を指すべきである。この語がもともと言及していたのはそのような運動にであったし、またそれはまったく適切だった》と主張している。Marion Blute, Sociocultural Evolutionism: An Untried Theory, Behavioral Science 24 (1979), S. 46–59ではこの主張に対する的確な批判がなされている。さらにThomas Dietz/ Tom R. Burns/ Frederick H. Buttel, Evolutionary Theory in Sociology: An Examination of Current Thinking, Sociological Forum 5 (1990), S. 155–171も参照のこと。

(24) ただし少なくとも次の点は指摘しておくべきだろう。進化の概念はダーウィンよりもむしろスペンサーに由来している。ダーウィン自身はこの概念をまったく副次的にしか用いていないし、そもそも自身の理論をこの名で呼んではいないのである。いわゆる社会ダーウィニズムもダーウィン自身にはほとんど依拠していない。特に、The Decent of Man (1871)〔池田次郎・伊谷純一郎訳「人類の起原」『世界の名著39』中央公論社、一九六七年〕とはまったく無関係である。現在ではPatrick Tort (Hrsg.), Darwinisme et société, Paris 1992によってこの経過を振り返ってみることができる。

(25) 社会科学におけるこの区別の受容に関しては何よりもまず以下を参照。Donald T. Campbell, Blind Variation and Selective Retention in Creative Thought as in Other Knowledge Processes, Psychological Review 67 (1960), S. 380–400; ders., Variation and Selective Retention in Socio-Cultural Evolution, General Systems 14 (1969), S. 69–85, ders.,

On the Conflict Between Biological and Social Evolution and Between Psychological and Moral Tradition, American Psychologist 30（1975）, S. 1103–1126（もっぱら認識論に焦点を当てた業績を選択しておいた）．さらに、文化的な、《ルール》を変化させる進化については Tom R. Burns/ Thomas Dietz, Cultural Evolution: Social Rule Systems and Human Agency, International Sociology 7（1992）, S. 259–281 も参照。

（26） ちなみにダーウィン自身は、文明の進化によって自然選択は止揚されると考えていた。この点については Patrick Tort, L'effet réversif de l'évolution: Fondements de l'anthropologie darwinienne, in: Tort a.a.O. S. 13–46 を見よ。だとすれば必然的に、進化の産物たる文明は、自己の安定性を自分自身で保証しなければならないという結論になるはずである。

（27） この点に関しては Loet Leydesdorff, The Evolution of Communication Systems, International Journal of Systems Research and Information Science 6（1994）, S. 219–230 をも参照のこと。

（28） Julian S. Huxley, Evolution: The Modern Synthesis, 3. Aufl. London 1974, S. 485（zit. nach C. R. Hallpike, The Principles of Social Evolution, Oxford 1986, S. 77）を参照。《今やわれわれは、選択＝淘汰の結果が必ずしも〈よい〉ものではないということを理解している。種にとっても、生命の漸進的進化という観点からも、事は同様である。結果は中立的なものかもしれないし、有益なものと害悪あるものとの危ういバランスとして生じてくるかもしれない。あるいはまったく有害なものでもありうるのである》。

（29） 本章註（50）を見よ。

（30） Lars Löfgren, Knowledge of Evolution and Evolution of Knowledge, in: Erich Jantsch（Hrsg.）, The Evolutionary Vision: Towards a Unifying Paradigm of Physical, Biological, and Sociocultural Evolution, Boulder Col. 1981, S. 129–151 を参照。予測不可能な変動に関する理論を科学的に精錬していくためには、システム理論と同様に進化論においても自己言及が許容されねばならない。

（31） 進化論を用いてこのような発想が定式化されることもしばしばである。Edmund Dahlström, Developmental Direction and Welfare Goals: Some Comments on Functionalistic Evolutionary Theory about Highly Developed Societies,

Acta Sociologica 17（1974）, S. 3–21における《福祉に定位した進化論》の理念はその一例である。この種の理論を正しく評価するならば、それが進歩していると言いうるのは次の点において〔だけ〕であると考えねばならない。すなわちそこでは静態的な目的＝終局状態が示されることはもはやなくなっている。〔目的＝終局として〕提示されるのは、発展の可能性を示唆する変数なのである。例えば学習能力、資源の流動性、適応力の増大などである。

（32）例えば、経済の進化を扱っている Gisèle Umbhauer, Evolution and Forward Induction in Game Theory, Revue internationale de systémique 7（1993）, S. 613–626がそうである。

（33）そのためにはシステム分化の形式が特別の意義をもっている。この点については後でまた論じることにしよう。本書一一八一頁および第四章全体を参照。

（34）生物学者で、進化論のシステム理論的前提を明らかにする必要があると特に主張しているのは、ルーペルト・リードル〔63〕である。以下を参照。Rupert Riedl, Die Ordnung des Lebendigen: Systembedingungen der Evolution, Hamburg 1975; ders., A Systems-analytical Approach to Macro-Evolutionary Phenomena, The Quarterly Review of Biology 52（1977）, S. 351–370.

（35）そう述べているのは Loet Leydesdorff, New Models of Technological Change: New Theories for Technology Studies, in: Loet Leydesdorff/ Peter van den Besselaar（Hrsg.）, Evolutionary Economics and Chaos Theory: New Directions in Technology Studies, London 1994, S. 180–192（180）である。

（36）最近のものをいくつか挙げておこう。Hans-Peter Müller / Michael Schmid, Paradigm Lost? Von der Theorie sozialen Wandels zur Theorie dynamischer Systeme, in dies.（Hrsg.）, Sozialer Wandel: Modellbildung und theoretische Ansätze, Frankfurt 1995, S. 9–55（31 ff.）; Michael Schmid, Soziologische Evolutionstheorie, Protosoziologie 7（1995）, S. 200–210（201 ff.）. さらに Sanderson a.a.O.（1990）, S. 224も参照のこと。このように〔進化を〕行為へ帰属させることが経験的連関を有しているか否かは不明確なままである。特定の行為が進化上の効果を発揮するなどとはほとんど主張できないからだ。その点では、この文脈でしばしば引き合いに出されるギデンズのほうがより一貫している。彼は自身の《構造化》理論を進化論的に解釈することを拒絶しているのである。

（37） Ingold a.a.O.（1986）, insb. S. 104 f., 114 ff. u. ö. のように、意味を付与し行為する単位としての人格と、多数の客観的な出来事がそこにおいて生じる単位としての個人――それは《生じてくる事物》（105）であり、《過去の未来への投企が一時的に宿るところ》（106）である――を区別するとしても、原理的には話は変わらない。社会文化的進化にとって人間がどんな意義をもつかについてはさまざまな解釈がありうるだろう。しかし問題は、はたして進化論はこの種の、人間主義的に切り縮められた出発点の観念に依存しなければならないのかどうかである。

（38） システム分化について論じる際に、またこの点に立ち戻ることにしよう。

（39） この点についてはC.H. Waddington, The Principles of Archetypes in Evolution in: Paul S. Moorhead/ Martin M. Kaplan（Hrsg.）, Mathematical Challenges to the Neo-Darwinian Interpretation of Evolution, Philadelphia 1967, S. 113–115で適切な注記がなされている。

（40） この点はハーバート・スペンサーにおいてすでに明確に認識されていた。First Principles. 5. Aufl. London 1887, S. 93 ff. の《効果の多重性》に関する章を参照。

（41） この定式化はRichard B. Norgaard, The Coevolution of Economic and Environmental Systems and the Emergence of Unsustainability, in: Richard W. England（Hrsg.）, Evolutionary Concepts in Contemporary Economics, Ann Arbor Mich. 1994, S. 213–225（220）による。

（42） 一例として、Gregory A. Johnson, Organizational Structure and Scalar Stress, in: Colin Renfrew/ Michael J. Rowlands/ Barbara Abbott Segraves（Hrsg.）, Theory and Explanation in Archaeology, New York 1982, S. 389–411（391 f.）を挙げておこう。《人口は必ずしも、規模を測るための最善の尺度ではない》。S. 407も参照。しかし同時にこの著者は、全体社会に関する別の理論を利用できないがゆえに、全体社会の大きさと《量的ストレス scalar stress〔64〕》を規定するための出発点として依然として、個人・家族・小グループを用いているのである。

（43） 一例としてStephen Jay Gould, Darwinism and the Expansion of Evolutionary Theory, Science 216（1982）, S. 380–387を見よ。

（44） 例えばAnatol Rapoport, Mathematical, Evolutionary, and Psychological Approaches to the Study of Total Societies, in Samuel Z. Klausner（Hrsg.）, The Study of Total Societies, Garden City N.Y. 1967, S. 114–143（133 ff.）は、「意味」の概念を用いることによって、ダーウィンの《自然選択《ナチュラル・セレクション》》の観念から解き放たれる可能性が生じてくると考えている。Stephen Toulmin, Human Understanding Bd. 1, Princeton 1972, dt. Übers. Frankfurt 1978 も同様である。しかし社会学の主要潮流における議論を一瞥すれば、全体社会の発展に関する理論では外的要因はほぼ完全に無視されていることがわかるはずである。しかしその点に対する批判が強まりつつあるのも事実なのである。Anthony D. Smith, The Concept of Social Change, London 1973, S. 150 ff. では、歴史主義と進化主義が論争する理由はこの点にあると見なされている。そして Bernhard Giesen/ Christoph Lau, Zur Anwendung Darwinistischer Erklärungsstrategien in der Soziologie, Kölner Zeitschrift für Soziologie und Sozialpsychologie 33（1981）, S. 229–256 および Michael Schmid, Theorie sozialen Wandels, Opladen 1982 は外的な《自然選択《ナチュラル・セレクション》》概念を用いることで新しい方向性が切り開かれると主張するに至っている。だとすれば結局のところ重要なのは、〔外的／内的という〕区別そのものでしかありえないではないか。

（45） Emile Durkheim, Les règles de la méthode sociologique, zit. nach der 8. Aufl. Paris 1927, S. 147 f.〔宮島喬訳『社会学的方法の規準』前掲、一八七頁以下〕を挙げておけば十分だろう（そこでは社会学の対象の統一性から内生的因果性への逆推論が行われているが、この議論は疑わしいものでしかない）。《社会現象の理由は、社会に内在的なものである》。さらに《個人から社会を導き出す理論のほうが望ましいし、そのような理論なら外的なものから内的なものを導き出すことを非難できるだろう》。

（46） 人口学において確証された理論を手本とし、それを社会システムに適用しようとするあからさまな混合形態も存在している。しかし今述べた点を踏まえれば、この種の議論はますます疑わしく思われてくる。特に組織の進化という領域では、そのような理論が提起されることが多いようである。以下などを参照。Bill McKelvey/ Howard Aldrich, Populations, Natural Selection, and Applied Organizational Science, Administrative Science Quarterly 28（1983）, S. 101–128; W. Graham Astley, The Two Ecologies: Population and Community Perspectives on Organizational Evolution, Administrative Science Quarterly 30（1985）, S. 224–241; Michael T. Hannan/ John Freeman, Organizational Ecology,

Cambridge Mass. 1989; Joel Baum/ Jitendra Singh（Hrsg.）, Evolutionary Dynamics of Organizations, New York 1994.

（47） 特にこの点に関しては以下を参照のこと。Gerhard Roth, Conditions of Evolution and Adaptation in Organism as Autopoietic Systems, in: D. Mossakowski/ G. Roth（Hrsg.）, Environmental Adaptation and Evolution, Stuttgart 1982, S. 37–48; Hans Rademacher, Zur Grammatik autopoietischer Systeme, in: Hans Rudi Fischer（Hrsg.）, Autopoiesis: Eine Theorie im Brennpunkt der Kritik, Heidelberg 1991, S. 53–66.

（48） マトゥラナがオートポイエティックな組織とシステムの構造を区別したのはこの理由による。しかしわれわれはこの文脈で《組織》という表現を用いるのは差し控えておきたい。別の文脈で使いたいからである。

（49） サンショウウオの中には複雑な構造を備えた、〔虫などを捕らえるための〕伸縮性の舌（Schleuderzunge）をもつものもあればもたないものもあることを考えてみればよい。David B. Wake/ Gerhard Roth/ Marvalee H. Wake, On the Problems of Stasis in Organismal Evolution, Journal of Theoretical Biology 101（1983）, S. 211–224を参照。

（50） E.D. Cope, The Primary Factors of Organic Evolution, Chicago 1896, S. 172 ff.; Elman R. Service, Cultural Evolutionism: Theory in Practice, New York 1971, S. 31 ff.〔松園万亀雄・小川正恭訳『文化進化論――理論と応用』社会思想社、一九七七年、五三頁以下〕を一方の代表として、G. Ledyard Stebbins, The Basis of Progressive Evolution, Chapel Hill N.C. 1969, S. 121を他方の代表として挙げておこう。

（51） このように述べるのは、しばしば提起される、しかし純粋に方法論的に見ればまったくナンセンスな異議を念頭に置いてのことである。どんな概念を取ってみてもいい。オートポイエーシス・行為・制御・社会化・目的・組織。それらが概念として示しているのは、〔具体的内容を伴う対象ではなく〕構造的制限に他ならない。この制限のもとで、指し示されているものがそのつど実現されうるのである。オートポイエーシスに対して激しい論難がなされることによって、〔論難する本人も〕自己の概念に同じことを要求できはしないという点が忘れられてしまうのは明白である。一例としてWalter L. Bühl, Politische Grenzen der Autopoiese sozialer Systeme, in: Hans Rudi Fischer（Hrsg.）, Autopoiesis: Eine Theorie im Brennpunkt der Kritik, Heidelberg 1991, S. 201–225を見よ（しかしこれが唯一の例というわけではない）。

(52) グンター・トイプナーは他ならぬこの問題に、オートポイエーシス概念の堅牢さを緩めることによって対処しようとしている。Gunther Teubner, Hyperzyklus in Recht und Organisation: Zum Verhältnis von Selbstbeobachtung, Selbstkonstitution und Autopoiesis, in: Hans Haferkamp / Michael Schmid (Hrsg.), Sinn, Kommunikation und soziale Differenzierung: Beiträge zu Luhmanns Theorie sozialer Systeme, Frankfurt 1987, S. 98-128を見よ。生物学における Gerhard Roth, Autopoiese und Kognition: Die Theorie H. R. Maturanas und die Notwendigkeit ihrer Weiterentwicklung, in: Günther Schiepek (Hrsg.), Systeme erkennen Systeme: Individuelle, soziale und methodische Bedingungen systemischer Diagnostik, München 1987, S. 50-74 (57 f.) も同様である。本書での議論が追求しているのは、別の脱出策である。さらに、《自己組織化》および《構造的カップリング》の概念を用いた議論もある。Rudolf Stichweh, Selbstorganisation und die Entstehung nationaler Rechtssysteme (17.-19. Jahrhundert), Rechtshistorisches Journal 9 (1990), S. 254-272.

(53) エピソードとして設定された相互作用について論じる際に、再度この問題に立ち帰ることにしたい。そこでは次の点を示すつもりである。エピソード化が可能になるのは相互作用と全体社会の区別を用いることによってのみ、つまり全体社会の内部においてのみのことであり、その全体社会のほうは〔エピソードの場合のようには〕終局をもたないのである。本書一一〇九―一一一〇頁を参照。

(54) この点では N. Katherine Hayles, Making the Cut: The Interplay of Narrative and System, or What Systems Theory Can't See, Cultural Critique 30 (1995), S. 71-100 は正しい。彼女はこう主張している。ここにおいて物語論を範型として採用するのが有効になるだろう。物語論によってオートポイエティック・システムが、またオートポイエーシスを前提として観察するシステムが、いかにして自分自身を差異として設定するかを述べることができるから、と。しかしこの方策によってさほど遠くまでいけるわけではない。なるほど物語論によって、首肯性をもたらすための〔システム理論とは〕別の手段を用いうるようにはなる。そして次のような問いが浮上してくるだろう。オートポイエティックな進化について物語ることが根付きえたのは、そもそもどんな歴史的状況の中でのことだったのか、と。しかし結局そこからは「誰がそれを物語っているのか」との問いへの回帰が生じてくるのである。

（55） この点について十分明快に述べられるのは稀なことでしかない。しかしAnthony Giddens, Time and Social Organization, in ders., Social Theory and Modern Sociology*, Cambridge England 1987, S. 140–165〔小川葉子訳「時間と社会的組織化」、藤田弘夫監訳『社会理論と現代社会学』青木書店、一九九八年、一九三―二二六頁〕では、ハイデッガーを引きつつ論じられている。

（56） われわれは何らかのアクシデントが生じた後では、そこで何を体験したのか、そのように行動したのはなぜなのかを知っている。あたかも、すべてが意識によってコントロールされつつ生じたかのように、である。しかし十分明確に想起することなどできないという点をも知っている（そのことだけは知っている）のである。

（57） これに関してはDonald T. Campbell, Neurological Embodiments of Belief and the Gaps in the Fit of Phenomena to Noumena, in: Abner Shimony*/ Debra Nails（Hrsg.）, Naturalistic Epistemology, Dordrecht 1987, S. 165–192（175）も参照のこと。

（58） そのためにはやはり文字が必要である。文字がなければ、そもそも先祖を確定することが難しくなるからだ。ギリシアを例としたRosalind Thomas, Oral Tradition and Written Record in Classical Athens, Cambridge, England 1989, insb. S. 155 ff. を、またGerdien Jonker, The Topography of Remembrance: The Dead, Tradition and Collective Memory in Mesopotamia, Leiden 1995, insb. S. 213 ff. を参照のこと。

（59） Harold J. Berman, Recht und Revolution: Die Bildung der westlichen Rechtstradition, dt. Übers. Frankfurt 1991 を参照。バーマン〔65〕は（ローマ市民法の伝統が断絶した後に）生じた転換は、精確に十一世紀後半に位置づけうると見なしている。そこから、司法が〔まだ分出を遂げていず〕社会的文脈に埋め込まれた状態に偶然的な出来事が付加されるだけで、わずか数十年のうちに離陸（take off）が可能になったことを見て取れるだろう。偶然的出来事としては、ローマ法のテクストである『ローマ法大全 Corpus Iuris Civilis』の発見〔66〕や、ノルマン人によるイングランドの征服〔67〕を（その結果、司法の場に王法〔68〕が浸透することになった）、そしてとりわけ教会改革〔69〕を考えてみればよい。

（60） G.E.R. Lloyd, Magic, Reason and Experience*: Studies in the Origin and Development of Greek Science, Cambridge,

England 1979 での、ギリシアにおける学術の発展に関する論述を参照。この議論は本文で論じている問題を扱っているものではないが、われわれの理論を前提とすればうまく解釈できるだろう。

（61） 本書三九一頁も参照。

（62） 局地的な裁判権を扱った示唆的な例として、C.L.P.（Charles Loyseau, Parisien）, Discours de l'abus des justices de villages, Paris 1603 がある。

（63） 以下を参照。Gould a.a.O.（1982）; Richard M. Burian, Adaptation, in: Marjorie Grene*（Hrsg.）, Dimensions of Darwinism, Cambridge England 1984, S. 287-314; Michael T. Hannan / John Freeman, Organizational Ecology, Cambridge Mass. 1989, S. 21 ff. トートロジーだとの批判がなされることも多い（適応＝生き残り＝適応）。しかしこの点はその後修正されていったのである。

（64） 当初この点を説明するために用いられたのは《ニッチ Nische〔70〕》の概念だった。しかしそれでは問題設定をずらすことにしかならない。今度は「どれがニッチでどれがニッチでないのか」という区別が理論にとって中心的意義をもつことになるからだ。

（65） この例は Theodosius Dobzhansky, Chance and Creativity in Evolution, in: Francisco Jose Ayala/ Theodosius Dobzhansky（Hrsg.）, Studies in the Philosophy of Biology: Reduction and Related Problems, London 1974 から引いた。

（66） Bowler a.a.O. S. 340 などを参照。

（67） Humberto Maturana / Francisco Varela, El arbol del conocimiento, Santiago de Chile 1984, insb. S. 71 ff.（dt. Übers. Der Baum der Erkenntnis: Die biologischen Wurzeln des menschlichen Erkennens, Bern 1987）〔管啓次郎訳『知恵の樹』前掲、七三頁以下〕を見よ。

（68） Joseph A. Tainter, The Collapse of Complex Societies, Cambridge Engl. 1988 を挙げておけば十分だろう。

（69） 「進化とは複雑性を増大させる過程である」というテーゼに固執すれば、これらの現象を《退行進化 Devolution》として指し示さざるをえなくなる。Charles Tilly, Clio and Minerva, in: John C. McKinney/ Edward A. Tiryakian（Hrsg.）, Theoretical Sociology: Perspectives and Developments, New York 1970, S. 433-466 を見よ。われわれはむし

ろ、このテーゼそのものに限定を加えるという道筋を選ぶ。

(70) Joseph H. Greenberg, Essays in Linguistics, New York 1957, S. 56 ff. などを参照。

(71) われわれとは異なる理論を踏まえつつ、次の点を強調する生物学者もいる。すなわち、進化が本来もたらすのはシステム構造の形成である。ただしその過程で同時に複雑性も後生的に産出されるのである、と。G. Ledyard Stebbins, Adaptive Shifts and Evolutionary Novelty: A Compositionist Approach, in: Francisco Ayala/ Theodosius Dobzhansky (Hrsg.), Studies in the Philosophy of Biology: Reduction and Related Problems, London 1974, S. 285–306 (302 ff.) を見よ。また ders., The Basis of Progressive Evolution, Chapel Hill N.C. 1969 も参照のこと。

(72) 物理的・化学的進化においてもすでにそうであるし、有機体の進化に関しては言うまでもない。Melvin Calvin, Origin of Life in Earth and Elsewhere, in: The Logic of Personal Knowledge: Essays Presented to Michael Polanyi, London 1961, S. 207–231 (214) を参照。

(73) Richard Levins, Evolution in Changing Environments: Some Theoretical Explorations, Princeton 1968, S. 6.

(74) 生物学に関しては Niles Eldredge/ Stephen Jay Gould, Punctuated Equilibria: An Alternative to Phyletic Gradualism, in: Thomas J. M. Schopf (Hrsg.), Models in Paleobiology, San Francisco 1972, S. 82–115 を見よ。Kenneth E. Boulding, Punctuationalism in Societal Evolution, Journal of Social and Biological Structures 12 (1989), S. 213–223 も参照のこと。

(75) Talcott Parsons, Societies: Evolutionary and Comparative Perspectives, Englewood Cliffs N.J. 1966, S. 95 ff.〔矢沢修次郎訳『社会類型』前掲、一四三頁以下〕.

(76) Michael Conrad, Rationality in the Light of Evolution, in: Ilya Prigogine/ Michèle Sanglier (Hrsg.), Laws of Nature and Human Conduct, Brüssel 1987, S. 111–211 ではこのような意味で《無知の仮定 postulate of ignorance》について論じられている。

(77) Bernhard Giesen, Code und Situation: Das selektionstheoretische Programm einer Analyse sozialen Wandels – illustriert an der Genese des deutschen Nationalbewußtseins, in: Hans-Peter Müller/ Michael Schmid (Hrsg.), Sozialer

Wandel: Modellbildung und theoretische Ansätze, Frankfurt 1995, S. 228–266では、まったく異なるかたちで構想された社会変動の理論の文脈で、脱カップリング（Entkopplung）の概念が同様の機能を担っている。

（78） 以下を参照。Heinz von Foerster, On Self-Organizing Systems and Their Environments, in: Marshall C. Yovits/ Scott Cameron（Hrsg.）, Self-Organizing Systems: Proceedings of an Interdisciplinary Conference, Oxford 1960, S. 31–48; Henri Atlan, Entre le cristal et la fumée, Paris 1979〔阪上脩訳『結晶と煙のあいだ』前掲〕.

（79） 一例としてRobert Boyd/ Peter J. Richerson, Culture and the Evolutionary Process, Chicago 1985を挙げておこう。

（80） これまで数知れないほどの思い違いや誤解が生じてきたことに鑑みて、念のために次の点を明示しておこう。ここでの議論は類推（Analogieschluß）ではない。生命から社会を類推しようとしているのでも、その逆でもない。生命システムの進化が存在するからといって、そこから「全体社会システムの進化も存在するはずだ」との結論を導き出すことはできない。そもそもこの種の推論を提起できたのは、全体社会は生物からなると考える理論においてのことだったのである。

（81） 《社会生物学》をめぐる論争が引き起こされたのは、この点が十分に考慮されなかったからである。遺伝的決定要因は、他の環境要因と同様に全体社会に影響を及ぼしうる。つまりコミュニケーションを刺激しうる。この点について異を唱える必要はないが、だからといってかの論争に関わらねばならないというわけでもないのである。生命システムに言及する場合には、《文化》を別の（思考上の、ということになるのだろう）手段による生命の継続であると見なしたり、（遺伝的に固定された行動とは異なる）学習された行動として把握したりしておけばよい（一例として、John Tyler Bonner, The Evolution of Culture in Animals, Princeton N.J. 1980〔八杉貞雄訳『動物は文化をもつか』岩波書店、一九八二年〕を参照）。そしてそれによって、《人間学的》関心に基づく考察が裏書きされるということになるのかもしれない。しかしだからといって、そこから全体社会の進化を逆推論することが許されるわけではないのである。

（82） このような考察から、「全体社会の進化においてはそもそも変異／選択／再安定化を区別できないはずだ」との異議が導き出されてくることが多い。三つのうちのどれもが、意味の上で残りのふたつへと立ち帰りつつ生じてくるのだから、と。しかしこれは意味を帯びた事態一般に関して言えることであり、だからといって三者を有意味に区別することが排除されるわけではもちろんない。

（83） 例えば Hallpike a.a.O.（1986）, Kap. II を見よ。個人と全体社会の関係に関する混乱によって（S. 24 ff. を参照）、全体社会の進化に関する理論へと到る道が塞がれてしまっているのがわかるだろう。

（84） かなり古い例だが、以下を参照。Albert G. Keller, Societal Evolution: A Study of the Evolutionary Basis of the Science of Society, 2. Aufl. New Haven 1931; V. Gordon Childe, Social Evolution, London 1951（dt. Übersetzung Frankfurt 1989）. その後の議論としては、特に Donald T. Campbell, Variation and Selective Retention in Socio-cultural Evolution, General Systems 14（1969）, S. 69–85; Robert A. LeVine, Culture, Behavior, and Personality, Chicago 1973, S. 101 ff.; Howard E. Aldrich, Organizations and Environments, Englewood Cliffs N.J. 1979, S. 26 ff.; John Langton, Darwinism and the Behavioral Theory of Sociocultural Evolution: An Analysis, American Journal of Sociology 85（1979）, S. 288–309; Christoph Lau, Gesellschaftliche Evolution als kollektiver Lernprozeß, Berlin 1981 を参照。これらの文献を一瞥してみれば、システム理論によってすでに与えられていた特定化の可能性が利用されていないことがわかるだろう。

（85） ここできわめて一般的な進化概念が関係してくるのがわかるだろう。この概念には、少なくとも注目しておくだけの価値があるはずである。この概念が関わるのはシナジー効果や散逸構造など、要するに差異形成（逸脱増幅）のきわめて一般的な過程にである。この過程は物理的な、つまりはオートポイエティックでないシステムにおいても成立することが証明されている。それが社会システムにも適用されうるということは異論の余地がないはずである。しかしこの領域においてはさらに特定化される必要がある。

（86） 私が見た限りでは、十九世紀においては例外なくそうであった。Keller a.a.O.（1931）, S. 67 ff. でもまだ事態は変わっていない（S. 68 には《変異の主体 agent は個人である》と述べられている）。進化論的な認識論はすでに早くから形成されていたが、それもまた特定の研究者による偶然的な思いつきに依拠していた。一例として William James, Great Man, Great Thought and the Environment, The Atlantic Monthly 46（1888）, S. 441–459 を、また Georg Simmel,

Über einige Beziehungen der Selektionslehre zur Erkenntnistheorie, Archiv für systematische Philosophie 1（1895）, S. 34-45 を参照（後者 S. 39 には《無数の、心理学的に登場してくる想念のうちのいくつかは……》とある）。すでに注意しておいたように（本書四九七―四九八頁、変異に関するこのような説明は当時においてすでに、個体群＝人口概念に見られる集合的個人主義と矛盾に陥っていたのである。

（87）〔この種の議論は多数見られるが〕以下だけを挙げておこう。Uwe Schimank, Der mangelnde Akteursbezug systemtheoretischer Erklärungen gesellschaftlicher Differenzierung – Ein Diskussionsvorschlag, Zeitschrift für Soziologie 14（1985）, S. 421-434; Michael Schmid, Autopoiesis und soziales System: Eine Standortbestimmung, in: Hans Haferkamp/ Michael Schmid（Hrsg.）, Sinn, Kommunikation und soziale Differenzierung: Beiträge zu Luhmanns Theorie sozialer Systeme, Frankfurt 1987, S. 25-50（41 f.）; ders., Soziologische Evolutionstheorie, Protosoziologie 7（1995）, S. 200-210. ここでは個人への遡行はもはや特定の経験的リアリティを指し示すものではなくなっている。むしろ遡行は、行為を変数として観念するのに役立っているにすぎない。ちなみに Schmid a.a.O. S. 201 では、〔行為者は変異の担い手であるがゆえに行為が変数となるというこの推論手順とは〕視線が逆方向に向けられている。《行為は変動可能なものとして構想されねばならない。そうすれば行為者は変異の担い手となりうるだろう》。

（88）簡潔な概観として、Ernst Mayr, Evolution und die Vielfalt des Lebens, Berlin 1979, S. 47 ff. を挙げておこう。ここでも〔変異を〕吟味し調和をとる働きが必要になるわけだが、それはしばしば《選択》として指し示されている。しかしそう呼んでしまえば、この概念がもつ厳密に進化論的な意味あいを捉え損なうことになる。一例として Lancelot L. Whyte*, Internal Factors in Evolution, London 1965 を、あるいは Manfred Eigen, Selforganization of Matter and the Evolution of Biological Macromolecules, Die Naturwissenschaften 58（1971）, S. 465-523 を参照。変異を試すことによってあらかじめ選択しておく。それによってもたらされる効果としてはまず、進化的選択そのものを簡略化し促進することが挙げられよう。

（89）Joseph Schumpeter*, Kapitalismus, Sozialismus und Demokratie, Bern 1946, S. 47 ff.〔中山伊知郎・東畑精一訳『資本主義・社会主義・民主主義』東洋経済新報社、一九六二年、上巻第二部〕; Theodor Geiger, Aufgaben und Stellung der Intelligenz in der Gesellschaft, Stuttgart 1949 で、この点に関する多くの論点が扱われている。

(90) この点で想起されるのは Helmut Schelsky, Die Arbeit tun die anderen: Klassenkampf und Priesterherrschaft der Intellektuellen, Opladen 1975 である。ただしこの議論は進化論の文脈ではなく、むしろ《政治的》文脈のうちにあるのだが。

(91) 特に、この点に関する重要な貢献である Jan Mukařovský, Das Individuum und die literarische Evolution, in: ders., Kunst, Poetik, Semiotik, dt. Übers., Frankfurt 1989, S. 213–237 を参照。

(92) この点については本書第二章第III節でより詳細に論じておいた。

(93) George Spencer Brown, Laws of Form, Neudruck New York 1979〔大澤真幸・宮台真司訳『形式の法則』前掲〕ではそれゆえに、さしあたっては「区別しつつ指し示すこと」というこの作動しか要求されていない。したがってそこで扱われているのは〔否定を前提とする〕論理学ではなく数学理論なのである。肯定的／否定的の区別が成立するためには、きわめて複雑な観察関係が必要とされる。端緒においてそのような観察関係を前提とするわけにはいかないのである。

(94) Johannes Spörl, Das Alte und das Neue im Mittelalter: Studien zum Problem des mittelalterlichen Fortschrittsbewußtseins, Historisches Jahrbuch 50（1930）, S. 297–341, 498–524 における、語の歴史に関する資料を見よ。Walter Freund, Modernus und andere Zeitbegriffe des Mittelalters, Köln-Graz 1957 をも参照。

(95) この点については Niklas Luhmann, Soziale Systeme a.a.O. S. 488 ff.〔佐藤勉監訳『社会システム理論　下』恒星社厚生閣、一九九五年、六五五頁以下〕で一般的なかたちで論じておいた。本文で採用された立場は、巷に流布されている見解とは区別されねばならない。いわく、構造的な矛盾がシステムの変異の契機となる云々。変異が弁証法によってあらかじめ規定された道筋に沿って生じようと、あるいはまだ規定されていない発展可能性を伴う《ヴァラエティ・プール》としてであろうと、同じことである。多くの文献があるが代表的なものとして、以下を参照。Oskar Lange, Wholes and Parts: A General Theory of System Behaviour, Oxford-Warschau 1965, S. 1 f., 72 ff.; Claude Lévi-Strauss, La notion de structure en Ethnologie, in: ders., Anthropologie structurale, Paris 1958, S. 303–351（341 ff.）〔荒川幾男他訳『構造人類学』みすず書房、一九七二年、三〇一―三五五頁、特に三四二頁以下〕; Talcott Parsons, Some Considerations on the Theory of Social Change, Rural Sociology 26 (1961), S. 219-239; Walter Buckley, Sociology and Modern Systems Theory, Englewood Cliffs N.J. 1967, insb. S. 50 ff.〔新睦人・中野秀一郎訳『一般社会システム論』前掲、特に五七頁以下〕; Jon Elster, Logic and Society: Contradictions and Possible Worlds, Chichester 1978. コミュニケーションを拒否させる機会をより多くもたらすような構造的条件が存在するということも、まったくありうる話である。しかし構造それ自体を《矛盾＝異議に満ちた》ものとして指し示すことはできない。論理学的な意味でも、また対話的な意味においても事は同様である。構造は作動の上で接続を媒介するために用いられるか、それとも用いられないかのどちらかである。そこに矛盾を構築しうるのは、観察者だけである。

(96) その反対が正しいと主張され、仮定されることもしばしばである。変異と選択のこのカップリングこそが社会文化的進化の特質なのであり、この点に関しては生物学的進化との《アナロジー》は役に立たない云々。L. Jonathan Cohen, Is the Progress of Science Evolutionary?, British Journal for the Philosophy of Science 24 (1973), S. 41-61 (47 f.); Stephen Toulmin, Human Understanding Bd. 1, Princeton 1972; Nicholas Rescher, Methodological Pragmatism: A Systems-Theoretic Approach to the Theory of Knowledge, Oxford 1977 は、（科学の進化という限定的な領域に関してであるが）そう主張している。この見解の相違を除去するには、コミュニカティヴな作動をより詳細に分析していくしかないだろう。

(97) Niklas Luhmann, Verfassung als evolutionäre Errungenschaft, Rechtshistorisches Journal (1990), S. 176-120 ではこのテーゼを、《憲法》という（少なくとも意図と計画性という点で印象深い）事例に則して検証しておいた。

(98) 〔この問題を処理する方策の〕例をひとつ挙げておこう。古代ギリシアの法においては当初この問題は、妥当している法に対する訴訟という形式で解決されていた。すなわち、「法が通用しているのは合法になのか、それとも不法になのか」という問いに伴うセカンド・オーダーの観察の形式において、である。Polybios XII, 16 を参照。後の形式においてはすでにルーティーン化した扱いが見られる。この点に関しては以下を参照。Ulrich Kahrstedt, Untersuchungen zu athenischen Behörden, Klio 31 (1938), S. 1-32 (19 ff.); K.M.T. Atkinson, Athenian Legislative Proce-

dure and the Revision of Laws, Bulletin of the John Rylands Library 23/1（1939）, S. 107–150; A.R.W. Harrison, Law-Making at Athens at the End of Fifth Century B.C., Journal of Hellenic Studies 75（1955）, S. 27–35; W.G. Forrest, Legislation in Sparta, Phoenix 21（1967）, S. 11–19. 立法と司法の差異に新たな機能が付与されるまでには、きわめてゆっくりとした経過を辿らねばならなかった（Aristoteles, Rhetorik 1354 a 32 ff.〔山本光雄訳「弁論術」、『アリストテレス全集16』岩波書店、一九八九年、四頁以下〕においては、それはすでに確かなものとなっている）。その機能とはすなわち階層に依存しない、また友愛関係にも依存しない法的義務を確立するということであった。しかしこれは変異そのものを意味するわけではない。むしろそれは変異の効果を考慮することから生じてきたのである。

（99） この点でわれわれの議論は、ゲーム理論の立場から構想された進化論とは異なっている。とりわけ John Maynard Smith, Evolution and the Theory of Games, Cambridge Engl. 1982〔寺本英・梯正之訳『進化とゲーム理論』産業図書、一九八五年〕を参照のこと。ただし、本文で述べたことだけで選択について十分に解明されたなどと想定しているわけではないが。

（100） 環節社会に関しては広範な文献があるが、以下などを参照のこと。H. Ian Hogbin, Social Reaction to Crime, in: Law and Moral in the Schouten Islands, New Guinea, The Journal of the Royal Anthropological Institute 68（1938）, S. 223–262; Alfred R. Radcliffe-Brown, On Joking Relationships, Africa 13（1940）, S. 195–210; Max Gluckman, Custom and Conflict in Africa, Oxford 1955; George M. Foster, Interpersonal Relations in Peasant Society, Human Organization 19（1960）, S. 3–15; Asen Abalikai, Quarrels in a Balkan Village, American Anthropologist 67（1965）, S. 1456–1469; Sally F. Moore, Legal Liability and Evolutionary Interpretation: Some Aspects of Strict Liability, Self-Help and Collective Responsibility, in: Max Gluckman（Hrsg.）, The Allocation of Responsibility, Manchester 1972, S. 51–107.

（101） 広範な文献からの一例として、Kenelm O.L. Burridge, Disputing in Tangu, American Anthropologist 59（1957）, S. 763–780 を挙げておこう。

（102） とりわけ Mary Douglas, Purity and Danger: An Analysis of the Concept of Pollution and Taboo, London 1966, S. 111 ff.〔塚本利明訳『汚穢と禁忌』思潮社、一九九五年、二〇九頁以下〕を参照。

（103） メソポタミアで採用された解決策については、M. David, Les dieux et le destin en Babylonie, Paris 1949; John G. Gunnell, Political Philosophy and Time, Middletown Conn. 1968, insb. S. 39 ff. を参照。

（104） 本章註（5）参照。

（105） ただし次の点は認めておかねばならない。対面状況ではそうするのは困難であり、これは今日に至るまで変わっていない。そこでは相互作用のメディアと並んで、技術的な手だてが有効な場合もある。自分で紙を巻いて煙草を作る人は、既製品を包みから取り出す人よりも、〔煙草を一本くれという〕譲渡の要求に容易に抗いうるだろう。

（106） これについては本書第四章VI節で詳しく論じることにしよう。

（107） これは先に本書一四四頁以下で論じておいた、オートポイエティック・システムの進化的発生の応用事例である。

（108） 本書第二章註（242）で引用したエウリピデスのテクストを参照。

（109） 今日の事情のもとでは、これが同じことを意味するとは限らない。例えば合衆国の《批判法学 critical legal studies》運動が想定しているように、上層の利害関心に即している云々というようにである。この点に関しても、Austin Turk, Law as a Weapon in Social Conflict, Social Problems 23 (1976), S. 276–291 を参照。他方で、特に周辺的に近代化を遂げた諸国においては、下層に属する者が民事訴訟の被告になり上層が原告になっているのが珍しくないのも事実である。メキシコにおける民事訴訟を扱っている Volkmar Gessner, Recht und Konflikt: Eine soziologische Untersuchung privatrechtlicher Konflikte in Mexiko, Tübingen 1976, insb. S. 100 を参照。

（110） 組織の水準での事例研究として、Alvin Gouldner, Patterns of Industrial Bureaucracy, Glencoe Ill. 1954〔岡本秀昭・塩原勉訳編『産業における官僚制』ダイヤモンド社、一九六三年〕, und ders., Wildcat Strike, Yellow Springs Ohio 1954 がある。Eligio Resta, Conflitti sociali e giustizia, Bari 1977 をも参照のこと。

（111） この観点から見て小さすぎるシステムは——家族であれ、組織であれ——今日では《システム療法》の対象となる。この療法がめざしているのは、コンフリクトを配置し直すことなのである。

（112） これに関してはきわめて多様な視点から論じられてきた。決着不可能な論争が増大していくことに関して、またそれとともに議論における一貫性への圧力も増大することに関して。主意説とそれに伴う偶発性の問題をめぐって（ドゥンス・スコトゥス、ウィリアム・オッカム）。さらには神の存在証明におけるいわゆる否定法（via negationis〔71〕）に関して。さらには完成態の観念を、現実には無限な〔決して到達されえない〕ものの概念によって解体することをめぐって。しかしここでは示唆だけに留めざるをえない。

(113) このあまり耳慣れない表現が意味しているのは、次の事柄である。ある真理ないし非真理を確定すれば、それによって、なおも探求されるべき問いの領域が縮小されるのであって、（多くの論者が示唆しているように）拡大されるのではない。だとすれば出発点となる可能性は限定されざるをえないのである、と。この前提のもとで初めて、例えば仮説の反証可能性を要求することが意味をもつようになる。

(114) この転換が生じたのは十七世紀だった。当時はまだ宗教に関しても政治に関しても、新たなものに対する古来の警告は保持されていた。しかし同時に《好まれる》だろうもの全般に対する肯定的な評価も確立していたのである。《世界のあらゆる部分が持続によって支えられているとすれば、新しさはそれらを畏敬に値するものと化す》と、François de Grenaille, La Mode ou le Charactère de la Religion, Paris 1642, S. 5 は当時生じていた葛藤を定式化している。それに対応してメレ〔72〕からブウール〔73〕を経てモンテスキューに至る十七／十八世紀には、《驚き surprise》が高く評価されるようにもなった（メレはまだ懐疑的だったが）。Erich Köhler, Esprit und arkadische Freiheit: Aufsätze aus der Welt der Romania, Frankfurt 1966, S. 267 f. を参照。この点については本書第五章第XII節で詳しく論じる。

(115) ヘンリー・アダムズの関心もやはりそうだった。《彼は、十人中九人までがそうであるように、進化論を直感的に信じていた。しかし彼の関心は自然選択よりも非自然的選択のほうにあった……》(The Education of Henry Adams (1907), Boston 1918, S. 225〔刈田元司訳『ヘンリー・アダムズの教育』八潮出版社、一九七一年〕)。

(116) これが理論的抽象化であることは言うまでもない。

(117) この表現は Talcott Parsons, Societies: Evolutionary and Comparative Perspectives, Englewood Cliffs N.J. 1966, S. 42〔矢沢修次郎訳『社会類型』前掲、六〇頁〕による。

(118) われわれはすでに象徴的に一般化されたメディアの概念を導入するという文脈で（本書第二章第IX節）で次のよう

に強調しておいた。意味提案が受け入れられる場合には（それは歴史上偶発的なかたちで生じるのだが）たいていの場合、ことはそのように進んでいくのである。しかし拒絶される場合は話が違ってくる。

(119) いずれにせよこの可能性が高い蓋然性をもつようになっているのは、マスメディアが特に逸脱を報道するということによっているのかもしれない。そのために逸脱が通常的なものとして認知される前提が創り出されているのではないか。だとすれば逸脱は容易に制度化されうることになる。

(120) 今日では生物学においても、選択に対して中立的な変異というものが存在するということについては、異論の余地がなくなっている（生物学者はしばしばそれを、ダーウィンの理論範型からの逸脱であると見なしているのだが）。一例として Jack Lester King/ Thomas H. Jukes, Non-Darwinian Evolution, Science 164 (1969), S. 788-798 を参照。

(121) われわれはすでに《帰納法＝前方への誘導 forward induction》について論じておいた。本書四九二―四九三頁を参照。

(122) 本書前節原註 (96) を参照。

(123) 特に丸山孫郎は、この経緯をポジティヴ・フィードバックのセカンド・サイバネティクスと結びつけようと試みた論者の一人である。彼は明確にこう述べている。《高確率の領域における小さな初期逸脱が、低確率な（あるいはより正確に言えば、確率論的に〔蓋然論的に〕単一方向の因果性の枠内ではきわめて蓋然性の低い）大きな逸脱へと発展していくかもしれない》。Toward Cultural Symbiosis, in: Erich Jantsch/ Conrad C. Waddington (Hrsg.), Evolution and Consciousness: Human Systems in Transition, Reading Mass. 1976, S. 198-213 (203)〔佐藤敬三訳「文化的共生をめざして」『現代思想』第一二巻第一号、九八―一一三頁（一〇三頁）〕.

(124) 時として突然変異する遺伝子の環境としての細胞との比較を考える向きもあるかもしれない。そこにおいても、進化が一定の方向へ向かうのは、この関係を規制することによってのみであるという点が認められるはずである。Ernst Mayr, Selektion und gerichtete Evolution, Die Naturwissenschaften 52 (1965), S. 173-180 を参照。

(125) 分化のこの形式をより綿密に描出するのは、本書の当該の章まで差し控えておかねばならない。第四章第XIII節を見よ。

（126）この点については（冶金法の受容を例としている）Colin Renfrew, The Emergence of Civilization: The Cyclades and the Aegean in the Third Millennium B.C., London 1972, S. 28, 36 ff. を見よ。《革新はいつでも、どんな社会においても生じてくる。新しいアイデアはどちらかというと突然に、生物の世界における突然変異のように生じてくる。アイデアの出現を個別に予測することはできない。しかし肝心なのは、それらの革新への反応のほうである。革新が拒絶されれば、実効的な変化は生じない。受け入れられるにしても、さらに修正されうるのである。……変化ないし革新が人間の活動のある領域（文化の、あるサブシステム）で生じた場合、しばしばそれは他の領域（他のサブシステム）における変化を、いわば後押しするのである。ひとつないし複数のサブシステムにおいて誘発された変化が、最初のサブシステムにおけるもともとの変化を増大させるよう作用する場合には、乗数効果が働いていると言われる》（S. 28, 37）。そこからは「まさにこの観点から、どんな要因が弁別されるのか」との問いが生じてくるだろうが、それについては個々の事態の具体的分析の中で答えるしかない。

（127）この点に関してはJan Assmann, Das kulturelle Gedächtnis: Schrift, Erinnerung und politische Identität in frühen Hochkulturen, München 1992 を見よ。

（128）Georg Wilhelm Friedrich Hegel, Vorlesungen über die Ästhetik, zitiert nach der Ausgabe Frankfurt 1970, Bd. 1, S. 215〔長谷川宏訳『ヘーゲル美学講義　上巻』前掲、一七五頁〕.

（129）個々の点についてはNiklas Luhmann, Liebe als Passion: Zur Codierung von Intimität, Frankfurt 1982〔佐藤勉・村中知子訳『情熱としての愛』前掲〕を見よ。

（130）Gabriel Naudé, Considérations politiques sur les coups d'Etat（1639）, zit. nach der Ausgabe: Science des Princes, ou Considérations sur les coups d'etat, 3 Bde., Paris 1712 のように。

（131）これについては、Eric R. Wolf, The Study of Evolution, in: Shmuel N. Eisenstadt（Hrsg.）, Readings in Social Evolution and Development, Oxford 1970, S. 179-191（187 ff.）における「社会変動が集積する領域／集積しない領域」という区別を見よ。集積する領域はテクノロジーによって規定された領域と同一視されている。

（132）Giovanni Antonio Palazzo, Discorso del Governo e della Ragion Vera di Stato, Venetia 1606, S. 12 f. によれば、国家

とはそういうものである。すなわち平和とは《事物が同一で、時間的に平穏であること、本質が常に同じであること》に他ならない、と。国家の完成態は、他ならぬこの点にこそ存しているのである。

(133) 以下を参照。Donald T. Campbell, Blind Variation and Selective Retention in Creative Thought as in Other Knowledge Processes, Psychological Review 67 (1960), S. 380–400; ders., Variation and Selective Retention in Socio-Cultural Evolution, General Systems 14 (1969), S. 69–85; Michael Schmid, Theorie sozialen Wandels, Opladen 1982, S. 137 u. ö.

(134) しかしそれを退けるという手続きはまだ必要だと見なされている。Michael T. Hannan / John Freeman, Organizational Ecology, Cambridge Mass. 1989, S. 21 f. などを見よ。

(135) Warren G. Bennis/ Philip E. Slater, The Temporary Society, New York 1968〔佐藤慶幸訳『流動化社会——一時的システムと人間』ダイヤモンド社、一九七〇年〕を参照。

(136) 例えば Thomas G. Harding, Adaptation and Stability, in: Marshall D. Sahlins/ Elman R. Service (Hrsg.), Evolution and Culture, Ann Arbor Mich. 1960, S. 45–68〔山田隆治訳『進化と文化』新泉社、一九七六年、七一—九九頁〕を見よ。

(137) Keller a.a.O. (1931), S. 287 ff. では詳細にそう論じられている。より近年の文献からは、Robert Boyd/ Peter J. Richerson, Culture and the Evolutionary Process, Chicago 1987 を挙げておこう。

(138) この区別に関しては、マンハイムの学位請求論文である Karl Mannheim, Konservativismus: Ein Beitrag zur Soziologie des Wissens, hrsg. von David Kettler, Volker Meja und Nico Stehr, Frankfurt 1984〔森博訳『歴史主義・保守主義』恒星社厚生閣、一九六九年〕を見よ。ただしこれは革命の理論に立脚したものではない。

(139) 科学史的な説明を試みるならばその理由は、進化論をめぐる論争が長期にわたって、誤って引かれた前線に基づいてなされてきたというところに求められるだろう。例えば構造・対・過程、静学・対・動学、構造機能主義・対・社会変動の理論、というようにである。あるいは構造的矛盾の学説が階級理論家たちによって、《保守的》な試みと見なされてきたことに理由があるのかもしれない。階級理論家たちに言わせればこの学説は、唯一重要なテーマである階級闘争を回避しようとする、少なくとも弱めようとする、試みなのである。これらすべては現在ではもはや、われわれの興味を引くものではなくなっている。

(140) Richard Levins, Evolution in Changing Environments: Some Theoretical Explorations, Princeton 1968, S. 108 f. では、《漸進的拘束 progressive binding》としての進化について論じられている。

(141) このテーマに関する最近の議論については、Tom Baumgartner/ Tom R. Burns, Inflation as the Institutionalized Struggle over Income Distribution, Acta Sociologica 23（1980）, S. 177–186 を参照。

(142) われわれは機能分化を強調することによって、「多様性が変異のチャンスと頻度を高める」という生物学において周知のものとなっているテーゼを精緻化することになる。

(143) システム形成のこの形式については次章で再び論じることになるが、ここで先取りしておかねばならない。

(144) 大学に関しては Rudolf Stichweh, Der frühmoderne Staat und die europäische Universität: Zur Interaktion von Politik und Erziehungssystem im Prozeß ihrer Ausdifferenzierung（16.–18. Jahrhundert）, Frankfurt 1991 を、修道院については Alfred Kieser, From Ascetism to Administration of Wealth: Medieval Monasteries and the Pitfalls of Rationalization, Organization Studies 8（1987）, S. 103–123 を、ツンフトに関しては Alfred Kieser, Organizational, Institutional, and Societal Evolution: Medieval Craft Guilds and the Genesis of Formal Organizations, Administrative Science Quarterly 34（1989）, S. 540–564 を参照。

(145) Michael Fullan/ Jan J. Loubser, Education and Adaptive Capacity, Sociology of Education 45（1972）, S. 271–287（281 f.）に類似した発想が見られる。

(146) Sin and Society: An Analysis of Latter-Day Iniquity, Boston 1907, S. 40.

(147) この論述は Magoroh Maruyama, Toward Cultural Symbiosis, in: Erich Jantsch / Conrad Waddington（Hrsg.）, Evolution and Consciousness: Human Systems in Transition, Reading Mass. 1976, S. 198–213〔佐藤敬三訳「文化的共生をめざして」前掲、九八―一一三頁〕をパラフレーズしたものである。

(148) この点については後でまた論じることにする。本書第四章第XIV節を見よ。

(149) Karl E. Weick, Sensemaking in Organizations, Thousand Oaks Cal. 1995〔遠田雄志・西本直人訳『センスメーキングインオーガニゼーションズ』前掲〕を参照。

(150) 本章XI節を参照。

(151) 進化論と弁証法との、したがってまたヘーゲルの歴史理論との関係については、根本的な考察が必要だろう。ここでは次の点に注意を促すに留めておく。形式の概念は区別をマークする。それによって、区別の両方の側の連関が、必然的なものとして示されることにもなる。したがって変異には必然的に選択が、選択には必然的に再安定化が続くのである。しかしだからといって、〔この移行に〕対応するプロセスが必然的だということにはならない。またこのプロセスの内部において運動を生ぜしめるのは《対立》として構成された区別のみである云々という話にもならない。そのような前提を維持できるのは、《精神》の類を仮定する場合のみである。精神は、より高次の（より後の）立場から眺めることによって、単に現存しているものを《欠如》という形式へと移し入れる。そうして最後には、この欠如を自分自身で癒すのである。

(152) この点は今日では広く承認されている。一例としてErich Jantsch, The Self-Organizing Universe: Scientific and Human Implications of the Emerging Paradigm of Evolution, Oxford 1980, insb. S. 217 ff.〔芹沢高志・内田美恵訳『自己組織化する宇宙』工作舎、一九八六年、四二一頁以下〕を参照。ただしこの事態と、理論の水準での自己言及とは区別されねばならない。こちらが述べているのは、進化に関する洞察によって、進化論が自分自身を進化の帰結として把握するに至るという点なのである。普遍性要求を掲げる進化論がこのように《オートロジカル》な契機を含むという点についてはLars Löfgren, Knowledge of Evolution and Evolution of Knowledge, in: Erich Jantsch (Hrsg.), The Evolutionary Vision: Towards a Unifying Paradigm of Physical, Biological and Sociocultural Evolution, Boulder Cal. 1981, S. 129-151を参照。しかし理性はこの種の循環に対して、厳しい判定を下すのが常である。そうすることで理性は、自己根拠づけに関する自身の歴史的特権性を守ろうとするわけである。以下を参照。Hans-Michael Baumgartner, Über die Widerspenstigkeit der Vernunft, sich aus der Geschichte erklären zu lassen: Zur Kritik des Selbstverständnisses der evolutionären Erkenntnistheorie, in: Hans Poser (Hrsg.), Wandel des Vernunftbegriffs, München

1981, S. 39–64; ders., Die innere Unmöglichkeit einer evolutionären Erklärung der menschlichen Vernunft, in: Robert Spaemann/ Peter Koslowski/ Reinhard Löw（Hrsg.）, Evolutionstheorie und menschliches Selbstverständnis, Weinheim 1984, S. 55–71.

（153）この点についてはStebbins a.a.O.（1969）, S. 117を参照。《「生体システムは今述べたような道筋で進化を遂げてきた」という仮説からのコロラリーとして、次の論点が導かれてくる。突然変異と遺伝子の再結合を用いて、自然淘汰によって導かれつつ進化していく能力そのものが、頻繁で不規則な化学反応のみによって変化していく能力から次第に進化してきたに違いないのである》。

（154）Jean-Baptiste Pierre Antoine de Monet de Lamarck, Philosophie zoologique, Paris 1809, Nachdruck Weinheim 1960〔木村陽二郎編・高橋達明訳『ラマルク　動物哲学』朝日出版社、一九八八年〕を参照。

（155）Bd. I, S. 82 ff.

（156）《ようである》と付け加えたのは、遺伝学がこの点について言うべきことをすべて言い尽くしてしまったのかどうかに関して、まだ完全に確信をもてないからである。

（157）この点に関してはRevue internationale de systémique, das Heft 7/5（1993）を見よ。

（158）文献に当たってみれば、同様の意味を持つ多数の表現を見いだせるだろう。Sahlins/ Service a.a.O.（1960）, S. 25, 69 ff.〔前掲訳書、三三頁、一〇一頁以下〕では、古生物学および生物学における用語法を踏まえて、《適応前進 adaptive advances》ないし《優性型 dominant types》について語られている。パーソンズは《進化的普遍項 evolutionary universals》という表現を用いている。特にEvolutionary Universals in Society, American Sociological Review 29（1964）, S. 339–357, neu gedruckt in ders., Sociological Theory and Modern Society, New York 1967, S. 490–520）を見よ。James S. Coleman, Social Inventions, Social Forces 49（1970）, S. 163–173なら《社会的発明 social inventions》である。これらいずれの場合においても問題となっているのは、限定に依拠することでもたらされる利点なのである。

（159）後で再度論じるように、進化論と進歩の理論はこの点で区別される。

（160）Julian S. Huxley, Evolution: The Modern Synthesis, 2. Aufl. London 1963では《優性型》が、今最後に挙げた、環

境に関わる二重の可能性によって定義されている。

（161）この洞察は Alexander A. Goldenweiser, The Principle of Limited Possibilities in the Development of Culture, Journal of American Folk-Lore 26（1913）, S. 259–290 にまで遡りうる。

（162）この点に関しては、Hallpike a.a.O. S. 81 ff. の《凡庸なものの存続》の章を参照。

（163）単純な技術的発明ですら〔普及するためには〕、しばしば事後的な改良が必要とされる。鉄道が商業的に成功しえたのは、ようやく個人旅行者を確実に取り込めるようなった後のことだった。電話が商業的に成功したのは双方向的なコミュニケーションの道具へと拡張されることによって、つまり同じ道具で話すことも聞くことも可能になった後でのことであり、発明そのものが実現されてからしばらく時間がたってのことだったのである。

（164）Alfred S. Romer, The Vertebrate Story, Chicago 1959, S. 93 f.〔川島誠一郎訳『脊椎動物の歴史』どうぶつ社、一九八一年、八一頁以下〕ではこの経緯（「ローマー[74]の原理」と呼ばれる）が、肺魚を例に描き出されている。河川の状況が変化した際には肺魚は、乾燥した地域を通って水の中に戻ろうと試みねばならなかった。かくして次第に陸上生活へと特化していったのである。

（165）本書二九五頁。

（166）Fritz Heichelheim, Die Ausbreitung der Münzgeldwirtschaft und der Wirtschaftsstil im archaischen Griechenland, Schmollers Jahrbuch 55（1931）, S. 229–254（238）では、価値保証を伴う少額鋳造への移行がひとたび生じると、それが《急激に》普及していくと述べられている。Michael Hutter, Communication in Economic Evolution: The Case of Money, in: Richard W. England（Hrsg.）, Evolutionary Concepts in Contemporary Economics, Ann Arbor 1994, S. 111–136 も見よ。

（167）Ernst Mayr, The Emergence of Evolutionary Novelties, in: Sol Tax（Hrsg.）, Evolution After Darwin Bd. 1, Chicago 1960, S. 349–380 を参照。ゲルハルト・フォルマー[75]は、（進化のためには不可欠な）《二重機能》について語っている。Die Unvollständigkeit der Evolutionstheorie, in: Gerhard Vollmer, Was können wir wissen? Bd. 2, Stuttgart 1986, S. 1–38, S. 24 ff. を見よ。

（168） この定式化は Stephen Jay Gould, Darwinism and the Expansion of Evolutionary Theory, Science 216（1982）, S. 380-387（383）による。

（169） Robert MacAdams, The Evolution of Urban Society: Early Mesopotamia and Prehispanic Mexico, London 1966, S. 41ではそう定式化されている。この概念の由来については L. Cuénot, L'adaptation, Paris 1925を見よ。

（170） 中国に関しては、またイングランドとの比較のためには（〔イングランドだけを挙げるのは〕中世初期のヨーロッパに関しては概ねどこも同じだからである）、Hosea Ballou Morse, The Gilds of China: With an Account of the Gild Merchant of Co-Hong of Canton, London 1909〔増井経夫訳『支那ギルド論』生活社、一九三九年〕を参照。

（171） J.B.S. Haldane, The Causes of Evolution, New York 1932, S. 153, zit. nach George G. Simpson, The Concept of Progress in Organic Evolution, Social Research 41（1974）, S. 28-51（46）.

（172） この点に関しては Eric Hobsbawm*/Terence Ranger（Hrsg.）, The Invention of Tradition, Cambridge 1983〔前川啓治・梶原景昭他訳『創られた伝統』前掲〕を見よ。

（173） Goldenweiser a.a.O.; Pitirim A. Sorokin, Social and Cultural Dynamics Bd. IV, New York 1941, S. 76 ff. を参照。生物学における進化論でも、同様の議論が見受けられる。「すでに獲得されている表現型は、さらなる変異の可能性をどれくらい制限するのか」という問いをめぐってである（同型的変異の法則）。

（174） 等結果性の概念に関しては、ルートヴィヒ・フォン＝ベルタランフィの業績を参照（旧世代の生物学を基礎としたものではあるが）。例えば Zu einer allgemeinen systemlehre, Biologia Generalis 9（1949）, S. 114-129（12 ff.）; ders., Problems of Life, New York 1960, S. 142. 同様の発想がすでに Emile Boutroux, De la contingence des lois de nature, 8. Aufl. Paris 1915, S. 13〔西宮藤朝訳『自然法の偶然性』平凡社、一九二六年、一三頁以下〕にも見られる。さらに W. Ross Ashby, The Effect of Experience on a Determinate Dynamic System, Behavioral Science 1（1956）, S. 35-42 も参照。パーソンズもまた、「進化上の／構造上の」という二重の意味をもたせることによって、「進化的普遍項」の概念のうちに等結果性を組み込んでいる。《私が進化普遍体ということで示そうとしているのは、以後の進化のために十分な重要性をもつ、組織上の発展すべてである。それが生じるのは一度限りかもしれないが、相異なる条件化で作動するさまざまなシステムがそれを〈思いつく〉のはありそうな話である》（a.a.O. 1967, S. 491）。

（175） Christian Meier, Die Entstehung des Politischen bei den Griechen, Frankfurt 1980, S. 57 ff. を参照。

（176） 一例として、Wilhelm Berger, Am Punkt der Vollendung: Technikphilosophie nach Martin Heidegger und Gotthard Günther, in: Ernst Kotzmann（Hrsg.）, Gotthard Günther – Technik, Logik, Technologie, München 1994, S. 33–54（33 f.）を挙げておこう。Hans Jonas, Das Prinzip Verantwortung: Versuch einer Ethik für die technologische Zivilisation, Frankfurt 1979〔加藤尚武監訳『責任という原理』東信堂、二〇〇〇年〕も《技術的文明》について語っている。にもかかわらず、そう指し示された社会の中で、倫理的に動機づけられた対抗運動の余地があると見なしてもいるのである。

（177） とりあえず Wiebe E. Bijker/ Thomas P. Hughes/ Trevor J. Pinch（Hrsg.）, The Social Construction of Technological Systems: New Directions in the Sociology and History of Technology, Cambridge Mass. 1987 だけを挙げておこう。組織（および人員）水準との関連については、Henry Etzkowitz, Academic-Industrial Relations: A Sociological Paradigm for Economic Development, in: Loet Leydesdorff/ Peter van den Besselaar（Hrsg.）, Evolutionary Economics and Chaos Theory: New Directions in Technology Studies, London 1994, S. 139–151 を見よ。

（178） Nathan Rosenberg, Perspectives on Technology, Cambridge Engl. 1975, S. 5. より詳しくは S. 260 ff. を見よ。

（179） この点に関しては Gerald Wagner, Vertrauen in Technik, Zeitschrift für Soziologie 23（1994）, S. 145–157 を見よ。

（180） 概観のためには Friedrich Rapp, Analytische Technikphilosophie, Freiburg 1978, S. 30 ff. を見よ。

（181） Ernst Kapp, Grundlinien einer Philosophie der Technik（1877）, Düsseldorf 1978.

（182） 近代の伝統に関しても（それだけに関して、というわけではないが）もちろん事は同様である。かくして、精緻化された概念構成を探求することが、広範囲にわたって阻害されてしまっているのである。《技術に関する同時代の文献の――ルーマン）中枢に位置しているのは……人工物の概念である。この概念は（「人工物は」の誤りか――ルーマン）道具、機械、自動機械として、非技術的な目標を達成するための手段となるのである》と、Wolfgang Krohn, Die Verschiedenheit der Technik und die Einheit der Techniksoziologie, in: Peter Weingart（Hrsg.）, Technik als sozialer Prozeß, Frankfurt 1989, S. 15–43（15）で述べられている。

（183）Wilfried Seibicke, Technik: Versuch einer Geschichte der Wortfamilie um τέχνη in Deutschland vom 16. Jahrhundert bis etwa 1830, Düsseldorf 1968, S. 99 ff. を参照。テクノロジーの今日における用法は英語由来のものであり、もはやこの伝統とは関係を持たなくなっている。それとともに《テクノロジー》という概念がもつ明確な輪郭も失われるに至っている。しかしおそらく〔まだ〕、「《テクノロジー》が関わるのは、エネルギーを獲得し使用することへと技術を適用することである」というようには述べうるだろう。

（184）多くの点に関して、Manfred Mai, Technikblindheit des Rechts – Technikignoranz der Juristen?, Zeitschrift für Rechtssoziologie 13（1992）, S. 257–270 を見よ。

（185）以下などを見よ。Hans Freyer, Theorie des gegenwärtigen Zeitalters, Stuttgart 1955; ders., Gedanken zur Industriegesellschaft, Mainz 1970; Friedrich Georg Jünger, Die Perfektion der Technik, Frankfurt 1953; Arnold Gehlen, Die Seele im technischen Zeitalter, Hamburg 1957〔平野具男訳『技術時代の魂の危機』法政大学出版局、一九八六年〕; Helmut Schelsky, Der Mensch in der wissenschaftlichen Zivilisation, Köln-Opladen 1961; Martin Heidegger, Die Technik und die Kehre, Pfullingen 1962〔小島威彦、L・アルムブルスター訳『技術論　ハイデッガー選集一八』理想社、一九六五年〕.

（186）概観のためには Bernward Joerges, Soziologie und Maschinerie – Vorschläge zu einer »realistischen« Techniksoziologie, in: Peter Weingart（Hrsg.）, Technik als sozialer Prozeß, Frankfurt 1989, S. 44–89（特にヴェーバー、マルクス、ゾンバルト、フライヤーに関してはS. 48 ff.）を見よ。

（187）Herbert Breger, Die Natur als arbeitende Maschine: Zur Entstehung des Energiebegriffs in der Physik 1840–1850, Frankfurt 1982 を参照。さらには、エネルギーと経済＝機構（Ökonomie）の関係も考慮に入れられなければならないだろう。例えばフロイトの心的なエネルギー収支の理論において、この関係は根本的な意義を有していたのである。

（188）言うまでもないことだが、日常世界においてはこの区別が依然として意味を持ち続けているという点までもが、否定されるべきではない。畑に皮付き茹でジャガイモを植え込もうとする農民は、カテゴリー・ミステイクを犯していることになるはずである。

（189） The Education of Henry Adams: An Autobiography, Boston 1918, S. 339 f.〔刈田元司訳『ヘンリー・アダムズの教育』前掲〕

（190） Bijker et al. a.a.O. を、また Alain Gras, Grandeur et Dépendence: Sociologie des macro-systèmes techniques, Paris 1993 を見よ。

（191） この問題設定をテーマ化する方法のひとつとして今日用いられているのは、警告の意味を含む《カオス》というタイトルである。それによれば技術の実行は、あるいは数学的算定もやはり、除去されえない不正確さに依存しているのである。したがって長期的に見れば、めざされた経過からの逸脱が生じてくることになる、と。

（192） そこから、技術の発達がどれほど市場（という環境）の発達に依存しているかを見て取ることもできるだろう。この環境の中では、必要なものすべてを購入できる。そしてその限りで使用できる（貯蔵できるわけではないにしても）のである。

（193） Niklas Luhmann, Technology, environment and social risk: a systems perspective, Industrial Crisis Quarterly 4 (1990), S. 223–231 も参照。

（194） 本書第一章第Ⅸ節。

（195） 一例として Robert B. Glassman, Persistence and Loose Coupling in Living Systems, Behavioral Science 18 (1973), S. 83–98 を見よ。社会システムについても、組織に関してすらも、同じことが成り立つ。以下を参照。Karl E. Weick, Der Prozeß des Organisierens, dt. Übers. Frankfurt 1985, insb. S. 163 ff.〔遠田雄志訳『組織化の社会心理学』文眞堂、一九九七年、特に一四四頁以下〕; ders., Management of Organizational Change Among Loosely Coupled Elements, in: Paul S. Goodman et al. (Hrsg.), Change in Organizations: New Perspectives on Theory, Research, and Practice, San Francisco 1982, S. 375–408. 旧世代のサイバネティクス（アシュビー）においては、「超安定性」と言われていた。

（196） 〔本書とは〕まったく異なる、ネットワーク理論および社会構築主義の立場から出発している、John Law, Technology and Heterogeneous Engineering: The Case of Portuguese Expansion, in Bijker et al. a.a.O. S. 111–134 (131) も、

こう述べている。《……〈自然〉がその頑強さを見せるのは、システム設計者が記録したネットワークにとってだけ重要となるようなかたちにおいてのみである》。

(197) おそらくは、アンソニー・ギデンズが言う時間と空間の距離化(time-space-distantiation)という意味で。もっともギデンズはこの概念を、近代を特徴づけるためにしか用いていないのだが。The Consequences of Modernity, Stanford Cal. 1990, insb. S. 14 f., 17 ff.〔松尾精文・小幡正敏訳『近代とはいかなる時代か?』前掲、特に三一頁以下および三五頁以下〕を見よ。

(198) 再度次の点を想起しておいていただきたい。類似性が浮上してきたとしても、区別を(ここでは、コミュニケーション・メディアの区別を)追加することで再度それを分解することももちろんできるのである。

(199) 必ずしもそうなるわけではないという点は、認められねばならない。ギリシアの知識人・数学者・哲学者における観念の豊かさと、技術がきわめて選択的な範囲でしか実現されなかったこと(建築、劇場の建物、ユーパリノスのトンネル[76]、今日では一部理解不能になってしまった計算形式に基づく軍事的機械など)と比較してみればよい。

(200) 通常は記号ではなく、象徴について語られている。根本的に言えば、伝統的な意義が保持されている以上、どちらも不適切である。この点からも、この〔本文で述べられている〕変化の射程が明らかになる。おそらく、「形式」という言葉を使うべきなのだろう。

(201) Karl E. Weick, Technology as Equivoque: Sensemaking in New Technologies, in: Paul S. Goodman/ Lee S. Sproull et al., Technology and Organizations, San Francisco 1990, S. 1-44(34)では、次のように述べられている。《強制的なコントロールのためには、新たなテクノロジーによって日常的に示されている以上のものを観察できなければならない》。

(202) 例えばNorman Clark/ Calestous Juma, Long-Run Economics: An Evolutionary Approach to Economic Growth, New York 1987では、革新と技術的変化が同義語として用いられている。

(203) 一例としてKurt Klagenfurt, Technologische Zivilisation und transklassische Logik: Eine Einführung in die Technikphilosophie Gotthard Günthers, Frankfurt 1995, S. 19を見よ。《技術的文明》という見出し語に関してはErnst

Kotzmann（Hrsg.）, Gotthard Günther – Technik, Logik, Technologie, München 1994, insb. S. 33 f. も参照。

（204） こう述べているのは Claus Offe, Die Utopie der Null-Option: Modernität und Modernisierung als politische Gütekriterien, in: Johannes Berger（Hrsg.）, Die Moderne – Kontinuität und Zäsuren, Sonderband 4 der Sozialen Welt, Göttingen 1986, S. 97–117（104）である。

（205） この概念は十九世紀になって初めて流行するようになったのであって、〔当初から〕用いられていたわけではなかったのだが。これに関しては Giuseppe Orsi et al.（Hrsg.）, Solidarität, Rechtsphilosophische Hefte IV, Frankfurt 1995 を参照。ヨーロッパ旧来のゼマンティクにおいてはむしろ、友愛／友情（philia / amicitia）のほうが用いられていた。

（206） 危険／リスクの区別についてより詳しくは、Niklas Luhmann, Risiko und Gefahr, in ders., Soziologische Aufklärung Bd. 5, Opladen 1990, S. 131–169; ders., Soziologie des Risikos, Berlin 1991, insb. S. 9 ff. を見よ。Klaus Peter Japp, Soziologische Risikotheorie: Funktionale Differenzierung, Politisierung und Reflexion, Weinheim 1996, S. 61 ff. u. ö. も参照。

（207） James D. Thompson, Technology, Polity, and Social Development, Administrative Science Quarterly 19（1974）, S. 6–21 を参照（まだ〔世界社会が〕巨大な地域的複合体という意味で捉えられているが）。

（208） この問題は十九世紀においてすでに論じられていた。W. Stanley Jevons, The Coal Question: An Inquiry Concerning the Progress of Nation, and the Probable Exhaustion of our Coal-mines（1865）, zit. nach der 3. Aufl.（1906）, Nachdruck New York, insb. S. 158 ff.

（209） Richard L. Gordon, An Economic Analysis of World Energy Problems, Cambridge Mass. 1981 では、経済学的分析の前提と限界が明らかにされている。

（210） Niklas Luhmann, Gesellschaftsstruktur und Semantik, 4 Bde., Frankfurt 1980, 1981, 1989, 1995 では、具体的な事例研究に基づいて共進化というこの種の問題を扱っておいた。

（211） したがって、ここで明確にしておいたほうがよいだろうが、本節で扱うのは《文化》が全体社会の進化にとってもつ一般的な意義ではない。この点についてはすでに本書四七〇—四七一頁で触れておいた。また文化的な人工物一般の発展を、例えば今日ならば「様式」として指し示されうるであろうようなマーキングを扱おうとしているわけでもないのである。特にこの点に関しては Margaret W. Conkey, Style and Information in Cultural Evolution: Toward a Predictive Model of the Paleolithic, in: Charles L. Redman et al.（Hrsg.）, Social Archeology: Beyond Subsistence and Dating, New York 1978, S. 61-85 を参照（進化という表現が用いられているが、進化論の〔概念〕用具が用いられているわけではない）。

（212） 十九世紀においてはむしろ文化的進化という言い方が用いられていた。それは、人口の進化から区別されていたのである。一例として Edward B. Tylor*, Primitive Culture, 2 Bde., London 1871〔比屋根安定訳『原始文化』誠信書房、一九六二年〕を見よ。

（213） Heinz von Foerster, Das Gleichnis vom blinden Fleck: Über das Sehen im allgemeinen, in: Gerhard Johann Lischka（Hrsg.）, Der entfesselte Blick: Symposion, Workshops, Ausstellung, Bern 1993, S. 14-47 を参照。

（214） この点に関しては、Niklas Luhmann, Wie lassen sich latente Strukturen beobachten? in: Paul Watzlawick/ Peter Krieg（Hrsg.）, Das Auge des Betrachters – Beiträge zum Konstruktivismus: Festschrift Heinz von Foerster, München 1991, S. 61-74 を参照。

（215） その例を Niklas Luhmann, Liebe als Passion: Zur Codierung von Intimität, Frankfurt 1982〔佐藤勉・村中知子訳『情熱としての愛』前掲〕で示しておいた。

（216） Aldo Schiavone, Nascita della Giurisprudenza: Cultura aristocratica e pensiero giuridico nella Roma tardo-repubblicana, Bari 1976 は、この点に関する格好の事例研究となっている。

（217） Talcott Parsons, Societies: Evolutionary and Comparative Perspectives, Englewood Cliffs N.J. 1966〔矢沢修次郎訳『社会類型』前掲〕における《苗床 seed-bed》社会に関する章（S. 95 ff.〔一四三頁以下〕）を参照。

（218） Clifford Geertz, Dichte Beschreibung: Beiträge zum Verstehen kultureller Systeme, dt. Übers. Frankfurt 1983, S. 96 ff. では、埋葬儀礼に関する、またそこにおける理念によって条件づけられた攪乱に関する《厚い記述》の中で、この問題が生き生きと描出されている。もうひとつの例として、（プラトンの「イオン」において）哲学者が歌い手たちを困惑させたことを挙げておこう。歌い手たちはまだ、感動に打たれ、憑依状態になり、忘我の境地に至ることに基づくシャーマン文化を擁護しようと試みていたのである。ただし奇妙なことにこの哲学者のほうは、文字文化に対して懐疑的な態度を取っているのであるが。この点に関しては、Heinz Schlaffer, Poesie und Wissen: Die Entstehung des ästhetischen Bewußtseins und der philosophischen Erkenntnis, Frankfurt 1990 をも参照のこと。

(219) この点に関する重要な研究が、ウォルター・J・オングによって刊行されている。The Presence of the Word: Some Prolegomena for Cultural and Religious History, New Haven 1967; ders., Communications Media and The State of Theology, Cross Currents 19 (1969), S. 462-480; ders., Interfaces of the Word: Studies in the Evolution of Consciousness and Culture, Ithaca 1977; ders., Orality and Literacy: The Technologizing of the Word, London 1982〔桜井直文他訳『声の文化と文字の文化』藤原書店、一九九一年〕. 本書第二章第V節も参照。

(220) Talcott Parsons, Societies a.a.O. S. 51 f.〔矢沢修次郎訳『社会類型』前掲、七六頁〕はこれを《読み書き能力《クラフト・リテラシイ》 craft literacy》と呼んでいる。メソポタミアにおける社会的役割としての《筆記者》についてはGerdien Jonker, The Topography of Memory: The Dead, Tradition and Collective Memory in Mesopotamia, Leiden 1995* をも参照。筆記者は次第に社会的記憶という義務を引き受けるようになる。かくして記憶することと忘却することとの関係を規制するに至るのである。

(221) アイゼンシュタットはさまざまな角度からこの点について触れている。Shmuel Noah Eisenstadt, Social Division of Labor, Construction of Centers and Institutional Dynamics: A Reassessment of the Structural-Evolutionary Perspective, Protosoziologie 7 (1995), S. 11-12 (16 f.) を見よ。

(222) Joan Marie Lechner, The Renaissance Concepts of the Commonplaces, New York 1962, Nachdruck Westport Conn. 1974; Ong a.a.O. (1967), S. 79 ff. を見よ。

(223) この疑念は活版印刷術〔の登場〕以前からすでに明確に認識可能だった。例えば、ウィリアム・オッカムにおいて、である。その後十六世紀に至るとこの疑念は、パラドックスの文学的な形式へと変化していく。すなわち、意見と反対意見とが分解できない統一体をなしているという形式へと、である。ルネッサンスにおけるパラドックスへの耽溺へと至る前史については、A. E. Malloch, The Technique and Function of the Renaissance Paradox, Studies in Philology 53 (1956), S. 191–203 を参照。

(224) 当時きわめて大きな影響を及ぼしたのはペトルス・ラムスの《弁証論 Dialektik》であったが、その背景となったのもこの事態であった。Walter J. Ong, Ramus, Method, and the Decay of Dialogue: From the Art of Discourse to the Art of Reason, Cambridge Mass. 1958 を参照。内容的にはそこで扱われていたのは、二項への区別を連続化させる方法であった。この方法については、今日においてもなおさらに詳細に評価する必要があるはずである。

(225) 何よりもまず、バルトロメウス・ケッカーマン[77]による、多様な領域に関する論考を考えてもらえばよい。Bartholomäus Keckermann, Opera Omnia, Genf 1614 を参照。

(226) Robert Black, Ancients and Moderns: Rhetoric and History in Accolti's *Dialogue* on the Preeminence of Men of His Own Time, Journal of the History of Ideas 43 (1982), S. 3–32 を参照。より包括的には Elisabeth Gössmann, Antiqui und Moderni im Mittelalter: Eine geschichtliche Standortbestimmung, München 1974 をも見よ。

(227) くり返し論じられてきたこの転換については、Richard F. Jones, Ancients and Moderns: A Study of the Rise of the Scientific Movement in Seventeenth-Century England, 1936, 2. Aufl. St. Louis 1961; Herschel Baker, The Wars of Truth: Studies in the Decay of Christian Humanism in the Earlier Seventeenth-Century, Cambridge Mass. 1952, Nachdruck Gloucester Mass. 1969, insb. S. 79 ff. などを参照のこと。

(228) この議論は、クエンティン・スキナーとその学派を特徴づけるものである。方法論に関しては Quentin Skinner, Meaning and Understanding in the History of Ideas, History and Theory 8 (1969), S. 3–53; ders., Motives, Intentions and the Interpretation of Texts, New Literary History 3 (1972), S. 393–408 〔*Meaning and Context: Quentin Skinner and his Critics*, edited and introduced by James Tully, Oxford: Polity Press, 1988 に所収。邦訳は塚田富治・半澤孝麿・加藤節訳「思想史における意味と理解」半澤孝麿・加藤節編『思想史とはなにか　クェンティン・スキナー　岩波モダンクラシックス』(岩波書店、一九九九年) 四五―一四〇頁、杉田孝夫・半澤孝麿・加藤節訳「動機、意図およびテクストの解釈」前掲訳書、一四一―一六八頁〕を参照。さらに James Farr, Conceptual Change and Constitu-

tional Innovation, in: Terence Ball/ J.G.A. Pocock (Hrsg.), Conceptual Change and the Constitution, Lawrence Kansas 1988, S. 13–34; ders., Understanding Conceptual Change Politically, in: Terence Ball/ James Farr/ Russell L. Hanson (Hrsg.), Political Innovation and Conceptual Change, Cambridge, Engl. 1989, S. 24–49 なども参照のこと。

(229) Niklas Luhmann, Verfassung als evolutionäre Errungenschaft, Rechtshistorische Journal 9 (1990), S. 176–220 を参照。

(230) 本書第二章第V節・VI節で、いくらか詳しく論じておいた。

(231) 蛇足ながら特にわれわれの注意を引くのは、この点が長きにわたって見逃されてきたということである。また常に読者は、特に活版印刷術が発明されたまさにその世紀において、書物から、また著者から、発言するように要求（ないし強要）されてきたのである。十八世紀においてもなお、《世論》の概念のうちでこの期待が保持されていた。これは、〔印刷術の発明によって引き起こされた〕この変動がいかにラディカルなものであったかを示す証拠である。この変動は目につかないものであったし、ある種の予期が（それは相互作用状況における口頭コミュニケーションにおいてのみ成り立ちうるのだが）存続していったことによって覆い隠されてもきたのである。

(232) 格好のテスト可能性を与えてくれるのは、近代的な（つまり、アメリカ流の）新聞編集における、匿名化された校閲システムである。希なことではあるが時折校閲者は、当該の記事が誰によるものであるかを言い当てることができる。そしてほとんどすべての場合にそのために役立つのは、偶然的な知見なのである。

(233) 概念史を研究してみても、やはり《明証性》に行き着くだけである。しかしほとんど不必要なことかもしれないが、次の点は指摘しておこう。ここでは光と視覚の比喩法が、したがって伝統的な認識論が、一定の役割を演じているのである。W. Halbfaß s.v. Evidenz, in: Historisches Wörterbuch der Philosophie Bd. 2, Basel-Stuttgart 1972, Sp. 829–834 を参照。

(234) この点については、本書一一三―一一四頁を見よ。

(235) 蛇足ながらポール・ド・マンのような、現代のテクスト言語学的脱構築主義が自分自身を《修辞学》としてイメージする理由のひとつがこれである。それはすなわち、オートロジーを引き受ける用意があるものとしてイメージするということだからである。

（236） 同時代においてすでに、この様式は議論の対象となっていた。Louis van Delft, Le moraliste classique: Essai de définition et de typologie, Genf 1982, S. 235 ff.; Niklas Luhmann, Ethik als Reflexionstheorie der Moral, in ders., Gesellschaftsstruktur und Semantik Bd. 3, Frankfurt 1989, S. 358–447（390 ff.）を参照。

（237） 以下などを参照のこと。Claude Buffier, Traité des premières véritéz et de la source de nos jugemens, Paris 1724; Thomas Reid, An Inquiry into the Human Mind, sowie: Essays on the Intellectual Powers of Man, zit. nach: Philosophical Works, 8. Aufl. Edinburgh 1895, Nachdruck Hildesheim 1967, Bd. II, S. 742–803. さらに、いくらかもったいぶった調子ではあるがMarquis d'Argens, La Philosophie du bon-sens, ou réflexions philosophiques sur l'incertitude des connoissances Humaines, 3 Bde., zit. nach der Neuauflage Den Haag 1768も挙げておこう。

（238） 以下を参照。Jean Baptiste Morvan de Bellegarde, Réflexions sur le ridicule, et les moyens de l'éviter, 4. Aufl. Paris 1699. Anthony, Earl of Shaftesbury, An Essay on the Freedom of Wit and Humour（1709）, zit. nach ders., Characteristicks of Men, Manners, Opinions, Times, 2. Aufl. London 1714, Nachdruck Farnborough 1968, Bd. 1, S. 57–150.

（239） 後の時代において単線的な歴史記述がなされる際には、この点をも併せて想起するわけにはいかなくなる。再構成が必要になるのである。Henk de Berg/ Matthias Prangel（Hrsg.）, Kommunikation und Differenz: Systemtheoretische Ansätze in der Literatur- und Kunstwissenschaft, Opladen 1993では、多くの個別研究によってそれを証明している。

（240） Kenneth Burke, The Rhetoric of Religion: Studies in Logology（1961）, zit. nach der Ausgabe Berkeley Cal. 1970のエピローグを参照。

（241） 《学説彙纂 Digesten〔Digesta〕》というタイトルによって伝えられてきたローマ市民法は、この両方の観点から注目に値する。それは類型化され、十分両立可能なかたちで下されうる事例判決（Fallentscheidung）のうえに組み立てられている。しかし事例判決はしばしば固定された決まり文句や、定型的な理由づけによって締めくくられていた。それらは（口頭での作業に基づいていた）中世の育成システムにおいて学ばれ、伝承されることになったのである。

そこからは新たに一貫性への配慮が生じてきたが、それはローマ法学者と裁判官とに関わるものであって、法実務においてその時代に生じていた変化とは、さしあたりほとんど関係がなかったのである。資料としては、Rudolf Weigand, Die Naturrechtslehre der Legisten und Dekretisten von Irnerius bis Accursius und von Gratian bis Johannes Teutonicus, München 1967 が参照できる。

（242） この点に関しては Jack Goody, Literacy, Criticism, and the Growth of Knowledge, in: Joseph Ben-David/ Terry N. Clark（Hrsg.）, Culture and its Creators: Essays in Honor of Edward Shils, Chicago 1977, S. 226–243（insb. 234）を参照。

（243） その背景となったのは、十六世紀後半における古代の懐疑論の復権であった。Richard H. Popkin, The History of Scepticism from Erasmus to Descartes, 2. Aufl. New York 1964〔野田又夫・岩坪紹夫訳『懐疑——近世哲学の源流』紀伊國屋書店、一九八一年〕; Henry G. van Leeuwen, The Problem of Certainty in English Thought, 2. Aufl. Den Haag 1970. Benjamin Nelson, Der Ursprung der Moderne: Vergleichende Studien zum Zivilisationsprozeß, Frankfurt 1977 にも重要な論文が含まれている。特にハートリー、ヘンリー・ホーム（ケイムズ卿）、コンディヤックおよびコンドルセにおけるドグマ／懐疑という区別の解体については、Popkin a.a.O. S. 153〔同訳書、一九二頁および注68〕を見よ。

（244） そのために大いに貢献したのは、反対概念が交替したことであった。ベーコンが区別するのはもはやドグマと懐疑ではなく（そう区別すれば、ドグマのほうを確証する結果になる）、ドグマと経験なのである（その結果、ドグマが拒絶される）。《科学に従事してきた者は実験の徒かドグマの徒かのどちらかであった》。Novum Organum XCV, zit. nach Francis Bacon, Works Bd. 4, London 1860, S. 92〔桂寿一訳『ノヴム・オルガヌム』岩波書店、一九七八年、一五四頁〕.

（245） Mario G. Losano, Sistema e struttura nel diritto Bd. 1, Torino 1968, S. 97 ff.; Friedrich Kambartel, »System« und »Begründung« als wissenschaftliche und philosophische Ordnungsbegriffe bei und vor Kant, in: Jürgen Blühdorn/ Joachim Ritter（Hrsg.）, Philosophie und Rechtswissenschaft: Zum Problem ihrer Beziehungen im 19. Jahrhundert,

Frankfurt 1969, S. 99–113を見よ。この背景を踏まえることによって初めて、科学に関する新たな了解という文脈の中でシステム概念が再確立されていったということが、またそれはいかにしてだったかが、理解できるようになる。それはすなわち、単一の観点から多様性を構築することとしてだったのである。この議論は何よりもまずヨハン・ハインリッヒ・ランベルト[78]によって（neue Edition von Geo Siegwart: Johann Heinrich Lambert, Texte zur Systematologie und zur Theorie der wissenschaftlichen Erkenntnis, Hamburg 1988を見よ）そしてその後カントによってより大きく展開されていった。

(246) Characteristicks of Men, Manners, Opinions, Times, 2. Aufl. London 1714, Neudruck Farnborough 1968 Bd. 1, S. 290.

(247) フランス革命は何かを変えたのか否か、何を変えたのか。この問いに関しては数多くの議論がなされてきた（一例として、R. Reichardt / E. Schmitt, Die Französische Revolution – Umbruch oder Kontinuität, Zeitschrift für historische Forschung 7（1980）, S. 257–320を参照）。社会構造とゼマンティクとを区別することは、この議論に貢献しうるはずである。

(248) この種の反省理論の成立に関しては、本書第五章第IX節で再度論じることにする。

(249) Toward a New View of the Sociology of Knowledge, in: Lewis A. Coser（Hrsg.）, The Idea of Social Structure: Papers in Honor of Robert K. Merton, New York 1975, S. 103–116.

(250) Donald T. Campbell, Natural Selection as an Epistemological Model, in: Raoul Naroll/ Ronald Cohen（Hrsg.）, A Handbook of Method in Cultural Anthropology, Garden City N.Y. 1970, S. 51–85では、エゴン・ブランズウィックによって展開された《末端知 distal knowledge》の概念に依拠しつつ、そう述べられている。

(251) この点に関しては、David Roberts, Art and Enlightenment: Aesthetic Theory after Adorno, Lincoln Nebr. 1991を参照。

(252) 特にこの点に関してはStephen Holmes, The Anatomy of Antiliberalism, Cambridge Mass. 1993を参照。これらの人々が示しているのが安易な戯れに過ぎないとしても、そのことをもって、リベラリズムそのものは脱構築できないということの証明になるわけではない。リベラリズムを《克服》することがめざされているという点を無視しさえすればよい[79]。

(253) 本書第五章。

(254) あらかじめ次の点に注意を促しておきたい。この問いを、階層化した全体社会に関して追求してみる必要もあるだろう。貴族という部分システム独自の進化の可能性について問うわけだ。私自身はこの点に関する十分な研究を行っていないがゆえに、判定を下す能力があるとは思っていない。また、いくつかの機能システムの事例とは異なって、現在まで行ってきた研究を引き合いに出すこともできない。

(255) 一例としてGeorg Simmel, Über eine Beziehung der Selektionslehre zur Erkenntnistheorie, Archiv für systematische Philosophie 1（1895）, S. 34–45を挙げておこう。Charles S. Peirce, Die Architektonik von Theorien, zit. nach: Schriften zum Pragmatismus und Pragmatizismus, Frankfurt 1976, S. 266–287などの随所でなされているコメントも、この文脈に属している。

(256) 最近の例としては、以下などを参照。Stephen Toulmin, The Evolutionary Development of Natural Science, American Scientist 57（1967）, S. 456–471; ders., Human Understanding Bd. 1, Princeton 1972; James A. Blachowitz, Systems Theory and Evolutionary Models of the Development of Science, Philosophy of Science 38（1971）, S. 178–199; Donald T. Campbell, Evolutionary Epistemology, in: Paul Arthur Schilpp（Hrsg.）, The Philosophy of Karl Popper, La Salle Ill. 1974, Bd. 1, S. 411–463; ders., Unjustified Variation and Selective Retention in Scientific Discovery, in: Francisco José Ayala/ Theodosius Dobzhansky（Hrsg.）, Studies in the Philosophy of Biology, London 1974, S. 133–161. 概観のためにはGerard Radnitzky/ W.W. Bartlett（Hrsg.）, Evolutionary Epistemology, Rationality, and the Sociology of Knowledge, La Salle Ill. 1987をも見よ。

(257) この点についてはNiklas Luhmann, Die Wissenschaft der Gesellschaft, Frankfurt 1990でより詳細に論じておいた。進化に関しては同書S. 549–615を見よ。

(258) 経済学に進化論を拒絶させることになった理由（税制構造、快楽説的な行為概念）についての初期の議論は、

Thorstein Veblen, Why is Economics not an Evolutionary Science? The Quarterly Journal of Economics 13（1898）, S. 373-397 でなされている。本当の理由は、合理的決定の可能性の条件としての市場に十分な信頼を置くことがまだできなかったという点に求められるだろう。

（259）特に以下を参照のこと。Armen A. Alchian, Uncertainty, Evolution, and Economic Theory, Journal of Political Economy 58（1950）, S. 211-221, neu gedruckt in ders., Economic Forces at Work, Indianapolis 1977, S. 15-35. さらに Edith T. Penrose, Biological Analogies in the Theory of the Firm, American Economic Review 42（1952）, S. 804-819; Joseph Spengler, Social Evolution and the Theory of Economic Development, in: Herbert Barringer/ George I. Blanksten/ Raymond W. Mack（Hrsg.）, Social Change in Developing Areas: A Reinterpretation of Evolutionary Theory, Cambridge Mass. 1965, S. 243-272.

（260）完全に主流となっている理論展開においてはそうする代わりに、合理性要求を切り縮めることで辻褄を合わせようとしている。綱領的な著作である Herbert A. Simon, Models of Man, Social and Rational: Mathematical Essays on Rational Human Behavior in a Social Setting, New York 1957〔宮沢光一監訳『人間行動のモデル』同文舘出版、一九七〇年〕を見よ。

（261）この点を最も詳細に論じたのは、リチャード・ネルソンとシドニー・ウィンター[80]である。それらの議論は現在では An Evolutionary Theory of Economic Change, Cambridge Mass. 1982 にまとめられている。

（262）Jitendra V. Singh（Hrsg.）, Organizational Evolution: New Directions, Newbury Park Cal. 1990 の各論文を参照。組織生態学内部での展開に関しては Michael T. Hannan/ John Freeman, Organizational Ecology, Cambridge Mass. 1989; Joel Baum/ Jitendra Singh（Hrsg.）, Evolutionary Dynamics of Organizations, New York 1994 をも見よ。

（263）以下などを参照。Norman Clark/ Calestous Juma, Long-Run Economics: An Evolutionary Approach to Economic Growth, London 1987; Ulrich Witt（Hrsg.）, Explaining Process and Change: Approaches to Evolutionary Economics, Ann Arbor 1992; Geoffrey M. Hodgson, Economics and Evolution: Bringing Life Back into Economics, Ann Arbor 1993; Loet Leydesdorff / Peter van den Besselaar（Hrsg.）, Evolutionary Economics and Chaos Theory: New Directions in Technology Studies, London 1994; Richard W. England (Hrsg.), Evolutionary Concepts in Contemporary Economics, Ann Arbor 1994; Giovanni Dosi/ Richard R. Nelson, An Introduction to Evolutionary Theories in Economics, Journal of Evolutionary Economics 4 (1994), S. 153–172.

(264) ラマルクへの回帰に関するRevue internationale de systémiqueのBand 7, Heft 5（1993）を見よ。

(265) あまり知られていない業績だが、Huntington Cairns, The Theory of Legal Science, Chapel Hill N.C. 1941, insb. S. 29 ff. を見よ。以下も参照のこと。Niklas Luhmann, Evolution des Rechts, in: ders., Ausdifferenzierung des Rechts, Frankfurt 1981, S. 11-34; Ernst-Joachim Lampe, Genetische Rechtstheorie: Recht, Evolution und Geschichte, Freiburg 1987（人類学の立場からのものである）; Gunther Teubner, Recht als autopoietisches System, Frankfurt 1989, S. 61 ff.〔土方透・野崎和義訳『オートポイエーシス・システムとしての法』未來社、一九九四年、八二頁以下〕（近年の文献が指示されている。もっとも、それらにおける進化概念の用いられ方はきわめて多様であるが）

(266) Philippe von Parijs, Evolutionary Explanation in Social Science: An Emerging Paradigm, London 1981, S. 174 ff. では、後期マルクス主義的な《国家の導出》を再構成しようとする稀少な、しかし逡巡に満ちた試みがなされている。せいぜいのところこれが、〔進化論的考察が〕登場してくる際の典型的な契機を示す証拠として役立つくらいである。その契機とはすなわち、多くのことを要求する先行理論の失敗ということであった。現在では全体社会の理論に依拠したHannes Wimmer, Evolution der Politik: Von der Stammesgesellschaft zur modernen Demokratie, Wien 1996も参照できる。

(267) 本書第二章第V節。

(268) しかし他ならぬこの例はメディア・コードの分離を、進化によって固定された成果として無条件に前提としてよいわけではないということを教えてくれてもいる。何よりもまず考えに入れねばならないのは法廷での法発見に対して近年のマスメディアが、特にテレビが及ぼす影響である。いくつかの先行事例（ロドニー・キング殴打事件の審理）と並んで、O・J・シンプソンに対するスペクタクルじみた訴訟手続きのことを考えてみればよい。それがアメリカにおける陪審裁判に与えた影響は計り知れないものがある。

(269) Robert C. Palmer, The Origins of Property in England, Law and History Review 3（1985）, S. 1–50; ders., The Economic and Cultural Impact of the Origin of Property 1180–1220, Law and History Review 3（1985）, S. 375–396 を参照。

(270) 少なくとも Klaus Disselbeck, Die Ausdifferenzierung der Kunst als Problem der Ästhetik, in: Henk de Berg/Matthias Prangel（Hrsg.）, Kommunikation und Differenz: Systemtheoretische Ansätze in der Literatur- und Kunstwissenschaft, Opladen 1993, S. 137–158 はそう述べている。さらなる背景に関しては Niklas Luhmann, Die Kunst der Gesellschaft, Frankfurt 1995, insb. S. 256 ff.〔馬場靖雄訳『社会の芸術』前掲、二六四頁以下〕をも見よ。

(271) Michael Schudson, Discovering the News: A Social History of American Newspapers, New York 1978 を見よ。

(272) Rudolf Stichweh, Der frühmoderne Staat und die europäische Universität: Zur Interaktion von Politik und Erziehungssystem im Prozeß ihrer Ausdifferenzierung（16.–18. Jahrhundert）, Frankfurt 1991 を見よ。

(273) Harold J. Berman, Recht und Revolution: Die Bildung der westlichen Rechtstradition, dt. Übers., Frankfurt 1991 を見よ。

(274) われわれはここで、本書第五章で詳細に論じることになるテーマを先取りしておかねばならない。

(275) 本章註（41）を見よ。

(276) 両者の境界づけは特に、歴史理論の関心事だった。Robin G. Collingwood, The Idea of History, Oxford 1946〔小松茂夫・三浦修訳『歴史の観念』紀伊國屋書店、二〇〇二年〕だけを挙げておこう。そこでは歴史は主観的、新カント派的に理解されている。概観のためには Ingold a.a.O. S. 74 ff. も参照。

(277) 特に Heinz von Foerster, Prinzipien der Selbstorganisation im sozialen und betriebswirtschaftlichen Bereich, in ders., Wissen und Gewissen: Versuch einer Brücke, Frankfurt 1993, S. 233–268（247 ff.）を見よ。

(278) この点に関しては Dirk Baecker, Nichttriviale Transformation, Ms. 1994 も参照のこと。

(279) Immanuel Wallerstein, The Modern World-System: Capitalist Agriculture and the Origins of the European World-Economy in the Sixteenth Century, New York 1974〔川北稔訳『近代世界システムⅠ・Ⅱ』前掲〕.

(280) 長く続く議論の出発点となったテクストだけを挙げておこう。Max Weber, Die protestantische Ethik und der

»Geist« des Kapitalismus, Archiv für Sozialwissenschaft und Sozialpolitik 20 (1904), S. 1–54, und 21 (1905), S. 1–110〔大塚久雄訳『プロテスタンティズムの倫理と資本主義の精神』岩波書店、一九八九年〕.

(281) John A. Hall, Powers and Liberties: The Causes and Consequences of the Rise of the West, Berkeley 1986; Michael Mann, States, War and Capitalism: Studies in Political Sociology, Oxford 1988 などを参照。

(282) Berman a.a.O. 1991.

(283) われわれが〔三つの条件が〕《相互作用》すると言わないのは、意図してのことである。そう述べてしまえば、〔進化論と因果図式という〕ふたつの理論的構図が混同されてしまうことになるだろう。さらに言えば、そう述べるなら時間からの抽象を行わざるをえなくなる〔81〕。

(284) 本章註(269)で証拠を挙げておいた。

(285) 時間のこの区別はヨーロッパにとっては重要なものだった。しかしあらゆる高度文化がこの区別を形成したわけでは決してないのである。〔時・永遠・永劫の神を意味する〕ギリシア語の「アイオーン aión」がもともとはいわば「生命力」を意味していたということを想起するのも無駄ではないだろう。Enzo Degani, AION da Omero ad Aristotele, Padova 1961 を参照。ルネッサンスにおいてはこの意味が再度前景に登場してくることになった。《時間を持つ者は命を持つ》と Giovanni Botero, Della Ragion di Stato, Venezia 1589, zit. nach der Ausgabe Bologna 1930, S. 62 では述べられている。ただしここで扱われているのはせいぜいのところ、状況をうまく裁いていくためには時間を獲得する必要があるということだけである。このように、出来事と状況が移り変わっていく中で同一であり続けるということは、必ずしも宗教的な意味で《永遠 aeternitas》に関係するわけではないのである。

(286) 〔原罪という〕この原初の出来事は、最初の「以前／以後」の差異であるが（それが歴史を形成することになる）、単に道徳的次元のみならず宇宙論的な次元をも有しているという点に注目しておこう。蛇足ながらこれにより次の点も説明できる。すなわち原罪は世襲的な罪でなければならなかったのだが、個人道徳の立場から考える近代にとっては、それはきわめて理解しがたいものとなったのである（マーク・トウェイン「地球からの手紙」〔柿沼孝子他訳『マーク・トウェインコレクション3』彩流社、一九九五年〕に見られるように）。

(287) この点に関しては Reinhart Koselleck, Geschichte, in: Geschichtliche Grundbegriffe Bd. 2, Stuttgart 1975, S. 593–717 を参照。

(288) Georg Simmel, Das individuelle Gesetz, zit. nach der Ausgabe von Michael Landmann, Frankfurt 1968 などを参照。

(289) George Spencer Brown, Laws of Form, Neudruck 1979, S. 56 f.〔大澤真幸・宮台真司訳『形式の法則』前掲、六五頁〕の言う《再参入》である。

(290) A.a.O. S. 61.〔訳七一頁〕ハインツ＝フォン・フェルスターによる、記憶の機能に関する補完的な考察には、すぐ後で触れることにする。

(291) 因果性に関しては Francis Heylighen, Causality as Distinction Conversation: A Theory of Predictability, Reversibility, and Time Order, Cybernetics and Systems 20（1989）, S. 361–384 などを参照。蛇足ながら次の点を想起しておこう。エントロピーをネゲントロピーへと変換するマックスウェルの悪魔もやはり記憶を有しているはずである。さらに選別を続けていこうとするなら、それまでどのように選別してきたかを想起しなければならないからだ。

(292) 貯蔵理論へのこの批判は、神経生物学および心理学による記憶研究の水準においても妥当するように思われる。Siegfried J. Schmidt（Hrsg.）, Gedächtnis: Probleme und Perspektiven der interdisziplinären Gedächtnisforschung, Frankfurt 1991 に含まれる、多様な論考を参照。それに対して社会科学・文化科学の研究では、アルヴァックス[82]〔の業績〕にもかかわらず、貯蔵の概念が保持されているようである。Aleida Assmann/ Jan Assmann, Das Gestern im Heute: Medien und soziales Gedächtnis, in: Klaus Merten et al.（Hrsg.）, Die Wirklichkeit der Medien: Eine Einführung in die Kommunikationswissenschaft., Opladen 1994, S. 114–140 を挙げておけばよいだろう。

(293) Heinz von Foerster, Das Gedächtnis: Eine quantenphysikalische Untersuchung, Wien 1948 を見よ。Gerdien Jonker, The Topography of Remembrance: The Dead, Tradition and Collective Memory in Mesopotamia, Leiden 1995, S. 36 も参照。《過去の集合的絵画が形成されたのはただ、集合的忘却を通してのみである》。ついでに述べておくならば集合的忘却は集合的記憶にも増して、個人心理学による説明が困難である。

(294) この点に関しては Bernard Ancori, Temps historique et évolution économique, Revue internationale de systémique

7（1993）, S. 593–612（602 ff.）を見よ。

（295） Heinz von Foerster, Gegenstände: greifbare Symbole für（Eigen-）Verhalten, in ders., Wissen und Gewissen: Versuch einer Brücke, Frankfurt 1993, S. 103–115 を見よ。

（296） やはり Heinz von Foerster, Was ist Gedächtnis, daß es Rückschau *und* Vorschau ermöglicht, in ders., Wissen und Gewissen a.a.O. S. 299–336 を見よ。

（297） スペンサー＝ブラウンは《振動関数 oscillator function》を、二次方程式の文脈における「マークされた／マークされない」の区別との関連でのみ扱っている（a.a.O. S. 60 f.）〔訳六九頁以下〕。われわれは記憶のゼマンティク理論のために、振動というこの概念を、観察のために用いられるあらゆる区別にまで拡張することにしよう。ふたつのマークされた項目間の区別、例えば貴族と民衆、宮殿と教会、大聖堂と市中教会なども含めて、である。そこでは両側がマークされた区別そのものに関して、マークされない空間が前提とされていることになる。観察が可能になるのは、常にマークされていないままに留まっている世界の中でだけのことだからである。

（298） この点で有名なのは、Maurice Halbwachs, Les cadres sociaux de la mémoire, Paris 1925, 2. Aufl. 1952; ders., La mémoire collective, Paris 1950〔前掲訳書〕における個人的記憶／集合的記憶の区別である。

（299） James Fentress/ Chris Wickham, Social Memory, Oxford 1992 などではそう述べられている。その種の痕跡も存在するという点に関しては、もちろん異論の余地がない。ただし次のことも想起しておかねばならない。われわれはこの両名のようにコミュニケーションを伝送としてではなく、独自の種類のオートポイエティックな再生産として把握しているのである。

（300） 《すべての命題は〔真偽の決定に先立って〕あらかじめ意味をもっていなければならない。命題を肯定するとは、まさにその意味を肯定することであるから、それによって命題に意味が与えられるなどということはありえない。否定等についても同様である》（Ludwig Wittgenstein, Tractatus logico-philosophicus 4.064, zit. nach: Schriften Bd. 1, Frankfurt 1969, S. 31〔野矢茂樹訳『論理哲学論考』岩波書店、二〇〇三年、五〇頁〕）。

（301） Michel Serres, Genèse, Paris 1982, S. 146 ff.〔及川馥訳『生成』前掲、一四五頁以下〕が言う意味での。同書では

この概念が、コンセンサスを義務づける契約というテーマとの違いにおいて扱われている。

(302) この点についてはMary Douglas, How Institutions Think, Syracuse N.Y. 1986, S. 69 ff.; Jan Assmann, Lesende und nichtlesende Gesellschaften, in: Almanach（des Deutschen Hochschulverbandes）Bd. VII（1994）, S. 7–12を見よ。本書三〇四頁以下も参照。

(303) Pierre Nora（Hrsg.）, Les lieux de mémoire, 3 Bde.（mit Teilbänden）, Paris 1984 ff.〔谷川稔監訳『記憶の場』〔部分訳／全三巻〕岩波書店、二〇〇二—二〇〇三年〕では、今日に関してもそう主張されている。

(304) メソポタミアに関してはJonker a.a.O.（1995）を参照。

(305) Jonker a.a.O. S. 95 f. を、またエジプトについてはJan Assmann, Ägypten: Eine Sinngeschichte, Darmstadt 1996を参照。

(306) 現在では、記憶の働きに関する歴史的分析においても、この概念が用いられている。何よりもまず、Jan Assmann, Das kulturelle Gedächtnis: Schrift, Erinnerung und politische Identität in frühen Hochkulturen, München 1992を見よ。

(307) この点はすでに、理念の進化に関する節で扱っておいた。そこでは文字が、この分離のための条件だったことが示されたのである。

(308) より詳しくはNiklas Luhmann, Kultur als historischer Begriff, in ders., Gesellschaftsstruktur und Semantik Bd. 4, Frankfurt 1995, S. 31–54.

(309) 十七世紀に例外が存在するということも認めておかねばならない。Das Historische Wörterbuch der Philosophieは文化の項で（Bd. 4, Basel 1976, Sp. 1309 f.）でプーフェンドルフに言及している。もうひとつの例はBaltasar Gracián, El discreto XVIII, zit. nach der Ausgabe Buenos Aires 1960の「文化と服飾について De la cultura y aliño」の章（S. 156 ff.）に見られる。

(310) 文化を行為の構成的条件として考慮しようとするパーソンズの提案は、彼流の行為の概念と関わっている。それは、方法上は意識的に分析的要求だけを掲げる議論を精錬するためのものなのである。

(311) 何よりもまずPierre Bourdieu/ Jean Claude Passeron, La reproduction: Eléments pour une théorie du système

d'enseignement, Paris 1970〔宮島喬訳『再生産——教育・社会・文化』藤原書店、一九九一年〕を見よ。アメリカでの関連する議論が扱っているのは、残念ながらほとんど〔文化資本の〕制度的相関物だけである。一例としてPaul DiMaggio, Social Structure, Institutions and Cultural Goods: The Case of the United States, in: Pierre Bourdieu/James S. Coleman（Hrsg.）, Social Theory for a Changing Society, Boulder-New York 1991, S. 133–155 を挙げておこう。

（312） Jonkers a.a.O.（1995）, S. 105 und passim を見よ。

（313） それに対応することだが記憶術自体が大半は、古代の思考財を再び取り上げるかたちで実践されていた。つまり記憶術は自分自身を、自己想起というかつては知られていた技術を用いて想起していたのである。Frances A. Yates, The Art of Memory, Chicago 1966〔玉泉八州男監訳・青木信義他訳『記憶術』前掲〕を参照。

（314） Patrick H. Hutton, The Art of Memory Reconceived: From Rhetoric to Psychoanalysis, Journal of the History of Ideas 48（1987）, S. 371–392 を参照。

（315） この定式化はMatei Calinescu, From the One to the Many: Pluralism in Today's Thought, in: Ingeborg Hoesterey（Hrsg.）, Zeitgeist in Babel: The Postmodernist Controversy, Bloomington 1991, S. 156–174（157）による。

（316） この点に関してはNiklas Luhmann, Was ist der Fall, was steckt dahinter? Die zwei Soziologien und die Gesellschaftstheorie, Zeitschrift für Soziologie 22（1993）, S. 245–260〔「なにが扱われているのか？ その背後には何が隠されているのか？」土方透・松戸行雄編訳『ルーマン、学問と自身を語る』前掲、一七三—二二一頁〕を参照。

（317） この論点は、カール・マンハイムとの関連で議論されている。後になってから公刊された学位請求論文であるKarl Mannheim, Konservatismus: Ein Beitrag zur Soziologie des Wissens, Frankfurt 1984〔森博訳『歴史主義・保守主義』前掲〕を見よ。Aleida und Jan Assmann a.a.O.（1994）, S. 117 もまた、伝統の概念の代わりに（分析の上でより柔軟性をもつ）「社会的記憶」の概念を用いることを提案している。

（318） Mary Douglas, How Institutions Think, Syracuse N.Y. 1986, S. 55 もまた《類似性はひとつの制度である》と主張している。

(319) その例として、以下を参照のこと。Dirk Baecker, Das Gedächtnis der Wirtschaft, in: ders. et al.（Hrsg.）, Theorie als Passion, Frankfurt 1987, S. 519-546; Niklas Luhmann, Das Gedächtnis der Politik, Zeitschrift für Politik 42（1995）, S. 109-121; ders., Zeit und Gedächtnis, Ms. 1995.

(320) 本書第五章第IX節において。

(321) よく知られておりまたくり返し論じられてきたように、Jean-François Lyotard, La condition postmoderne: Rapport sur le Savoir, Paris 1979〔小林康夫訳『ポスト・モダンの条件』水声社、一九九四年〕はそう述べている。

(322) よく知られているようにアウグスティヌスはそう論じているが、ただしそれは遠くにある時間の地平に関してだけである。この地平は未来においても過去においても《隠レタトコロニ in occulto》[83]消え去っていくのである。Confessiones XI, 17/18〔服部英次郎訳『告白　下巻』岩波書店、一九五一年、一一八頁以下〕を参照。そこでは非現時的な時間地平の《存在》が疑わしさを拭いきれないのは、《ソレガ未来カラ現在トナルトキ、アル隠レタトコロカラアラワレ、ソレガ現在カラ過去トナルトキ、アル隠レタトコロニ退ク ex aliquo procedit occulto, cum ex futuro fit praesens, et in aliquod recedit occultum, cum ex praesenti fit praeteritum》（Zitat nach der lateinisch-deutschen Ausgabe München 1955, S. 636〔下巻、一一九頁、訳文ひらがな〕）からだと考えられている。その際（密かに）、時間（tempus）のより来たるところおよび行く末という隠されたものが時間における永遠の座として考えられえたのである。

(323) この点についてはPhilip G. Herbst, Alternatives to Hierarchies, Leiden 1976, S. 88を参照。

(324) ヨーロッパ旧来の形而上学の前提が終焉に向かうというこの点に関しては、後でまた論じることにしよう（本書第五章IV―VIII章）。

訳註

序言

［1］ルーマンにとって全体社会（Gesellschaft）とは、機能分化した個々のシステム（経済・法・政治・科学・宗教など）とは区別される、それらすべてを包括する社会システムを指す。あるいは全体社会とは、社会システムの構成要素であるコミュニケーションの総体、「相互に到達可能で互いに結びつくコミュニケーションの閉じられた総体」(Detlef Krause, Luhmann-Lexikon, 2, Aufl., Enke, S. 114）である。したがってこの言葉は包括的領域を意味すると同時に、時にはより抽象度の高い「社会一般」という意味あいで用いられることもある。本書では原則として「全体社会」を訳語として当てるが、後者の意味あいが強い場合、語感が不自然な場合（例えば本書タイトル）などは「社会」を用いることもある。なお時折登場する sozial には原則として「社会的」を当てている（ただし soziale Systeme については通例に従って「社会システム」と訳すなど、例外もある）。

［2］根本規範（Grundnorm）は法学者ハンス・ケルゼン（Hans Kelsen, 1881-1973）による概念で、すべての規範の究極の根拠として設定される規範のこと。

［3］本書では Wissenschaft に対して、近代科学（特に自然科学）が想定されていると思われる場合には「科学」、それ以外の場合には「学術」という訳語を当てる。

［4］パーソンズは、行為は（また行為からなるあらゆるシステムは）常にＡＧＩＬという四機能それぞれを担う構成要素からなっており、この四つのセクションに分化していると考えた。しかしその根拠は必ずしも明らかではない（いくつかの異なる論拠が提示されている）。

［5］「コード化」は機能分化したシステムにおいて、特定の二分図式が作動の前提として採用されること（学システムにおける「真／非真」、法システムにおける「合法／不法」など）。「自己言及／他者言及」はシステムの作動がシス

テム自身を指し示すか、それともシステムの環境を指し示すかという違いを意味している。両者はあらゆる作動において重なり合って現れるが、相互に独立している。コードのどちらの項を用いて、言及のどちらの側を指し示すこともできるのである。例えば学術システムが、法システムの作動を真として、あるいは非真として観察する、というように。この点で二つの区別は「直交する orthogonal stehen」と言われる。

[6] この『社会の……』シリーズは、一九九八年のルーマンの死により本書をもって中断されることになった。その後遺稿が整理・編集され、『社会の政治』(Die Politik der Gesellschaft, 2000)、『社会の宗教』(Die Religion der Gesellschaft, 2000)、『社会の教育システム』(Das Erziehungssystem der Gesellschaft, 2002) として刊行されている。

[7] レッチェは南イタリア、サレント半島(「ブーツ」の踵部分)中心部に位置する、プッリャ州レッチェ県の県庁所在地。レッチェ大学(Università di Lecce)は、「社会システムとコミュニケーション科学」を含む一九学科よりなる総合大学。

[8] 形態生成(Morphogenese; morphogenesis)は、生物学の文脈では、細胞が分裂・分化して生体を構成する各器官が形成されていくプロセスを意味する。社会学者ウォルター・バックレイ(Walter Buckley, 1922-2006)は、逸脱を抑制するネガティヴ・フィードバックによって既存の構造を維持するというかつてのパーソンズ流の社会システム論の構想に対抗して、常に構造を変化させることで自身を維持するダイナミックな社会システム像を提唱し、そのメカニズムに「形態生成 morphogenesis」の名称を与えた。バックレイ、新睦人・中野秀一郎訳『一般社会システム論』誠信書房、一九八〇年。

[9] 社会全体を一致(統一性)として捉えるか、それとも不一致(差異)において考えるか。Niklas Luhmann, Tautologie und Paradoxie in den Selbstbeschreibungen der modernen Gesellschaft, in: Zeitschrift für Soziologie 16 (1987), SS. 161-174 においてルーマンは、伝統的な社会理論を全体社会の自己記述のさまざまな試みとして捉えたうえで、それらを貫く糸としてのこの二つの発想の系譜を対比的に論じている。

[10] Mary Brenda Hesse (1924-)、イギリスの科学哲学者。著書に『科学・モデル・アナロジー』(高田紀代志訳、培風館、一九八六年)など。I・A・リチャーズの修辞学論(The Philosophy of Rhetoric, 1936)を取り入れて、科学

における言語とメタファーの役割について論じた。

第一章

［1］ autologisch, autological（「自己形容的」と訳されることもある）はクルト・グレリンク（Kurt Grelling, 1886–1942）とレオナルド・ネルソン（Leonard Nelson, 1882–1927）によって定式化された、通称「グレリンク＝ネルソンのパラドックス」に登場する用語。ある語がその語自身に適用されうる（語自身に関しても妥当する）とき、その語はオートロジカル（autological）であると言われる。例えば short はオートロジカルである。この語（の綴り）自身が short であるから。同様に sophisticated もオートロジカルである。一方オートロジカルでない語はヘテロロジカル（heterological）であると言われる。例えば long はヘテロロジカルである。では heterological ははたしてヘテロロジカルだろうか。この問いにイエスと答えたとする。そのとき「自分自身に関しては妥当しない」は自分自身に関して妥当しないのだから、「自分自身には妥当する」ということになる。ノーと答えたとする。このとき「自分自身に関しては妥当しない」は自分自身に関して妥当するのだから、「自分自身に関しては妥当しない」ということになる（このパラドックスは、「床屋のパラドックス」ないし「ラッセルのパラドックス」を別様に定式化したものだと考えられる）。

［2］ 以下本書では、Plausibilität（もっともらしさ、まことしやかさ）という語に対して、信用できるというニュアンスが強い「信憑性」ではなく、「納得できる」「そうだと思える」というニュアンスを含む「首肯性」を訳語として用いることにする。なお Glaubwürdigkeit（信ずるに足ること）に対しては「信憑性」を当て、Überzeugung およびそれに類する語に関しては、「首肯性」も「信憑性」も用いず、文脈に応じて「説得力」や「信念」などと訳している。

［3］ Gustave Flaubert（1821–1880）、フランスの小説家。ここで念頭に置かれているのは自我に目覚めた女性が偽善的なブルジョア社会の中で破滅していく悲劇を描く『ボヴァリー夫人』、政変が続発するパリで無為の時を過ごす青年の物語である『感情教育』、学問を志すがことごとく挫折して、結局は雑多な文献を筆写することしかできない二人の老書記を描く『ブヴァールとペキュシェ』などだろうか。

Stéphane Mallarmé（1842–1898）、フランスの象徴派詩人。人間存在の根源に迫ろうとする難解な諸作品で知られる。長詩「半獣神の午後」は特に有名。邦訳に『マラルメ詩集』（鈴木信太郎訳、岩波書店、一九六三年）、『骰子一擲』（秋山澄夫訳、思潮社、一九八四年）など。

Henry Brooks Adams（1838–1918）、ボストン生まれのアメリカの文学者・歴史学者・哲学者。祖父は第六代、曾祖父は第二代アメリカ合衆国大統領。ハーヴァード大学卒業後執筆活動に入る。一八七〇年より同大学に奉職、中世史とアメリカ史を講じる。一八八六年には日本を訪れている。邦訳に『モン・サン・ミシェルとシャルトル』（野島秀勝訳、法政大学出版局、二〇〇四年）。

Antonin Artaud（1896–1948）、フランスの詩人・劇作家・俳優。幼少時から精神疾患に悩まされるが、その反面、衝動がほとばしったかのような多くの類稀なる作品を発表する。「思考の不可能性」に関して思考し続けたことで知られる。邦訳に『神経の秤・冥府の臍』（粟津則雄他訳、現代思潮社、一九七七年）、『ヘリオガバルス――または戴冠せるアナーキスト』（多田智満子訳、白水社、一九七七年）、『神の裁きと訣別するため』（宇野邦一・鈴木創士訳、河出書房新社、二〇〇六年）など。

［4］ Richard Münch（1945–）、ドイツの社会学者、バンベルク大学教授。パーソンズの四機能図式と、この図式に沿って機能分化した各セクション間の「相互浸透」という概念装置を用いて、近代社会の成立とその帰結を解明しようと試みている。ミュンヒに従えばここで言う「理性と現実の緊張関係」もまた、相互浸透の特殊事例として扱われうるのである。

［5］「規範的予期（予期が外れた場合にも予期を維持する）／認知的予期（予期が外れた場合は学習し、予期のほうを修正する）」の区別が踏まえられている。社会学の仕事は固定的（規範的）理念に則して現実を断罪することではなく、現実の姿をそのまま記述することにある（記述が誤っているなら修正しなければならない）、というわけだ。

［6］「ここでは『超複雑な hyperkomplex』は次のように理解されるべきである。全体社会という複雑なシステムの内部において、その複雑性に関する多数の競合する記述が存在すること」（Niklas Luhmann, Dekonstruktion als Beobachtung zweiter Ordnung, in: Henk de Berg/ Matthias Prangel (Hrsg.), Differenzen, Francke Verlag, 1995, S. 29）。

［7］ Gaston Bachelard（1884–1962）、フランスの哲学者。物理学・数学・哲学を修め、精神分析と文学批評をも駆使した独自の科学論を構想した。

［8］ 訳者らはこれまで、ルーマンの著作に頻出する用語である⑴ unwahrscheinlich, ⑵ wahrscheinlich, ⑶ Unwahrscheinlichkeit, ⑷ Wahrscheinlichkeit に対して、先行する訳書の一部で用いられてきた⑴「非蓋然的」、⑵「蓋然的」、⑶「非蓋然性」、⑷「蓋然性」という訳語を避けて、⑴「ありそうにない」、⑵「ありそうな」、⑶「ありそうになさ」、⑷「ありそうさ」を当ててきた。それは第一にルーマンがこの語によって扱っているのは数学的な確率の問題ではないということを強調するためであり、第二に特に⑴⑶が通常の意味合いとは異なってしまうからだ。多くの場合「蓋然性」は絶対に確実な、必然的な事柄に対する対義語（生じるかもしれないし生じない可能性もある事柄）として通用しているが、ここでの「非蓋然性」はその意味での対義語ではなく、「生じる可能性が小さいこと」として用いられているのである。ルーマン理論に対する理解がある程度進んだ現在では第一点に関する誤解の恐れも小さくなっているだろうし、「ありそうな」の系列はやはり語感の点で奇異に思われるため、本書ではそれぞれに⑴「蓋然性が低い」、⑵「蓋然性が高い」、⑶「低い蓋然性」または「蓋然性の低さ」、⑷「高い蓋然性」または「蓋然性の高さ」を当てることにする。

「蓋然性が低い」とは、ある事象が単独では生じる可能性が小さく（しかし生じえないというわけではない）、通常的なものとして現れてくるためにはさまざまな補助装置による支えが必要であることを意味している。補助装置によって、生じるものと予期されうるようになった場合は「蓋然性が高い」ということになる。しかしその場合でも、必ず、確実に生じるというわけではない。例えばそもそもコミュニケーションは、内包される三つの困難（到達しにくさ、理解されがたさ、受容されにくさ）のゆえに蓋然性が低いし、複雑化し流動化した近代社会ではその蓋然性はますます低くなっている。にもかかわらず近代社会では、象徴的に一般化されたコミュニケーション・メディアの発達によって、コミュニケーションが蓋然性の高いものとなっている――しかし生じなかったり失敗する可能性も常に随伴している――のである（本書第二章を参照）。

［9］ 一見したところ日常的な自明性から切断されている、あるいは日常的な自明性に反する事柄を、科学の文脈の中で

は前提として扱うことを指している。例えば、光速不変の原理など。

[10]「秩序ある和合」はアウグスティヌス『神の国(5)』（松田禎二他訳、アウグスティヌス著作集15、教文館、一九八三年、六二頁）の一節「人間の平和は秩序ある和合である」より。続く同書十四章では隣人愛について論じられている（六五―六六頁）。

[11] Samuel von Pufendorf（1632–1694）、ドイツの法学者・歴史学者。人間の本性は戦争状態ではなく平和をもたらすとの立場からホッブズの説を批判しつつ、大陸系の自然法思想を確立した。著作に『自然法と人定法』（De jure naturae et gentium, 1672）など。

[12] 環境問題においては、個人の行動（例えば、合成洗剤の使用）とその集積から生じる効果との関連ないし両者のギャップが、特に焦点になってくるから。

[13] societas civilis は、アリストテレス『政治学』などに登場する koinonia politike 概念のラテン語訳として用いられた語句である。この語が res publica（公物、国家）と同義で用いられていたことからもわかるように、ここでの civilis（市民の）は「公的な、国家の、家＝経済（oikos）から区別される政治の」を意味しており、後のような「国家とは区別される市民社会の」といった含意は有していなかった。societas civilis＝koinonia politike は、オイコス（家）における私的な営みと区別される、公的・社会的なものすべてを表す包括的概念だったのである。

[14] connectionism は一九八〇年代になって登場してきた、認知科学や人工知能研究における新しい立場。計算主義と呼ばれるそれまでの発想では、脳の個々の特定の部位のそれぞれがひとつずつ思考単位やイメージ（言語での単語に相当する）に対応しており、それらが文法的規則によって組み合わされることにより心的諸活動が生じるものとされていた。それに対してコネクショニズムでは心はニューラルネットワークとして捉えられる。そのつど異なる結合（シナプス）の重みを与えられたニューロン群による興奮パターンの違いが種々の異なる表象を生ぜしめるのであって、個々の表象に対応する特定の部位や、それらの部位を結合させる構文的規則が存在するわけではないとされる。

[15] Willard Van Orman Quine（1908–2000）はオハイオ生まれ、アメリカの哲学者。「自然化された認識論 naturalized epistemology」は、哲学（のみ）により認識を根拠づけるという伝統的な認識論の発想を放棄して、現実の科学研究

の形成・進展の過程を、あるいは日常言語の修得過程を実証的に追求しつつ認識論もその中に位置づけるべしとの主張を指す。そこから「自然化された認識論を自然化されたかたちで認識する」という循環が生じてくるのは見やすい道理である。しかしルーマンは、重要なのはむしろこの循環をいかにして創造的に展開するかであると主張している。

[16] メドゥサはギリシア神話に登場するゴルゴン三姉妹（ステンノ／エウリュアレ／メドゥサ）の末妹で蛇の髪をもち、その恐ろしい容貌を目にした者は瞬時に石と化してしまう。ペルセウスはメドゥサの顔を直接見ないよう、鏡のように磨き上げられた楯に映して位置を確かめつつ、その首を斬った（三姉妹のうち、彼女だけが不死ではなかった）。ルーマンは原註（29）で言及されている論文「ステンノグラフィー」において、ゴルゴン三姉妹のエピソードを敷衍しつつ、観察（見ること／見ないこと）のパラドックスについて論じている。本文で述べられているのは、従来の「主体／客体」の分離を前提とする認識論に反して「全体社会の理論は当の全体社会の一部である」と認めたとしても、対象のうちで自己を認識する（あるいは自己のうちで対象を認識する）との反射的関係の中で認識利得を獲得できる（そして、「批判的」スタンスを取ることも可能な）はずだということである。いずれにせよ、理論が成果（「首」）をあげさえすればいいのだから、と。

[17] 神学者によって、悪魔が神を否定的に観察するのを観察し、それを否定することを通して神を観察するという手法が確立されたことを指す。

[18] perspective by incongruity はアメリカの文芸評論家ケネス・バーク（Kenneth Burke, 1987–1993）が用いたキーワードのひとつ（Permanence and Change: An Anatomy of Purpose, University of California Press, 1984, p. 88 など）。ここではキリスト教道徳をその内容的な正しさという正統的な観点からではなく、その背後に潜む利害関心という斜めの観点から論じたニーチェの議論などを考えてもらえばよい。バークは、マルクス主義やニュー・クリティシズムなどと関わりながら独創的な文学理論を展開したことで知られる。わが国では山口昌男などを通して紹介され、記号論の動向にも影響を与えた。

[19] 「多次元性」（polykontexturalität）は、ルーマンがゴットハルト・ギュンターから導入した概念である。ギュンターによれば、「コンテクスチュラリティ」という語は日常言語で言う「コンテクスト＝文脈」とほぼ同じ内容をもっ

ているが、精確に言えば、コンテクスチュラリティでは「第三ノモノハ与エラレナイ」（tertium non datur＝排中律 law of the excluded middle）という点が異なっている。すなわちコンテクスチュラリティとは、すべてを包摂する特定の二分コードのもとで立ち現れてくる世界なのである。したがって「客観的存在」という唯一のもの（普遍性）が想定されている世界は――つまりは、言明によって捉えられる＝言明は真であるか、捉えられない＝言明は偽であるかのどちらかであるとされる世界は――モノコンテクスチュラルである。それに対してギュンターやルーマンのように、相異なるコードのもとで立ち現れてくる多数の世界を考えるならば、そこではポリコンテクスチュラリティが成立していることになる。Günther, G "Life as polycontextuality", http://www.vordenker.de/ggphilosophy/gg_life_as_polycontextuality. pdf を参照。ここでは「文脈」という語に含意されていると思われる、「ひとつの世界の一部としての特定の局面」とのニュアンスを回避するために、あえて「多次元性」という訳語を採用しておく。

〔20〕したがってリアリティと知識との間の連続性の打破は、自然に生じるのでも超越論的反省によって獲得されるのでもなく、全体社会の特殊な下位システムとして機能分化した、学術システム自身の作動によってもたらされねばならない。

〔21〕調査に応じて質問に答えるという社会調査のコミュニケーションの中で、何らかの知識が、現に生じている事実として把握されると同時に、統計処理ないし何らかの質的分析等を通して、対象者本人が自覚していない因果連鎖の一環としても位置づけられうるという事態を指している。

〔22〕スペンサー＝ブラウンの「マークされた／マークされない状態 the marked/unmarked state」（大澤真幸・宮台真司訳『形式の法則』朝日出版社、一九八七年、四頁）という区別を拡張することによってルーマンが設定した概念。われわれが何かを指し示す時、その何かは「それ以外のもの」から暗黙裡に区別されている。しかし後者は通常の場合それとして明示されることなく、未規定な背景に留まる。この背景が位置する空間を「マークされない空間」と呼ぶ。

〔23〕ここで述べられているのは、単に「情報内容として何かを知らない」ということではなく、今後くり返し論じられていくように、情報と伝達の差異に由来するいわゆる「誠実さの伝達不可能性」でもあるように思われる。ある発話

を聞いてその情報内容を吟味する前に、「そもそも相手は〈本当は〉どういうつもりでこの発話を行っているのか」を確かめようとすれば無限後退に陥って一歩も先に進めなくなる。この点に関しては無知に甘んじなければ、コミュニケーションに関与することなどできなくなるのである。

［24］ Jules Henri Poincaré（1854-1912）、フランスの数学者。解析論と理論物理学へのその応用、確率論、天体力学等広大な分野に及ぶ業績を残した。また数学的発見における意識の働きや科学教育をめぐる議論も有名である。科学哲学上のポアンカレの立場は「規約主義 conventionalism」と呼ばれる。規約主義によれば、例えばユークリッド幾何学と非ユークリッド幾何学のうちどれかひとつだけが真の空間の表現であるなどと考えることはできない。多様な空間の表現が常に可能なのであり、そのうちのどれを採用するかは、真理の問題ではなく便宜的規約の問題なのである。

［25］「外挿する extrapolieren」は本来数学の用語で、「ある変域内のいくつかの変数値について関数値が知られているとき、その変域外での関数値を推定すること」を意味する。

［26］ スペンサー＝ブラウンは原註（45）で指示された箇所で、再参入の結果として「（単に独立変数を使用することによって導入された不決定性の場合とは異なって）各独立変数を固定しても必ずしも解決されないような……不決定性の次数〔程度〕a degree of indeterminacy」（訳六六頁）が生じてくることを示している。

［27］ パラドキシカルな言明（例えば「この文は偽である」）は真（正の値）だとすれば偽（負の値）となる（およびその逆）というように、安定した値を取りえない。ルーマンはこのような振動が（再参入によって）あらゆる区別において生じると考えており、「システム／環境」の区別に関しても事は同様である。システムがこの振動状態から脱して安定性を獲得するためには、脱パラドックス化（パラドックスの隠蔽）が必要になる。記憶を用いること、すなわち時間による脱パラドックス化も、そのための方策のひとつである。

［28］ ローマ法の文脈では universitas rerum は、「社団法人 universitas personarum」と区別される「財団法人」を意味している。ルーマンは「財団法人」から「物ノ宇宙」へのこの転用法を、しばしば用いている。

［29］「再認 confirmation」および「圧縮 condensation」はスペンサー＝ブラウン『形式の法則』（大澤真幸・宮台真司訳、前掲、一一頁）に登場する概念。「再認」は記号「⅂⅂→⅂」で表される操作（作動）を指している。そこではひとつの

操作が複数の（互いに異なる）事例に適用されるが、同時にそれらが同じ操作であるということが確認されるのである。逆に複数の事例から同一の操作を抽出すること（「「→」）を「圧縮」と呼ぶ。原註第一章（190）も参照。

［30］原語 "Unbestimmtheit" の訳語には「不確定性」をあてるのが通例であるが、以下では本書の内容に照らして、また「不確実性」（Unsicherheit）との混同を避けるため、「未規定性」という語を用いる。

［31］現代人の「故郷喪失」について、またヘルダーリンにおける存在の故郷としての芸術について論じたハイデッガーを念頭に置いているのだろうか。

［32］「間接呈示」はフッサールの概念。「付帯現前（化）」とも訳される。（他の主体としての）他者という存在は本来われわれにとって、未規定的な潜在性の地平に留まる。そしてそれは直接にではなく、他者の身体という顕在的に現出するものを知覚することによって間接呈示されるのみであるとされる。

［33］否定・疑念・可能といった様相が生ずること。フッサールの用語。

［34］Bertrand Russell（1872–1970）、イギリスの哲学者。集合論を数学の基礎と見なす立場から、集合論のパラドックスを解決するために論理階梯の区別を原理とする「タイプ理論」（the theory of types）を提唱した。Alfred Tarski（1902–1983）、ポーランド出身、アメリカで活動した論理学者。真理概念を定義するためには形式言語とその解釈の水準とを区別すべきであると説いた。

［35］逆推論（Rückschlüssen）とは、前提と帰結との関係を逆にして、結果から原因を導き出すことを指す。

［36］ここでの「貢献」とはあるテーマに対し、そのテーマをめぐるコミュニケーションが実際に行われること（発話、記述など）を指す。

［37］修辞学において用いられる「汎用的なテーマのストック」という意味でのギリシア語「トポス topos」には、英語では commonplace、独語では Gemeinplatz（ともに「常套句」を意味するが、字義通りには「共通の場所」）の訳語が当てられている。ルーマンの論述はこの伝統的用語法を踏まえて、「テーマ＝（ローカルな）場所」という意味合いを含ませているものと思われる。訳註第二章［47］を参照。

［38］神によってつくられた包括物。アリストテレスの宇宙論ではこの名によって、宇宙の果てとして大地を覆う半球状

のドームが想定されており、星々はそこに張り付いていると考えられていた。

〔39〕トマス・アクィナスの用語。被造物であるわれわれの存在は存在そのものである神によって分け与えられたものであるから、類比を用いることによって有限なるわれわれの存在から無限なる神の存在を捉えることができるとの意味が込められている。

〔40〕知覚は社会システム（コミュニケーション）ではなく、心的システム（意識）において生じることを強調しているものと思われる。

〔41〕「マンダリン」は清朝の高級官吏を指す語だが、彼らが話していた「北京官話」をも意味している。当然ここでは「南の農民と北の官吏」という地域的差異が含意されていることになる。

〔42〕社会を聖職者・貴族・平民からなるものと見なす、伝統的な発想。フランスでフィリップ四世（在位一二八五―一三一四）によって設立された三部会は、この発想に基づくものであった。

〔43〕ルーマンは「最後の審判」という発想が孕むパラドックスについて、次のように論じている。

最後の審判は罪人とっても正しき者にとっても、不意打ちとして生じるはずである。にもかかわらずもはやそんな不意打ちなど生じえない。なにしろ件のテクスト〔聖書〕の中で、不意打ちについて暴露されているのだから。そもそも〔内在／超越のコードに基づく宗教において〕「超越」が〔天国／地獄による〕二次的コード化〔＝区別〕を被るなら、宗教と道徳は、〔ある魂が天国行き／地獄落ちのどちらになるかを決める基準として善／悪を持ち出さざるをえないから、〕どうしても緊密に結びつかざるをえなくなる。にもかかわらずあえてこの結びつきを避けようとするなら、「救われるか呪われるかは〔あらかじめ〕決定されているが、それについては知りえないのだ」といった途方もない構図を持ち出さざるをえなくなる。そうすれば結局のところ〔天国／地獄という〕図式総体が放棄されねばならないところまで行ってしまうだろう。

Soziologische Aufklärung 4, Westdeutscher, S. 240＝土方昭・土方透訳『宗教論』法政大学出版局、一九九四年、二六―二七頁、訳文および〔　〕内は引用者による

本書四六六―四六七頁も参照。

［44］　観察は「区別を用いてあるものを指し示すこと」と定義されるから、「どんな観察様式をとるか」とはすなわち、「その観察においてどんな区別が用いられるのか」ということに等しい。そしてコミュニケーションの観察様式とは、「情報／伝達」の区別を用いることに他ならない。

［45］　Jay Forrester（1918-）、ネブラスカに生まれ、ネブラスカ大学およびマサチューセッツ工科大学で電子工学を学ぶ。コンピュータ開発に携わった後、電子システムの分野で培われた工学的視点を人間システムに適用することを試みる。このプロジェクトは「システム・ダイナミクス systems dynamics」（ＳＤ）と呼ばれた。邦訳に『インダストリアル・ダイナミックス』（石田晴久・小林秀雄訳、紀伊國屋書店、一九七一年）、『ワールド・ダイナミックス――システム・ダイナミックス（ＳＤ）による人類危機の解明』（小玉陽一訳、日本経営出版会、一九七二年）がある。

［46］　「強度 intensity」は色の鮮明さを表す概念で、彩度（saturation）ないし色度（chroma）とも呼ばれる。どんな明るさ（明度）において強度が最高となるかは色によって異なる。黄色なら明度が最高の時強度が最高になるが、紫色の場合逆に明度が最低の時強度が最高になる。

［47］　「構造的ドリフト structural drift」は、あるシステムが他のシステムと構造的カップリングの状態にあるときに、それぞれが互いを巻き込みつつ行う自己維持と適応の進化的プロセスを意味している。マトゥラナ／バレラ（管啓次郎訳）『知恵の樹』朝日出版社、一九八七年、七八頁を参照。

［48］　「摂動」は一般には、力学系で主たる力の作用による運動が別の力の影響を受けて乱されることを指す。マトゥラナは、システムに対する環境からの影響を perturbation という言葉で表し、それに対するシステムの反応を compensation と表現している。

Irritation と Störung は基本的に同義に扱われており訳し分けが難しいが、ラテン語 irritatio に由来し、ルーマンも頻繁に（デカルト『情念論』などとの関わりにおいても）用いている前者に、最も一般的と思われる「刺激」を当てておく。すぐ後で述べられるように、これらはいずれも環境からの影響を受けてシステム内部で生じる変化を指している（刺激されて生じる状態、攪乱された状態等）。それに対して環境の側が及ぼす影響そのもの（それはシステムではなく、環境に位置する）には「刺激作用 Reiz」の語が当てられている。

［49］モンテスキューの議論などを念頭に置いているものと思われる。『法の精神』第三部（野田良之他訳、岩波書店、一九八七年、中巻一頁以下）では、法の多様なあり方が風土との関わりの中で論じられている。原著の出版は一七四八年である。

［50］デュルケームやマートンのアノミー論を念頭に置いているものと思われる。

［51］具体的にはどういう内実なのかわからないが、そこは問わないままにして、とにかく人間は動物とは異なる認知能力をもつはずだとする考え方を指すものと思われる。

［52］原文では註の位置は前文末尾であるが、註の内容から考えてこの位置が適当と思われる。

［53］各システムの内部において、世界に直面して経験される未規定な偶発性ないし複雑性を規定的なそれへと変換し、当のシステムにとっての「根本問題」として表示する概念を指す。経済システムにとっての稀少性、法システムにとっての正義、政治システムにとっての正統性、教育システムにとっての学習能力、宗教システムにとっての神、学術システムにとっての制限性（ある命題の真理性が否定された場合、単に非真理が生じるだけでなく、「何が真理なのか」を確定するために貢献することにもなるはずだとの原則）などが偶発性定式の例である。Detlef Krause, Luhmann - Lexikon, 3. Aufl., Lucius&Lucius, S. 160 f. を参照。

［54］「エコロジー」の語源はギリシア語の oikos（家政の）＋logos（言葉、学）であるが、ドイツの生物学者ヘッケル（Ernst Haeckel, 1834–1919）により、生物をその環境との関わりにおいて研究する分野を指す名称として採用された。

［55］本書では Leistung は「働き」「働きの成果」という一般的意味でも用いられているが、ここではルーマンの議論において以前から登場してきていた、機能分化した部分システムが取り結ぶ三つの関係（全体への関係＝機能 Funktion／他の部分システムへの関係＝遂行 Leistung／自分自身への関係＝反省 Reflexion）のうちのひとつという意味あいが込められているように思われる。

［56］本書第二章で展開される、「諸要素のルースなカップリングとしてのメディア／特定のかたちを取る、一時的でタイトなカップリングとしての形式」という区別が踏まえられている。例えばある文は、さまざまな結びつきの可能性をもつ語というメディアが、特定の形式へとカップリングされたものである。同様に組織においてはさまざまな命令

を下す可能性がメディアとなり、それに基づいて特定の命令（形式）が発せられるのである。

［57］ Helmut Willke（1945-）、ドイツの社会学者。現在、ビーレフェルト大学社会学部で国家論等を担当。著書に Atopia: Studien zur atopischen Gesellschaft, Suhrkamp, 2001 など。

［58］ Kaskade, cascade は、化学用語。いくつかの段階に分かれた反応で、各段階の反応での生成物がその次の反応を活性化するといった関係がある場合、その関係が積み重なることにより、端緒となる刺激が微弱であっても大きく複雑な反応が生じてくる。このような連鎖反応をカスケード反応という。語の本来の意味は、「階段状の滝」である。

［59］ decision tree（決定木）は、意思決定の際に選択肢が生ずる場合、選んだ選択肢ごとに生じる結果を枝分かれさせて図解することで、多くの段階を経る意思決定総体の帰結としてどんな事態が登場してくるかを整理する分析方法を指す。

［60］ Jerome Bruner（1915-）、アメリカの心理学者。ニューヨークに生まれ、デューク大学で心理学を学び、ハーヴァード大学より Ph.D 取得。ハーヴァード大学、オックスフォード大学などで教鞭を執る。六〇年代より、それまでの心理学の主流であった行動主義に代わる、構成主義的な認知心理学の主要な推進者となる。特に児童の学習と知覚を研究テーマとし、教育学にも大きな影響を及ぼした。邦訳に『教育という文化』（岡本夏木・池上貴美子・岡村佳子訳、岩波書店、二〇〇四年）など。

［61］ 元々の意味は、神を人間のイメージで考えようとする「神人同型説」である。

［62］ ラテン語 rego は「指揮する、統治する、正しく導く」を、regno は「王として支配する」を意味する。regna（複）regnum（単）は「王国、王権、国家、王家」を指すとともに「その所有物としての地所」という意味あいも有している。

［63］ 原註201にも見られるようにこの語は universitas rerum（物ノ宇宙）とほぼ同義で用いられるが、こちらはローマ法の文脈では「社団法人（universitas personarum）とは区別される「財団法人」を意味している。あるいはこの表現には、「全体社会が小さな法人のように観念されていた」との含みがあるのかもしれない。

［64］ 原註198に登場する神学者ニコラウス・クザーヌスの著作『学識ある無知について』（山田桂三訳、平凡社、一九九九

四年）などに登場する概念（系譜的には、偽ディオニシウスやアウグスティヌスにまで遡りうる）。自身の無知を、すなわち有限な存在である人間が獲得しうる知識の限界を自覚することによって得られる学識を指す。

［65］ 縮限された存在（contructus）は「クザーヌスに独特の概念である。普遍的なものが個物という形をとって存在する時、前者が後者へと縮限されたという」（クザーヌス『神を観ることについて』八巻和彦訳、岩波書店、二〇〇一年、二二七頁訳註（8））。

［66］ 次の論述を参照。「中世において《華美ナ飾リ〔ないしは、「秩序アル備エ」〕ornatus mundus》が意味していたのは、被造物〔すべての、すなわち世界の〕の美だった。天には星が、空には鳥が、水には魚が、地には人が、というわけだ」（ルーマン『社会の芸術』馬場靖雄訳、法政大学出版局、二〇〇四年、五六二頁、〔 〕内は引用に際して追加）。

［67］ ラテン語 res には、物・状態・動機・原因・業務・訴訟・国家・社会・所有（物）・権力・行為・事実などの多様な意味が含まれている。

［68］ この文はやや論旨不明だが、実際の「スペイン社会論」などにおいて扱われているのは、スペインそのもの、スペインの総体ではなく経済、政治、宗教、芸術などの当該社会の特定の（機能分化した）側面にすぎず、それらの機能領域は国境を越えて伸びていくから、というようにも解釈できる。

［69］ 原語は「認識阻害 Erkenntnisblockierung」であるが、ルーマンがしばしば援用するガストン・バシュラールの「認識論的障害 obstacles épistémologique」の概念（本書一〇頁、『近代の観察』馬場靖雄訳、法政大学出版局、二〇〇三年、一七九頁などを見よ）が念頭に置かれていると思われるので、それに沿って訳しておく。

［70］ ルーマンにとって機能とは、「さまざまな問題解決の等価性を判定するための視点」（馬場靖雄・上村隆広訳『目的概念とシステム合理性』勁草書房、一九九〇年、八二頁）であり、そこにはある観点から見て等価な選択肢どうしを比較するという手続きが含まれているのである。

［71］ 個々の事物がその本性において共通・類似している場合には、それらはより普遍的な「類」に帰属されるとの発想。ヘーゲル哲学における原理のひとつ。

[72] ルーマンが念頭に置いているのは、十六世紀イギリスにおいて交わされた、「歴史と詩 historia / poesia」論争である。この論争は、演劇が虚構的で無益なばかりか道徳的にも有害であると清教徒の立場から説いたスティーヴン・ゴッスン（Stephen Gosson, 1554–1624）の『悪弊学校』（Schoole of Abuse, 1579）に端を発するもので、フィリップ・シドニー（Sir Philip Sidney, 1554–1586）は有名な『詩の弁護』（Defence of Poesie, 1595＝富原芳彰訳、研究社出版、一九六八年）においてゴッスンへの反論を試みている。シドニーによれば、なるほど歴史は事実を記録しているのかもしれないが、その事実はさまざまな偶然や人間の愚かさによって、事物の本質＝あるべき姿から逸脱してしまっている。したがって世界をその完成態において捉えるには、虚構である詩・演劇・文芸のほうが有益なのである。

[73] ギリシア語 stérēsis（欠如）はアリストテレスの用語。何らかの自然物がある場所から他の場所へと移動したり、ある状態から他の状態へと変化したりするのは、本性からしてあるべき何ものかがその対象に欠如していることを示しているとされる。同様に身体が水を欲したり人が新たな知識を求めたりするのも、それぞれにおける stérēsis の現れなのである。privatio は「欠如、奪取、除去」を意味するラテン語。アウグスティヌスは「悪 mala」を、善と並んでそれ自体として存在する実体と見なすグノーシス主義やマニ教（アウグスティヌス自身が一時その信者であった）に対抗しつつ、神ハ真、善ニシテ唯一（Deus, verum, bonum et unum）であるとの立場を踏まえて、悪を privatio boni、すなわち「善ガ欠如シテイルコト」として定義した。

[74] 道徳に関するコミュニケーションを道徳内容の正しさによってではなく、いかに相手を納得させるかという、自由に駆使されうる手管＝コミュニケーション技術の問題として扱おうとしたバルタサル・グラシアン（Baltasar Gracián y Morales, 1601–1658）の議論を指しているものと思われる。ルーマンはグラシアンの議論を「修辞学の最終局面」と呼んでいるからである（馬場靖雄訳『社会の芸術』前掲、一五九頁）。『神託必携・処世智の技 Oráculo manual y arte de prudencia』（1647、桑名一博訳（抜粋）、桑名一博編『澁澤龍彦文学館2　バロックの箱』筑摩書房、一九九一年）はグラシアンの主著のひとつだが、oráculo manual とは、「こちらの言っていることが絶対的な真実＝神の言葉であるかのように相手に思わせるためのマニュアル」の意味である。

[75] カール・フリードリッヒ・ヒエロニュムス・フォン・ミュンヒハウゼン男爵（Baron Münchhausen, Karl Friedrich

Hieronymus Freiherr von Münchhausen, 1720–1797）、通称「ほら吹き男爵」。プロイセンの軍人で、フリードリヒ二世のもとで騎兵隊長としてロシアやトルコを転戦。帰国後に自らのサロンで、各地での体験・知見をもとに途方もないほら話を語り評判となる。その話は詩人のビューラー（Gottfried August Bürger, 1747–1794）などによってまとめられ出版されて（Wunderbare Reisen zu Wasser und zu Lande Feldzüge und lustige Abenteuer des Freiherrn von Münchhausen, 1786）ドイツ内外でベストセラーとなった。

〔76〕 いわゆる「補償理論」（近代社会を、技術知およびその即物性を埋め合わせる審美的態度の双方を発展させてきたという点で肯定的に捉える立場）の提唱者として名高いヨアヒム・リッター（Joachim Ritter, 1903–1974）はヘーゲルの哲学を、主観性と客観的実在との分裂・相互疎外を肯定的に捉える「分裂の哲学」として位置づけている。『ヘーゲルとフランス革命』（出口純夫訳、理想社、一九六六年）を参照。

〔77〕 フモール（ユーモア）とイロニー（アイロニー）はドイツ・ロマン派において、主体が世界から距離を取り自由を確保するために不可欠な概念装置であった。

〔78〕 ギリシア語 poiesis と praxis はアリストテレスの用語。制作（poiesis）の場合、制作者が潜在態（dynamis）であり、制作されたものが現実態（energeia）となる。したがって制作においては制作行為の外部に目的が存することになる。それに対して実践（praxis）では、潜在態も現実態もどちらも行為者である。実践は行為そのものの外部に目的を持っておらず、自己完結する。

〔79〕 区別を前提にした観察の水準で考えれば、あらゆる観察には区別の統一性というパラドックスが含まれているがゆえに、観察は本来不可能であり生じえないはずである。にもかかわらず実際に観察はコミュニケーションとして、あるいは思考として生じてくる。これは観察の可能性／不可能性においてではなく、現に生じる作動という事実の水準で捉えられねばならないのである。次のフェルスターの引用文も、同様の意味で理解できる。われわれが決定するには区別を踏まえねばならないが、あらゆる区別には決定不能性が含まれている。にもかかわらず、というよりもそのような区別が現になされているからこそ、われわれは決定できるのである、と。

〔80〕 システム／環境の中に再参入されたこの区別は、区別であると同時に、「〈システム／環境〉／？」というかたちで、

この区別が何から区別されるか（この区別自体が、いかなる形式の一方の側を構成しているのか）は覆い隠されている。したがってそれはシステムの内部で引かれた区別であるにもかかわらず、あたかも世界の中で客観的に存在する違いであるかのように見なされるのである。

[81] 以下で論じられる、「思考／存在」および「行為／自然＝本性」というふたつの区別において生じる再参入に関しては、ルーマンの次の論述を参考にされたい。

存在との収斂を達成するためには、思考そのものが存在しなければならない。思考は外世界的な主体の純粋な自己言及へと蒸発してしまうわけにはいかない。思考は条件づけられなければならないのである。また行為が自然＝本性との収斂を達成するためには、それ自体自然＝本性でなければならない。つまり行為が実現するのは、行為を意志している者の意志（どんな意志であろうと）だけではなく、行為そのものの自然＝本性でもなければならないのである。かくしてこのふたつの主導区別の人間に関係づけられうる側、つまり思考ないし行為は、その反対側から際だつことになる。こちらの側は、自身をそこから区別しなければならないはずの当のものなのだからである。

馬場靖雄訳『近代の観察』前掲、四四頁

第二章

[1] 原文ではこの註は次の文の末尾にくるが、内容から考えて移動しておいた。

[2] これこれの一連の行為を行うことこそがその人の意志であり、何人たりとも行為の他の組み合わせを強制することはできない、といった観点から人格が認識されてくるという趣旨である。

[3] John von Neumann（1903–1957）、ブダペスト生まれの数学者。一九三三年よりプリンストン高等研究所の終身研究者となる。一九四六年に発表したコンピュータ設計に関する原理が「ノイマン型アーキテクチャ」と呼ばれ、今日のコンピュータ設計の基本となった。そこではプログラミングが「翻訳のような静的過程ではなく、むしろ意図していることの自動的な展開を制御するための動的基盤を与えるテクニックである」と説明されている。

［4］　ここでの「圧縮」は、「異なる状況において生じた複数の作動が同一のものと見なされるに至ること」というスペンサー＝ブラウン流の用法に則して（すなわちここでは、語の新たな用法が確立され定着することとして）理解されるべきであって、語の意味が「切り縮められる」「失われる」というように解してはならない。

［5］　タルコット・パーソンズ『政治と社会構造　下』（新明正道監訳、誠信書房、一九七四年、一七九頁）より。パーソンズによれば、ドルは実物商品とは異なって何ら本来的な効用を（したがって、通用するはずだという説得力を）もたないが、象徴的メディアとして働くがゆえに通用するのである（同書一四一―一四二頁）。

［6］　カール・ヤスパースは『歴史の起源と目標（ヤスパース選集9）』（重田英世訳、理想社、一九六四年、六一頁）において独特な時代区分を提案し、「先史時代」を「言語・道具・火の使用」によって特徴づけている。本文での「先史時代以前」も、この論述を踏まえて、特に「言語成立以前」の時代を指し示すために用いられた表現かもしれない。

［7］　言及（Referenz）とは「区別と指し示し（スペンサー＝ブラウンの言うdistinctionとindication）からなる作動」（Niklas Luhmann, Soziale Systeme, Suhrkamp, S. 596＝佐藤勉監訳『社会システム理論　下』恒星社厚生閣、一九九五年、八〇一頁。ただし訳文および傍点は本書訳者による）である。あるいは「ある観察がもつ指し示す働き（Bezeichnungsleistung）である（Detlef Krause, Luhmann-Lexikon, 3. Aufl., Lucius & Lucius, S. 192, 傍点訳者）である。すなわち言及とはある区別を実際に用いることなのであって、区別それ自体だけではまだ言及ではない。ただし「記号」という形式＝区別の場合、用いられる区別は「指し示すもの／指し示されるもの」であり、この両項が区別されるということ自体のうちに、何ものかが指し示されている＝言及されている（だからこそ両項が区別されうる）という点が含意されている。そこから、原註（31）でも示唆されているように、「言及を欠いた記号」（言及が含意されているにもかかわらず、何ものにも言及していない記号）という蠱惑的なパラドックスが生じてくるのである。

［8］　ここでは、直前の身振りに反応するという現象が実際に続いていく様子が、ひとつながりの「エピソード」として捉えられている。

［9］　言語を言語にのみ結びつけ、外界の制約から遮断するという事態を指している。

［10］　この「前後関係」は、ソシュールに由来するsyntagmatic relationを念頭に置くと理解しやすい。この関係は「音

声の線条性の制約」に起因するが、（意味を有さない）「音（sound）」（「音素（phoneme）」）の水準のみならず（意味を有する単位である）「語（word）」（厳密には「形態素（morpheme）」）の水準でも成立する。田中春美「序論」田中春美他共著『言語学入門』大修館書店、第三二版、一九九七年、三―三二頁（特に一八―二〇頁）および加賀野井秀一『20世紀言語学入門』講談社現代新書、一九九五年、五二―五五頁を参照。

〔11〕 原文ではここは斜体になっていないが、次の文との対応関係から考えて傍点を付加した。

〔12〕 ここでルーマンはUnterscheidung-in-sichと表記しているが、ヘーゲルにおいて「区別」と翻訳される語は、UnterscheidungよりもUnterschiedの方が一般的であるように思われる。例えば『大論理学』の「本質論」に登場する「区別」はUnterschiedであるし、いわゆる『小論理学』においても事情は変わらない。ただしヘーゲルがUnterscheidungをまったく用いていないわけではない（『精神現象学』の「まえがき」など）。なお、ルーマン自身は例えば、Wie ist Bewußtsein an Kommunikation beteiligt?, in: ders. *Soziologische Aufkläriung* 6. Westdeutscher Verlag 1995 S. 41において、《ein "re-entry"einer Unterscheidung in sich selbst》（「自分自身の中への区別の『再参入』」）という表現を用いている。

〔13〕 本書を含めたルーマンの著作の多くは口述筆記（秘書によるタイピング）のかたちで作成されたと言われる。そのことが念頭に置かれているのかもしれない。あるいは序章で述べられていたような、本書の草稿を用いた講義が想起されていたのだろうか。

〔14〕 知覚において生じる諸印象（メディア）が音声のかたちへとタイトにカップリングされ、音声が語へとタイトにカップリングされてコミュニケーションを生ぜしめるというのなら、言語は意識とコミュニケーションという異なるオートポイエティック・システムを媒介するもの（という意味でのメディア）だと言える。しかし音声／語／文という多重的な「メディア／形式」関係は、徹頭徹尾言語的コミュニケーション・システムの内部で生じているのである。

〔15〕 ここでは「線条性（linearity）」と並ぶ人間の言語の主要な特徴である「分節性（articulateness）」が踏まえられている。人間の言語では、例えば、The cat chased the mouse. というメッセージは、意味を担う単位である「語（word）」（厳密には「形態素（morpheme）」）――（the, cat, chase, -ed, the, mouse）――に分節され、さらに、意味

を担う単位（mouse）は意味を持たない単位である「音（sound）」（「音素（phoneme）」）——（/m/, /a/, /u/, /s/）——に分節される。人間の言葉がこのように「形態素」と「音素」とに分節されることを「二重分節（double articulation）」という。田中春美前掲論文を、また辻幸夫・野村益寛「言語学の基礎」辻幸夫編『ことばの認知科学事典』大修館書店、二〇〇一年、八五―九七頁（特に八七―九〇頁）を参照。

［16］　例えば落葉が冬の到来を告げるように、未来の出来事を示す目印となるような事象を知覚するという事例がこれに相当する。

［17］　ルーマンがこの一節によって何を想定していたのかは不明だが、あるいは同名の人物が登場する、ベッリーニの『清教徒』、ヴェルディの『エルナーニ』などのオペラを指しているのかもしれない。いずれのリブレットにも、登場人物エルヴィーラを天使に喩える台詞が含まれている。

［18］　周知のようにフーコーも、記号と物の分離について論じている。ただしフーコーの議論はルネッサンスと古典時代におけるエピステーメーの変化に関するものであり、全体社会そのものの前提を扱うルーマンの論述とは水準が異なる。ミシェル・フーコー『言葉と物』（渡辺一民・佐々木明訳、新潮社、一九七四年、九二頁）を参照。

［19］　「本源的な」（primodial）とは（システムによって産出されたのではなく、世界それ自体のうちに）最初から存在するという意味である。

［20］　最初は偶然を契機にして、イエス／ノーのどちらに重点が置かれるかという点に関する偏差が生じる。しかし一度それが生じると、システムは自身の作動の結果に反応することによって（ポジティヴ・フィードバックによって）偏差を拡大していく。これが「自己組織化に対して敏感になる」ということである。

［21］　ふたつのそれぞれ安定した状態の間を、一定条件のもとで往復しうること。例えば光の強度や周波数・位相などが同じ条件下でふたつの安定な状態を示す素子は「光双安定素子」（optic bistable device）と呼ばれる。この素子は外部からの光やその他の駆動信号によって自らの状態を変化させる。それまでの安定した状態からもうひとつの安定的状態に不連続的に移行するのである。

［22］　oscillator function はふたつの値の間を一定の時間間隔で往復する関数のこと。スペンサー＝ブラウンがこの言葉を

用いている（『形式の法則』前掲、六九―七〇頁）。本書では「ふたつの値のどちらを示すかが決まっていない関数」という意味で使われている。

[23] ギリシア神話に登場する、芸術を司る九人の女神。英語名ミューズ。ルーマンは芸術を、「リアルな現実／虚構的な現実」という二重化作用を引き起こすコミュニケーションとしても特徴づけている（馬場靖雄訳『社会の芸術』前掲、二三七―二四一頁）。

[24] 「有徴化」および原註（63）の「有徴性」は記号論の用語。対立する二項のうちの一方を、特別なものとして際だたせること。例えば「医者」「警官」という呼称があるにもかかわらず「女医」「婦警」などと言われる場合、女性が有徴化されていることになる。ここではこの記号論的な意味と、スペンサー＝ブラウン『形式の法則』（大澤真幸・宮台真司訳、前掲）における「マーク」の意味が掛けられているものと思われる。「区別によって識別された状態に……区別されていることを示すマーク　「　をつけよう。……マークによって知られた当の状態を、マークされた状態 the marked state と呼ぶ」（四頁）。

[25] Baktaman 族は、パプア・ニューギニアに居住する民族のひとつ。言語的には中央・南ニューギニア高地語系／マウンテン・オク語科に属している。

[26] セールは原註（79）の著書で、ダイナミックな社会秩序を可能にするのは社会契約ではなく、相互作用の焦点となるべく制度的に創り出された（擬似的な）対象物であると主張している。サッカーボールがその例のひとつとして挙げられている。「ボールをめぐってチームのメンバーは草原の火のように素早く移動する。チームはボールを中心に、ボールによって組織の核を保持する。ボールはシステムの太陽であり、その要素の間で移動する力であり、ボールは移動する中心、ずらされる中心、追い抜かれる中心である」（訳一四五頁）。

[27] 通常のコミュニケーションの場合とは異なって、儀式については「どういう意図でなされている（伝達されている）のか」「それを行うことがいかなる社会的効果をもつのか」などと問われはしない。むしろそのような問いを遮断することこそが儀式の効果なのである。

[28] 十二表法は、紀元前四五一年に制定された、ローマ最古の成文法。共和政初期のローマでは慣習法が通用しており、

法の知識は貴族・神官が独占していた。そのため平民は訴訟において、貴族らの恣意的な法適用によって不利益を被るのが常だった。やがて法を明文化すべしとの平民の圧力が高まり、法制定のための十人委員会によって十二表法がまとめられて青銅の碑文として広場に掲げられるに至った。この碑は紀元前三八七年にガリア人が侵入した際の大火で焼失したと言われ、原文は伝わっていない。

ラテン語《actiones》は《actio》の複数形。《actio》は多義的であるが、ここでは「訴訟手続」という意味あいで用いられている。古代ローマでは訴訟手続を含めて法に関する知識は十二表法制定以後も神官団によって独占されていた。伝承によれば前三〇四年に、戸口調査官の総監を務めたこともあるクラウディウス（Claudius）の書記であったフラウィウス（Flavius）が、現在知られている中では最古の訴訟手続である「法律訴訟（legis actio）」用の文言方式を編纂した資料を、クラウディウスのもとから盗み出して公にした。これが後に「フラウィウスの市民法書」と称されるものである。この伝承は、前二五四年に平民として初めて神官団長に就いたコルンカニウス（Corncanius）が公開による法解答を開始した事実ともども、神官団による法知識の独占の終了を示すものとして取り上げられることが多い。以下を参照のこと。西村重雄「ローマ法」『大百科事典』平凡社、一九八五年。柴田光蔵『ローマ法概説増補版』玄文社、一九七八年、一八三頁。柴田光蔵「ローマ法」フランク・B・ギブニー編『ブリタニカ国際百科事典』ティービーエス・ブリタニカ、第二版改訂、一九九一年。竹内昭夫・松尾浩也・塩野宏編集代表『新法律学辞典（第三版）』有斐閣、一九八九年（「アークティオー」および「レーギス・アークティオー」の項）。

〔29〕ルーマン『マスメディアのリアリティ』（林香里訳、木鐸社、二〇〇五年）一五四頁や本書一〇〇九頁、一二七六頁でも述べられているように、マキアベッリやガブリエル・ノーデによって唱えられた、「国家理性」（Staatsräison, raison d'Etat）の学説を指す（林訳では「国是」）。この説によれば国家そのものが独自の存在理由を持っており、自身を存続させていくためには法や道徳や国民の福利を無視して行動しうるのである。君主は国家を守るためには情報を独占してよい（する義務がある）、というわけだ。

〔30〕各人の死後の運命は、天秤の皿の一方に原罪およびその人のこの世での悪行を、他方の皿にキリストによる贖いとその人の善行を乗せて、どちらが重いかによって決まるという、またその前提として、各人の魂ごとに善悪それぞれ

を集計した帳簿が作成されているという、商行為に結びついたイメージを指す。バッハのカンタータ168番「勘定を払え！と雷の言葉 Tue Rechnung! Donnerwort」のテクスト（Salomon Frank 作）は、全体がこのイメージに基づいている。本章三一八頁も参照。

［31］賢者は事物の本質を直接に、ファースト・オーダーの観察において知っているのであって、一定の意図のもとに介入してくる神の言葉や行為を観察し、その真意を（神が人間をいかに観察しているかを）解釈する――場合によっては、誤解する――わけではない。

［32］erhaben は、カントをはじめとするドイツ観念論において sublim とほぼ同義に用いられた用語である。

［33］アリストテレスは『ニコマコス倫理学　上下』（高田三郎訳、岩波書店、一九七三年）第六巻の中で真理に関わる知識を五つの種類に大別した。直知（nous）、学知（episteme）、智慧（sophia）、賢慮（phronesis）、技術（techne）の五つである。賢慮とは「自分にとってのいいことがら・ためになることがらに関して立派な仕方で思量……しうる」（訳、上・二二三―二二四頁）こととして定義されている。要するに、生活の中で生じる現実的な問題をどのように解決すべきかを判断する実践的知識を意味しているのである。ラテン語では prudentia。なお、西洋社会の発展を可能にした基礎のひとつがローマ法の継受にあったというのは定説でもありルーマンもたびたび強調するところだが、「法学」を意味するドイツ語の Jurisprudenz、フランス語・英語の jurisprudence は、ローマ法における iuris prudentia（法の賢慮）という表現に由来している。

［34］賢慮においては、未来は過去とは異なるかもしれないし、善の行動を取るか悪の行動を取るかは人によって異なっているかもしれないということが前提となる。したがって智慧の場合のように単に「何が（隠された）真理か」を直接観察するのではなく、他者が何をしようとしているのか、その前提として他者がいかに観察しているのかを観察しなければならない。こうして賢慮からはセカンド・オーダーの観察への道が切り開かれることになった。

［35］「前適応 preadaptation」は「外適応 exaptation」とも呼ばれる。当初別の用途に当てられていた構造が、その後（変化した環境において）新たな用途に当てられ効力を発揮すること。例えば鳥の羽毛は当初は保温効果が自然選択されるかたちで発達してきたが、その後飛翔能力が自然選択にかかるようになり現在に至ったと考えられている。

［36］ルーマン理論において「人は当初パーソナル・システムの意味で扱われていたが、後には行動可能性の制限が個人に帰属させられることとして規定されるようになる」（Detlef Krause, Luhmann-Lexikon（3. Aufl.), Lucius & Lucius, S. 183 f.)。

［37］カトリック教会では悔恨（paenitentia または poenitentia）が秘蹟の一つと見なされており、司祭の前で行なう告解を中心として、三つの要素に分けられている。すなわち①心の痛悔（contritio）、②口の告白（confessio）、③行ないの贖罪（satisfactio）である。痛悔とは単にかたちの上で罪を悔い罪を償うことではなく（刑罰への恐れから悔恨することは、痛悔と対比されて不完全痛悔 atritio と呼ばれる）、過去の自分の内面に悪を好む性向が存しておりそれゆえに罪を犯したことを認め、そのような自分を嘆き悲しむことを通して過去の心根から断絶し、将来において二度と罪を犯さないように誓うことをさす。したがって痛悔においては「過去の自分／将来の自分」の間に非一貫性が存するということが誓約されるのである。なお contritio の原義は「（ひとつにまとまっているものを）砕くこと」であり、ルーマンの論述はその点をも踏まえているものと思われる。

［38］ギリシア悲劇に登場するアンティゴネなどのことを念頭に置いているものと思われる。アンティゴネはオイディプス王の娘。兄弟であるポリュネイケスはテーバイを攻めたが惨敗。テーバイの支配者クレオンは、ポリュネイケスを含めた敵の死体を埋葬することを許さなかった。アンティゴネは自分の兄の死体を見るに耐えず、埋葬する。怒ったクレオンは彼女を投獄。アンティゴネは自死する。

［39］ルーマンは別の著作において、「ある程度意見の相違が存在するのは望ましいことであり、そのような相違自体が伝統として保存されるべきである」という「ユダヤ的律法註解の流儀」に言及している（馬場靖雄他訳『社会の法1』法政大学出版局、二〇〇三年、viii頁)。本章原註（151）も参照。

［40］Jacques Gernet（1921-）、邦訳に『中国とキリスト教』（鎌田博夫訳、法政大学出版局、一九九六年)。

［41］ヨーロッパにおける書物は当初（六世紀ごろ）修道院において、字を書く技術をもつ修道士によって写筆されるかたちで登場してきた。それら修道士は「写字士」(scribe）と称され、各修道院に設けられた「写字室」(scriptorium）と呼ばれる部屋で作業を行っていた。用いられた書体は多様で、現存する最古の彩色写本である「リンディ

スファーン福音書」（七世紀）で用いられたアンシャル体、メロヴィング王朝時代に用いられていたメロヴィンジアン体、フランスやオランダで用いられていたバスタルダ体などはその一部である。このような混在状態が解消されるには、十四世紀に入って、写本に用いられたゴシック体から、新しい書体であるローマン体が生まれるのを待たねばならなかった。

［42］ Yves Barel（1930–1990）、ニース生まれ。パリの国立科学研究センター（CNRS）などで研究に従事。専攻は科学技術政策・経済学・社会学。マルクス主義をシステム理論の観点から再構成することに関心を抱いていた。

［43］ プラトンの対話編を読むことによってソクラテスの言動を観察し、その含意を引き出そうと思索する読者が登場してくることを指しているものと思われる。

［44］ 紀元前一四〇〇年ごろからペロポネソス半島のミケーネ・ティリエンヌを中心に栄えたミケーネ文明において用いられた、ギリシア語を表記する音節文字。それより以前の紀元前二〇〇〇年ごろにクレタ島クノッソスを中心に興ったクレタ文明において用いられていた文字は、線文字Aと呼ばれる。

［45］ ギリシア神話における「記憶」の女神。ウラノスとガイアの子。ゼウスと交わり、九人のムーサ（学芸を司る女神たち。英語名ミューズ。訳註本章［23］参照）を生んだとされる。

［46］ **logográphoi** は、**logográphos** の複数形。文字通りには「スピーチ・ライター」の意味だが、特に古代アテナイにおいて訴訟当事者の法廷での弁論を代筆することを生業とした専門職を指す。

［47］ 古典的修辞学における、広範囲に応用されうる論点・論法＝「共通の場所」としての「トポス」の概念については、E・R・クルツィウス『ヨーロッパ文学とラテン中世』（南大路振一・岸本通夫・中村善也訳、前掲）より、関連する論述を引いておく（九六頁、〔 〕内は本書訳者による補足）。

……要するにすべて弁論（賛美の弁論も含めて）の狙いは、ひとつの命題もしくは事柄をもっともらしく思わせることにある。それには聴き手の悟性もしくは心情に訴える論法をあやつることが必要である。ところで、多種多様の場合にも応用されうるような一連の論法が存在する。それは自在に発展せしめ変化せしめるのに適した思想的テーマであって、ギリシア語では κοινοι τόποι, ラテン語では loci communes と呼ばれる。古いドイツ語では《〔共通の場所〕Gemeinörter》と呼ばれ、レッシングやカントもこの言い方をしている。そののち一七七〇年ごろ、英語の commonplace にならって《Gemeinplatz》の造語が生まれた。しかしこれでは本来の使用法がすでに失われているので、ここでこの語を使用することはできない。それ故われわれは、ギリシア語の「トポス」(topos, 複数は topoi) をなお使用することにしよう。

〔48〕 一八八〇年に最初の正書法(Rechtschreibung)の辞書を編纂・出版した Konrad Duden (1829-1911) の名に由来する言い回し。それ以降今日に至るまで Duden はドイツ人にとって書法の代名詞であり、書法辞書の商標ともなっている。

〔49〕 この段落に登場する「理性の関心」「人間」「超越論的意識」といった一連の術語はカント哲学を踏まえているものと思われる。カントが「理性の関心」について論じているのは、原佑訳『実践理性批判　下』平凡社、二〇〇五年、一二三頁などにおいてである。また Niklas Luhmann, Theoriesubstitution in der Erziehungs wissenschaft: Von der Philanthropie zum Neuhumanismus, in: Gesellschaftsstruktur und Semantik. Bd. 2, 1981, Suhrkamp では、カントによる人間の超越論的一般化が教育学に持ち込まれることによって引き起こされた困難について論じられている。本章原註(341)も参照。

〔50〕 明治期以来、複雑な漢字が識字率の向上を妨げているとして、漢字を簡略化したり制限したりすべしとの提案がくり返されてきた。まず一八七三年(明治六年)に福沢諭吉が「文字之教」で漢字制限論をいち早く主張した。一九〇〇年(明治三三年)には後に首相となる原敬が「漢字減少論」を発表する。さらに一九〇二年(明治三五年)には政府の国語調査委員会が発足、小学校令施行規則により漢字の制限や発音式仮名遣いが導入され、仮名文字も統一された。また民間では、大正から昭和にかけて新聞社が漢字制限の試案を発表している。

〔51〕 メイシー財団(Josiah Macy Jr. Foundations/一八七六年に三八歳で黄熱病で死去したジョサイア・メイシー二世を記念するために、その娘ケイトによって一九三〇年に設立された財団で、主たる活動分野は医学・医学教育および医療と健康管理)の後援によって開催された、サイバネティクスに関する一連の学際会議を指す。通称「メイシー会議」。第一回会合は一九四六年三月八~九日にニューヨークで開催された。その正式名称は「生物学と社会科学にお

けるフィードバック機構と循環的因果律システムに関する会議 The Feedback Mechanisms and Circular Causal Systems in Biology and the Social Sciences Meeting」。以後七年間に渡り、計一〇回の会合が行われた。参加者はウィーナー、フォン＝ノイマン、ウォレン・マカラック、フォン＝フェルスター、ベイトソン、マーガレット・ミード、クルト・レヴィン、ラザースフェルドら。詳細についてはスティーヴ・J・ハイムズ『サイバネティクス学者たち』(忠平美幸訳、朝日新聞社、二〇〇一年)を参照。

[52] hypercycle, Hyperzyklus は化学者マンフレート・アイゲン(Manfred Eigen, 1927-, 一九六七年ノーベル化学賞受賞)らが提起した概念(Eigen M. and P. Schuster. The Hypercycle: A principle of natural self-organization, Springer, Berlin, 1979)。酵素系のタンパク質と遺伝子系の核酸はそれぞれ循環的な過程によって自己を複製していくが、両者のサイクルは別々に確立された後で関係を取り結ぶのではなく、複合的に相互依存したかたちで(サイクルのサイクルとして)生じてくる。この事態を「ハイパーサイクル」と呼ぶ。ここでは、発信者/受信者の両方でのそれぞれ独自の選択が、それ自体選択の過程であるコミュニケーションによって結びつけられていることを指しているものと思われる。

[53] Niklas Luhmann, Soziale Systeme, 1984, Suhrkamp, S. 208(佐藤勉監訳『社会システム理論 上』恒星社厚生閣、二三六頁)にも同趣旨の論述がある。こちらのほうがいくらかわかりやすいようだ(訳文は本書訳者による)。〔例えば、「おはよう」と言うとき〕言っているとおりのことを考えている必要はない。にもかかわらず「〔私は今〕言っているとおりのことを考えている」と言うことはできない。なるほど言葉でそう言うことはできる。しかしその種の断言は〔この人はなぜわざわざそんなことを言うのかとの〕疑いを呼び起こし、意図に反する結果に至るのである。さらに加えて、「言っているとおりのことを考えているわけではない」と言うこともできたはずだという点をも前提としなければならなくなる。〔否定しえない＝反対の事態を想定できないような言明は意味を持たないからである。〕しかしそう言う場合、「言っているとおりのことを考えているわけではない」と言われるときに何が考えられているのかを、相手は知ることができなくなる。〔「言っているとおりのことを考えているわけではない」ということが考えられているわけではないかもしれないではないか。〕かくして相手はエピメ

ニデスのパラドックスに陥る。話者を理解しようと努めても、知ることはできないのである。これはすなわち、コミュニケーションはその意味を失ってしまうということである。

［54］次の記述を参照（ルーマン『社会の芸術』馬場靖雄訳、前掲、四四八頁）。理論は伝統的には常に、実践からではなく直接の感性的印象に基づく認識から区別されてきたのである。〔語源に相当する古代ギリシア語の〕theorós が意味していたのは、使者として祝祭劇を見物し、故国でそれについて報告する者のことであった。あるいはデルフォイ神殿から神託の言葉を携えて戻ってくる者のことだったのである。理論とはいわば遠隔知であり（例えば、他の都市ないし他国から戻った使者がもたらし、信憑性あるかたちで言明する知識）、それに対して感性に媒介された認識は近接知であった。

［55］接頭辞 sym は syn の異形で、「共に」「同時に」「類似」などを表す。パースによれば「シンボルとは、一緒に投げられるものを意味する」〔「類似記号、指標記号、象徴記号」内田種臣編訳『パース著作集2 記号学』勁草書房、一九八六年、四六頁〕。dia は「……し通す」「貫く」などの意味。dia（通して）+ metron（尺度）で diameter = 直径、差渡し。言うまでもなく、直径によって円はふたつに分割される。また「悪魔」を意味する diabolos には、「敵対者」の意味がある。ジョルジュ・ミノワ『悪魔の文化史』（平野隆文訳）白水社、二〇〇四年、二一頁を、また荒井献、H・J・マルクス監修『ギリシア語 新約聖書釈義事典Ⅰ』教文館、一九九三年を参照。ルーマンが「シンボリック・メディアはディアボリックである」ということによって強調するのも、メディアがもつ、引き裂き敵対させる効果である。ニクラス・ルーマン『社会の経済』春日淳一訳、一九九一年、二五八―二六一頁を参照。

［56］キケロー Marcus Tullius Cicero（B.C. 106-43）は古代ローマの文筆家・哲学者。カエサル暗殺後にアウグストゥスを支持し、マルクス・アントニウスと対立したため殺害される。その文体はラテン文学の模範とされている。邦訳に『キケロー選集』（岩波書店、一九九五年―二〇〇一年）。クインティリアヌス Marcus Fabius Quintilianus（A.D. 35-95）はローマ帝政期の弁論家。著書『弁論術教程 Instituonis Oratoriae』全一二巻によって、古典的修辞学を集大成した。

［57］古典的修辞学において弁論を構成する際の五つのステップである inventio（発見）、dispositio（配置）、elocutio

（弁論）、memoria（記憶）、actio（講演）の最後の段階を指しているものと思われる。あるテーマでの弁論を構成する際に援用されうる一般的な論法が「トポス」である。

［58］「増幅法」はギリシア語の auxesis（増大する、増幅する）に由来する言葉で、誇張表現（hyperbole）のための技法のひとつ。言及対象に別の言葉（通常よりも強い言葉）を付加することによって、対象の重要性を高めて見せる。「球場で飲み物を高値で売るのはぼったくり（盗人）である A three dollar Coke at the ball game is "highway robbery".」、「産業界の巨人 titan of industry」など。そこではある事物を、自然の本性からしてそれが属している一般的カテゴリーへと分類し帰属させる「種と類の技法」が前提とされていた。そのカテゴリーこそが、言及対象と増幅表現を結びつけることを可能にすると見なされていたのである。

［59］訳註第一章［72］を参照。

［60］古典的修辞学において、copia は肯定的な意味あいで用いられていた。例えばエラスムスは著書『表現ト観念ノ二重ノ豊カサニツイテ De duplici copia verborum ac rerum』（一五五三）の中で、修辞学学習者がひとつの観念を状況に応じて多彩なかたちで表現しうるようになるための方法と課題を提示している。「御手紙拝読、恐悦至極 Tuae literae me magnopere delectarunt」との意味を一五〇の異なる言葉遣いで表せ、というようにである。このようにひとつの観念を複数の（あるいは無数の）潤沢多彩なかたちで表現することが、copia と呼ばれる修辞学上不可欠な技能なのである。

［61］Christian Meier（1929– ）、ドイツの歴史学者。ミュンヘン大学教授を定年退職。専攻は古代ギリシア・ローマ史。著書に Die Entstehung des Politischen bei den Griechen, Frankfurt a. M. 1995, Von Athen bis Auschwitz, München 2002 など。

［62］原文では段落分けがないが、内容および長さから考えてここで区切っておく。

［63］同様の議論を展開している Niklas Luhmann, Gesellschaftsstruktur und Semantik Bd. II, Suhrkamp, S. 215–216 では、『ニコマコス倫理学』第八巻および第九巻（高田三郎訳、前掲、下・六五—一四八頁）が指示されている。

［64］紀元前六七〇年ごろ～五四六年に存在した小アジア西部の王国。紀元前七世紀後半の同国において流通したエレク

トラム（琥珀金＝金銀の自然合金）製の通貨（表にはライオンの頭部が刻まれ、裏には長方形の刻印がある）が、史上初の鋳造貨幣とされている。

［65］ アテナイの僭主ペイシストラトス（Peisistratos, ？ –527 B.C.）の統治を指しているものと思われる。ペイシストラトスは当時の山岳党の指導者で、海岸党・平原党との政争に敗れ二度の追放を受けたが、トラキアのパンガイオン金山で資金を得てアテナイに再上陸し、武力で政権を奪った。その後のペイシストラトスの政策は手工業者・商人・鉱夫の利益を促進することによってアテナイの経済を発展させるとともに下層民の台頭を促し、民主政への道を切り開く結果になった。

［66］ 貴族政時代のアテナイにおいて、重装歩兵として都市の防衛に参加するようになった市民は次第に発言力を強め、やがて民主政治を実現させていく。かくしてすべての市民に平等に与えられるようになった、政治に参加する権利が「イソノミア」と呼ばれた。

［67］ 「ホモノイア」はアリストテレス由来の概念で、「政治的友愛 philia politikè」を意味する。

［68］ 「テミス」はギリシア神話に登場する、確固不変の「掟」の擬人神。ヘシオドスによれば、ウラノスとガイアの娘で、メティス（智）に次いで、ゼウスの二番目の妻となる。ホメロスによれば、神々を会議に召集し、その宴会を取り締まる役目を持っていた。

［69］ 「ノモス」は、各ポリスにおいて制定された法を意味する。ソフィストたちは人間が制定した、ポリスごとに異なる人為的なものにすぎないからという理由でノモスを蔑視した。それに対して後出の「ピュシス」は永遠不動の本質的秩序という含意を込めて用いられた。

［70］ エルンスト・トレルチは宗教改革に内包され、後にプロテスタンティズムの近代性を特徴づけることになる四つの原理を指摘している。それはすなわち、信仰の宗教、宗教的個人主義、心情倫理、世俗への開放性である（芦名定道「近代キリスト教と自然科学」http://www.bun.kyoto-u.ac.jp/user/sashina/sub4h. pdf 二頁による）。

［71］ マックス・ヴェーバー「中間考察――宗教的現世拒否の段階と方向に関する理論」（大塚久雄訳『宗教社会学論集』みすず書房、一九五三年）を踏まえている。

［72］セカンド・オーダーの観察の水準において、「それを真理として体験したのは誰なのか、またいかにしてか」と問うことはできる。場合によっては、セカンド・オーダーの観察の対象となっている、「真理」を僭称する観察を、利害関心によって歪められた「イデオロギー」として告発することもできる。しかしそれはあくまで誤った、あるいは歪められた体験としてであって、行為として、例えばその目標設定が誤っているとか手段が適切でないとかいうように批判することはできないのである。

［73］カント『実践理性批判』の有名な一節を踏まえているものと思われる。「くりかえし、じっと反省すればするほど常に新たにそして高まりくる感嘆と崇敬の念をもって心をみたすものがふたつある。わがうえなる星の輝く空とわが内なる道徳律とである」（樫山欽四郎訳、河出書房新社、一九八九年、一三三頁）。

［74］議会手続きにおいて、特定の問題について自由に論じることを制限したり禁じたりするルールのこと。最も有名なのは、一八三六年—四四年にアメリカ下院において成立していた、奴隷制廃止を提案することを禁じる申し合わせである。これは南部出身の奴隷制擁護論者であるジョン・カルフーン（John Caldwell Calhoun, 1782–1850）などの運動によるものであり、その根拠となったのは、合衆国議会は各州固有の問題に介入すべきではないという分離主義の発想だった。原註(271)も参照。なお、「ギャグ（gag）」とは「さるぐつわ（猿轡）」のこと。

［75］ルーマン『社会の芸術』（馬場靖雄訳、前掲）では、このような「感嘆 admiratio」概念の典型として、デカルト「情念論」の一節（野田又夫他訳『省察／情念論』中央公論新社、二〇〇二年、一七六頁）が指示されている。ルーマンによればデカルトのこの議論においては「感嘆（l'admiration）は原初的な情念であり、逸脱を契機として生じる驚きである。それはまだ認識ではなく、したがってまだ真／非真に従って二分コード化されもしない。今日の用語に従えば、それは《刺激》または《攪乱》だということになるだろう」（『社会の芸術』五七一頁）。

［76］ルーマンにとって「倫理（学）」とは道徳が自身の統一性を省察し、自身の根拠を探ろうとする「道徳の反省理論」である。詳細は、Niklas Luhmann, Ethik als Reflexionstheorie der Moral *in: Gesellschaftsstruktur und Semantik: Studien zur Wissenssoziologie der modernen Gesellschaft*, Band 3, Suhrkamp, 1993, S. 358–447 を参照のこと。

［77］（　）内原文は nicht natürlich »im Leben«. im Leben は文字通りには「実際には」「現実には」の意だが、成句 im

Leben nicht, nie im Leben で「決して……でない」の意味になる。

［78］ 複式簿記の右の欄には収入が記載されるが、その右の欄を「貸方（creditor）」といい、支出が記載される左の欄を「借方（debtor）」という。

［79］ パスカルの論考「大貴族の身分について」（田辺保訳『パスカル著作集Ｉ』教文館、一九八〇年、二五五―二六五頁）などを指しているものと思われる。パスカルはそこで貴族の子弟に対して、次のように説いている。あなたが目下の者に接する場合、あなたは自身が卓越していると想定してよいし、また相手はあなたに礼節をもって接し、あなたを卓越した者として遇するだろうと想定してもよい。しかしあなたが貴族という身分を有しているということだけから、相手に自分を心から敬うよう要求できはしない。そのような敬意は身分ではなく人徳によって獲得しなければならない云々。Niklas Luhmann, Interaktion in Oberschichten: Zur Transformation ihrer Semantik im 17. und 18. Jahrhundert in: *Gesellschaftsstruktur und Semantik: Studien zur Wissenssoziologie der modernen Gesellschaft Band 1,* Shurkamp, 1993, S. 72-161, insb. S. 77 を参照のこと。

［80］ 権力というメディアにとっては、実力の行使はあくまで回避選択肢として、可能性の水準に留まっていなければならない。したがって他者が実力を行使したり、他者に挑発されて自我（特に、国家）が実力を行使したりすることからは、権力メディアにとって危機的状況が生じかねない。ニクラス・ルーマン、長岡克行訳『権力』勁草書房、一九八六年、一七八頁（註47）、一九〇頁（註142）を参照。

［81］ 十七世紀までは自慰は宗教的な罪であるとはされていたが、必ずしも禁止や恐怖の対象とはなっていなかった。しかし一七一〇年にイギリスで匿名の著者による『オナニア Onania, or, The heinous sin of self-pollution』と題される本が出版され、それをきっかけとして自慰に対する恐怖が広まった。以後ヴィクトリア朝時代を通じて、自慰に対する恐怖は維持・増幅されていく。

［82］ カント哲学では「直観」は感性的な直接知を意味する。

［83］ フランシス・ベーコン（Francis Bacon, 1561-1626）の著書『ノヴム・オルガヌム Novum organum scientiarum』（桂寿一訳、岩波書店、一九七八年）の出版（一六二〇）とその影響の広がりを指しているものと思われる。アリス

トテレスの『オルガノン』を革新することを意図して著された同書においては、アリストテレス流の「種と類の技法」に基づく（直観による）本質探求の枠組を踏まえつつも、具体的な事例を観測し、そこからの帰納によって一般法則を明らかにすべきことが説かれている。

［84］ 自制心によってパトス（非理性的な欲望、快楽など）を抑止し非情（アパテイア apatheia）の境地に入ることをめざしたストア派、野放図な快楽追求を断念して心の平安（アタラクシア ataraxia）を達成することこそ最高の快楽であると説いたエピクロス派などを指しているものと思われる。

［85］ Realien は「事実、実体」を意味すると同時に、「専門知識、精密科学」という意味あいを含んでもいる。

［86］ メディアを続けて使用できるか否かは、他者がそれを受容するかどうかにかかっている。それを知る（観察する）ためには、他者のほうで、他の人々がそのメディアをどの程度受容してくれると予想している（観察している）かを知らねばならない。

［87］ ルター訳聖書の印刷に見られるように、宗教改革が活版印刷術との密接な関わりのもとで生じたのは周知の事実である。しかし当初は宗教関係の印刷物は教会と聖職者によるコントロールの下に置かれていた。しかし十七世紀に入ると、特にイギリスにおいて、説教集、パンフレット、エッセイ、それに献身マニュアル（devotional manuals）などが大量に出版され流通するに至る（Hans. J. Hillerbrand (ed.), The Encyclopedia of Protestantism Vol. 3, Routledge, 2004, p. 1573）。その結果、それらを読み、マニュアルに従って行動しさえすれば、誰でも確実に救済されるとの態度が広まっていく。ルーマンはそのような状態を「インフレーション」と呼んでいるわけだ。原註（342）で述べられているように、各人が形式化された行動を取るによって救われるというこの風潮に対する反動として（つまり、救済はより深遠で困難な条件を満たすことによってのみ可能になると――あるいは、そもそも人間の意志や行為など及ばない、神の恩寵によってのみもたらされると――主張しつつ）生じてきたのが、ジャンセニズムであり敬虔主義だったのである。

［88］ C・R・ミルズはパーソンズの理論を例に引いて、「明瞭さ」を欠き（自らの経験的インプリケーションを省みることなく）「非常に顕著な非現実性を示す」理論を「誇大理論（grand theory）」と呼んで批判した。鈴木広訳『社会

学的想像力〈新装版〉』紀伊國屋書店、一九九五年、三四―六六頁を参照のこと。周知のようにこの“grand”には（表現内容と比べて）表現方法が「もったいぶっている、おおげさである」（つまり、インフレ状態になっている）という意味も込められている。

［89］ この「ゼロ記号」という術語は、数字の「ゼロ」のみならず「無変換」（群論）や「ゼロ形態素」「ゼロ交替」（言語学）、さらにはスペンサー＝ブラウン由来の「マークされない状態」などの多様な含意を持っていると思われる。しかし少なくともこの段落に登場する例から判読可能な「ゼロ記号」の共通の（最低限の）インプリケーションということになると、それが（「プログラム」ではなく）「コード」の「負の値（反省値）」の側に「寄生」する「（正＝肯定と負＝否定とに対する）排除された第三項」である、という点を指摘できる。

［90］ アスピリン（アセチルサリチル酸）は一八九七年に製法が確立されて以来、解熱・鎮痛・消炎剤として広く使用されてきた。しかし一九六〇年代後半にはアスピリンが抗血小板作用を有することが明らかになり、以後、心筋梗塞や脳卒中などの血管閉塞に関わる疾患の再発リスクを低減するため用いられるようになった。

［91］ イギリスにおいて宮廷での礼儀作法の指南書として用いられた書物を「作法書」（courtesy books）と呼ぶ。ルネッサンス期にはイタリア由来の作法書が主流だったが、十七世紀にはフランス作法書が輸入され規範として通用するに至る。アントワーヌ・ド・クールタン（Antoine de Courtin, 1622–1685）の Nouveau Traité de la Civilité qui se Pratique en France（一六七三、一六七八年には英訳 The Rules of Civility: or Certain Way of Deportment Observed Amongst all Persons of Quality Upon Several Occasions が出版されている）はその代表格である。

［92］ Henry Home, Lord Kames（1696–1782）はスコットランド出身の法律家・哲学者。法学・農業・道徳哲学・美学にまで及ぶ多数の著作を遺した。代表作に Introduction to the Art of Thinking（1761）, Elements of Criticism（1762）など。

［93］ 「十七世紀のデカルトやライプニッツの時代には、モラルと対比される形容詞はメタフィジカルで、例えば certitude morale といえば、形而上学的真理には届かないが、一定の確実性をもっていること、つまり『有限な人間精神にとっては十分に妥当であると認めることができ、したがって行動のさいに有用な基準となる』というような意味で

あり、ほとんどprobable（蓋然的）と同じ意味であった」（伊藤邦武『ケインズの哲学』勁草書房、一九九九年、二一一頁［注（15）］）。その"certitude morale"に対して、三省堂『クラウン仏和辞典』［第三版］では「心証上の〔直観的〕確信」という訳語が与えられている（"morale"の項）。ただし、次のような用例もある。「……物理学の根本的真理にはいかなる直観的な確実性（eine intuitive Gewißheit）もありえないことをホイヘンスは強調した。物理学における要請される目標は、単に『道徳的な確実性』（eine »moralische Gewißheit«）に過ぎない」（Cassirer, *Die Philosophie der Aufklärung*, 1932, S. 61＝中野好之訳『啓蒙主義の哲学　上』筑摩書房、二〇〇三年、一一〇頁）。以上を勘案してここでは「直観的」という表現を避けて「心証に基づく確実性」と訳した。

［94］ 3rd Earl of Shaftesbury, Anthony Ashley Cooper（1671-1713）はイギリスの哲学者、政治家。ジョン・ロック（初代シャフツベリーの後援を受けていた）による教育を受け、成人後ホイッグ党に所属する政治家として活動。しかし健康に恵まれなかったため政治活動と療養生活とを往復し、療養の間に道徳・芸術・宗教に関する影響力ある著作を遺した。その著作は洗練された風刺を駆使して宗教的狂信を揶揄するとともに、自然の調和としての美を理想とする点でロマン主義を準備することになった。

［95］ Francis Hutcheson（1694-1746）、アイルランド出身の哲学者。グラスゴウ大学でアダム・スミスに道徳哲学を教えたが、後にスミスによって批判されることになった（スミスはハチスンの職を、一代おいて踏襲した）。またヒュームにも深い影響を与えた。

［96］ または「バルシェル＝ファイファー事件」（Barschel-Pfeiffer Affäre）。一九八七年九月に『シュピーゲル』誌の報道によって明らかになった、ドイツのシュレスヴィヒ＝ホルシュタイン州における政界スキャンダル。当時州政府首相だったウーヴェ・バルシェル（Uwe Barschel）はメディア顧問のライナー・ファイファー（Reiner Pfeiffer）とともに、政敵だったドイツ社会民主党（ＳＰＤ）所属の政治家ビョルン・エンクホルム（Björn Engholm）を追い落とすために、同氏に脱税の嫌疑があると匿名で告発したり、探偵を雇って性生活を暴こうとするなどの陰謀を企てた。事件発覚後バルシェルは「私は誓って……」とひたすらくり返す、通称「宣誓記者会見」（Ehrenwortpressekonferenz）を行うなどして弁明に努めたが結局辞任に追い込まれ、同年十月十一日、スイスのホテルで死亡しているのが発見さ

れた。自殺と見られている。

〔97〕マルクス主義者やフェビアン協会派社会主義者らが取り組んだ、階級対立を背景とした貧困の問題を指しているものと思われる。

〔98〕前段落に続いて「最後に」が出てくるが、これは原文のまま。

第三章

〔1〕「時間の相異」は、神が創造を行う次元である永遠（aeternitas）と被造物において流れる時間（tempus）の違いを指す。前者における創造は無条件に肯定的であるが、後者では肯定的な出来事も否定的な出来事も生じる（善人も悪人もいる、というように）。しかしそれら肯定的なものも否定的なものも、それぞれが別様な仕方で永遠における神の創造を確証する。それが「日常的な出来事から情報を生み出す」ということである。

〔2〕the unmoved mover, to kinoun akineton はアリストテレスが想定した、あらゆる自然の運動の起点としての神のことを指している。

……或るものがあって、これは常に［永遠に］動かされつつ休みなき運動をしている……。だが、それゆえに、さらにこの第一の天界を動かすところの或るものがある。……動かされないで動かすところの或るものがあり、これは永遠なるものであり、実体であり、現実態である。

出隆訳『形而上学　アリストテレス全集12』岩波書店、一九八八年、四一七頁

〔3〕Fingerzeig des Himmels / Gottes で「啓示」を意味する成句になる。

〔4〕個体は、それぞれは多様な個性をもつにもかかわらず、種としては統一的な特性を示している（はずだ）との発想。

〔5〕それに対して「偶然に対して偶然に反応する」形式を考えることで、偶然をシステム内生的なものとして把握しうるようになる。

〔6〕すなわち、時間は循環性を前提とし、それが打破されることを通してのみ働きうるということである。「時間とは、諸選択の秩序に関する自己言及〔＝循環関係〕の非対称化である」（Niklas Luhmann, Soziale Systeme, Suhrkamp,

1984, S. 176＝佐藤勉監訳『社会システム理論　上』木鐸社、一九九三年、一九四頁、訳文は本書訳者による）。

［7］Attraktor, attractor については、訳註第四章［39］を参照。

［8］この語は音楽用語としては、フーガにおいて主題が完全に呈示される前に同じ主題を別の声部として重ねて導入する技法を指す（ストレット、あるいはストレッタと呼ばれる）。ここでは構造化がさらなる構造化を引き起こし、複雑な構造が急速に形成されていくことを指しているものと思われる。

［9］ここでの「位相」は物理学の用語で、周期的現象（振動・波動など）において、ある時刻、ある場所で、振動の過程がどの段階にあるかを示す変数を指している。

［10］「伝達」「伝播」は同一語（Transmission）の訳。それぞれの文脈で通例となっている訳語を当てた。

［11］一九二六年にチェコの言語学者ヴィレーム・マテジウス（Vilém Mathesius, 1882–1945）の呼びかけによって結成された言語学研究集会から始まる、構造主義的言語学派のグループ。一九二〇年代から三〇年代にかけて活発多彩な研究活動を繰り広げ、トルベツコイ（Nikolai Sergejewitsch Trubetzkoy, 1890–1938）の音韻論、ヤコブソン（Roman Jakobson, 1896–1982）の詩学などめざましい成果をあげた。

［12］「言語的コミュニケーションにおいては、〔身体の動きの場合、それが意図されたものではないと解釈する余地が残っているのとは異なって〕コミュニケーションの意図が存するという点は異論の余地がない」から（Niklas Luhmann, Soziale Systeme, Suhrkamp, S. 209＝佐藤勉監訳『社会システム理論　上』恒星社厚生閣、一九九三年、二三八頁、訳文は本書訳者による）。

［13］「抵抗」という訳語を差し挟んでおいたのは、ルーマンが Widerspruch について論じる場合、しばしばポール・ド・マン『理論への抵抗』（大河内昌・富山太佳夫訳、国文社、一九九二年）を引いて「言語に対する言語の抵抗 the resistance of language to language」について語っているからである。一例を挙げておく。

一般的に言って、コンフリクトは——矛盾（Widerspruch）、ノーと言うこと、拒絶などもそうですが——リアリティを現前させる（präsent zu machen）という機能を有しています。ただしその際環境に触れる（aus-greifen）こともできなければ、またその必要もないのですが。近年の考察の中で私はこれを、リアリティ・テストとして定式化してもいます。言語学では、脱構築主義者たちが次のように定式化しています。あらゆるリアリティは「言語に対する言語の抵抗」によってテストされる、つまり言語が言語に矛盾することによるのである、と。……これをきわめて一般的なかたちでシステム理論に組み込めば、私が免疫システムということで言おうとしたこととほぼ同じになります。すなわちリアリティ・テストはシステム内的な区別によるのであって、その区別を外部において見いだすことはできないのです。Niklas Luhmann, Protest, Suhrkamp, 1996, S. 194.

〔14〕 前註で示しておいたように、Widerspruch という言葉を、論理学的に、つまり「矛盾」としてではなく、対話的に、つまり「異議」や「抵抗」という意味で受け取っておこうという趣旨の文である。

〔15〕 ある種の住民運動に見られる地域エゴ的な発想を指す言葉。ゴミ処分場の必要性は認めながら、それが自分の住居の近くに設置されることには反対するような態度を考えてみればよい。ここでは利子禁止規定の宗教上の正しさは認めながらも、自分の活動に関してはそれを適用するのを除外することを意味しているのだろう。

〔16〕 プロメテウス神話にはいくつかのヴァージョンがあるが、ヘシオドスの『神統記』やアイスキュロスの『縛られたプロメテウス』によればプロメテウスは、ゼウスが人間を罰するために、それまで使われていた火を奪おうとしたのに抗して、オリンポスの鍛冶場からウイキョウの茎の中に火を隠して人間のもとに運んだ。さらに人間たちに多くの知恵を授けたが、同時に人間が自らの運命について嘆き悲しまないように、未来を知る能力を奪ったとされる。ここでは文字によるコミュニケーションの射程拡張と引き替えに、コミュニケーションが引き起こす効果に関する非知が増大せざるをえないということを示唆しているのだろう。

〔17〕 virtuos は今日ではもっぱら楽器演奏における「名人芸的」「超絶技巧の」という意味で用いられるが、語源であるラテン語の virtus は「熟練・技能」とともに、人間関係における「道義・道徳・良習」という含意を有してもいた。

〔18〕 見つめるだけで相手に不幸をもたらしたり呪いをかけたり生命を奪ったりする能力をもつ眼ないしその持ち主のこと。洋の東西を問わずさまざまな神話・伝説の中に登場する。

〔19〕 原文に従えば註(109)はふたつ前の文の末尾にくるが、この位置のほうが内容的に整合するように思われるので移動しておいた。

〔20〕 Laelius Zechius, Politicorum sive de Principe et Principatus Administratione libri tres, Veronae 1600, II c I, 8, S. 170 よりの引用。ルーマンは一九六二年の論文「真理とイデオロギー」の中で、「ルネッサンスのある著述家も〔古くからの目的概念に沿って〕まだそう述べていた」として、この句を引用している（Niklas Luhmann, Soziologische Aufklärung 1, Westdeutscher, S. 55)。

〔21〕 例えば啓示体験の明証性は伝承されがたいし、最初から伝承可能であるように意識しながら啓示体験について語るならば、体験そのものが疑わしく思われてしまう。

〔22〕 原註（130）で言及されているガブリエル・ノーデはいわゆる「国家理性」の学説（訳註第二章〔29〕を参照）を唱え、君主は場合によっては（国家の危機である「クーデター」の折りには）自身を法の上位に置き、法的手続きに訴えることなく敵対者を実力で粉砕してもよい（粉砕すべきだ）と主張した。

〔23〕 通常の進化論の用語では、進化は変異（variation）／選択〔淘汰〕（selection）／保持（retention）というプロセスによって生じるとされる。ルーマンは retention に代えて再安定化（Restabilisierung）を用いているのである。

〔24〕 revolution の本来の意味は revolve＝回転する、すなわち古き良き時代の制度を復興し、以前の体制へと立ち帰ることであった。しかし十八世紀に「歴史の進歩」という観念が登場して以来、この語はもっぱら「新しい体制を一挙に確立すること」という意味で用いられるようになった。

〔25〕 Edward Alsworth Ross（1866–1951）、イリノイ生まれ、アメリカ社会学の創設者の一人。ジョンズ・ホプキンス大学で政治経済学の学位を取得、一九〇六年よりウィスコンシン大学で社会学を講じる。集合的行動と社会的コントロールに関する研究で業績を遺した。代表作に Social Control（1901, new ed. 1969), Principles of Sociology（1921）など。

〔26〕 サイモン（Herbert Simon, 1916–2001）らの組織論において提唱された概念で、人間の知的能力の限界、入手可能な情報の限定性、プランニングに要するコストなどのために、実際の組織において追求・実現されうる合理性は限定的なものに留まらざるをえないし、またそれで十分であるとの含意をもつ。

〔27〕 進化を生じさせるのは、所与として外部に存在するカオスではなく、システム自身によって（すでにシステム／環

境の区別がなされていることを前提として）引かれた区別によって選別された「無秩序」「偶然」「刺激」である。その意味で進化はシステムによって可能になる。しかしそのような区別をなしうるシステムを生ぜしめるのは進化なのである。

［28］ルーマンは、異論をも伝統の一部として保存する「ユダヤ流律法注解の流儀」にしばしば言及している（『社会の法1』前掲、viii頁など）。ここではこの伝統が、宗教に文字が導入されることによって生じるはずの問題を最も明確に示している事例として言及されている。イスラム教やキリスト教ではこの問題が、政治の介入によって覆い隠されてしまったのだ、と。訳註第四章［8］のローマ法大全の一節は、その一例である。

［29］九六二年に東フランク王国のオットー一世がローマ教皇より「ローマ皇帝」として戴冠されたことに始まる神聖ローマ帝国は、実質的にはゲルマン諸国を中心とする連合体にすぎなかった。しかし古代ローマ帝国の再興という理念のもと、たびたびイタリアを含む統一帝国の確立が試みられてもきた。その過程でカトリック教会と帝国皇帝の主導権争いが生じ、十一／十二世紀には聖職者任命権をめぐる両者の抗争、いわゆる「叙任権闘争」が勃発した。一〇七七年には、皇帝ハインリヒ四世がカノッサ城において教皇グレゴリウス七世に破門の許しを乞うた、名高い「カノッサの屈辱」事件が起こっている。さらにその後、十二世紀に時の皇帝フリードリヒ一世（通称「赤髭王」Friedrich I, called Friedrich Barbarossa, ca.1125–1190）がイタリアを支配しようと試みた際には、北イタリア諸都市はロンバルディア都市同盟を結成し、教皇アレクサンデル三世（Alexander III、在位 1159–1181）の後援を得て帝国に対抗、一一七六年にはレニャーノの会戦でフリードリヒ指揮下の帝国軍を撃破した（この事件はヴェルディのオペラ「レニャーノの戦い La battaglia di Legnano」の題材となっている）。結果として一一八三年にはコンスタンツの和が結ばれ、皇帝の主権を形式的に認めることと引き替えに、諸都市の自主権が確保された。

［30］最古の芸術アカデミーは、一五六三年にジョルジオ・ヴァザーリ（Giorgio Vasari, 1511–1574）によって設立されたフィレンツェの素描アカデミー（Accademia del Disegno）だとされている。このアカデミーの設立によって、それまでは職人の工房での見習いによって習得されていた素描などの技術が、体系的に講じられることになった。なおヴァザーリはイタリア・ルネッサンスの芸術家を包括的に網羅した『美術家列伝』の著者として名高く、同書はヨー

ロッパ各国で広く読まれ、参照された。文献のうえでもイタリアが手本となった云々という論述は、同書を念頭に置いてのものかもしれない。

［31］ ここでの「トカゲ」とはイグアナなどのことを指していると思われる。ダーウィンがガラパゴス諸島において、イグアナやフィンチなどが独自の進化を遂げているのを発見して（ガラパゴスのウミイグアナは、水中生活に適応した唯一のトカゲである）、そこから進化論を構想したのは有名な話である。

［32］ 人類の進化の過程において、指と甲のつながり方の変化は大きな意味をもっていた。人間の手は他の生物と比べた場合、親指が独立して付け根の部分で他の指群と向き合うように動かせるという特徴を有している。この構造が獲得されたのは約二〇〇万年前に登場した、現生人類とは別系統に属するパラントロプス・ロブストス（paranthropus robustus）においてであったとされている。それによって、物をしっかりと掴むことが可能になった。かくして道具の使用が始まるとともに（パラントロプス・ロブストスは石器を使用していたことが確認されている）、手を巧みに利用することが脳に刺激を与え、脳の肥大化を促したとも言われている。

［33］ ひとつの成果が複数の機能を担うようになるがゆえに、その成果を別のひとつの成果によって代替するのは困難になる。後者も前者と同じ組み合わせの機能を担いえねばならないが、前者が担っている機能の数が増えれば増えるほど、そのような代替選択肢を発見するのは困難になるから。

［34］ 訳註第二章［65］で述べたペイシストラトスのアテナイ支配のことを指しているものと思われる。

［35］ ここでは原註(168)に見られるように、cooption をS・J・グールドの用語として使用しているが、一般には coopt は委員会メンバーを「選出すること」、経営学では「競合企業と提携すること」、医学では「腫瘍が正常細胞を吸収すること」などを意味している。

［36］ 宗教改革は、階層分化の解体と機能分化秩序の台頭という変化の先駆けをなす動向だった。しかしこの改革はあくまで、カトリック教会の堕落を批判して信仰の本来のあり方への回帰をめざすという名目のもとで生じてきたのである。

［37］ Lineatur は「罫線」の意味であるが、より抽象的に、そのうちにテクストが書き込まれる形式構造（時間概念な

ど）をも指す。

［38］ Ernst Kapp（1808-1896）、ドイツのロマン派哲学者。技術についての先駆的考察で知られる。原註（181）の文献は、技術に関する最初の体系的哲学を確立した書物と見なされている。

［39］「野蛮人」「異教徒」「サラセン人」については、訳註第五章［39］を参照。

［40］ Die neue Unübersichtlichkeit は、ハーバーマスの「政治小論集 Kleine politische Schriften」第5巻のタイトルである（上村隆広・吉田純・城達也訳『新たなる不透明性』松籟社、一九九五年）。

［41］ ローマ法において constitutio は、法律一般をも意味していたが、特に「勅法」（厳密には constitutio imperialis）という意味で用いられることが多かった。constitutio generalis は「一般勅法」、constitutio personalis は「特殊勅法」である。

［42］ フランス啓蒙思想の集大成として位置づけられる「百科全書」の正式タイトルは、「一群の文筆家によって執筆された百科全書、あるいは科学・技芸・手工業の解説辞典 L'encyclopedie, ou Dictionnaire raisonné des sciences, des arts et des métiers, par une Société de Gens de Lettres」である。

［43］ 一六一六年にローマ教皇庁はコペルニクスの地動説を禁ずる旨の布告を出し、その著書『天球の回転について』は閲覧禁止となった。しかしまもなく、この著書は宗教に関わるものではなく純粋に数学的な仮説を提起したものであるとの但し書きが付けられたうえで、閲覧が再許可されている。にもかかわらず一六三〇年出版のガリレオの著書『天文対話』が異端審問の対象となったのは、地動説一般が問題視されていたからではなく、教会内部での昇進争いや人間関係のトラブル（かつてガリレオの親友だったバルベリーニ枢機卿が時のローマ教皇ウルバヌス八世となっていたが、当時二人の仲は険悪化していたと言われる）が原因であったと考えられている。

［44］ ラ・ブリュイエール（La Bruyère, 1645-1696）『カラクテール――当世風俗誌』（上中下）（関根秀雄訳、岩波書店、一九五二―一九五三年）より、訳者による解説を引用しておく。「本書原題『カラクテール』……〔の〕原意は英語の Characters にあたる。特徴性癖、およびそれらをめぐるさまざまな人の肖像を意味する」（上、一五―一六頁）。「《肖像》（portrait）《反省乃至格言》（réflexion ou maxime）は、何れも第十七世紀仏文学における（特に一六五〇―

六〇年頃の）流行の文学様式であって、前者がスキュデリ嬢 Mlle de Scudéri やモンパンシエ嬢 Mlle de Montpensier のサロンにおいて、後者が特にサブレ夫人 Mme de Sablé の許において、文人雅客貴顕淑女の趣味をよろこばせたことは、一般文学史の教うる所である。『カラクテール』は以上二様式の完成せられたもの、又両分子を併せ擁するものと言えるであろう」（一七頁、原文旧仮名づかい）。

［45］ 重農主義 physiocracy は本来「自然の統治」を意味する言葉。重農主義者たちは社会に関して、自然＝事物の本性に基づく「自然秩序」(ordre naturel) と、人間の願望によって夢想された「望ましい秩序」(ordre positif) とを区別し、前者の根底にある、神によってつくられた永久不変の法則を直接に（明証的に）把握すべきだと主張した。

［46］ 次の論述を参照。

現実に対するこの新たな距離に、現実的なものを単なる書き割りとして、つまり芸術を演出するための手段として扱うことに注目しておこう。これらはロマン派を際だたせるメルクマールの一部である。同時代の哲学の場合と同様にロマン派における世界連関は、肯定的な意味で《思弁的》なままである。しかしその一方でロマン派は正当にも、それでは主観的恣意性に行き着いてしまうのではとの疑念に対して抗いもする。むしろ現実に魔法による飾りが施されるのは、現実が鑑賞者の注意を引きすぎないようにするためなのである。虚構的な描出を理解するためには常に、不信を差し控える必要がある。ここではそれが挑発的なまでに極端なかたちで推し進められ、そうすることによって反省が引き起こされるのである。鑑賞者の注意は、芸術作品そのものへと向けられなければならない。その点が確保されさえすれば、観念論は新たなリアリズムと一致しうるのである。

ニクラス・ルーマン、馬場靖雄訳『社会の芸術』前掲、四六三頁

［47］ Bernard Barber (1918-2006)、アメリカの社会学者、コロンビア大学名誉教授。著書に Constructing the Social System (1993), Social Studies of Science (1990) など。

［48］ population ecology は、異なる生物種が一定地域内で共存している状態を研究する生物学の一分野の名称として用いられることもあるが（「共存生物学」などとも訳される）、この文脈では原註 (262) にも挙げられている Michael T. Hannan（スタンフォード大学）や John Freeman（カリフォルニア大学バークレイ校）などが提唱した組織論上の学

説を指す。この学説は、組織を環境に対して開かれたシステムとして捉えたうえで、存続のために同じ資源を必要とする一群の組織が、相互関係の中で相互に淘汰しあい変容を重ねつつ、共存状態を確立していくプロセスを研究しようとする。

[49] Richard B. Norgaard、経済学者。シカゴ大学にてPh.D取得、一九七〇年よりカリフォルニア大学バークレイ校勤務。

[50] その偶然がいかに利用されるかは各機能領域の内的構造によって決定されるのだから（構造的に決定されたシステム）、件の成果が近代社会（＝機能分化した全体社会）の「原因」であるということにはならない。

[51] ルーマンが「少なくとも当初は」と限定しているのは、本来近代社会はひとつの世界社会（Weltgesellschaft）としか存在しえないという主張を踏まえてのことである。

[52] 原文ではこの註は前文末尾に付されているが、内容から考えて移動した。

原註

[1] Lars Löfgren（1925-）、スウェーデンの数学者・論理学者。一九六二年、スウェーデン王立工科大学（Kungliga Tekniska Högskolan）で博士号を取得し、一九六三年にルンド大学の「オートマトンと一般システム科学」に関する学科の教授に就任。その後、ルンド大学情報工学科名誉教授。

[2] Gotthard Günther（1900-1985）、ドイツの論理学者。ヘーゲルに関する論文で博士号取得、その後アメリカに渡り、SF小説を書きながら論理学研究を行う。「非アリストテレス論理学」または「多値論理学」を提唱、多くのシステム理論研究者に影響を与えた。

[3] セールが「準対象物」の例として取り上げているのは、サッカーボールである。サッカーボールは、ゲームにおけるダイナミックな秩序を可能にするため（だけ）に製造されている、と（第二章訳註［26］を参照）。一方ルーマンはミードを援用しつつ、あらゆる対象は同様の機能を担っていると、あるいはあらゆる社会秩序はそのような対象なしには成立しえないと、主張しているわけである。

［4］ skeuomorph は本来、「ある遺物のデザインが後の時代において、別の材質を用いてコピーされたもの」の意味。スケウオモルフにおいては、そのデザイン本来の意味（使用目的に則した、機能的意味）は旧時代の生活様式とともにすでに失われているにもかかわらず、デザインそれ自体が価値あるものとして尊重され続けるのである。N. Katherine Hayles, How to Became Posthuman, The University of Chicago Press, 1999, p. 16 によれば、第二次大戦直後にシャノンらによって推し進められたサイバネティクス研究における中心テーマはホメオスタシスであった。そこではすでに旧来のヒューマニズム（人間を中心に据える思考という意味での）を超える理論的可能性が提起されていた。にもかかわらず当時の研究者たちは、自分たちの研究は人間中心主義的な観点に基づいていると理解していたのである。ここでの「ヒューマニズム」は、単なるスケウオモルフである、というわけだ。同様に六〇年代（フェルスター、バレラ、マトゥラナなど）では研究内容は自己組織化であったが、ホメオスタシスがスケウオモルフとなっていた。八〇年代後半以降（バレラ、ブルークスなど）研究の焦点はヴァーチュアリティ（Virtuality）に移ったが、「われわれの研究テーマは自己組織化である」とのスケウオモルフが採用され続けたのである。この注で指摘されているのは、実質的な理論内容と研究者の自己理解とのこの種の齟齬が、現在の社会学においても生じているのではないか、ということである。

［5］ 「重層的決定」はもともとフロイトの概念で、ひとつの夢が複数の欲望の重なり合いの中で生まれてくること、したがって「この夢はこの欲望を表現している」といった単純な解釈は許されないことを示していた。周知のようにその後この概念はアルチュセールによって、マルクス解釈を経済決定論から解き放つために転用されることになった。ここで述べられているのは、調査対象者の意見ないし行動を、複数の選択肢のうちのどれかの値を指す、あるいは一定の量を示す「変数」として扱わなければ、その意見・行動はあまりにも多数の要因によって同時に（重層的に）決定されているがゆえに同一のデータとして扱えないと見なさざるをえなくなるという点である。A氏の与党支持とB氏の与党支持はそれぞれ多数の要因に基づいており、その布置は全体としてまったく異なるのだから（一部は重なっているとしても）、両者を同一項目に分類するのはおかしい云々というようにである。

［6］ Gilles Deleuze（1925–1995）、フランスの哲学者。フェッリクス・ガタリとの共著『アンチ・オイディプス』（市倉

宏祐訳、河出書房新社、一九八六年）などにより、ポスト構造主義の旗手として知られる。

［7］スピノザの言葉。『スピノザ往復書簡集』書簡50など。

［8］参考までにバレラによる定義を挙げておく。「固有行動は、一定の変換の不動点として特徴づけられうる。ある定義域Aからそれ自身への演算a、a : A→Aを考えてみよう。a(v) = vとなるような……値vは、aにとっての不動点である」（Francisco Varela, Principles of Biological Autonomy, North Holland, 1979, p. 171）。意味システムのあらゆる作動によって意味が再生産される。あるいは意味システムは、意味から離れることができない。したがって意味はそれらシステムの作動＝演算（Operation）における不動点である、というわけだ。

［9］ここでルーマンが同書のどの議論を援用しているのかは、判然としない。あるいは「当の横断crossは、当のトークンの内側によって指し示された状態のほうから、なされるものとしよう」（訳六頁）との一節を指しているのだろうか。

［10］ラテン語の形容詞securusの語源はse-（…から離れて）＋cura（心配）であり、この語には「恐れのない、静かな」「快活な」「不注意な」「安全な、確かな」などの意味が含まれている。

［11］Nicolaus Cusanus（羅）, Nikolaus von Kues（独、「クースのニコラウス」の意）（1401-1464）、ドイツの神学者。世界の無限性・多様性とその把握可能性・統一性を同時に視野に納めようとする彼の神学思想は、ベルタランフィやルーマンらのシステム理論の先駆的存在とも見なされうる。

［12］Douglas R. Hofstadter（1945- ）、オレゴン大学で物理学のPh.Dを取得、現在インディアナ大学の認知科学およびコンピュータ科学教授。父親は一九六一年にノーベル物理学賞を受賞したRobert Hofstadter（1915-1990）。「もつれたハイアラーキー」は有名な著書『ゲーデル、エッシャー、バッハ』（野崎昭弘他訳、前掲）に登場する概念である。

［13］Henri Atlan（1931- ）、アルジェリア生まれ、フランスの生物学者。複雑性、細胞生物学、免疫学、人工知能、生物学の哲学と倫理学などに関する幅広い研究を行っている。なお前註に続いて本註でもHenri Altanと誤って綴られている。

［14］Alois Hahn（1941- ）、トリアー大学教授、社会学。家族、宗教、文化を主たる研究領域とする。

［15］ Wlad Godzich（1945– ）、ドイツ生まれフランス育ちの文学研究者（現在の国籍はカナダおよびアメリカ）。アメリカ、カナダ、ヨーロッパなどの多くの大学で教鞭をとっている。

［16］ ラテン語 externa は「外界の」を意味する。otitis externa は「外耳炎」の意。またカニに寄生するフクロムシの場合、宿主内に広がる本体部が interna、宿主の対外に出ている部分が externa と呼ばれる。

［17］ certitude morale については、訳註第二章［93］を参照。

［18］ n個の事象からなる完全事象系 $A=\{a_1, a_2, a_3, \ldots, a_n\}$（$\Sigma a_i=1,\ a_i \cap a_j=\phi$）において、情報量 $I(a_i)$ の期待値を $H(A)$ とすると

$$H(A)=\Sigma P(a_i)I(a_i)=-\Sigma P(a_i)\log_2 P(a_i)$$

が成り立つ。このHを平均情報量（エントロピー）と呼び、情報の不確かさの平均値を表す。

［19］ Schöpfung からまず想起されるのは「天地創造」であるが、あるいは素粒子論における対生成（pair creation）／対消滅（pair annihilation）や、多体波動関数における生成（創成）演算子（creation operator）／消滅演算子（annihilation operator）という概念ペアを念頭に置いているのかもしれない。

［20］ 古代エジプト第一七王朝（1663–1570 B.C.）末期の王タア二世（Tao II）およびその息子カーメス（Kamose）が、セム系の遊牧民であり、前一七二〇年ごろにエジプトに侵入しデルタ地帯のアヴァリスに首都を築いたヒクソス人に対して起こした戦役。カーメスの弟である第一八王朝のイアフメス一世（Ahmose I）は前一五六五年ごろにヒクソス王朝を打倒してエジプトを再統一し、首都をテーベに定めた。以後が「新王国時代」と呼ばれる。

［21］ 邦訳に阿部美哉訳『グローバリゼーション――地球文化の社会理論』東京大学出版会、一九九七年があるが、同書は原著の部分訳であり、該当する章は訳出されていない。

［22］ Egon Brunswik（1903–1955）、ブダペスト生まれの心理学者。ウィーン大学で心理学を学び、アンカラやウィーンで教鞭を取る。一九三七年よりカリフォルニア大学バークレイ校に奉職。有機体にとって環境は不確かであり蓋然的なものとして現れてくるから、有機体も自己の目標を達成するために蓋然性に基づいた（確率論的な）行動を学習しなければならないとする「確率論的機能主義 probabilistic functionalism」を説いた。邦訳に『心理学の枠組み』（船

津孝行訳、誠信書房、一九七四年）。

[23] ルーマンの原文は in der finsteren Innerlichkeit ihres Bewußtseins であり、対応するヘーゲルの原文は der finsteren Innerlichkeit des Gedankens である。ルーマンが参照している Suhrkamp 版とほとんど違いがないとされる Glockner 版に依拠した長谷川宏の訳を、前後の文脈も含めて示しておく。「芸術作品を作りだすにも、それをながめるにも、規則や法則に縛られることは一切無用で、厳密な規則や陰気な内面的思考のかわりに、形のある芸術のうちに安定感と生命力を求め、観念という影の領域のかわりに、明朗で力強い現実を相手にできる」（長谷川宏訳『ヘーゲル美学講義　上巻』作品社、一九九五年、八頁、傍点本書訳者）。

[24] Gerd Sommerhoff（1915-2002）、ドイツの生物学者。ルーマンが参照している二冊の著書や Understanding Consciousness: Its Function and Brain Processes, Sage, 2000 は、システム理論研究者によってしばしば援用されている。

[25] ルーマンはレトリック＝修辞学を、コミュニケーションの他者言及（発話の内容）よりも自己言及（先行する、また後続する発話との関係）を重視しようとする試みとして捉えている。しかしそれによって他者言及が、精確に言えば他者言及と自己言及との区別そのものが、「止揚」されるわけではない（馬場靖雄訳『社会の芸術』前掲、四二五—四二六頁）。バルトらは、止揚が可能であるかのように考えるというこの誤りを反復している、というわけだろう。しかしその一方でルーマンは、クリステヴァの議論を高く評価し、援用してもいる（同書二〇八—二〇九頁など）。

[26] 「クラテュロス」に 292-297 に相当する頁はない。内容から考えて 392-397 の誤りと思われる。邦訳該当箇所は岩波版が三〇—四六頁、角川版が二七三—二八五頁。

[27] David Hilbert（1862-1943）、ドイツの数学者、物理学者、哲学者。幾何学基礎論、代数的整数論、ポテンシャル論、積分法的式論、数学基礎論（「形式主義」の提唱）など、数多くの分野で業績を残した。

[28] Max Adler（1873-1937）、オーストリアの社会学者・社会主義理論家。新カント派の立場からマルクスとカントの統合を図った。

[29] ハイデッガー哲学は「無意味な形而上学」であるとのカルナップによる非難や、ポパーによるヘーゲル弁証法の分

析（藤本隆志他訳『推測と反駁』法政大学出版局、一九八〇年、五九八頁以下）を念頭に置いているものと思われる。

［30］リオタールが『ポストモダンの条件』（小林康夫訳、書肆風の薔薇、一九八六年）などで言語ゲームの共約不可能性という観点からハーバーマスのコミュニケーション行為論を批判したことに始まる論争。マンフレート・フランク『ハーバーマスとリオタール』（岩崎稔訳、三元社、一九九〇年）を参照。

［31］ギリシア神話のヘルメスとエジプトのトート神が融合して産み出された「ヘルメス・トリスメギストス」なる神人の手によると信じられていた（実際には三世紀ごろまでにアレキサンドリアなどで書かれた）一連の「ヘルメス文書」を典拠とする占星術・魔術・錬金術に関する知識を指す。荒井献・柴田有訳『ヘルメス文書』朝日出版社、一九八〇年。ヘルメス主義はこの文書の内容を「古の叡智」を伝承するものと見なし、その再現を目標とした。

［32］ラテン語 res については、訳註第一章［67］を参照。

［33］ラテン語の persona はもともと、古代演劇で用いられた仮面を意味していた。この意味でのペルソナには劇中の他の人物との関係の中で、ひいては現実の社会関係の中で果たすべき役割という関係論的ニュアンスが含まれていると同時に、演技者本来の魂とは切断されていることになる（本書の「人」概念はこの意味あいに近い）。しかし中世においてはペルソナ概念は別の含意を帯びるようになる。すなわち三位一体論において父なる神／子なる神（イエス）／聖霊なる神は、相互に独立して存在しているにもかかわらず一体である云々と言われる場合の、父／子／神のそれぞれがペルソナ（位格）と呼ばれる。ここにおいてはペルソナは他者との関係を欠いた自分自身との関係（三位の一致）において捉えられることになる。以後ペルソナ概念はこの線に沿って展開されていく。普遍論争の先鞭を付けスコラ哲学の先駆者となったボエティウス（Anicius Manlius Severinus Boethius, c.480–524）によれば、「ペルソナトハ、理性的ナ本性ヲモツ、分割デキナイ（＝個体的ナ）実体デアル Persona est naturae rationalis individua substantia.」。かくして「個人との融合」が進んでいくのである。「悔恨の場合とは異なる im Unterschied zu Reue」という一節については、本章訳註［37］を参照。

［34］Pierre Abélard（1079–1142）、フランスの哲学者・神学者。エロイーズとの恋愛問題でパリを追われたり、異端宣告を受けたりしながら神学大系を構築し、盛期スコラ哲学を準備する役割を担った。

［35］ Pfingsten＝聖霊降臨祭（ペンコステ）はユダヤ教の五旬祭（過越祭から五〇日目）に相当する。イエスの死後逃げ散っていた弟子たちは、イエス復活の噂を聞いても信じられないでいた。しかし五旬祭の日が来て、一同が一つになって集まっていると、突然、激しい風が吹いて来るような音が天から聞こえ、彼らが座っていた家中に響いた。そして、炎のような舌が分かれ分かれに現れ、一人一人の上にとどまった。すると、一同は聖霊に満たされ、霊が語らせるままに、ほかの国々の言葉で話しだした（使徒言行録2章1節）。

［36］「トーラー Torha」は旧約聖書に含まれるいわゆる「モーゼ五書」（創世記・出エジプト記・レビ記・民数記・申命記）のこと。ユダヤ教徒にとってトーラーは天地創造の前から存在していたもので、天地の方がトーラーに従って造られたとされる。さらにトーラーは神からすべての国民に神から差し出されたのだが、ユダヤ人だけがそれを受け取ったと伝えられる。トーラーを所有していることが、ユダヤ人が神に選ばれたことの証拠となるわけである。

［37］ Marcel Detienne（1935-）、歴史学者、専門は古代ギリシアの神話と文化。ジョンズ・ホプキンス大学古典学部教授。邦訳に及川馥・吉岡正敞訳『ディオニュソス』（法政大学出版局、一九九二年）など。

［38］「ホメロス」とは誰なのかを同定しようとする、あるいはそもそもホメロスなる一人の人物が存在したのかを判定しようとする議論、いわゆる「ホメロス問題」を指す。『イーリアス』『オデュッセイア』のテクスト内に存在する齟齬・矛盾を根拠に両詩は複数の口頭伝承が集められてできたものだと主張する立場は「分析論」、一人の作者によって書かれたものだと主張する立場は「統一論」と呼ばれる。

［39］ エスノメソドロジーの用語で、発話の文脈に関する暗黙的な知識を前提とする表現のこと。

［40］ Stanley Fish（1938-）、アメリカにおける最も著名な文芸批評家の一人。デューク大学で英米文学および法学担当教授。翻訳に『このクラスにテクストはありますか』（小林昌夫訳、みすず書房、一九九二年）。ここで指示されている著作に含まれる論文 Why No One's Afraid of Wolfgang Iser（ibid. S. 69-86）は、イーザーらの「受容理論」における区別＝差異の不十分な取り扱い方を指摘した文献として、ルーマンによりしばしば参照されている。

［41］ 宋代の十一世紀には職人の畢昇の手によって、粘土を素焼きした陶製活字が発明されていた。元代の十三世紀には、活字に番号を振りそれをもとに活版を組むという、今日の印刷組版に近いシステムまでもが実用化された。

[42] Plutarch or Ploutarxos（c. 45–125）、ローマ帝政初期に活躍した、ギリシアの伝記作家・道徳哲学者。ギリシアとローマにおける類似した人物を対比して論じた『英雄伝』（河野与一訳、岩波書店、一九五二―一九五六年）や、政治・哲学・宗教などに関する省察集『モラリア』（戸塚七郎訳、京都大学学術出版会、一九九七―刊行中）で名高い。

[43] Diodoros Kronos（c. 340–280 B.C.）、メガラ学派の弁証家。スティルポンの出した謎に即答することができなかったためにクロノス（老いぼれ）という不名誉なあだ名をつけられ、その恥辱のあまり死んだと伝えられる。命題論理学の創設者として知られ、後にストア派によって再発見される。論理的決定論を唱え、生じてくるあらゆる出来事は不可避的であり、それについての言明は、どの時点でなされるかに関わりなく妥当すると主張した。キケロー以降、この決定論は宿命論として解釈されていく。

[44] 大槻真一郎編訳『ヒポクラテス全集』エンタプライズ、一九八五―一九八七年。ヒポクラテスの死後の紀元前三世紀ごろ、アレキサンドリアにおいてプトレマイオス王朝の官命により、ギリシア全土から集められた資料をもとにして編集された。ヒポクラテス自身の著作だけでなく、当時残存していたギリシア医学全般の文献をまとめたもので、これにより古代ギリシア医学の概要を知ることができる。

[45] Jean Paul（1763–1825）は本名 Johann Paul Friedrich Richter、ドイツ・ロマン派に属する小説家。『ジーベンケース』は貧しい弁護士ジーベンケースとその妻との日常生活を、『生意気ざかり』は遺産相続の条件として詩人気質の矯正を求められた青年とその双子の弟との道行きをプロットとする、それぞれ大部の小説である。Henri Benjamin Constant de Rebecque（1767–1830）は、フランスの政治家・小説家。代表作である『アドルフ』はジャンルとしては自伝的恋愛小説ということになるが、通常の恋愛小説なら主要部をなすはずの恋の発端と成就は第二章のみで扱われ、最終章（第十章）までの残りの部分はもっぱら恋愛関係の持続がもたらす倦怠と閉塞感を中心とする心理描写に当てられている。「近代心理小説の先駆」とも評される傑作である。

[46] Baltasar Gracián y Morales（1601–1658）、スペインのイエズス派哲学者、著述家。イエズス会士として一生を過ごしながら（ただし会の権威者とはたびたび衝突した）、綺想と機知に満ちた警句集や小説を著し、フランスのモラリストたちやショーペンハウエル、ニーチェにまで影響を与えた。代表作は理想的な政治家の資質について論じた『英

雄』（El héroe, 1637）および『政治家』（El político, 1640）、綺想主義の文学論『機知と才知の技』（1643）、世渡りの知恵を説いた『神託必携と叡智の技』（Oráculo manual y arte de prudencia, 1647）、素朴で牧歌的な生活と邪悪な文明とを対比させたペシミスティックな寓意小説『一言居士』（El criticón, 3 parts, 1651-57）など。

［47］ The Royal Society of London は化学者・物理学者のロバート・ボイル（Robert Boyle, 1627-1691）らによって自然科学研究を目的に一六六〇年に設立された、現存する世界最古の学術団体。

［48］ グーテンベルクが印刷機を製作したのは遅くとも一四五〇年ごろ、マインツでのことであるとされている（有名な「四十二行聖書」が印刷されたのは一四五四年〜五五年ごろ）。したがってここで言及されているのは一四三八年から四五年まで開催された第一七公会議、いわゆる「フェララ＝フィレンツェ公会議」であると思われる。同会議では、公会議が教皇より上位にあると主張する公会議首位説が退けられ教皇の優越性が確立されるとともに、ローマから分離している東方諸教会との一致実現が図られた。

［49］ 七世紀半ばに南イタリアの地に創設されたサレルノ医学校に集う医師たちにより、十一世紀に編纂された衛生に関する小読本が、「サレルノ養生訓 Regimen sanitatis Salerni」と呼ばれている。日常生活において健康を維持し病気を予防するために必用な注意事項をわかりやすくまとめたもので、ラテン語で起草されたがその後各国語に翻訳され、広く普及した。ルーマンが用いたテクストは、ハリントン卿（John Harrington, 1561-1612）によって一六〇七年に訳出刊行された、有名な英語版である。佐々木巖訳解『サレルノ養生訓——地中海式ダイエットの法則』柴田書店、二〇〇一年を参照。

［50］ Stefan Jensen（1940– ）、ベルリン自由大学およびベルリン工科大学で経済学・社会学・哲学を学ぶ。システム理論専攻。

［51］ ヨアヒム・リッターらが編集しバーゼルの Schwabe 社より刊行された、全一二巻の定評ある辞典。

［52］ バルタサル・グラシアンなどが強調していた、真理ならざるものが増幅法（誇張表現——訳註第二章［58］参照）によって真理として受け取られてしまうという事態を指しているものと思われる。

［53］ フランスの哲学者・論理学者であるペトルス・ラムス（Petrus Ramus）またはピエール・ド・ラ・ラメ（Pierre de La Ramée, 1515–1572）の思想に基づく哲学および教育学の動向である「ラムス主義 Ramism」を指しているものと思われる。ラムス主義は新しい印刷術を踏まえてアリストテレス派に反旗を翻し、あらゆる知識を合理的に体系化・単純化することをめざした運動で、十六・十七世紀に英語圏を中心として広範な影響力を発揮した。この動向はフランシス・ベーコン、デカルト、ロックらへと受け継がれていく。古典的修辞学を集大成したクインティリアヌス（本文前出）に対する論駁書である Petrus Ramus, Arguments in Rethoric against Quintilian, Translated by Carole Newlands, Northen Ilinois University Press, 1986 などを参照。

［54］真理が嘘と対になる言葉であり、なおかつ否定の接頭辞によって規定されるとすると、真理は単に「嘘でないもの」という消極的な、嘘に依存するかたちでしか定義されえないことになるから。「覆われていない」というかたちで a を用いることで、この循環的定義から脱却することができる。

［55］Simonides（c. 556–468? B.C.）古代ギリシアの抒情詩人。ケオス島はイウリス生まれで、アッティカ、テッサリア、シケリアなど各地を放浪した。作品は断片が伝わるのみ。

［56］Laelius（?–160 B.C.?）、古代ローマの政治家。「友情について」はラエリウスが、親友であった小スキピオの死後、二人の女婿を前にして友情に関して語るという体裁を採っている。

［57］Euripides（ca. 480 B.C.–ca. 406 B.C.）は、アイスキュロス、ソフォクレスと並ぶ古代アテナイの三大悲劇詩人のひとり。代表作に「メディア」、「アンドロマケ」など。

［58］「教会、聖堂、集会」を意味するラテン語 ecclesia に由来する語で、キリスト教における教会に関する教説を意味する。

［59］ジャンセニズム（Jansenism）はフランドルの神学者ヤンセン（Cornelis Jansen, 1585–1638）の名に由来する教理体系と教会改革運動。フランスのポール・ロワイヤル修道院を中心とし、救済は人間の行いではなくただひたすら神の恩寵によるというアウグスティヌスの教説を踏まえて、イエズス会を批判した。パスカルの書簡集『プロヴァンシアル』（田辺保訳『パスカル著作集III』教文館、一九八〇年）は、イエズス会のジャンセニズム攻撃に匿名の立場から反論したもので、皮肉に満ちた痛烈な筆致で有名である。

敬虔主義（Pietism）は十七世紀から十八世紀にかけて北ドイツのルター派内で生じた教会内改革運動。名称は、この運動の創始者と見なされる牧師シュペーナー（Philipp Jakob Spener, 1635–1705）が主催した、「敬虔なる者の集い」と呼ばれる集会に由来する。聖書のテクストや形式的典礼よりも生きた宗教体験と内的精神性を重視する態度は、ゲーテをはじめとする以後のドイツの文学・哲学に深い影響を及ぼした。

［60］　一九一七年十二月二十五日よりスモルニー学院（上流階級のマナーなどを教える名門女学校）において全ロシア労働者兵士代表ソヴィエト第二回大会が開催された。そこでは労働者・兵士・農民代表ソヴィエトによる権力掌握が宣言され、レーニンを指導者とする人民委員ソヴィエトが政府としての活動を開始した。レーニンは一九一八年三月にモスクワに移動するまで同学院で居住し執務した。レーニンが特に革命直後の内戦期に、直通電話で全国各地の赤軍部隊と緊密に連絡を取りつつ指令を下したのは有名な話である。スモルニー学院で使われた、電話を備えた執務机は後にスターリンによっても使用された。同学院建物は現在ではレーニン博物館となっている。

［61］　スペンサー＝ブラウン『形式の法則』前掲、七二頁以下の「有限な表現における時間」の議論を念頭に置いているものと思われる。

［62］　世界の創造は一回限りの出来事ではなく、現在に至るまで神によって絶えず続けられている不断ノ創造（creatio continuata）であり、バイブルに記されている天地創造とは、この継続的創造活動の始まりを意味しているとの解釈を指す。

［63］　Rupert Riedl（1925–2005）、ウィーン生まれの生物学者。邦訳に『認識の生物学——理性の系統発生史的基盤』（鈴木達也他訳、思索社、一九九〇年）。

［64］　指示されている論文の著者である考古学者・人類学者のグレゴリー・ジョンソンが、経営学から転用した概念。コミュニティの規模が膨れあがっていくと同時に、各人が取り結ぶ対人関係の数が急速に増加し、たちまちのうちに誰もが、自己および他者が取り結んでいる人間関係を把握できなくなるという事態を指している。人口規模と社会状態の相関関係を表す述語として、広く援用されている。

［65］　Harold Joseph Berman（1918– ）、アメリカの法学者。専門は比較法制史、ロシア法、国際貿易法。ハーヴァード

大学で三七年にわたって教鞭を取った。言及されている独語訳著作の原書は Law and Revolution: The Formation of Western Legal Tradition, Harvard University Press, 1983.

〔66〕 東ローマ皇帝ユスティニアヌスが五二八年に発布した勅法に基づいて編纂されたローマ法の集大成で、「ユスティニアヌス法典」とも呼ばれる。パピニアヌス＝パウルスなどの古典法学者の法学説を集成・修正した「学説彙纂 Digesta」、法学生向けの教科書である「法学提要 Institutiones」、ハドリアヌス帝以来の歴代皇帝の勅法を整理した「勅法彙纂 Codex」、五三四年からユスティニアヌス帝の死までの間に発布された勅法を集めた「新勅法 Novellae」の四部よりなる。十二世紀末、ボローニャで偶然に写本が発見され、以後ローマ法の研究が飛躍的に進展した。

〔67〕 the Norman Conquest　一〇六六年、時のノルマンディー公ウィリアムは武力によりイングランドを征服し、当地の王ハロルドII世を殺害した。ウィリアムは新たな王として宮廷や僧職を一新、以後三〇〇年近くにわたってイングランドの政権はノルマン人によって担われることになった。その間、宗教・法律・科学・文学などの分野ではラテン語とフランス語が用いられ、英語の語彙にも少なからぬ影響を与えた。

〔68〕 「王法 Königsrecht, lex regia」はローマ法から大陸法へと受け継がれた概念で、慣習的に通用していた部族法に対して、王の意志・命令に基づいて強制的に施行される法を指す。

〔69〕 シモニア（金銭による聖職売買ないし俗人による聖職者叙任）やニコライスム（聖職者の妻帯）といった腐敗を一掃すべく教会改革を進めようとした教皇レオ九世（在位一〇五五—一〇五七）やグレゴリウス七世（在位一〇七三—一〇八五）の試み、いわゆる「グレゴリウス改革」を指す。改革の過程でグレゴリウス七世と、時の神聖ローマ皇帝ハインリヒ四世との間で生じた叙任権闘争と「カノッサの屈辱」のエピソード（一〇七七）はあまりにも有名である。

〔70〕 「壁龕」（へきがん）の意で、もともとは花瓶や彫像を置くために壁に穿たれた窪みを指す。生物学では「生態的地位」の意味に転用される。特定の生息場所ないし生態系上の役割に特化して適応した生物にとっての、その場所・役割がこの言葉で呼ばれるのである。

〔71〕 または via negativa。トマス・アクィナス由来の発想で、神は宇宙の内部に存する客体ではないから、言葉と概念によって神を描くことはできない（存在ノ類比 analogia entis によるしかない）とされる。

[72] Chevalier de Méré, Antoine Gombaud（1607–1684）、パスカルの友人で、二人の間に交わされた賭博をめぐる議論が確率論の出発点となったと言われる。

[73] Dominique Bouhours（1628–1702）、フランスの批評家。一六歳でイエズス会に入会したが、ラシーヌやラ・フォンテーヌなど同時代の有名な文学者とも親交を結び、批評家としても活躍した。さらにパリやトゥールの大学で文学や修辞学を講じ、政治家コルベールの息子の家庭教師も務めた。著述家としてはフランス語に関する影響力ある著作を遺したり、新約聖書を仏訳するなどした。伝記『聖ザビエルの生涯』（La vie de Saint François Xavier de la Compagnie de Jésus, 1682）の著者としても知られている。

[74] Alfred Sherwood Romer（1894–1973）、ニューヨーク生まれの動物学者、古生物学者。脊椎動物の進化を広範に研究した、二〇世紀における進化論的生物学の代表者の一人。他の邦訳に、平光厲司訳『脊椎動物のからだ』（T・S・パーソンズとの共著）、法政大学出版局、一九八三年。

[75] 原文では「エルンスト・フォルマー Ernst Vollmer」となっているが、挙げられている文献の著者は Gerhard Vollmer（1943– ）である。後者はシュパイヤー生まれのドイツの物理学者・哲学者。ハノーファー大学、ギーセン大学などで哲学を講じる。二〇〇四年、エドゥアルト－ライン財団文化賞（Kulturpreis der Eduard-Rhein-Stiftung）受賞。邦訳に、入江重吉訳『認識の進化論』、新思索社、一九九五年。

[76] エーゲ海東部のサモス島に、僭主ポリクレイトス（Polycrates of Samos, 在位 540–522 B.C.）支配下の古代都市のための水道として作られた、カストロン山の岩盤を貫く、全長一〇三六メートルに及ぶトンネル。メガラ出身のユーパリノスの指揮下で着工され、工期は一〇年に及んだ。

[77] Bartholomäus Keckermann（1572–1609）、グダニスク（ダンツィヒ）のアカデミーで教授を務め、論理学、形而上学、天文学、地理学をはじめとする広範な分野において知の体系化を図った。Systema logicae, Systema grammaticae Hebraeae, Systema astronomiae compendiosum 等の「システム」名を伴う著作を遺している。

[78] Johann Heinrich Lambert（1728–1777）、ドイツの天文学者・数学者。πが無理数であることを証明したほか、地図投影法の分野で多大な業績を遺した（「ランベルト正角円錐図法」など）。

［79］リベラリズムを克服して「より正しい政治哲学」を構築しようとする（リベラリズムを「否定」する）のは無益だが、他の機能システムのコード（「支払い／不支払い」など）によって観察し相対化する（「棄却」する）ことは可能だという点を念頭に置いているものと思われる。

［80］Richard Nelson（1930– ）、コロンビア大学教授、進化経済学・国際関係論。Sidney Winter（1935– ）、ペンシルバニア大学教授、進化経済学、経営学。

［81］「三つの条件が相互作用することで進化が生じる」と定式化すれば、三つの条件それぞれは進化において常に独立して存在することになり、それらが相互に分化していく経過を、つまり進化の進化を考ええなくなる。

［82］Maurice Halbwachs（1877–1945）、フランスの社会学者。著書に『集合的記憶』（小関藤一郎訳、行路社、一九八九年）など。

［83］ルーマンは、アウグスティヌスのこの一節をシステムの不透明性に関する論文でも引いている。「〔システムの〕不透明性が消え去ることはない。不透明性は、アウグスティヌスの『隠レタトコロ』のように存在し続けるのである。時間はこの『隠レタトコロ』から出てきて、再びそこへと消え去ってゆくのである」（Niklas Luhmann, The Control of Intransparency, *Systems Research and Behavioral Science*, Vol. 14. pp. 359–371（366–367））。また、文脈は異なるが Wissenschaft der Gesellschaft, Suhrkamp 1990 S. 163 でもこの一節を引いている。

著者

ニクラス・ルーマン（Niklas Luhmann）
1927年ドイツのリューネブルクに生まれる．1968–1993年ビーレフェルト大学社会学部教授．70年代初頭にはハーバーマスとの論争により名を高め，80年代以降「オートポイエーシス」概念を軸とし，ドイツ・ロマン派の知的遺産やポスト構造主義なども視野に収めつつ，新たな社会システム理論の構築を試みた．90年前後よりこの理論を用いて現代社会を形成する諸機能システムの分析を試み，その対象は経済，法，政治，宗教，科学，芸術，教育，社会運動，家族などにまで及んだ．1998年没．『宗教論』『近代の観察』『社会の法 1・2』『社会の芸術』『社会の社会 1・2』『社会の科学 1・2』『社会構造とゼマンティク 1・2・3』『社会の政治』（以上，法政大学出版局），『社会システム理論 上下』（恒星社厚生閣），『信頼』（勁草書房）など邦訳多数．

《叢書・ウニベルシタス　921》
社会の社会 1

2009年 9 月22日　　初版第 1 刷発行
2014年 6 月15日　　　　第 2 刷発行

ニクラス・ルーマン
馬場靖雄／赤堀三郎／菅原謙／高橋徹 訳
発行所　一般財団法人　法政大学出版局
〒102-0071 東京都千代田区富士見2-17-1
電話03(5214)5540／振替00160-6-95814
製版，印刷：三和印刷／製本：誠製本

ISBN 978-4-588-00921-1

訳者

馬場靖雄（ばば やすお）
1957年，新潟県生まれ．1988年，京都大学大学院文学研究科博士課程単位取得退学．現在，大東文化大学経済学部教授．著書：『ルーマンの社会理論』（勁草書房，2001年），『反＝理論のアクチュアリティー』（編著，ナカニシヤ出版，2001年），『社会学のアリーナへ』（共著，東信堂，2007年）他．翻訳：N. ルーマン『近代の観察』（法政大学出版局，2003年），『社会の芸術』（法政大学出版局，2004年），『社会構造とゼマンティク 2』（共訳，法政大学出版局，2013年）他．

赤堀三郎（あかほり さぶろう）
1971年，宮城県生まれ．2003年，東京大学大学院人文社会系研究科博士課程修了．博士（社会学）．現在，東京女子大学現代教養学部准教授．論文：「危機の中の社会学理論」（『現代社会学理論研究』第 6 号，2012年），「システム理論は社会学的でありうるか」（『東京女子大学社会学年報』第 2 号，2014年）他．翻訳：N. ルーマン『社会構造とゼマンティク 2』（共訳，法政大学出版局，2013年），同『社会構造とゼマンティク 3』（共訳，法政大学出版局，2013年）．

菅原　謙（すがわら けん）
1964年，宮城県生まれ．早稲田大学大学院文学研究科社会学専攻博士課程単位取得退学．現在，早稲田大学文学部・中央大学法学部・武蔵大学社会学部・江戸川大学基礎・教養教育センター非常勤講師．著書：『市民社会と批判的公共性』（共編著，文眞堂，2003年）他．論文：「（社会）制度の諸概念について」（『社会学年誌』50，2009年），「『本覚思想』および『如来蔵思想』の史的展開――『如来蔵＝本覚思想』覚書 III」（『情報と社会』21，2011年）他．翻訳：S. ヴァイトクス『間主観性の社会学』（共訳，新泉社，1996年）他．

高橋　徹（たかはし とおる）
1970年，宮城県生まれ．2001年，東北大学大学院文学研究科博士後期課程修了．博士（文学）．現在，中央大学法学部教授．著書：『意味の歴史社会学――ルーマンの近代ゼマンティク論』（世界思想社，2002年），『滲透するルーマン理論――機能分化論からの展望』（共著，文眞堂，2013年）他．翻訳：N. ルーマン『社会構造とゼマンティク 3』（共訳，法政大学出版局，2013年）他．

ニクラス・ルーマン既刊書（表示価格は税別です）

宗教論〈現代社会における宗教の可能性〉
土方昭・土方透訳　　1800円

近代の観察
馬場靖雄訳　　2800円

社会の法　1・2
馬場靖雄・上村隆広・江口厚仁訳　　1・4400円／2・4600円

社会の芸術
馬場靖雄訳　　7800円

社会の社会　1・2
馬場靖雄・赤堀三郎・菅原謙・高橋徹訳　　各9000円

社会の科学　1・2
徳安彰訳　　各4800円

社会の政治
小松丈晃訳　　6800円

社会構造とゼマンティク　1
徳安彰訳　　4800円

社会構造とゼマンティク　2
馬場靖雄・赤堀三郎・毛利康俊・山名淳訳　　5200円

社会構造とゼマンティク　3
高橋徹・赤堀三郎・阿南衆大・徳安彰・福井康太・三谷武司訳　　6400円